Willy Buschak
Von Menschen, die wie Menschen leben wollten

Willy Buschak

Von Menschen, die wie Menschen leben wollten

Die Geschichte der Gewerkschaft Nahrung-Genuss-Gaststätten und ihrer Vorläufer

Vorwort: Günter Döding

Bund-Verlag

CIP-Kurztitelaufnahme der Deutschen Bibliothek
Buschak, Willy:
Von Menschen, die wie Menschen leben wollten: d. Geschichte d. Gewerkschaft Nahrung-Genuss-Gaststätten u. ihrer Vorläufer/Willy Buschak. Vorw.: Günter Döding. – Köln: Bund-Verlag, 1985.
ISBN 3-7663-0922-6

© 1985 by Bund-Verlag GmbH, Köln
Lektorat: Dieter Gaarz
Herstellung: Heinz Biermann
Umschlagentwurf: Jens Langnese
Satz: Satzbetrieb Schäper GmbH, Bonn
Druck: May + Co., Darmstadt
ISBN 3-7663-0922-6
Printed in Germany 1985

Alle Rechte vorbehalten, insbesondere die des öffentlichen Vortrags, der Rundfunksendung und der Fernsehausstrahlung, der fotomechanischen Wiedergabe, auch einzelner Teile.

Inhalt

Vorwort 13
Einleitung 15

Teil I
Geschichte der Vorläufer der Gewerkschaft
Nahrung-Genuss-Gaststätten 21

Kapitel I
Die Ursprünge der Gewerkschaften 23
1. Zur Geschichte des Zigarrenmachens in Deutschland 25
2. Die Association der Cigarrenarbeiter Deutschlands 26
3. Association der Cigarrenarbeiter und Arbeiterverbrüderung ... 31
4. Zigarrenarbeiter im Sog der Reaktion 33

Kapitel II
Industrie und Gewerbe im 19. Jahrhundert 36
1. Entwicklung der Tabak- und Zigarrenproduktion 36
2. Der Vorleser bei den Zigarrenarbeitern 40
3. Entwicklung der Zigarettenindustrie 44
4. Arbeitsverhältnisse im Nahrungsmittelgewerbe 45

Kapitel III
Die Gründerjahre der Gewerkschaften 47
1. Der Allgemeine Deutsche Cigarrenarbeiterverein 48
2. Der Allgemeine Deutsche Bäckerverein 51
3. Die Brauer- und Böttchervereine 52
4. Unterdrückung der Gewerkschaften 52

Kapitel IV
Die Gewerkschaften unter dem Sozialistengesetz 54
1. Wiederaufbau einer Tabakarbeitergewerkschaft 54
2. Gewerkschaftsgründungen bei Böttchern, Brauern
   und Zigarrensortierern 56
3. Wiederaufbau bei den Bäckern 56

4. Zwei große Streiks der Nahrungs- und Genußmittelarbeiter ... 58
5. Der Fall des Sozialistengesetzes 60

Kapitel V
Lebens- und Arbeitsbedingungen Ende des 19. Jahrhunderts 64
1. Löhne der Zigarrenarbeiter 65
2. Löhne bei Brauern, Bäckern, Böttchern, Müllern
   und Kellnern 67
3. Arbeitszeiten und Arbeitszwang 68
4. Das Kost- und Logiswesen 70

Kapitel VI
Die Gewerkschaftsbewegung in den 90er Jahren 74
1. Der Zustand der Verbände 74
2. Organisation und Verwaltung 77
3. Bescheidene organisatorische Verhältnisse bei allen Verbänden 77
4. Beiträge und Unterstützungen 78
5. Arbeitskämpfe in den 90er Jahren 84
6. Abkehr von der Berufsgewerkschaft? 88

Kapitel VII
Tarifpolitik vor dem Ersten Weltkrieg 90
1. Erste Tarifverträge bei den Brauern 90
2. Tarifverträge für Urlaub und Lohnfortzahlung 92
3. Arbeitsvermittlung und Arbeitsnachweis 103

Kapitel VIII
Gewerkschaften und Arbeiterschutzgesetze 109
1. Für Hygiene am Arbeitsplatz 109
2. Für den wöchentlichen Ruhetag 112
3. Für den Arbeiterschutz im Gaststättengewerbe 116
4. Für den Arbeiterschutz in der Tabakindustrie 122
5. Für den Schutz der Heimarbeiter 125

Kapitel IX
Der innere Aufbau der Gewerkschaften 135
1. Organisation und Strukturen 135
2. Mitgliederwerbung und -betreuung 138
3. Auf dem Weg zum Industriegewerkschafts-Prinzip 142

Kapitel X
Die Organisationen als Gegenmacht 147
1. Brauereiarbeiter-Aussperrung 1905 147
2. Zigarrenarbeiter-Aussperrung 1911 148

3. Die Auseinandersetzungen um die Biersteuer 152
4. Die Auseinandersetzungen um die Tabaksteuer 154

Kapitel XI
Die Christlichen Gewerkschaften 158
1. Die Christlichen Tabakarbeiter 158
2. Die Christlichen Nahrungsmittelarbeiter 160

Kapitel XII
Die Gewerkschaften im Ersten Weltkrieg 164
1. Der 4. August 1914 und die Gewerkschaften 165
2. Im Zeichen des Burgfriedens 166
3. Das Nachtbackverbot vom Januar 1915 171
4. Hilfsdienstgesetz und Arbeiterausschüsse 172
5. Opposition gegen den Krieg 173

Kapitel XIII
Die Gewerkschaften zwischen Novemberrevolution
und Ausbau der Republik 177
1. Arbeitsgemeinschaften mit den Unternehmerverbänden 178
2. Der Streit um die Räte 180
3. Gewerkschaften und Sozialisierung 182
4. Mitgliedergewinne in der Revolutionszeit 184
5. Um die Einheitsorganisation im Hotel-
   und Gaststättengewerbe 194
6. Der Kapp-Putsch und die wiedererstarkte Reaktion 195
7. Gewerkschaften in der Inflationszeit 200

Kapitel XIV
Die Nahrungs- und Genußmittelwirtschaft
in der Weimarer Republik 204

Kapitel XV
Der lange Weg zum Industrieverband 209
1. Die Gründung des VNG 210
2. Spaltungsversuche und ihre Abwehr 214

Kapitel XVI
Die Gewerkschaften in der Weltwirtschaftskrise 217
1. Zigarrenarbeiter-Aussperrung 1927 217
2. Gewerkschaften und Regierungspolitik 220
3. Unternehmerangriffe auf Lohn- und Manteltarife 224
4. Gewerkschaftskonzepte für Arbeitszeitverkürzung
   und Arbeitsbeschaffung 226

Kapitel XVII
Der Aufstieg des Nationalsozialismus und die Zerschlagung der Gewerkschaften................................... 232
1. Gewerkschaftliche Warnungen vor dem Nationalsozialismus 232
2. Gewerkschaftsspalter von links und rechts 233
3. Die Gewerkschaften in der Defensive 235
4. Die Nationalsozialisten an der Macht 239
5. Der 1. und 2. Mai 1933 244

Kapitel XVIII
Zur Lage der Nahrungs- und Genußmittelarbeiterschaft im »Dritten Reich« 248
1. Opposition in den Betrieben 249
2. Die Not der Arbeiter 252

Kapitel XIX
Gewerkschaftlicher Widerstand gegen den Nationalsozialismus ... 255
1. Das illegale Netz des VNG 256
2. Die illegale Arbeit des ZVHRC 261
3. Widerstand am Niederrhein 264
4. Die Mitropa-Gruppe 267
5. Örtliche Widerstandsgruppen politischer Parteien und Organisationen 268

Teil II
Geschichte der Gewerkschaft Nahrung-Genuss-Gaststätten 269

Kapitel XX
Wiederaufbau nach 1945 271
1. Erfahrungen mit den Besatzungsmächten 272
2. Der Kampf ums Überleben 274
3. Gewerkschaften als »Lebenshelfer« 282
4. Neuaufbau der Gewerkschafts-Organisationen 283
5. Konflikte um die Organisationsform 285
6. Entstehung der Industriegewerkschaft Nahrung-Genuss-Gaststätten für die Britische Zone......... 288
7. Gründung der Landesgewerkschaft Nahrungs- und Genußmittel in Bayern 294
8. Gewerkschaftsaufbau in Baden-Württemberg 295
9. Die Landesgewerkschaften von Hessen und Rheinland-Pfalz 296
10. Die Ost-West-Spaltung der Gewerkschaften 298
11. Gewerkschaften in der Sowjetischen Besatzungszone 300
12. Mai 1949: Die Geburtsstunde der Einheitsgewerkschaft NGG 305
13. Organisationsprobleme der Anfangsjahre 307

Kapitel XXI
Der Kampf um Mitbestimmung und Betriebsverfassung 311

Kapitel XXII
Die Nahrungs- und Genußmittelwirtschaft nach 1950 314
1. Mittelständische Struktur 315
2. Konzentrationsprozesse 318
3. Mechanisierung und Automatisierung 320
4. Das Beispiel der Zigarrenindustrie 320
5. Rationalisierung in den Brauereien 324
6. Handel und Agrarmarkt 330

Kapitel XXIII
Die Tarifpolitik der Gewerkschaft NGG ...,............... 334
1. Bundesregierung und Tarifautonomie 337
2. Die Konzertierte Aktion 338
3. Die Koordinierung gewerkschaftlicher Tarifpolitik 340
4. Lohn- und Gehaltspolitik seit den 50er Jahren 343
5. Die Reform der Lohngruppen 346
6. Verkürzung der Arbeitszeit 352
7. Urlaub und Urlaubsgeld 355
8. Bildungsurlaub 357
9. Tarifpolitik und Vermögensbildung 358

Kapitel XXIV
Die »qualitative Tarifpolitik« der Gewerkschaft NGG 361
1. Ziele »qualitativer Tarifpolitik« 362
2. Einheitliche Einkommenstarifverträge 363
3. Rationalisierungsschutz-Abkommen 366
4. Kündigungsschutz für ältere Arbeitnehmer 367
5. Schichtfreizeiten 368
6. Arbeitszeitverkürzung für ältere Arbeitnehmer 370
7. Vorruhestandsregelung – »Mit 58 – ja bitte!« 373

Kapitel XXV
Die Sozialpolitik der Gewerkschaften 379
1. Dynamisierung der Renten 381
2. Lohnfortzahlung und Kindergeld 381
3. Nachtbackverbot 383
4. Sozialpolitik in den 70er und 80er Jahren 390

Kapitel XXVI
Die NGG und die politische Entwicklung in der Bundesrepublik ... 392
1. Für die Demokratisierung der Wirtschaft 392
2. Gegen Wiederbewaffnung und Atomtod 394

3. »Augen rechts« 396
4. Versuch zur Spaltung der Gewerkschaften 397
5. Der Konflikt um die Notstandsgesetze 398
6. Der sozialliberale Machtwechsel 400
7. Die Gesetze zu Betriebsverfassung und Mitbestimmung 401

Kapitel XXVII
Organisation und Entwicklung der Gewerkschaft NGG 405
1. Mehr Zentralismus in der Organisation? 406
2. Die Satzungsreform 1970 407
3. Mitgliederbetreuung und Probleme 411
4. Vertrauensleute- und Betriebsrätearbeit 414
5. Die Kooperation von GTB und NGG 417
6. Die Entwicklung der Bildungsarbeit 421

Kapitel XXVIII
Zur Geschichte der gewerkschaftlichen Frauenarbeit 427
1. Auseinandersetzungen um die Frauenarbeit im 19. Jahrhundert 427
2. Die Organisierung der Frauen im Hotel- und Gaststättengewerbe 430
3. Frauen in den Gewerkschaften vor 1914 432
4. Frauenarbeit im Ersten Weltkrieg und in der Nachkriegszeit 433
5. Gewerkschaftliche Frauenarbeit in der Weimarer Republik 435
6. Exkurs: Frauen als dienstbare Geister – die Hausgehilfinnen 438
7. Gewerkschaftliche Frauenarbeit nach 1945 446
8. Die Frauengruppen der 50er Jahre 448
9. Tarifpolitik für Frauen 449
10. Frauenarbeit seit den 60er Jahren 455
11. Tarifverträge und Berufsausbildung für Hausangestellte 459

Kapitel XXIX
Jugend und Gewerkschaften 461
1. Gewerkschaftliche Jugendarbeit in der Weimarer Republik 462
2. Gewerkschaftliche Jugendarbeit nach 1945 467
3. Jugendarbeitsschutz und Berufsbildung 472

Kapitel XXX
Die Entwicklung gewerkschaftlicher Angestelltenarbeit 481

Kapitel XXXI
Die internationalen Organisationen der Nahrungs- und Genußmittelarbeiter 485
1. Die Gründung der IUL 487

2. Unterstützung der IUL für den Widerstand
   gegen den Faschismus 489
3. Die IUL nach 1945 496
4. Auseinandersetzungen mit multinationalen Konzernen 501
5. Die europäische Gewerkschaftsarbeit 505

Anhang 509

Anhang 1
Delegirten-Versammlung des Cigarrenarbeitertages im Colosseum
zu Leipzig. Am 24.–27. December 1865 (Protokoll) 511

Anhang 2
Kongresse der Gewerkschaft NGG und ihrer Vorläufer 543
2.1 Freie Gewerkschaften 543
2.2 Christliche Gewerkschaften 562
2.3 Gewerkschaft Nahrung-Genuss-Gaststätten 565

Anhang 3
3.1 Lebensdaten von Veteranen der Gewerkschaftsbewegung ... 574
3.2 Reichstagsmitglieder aus den Vorläuferverbänden
    der Gewerkschaft NGG 603
3.3 Bundestagsmitglieder aus der NGG 605
3.4 Präsidenten und Generalsekretäre der IUL 606
3.5 Zusammensetzung der Geschäftsführenden Hauptvorstände
    (GHV) der Gewerkschaft NGG 607
3.6 Landesvorstand (bis 1949)/Landesleiter (bis 1970)/Landesbe-
    zirksvorsitzende 609

Anhang 4
Abkürzungsverzeichnis 611

Anhang 5
Anmerkungsverzeichnis 613

Anhang 6
Bildnachweis 630

Anhang 7
Verzeichnis der Tabellen im Text 631

Anhang 8
Literaturverzeichnis 634
8.1   Archivquellen 634

8.2	Weiterführende Literatur	638
8.2.1	Allgemein zur Geschichte der Gewerkschaften	638
8.2.2	Zu den Vorläuferverbänden der NGG	639

Anhang 9
Personen- und Sachregister 640

Vorwort

Geschichte

Wer erinnert sich da nicht an unselige Zeiten, als er in der Schule Geschichtszahlen pauken und lernen mußte, wann welcher Feldherr oder Kaiser welche Tat vollbracht hat?
Von den Arbeitern, die all die Waren und Gegenstände produzieren und verteilen, die die Menschen zum Leben brauchen, ist im Geschichtsunterricht selten die Rede. Um so erfreulicher ist es, ein zunehmendes Interesse an der geschichtlichen Entwicklung der Gewerkschaftsbewegung feststellen zu können. Dies gab uns den Mut, die Geschichte der Gewerkschaft NGG und ihrer Vorläufer(verbände) aufarbeiten zu lassen. Mit diesem Buch wollen wir in groben Zügen die Geschichte der Vorläuferverbände bis zu ihrem Zusammenschluß in der NGG nachzeichnen und die Geschichte der NGG bis in die jüngste Zeit darstellen.
Erstaunlich viel konnte über den Widerstand von Mitgliedern und Funktionären unserer Vorläuferverbände in der Zeit zwischen 1933 und 1945 zutage gefördert werden. Trotz Unterdrückung, Folter und jahrelanger Haft in den Konzentrationslagern konnte die Idee der Gewerkschaftsbewegung von unseren Kolleginnen und Kollegen aufrechterhalten und weiterentwickelt werden. Manches aus dieser Zeit und der Zeit zwischen dem 1. Weltkrieg und 1933 muß leider als verloren gelten, da die Dokumente bei der Besetzung der Gewerkschaftshäuser 1933 oder in den Wirren des 2. Weltkrieges verlorengegangen sind.
Schon vor 1933 gab es intensive Bestrebungen, die verschiedenen Vorläuferverbände zu einer starken Industriegewerkschaft zusammenzuschließen. Gleich nach 1945 gingen unsere Kolleginnen und Kollegen im zerstörten Deutschland daran, diese Idee in die Tat umzusetzen. Auch wenn ihre Hauptaufgabe zunächst darin bestand, Lebensmittel, Kleidung, Wohnraum, Transportmittel zu organisieren und den Wiederaufbau der Fabriken in die Wege zu leiten, wurde darüber der Gedanke, eine Einheitsgewerkschaft zu gründen, nicht aus den Augen verloren.
Gegen den Widerstand der Besatzungsmächte wurde die Organisation Zug um Zug aufgebaut und 1949 dann die Vereinigung in München beschlossen. Seither konnte die NGG große Erfolge erzielen. Was wir im einzelnen erreicht haben, wird in diesem Buch beschrieben.
Zeiten der sozialpolitischen Erfolge wechselten mit Zeiten, in denen es galt, mit aller Kraft das Erreichte zu sichern. Die schwierige wirtschaftli-

che Lage, in der wir uns zur Zeit befinden, erfordert unsere ganze Kraft, um trotzdem noch Erfolge zu erzielen. Dabei bedrückt uns das Los der Kolleginnen und Kollegen, die ohne Arbeit sind, und ganz besonders das der jungen Menschen, die nach dem Schulabschluß keinen Ausbildungs- oder Arbeitsplatz finden können. Wir haben deshalb mit den neuen Tarifverträgen über eine Vorruhestandsregelung einen Beitrag zur Entspannung des Arbeitsmarktes geleistet.

Wer unsere Geschichte aufmerksam liest, dem wird deutlich, daß Gewerkschaftsgeschichte im wesentlichen immer auch ein Kampf um mehr gesellschaftlichen und politischen Einfluß der Arbeitnehmer, um mehr Mitbestimmung war. Nicht zufällig zieht sich somit unsere Forderung nach mehr Mitbestimmung wie ein roter Faden durch unsere Geschichte. Die politischen Akzente haben sich mit der Zeit verändert; geblieben ist nach wie vor unser leidenschaftlicher Wille, dort mitzureden und mitzubestimmen, wo Weichen für die Zukunft gestellt werden – ob am Arbeitsplatz, im Betrieb, im Unternehmen oder auf gesamtwirtschaftlicher Ebene.

Über allem aber steht die tiefe Sehnsucht der Menschen nach Frieden. Sie ist und bleibt uns Verpflichtung und Auftrag zugleich; auf daß man endlich überall in der Welt begreift:

Solange Überfluß und entsetzliches Elend nebeneinander bestehen, kann es keinen Frieden auf Erden geben.

Angesichts des in vielen Teilen der Welt herrschenden Hungers ist jeder Dollar für die Rüstung ein verlorener Dollar für die Erhaltung des Lebens. Wir müssen uns fragen, ob wir nicht alle – in Ost und West, in Nord und Süd – gegen den falschen Gegner rüsten.

Wir sollten miteinander zur Kenntnis nehmen, daß Sicherheit heute letztlich nicht mehr *vor* dem potentiellen Gegner, sondern nur noch *mit* ihm zu erreichen ist. Auf Dauer wird die politische Sicherung des Friedens deshalb nur möglich sein, wenn die Abrüstung der Geister der Abrüstung der Waffen vorangeht und dem Frieden zugleich auch die Freiheit gegeben ist. Ein Frieden ohne Freiheit, ohne freie Gewerkschaften, ohne freie Meinung ist auch Frieden, aber der einer Friedhofsruhe, die wir nicht wollen. Wir erwarten die weltweite Respektierung der Menschenrechte einschließlich des Rechts auf Selbstbestimmung sowie soziale und wirtschaftliche Gerechtigkeit für alle Menschen. Demokratie, Gewerkschaftsrechte und sichere Arbeitsplätze sind die besten Garanten für Gerechtigkeit, Freiheit und Frieden.

Günter Döding
1. Vorsitzender
der Gewerkschaft Nahrung-Genuss-Gaststätten

Hamburg, Juni 1985

Einleitung

Leipzig, 24. Dezember 1865.
Im Colosseum an der Dresdener Straße, einer der ältesten Versammlungsstätten der Leipziger Arbeiter, warten seit den frühen Nachmittagsstunden einige Männer. Es sind Mitglieder des örtlichen Zigarrenarbeitervereins. Sie wollen die Delegierten empfangen, die zum ersten Allgemeinen deutschen Cigarrenarbeitertag erwartet werden.
Vor zwei Monaten, im Oktober, hatte in Leipzig schon ein Cigarrenarbeitertag stattgefunden, damals im Hotel de Saxe in der Klostergasse. Zu ihm waren aber nur Kollegen aus Norddeutschland gekommen.
Diesmal rechnet man mit Delegierten aus ganz Deutschland und ist vom Hotel de Saxe ins Colosseum ausgewichen, das mehr Platz bietet. Dort hat im Mai 1863 auch schon die Gründungsversammlung des Allgemeinen Deutschen Arbeitervereins stattgefunden.
Als schließlich alle Kollegen versammelt sind, kann Friedrich Wilhelm Fritzsche, die treibende Kraft der Versammlung, eine leise Enttäuschung nicht verbergen: Er zählt 17 Delegierte, die man auch bequem im Hotel de Saxe hätte unterbringen können. Dazu kommt noch der Schriftsteller Edmund Pretzsch, der sich um die Aufnahme eines Protokolls kümmern soll, denn Fritzsche will endlich die Gründung einer nationalen Zigarrenarbeitergewerkschaft erreichen, die er schon seit geraumer Zeit von Sachsen aus betreibt.
Immerhin: Die 17 Delegierten vertreten insgesamt 51 Zigarrenarbeitervereine. Einige wichtige Zigarrenarbeiterorte sind auf der Konferenz nicht vertreten: Bremen, Hamburg, Altona, Ottensen, auch aus dem nahen Dresden ist niemand gekommen.
Fritzsche mißt dem keine große Bedeutung bei. Er weiß, daß die überhastete Einberufung des Kongresses daran schuld ist.
Erst Ende November 1865 trafen sich Vertreter der süddeutschen und der norddeutschen Zigarrenarbeiter. Sie beschlossen in Frankfurt a. M., den gesamtdeutschen Zigarrenarbeitertag auf den 24. Dezember nach Leipzig einzuberufen. Viele Vereine haben sich im Dezember getroffen, von der Einladung Kenntnis genommen, einen Antrag auf Vertagung gestellt und sind dann auseinandergegangen, ohne einen Delegierten zu wählen. Fritzsche weiß, daß ihr Anschluß nur eine Formsache sein wird. Und sind nicht

die wichtigsten Zigarrenarbeitergegenden vertreten, Sachsen, Westfalen und Baden?
Außerdem ist es endlich an der Zeit, meint Fritzsche, den bisherigen lockeren Zusammenhalt durch eine feste Organisation zu ersetzen.

> Es müsse durch eine einheitliche Verbindung aller Cigarrenarbeiter Deutschlands ein Druck nach überall hin ausgeübt werden, um materielle und sittliche Hebung zu erzielen. Er weist darauf hin, daß, wo die Arbeiter einzeln aufgetreten sind, sie nie etwas erreicht haben.

Die Delegierten lassen sich von diesen Worten Fritzsches überzeugen. Nach drei harten Tagen ist die Arbeit getan: Die Statuten sind beraten und verabschiedet, ein Ausschuß ist gewählt, Friedrich Wilhelm Fritzsche zum Präsidenten des Allgemeinen deutschen Cigarrenarbeitervereins gewählt worden.
Eine Mitteilung über die Gründung geht sofort an die deutsche Zigarrenarbeiterschaft hinaus:

> Geehrte Arbeitsgenossen!
> Das Weihnachtsfest, das so viele Herzen mit Freuden erfüllt durch Geschenke der Liebe, hat auch uns, der Cigarrenarbeiter-Körperschaft, eine Gabe gebracht, eine Gabe der Liebe, der Brüderlichkeit. Diese Gabe ist die Organisation der Arbeit.

Hundert Jahre später ist aus einer kleinen Schar von Pionieren eine starke und selbstbewußte Gewerkschaftsbewegung geworden, die ihren Platz in der Gesellschaft einnimmt.
Auch die Feier macht das deutlich, mit der die NGG am 25. 10. 1965 im Auditorium Maximum der Hamburger Universität die hundertste Wiederkehr der Gründung des Allgemeinen deutschen Cigarrenarbeitervereins, ihrer Vorläuferorganisation, begeht.
Vor hundert Jahren nahmen Staatsoberhäupter keine Notiz von Zusammenkünften des »Vierten Standes« und wenn, dann nur durch ihre Polizei. Unter den Gästen der NGG befindet sich 1965 der damalige Bundespräsident Heinrich Lübke. Er sei gekommen, sagt er, um durch seine Anwesenheit und seine Worte zu bezeugen, welch entscheidende Bedeutung er der Gewerkschaftsarbeit beimesse.
Alfred Schattanik gelobt, die NGG werde das Erbe der Pioniere von Leipzig auch weiterhin lebendig erhalten. »Zum Kampf für wahres Menschentum machten sich jene auf den Weg, die vor hundert Jahren den Marsch begannen«, sagt der DGB-Vorsitzende Ludwig Rosenberg in seiner Festrede.
Diesem Marsch von Menschen, die aufbrachen, um wie Menschen leben zu können, gilt das vorliegende Buch.

Das »Colosseum« (später »Pantheon«) in Leipzig. Hier fand Weihnachten 1865 die Gründung des Allgemeinen Deutschen Cigarrenarbeitervereins statt.

Delegirten-Versammlung

des

Cigarrenarbeitertages

im

Colosseum zu Leipzig.

Am 24—27. December 1865.

Teil I

Geschichte der Vorläufer der Gewerkschaft Nahrung-Genuss-Gaststätten

KAPITEL I

Die Ursprünge der Gewerkschaften

Die Herstellung von Lebensmitteln hatte ihren Platz lange Zeit im Familienhaushalt. Ein selbständiges Handwerk bildete sich erst mit dem Aufkommen städtischer Kultur heraus. Die Handwerksmeister schlossen sich zu Zünften zusammen, um den Markt kontrollieren zu können. Als im Gefolge der großen europäischen Wirtschaftskrise des 14. Jahrhunderts der Markt für alle Gewerbe enger und die Chancen, sich selbständig zu machen, schlechter wurden, organisierten sich auch die Gesellen. Sie setzten ihre wirtschaftlichen Forderungen mit Streiks und Boykotts durch. So streikten 1432 die Bäcker- und Müllergesellen von Landau. Sie wurden ins Gefängnis geworfen, aber auf Wunsch der Meister rasch wieder befreit, weil andere Arbeitskräfte nicht zu bekommen waren. Die Solidarität der Gesellen umliegender Städte hatte den Zuzug von »Streikbrechern« verhindert.
Meister und Obrigkeit griffen gegenüber den Gesellenorganisationen zu harten Maßnahmen. Der Danziger Rat z. B. drohte 1385 allen streikenden Gesellen mit Ohrenabschneiden. Auch die ersten Schwarzen Listen tauchten auf. Dennoch erwies sich der Zusammenhalt der Gesellen lange Zeit als stärker. Im 16. Jahrhundert hatten sie fast überall in Deutschland ihren »Blauen Montag« durchgesetzt, *einen* arbeitsfreien Tag in der Woche, um sich gegen übermäßige Ausbeutung durch lange Arbeitszeiten zu schützen.
Als sich, ebenfalls im 16. Jahrhundert, kapitalistisch organisierte Manufakturen bildeten und die regionale Staatsgewalt erstarkte, wendete sich das Blatt. Unternehmer, Meister und Obrigkeit vereinten sich zum Feldzug gegen die Gesellen, der 1732, mit dem reichsgesetzlichen Verbot des »Blauen Montags«, seinen Abschluß fand. Alle Gesellenbünde wurden verboten, Streiks mit Todesstrafe bedroht. Wo sich Gesellenbrüderschaften noch halten konnten, verkümmerten sie zu harmlosen Geselligkeitsvereinen. Die sozialen Aufgaben der alten Brüderschaften wurden von neuen Unterstützungskassen übernommen. Sie waren örtlich organisiert, zahlten ihren Mitgliedern Krankenunterstützung und Begräbniskosten, oft auch ein Zehrgeld an durchreisende Gesellen. Der Mitgliedskreis war nie sonderlich groß, manchmal gingen die Kassen schon nach wenigen Jahren wieder ein. Als wirtschaftliche Kampforganisationen haben sie keine Rolle gespielt, und auch Selbstverwaltungsorgane waren sie nicht. Ein

Zunftmeister besorgte die Geschäfte, dem Vertrauensmann der Gesellen stand höchstens das Recht zu, die Kassenbücher zu prüfen. Die Einrichtung selbst war aber weit verbreitet. In Hamburg z. B. gab es um 1770 an die 250 solcher Hilfskassen. Die 1655 entstandene Kasse der Hamburger Weißbäcker war eine der ältesten.
Zu Anfang des 19. Jahrhunderts waren die Arbeitsbedingungen der Gesellen hart und unmenschlich. Im Bäckergewerbe z. B. waren körperliche Mißhandlungen gang und gäbe. Die Arbeitszeit war überlang. Die Gesellen wohnten im Haus des Meisters und standen ihm so jederzeit zur Verfügung. Die Räumlichkeiten spotteten jeder Beschreibung.
Gelegentlich kam es zu Gesellenunruhen, die aber nach kurzer Zeit in sich zusammenbrachen. Elende Arbeitsbedingungen, ständige polizeiliche Überwachung und die Bevormundung durch den Meister sorgten dafür, daß die Gesellen in stumpfer Passivität verharrten. Nur vom Ausland her kamen Anstöße. In Frankreich, England und der Schweiz gab es mehr politische Freiheiten, dort wurden fortschrittliche soziale Ideen verkündet. Deutsche Handwerksgesellen auf Wanderschaft gründeten im Ausland Organisationen wie den *Bund der Geächteten* und den *Bund der Gerechten,* die auf einen Umsturz in Deutschland hinarbeiteten. Nahrungs- und Genußmittelarbeiter hatten an solchen geheimen Organisationen aber kaum Anteil. Sie wanderten nicht weit genug über die deutschen Grenzen hinaus.
Erst die Volksbewegungen im Revolutionsjahr 1848 machten auch die Nahrungs- und Genußmittelarbeiter aktiv. Im April 1848 streikten die Berliner und Hamburger Bäckergesellen erfolgreich für den 12-Stunden-Tag. Hoteldiener, Fleischer und Zuckersieder gingen im gleichen Monat in Berlin auf die Straße und verlangten Lohnerhöhungen. Im Mai streikten die Frankfurter Bäckergesellen. Sie wollten nicht mehr länger auf einem Kleiesack in der Backstube schlafen, sondern Betten haben. Sie konnten sich aber nicht durchsetzen. Die meisten Streiks der Revolutionszeit scheiterten an den großen Gegensätzen innerhalb der Arbeiterschaft. So wandte sich der Berliner Zigarrenarbeiter Krieger am 9. April 1848 in einer großen Arbeiterversammlung gegen die »Fremden« aus Hamburg und Bremen: »Wenn nur die Fremden fortgingen, würden wir Arbeit genug haben.«[1]
Der Sieg der Revolution gab der Arbeiterschaft mit der Durchsetzung von Presse-, Vereins- und Versammlungsfreiheit die Möglichkeit, sich in Vereinen zusammenzuschließen, ihre Lage zu besprechen und Forderungen vorzubringen. An einigen Orten gab es auch erste Organisationsversuche der Nahrungs- und Genußmittelarbeiter. In Halberstadt und Soest schlossen sich die Bäckergesellen zu Verbrüderungen zusammen. In Leipzig und München entstanden Dienstmädchenvereine. In Dresden bildete sich 1849 der *Deutsche Kellnerverein Saxonia,* der aber keinerlei gewerkschaftliche Ambitionen entwickelte. Im Frühjahr 1849 wurde in Sachsen eine *Allgemeine Brüderschaft der Müller* gegründet. Über den örtlichen, allenfalls

regionalen Rahmen kamen diese ersten Gehversuche aber nicht hinaus. Nur zwei Berufsgruppen schafften 1848 den Zusammenschluß auf nationaler Ebene: Zigarrenarbeiter und Buchdrucker.

1. Zur Geschichte des Zigarrenmachens in Deutschland

1788 entstand in Hamburg die erste Zigarrenfabrik auf deutschem Boden. 1789 folgte eine weitere in Kassel. In den dreißiger und vierziger Jahren des 19. Jahrhunderts erlebte die Zigarrenproduktion einen ersten Aufschwung. Viele neue Arbeitskräfte wurden gebraucht. Wie viele Zigarrenarbeiter es in Deutschland gab, ist schwer festzustellen. In Berlin waren es 1847 rund 1300, ca. 10 000 sollen es in Sachsen gewesen sein. 1852 waren in Bremen 3953 Personen in der Zigarrenproduktion beschäftigt, immerhin 6,5 Prozent der Gesamtbevölkerung. Noch einmal der gleiche Anteil lebte mittelbar, durch die Herstellung von Kisten, den Verkauf usw., von der Zigarre. Die Zigarrenherstellung arbeitete mit teuren ausländischen Rohmaterialien, deutsche Tabake spielten zunächst nur eine geringe Rolle. Das erforderte beträchtliche Kapitalien, die sich am besten in Großbetrieben verwerten ließen. So waren 1843 in 16 Leipziger Betrieben 300 Zigarrenmacher sowie 600 Wickelmacher und Rippenjungen (die das Entrippen der Tabakblätter besorgten) beschäftigt. Das macht einen Durchschnitt von 56 Arbeitern pro Betrieb. Während die Masse der Beschäftigten in Deutschland noch in Kleinstbetrieben arbeitete, wurde den Zigarrenarbeitern in den Großbetrieben der Kontakt untereinander erleichtert. Obwohl die Arbeitsräume oft eng und schlecht belüftet waren, so war wenigstens eine Unterhaltung möglich, ohne den Arbeitsrhythmus zu unterbrechen.

Die Zigarrenmacher waren damals ausnahmslos angelernte Arbeiter, die meisten seit ihrer Schulentlassung mit der Herstellung von Zigarren beschäftigt. Es gab nur wenige Zunftgesellen anderer Berufe, die zur Zigarrenproduktion wechselten. Oft wurde das Anlernen von Hamburger und Bremer Zigarrenmachern besorgt. So z. B. 1837 in Sachsen. Mitte der vierziger Jahre waren Zigarrenmacher aus Hamburg und Bremen in Baden tätig, um dort einen Arbeiterstamm für die Zigarrenproduktion anzulernen. Eine Lehrzeit wie in den Handwerksbetrieben der Zünfte gab es nicht. Sie wurde erst später von den organisierten Zigarrenarbeitern gefordert. Jeder, der über einige Geschicklichkeit verfügte, konnte sich in den Zigarrenfabriken versuchen.

Zahlen über die Entwicklung der Zigarrenproduktion in der ersten Hälfte des 19. Jahrhunderts sind spärlich. Es scheint aber so gewesen zu sein, daß die Produktion in den dreißiger Jahren einen größeren Aufschwung nahm und über die bisherigen Zentren, Hamburg und Bremen, hinauswuchs. 1835 eröffnete die Firma André ihre erste Zigarrenfabrik in Osnabrück. 1837 tauchten die ersten Betriebe in Mittelsachsen, 1839 im Gießener

Raum auf. Die 30er Jahre waren die eigentliche Gründerzeit der rheinischen, die 40er Jahre die der badischen Zigarrenunternehmungen. Der Markt war aber noch recht klein und konnte die erhöhte Produktion kaum aufnehmen. Die soziale Lage der Zigarrenmacher, die bis dahin als Produzenten eines begehrten Luxusartikels ein erträgliches Auskommen gehabt hatten, begann sich zu verschlechtern.
Die Zigarrenarbeiter klagten später:

> Der Drang nach Begründung von Cigarren-Fabriken nahm seit 6 bis 8 Jahren immer mehr zu, mit der Vermehrung der Fabriken vermehrten sich auch die Arbeitskräfte, alles drängte sich nach der Cigarren-Fabrikation, und jeder hoffte, goldne Berge zu finden (...) Vor dieser Zeit kannte man keine vorräthige Lager, man kannte keine Zeit, wo das Geschäft still stand, jetzt aber kamen harmvolle Winterzeiten.[2]

Zunächst versuchten die Zigarrenmacher vereinzelt, jedes Jahr zur Winterzeit, wenn die Läger voll waren und die Fabrikanten die Löhne herabsetzen wollten, sich zur Wehr zu setzen. Daß immer neue Arbeitskräfte, in den vierziger Jahren auch Frauen, in die Produktion drängten, wurde als *eine* Wurzel des Übels angesehen. Der Wunsch entstand, sich zusammenzuschließen, um gemeinsam die alten, geordneten Verhältnisse im Gewerbe wiederherzustellen. Daß es 1845 und 1846 schwere Mißernten in Deutschland gab und 1847 eine erste allgemeine Wirtschaftskrise ausbrach, in deren Gefolge die Arbeitslosigkeit selbst in den Hochburgen der Zigarrenherstellung größere Ausmaße annahm, ließ diese Aufgabe noch dringender erscheinen. Als sich dann im Revolutionsjahr 1848 Arbeiter, Handwerker, Bürger und Studenten gegen den verknöcherten Obrigkeitsstaat erhoben und zeitweise demokratische Freiheiten erkämpften, sahen auch die Zigarrenmacher die politische Möglichkeit, sich zusammenzuschließen.

2. Die Association der Cigarrenarbeiter Deutschlands

Im Frühjahr und Sommer 1848 entstanden an etlichen Orten Deutschlands Zigarrenarbeitervereine. Anfang September 1848 ging von den Vereinen in Mannheim und Heidelberg der Aufruf aus, einen allgemeinen deutschen Zigarrenarbeiterkongreß einzuberufen, auf dem man sich über gemeinsame Forderungen und die Gründung einer festeren Vereinigung unterhalten solle. 13 Delegierte waren es schließlich, die vom 25. bis 29. September 1848 in Berlin zusammenkamen und die *Association der Cigarrenarbeiter Deutschlands* gründeten. Im ersten Paragraphen des Statuts wurde der Zweck der neuen Organisation festgelegt:

> Der Zweck der Association ist, das moralische und materielle Wohl der vereinigten Arbeiter auf dem geeignetsten Wege durch gegenseitige Unterstützung oder vielmehr mit vereinter Kraft zu erreichen und zu befördern, da nur auf diesem Wege die Uebelstände, welche sich in unser Geschäft eingeschlichen haben, zu beseitigen sind.[3]

Durch »Lehre und Unterricht« sollte die »mangelhafte Bildung«[4] der Mitglieder gehoben werden. Gegenseitige Unterstützung bei unverschuldetem Unglück und bei Krankheit wurde gefordert, und mit den Fabrikanten wollte die Association verhandeln, um die Rechte der Arbeiter zu sichern. Obenan bei den Beschlüssen des ersten deutschen Zigarrenarbeiterkongresses stand die Forderung, »daß mit allen Kräften dahin zu streben sei, die weiblichen Personen von den Cigarren-Fabriken zu entfernen«.[5] Jeder Fabrikant sollte nicht mehr als drei Lehrlinge beschäftigen dürfen, und auch das nur dann, wenn in seiner Fabrik fachlich einwandfreie Arbeit geleistet wurde. Zur Überwachung der auf drei Jahre festzulegenden Ausbildung sollten paritätisch aus Arbeitern und Fabrikanten zusammengesetzte Kommissionen gebildet werden. Ein Mindestlohn von einem Taler für je 1000 Zigarren (die Zigarrenarbeiter leisteten damals schon Akkord) wurde gefordert, und schließlich verlangte man, daß die Zigarrenherstellung in Zuchthäusern und Gefängnissen sofort aufhören müsse. Das Verbot solcher Konkurrenz war eine häufige Forderung von Arbeitervereinen in der 48er Revolution. Schließlich verlangte der Kongreß, die Zigarrenmacher müßten von ihren Fabrikanten menschlich behandelt werden, und Schulkinder sollten zur Arbeit in den Fabriken nicht mehr zugelassen werden. Eine Bittschrift an die in Frankfurt tagende deutsche Nationalversammlung wurde aufgesetzt, in der die Zigarrenmacher noch einmal all ihre Forderungen zusammenfaßten. Wieder stand an erster Stelle der Wunsch, »die weiblichen Personen von der Arbeit in den Cigarren-Fabriken« zu entfernen, weil sie nur deswegen beschäftigt würden, »um den Lohnsatz zu drücken«.[6]

An der Spitze der Association stand ein vom Kongreß gewählter Präsident (1848: Wenzel Kohlweck aus Berlin). Er konnte an seinem Wohnsitz, der als »Centralstadt« der Association galt, Vertrauensmänner auswählen, die das »Centralcomité« bildeten und ihn bei der Verwaltungsarbeit unterstützen sollten. Mitglieder und Zweigvereine waren verpflichtet, »die Anordnungen des Präsidenten und die vom Congreß gefaßten Beschlüsse in Ausführung zu bringen«[7], ferner regelmäßig ihre Berichte und vor allem die Beiträge (ein halber Silbergroschen pro Monat und Mitglied) einzusenden. Ansonsten waren die Zweigvereine weitgehend unabhängig. Das Statut legte nur fest, daß die örtlichen Vorstände alle drei Monate neu gewählt werden mußten – was durchaus getan wurde –, und daß es an jedem Ort eine oder mehrere Kassen für Reise-, Kranken-, Sterbe- und Invalidenunterstützung geben sollte. Wer noch keinem Zigarrenarbeiterverein angehöre, hieß es in den Statuten weiter, dürfte nur dann in die Association aufgenommen werden, wenn er durch glaubwürdige Zeugnisse nachwies, daß er vor dem 1. Oktober 1848 als Zigarrenmacher beschäftigt war. Konnte er das nicht, mußte er sich der Prüfung durch eine Sachverständigenkommission unterziehen, die herauszufinden hatte, ob der Bewerber »die Fähigkeiten eines guten und praktischen Arbeiters« besaß.[8]

Ob diese Bestimmung genau eingehalten wurde, ist nicht bekannt. Man kann sie einordnen in die Bestrebungen der Association, den Zustrom von Arbeitskräften zur Zigarrenproduktion zu beschränken, muß sie aber auch vor dem Hintergrund sehen, den »an manchen Orten durch unsittliche Subjecte in Mißkredit gekommenen Stand der Cigarrenarbeiter wieder zu Ehren zu bringen«.[9] Tatsächlich hatten etliche Zigarrenarbeiter einen schlechten Ruf. »Der weibliche Teil derselben«, hieß es in einem Zeitungsartikel aus Leipzig, 1847, »ist wohl ohne Ausnahme prostituiert und sittlich verderbt, der männliche Teil (meist junge Burschen) zeichnet sich durch einen wilden Hang zu Tumulten und eine oft verbrecherische Verwegenheit aus«.[10] Die Association dagegen wollte »Unwissenheit und mangelnde Kenntnisse der oftmals selbst im Lesen und Schreiben unerfahrenen Mitglieder«[11] beseitigen.

In Bremen war schon 1846 der Anfang gemacht worden. 12 Zigarrenmacher hatten den *Arbeiterbildungsverein Vorwärts* gegründet, der zwei Jahre später mehrere hundert Mitglieder aus allen Berufen hatte und sich sogar ein Haus kaufen konnte – das erste Arbeiterbildungsheim in Deutschland. In Braunschweig schlossen sich die Zigarrenmacher dem Handwerkerverein an, der mit Schreiben, Rechnen, Zeichnen, Singen und politischen Vorträgen ein umfangreiches Bildungsprogramm anbot. Das war natürlich nicht in allen Städten möglich.

Die *Association der Cigarrenarbeiter* hatte anfangs um die 1000 Mitglieder. Zweigvereine gab es Ende 1848 in ca. 40 Orten. Nur Hamburg und Bremen zählten nicht dazu, obwohl es in beiden Städten starke örtliche Zigarrenarbeitervereine gab. Die Hamburger hielten die Gründung einer besonderen nationalen Zigarrenmacherorganisation für überflüssig. Die Bremer stellten sich abseits, weil auf dem ersten Kongreß der Association der in Bremen herrschende Brauch gerügt worden war, jedem auswärtigen Zigarrenmacher 25 Taler abzuverlangen, bevor er eine Arbeit annehmen durfte. Beide Vereine schlossen sich erst 1849 der Association an. Die Bremer traten aber schon vor Ablauf des Jahres wieder aus.

Zum 1. März 1849 war die Mitgliederzahl der Association schon auf 1475 gestiegen. Zweigvereine gab es jetzt in 53, gegen Ende des Jahres, als die Mitgliederzahl knapp über 2000 lag, in etwa 80 Orten. Die meisten Vereine hatten nicht mehr als 30 bis 40 Mitglieder. Über 100 Mitglieder gab es nur in Berlin (230), Dresden (135), Mannheim (114), Osnabrück (104), Hanau (101) und Köln (100) und wohl auch in Leipzig und Hamburg, deren Mitgliederzahl aber nicht genau bekannt ist.

Die rasche Steigerung der Mitgliederzahl war u. a. der intensiven Werbetätigkeit Wenzel Kohlwecks zu verdanken, der auf dem Berliner Kongreß – damals erst 26 Jahre alt – zum Präsidenten gewählt worden war (im übrigen anfangs ein noch unbesoldetes Ehrenamt). Eine der bedeutendsten Entscheidungen Kohlwecks betraf die Herausgabe einer eigenen Zigarrenarbeiterzeitschrift, der *Concordia* (Eintracht). Die erste Ausgabe erschien am 15. Februar 1849 in Berlin. Mit ziemlicher Regelmäßigkeit kam

Die Zigarrenarbeiterzeitschrift Concordia erschien von 1849–1850.

die *Concordia* von da ab jede Woche heraus und trug viel zur Ausdehnung der Association bei. Ein Blick in die Spalten der *Concordia* zeigt auch die Schwächen der Zigarrenmacherorganisation: keine Ausgabe, in der nicht etliche Vereine an abgereiste Mitglieder appellierten, ihre Beitragsschulden zu begleichen. Als das nichts half, ging man dazu über, die Namen der hartnäckigen Beitragsschuldner zu veröffentlichen.
Daß die Zigarrenmacher manche – aus unserer heutigen Sicht – rückständige Forderung erhoben, läßt sich nicht bestreiten. Insbesondere die immer wieder verlangte Entfernung der Frauen aus den Zigarrenfabriken gehört dazu. Schneider und Kattundrucker stellten für ihren Bereich übrigens die gleiche Forderung. Die Braunschweiger Zigarrenmacher gingen im Dezember 1849 vor Gericht, als ein Fabrikant Arbeiterinnen aus Halberstadt kommen lassen und für die Hälfte des ortsüblichen Lohnes beschäftigen wollte. Gericht und Magistrat der Stadt bestätigten, es sei »durchaus unstatthaft«, daß der Fabrikant »noch länger die Frauenzimmer in Arbeit behalte«.[12] In Düsseldorf legten im Oktober 1850 alle Zigarrenmacher die Arbeit nieder, als ihre Prinzipale Frauen einstellen wollten. Allem Anschein nach blieb dieser Protest aber ohne Erfolg, während sich die Zigarrenmacher an anderen Orten, z. B. in Osnabrück, mit den Fabrikanten einigten, künftig keine Frauen mehr einzustellen.
Auch für die Wickelmacher hätten die Mitglieder der Association – die meisten waren Zigarrenmacher – am liebsten ein Beschäftigungsverbot durchgesetzt. Der Grund: Ohne Wickelmacher hätten die Zigarrenmacher mehr Arbeit, und es gäbe kaum Frauen im Betrieb. Die Zigarrenmacher sahen eben im Überangebot an Arbeitskräften einen wesentlichen Grund für ihre schlechte wirtschaftliche Lage. Und obwohl die Zigarrenherstellung seit ihrer Entstehung ein »freies Gewerbe« war und nie Zünfte gekannt hatte, orientierten sich die Zigarrenmacher doch an dem Krisenbekämpfungs-Modell der Handwerkerzünfte: der Abschottung des Marktes. Die Zigarrenmacher fühlten sich ja auch mehr als Handwerker, obwohl sie in Fabriken arbeiteten.
Die Association wollte sich nicht gegen die Unternehmer stellen, sondern dafür sorgen, daß »zwischen Prinzipal und Arbeiter endlich ein unauflöslicher goldner Friede erwachse«.[13] Es gab durchaus Zigarrenfabrikanten, die eine Verständigung mit der Association suchten, weil sie gleichfalls über die sprunghafte Vermehrung der Fabriken und die verschärfte Konkurrenz besorgt waren. Als in Berlin am 1. Dezember 1849 das einjährige Stiftungsfest der Association gefeiert wurde, waren sämtliche Prinzipale erschienen, und auch zur Fahnenweihe des Bremer Vereins am 19. Oktober 1850 schickten die Prinzipale eine Abordnung. Allerdings gab es von Anfang an Stimmen in der Association, besonders in Leipzig, die sich wenig von einer Zusammenarbeit versprachen.
Die Fabrikanten sorgten im übrigen dafür, daß das Verhältnis nicht ungetrübt blieb. Karlshafener Fabrikanten setzten Mitglieder der Association kurzerhand auf die Straße. Als der Osnabrücker Zweigverein der Associa-

tion im August 1849 den 12stündigen Arbeitstag, achttägige Kündigungsfrist und Lohnauszahlungen alle vier Wochen forderte, beschlossen die Fabrikanten, in Zukunft nicht mehr mit den Arbeitern zu verhandeln und alle »Aufhetzer« zu entlassen. Im Januar 1850 versammelten sich 21 rheinische Prinzipale in Berlin, um einen Fabrikantenverein zu gründen, dessen erklärtes Ziel es war, die Association zu bekämpfen. Zwar bemühte sich Wenzel Kohlweck immer wieder, das dem Treiben einzelner schwarzer Schafe zuzuschreiben, aber es ist doch unverkennbar, daß mit der Zeit eine schärfere Tonart angeschlagen wurde. So wetterte die *Concordia* am 1. Januar 1850 gegen die »Herren vom Gelde«, gegen diese »Heuchler, Wucherer, Vampyre der Menschheit«, durch die Tausende und Abertausende ins Unglück gestoßen würden.[14] Und in der vom II. Kongreß der Association 1849 einstimmig verabschiedeten »Denkschrift zur Errichtung von Associations-Fabriken« hieß es, mit solchen, von den Arbeitern selbst betriebenen Fabriken, werde es möglich sein, den »Kampf des Kapitals mit der Arbeiterschaft aufzunehmen und unsere Gegner, die Capitalisten, unschädlich machen zu können«.[15]
Das war fast die gleiche radikale Sprache, wie sie in der *Arbeiterverbrüderung* vorherrschte.

3. Association der Cigarrenarbeiter und Arbeiterverbrüderung

Die im September 1848 gegründete *Arbeiterverbrüderung* war neben den Vereinigungen der Zigarrenarbeiter und Buchdrucker die dritte zentrale Organisation der jungen deutschen Arbeiterbewegung. Die *Arbeiterverbrüderung* wollte politische und gewerkschaftliche Organisation zugleich sein. Schon von daher ergaben sich Spannungen mit der Association. Es gab zwar viele politisch aktive Zigarrenmacher, etwa in dem von Karl Marx und Friedrich Engels beeinflußten *Bund der Kommunisten*. Obwohl die Association auch politische Forderungen erhob – etwa die nach Verteidigung des in der Revolution erkämpften allgemeinen Wahlrechts –, konzentrierte sie sich doch mehr auf die Verteidigung der Berufsinteressen der Zigarrenmacher. Hinzu kamen Auseinandersetzungen über die Frauenarbeit und einige andere Punkte.
Erst auf dem II. Kongreß der Association 1849 in Leipzig wurde über einen möglichen Anschluß an die Arbeiterverbrüderung diskutiert. Besonders die Leipziger und Hamburger Zigarrenmacher drängten dazu:
Alle Arbeiter müßten sich in *einer* Organisation zusammenfinden. Eine Verbesserung der sozialen Lage der Arbeiterschaft lasse sich nur über eine Veränderung der politischen Verhältnisse erzwingen. Und dazu sei die vereinte Kampfkraft aller nötig. Andere, allen voran Martin Adolph Arronge, der Vizepräsident der Association aus Duisburg, hielten dagegen. Bevor man an eine allgemeine Verbrüderung aller deutscher Arbeiter denken könne, müßten sich die einzelnen Berufe zusammenschließen. Außer-

dem sei es in einer Zeit, wo die Reaktion wieder erstarke, doch besser, sich von allem Politischen fernzuhalten.

Man einigte sich auf eine von Johann Gottlieb Heinrich Herzog aus Leipzig entworfene Kompromißresolution: Die Verbrüderung sollte finanziell unterstützt, die Entscheidung über einen formellen Anschluß aber noch zurückgestellt werden.

Der Kongreß nahm eine Reihe weiterer Beschlüsse an: Wo möglich, mußten die Fabrikanten bewogen werden, nur Associationsmitglieder einzustellen; ein Gesetz müsse die Frauenarbeit verbieten. Zum 1. Januar 1851 sollte die neu eingerichtete, auf freiwilliger Mitgliedschaft beruhende Witwen- und Invalidenkasse mit ihren Auszahlungen beginnen. Schließlich wurde dem Präsidenten ein Gehalt von 35 Talern im Jahr bewilligt. Wenzel Kohlweck wurde wiedergewählt, er mußte sich aber einige harte Worte über seine nachlässige Verwaltungsarbeit und Kassenführung gefallen lassen.

Große Hoffnungen setzten die Zigarrenmacher – das hatte der II. Kongreß mit seiner Denkschrift über Associationsfabriken deutlich gemacht – in genossenschaftlich betriebene Fabriken, sogenannte Produktivassociationen. Die Zigarrenmacher – aber auch andere Berufe wie z. B. Schneider – sahen darin eines der Hauptmittel zur Bekämpfung der Arbeitslosigkeit. Eine der größten dieser Genossenschaftsfabriken waren die *Vereinigten Cigarrenarbeiter* in Hamburg, die 1849 mit der Produktion begonnen hatten und in den 50er Jahren ständig 50 Personen beschäftigten. Erst 1862 schloß die Fabrik, nachdem sie sich mit der Neueinstellung einer größeren Zahl von Arbeitslosen übernommen hatte. Ähnliche Genossenschaftsfabriken, die sich aber nicht so lange halten konnten, gab es in Berlin, Leipzig und Magdeburg.

Unmittelbar nach dem Leipziger Kongreß wurden offenbar Gespräche zwischen Association und Arbeiterverbrüderung aufgenommen. In Leipzig war der Wunsch geäußert worden, die *Concordia* mit dem Organ der Verbrüderung zusammenzulegen, da sie zu wenig über aktuelle wirtschaftliche und soziale Fragen berichte. So geschah es dann auch – nicht unbedingt zur Zufriedenheit aller Mitglieder. Etliche meinten, es sei zu riskant, sich mit der radikalen Verbrüderung einzulassen. Aus diesem Grund wurde wohl auch aus der von Wenzel Kohlweck auf der Generalversammlung deutscher Arbeiter am 20. Februar 1850 in Leipzig angekündigten baldigen Verschmelzung mit der Verbrüderung nichts. Sogar die »Zeitungsehe« wurde wieder gelöst. Ab April 1850 kam die *Concordia* von neuem als selbständiges Organ unter der Leitung Wenzel Kohlwecks heraus, der inzwischen Berlin verlassen hatte, wo die Reaktion zu stark wurde. Nach einem kurzen Aufenthalt in Bremen war Kohlweck nach Hannover gezogen.

Als Kohlweck am 13. Mai 1850 aus Hannover ausgewiesen wurde und die Redaktion dem Tischler Ludwig Stechan übergab, der Mitglied im *Bund der Kommunisten* war, überstürzten sich die Ereignisse in der Association.

Der schon seit langem schwelende Unmut über Kohlwecks nachlässige Amtsführung schlug in offene Rebellion um und Kohlweck mußte zurücktreten. Er zog sich ganz aus dem politischen Leben zurück und eröffnete in Berlin eine gutgehende Zigarrenfabrik. Martin Adolph Arronge aus Duisburg, der bisherige Vizepräsident, wurde sein Nachfolger.

4. Zigarrenarbeiter im Sog der Reaktion

Die politischen Verhältnisse in Deutschland hatten sich inzwischen erheblich gewandelt. Die fortschrittliche Koalition aus Handwerkern, Arbeitern, radikalen Demokraten und Bürgern, die den Kampf für ein einiges und demokratisches Deutschland auf ihre Fahnen geschrieben und im Frühjahr 1848 reaktionäre Fürsten und Könige in die Schranken gewiesen hatte, war zerfallen. Das Bürgertum schreckte vor einem Bündnis mit den Volksmassen und deren sozialrevolutionären Tendenzen zurück. Die Arbeiteraufstände des Jahres 1848 in Frankreich schienen dem Bürgertum nur ein Spiegelbild der zukünftigen deutschen Entwicklung zu sein. Da suchte es doch lieber Anschluß an die alten herrschenden Schichten, denen so die Möglichkeit gegeben wurde, sich wieder in den Vordergrund zu schieben. Im April und Mai 1849 kam es in Sachsen, Rheinland-Westfalen, in der Pfalz und in Baden noch einmal zu bewaffneten Erhebungen gegen die vorrückende Reaktion, die Aufstände wurden aber blutig niedergeschlagen. Die im März 1848 erkämpften demokratischen Freiheiten wurden, wenn auch nicht überall in gleichem Maße, wieder abgebaut.
Die Arbeitervereine blieben von dieser Entwicklung nicht verschont. Im Juni 1850 wurden die preußischen Polizeibehörden vom Innenminister angewiesen, besonders gegen die *Association der Cigarrenarbeiter* vorzugehen. So wurde es überaus schwierig, für die III. Generalversammlung der Association, die vom 19. bis 25. August 1850 in Altona zusammentrat, einen Versammlungsort für ungestörte Beratungen zu finden. Die wichtigste Frage der Konferenz war, wie es mit der Association weitergehen sollte. Daß an der zentralen Organisation nicht mehr lange festzuhalten sein würde, war den 19 Delegierten aus 39 Vereinen klar. In Preußen, Bayern und Sachsen gab es schon ein Verbot der *Arbeiterverbrüderung,* und die *Concordia* durfte in Preußen nicht mehr erscheinen. Nach langen Beratungen beschloß die Generalversammlung, die zentrale Organisation aufzulösen, den örtlichen Vereinen und Unterstützungskassen völlige Selbständigkeit zu geben und nur die Witwen- und Invalidenkasse als allen Zigarrenmachern gemeinsame Einrichtung bestehen zu lassen. Die *Concordia* wurde einstweilen eingestellt, an ihre Stelle trat ein in zwangloser Folge erscheinendes Rundschreiben. Die Delegierten hofften, so »jeden Verdacht der Ungesetzlichkeit«[16] von den Zigarrenmachern abzuwenden und zumindest einen lockeren organisatorischen Zusammenhalt retten zu können.

Die Hoffnung trog. Mit Hausdurchsuchungen und Verhaftungen begann unmittelbar nach dem Kongreß die Unterdrückung der Zigarrenarbeitervereine. Anfang 1851 mußte der Berliner Verein sich selbst auflösen, um einem Verbot zuvorzukommen. Am 6. Juni 1851 verfügte das Kreisgericht von Halberstadt die Auflösung des dortigen Zigarrenarbeitervereins als einer verbotenen politischen Verbindung. Das war der Beginn einer ganzen Serie von Verfolgungsmaßnahmen, die 1854 mit einem von allen deutschen Regierungen ausgesprochenen Koalitionsverbot ihren formellen Abschluß fanden. Immerhin konnte in Hannover am 18. August 1851 noch einmal eine Versammlung von 10 Delegierten, die 21 Vereine vertraten (ca. 60 Zigarrenarbeitervereine dürfte es damals noch gegeben haben), zur Beratung der Statuten der Witwen- und Invalidenkasse zusammentreten. Die Witwen- und Invalidenkasse bestand nämlich weiter, während die Vereine einer nach dem anderen den Verbotsmaßnahmen zum Opfer fielen. Ende Dezember 1851 begannen die Rentenauszahlungen. Am 1. Oktober 1852 konnte der Leiter, Arronge, auf einen Kassenbestand von stolzen 3700 Talern verweisen. Alle gegen die Kasse angestrengten Verbotsprozesse hatte Arronge erfolgreich durchgestanden. Erst ein neues preußisches Gesetz vom 17. Mai 1853 verschaffte den Staatsbehörden die erwünschte Handhabe. Danach mußten private Versicherungsanstalten ihre Statuten von den Behörden genehmigen lassen – es versteht sich, daß der Witwen- und Invalidenkasse der Zigarrenmacher die nachträgliche Genehmigung verwehrt wurde. Arronge resignierte, und eine Weihnachten 1853 tagende Versammlung beschloß, die Kasse aufzulösen. Die noch vorhandenen Gelder wurden den Einlegern zurückgezahlt. Eine von Arbeitern selbstverwaltete Einrichtung konnten die deutschen Regierungen nicht dulden. Sie wollten aus Bürgern wieder willfährige Untertanen machen. Um jeden Ansatz zu zerschlagen, aus dem sich eine unabhängige Arbeiterorganisation hätte entwickeln können, wurden auch die örtlichen Hilfskassen unter strenge behördliche Aufsicht gestellt. Die Unterstützung durchreisender Mitglieder ortsfremder Kassen wurde verboten. Man wollte so jedes Verbindungsnetz zerstören und nebenbei auch das lästige Wandern von Handwerkern und Arbeitern eindämmen, mit dem sich fortschrittliche Ideen verbreiteten.
Aber auch diese Hoffnung trog. Die alten Verbindungen konnten nie *ganz* ausgelöscht werden. Unabhängige Unterstützungskassen der Zigarrenarbeiter bestanden weiter, meistens im Untergrund. Sie scherten sich nicht um das Verbot, durchreisende Berufskollegen zu unterstützen. Reiseunterstützung wurde weiter ausgezahlt und auch quittiert – gegen Vorlage des alten Mitgliedsbuches der Association oder einer Unterstützungskarte. Aus beiden war lediglich, um es der Polizei nicht zu leichtzumachen, der allzu bekannte Namen Arronge herausgeschnitten. An manchen Orten scheinen sogar die alten Vereine der Association illegal weitergelebt zu haben: in Frankfurt a. M. z. B., wo ein *Verein der Cigarrenarbeiter* im Mai 1852 einen Streik organisierte, in dessen Verlauf 25 Zigarrenarbeiter aus

der Stadt gewiesen wurden. In Minden gab es noch Mitte der 50er Jahre über 100 organisierte Zigarrenmacher, die gemeinsame Versammlungen abhielten und bei Ausflügen Zusammenkünfte mit den Kollegen der umliegenden Ortschaften arrangierten. Die Hannoveraner Polizei deckte 1857/58 einen als Gesangverein getarnten Zigarrenarbeiterverein auf. Die Erinnerung an die Association blieb lebendig. Schon 1858 versuchte Friedrich Wilhelm Fritzsche von Leipzig aus, eine neue nationale Zigarrenarbeitergewerkschaft ins Leben zu rufen. Daß dieser Versuch sieben Jahre später zum Erfolg führte, hing auch damit zusammen, daß die alte Tradition nicht vergessen war.

KAPITEL II

Industrie und Gewerbe im 19. Jahrhundert

In den 50er und 60er Jahren des 19. Jahrhunderts erlebte Deutschland eine stürmische wirtschaftliche Entwicklung. Die Dampfmaschine trat ihren Siegeszug an. Die Anzahl der in Fabriken beschäftigten Personen verdreifachte sich. Um das sechsfache wuchs die Zahl der Bergleute. Die Schwerindustrie nahm eine sprunghafte Ausdehnung. Kurz: Der Kapitalismus erlebte in dieser Periode seinen entscheidenden Durchbruch.

1. Entwicklung der Tabak- und Zigarrenproduktion

Der Nahrungs- und Genußmittelbereich nahm an dem allgemeinen, nur von kurzfristigen Krisen unterbrochenen wirtschaftlichen Aufschwung kräftigen Anteil. Die Tabakfabrikation und ganz besonders die Zigarrenherstellung rangierten dabei an erster Stelle. Die Aufhebung des Rauchverbots in der Öffentlichkeit, noch im Revolutionsjahr 1848 ausgesprochen, und der langsame Anstieg des Einkommens auch der unteren Volksschichten verschoben dann insbesondere bei den billigen Preisklassen den Tabakkonsum von der Pfeife zur Zigarre. Vom Luxusartikel wurde die Zigarre endgültig zum Gegenstand des Massenkonsums. Die erhöhte Nachfrage sorgte für eine kräftige Ausdehnung der Produktion. In Bünde z. B. gab es 1856 erst drei Tabakfabriken, die 300 Arbeiter beschäftigten. Acht Jahre später waren es schon 3000 Zigarrenarbeiter und 1878 bereits an die 6000. 1861 waren es im gesamten deutschen Zollvereinsgebiet (das allerdings die für die Zigarrenherstellung wichtigen Orte Hamburg und Bremen nicht umfaßte) 3323 Betriebe mit 54 038 Arbeitern. 1875 gab es im Deutschen Reich – mit Hamburg und Bremen – schon 10 583 Betriebe, die 110 891 Personen (Arbeiter, Lehrlinge, kaufmännisch-technisches Personal und Betriebsleiter) beschäftigten.

> Tabelle 1 zeigt das Wachstum der Tabakindustrie im Deutschen Reich zwischen 1878 und 1907. Bei den Betrieben wird nach Haupt- und Nebenbetrieben unterschieden, letztere sind solche, deren Inhaber die Tabakproduktion nur im Nebenerwerb betreiben. Alleinbetriebe sind Betriebe ohne fremde Arbeitskräfte. Die Tabelle gilt zwar für die gesamte Tabakproduktion, zeigt aber im wesentlichen das Bild der Zigarrenherstellung, des mit Abstand wichtigsten Zweigs der Tabakwirtschaft, wie Tabelle 2 verdeutlicht.

Die Struktur der tabakverarbeitenden Betriebe nahm inmitten dieses all-

Tab. 1
Verbreitung der Tabakindustrie im Deutschen Reich 1878 bis 1907[1]

Jahr	Anzahl der Betriebe	Hiervon waren Hauptbetriebe	Nebenbetriebe	Von den Hauptbetrieben waren Alleinbetriebe (1 Besch.)	Gesamtzahl
1878	15 082	9 531	5 497	3 484	119 374
1882	16 375	12 206	1 149	8 221	113 396
1895	20 933	19 357	1 576	10 988	152 753
1907	27 269	25 470	1 799	13 565	203 224

gemeinen Aufschwungs eine besondere Entwicklung. Zwar dominierte noch bis 1882 der Großbetrieb. Schon in den 50er und 60er Jahren konnte man aber eine andere Erscheinung beobachten: den Zug der Tabakverarbeitung auf das flache Land, in die Dörfer und Kleinstädte – die Entstehung der Heimarbeit. Hamburger und Bremer Firmen begannen, nach Westfalen und ins mitteldeutsche Eichsfeld auszuwandern. Die Leipziger Fabriken verlagerten ihre Produktionsstätten in die angrenzenden mittelsächsischen Gebiete. Mannheimer Fabrikanten wichen nach Kehl, Offenbach, Lahr und anderen oberbadischen Orten aus. Ähnliches läßt sich in allen alten Zentren der Tabakverarbeitung feststellen. Die Anzahl der Beschäftigten in der Bremer Zigarrenindustrie z. B. ging von 3953 im Jahre 1852 (das entsprach einem Anteil von 6,6 Prozent an der Gesamtbevölkerung) bis auf 1834 im Jahre 1905 zurück (0,7 Prozent der Gesamtbevölkerung).

Die Gründe für diese Entwicklung sind vielfältiger Natur: Auf dem Lande waren die Arbeitskräfte billiger, was mit wachsender Konkurrenz und der seit 1878 immer schärfer werdenden Besteuerung seine Bedeutung bekam. Die Industrialisierung Deutschlands, besonders das Aufkommen der Metallindustrie, in der höhere Löhne gezahlt wurden, entzog den Zigarrenfabriken die Arbeitskräfte. Hamburg und Bremen lagen außerhalb des deutschen Zollgebietes; wenn sie die verschiedenen Zollerhöhungen seit 1878 auf Rohtabak unterlaufen wollten, mußten sich die Hamburger und Bremer Fabrikanten nach Produktionsstätten innerhalb des Zollgebiets um-

Tab. 2
Im Deutschen Reich hergestellte Zigarren und Zigaretten
(Mengenangaben in Tausend, Wertangaben in Mark)[2]

Jahr	Zigarren Stückzahl	Wert	Zigaretten Stückzahl	Wert
1877	5 366 349	193 840 446	187 655	2 529 238
1897	6 500 000	250 000 000	1 100 000	11 000 000
1903	7 384 000	284 000 000	3 200 000	32 000 000

37

sehen. Schließlich spielte die Verschiebung des Konsums zu den billigen Preislagen eine Rolle. Konkurrenzdruck und geringere Verdienstspanne zwangen zu schärferer Kostenkalkulation. Da Maschinen in der Zigarrenindustrie noch auf lange Zeit hinaus unbekannt waren, eröffnete sich nur ein Ausweg, eben die Heranziehung billigerer Arbeitskräfte. Diese waren nur auf dem flachen Land zu bekommen. Dort war die Zigarrenindustrie obendrein hochwillkommen, da sie oft eine Lücke ausfüllte, die andere, niedergehende Gewerbezweige (Weberei z. B.) gelassen hatten. Schon 1882 wohnten über die Hälfte aller Tabakarbeiter in Orten mit weniger als 5000 Einwohnern, 1907 waren es schon fast zwei Drittel. Tabelle 3 verdeutlicht, daß sich im Zusammenhang mit dieser Entwicklung die Struktur der Tabakproduktionsbetriebe kaum veränderte. Der Anteil von Klein-, Mittel- und Großbetrieben an dem in Gehilfenbetrieben beschäftigten Personal bleibt seit 1882 fast gleich. Tabelle 4 zeigt das in absoluten Zahlen. Während überall in der deutschen Wirtschaft der Großbetrieb seinen Siegeszug antrat, bewegte er sich in der Tabak- und Zigarrenindustrie auf der Stelle. Die Vielfalt des Zigarrenmarkts mit seiner schier unübersehbaren Palette von Formen, Sorten und Fassons ließ eine Markenbildung kaum zu und hinderte die Großbetriebe daran, ihre rationellere Organisationsform gegenüber den Klein- und Mittelbetrieben voll auszuspielen. Mit dem Erstarken der gewerkschaftlichen Organisation gingen die Fabrikanten in manchen Gegenden dazu über, kleinere und kleinste Produktionsstätten vorzuziehen.

Oft wurden gar keine Fabrikationsgebäude mehr errichtet. Auf der Jahresversammlung des Deutschen Tabakvereins, 1907, beschrieb ein Unternehmer, wie die Verlagerung der Produktion vor sich gehen konnte:

> Ich habe eine große Anzahl Filialen in der Form gegründet, daß ich in ein großes Dorf oder in eine kleine Stadt gegangen bin, wo bis dahin noch absolut gar keine Cigarrenfabrikation existierte. Ich habe mir ein Betriebslokal, gewöhnlich ein Tanzlokal, gemietet und habe da die Cigarrenfabrikation nur mit Frauen begonnen. Ich habe einige ältere Frauen zum Abrippen und im übrigen junge Mädchen zum Wickelmachen und zum Cigarrenmachen, natürlich unter Aufsicht und Anlernung durch einen tüchtigen Werkmeister, angenommen.[3]

Berüchtigt wurden die fliegenden Fabriken in Westfalen. Das waren Firmen, die ihre Zigarren in Kommissionsfabriken anfertigen ließen und mit dem Kommissionsmeister nur kurzfristige Verträge abschlossen. Gefiel

Tab. 3

Prozentuale Verteilung des Personals der Tabakwirtschaft auf Klein-, Mittel- und Großbetriebe[4]

Jahr	Kleinbetriebe	Mittelbetriebe	Großbetriebe
1882	10,5 %	35,7 %	49,1 %
1895	8,8 %	34,8 %	51,8 %
1907	9,2 %	34,9 %	51,5 %

Tab. 4
Gewerbebetriebe und die darin beschäftigten Personen in der Tabakindustrie 1882, 1895 und 1907[5]

Betriebe mit ... Personen		1882	1895	1907
Alleinbetriebe	B	8 221	10 998	13 565
	P	8 221	10 998	13 565
Gehilfenbetriebe	B	4 251	4 835	7 556
1 – 5	P	11 906	13 417	18 727
Gehilfenbetriebe	B	2 243	2 800	3 387
6 – 50	P	37 614	49 433	66 218
Gehilfenbetriebe	B	511	734	962
über 50	P	55 655	79 242	104 714
Gesamt	B	15 226	19 357	25 470
	P	113 396	153 080	203 224

ihnen die Arbeit nicht mehr, oder kamen sie aus anderen Gründen mit dem Meister und seinen Arbeitern nicht mehr zurecht, wurde der Tabak samt Utensilien auf einen Leiterwagen gepackt und zum nächsten Ort gefahren. Es gab Firmen, die auf diese Weise binnen kurzer Zeit in mehr als einem Dutzend westfälischer Dörfer Fabriken eröffneten und wieder schlossen. Daß Westfalen und Süddeutschland der gewerkschaftlichen Agitation, von wenigen Inseln abgesehen, lange Zeit unzugänglich blieben, zeigt, daß die Fabrikanten mit ihrer Taktik Erfolg hatten.

Bis zur Mitte der vierziger Jahre waren Messer, Rollbrett und Klebstoff die einzigen Werkzeuge des Zigarrenarbeiters. Dann wurde in der Oldenkottschen Zigarrenfabrik in Hanau die Wickelform erfunden. Sie stellte aber lange Zeit ein sorgsam gehütetes Produktionsgeheimnis dar; der Schreiner, der die hölzernen Formen anfertigte, war verpflichtet, nur für Oldenkott und niemanden sonst zu arbeiten. Erst in den sechziger Jahren fand die Wickelform in Hamburg, Bremen und einigen sächsischen Produktionsorten Eingang. Von da ab setzte sie sich rasch in den übrigen Produktionsgebieten durch.

Die Neuheit bestand darin, daß die Zigarrenwickel in eine hölzerne Form gelegt und anschließend gepreßt wurden, bevor sie der Zigarrenmacher oder Roller mit einem Deckblatt versah. Die Folge war, daß der Wickelmacher die Form der Zigarre nicht mehr so genau im Griff haben mußte wie früher. Das erleichterte die Ausdehnung der Frauenarbeit. Schon 1875 waren fast ebenso viele Frauen wie Männer in der Tabakproduktion beschäftigt. Vor allem beim Wickelmachen überwogen die weiblichen Arbeitskräfte, während das Rollen einstweilen noch eine Domäne der Männer blieb – genau wie das Sortieren der fertigen Zigarren nach ihren Farbschattierungen. Die Wickelform steigerte die Tagesleistung eines Wickelmachers um bis zu 40 Prozent und damit natürlich auch seine Verdienstmöglichkeit. Die Roller dagegen schnitten vergleichsweise schlechter ab.

Vor der Einführung der Wickelform hatten Wickelmacher und Roller Hand in Hand gearbeitet, der Roller mußte sich seinen Wickelmacher selbst besorgen. Beide wurden im Gruppenakkord entlohnt, der Fabrikant zahlte an den Roller, der seinerseits einen Teil an den Wickelmacher weiterreichte. Mit Einführung der Formenarbeit wurde das enge Abhängigkeitsverhältnis durchbrochen. Der Fabrikant stellte in vielen Fällen den Wickelmacher unabhängig vom Roller ein und ergriff natürlich die Chance, dessen Verdienst dabei zu drücken.

Unter den organisierten Tabakarbeitern kam es zu einer lebhaften Auseinandersetzung, wie man sich zur Wickelform stellen solle. Mehrheitlich bildete sich die Meinung heraus, die Mechanisierung liege im Zug der Zeit, und auch die Tabakarbeiter würden davon nicht verschont bleiben.

Doch erst in den achtziger Jahren erfolgte ein weiterer Versuch zur Mechanisierung der Zigarrenproduktion. Nach der enormen Verteuerung des Rohtabaks durch die Zollerhöhung vom 15. Juli 1879 wurden mancherorts mechanische, mit Fußkraft betriebene Wickelstühle zur Anfertigung von Zigarillos eingesetzt. Die Wickelstühle waren aber technisch zu unvollkommen. Betriebe, die sie angeschafft hatten, kehrten nach kurzer Zeit zur Handarbeit zurück. Auch die in den neunziger Jahren aus den USA nach Deutschland gebrachte, erste motorisch betriebene Wickelmaschine mit automatischer Tabakzuführung wurde nach kurzer Eprobung zum Alteisen geworfen. Die von Rudolf Schmidt 1897 konstruierte Wikkelmaschine »Perfekto« kam nur in einer westpreußischen Fabrik zum Einsatz. Ebenso erging es den Rippenwalzwerken zur Auswalzung der Tabakrippen, die nur in wenigen Großbetrieben Eingang fanden. Bei der konsumabhängigen breiten Palette von Produkten und Fassons war der Einsatz von Maschinen und damit eine Standardisierung des Produktionsprogramms kaum rentabel. Selbst die mit der Wickelform hergestellten Zigarren wurden gelegentlich noch von Hand nachbearbeitet, um ihnen ein unebenes Aussehen zu verleihen.

2. Der Vorleser bei den Zigarrenarbeitern

In dieser Umbruchzeit der sechziger Jahre kam in Deutschland der Vorleser auf. Das war ein Zigarrenarbeiter, der seinen Kollegen während der Arbeit aus Zeitungen, Broschüren oder Büchern vorlas und von ihnen den Lohnausfall ersetzt bekam.

Der Vorleser ist aus der Tradition mündlicher Überlieferung entstanden, die Mitte des 19. Jahrhunderts noch eine ganz andere Bedeutung hatte. Bei ihrer monotonen, fast geräuschlosen Arbeit haben sich die Zigarrenarbeiter ohnehin häufig unterhalten. Da lag es nahe, auch vorzulesen.

In den großen Fabriken, wo bisweilen schon dazu übergegangen wurde, das Sprechen während der Arbeitszeit zu verbieten, dürfte es den Vorleser kaum gegeben haben. Seine Domäne waren die kleineren Produktionsstätten und Heimarbeiterwohnungen in Norddeutschland, wo sich alle Zigarrenarbeiter untereinander kannten und mehr oder minder der gleichen politischen Auffassung waren, und wo es keinen lästigen Aufpasser gab. In Altona und Ottensen glich fast jede Zigarrenmacherbude einem Diskutier- und Leseklub, wie Heinrich Laufenberg in seiner Geschichte der Hamburger Arbeiterbewegung schreibt.[6] Von populären Abenteuerromanen über Gedichte Georg Herweghs und Ludwig Freiliggraths bis hin zu den Schriften Ferdinand Lassalles und anderer Autoren der Arbeiterbewegung wurde fast alles vorgelesen. Oft wurde derjenige zum Vorleser bestimmt, der die schlechtesten Zigarren anfertigte, oder es löste einer den anderen ab. Auf jeden Fall wurde anschließend über das Gehörte gesprochen.

Otto Ernst, Sohn eines Zigarrenarbeiters aus Ottensen, beschreibt in seinem autobiographischen Roman »Asmus Sempers Jugendland«, wie man sich die Entstehung des Vorlesers denken könnte. Er schildert die Atmosphäre in der Werkstatt eines gewissen Ludwig Semper (dahinter verbirgt sich sein Vater) und kommt auf einen Heinrich Moldenhuber zu sprechen, der sich mehr aufs Phantasieren und Erzählen als aufs Zigarrenmachen verstand:

> Er verstand eben das Wolkenschieben unendlich viel besser als das Zigarrenmachen. Seine Zigarren erbten durchweg von ihrem Erzeuger die elegisch-schiefe Haltung des Kopfes; auch knetete er zuweilen so schwere Probleme hinein, daß sie keine Luft behielten und nicht brannten (...) Unter diesen Umständen empfand es Ludwig Semper als ein Glück, daß Moldenhuber in Hinsicht auf Zigarren nur von geringer Produktivität war; denn wenn der Fabrikant bei der Ablieferung solche »Raupen« entdeckte, dann konnte er sehr unangenehm werden, ja, es konnte Ludwig Sempern die Arbeit kosten; trotzdem hätte er es nie übers Herz gebracht, dem Raupenerzeuger, den er wie einen Sohn liebte, ein tadelndes Wort zu sagen (...) Aber bald verfiel Ludwig Semper auf eine geniale Idee, die alle Schwierigkeiten auf die einfachste und angenehmste Weise löste. Es bildete ohnedies schon die Regel, daß Moldenhuber am Morgen oder Mittag mit Büchern vom Sedezformat bis zum größten Foliantenformat geschleppt kam und erklärte, das müsse man lesen, das sei großartig –, daß er dann vorzulesen begann, bis der Tabak auf seinem Platze trocken geworden war und daß er dann am Ende der Woche heiter und erhaben wie ein Vollschiff mit einer Kontantenfracht von sieben bis acht Mark nach Hause segelte. Das beschloß Ludwig Semper anders zu organisieren. Er ernannte Heinrich den Seefahrer zum ständigen Vorleser, und er sowohl wie die drei übrigen Gehilfen erklärten sich freudig bereit, dafür die Zigarren zu machen, die der Seefahrer eigentlich machen sollte, und sie ihm anzurechnen. So mußten sie denn freilich über den Feierabend hinaus arbeiten; aber gerade beim Lampenlicht, wenn die Welt still geworden war, las und hörte sich's wundergut. Der Segler verdiente mehr denn je und die Sempersche Akademie hatte einen festangestellten Lektor. Sie konnte sich das leisten. Da aber der Wolkenschieber doch nicht immer lesen konnte, so wurde Asmus, der beim Zuhören so wenig Blätter entrippte, wie nie vor ihm und nie nach ihm ein Tabakzurichter entrippt hat, eines Tages zur Aushilfe herangezogen, und Asmus fuhr mit solchem Eifer vom Tabak in die Lektüre, daß die Eltern wohl hätten glauben können, ihr Kind sei ihnen unter den Händen ausgewechselt worden. Man fand, daß es sich gut anhöre, wenn er lese, und da er sich nebenher etwas Französisch und Englisch angeeignet hatte, so konnte er sogar solche Fremdwörter wie »Bourgeoisie« und »Trades Unions« lesen, was einen armen, kränklichen Gehilfen so in Begeisterung versetzte, daß er sagte: »Wenn de und willst gern mal ä

neies Buch haben, alsdann braichste mer'sch bloß zu sagen, da koof ich's dir, ganz einerlei, was 's kost't.«

Und so wurde denn ein Ehrliches und Erbauliches gelesen: dann einmal aus Virgils »Aeneis« und dann Gedichte von Herwegh und Freiliggrath, dann aus Rousseaus »Emile« und dann die »Regulatoren aus Arkansas« von Gerstäcker, dann aus Humboldts »Kosmos« und dann Spielhagens »Hammer und Amboß«, dann aus Schlossers Weltgeschichte und dann Lassalles Arbeiterprogramm, dann aus Thiers' »Geschichte der französischen Revolution« und dann Hufelands »Makrobiotik«, dann Vossens »Louise« und Gellerts Fabeln und dann wieder Hackländer und Ferdinand Lassalle – ja, einmal brachte der Wolkenschieber eine Übersetzung von Platons »Phödon« mit; der wurde aber von seinen Mitgehilfen entschieden abgelehnt, ebenso wie Fichtes Reden. Und wenn man nicht mehr las, so wurde über das Gelesene gesprochen; was unverständlich war, das mußten Ludwig Semper oder Heinrich Moldenhuber erklären, und auch Asmus durfte seine Meinung sagen, wenn er eine hatte.[7]

Das gleiche Bild gibt der Hamburger Zigarrenarbeiter Julius Bruhns in seinen Erinnerungen:

> Die eigenartigen Arbeitsverhältnisse der Zigarrenmacher boten (...) besondere Gelegenheit zur Ausbreitung und Festigung der sozialdemokratischen Anschauungen.
> Hier zeigte sich gewissermaßen eine gute Seite jener sonst so bedauernswerten Verhältnisse. Hatten nämlich die Zigarrenmacher keine großen Fabriken mit hellen, gesunden Arbeitsräumen, geregelter Arbeitszeit und sicheren Löhnen, so hatten sie aber auch keine strengen Arbeitsordnungen, keine Aufpasser. Sie waren in gewissem Sinne frei, konnten in ihren Arbeitsstuben tun und reden, was sie wollten. Und von dieser Freiheit machten damals die Zigarrenmacher in meiner Heimatstadt ausgiebigen Gebrauch, begünstigt durch den Umstand, daß das Mechanische ihrer Hantierung ihrem Geist gewisse Bewegungsmöglichkeiten gab, die manch anderer Beruf seinen Angehörigen nicht bietet. Da wurde den ganzen Tag über debattiert und politisiert (...) Und mancher tüchtige Führer der Sozialdemokratie hat den Grund zu seinem späteren Können gelegt in diesem eifrigen Disputieren über sozialistische Bestrebungen mit seinen Kollegen in den Zigarrenmacherstuben.[8]

Hermann Molkenbuhr schildert in seinen Erinnerungen, wie die Zigarrenarbeiter in der Nöltingschen Zigarrenfabrik in Ottensen regelrechte Debatten organisierten:

> Sowie eine Frage aufgeworfen wurde, die allgemeine Beachtung verdiente, dann übernahm Hartung den Vorsitz. Allgemeine Ruhe war dann geboten und nun mußten sich alle, die etwas sagen wollten, zum Worte melden. So wurde regelrecht diskutiert, bis die Debatte zum Abschluß kam. Es war die Fabrik eine Sozialistenschule, wie es wohl wenige gegeben hat.[9]

Nach Otto Ernst veranstalteten die Zigarrenarbeiter regelrechte Rollenspiele, um sich das Vorgelesene besser anzueignen: einer mußte den Bürgerlichen mimen und Gründe gegen die Arbeiterbewegung vorbringen.

Der Vorleser war sozusagen die erste Bildungseinrichtung der jungen deutschen Arbeiterbewegung und trug mit dazu bei, daß später so viele Zigarrenarbeiter hervorragende Positionen in den Gewerkschaften und der Sozialdemokratischen Partei oder in den Genossenschaften übernahmen.

1898 kamen neun sozialdemokratische Reichstagsabgeordnete aus der Tabakarbeiterschaft, das waren 16 Prozent der gesamten Fraktion. Bis 1912

Heinrich Molkenbuhr, Zigarrenarbeiter u. Vorleser, der „Moldenhuber" aus Otto Ernsts Roman.

sank der Anteil allerdings auf 6 Prozent. Einige der bekanntesten Tabakarbeiter-Abgeordneten waren Heinrich Molkenbuhr, von 1904 bis 1927 Mitglied des sozialdemokratischen Parteivorstandes und Mitvorsitzender seiner Fraktion; Friedrich Geyer, Finanzexperte und 1918 sächsischer Finanzminister; Adolph von Elm und Alfred Henke.
In Hamburg gab es Vorleser und Vorleserinnen noch vor dem I. Weltkrieg. In Ostpreußen versuchten die Fabrikanten, sich die Einrichtung zunutze zu machen. Sie ließen aus der Bibel vorlesen, in der Hoffnung, die Zigarrenarbeiter zu staats- und königstreuen Personen zu machen. Mit dem Niedergang der Zigarrenproduktion in Hamburg und Bremen, aber auch mit dem Aufstieg der Arbeiterbewegung, die andere Bildungseinrichtungen anbot, verschwand der Vorleser langsam. Nur in Ostwestfalen hat es bis zur Mitte der fünfziger Jahre noch Vorleser gegeben. Meist waren es pensionierte Zigarrenarbeiter, die jeden Morgen an ihrem alten Arbeitsplatz erschienen, um ihren Kollegen aus der Zeitung vorzulesen.

3. Entwicklung der Zigarettenindustrie

Um 1812 soll ein Hamburger Kaufmann, der sich lange Jahre auf Kuba aufgehalten hatte, mit der Produktion von Papierzigaretten begonnen haben. Die Herstellung lohnte nicht und mußte bald wieder aufgegeben werden. Die erste gewinnbringende Zigarettenfabrik wurde 1862 in Dresden als Filiale einer Petrograder Firma errichtet. In der kleinen Stube eines Seitengebäudes lernten zwei russische vier deutsche Arbeiterinnen an, ein russischer Tabakschneider sorgte für die Mischungen.
Während eines Jahrzehnts veränderte sich die Technik der Zigarettenherstellung fast gar nicht. In den siebziger Jahren kamen die ersten motorisch betriebenen Tabakschneidemaschinen auf. Vor dem Schneiden wurde der Tabak von Hand gemischt, nach dem Schneiden kam er zum weiteren Austrocknen auf Darren und dann in die Hände der Zigarettenarbeiterinnen. Deren Aufgabe war es, den Tabak in die fertig gelieferten Hülsen hineinzustopfen. Schon früh wurden Hilfsmaschinen entworfen, die entweder Hülsen produzierten oder das Füllen der Hülsen vereinfachten. Die erste automatische Zigarettenmaschine, von dem Franzosen Durand erfunden, war auf der Pariser Weltausstellung 1878 zu sehen. Sie verrichtete vom Erfassen des Zigarettenpapiers bis zum Verpacken der fertigen Zigaretten alle Arbeitsgänge und war in ihrer Grundkonstruktion Urahne aller späteren Maschinengenerationen. Bis kurz vor dem I. Weltkrieg kam eine Vielfalt von Maschinentypen zum Einsatz. Die einfachsten, für Kleinbetriebe gedacht, produzierten 45 000 Zigaretten am Tag. Die größten Maschinen hatten eine Tagesleistung von 200 000 Zigaretten und ersetzten 130 Arbeiterinnen.
Wegen der steigenden Mechanisierung konnte die Zigarettenindustrie die verschiedenen Zoll- und Steuererhöhungen auf Tabak und Tabakerzeug-

nisse relativ problemlos überstehen und ihrer ewigen Konkurrentin, der Zigarrenindustrie, noch Kunden abjagen. Gleichzeitig wurde jede neue Steuererhöhung zum Anlaß weiterer Maschinisierung. Wie die Tabelle 5 zeigt, verschwanden die reinen Handarbeitsbetriebe fast vollständig aus der Zigarettenherstellung.
Sachsen, Brandenburg und die preußischen Ostprovinzen waren vor dem I. Weltkrieg Schwerpunkte der Zigarettenindustrie. Berlin, Breslau und Dresden hatten die größten Fabriken. Die fünf größten Dresdener Zigarettenfabriken stellten ein Drittel der deutschen Gesamtproduktion her. Solange die Zigarettenindustrie eine Industrie mit Handarbeit war, blieb sie wie die Zigarrenindustrie mittelständisch geprägt. Die Verbilligung der Produktion durch die Maschinenarbeit hingegen vernichtete auch die mittleren Betriebe, denn Zigarettenmaschinen waren sehr teuer und konnten nur von kapitalkräftigen Unternehmen betrieben werden.

Tab. 5
Entwicklung der Zigarettenindustrie, 1887 bis 1924[10]

Jahr	Zigarettenbetriebe ohne Kraftbetrieb	Beschäftigte Personen	Zigarettenbetriebe mit Kraftbetrieb	Beschäftigte Personen
1887	49	986	9	712
1890	71	741	16	1 038
1895	134	880	27	1 754
1900	118	945	71	4 340
1905	181	1 519	114	8 065
1910	244	2 501	163	12 063
1915	223	1 905	240	21 362
1920	89	263	341	20 252
1924	37	63	513	25 001

4. Arbeitsverhältnisse im Nahrungsmittelgewerbe

Auch im Bäckergewerbe hatte die Technik in den 60er und 70er Jahren des 19. Jahrhunderts kaum Eingang gefunden. Schwere körperliche Arbeit bestimmte, anders als bei den Zigarrenarbeitern, den Arbeitsalltag der Bäkker. Der Mehltransport, das Mischen des Mehls, das Kneten und Teilen des Teigs, die Beschickung der Öfen, fast alle Tätigkeiten mußten von Hand verrichtet werden. Kleinstbetriebe herrschten vor, Großbetriebe waren noch gänzlich unbekannt. Pläne zur Errichtung von Brotfabriken, die in den 50er Jahren hier und da aufkamen, konnten nicht verwirklicht werden. Starre Zunftordnung und die rückschrittliche Haltung der Zunftmeister verhinderten jede Neuerung.
Nicht anders bei Brauern, Müllern und Fleischern. Überall im Nahrungs-

mittelgewerbe waren Kleinstbetriebe mit den gleichen unmenschlichen Arbeitsbedingungen die Regel. Stellvertretend für viele sei der Bericht eines Müllerburschen aus der Gegend von Chemnitz wiedergegeben, der 1872 in der sozialdemokratischen Zeitung *Volksstaat* veröffentlicht wurde:

> Betrachten wir uns also das Thun und Treiben in einer Fabriksmühle! Sagen wir, es ist eine Mühle von 8 Gängen. In einer solchen sind in der Regel, einschließlich des Knappen (Werkführers), 5 Arbeiter beschäftigt. Der Knappe hat die Arbeit auszutheilen (was stets so geschieht, daß er davon frei bleibt) (...). Die gewöhnliche Arbeitszeit beträgt täglich 16–18, auch 20–24 Stunden; es wird Tag und Nacht gearbeitet, Sonn- und Feiertage nicht ausgenommen. Während der Gottesdienstzeit, wo der Betrieb des Geschäftes gesetzlich verboten ist, stehen zwar die Räder stille, allein die Arbeiter sind gezwungen, andere Verrichtungen zu thun, die weniger Geräusch verursachen. Die Eintheilung der Arbeitszeit ist im Allgemeinen folgende: Abends 7 oder 8 Uhr begeben sich 2 Mann zur Ruhe (...) (in den meisten Mühlen ist es nicht erlaubt auszugehen); die Lagerstätte besteht in der Regel aus einem alten, mit Kleie ausgestopften Sacke, Betten sind für die Müllerburschen unbekannte Dinge. (Die Mühlenbesitzer sagen, in Betten würden die Leute zu faul, würden zu lange schlafen und dergl.!) So liegen denn die armen Burschen bis ungefähr nachts 1 Uhr auf ihrem Kleiensacke, dann heißt es wieder »auf!« und die beiden anderen Arbeiter, welche zuvor gearbeitet hatten, sinken auf dieselben Säcke hin, welche von den vor Mitternacht Schlafenden verlassen wurden. Dabei kommt es oft vor, daß ihnen die Augen so sehr brennen, daß sie trotz aller Müdigkeit nicht schlafen können und erst Umschläge mit Wasser machen müssen. Früh 7 Uhr hat die ganze Mannschaft wieder an der Arbeit zu sein. Also von Morgens 7 bis Abends 7 oder 8 Uhr wird mit der ganzen Mannschaft gearbeitet, und außerdem muß noch die Hälfte von Abends bis Mitternacht und die andere Hälfte von Mitternachts bis Morgens arbeiten. Es ist geradezu haarsträubend. Durch diese schreckliche Behandlung der Arbeiter sind dieselben aber auch ganz und gar feig und charakterlos geworden, sie wagen es kaum, ihrem Chef in das Gesicht zu blicken. Wenn derselbe in die Mühle kommt, dann wird ihm demuthsvollst der Gruß gebracht und mit Angst erwartet man die allenfallsige Erwiederung desselben. Erfolgt eine solche, dann ist man froh, weil man annimmt, daß der »Herr« bei guter Laune sei; wird der Gruß aber nicht erwidert, dann verkriecht man sich scheu in die Winkel und denkt mit Entsetzen an eine allenfallsige Entlassung.[11]

KAPITEL III
Die Gründerjahre der Gewerkschaften

Gegen die unmenschlichen Arbeitsbedingungen konnten sich die Beschäftigten nicht zur Wehr setzen – selbst, wenn sie es wollten. Denn noch galt das aus der Reaktionszeit stammende Koalitionsverbot. Erst als 1860 zuerst in Nassau, dann in den übrigen deutschen Staaten die allgemeine Gewerbefreiheit eingeführt wurde, fiel auch das Koalitionsverbot. Selbst liberale Fabrikanten hatten sich für seine Beseitigung eingesetzt. Sie wollten die Arbeiter in Bildungsvereinen zusammenfassen, um das berufliche Qualifikationsniveau zu heben.
An die Stelle des alten Koalitionsverbots traten freilich neue Vereinsgesetze, die eine Fülle von Handhaben gegen Arbeiterorganisationen boten, die mehr sein wollten als bloße Bildungsvereine. Am wirksamsten, daher auch am häufigsten eingesetzt, war das Verbindungsverbot für politische Vereine. Es sollte jeden Ansatz einer zentralen Organisierung unmöglich machen: Ein Verein konnte danach schon dann als politisch angesehen werden, wenn er sich mit Dingen von allgemeinerem Interesse befaßte, so daß gerade Gewerkschaften häufig über das Verbindungsverbot aufgelöst wurden.
Mit dem wirtschaftlichen Aufschwung der Zigarrenproduktion in den sechziger Jahren kam es wieder zu größeren Streiks. 1863 legten ca. 700 Zigarrenarbeiter in Hanau die Arbeit für vier Wochen nieder, konnten die geforderte Lohnerhöhung aber nur in wenigen Fabriken durchsetzen. Im April 1865 traten 60 Offenbacher Zigarrenmacher für höhere Löhne in den Streik und im Juni des gleichen Jahres die Arbeiter der Zigarrenfabrik Bruns in Celle, als mit der Einführung neuer Wickelmaschinen auch die bisherigen Lohnverhältnisse geändert werden sollten. Und kurz darauf setzten Zigarrenarbeiter in Lorsch durch, daß eine neue, »das Ehrgefühl der Arbeiter herabwürdigende Fabrikordnung«[1] wieder abgeschafft wurde.
Auch bei den Unterstützungskassen der Zigarrenarbeiter gärte es. In Stuttgart und Frankfurt a. M. entstanden zwei getrennte Komitees, die sich beide der Aufgabe verschrieben, an der Zusammenfassung aller Kassen »zu einem großen Ganzen«[2] zu arbeiten. In Sachsen forderten Friedrich Wilhelm Fritzsche und Julius Vahlteich in vielen öffentlichen Versammlungen die Gründung einer neuen zentralen Zigarrenarbeitergewerkschaft. Im Sommer 1865 zeigten ihre Bemühungen einen ersten Er-

folg. Ein Verein der Zigarrenarbeiter des Königreiches Sachsen bildete sich – mit einem provisorischen Zentralkomitee an der Spitze, das einen allgemeinen deutschen Zigarrenarbeiterkongreß vorbereiten sollte. Noch waren Schwierigkeiten mit den süddeutschen Kollegen zu überwinden, die sich auf einem Kongreß in Stuttgart (21.–22. August 1865) zwar ebenfalls für einen engeren Zusammenschluß ausgesprochen hatten, dabei aber mehr an eine große, über ganz Deutschland reichende Kranken-, Reiseunterstützungs- und Sterbekasse dachten.

1. Der Allgemeine Deutsche Cigarrenarbeiterverein

Nach einem vorbereitenden norddeutschen Zigarrenarbeitertag war es dann im Dezember 1865 endlich soweit. Vom 24. bis 27. Dezember trat in Leipzig der langersehnte allgemeine deutsche Cigarrenarbeiterkongreß zusammen. Der *Allgemeine Deutsche Zigarrenarbeiterverein* mit dem Sitz Frankfurt a. M. wurde aus der Taufe gehoben und Friedrich Wilhelm Fritzsche zum Präsidenten gewählt. Damit war die erste zentrale deutsche Gewerkschaftsorganisation geboren.

Unter den Mitgliedern des in Leipzig gewählten 25köpfigen Vereinsausschusses, der die Tätigkeit des Präsidenten zu überwachen hatte, befand sich mit H. Franke aus Kassel ein Veteran, der schon im Kasseler Zweigverein der alten *Assoziation der Cigarrenarbeiter* Schriftführer gewesen war. Auch sonst waren die Verbindungslinien nicht zu übersehen: Beseitigung der Frauenarbeit, Verbot der Zigarrenherstellung in Zuchthäusern, Gründung von Assoziationsfabriken, Einrichtung von Kranken- und Sterbekassen – Forderungen, für die sich schon die Association eingesetzt hatte, und die auch für den *Allgemeinen Deutschen Cigarrenarbeiterverein* (ADCAV) obenan standen. Neu war nur die Forderung nach Beschränkung der Heimarbeit, in welcher der *ADCAV* die Ursache für die schlechten Lohnverhältnisse der Zigarrenarbeiter sah, und der Beschluß, eine Arbeitslosen-Unterstützungskasse einzurichten.

Die gleichen Spannungen über die grundlegende Ausrichtung der Organisation, die es schon 1848 gegeben hatte, waren auch 1865 vorhanden. Die süddeutschen Mitglieder des *ADCAV* wollten die Fabrikanten auffordern, »mit den Arbeitern *gemeinschaftlich* die Lohnverhältnisse nach den Zeitbedürfnissen zu regeln«.[3] Fritzsche hingegen war vom unüberbrückbaren Gegensatz zwischen Arbeitern und Kapitalisten überzeugt. Kein Wunder: Fritzsche war glühender Lassalleaner, also Anhänger des Sozialisten Ferdinand Lassalle, auf dessen Initiative hin 1863 der *Allgemeine Deutsche Arbeiterverein* (ADAV) gegründet worden war, die erste Arbeiterpartei in Deutschland. Und für Fritzsche war der *ADCAV* mindestens ebensosehr ein Hilfsmittel für die politische Agitation des *ADAV*, wie eine eigenständige gewerkschaftliche Organisation.

Die Statuten bezeichneten den *ADCAV* als Verein zur gegenseitigen Un-

Friedrich Wilhelm Fritzsche

terstützung im Fall von Arbeitslosigkeit. Tatsächlich konnte er aber wegen seiner ständigen Geldnöte (die Mitglieder verdienten wenig und zahlten niedrige Beiträge) erst viele Jahre später mit der Auszahlung von Arbeitslosenunterstützung beginnen. Der eigentliche Zweck des Verbandes blieb, die Zigarrenarbeiter gegen Angriffe der Fabrikanten zusammenzufassen. Aufgrund der politischen Verhältnisse konnte das aber nicht offen ausgesprochen werden. Ohnehin hatte man sich einen ausgeklügelten Organisationsaufbau einfallen lassen müssen, um die in den Vereinsgesetzen ausgelegten Fußangeln zu umgehen. Es gab nämlich, pro forma zumindest, keine Ortsgruppen. Alle Mitglieder waren am Vereinssitz Frankfurt a. M. als Vereinsangehörige angemeldet. Die straffe Zentralisierung gab dem von der Generalversammlung gewählten Präsidenten eine beträchtliche Macht in die Hand. Zwar sollte er ohne das von den Mitgliedern am Vereinssitz jährlich neu gewählte Direktorium keine wichtige Entscheidung treffen dürfen. Und beide zusammen wurden von dem gleichfalls jährlich neu, aber jedesmal an einem anderen Ort, gewählten Ausschuß überwacht. In der Praxis funktionierte das ausgeklügelte Modell aber kaum. Präsident, Direktorium und Ausschuß saßen in drei verschiedenen Städten, und letztlich entschied der Präsident allein. Klagen über das diktatorische Gehabe von Fritzsche nahmen dann auch in den folgenden Jahren zu.

Bis zum Jahresende 1867 hatte der *ADCAV* schon 7600 Mitglieder in 170 Orten. Mehr als drei Viertel davon kamen aus Norddeutschland: Hamburg, Harburg, Leipzig, Breslau und Mannheim (als einzige süddeutsche Stadt) waren die stärksten Stützpunkte. Der Verein konnte nicht zuletzt deshalb so schnell wachsen, weil der fast allgegenwärtige Fritzsche auf seinen Versammlungstouren immer wieder auf die für 1867 angekündigte Tabaksteuererhöhung und die Notwendigkeit gemeinsamer Gegenwehr aufmerksam machte.

Die erste Belastungsprobe ließ nicht lange auf sich warten. Im Januar 1868 verlangten etliche Berliner Zigarrenfabrikanten von ihren Arbeitern die Unterschrift unter eine neue Fabrikordnung, die überhaupt keine Kündigungsfrist mehr vorsah. Außerdem wollten die Fabrikanten zu jeder Zeit eine Leibesvisitation des Personals durchführen können. Gespräche führten zu keinem Ergebnis. Am 15. Februar 1868 begann ein Streik. Nur durch großzügige Unterstützung des *ADAV* und der sächsischen Arbeiterbildungsvereine mit ihrem Vorsitzenden August Bebel konnten die Streikenden über Wasser gehalten werden. Denn in der Kasse der Zigarrenarbeiter klaffte schon im April ein großes Loch.

Arbeiterorganisationen und Konsumvereine aus allen Teilen Deutschlands unterstützten mit ihren Bestellungen die von Fritzsche während des Streiks gegründete Genossenschaftsfabrik, in der verheiratete Streikende untergekommen waren. Selbst ein Teil der Fabrikanten lehnte die neue Fabrikordnung ab, die schließlich Anfang Mai zurückgezogen wurde.

Damit hatten die Zigarrenarbeiter auf der ganzen Linie gesiegt. Die Ge-

nossenschaftsfabrik konnte trotz eines Sonderbeitrags der Mitglieder des *ADCAV* finanziell nicht lange gehalten werden und mußte Ende 1868 schließen. Immerhin stieg die Mitgliederzahl des *ADCAV* jetzt kräftig in die Höhe: von 6700 auf rund 10 000.
Ende 1868 versuchte der *ADCAV* in einem nach diktatorischem Muster aufgebauten *Arbeiterschaftsverband* alle zentralen und örtlichen Berufsgewerkschaften zusammenzufassen. Er wollte sich eine schlagkräftige politische Hilfstruppe für die Auseinandersetzung mit der in Sachsen um August Bebel und Wilhelm Liebknecht sich herausbildenden zweiten sozialdemokratischen Partei schaffen. Im *ADCAV* kam es zur Spaltung. Nur 900 Mitglieder, die sich wie Fritzsche nicht im politischen Fraktionskampf mißbrauchen lassen wollten, verblieben in der Organisation. Die Konkurrenzgründung, die sich *Allgemeine Tabak- und Cigarrenarbeitergewerkschaft* nannte, war ebensostark. Der Rest der Mitgliedschaft zerstob in alle Winde. Neben den beiden Zentralverbänden bildeten sich zahlreiche örtliche Streikvereine, und zeitweise bestand die Gefahr, daß sich aus ihnen noch eine dritte Gewerkschaft formierte.
Erst 1874 konnte die Wiedervereinigung aller gewerkschaftlich organisierten Zigarrenarbeiter im *ADCAV* erreicht werden, der 1878 über 8100 Mitglieder verfügte, die sich auf 100 Orte verteilten.
Er war damit die größte deutsche Gewerkschaft. Auch die Finanzen bewegten sich zum ersten Mal auf einer soliden Grundlage.

2. Der Allgemeine Deutsche Bäckerverein

Am 20. Juni 1868 kamen in Berlin 300 Personen zur Gründungsversammlung eines *Allgemeinen Deutschen Bäckervereins* zusammen. Auf der ersten ordentlichen Mitgliederversammlung im September sprach Friedrich Wilhelm Fritzsche über den Zweck von Gewerkschaften. Während des Deutsch-Französischen Krieges 1870/71 brach der Bäckerverein auseinander. Auch der im Januar 1870 von einem Leipziger Komitee unternommene Versuch, eine *Gewerksgenossenschaft der Bäcker, Müller, Conditoren und Pfefferküchler* ins Leben zu rufen, konnte wegen der Kriegsereignisse nicht mehr weiterverfolgt werden. Erst nach Kriegsende nahm die Bewegung einen neuen Aufschwung. Mitte Juni 1872 traten die Berliner Bäckergesellen in den Streik und forderten, »um nicht physisch und moralisch zu verkommen, eine Verminderung der 18stündigen Arbeitszeit um 2 Stunden«[4], ferner anständige Kost, menschliche Schlafstätten und eine Lohnerhöhung von 25 Prozent. Auch in Dresden und Köln brachen Streiks aus, über deren Ausgang aber nichts bekannt ist. 1874 legten die Hamburger Bäckergesellen die Arbeit nieder und verlangten von ihren Meistern unter anderem, zu den Mahlzeiten Messer, Gabel und Löffel zu bekommen. An mehreren Orten wurde auch der Ruf laut, eine Organisation der Bäckergesellen zu schaffen. Doch dazu kam es nicht. Oskar Allmann, der langjährige Vorsitzende des späteren *Verbands der Bäcker* und erste Historiker der Bäckerbewegung, bemerkt treffend:

> Plötzlich hervorbrechende, gewaltige Unzufriedenheit der Massen mit den bestehenden traurigen Verhältnissen und schroffe Ablehnung der Arbeiterwünsche seitens der Meister waren die Ursache dieser plötzlich ausbrechenden Streiks. Getragen von der Sympathie der Bevölkerung, wurden diese Kämpfe schnell gewonnen; aber ebenso schnell gingen zum größten Teil auch die errungenen Verbesserungen wieder verloren. Die Masse lief nach dem Streik auseinander, wie sie vor dem Streik zusammengelaufen war; es fehlte ihr jeder innere Zusammenhalt.[5]

3. Die Brauer- und Böttchervereine

Auch bei Brauern, Fleischern, Müllern und den anderen Berufen der Nahrungs- und Genußmittelwirtschaft bildeten sich nur sporadisch auf örtlicher Ebene Organisationen heraus – z. B. in Frankfurt a. M., wo im November 1872 ein über 200 Mitglieder zählender *Verein der Bierbrauergehilfen* entstand, der für Verkürzung der Arbeitszeit und Lohnzahlung im Krankheitsfall eintrat. Diese örtlichen Vereine existierten meist nicht lange: Wenn die aktivsten Mitglieder gemaßregelt wurden und abreisen mußten, brach die Organisation auseinander.

Nur die Böttcher machten eine Ausnahme: In Berlin z. B. hatten Böttchergesellen schon 1869 den 10-Stunden-Tag durchgesetzt. Anfang der siebziger Jahre entstanden in verschiedenen Städten Böttchervereine, die sich als selbständige Sektionen der Holzarbeitergewerkschaft anschlossen. Am 23. Juni 1873 wurde in Berlin der *Allgemeine Böttcherverein* gegründet, der auf seiner zweiten Generalversammlung 1875 schon über 600 Mitglieder zählte – Grund genug für den Berliner Staatsanwalt Tessendorff einzuschreiten und den Verein zu verbieten, weil er sich mit politischen Dingen befaßt habe. Der Vereinsvorsitzende, Kollege Fischer, wurde für vier Wochen ins Gefängnis gesteckt. Da auch die Nachfolgeorganisation, der *Bund deutscher Böttcher,* von den Behörden ständig behindert wurde, mußten sich die Böttcher im wesentlichen auf eine Zentralkranken- und Sterbekasse beschränken.

4. Unterdrückung der Gewerkschaften

Die Böttcher nahmen das voraus, was der gesamten deutschen Arbeiterbewegung bevorstand. Tessendorff und sein Förderer, Reichskanzler Otto von Bismarck, begannen einen wahren Vernichtungsfeldzug. Verbote und Prozesse hagelten nur so ein auf Gewerkschaften und Sozialdemokratische Partei. Für beide war im 1871 neuerstandenen Deutschen Reich kein Platz vorgesehen. Ein Attentat auf Kaiser Wilhelm I. 1878 gab willkommenen Anlaß, zum entscheidenden Schlag auszuholen, obwohl Sozialdemokratische Partei und Gewerkschaften nicht das geringste damit zu tun hatten. Am 21. Oktober 1878 wurde das »Gesetz gegen die gemeingefährlichen Bestrebungen der Sozialdemokratie« erlassen, wonach »Vereinigungen, welche durch sozialdemokratische, sozialistische oder kommunistische Bestrebungen den Umsturz der bestehenden Staats- oder Gesellschaftsordnung bezwecken«, zu verbieten waren. Um ganz klarzumachen, daß vom Verbot auch die Gewerkschaften betroffen sein sollten, hieß es: »Den Vereinen stehen gleich Verbindungen jeder Art.«[6] Nur zwei Tage nach dem Erlaß wurde der *ADCAV,* von den dauernden Verfolgungen ohnehin geschwächt, verboten. Die anderen Gewerkschaften folgten.

Keine der damals im Reichstag vertretenen Parteien, weder das katholische Zentrum noch die liberalen bürgerlichen Parteien, protestierte gegen die willkürliche Unterdrückung der Arbeiterbewegung. Das sollte sich noch für Jahrzehnte auswirken.

KAPITEL IV

Die Gewerkschaften unter dem Sozialistengesetz

Jede Betätigung für eine verbotene Organisation, ob Partei oder Gewerkschaft, wurde unter dem Sozialistengesetz mit Gefängnis bestraft. Den so Verurteilten drohte ein Aufenthaltsverbot für bestimmte Orte. Über Bezirke und Ortschaften, in denen die »öffentliche Sicherheit« gefährdet sei (das bestimmten natürlich Staatsanwalt und Polizei), konnte der »Kleine Belagerungszustand« verhängt und die Funktionäre der *Sozialdemokratischen Partei* bzw. der Gewerkschaften konnten ausgewiesen werden. So geschah es in Berlin, Hamburg, Leipzig, Frankfurt a. M., Offenbach und Stettin. Die Zigarrenarbeiter wurden dabei am härtesten getroffen. Meistens waren sie zugleich in Gewerkschaft und *Sozialdemokratischer Partei* tätig und galten als besonders gefährlich. Unter 891 Erstausgewiesenen (viele wurden mehrmals ausgewiesen) befanden sich 123 Zigarrenarbeiter. Das war mit 13,8 Prozent die größte Berufsgruppe. Die meisten kamen aus Hamburg, Altona und Umgebung. An ihrem neuen Aufenthaltsort als politische Agitatoren gebrandmarkt, hatten es die Ausgewiesenen schwer, sich wieder eine Existenz aufzubauen. So waren sie auf Spenden ihrer Kollegen und Genossen angewiesen. Vielen blieb auch kein anderer Ausweg, als nach den Vereinigten Staaten auszuwandern.
Der »Peitsche« des Sozialistengesetzes wurde später noch das »Zuckerbrot« nachgereicht: Über neue Sozialgesetze (1883: Krankenversicherungsgesetz, 1884: Unfallversicherungsgesetz, 1889: Alters- und Invalidenversicherungsgesetz) suchte Bismarck, die Arbeiterschaft von Sozialdemokratie und Gewerkschaften zu entfremden. Das Manöver mißlang. Die Arbeiter wollten Gleichberechtigung, keine Almosen. Denn diesen Charakter trugen die Bismarckschen Sozialgesetze sehr deutlich.

1. Wiederaufbau einer Tabakarbeitergewerkschaft

Die *Sozialdemokratische Partei* konnte bald nach der Verhängung des Sozialistengesetzes durch die Errichtung einer Auslandsleitung in Zürich wiederaufgebaut werden. Die Partei war zwar verboten, zu den Reichstagswahlen durften Sozialdemokraten aber weiterhin kandidieren. Während sich die Parteimitglieder unter den verschiedensten Tarnungen, als Raucherklubs, Kaninchenzüchter- oder Gesangvereine im Untergrund organisierten, konnte die Reichstagsfraktion sozialdemokratische Politik in der Öffentlichkeit vertreten.

Für die Gewerkschaften war die Situation schwieriger. Ein Teil der älteren und bewährten Kollegen reagierte zunächst wie in der Partei mit Resignation. Sie glaubten nicht mehr an die Zukunft der Gewerkschaften. Einige Ausgewiesene gingen auf Angebote der Regierung ein, nach einem demütigenden Bittgesuch, in dem sie versprechen mußten, nicht mehr an der Bewegung teilzunehmen, in das Belagerungsgebiet zurückzukehren.

Das blieb freilich eine Minderheit. Im allgemeinen wollte die Friedhofsruhe nicht einkehren, die Bismarck mit dem Sozialistengesetz zu erzwingen hoffte. Schon gar nicht bei den Zigarrenarbeitern. Der Vorleser hielt die Diskussion über gewerkschaftliche und politische Angelegenheiten in Gang. Der Zigarrenarbeiter Julius Bruhns hat das in seinen Erinnerungen festgehalten:

> Zunächst war man allerdings eingeschüchtert von der unerhörten Vehemenz der Unterdrückungsmaßregeln. Aber nach kurzer Zeit diskutierte man genauso leidenschaftlich politische und insbesondere sozialistische Fragen, wie vor dem Erlaß des Gesetzes. Allerdings gab es zunächst keinen neuen Lesestoff (...) Aber man hatte ja auch noch vom alten genug, Broschürenliteratur in Hülle und Fülle (...) Nachdem man sich ein wenig an das »Gesetz« und die durch dasselbe geschaffene Situation gewöhnt hatte, wurden ganz selbstverständlich die auf den Index gesetzten Schriften aus dem Besitz des einzelnen auf die Bude gebracht und vorgelesen (...) Daß diese Verletzung des Gesetzes, die in Hunderten von Arbeitsstätten der Zigarrenmacher verübt wurde, jemals zur Kenntnis der Behörden gekommen, jemals einen Verräter gefunden hätte, habe ich nie erfahren.[1]

Die Gewerkschaftsorganisation neu aufzubauen, war freilich schwieriger. Friedrich Wilhelm Fritzsche unternahm von Leipzig aus, wo er sich nach seiner Ausweisung aus Berlin niedergelassen hatte, zweimal diesen Versuch – mit Hilfe einer Zeitschrift. Das erste Mal, 1879, wurde die Zeitschrift *Der Wanderer* schon nach einem halben Jahr verboten. Das zweite Mal schritten die Behörden ein, als die Abonnenten des *Gewerkschafter* zu einer zentralen Reise- und Begräbnisunterstützungskasse zusammengefaßt werden sollten. Sie gestatteten aber das weitere Erscheinen von Fritzsches *Gewerkschafter,* der auch anderen Berufen als Mitteilungsblatt diente.

Wie schon in der Reaktionszeit der 50er Jahre, waren örtliche Unterstützungskassen die einzig mögliche Organisationsform. Und als sich im September 1883 nach einem Aufruf der Bremer Zigarrenarbeiter ein zentraler *Reiseunterstützungsverein deutscher Tabakarbeiter* konstituierte (Fritzsche war schon in den USA), mußte man sorgsam darauf bedacht sein, die eng gesteckten Aufgaben eines Unterstützungsvereins einzuhalten. Erst 1885, als das Sozialistengesetz zeitweise weniger scharf gehandhabt wurde, durfte der Verein es wagen, auch die Streik- und Gemaßregeltenunterstützung in seine Statuten aufzunehmen und seine Aufgaben ganz allgemein mit »Erzielung günstiger Arbeitsbedingungen«[2] zu umschreiben.

2. Gewerkschaftsgründungen bei Böttchern, Brauern und Zigarrensortierern

Auch andere Berufsgruppen profitierten Mitte der achtziger Jahre von der »milden« Handhabung des Sozialistengesetzes. 1885 wurde ein *Reiseunterstützungsverein deutscher Böttcher* gegründet. Am 17. August 1885 fand in Berlin die Gründungsversammlung des *Allgemeinen Brauerverbandes* statt. Der *Freundschaftsklub Hamburger Cigarrensortierer* entwickelte sich dank der jahrelangen Überzeugungsarbeit Adolph von Elms und seiner Freunde von einem harmlosen Geselligkeitsverein zur gewerkschaftlichen Organisation. 1885 entstand der *Unterstützungsverein deutscher Cigarrensortierer*. Verglichen mit den etwa 5500 Mitgliedern des *Reiseunterstützungsvereins deutscher Tabakarbeiter* war die Sortiererorganisation winzig. Das lag daran, daß die Sortierer die kleinste, aber auch qualifizierteste Berufsgruppe unter den Tabakarbeitern darstellten. Sortierer mußten eine Lehre durchmachen; Zigarrenmacher und Wickelmacher waren oft nur angelernt. Dank ihrer Sonderstellung im Produktionsprozeß und ihres vergleichsweise hohen Organisationsgrades (in Hamburg z. B. waren von 350 Sortierern 60 Prozent organisiert) schafften sie es, ihre Forderungen leichter durchzusetzen. Schon 1885 erreichten die Sortierer in einer Reihe von Hamburger Fabriken, daß nur Gewerkschaftsmitglieder beschäftigt wurden. Auf der anderen Seite kennzeichnete die Sortierer ein ausgeprägtes berufsständisches Bewußtsein. So wurde eine Vereinigung mit den Tabakarbeitern lange Zeit von der Hand gewiesen.

3. Wiederaufbau bei den Bäckern

Auch die Bäckergesellen machten 1885 einen neuen Anlauf zur Gründung einer Berufsgewerkschaft. Die Fachvereine der Bäcker in Berlin, Dresden und Hamburg orientierten sich, wie auch der *Allgemeine Brauerverband,* an den liberalen Gewerkschaften, nach ihren Begründern *Hirsch-Dunckersche Gewerkschaften* genannt. Deren Ziel war es, Verbesserungen für die Arbeiterschaft nicht im Kampf gegen die Unternehmer durchzusetzen, sondern durch Appelle an deren guten Willen. Ein frommer Wunsch, der an der strikt arbeiter- und gewerkschaftsfeindlichen Haltung der Unternehmer, zumal im Bäckergewerbe, scheiterte.
Vom 5. bis 6. Juni 1885 tagte in Berlin der Gründungskongreß des *Verbands der Bäcker und Berufsgenossen Deutschlands*. Da der Berliner Polizeipräsident drei lange Jahre brauchte, bis er die Statuten geprüft und genehmigt hatte, kam der neue Verband zunächst nicht recht in Schwung. Angesichts der ungeklärten Rechtslage wollte man von Streiks und anderen Aktivitäten möglichst absehen.
In Hamburg schienen die Dinge anders zu liegen. Binnen kurzem hatten sich dort 600 Mitglieder dem Verband angeschlossen und drängten stür-

Fachverein der Cigarrenarbeiter Hamburgs.

Sonntag den 26. August 1883:

Gr. Sommer-Fest

(Local des Herrn Bredfeldt, Winterhude)

verbunden mit

Topfschlagen, Eierlaufen, Ueberraschungen mit Scherzsachen, Laternen-Polonaise u. s. w.,

unter Mitwirkung einer bewährten Liedertafel und mehrerer Declamatoren.

Fahrgelegenheit per Alsterdampfer und Pferdebahn.

☛ Eintritt nur gegen Karte. ☚

═ Anfang 2 Uhr. ═

Wasser zum Kaffetrichtern wird verabreicht.

Das Comité.

☛ Karten sind hier zu haben. ☚

Druck von J. H. W. Dietz in Hamburg.

Veranstaltungsplakat des Fachvereins der Cigarrenarbeiter Hamburgs. Solche Veranstaltungen waren oft die Tarnung für politische Treffen.

misch nach einer Aktion zur Verbesserung der schlechten Lohn- und Arbeitsverhältnisse, mochte die Verbandsführung auch noch so sehr auf die Verständigung mit den Unternehmern eingeschworen sein. Daß die Hamburger Bäckergesellen täglich durchschnittlich 15 Stunden arbeiten mußten und nur 9 Mark in der Woche verdienten, war Grund genug. Am 26. August 1886 legten 1000 Gesellen die Arbeit nieder. Sie verlangten: 12-Stunden-Tag, Arbeitsbeginn nicht vor 22 Uhr, regelmäßige wöchentliche anstatt der üblichen halbjährlichen oder jährlichen Lohnauszahlung, ein eigenes Bett für jeden Gesellen und außerdem 25 Prozent Lohnerhöhung. Die Meister unterliefen den Streik durch den massenhaften Einsatz von Streikbrechern. Schon Anfang September erlahmte der Kampfeswille der Streikenden. Als sich Ende September auch noch die Brotausträger auf die Seite der Meister stellten, war der Streik endgültig verloren und mußte am 8. Oktober abgebrochen werden. Immerhin konnten in Verhandlungen Lohnaufbesserungen bis zu 25 Prozent durchgesetzt werden. In der Arbeitszeitfrage blieben die Meister aber hart. Und die Streikführer wurden gemaßregelt. Die meisten mußten Hamburg verlassen, sofern sie nicht in der gerade gegründeten Genossenschaftsbäckerei unterkommen konnten. Der Mitgliederstand der Hamburger Zahlstelle fiel auf 200 ab.

4. Zwei große Streiks der Nahrungs- und Genußmittelarbeiter

Die sich Mitte der 80er Jahre häufenden Streiks veranlaßten die preußische Regierung, wieder eine härtere Gangart gegenüber den Arbeiterorganisationen anzuschlagen. Nach dem 1886 herausgegebenen berüchtigten »Streikerlaß« des preußischen Innenministers sollte künftig ohne viel Federlesens vom »Kleinen Belagerungszustand« Gebrauch gemacht und vor der Ausweisung von Streikführern nicht zurückgeschreckt werden. Der Erfolg war allerdings nur von kurzer Dauer. Neben kleineren Streiks der Bäcker in Leipzig und Frankfurt a. M., der Böttcher in Berlin und Kassel, sah das Jahr 1889 gleich zwei große Streiks der Nahrungs- und Genußmittelarbeiterschaft: den Brauerstreik in Hamburg und den Bäckerstreik in Berlin.
Berlin war ein schwieriges Pflaster für die Bäckerbewegung. Hier befanden sich die Vorstände beider Innungsverbände *Germania* und *Concordia*. Besonders die *Concordia* hatte sich mit ihren Arbeitsbüchern bei den Gesellen verhaßt gemacht. Am 11. Juli 1889 beschloß eine von über 3000 Bäckern besuchte Versammlung einstimmig Streikmaßnahmen. Elfstündiger Arbeitstag, Abschaffung des Kost- und Logiswesens, Mindestlöhne von 4 bis 5 Mark waren die Forderungen. Wie beim Hamburger Bäckerstreik wurden auch diesmal massenhaft Streikbrecher aus der Provinz herangeholt. Und noch schneller als in Hamburg erlahmte in Berlin die Streikbereitschaft. Am 23. Juli waren noch 1400 Gesellen im Streik. Trotz allgemeiner Sympathien in der Öffentlichkeit, die durch Nachrich-

No. I.   Berlin, Donnerstag den 3. April 1884.   I. Jahrgang.

Der Wecker.

Central-Organ für die Bäckergesellen Deutschlands.
Organ des Vereins Berliner Bäckergesellen zur Wahrung ihrer Interessen.

Erscheint jeden Donnerstag.

Vierteljahrs-Abonnements nehmen sämmtliche Postanstalten Deutschlands, sowie die Expedition gegen Pränumerando-Einsendung von 1 Mark 20 Pf. entgegen.

Außerdem nimmt die Expedition auch Monats-Abonnements gegen Einsendung von 40 Pf. an.

Inserate pro viergespaltene Petitzeile oder deren Raum 20 Pfg.

Vorwort.

Mit dem Erscheinen

des Weckers

soll einem längst gefühlten Bedürfniß der deutschen Bäckergesellen nach einem Organ, welches die Interessen der Collegen nach allen Seiten mit zäher Ausdauer und wahrem Mannesmuth vertritt, endlich abgeholfen werden.

Der Wecker

wird bemüht sein, die Uebelstände, welche sich, durch allzugroßes Sichgehenlassen, in unserem Gewerbe eingenistet haben, in sachgemäßer und anständiger Schreibweise zu beleuchten und wird hierdurch die selbstdenkenden Collegen anspornen, selbst einen Aufsatz zu machen und ihre Ansichten bekannt zu geben; mit einem Wort:

der Wecker

soll ein Organ sein, welches alle strebsamen Elemente aus Gesellen, sowie aus Meisterkreisen zusammenfaßt, um das Bäckergewerbe wieder auf die Stufe zu bringen, welche es früher unter dem Handwerkerstand eingenommen hat.

So möge denn

der Wecker

mit diesem hohen Ziele heute mit zweitausendfachem Mund hinausgehen, so weit wie deutsche Zunge klingt und den Bäckern ein neues gemeinsames Leben und Streben verkünden und gleich dem Frühling erwecken alle guten Triebe, welche bisher unbeachtet in der Brust jedes Einzelnen schlummerten.

Bäcker! Collegen!

Der Wecker

ist das erste und einzige Organ, welches Eure Sache: „die Wahrheit und das Recht" auf gewerblichem Gebiete voll und ganz ohne Zaudern oder Schwanken vertreten wird, dafür bürgt Euch schon der Name des Herausgebers, welcher seit 1868 seine ganze Kraft eingesetzt, um die Lage des Gewerks zu bessern trotz aller Anfeindungen und Maßregelungen; empfangt daher

den Wecker

mit Vertrauen, damit er bald heimisch und ein gerngesehener Gast werde in jeder Backstube des Deutschen Reiches.

Groß sind die Opfer, welche gebracht sind! Freudig sei auch Euer Opfermuth! Abonnirt fleißig auf

den Wecker

damit er groß und mächtig, eine treue und feste Waffe in Eurer Hand werde, dessen Worte man verstehen und befolgen wird und muß, und somit Glück auf zum fröhlichen Gelingen!

Mit collegialischem Gruß

Die Redaktion und Expedition des „Wecker", Berlin O., Andreasstr. 48 part.

Der Wecker erschien von 1884–1889.

ten über Unsauberkeit und mangelnde Hygiene in den Bäckereien alarmiert war, nahm die Zahl der Streikenden rasch ab. Daß die Leiter des Berliner Bäckerverbands seit geraumer Zeit mehr die Auseinandersetzung unter sich austrugen, als mit den Meistern, brach dem Streik ebenso das Genick, wie der kaum noch vorhandene Zusammenhalt unter den Gesellen. Anfang August mußten alle Aktionen abgebrochen werden. Am 8. August 1889 rief der Berliner Vorstand erneut zum Streik auf – für die alten Forderungen. Mit dem Ergebnis, daß sich keiner daran beteiligte, wohl aber die Organisation der Lächerlichkeit preisgab und auf längere Zeit lahmlegte.

Der Hamburger Brauerstreik verlief ähnlich. Die Arbeitszeit in Hamburg begann damals fast durchweg um 2 Uhr und endete frühestens abends um 19 Uhr. Die Löhne betrugen 84 bis 95 Mark pro Monat, damit waren alle Leistungen, auch die Sonntagsarbeit, abgedeckt. Eine Brauerversammlung am 2. Mai 1889 beschloß als Forderung: Arbeitszeit von 6 bis 18 Uhr, mit zwei Stunden Pause, Extrabezahlung der Überstunden und Sonntagsarbeit, freies Koalitionsrecht und Anerkennung des Verbands. Der *Allgemeine Brauerverband* war gegen den Streik, trotzdem traten am 10. Mai 520 Kollegen in den Ausstand. Die ersten Tage brachten keinen Erfolg, und schon wurden einige Streikende wankelmütig. Die Brauereibesitzer schafften Streikbrecher aus Böhmen heran, erklärten sich am 15. Mai aber immerhin bereit, einer 13stündigen Arbeitszeit einschließlich einer zweistündigen Pause sowie dem geforderten Wochenlohn von 24 Mark und einer Überstundenbezahlung zuzustimmen und auch das Koalitionsrecht anzuerkennen. Die Zugeständnisse wurden von den Streikenden abgelehnt. Trotzdem mußten sie ihren Ausstand nach wenigen Tagen abbrechen. Die bittere Konsequenz: Sie wurden in den Brauereien nicht mehr eingestellt und mußten die Stadt verlassen.

Unter dem Protektorat der Unternehmer entstand nun der *Hamburger Brauerverein von 1889,* in den man die Kollegen förmlich hineinpreßte, da er auch die Arbeitsvermittlung betrieb. Die Hamburger Organisation des *Allgemeinen Brauerverbands* hingegen brach völlig auseinander.

Erfolgreicher waren die Berliner Brauergesellen, die in einer Lohnbewegung ohne Arbeitseinstellung im Juni 1889 den 10stündigen Normalarbeitstag – ohne Pausenregelung – durchsetzten. Trotzdem wurde der *Allgemeine Brauerverband* von dem verlorenen Hamburger Streik schwer in Mitleidenschaft gezogen. Mitte 1891 zählte er noch ganze vier Zweigstellen mit zusammen 500 Mitgliedern, der *Verband der Bäcker* nur noch rund 600 Mitglieder.

5. Der Fall des Sozialistengesetzes

Ende der 80er Jahre wurde immer deutlicher, daß das Sozialistengesetz seinen Zweck verfehlt hatte. Die *Sozialdemokratische Partei* zog immer

Einladung zu einer öffentlichen Versammlung der Hamburger Bäcker, auf der über den Streik vom August 1886 beraten wurde.

mehr Wähler an, die Mitgliederzahl der Gewerkschaften wuchs, die Streiks dehnten sich aus. Reichskanzler Otto von Bismarck sann auf schärfere Mittel. Er wollte das Sozialistengesetz, das bisher alle vier Jahre vom Reichstag verlängert werden mußte, zu einer dauernden Einrichtung machen. Als das nicht durchsetzbar war, dachte er daran, die Arbeiterbewegung zu Unruhen zu provozieren, um sie anschließend mit Waffengewalt niederzuwerfen. Sein Kaiser, seit 1888 Wilhelm II., träumte im Gegensatz zu Bismarck davon, ein »König der Bettler« zu werden und das Vertrauen der Arbeiterschaft zu gewinnen. So kam es, daß das Sozialistengesetz 1890 nicht mehr verlängert und damit außer Kraft gesetzt wurde. Otto von Bismarck nahm, auch aus anderen Gründen, seinen Abschied. Die Verfolgung der Arbeiterbewegung war damit freilich nicht zu Ende. Sie verlagerte sich auf eine andere Ebene – spätestens dann, als Wilhelm II. bewußt wurde, daß die Arbeiter ihm ebensowenig auf den Leim gingen wie vorher Bismarck.

Wie sah die Bilanz der 12 Jahre Sozialistengesetz aus? Das Selbstbewußtsein der Arbeiterschaft hatte sich durch den schließlich vom Erfolg gekrönten Kampf gegen das Gesetz beträchtlich gesteigert. In den Streiks der 70er und 80er Jahre war das Zusammengehörigkeitsgefühl der Arbeiterschaft gewachsen. Denn auch wenn sie von den Angehörigen nur eines Berufes ausgefochten wurden, so hatten sie doch nur mit der Unterstützung der Arbeiter anderer Gewerbe Aussicht auf Erfolg gehabt. Die Gewerkschaften warfen ideologischen Ballast ab. Handwerklich-zünftlerisch bestimmte Forderungen wie die nach Ausschluß bestimmter Personengruppen – z. B. Frauen – von der Produktion, wurden fallengelassen. Diese Forderungen konnten angesichts der Umstrukturierung des Produktionsprozesses, der Entstehung von Großbetrieben, der Massenfertigung mit Hilfe von Maschinen, nicht mehr aufrechterhalten werden. Die gemeinsame Erfahrung von Elend und Not in der Epoche des Frühkapitalismus und ebenso die Erfahrung von gemeinsamer Gegenwehr ließen ein besonderes Lohnarbeiterbewußtsein, ein Klassenbewußtsein der Arbeiter, entstehen.

Tab. 6

Mitgliederentwicklung der freigewerkschaftlichen Nahrungs- und Genußmittelarbeitergewerkschaften 1885 bis 1890[3]

Jahr	Bäcker	Böttcher	Brauer	Tabakarb.	Zig.sortierer	Müller
1885	800	1 000	2 500	5 913	427	–
1886	825	1 435	1 800	6 653	500	–
1887	413	1 800	5 000	7 408	425	–
1888	669	1 204	–	8 912	–	–
1889	720	3 542	–	15 317	600	1 185
1890	983	3 575	3 000	15 360	716	2 980

Zugleich hatte sich unter dem Sozialistengesetz der Graben zwischen organisierten Arbeitern und preußisch-deutschem Obrigkeitsstaat einschließlich seinen tragenden Schichten vertieft. Der Staat trat den Arbeitern nur als Unterdrückungsinstrument gegenüber, eifrig darauf bedacht, jedes Mittel zu zerschlagen, mit dem die Arbeiter eine Verbesserung ihrer Lage erreichen konnten. Die Arbeiter mußten erleben, wie auch liberale und linksliberale Parteien sowie die katholische Zentrumspartei immer wieder für die Verlängerung eines zutiefst undemokratischen Gesetzes stimmten. Das schuf ein tiefes Mißtrauen gegenüber dem gesamten Bürgertum. Erst vor diesem Hintergrund wird der Aufstieg der Sozialdemokratie zur stärksten deutschen Partei im ersten Jahrzehnt des 20. Jahrhunderts verständlich. Das Sozialistengesetz, ausgedacht, den Sozialismus in Deutschland mit Stumpf und Stiel auszurotten, schaffte so die Voraussetzungen für sein weiteres Vordringen.

KAPITEL V
Lebens- und Arbeitsbedingungen Ende des 19. Jahrhunderts

Als das Sozialistengesetz fiel, steckte die gewerkschaftliche Organisation bei den meisten Nahrungs- und Genußmittelarbeitern noch in den Kinderschuhen (vgl. Tab. 6). Der 1890 gebildeten *Generalkommission der Gewerkschaften Deutschlands,* der ersten Dachorganisation aller Freien Gewerkschaften, wurde die Aufgabe übertragen, die Agitation in noch nicht erfaßte Arbeiterschichten und Landesteile zu tragen. 1894 ließ die Generalkommission 100 000 Flugblätter unter Nahrungs- und Genußmittelarbeitern verteilen. Eine Serie von Versammlungen wurde abgehalten. Der Erfolg blieb mager. Nur 1616 neue Gewerkschaftsmitglieder (u. a. 627 Bäcker, 427 Fleischer, 425 Brauer) konnten gewonnen werden. In weiten Landstrichen von Rheinland-Westfalen, Niedersachsen und Schleswig-Holstein blieb die Werbekampagne ohne Echo.
Die schlechten Lohn- und Arbeitsverhältnisse erklären, warum der Gewerkschaftsgedanke unter den Nahrungs- und Genußmittelarbeitern so schwer Fuß fassen konnte. Die Nahrungs- und Genußmittelwirtschaft war von der Industrialisierung noch kaum berührt. Viele Gesellen setzten darauf, selbst einmal Meister zu werden und bis dahin alle Schikanen zu ertragen. Ausgeprägtes Standesbewußtsein verhinderte eine Solidarisierung, etwa bei den Konditoren, die es lange Zeit ablehnten, sich mit den »gewöhnlichen« Bäckern auf eine Stufe zu stellen, oder bei den Köchen, die sich als »Kunsthandwerker« den übrigen Gastwirtsgehilfen durchaus nicht verwandt fühlten. Die strenge Hierarchie im Hotel- und Gaststättengewerbe, die Trennung zwischen »Schwarz« und »Weiß«, tat ein übriges. Und in fast allen Zweigen des Nahrungs- und Genußmittelgewerbes gab es eine Vielzahl von gelben, meistertreuen Organisationen oder Fachvereinen, die sich als Hindernis auf dem Weg zu einer modernen Gewerkschaftsorganisation erwiesen.
In weiten Bereichen dominierte immer noch der Kleinbetrieb. Unter mehr als 100 000 Bäckereibetrieben gab es zu Anfang des 20. Jahrhunderts gerade 786 Bäckereien mit Kraftbetrieb. Die erste Maschine, die in den Bäckereien Eingang fand, war die Knetmaschine. Ihr folgten andere nach: Mehlsieb- und Mischmaschinen, Sackstäubmaschinen, schließlich auch Unterzugs- oder Wasserheizungsöfen. Im ersten Jahrzehnt des 20. Jahrhunderts verzehnfachte sich die Zahl der Bäckereien mit Maschinenbetrieb und bis 1914 war sie auf 19 587 gestiegen. Die Technisie-

rung führte aber keineswegs, wie von den organisierten Bäckern erwartet, zur Entstehung von Riesenbetrieben, die sich wieder untereinander zu gewaltigen Trusts und Kartellen zusammenschließen und die Kleinmeister verdrängen würden. Die Entwicklung kleiner Maschinentypen machte es den Meistern möglich, erfolgreich mit den Großunternehmen zu konkurrieren. Und die Fabriken für Bäckereimaschinen konnten durch den Massenabsatz kleinerer Maschinen das Risiko für die Herstellung großer und teurer Anlagen für die Großbetriebe übernehmen.

Eine Entwicklung zum Großbetrieb gab es dagegen bei den Brauereien. 1882 entfielen auf eine Brauerei im Durchschnitt 3,9 Beschäftigte. 1895 waren es schon 7,4. Die Arbeitsbedingungen waren aber in den Großbetrieben um nichts besser als in den Kleinbetrieben.

Ob man den Blick auf die Löhne, die Arbeitszeit oder die allgemeinen Verhältnisse am Arbeitsplatz richtet, die Nahrungs- und Genußmittelarbeiter gehörten zu den am schlechtesten gestellten Arbeiterschichten in Deutschland. Selbst der Lebensstandard der Zigarrenarbeiter hatte sich durch die immer noch nicht abreißende Wanderungsbewegung der Zigarrenproduktion stark verschlechtert.

1. Löhne der Zigarrenarbeiter

Die Löhne der Zigarrenarbeiter wiesen große regionale Unterschiede auf. Der Durchschnittslohn eines männlichen Zigarrenmachers, eines Rollers, betrug in Baden 10 bis 11 Mark in der Woche, weibliche Roller bekamen eine Mark weniger. Wickelmacher, meist Frauen, wurden mit 5 bis 6 Mark in der Woche entlohnt. Während in Mannheim mit 12 bis 14 Mark in der Woche Spitzenlöhne für Roller gezahlt wurden, gab es in kleineren Orten – wie Nußloch und Wiesloch – nur 8 bis 9 Mark. Die Arbeit eines Familienmitglieds reichte bei weitem nicht aus, den Lebensunterhalt zu decken. Frauen und Kinder mußten mitarbeiten. Und auch dann sah es alles andere als rosig aus. Auf dem deutschen Tabakarbeiterkongreß 1894

Tab. 7
Jahresdurchschnittslöhne der Tabakarbeiter (Vollarbeiter)[1]

Jahr	Mark
1885	400
1890	481
1895	512
1900	541
1905	554
1906	575
1907	602
1908	614

berichtete ein Delegierter aus dem badischen Neulußheim, wo ungefähr Durchschnittslöhne gezahlt wurden:

> Fleisch gibt es bei uns selten. Die hauptsächlichsten Nahrungsmittel sind Kartoffeln, Brod, Mehl, Erbsen, Bohnen, Kraut, Salat, Gelb- und Weißrüben (...) Diese Produkte werden von uns selbst gebaut und zwar Morgens und Abends vor resp. nach der Arbeitszeit, und haben wir theils wenig, größtentheils nichts hinzuzukaufen. Jede Familie hat bei ihrem Wohnhaus, ob zu Miethe oder als Eigenthum, ein Stück Gartenland, auf welchem die nöthigen Frühjahrsgewächse (...) gebaut werden. Dagegen haben wir Geld für Viehfutter, Streu und Acker und sonstiges mehr auszugeben. Unsere Kinder im Alter von 5 bis 6 Jahren werden schon dazu benutzt, Holz und Dünger auf den Straßen zu sammeln, letzterer dient oft als Einnahmequelle, indem der Dung verkauft wird.[2]

Die Berichte der übrigen Delegierten ergaben kein wesentlich anderes Bild.

Im Königreich Sachsen, dem zweitwichtigsten Zentrum der deutschen Zigarrenherstellung, wo – anders als in Baden – schon zwei Fünftel der Beschäftigten Heimarbeiter waren, betrug der Durchschnittslohn eines männlichen Rollers in der Fabrik 11 Mark, Frauen verdienten 8 bis 9 Mark, Wickelmacher rund 5 Mark in der Woche. Heimarbeiter bekamen durchschnittlich 9 bis 10 Mark in der Woche. Das Gesamteinkommen einer Zigarrenarbeiterfamilie in Dresden, wo hauptsächlich Fabrikarbeit geleistet wurde, belief sich, wenn Mann und Frau arbeiteten, auf 23 Mark in der Woche. Davon gingen je nach Zahl der Kinder 14 bis 18 Mark für Lebensmittel (Kartoffeln, Heringe und Margarine) ab, weitere 4 Mark für eine Wohnung, die aus Stube, Kammer und Küche bestand. Vom Rest mußten Kleidung und alle anderen Ausgaben bestritten werden. Ohne Nebenarbeiten, die die Arbeitszeit ausdehnten, oder die Vermietung von Schlafstätten (was die Wohnsituation noch beengter machte) konnte kaum eine Familie auskommen.

Ein ähnliches Bild bot sich in Hamburg, wo überwiegend Heimarbeit geleistet wurde:

> Die Einnahmen aus dem wirklichen Arbeitsverdienst reichen nicht hin zur Befriedigung der einfachsten Lebensbedürfnisse. Wer von den Verheiratheten nicht Nebenerwerb als Kellner, Tanzmeister, Billeteur etc. oder dadurch hat, daß er des Abends noch für sich fabriziert, der muß sich und den Seinigen die größten Entbehrungen auferlegen.[3]

Die Gesamteinnahmen einer Familie betrugen hier ca. 18 Mark in der Woche und wenn die Kinder mitarbeiteten oder ein Nebenverdienst vorhanden war, 2 bis 6 Mark mehr. Davon konnte man sich an Nahrungsmitteln leisten: Pferdefleisch, Brot, Kartoffeln, Kohl und Rüben, wenig Salz und kaum Margarine.

Die sozialen Verhältnisse der westfälischen Tabakarbeiter waren denen der badischen sehr ähnlich, nur spielte die Heimarbeit in Westfalen mit fast 50 Prozent eine viel größere Rolle. 10,50 Mark verdiente ein westfälischer Zigarrenmacher in den 90er Jahren durchschnittlich; 8,40 Mark die Zigarrenmacherin und etwas mehr als 5 Mark die Wickelmacherin. Jedoch sind in diese Zahlen auch Heimarbeiterlöhne eingegangen.

Ein Bericht aus dem Kreis Lübbecke vom Dezember 1893 gibt folgendes Bild der Zigarrenarbeiterverhältnisse:

> Miethe zahlen wir jährlich 10 bis 90 Mark und erklärt sich die große Differenz dadurch, daß die Miether billiger Wohnungen verpflichtet sind, in der Roggen-, Weizen-, Heu- und Kartoffelernte, bei ihrem Wirth mit Mann und Frau zu helfen, und zwar für eine tägliche Entschädigung von 25 Pfennige der Mann und 15 Pfennige die Frau, und Beide Kost. Bei der ganz billigen Miethe von 10 bis 15 Mark das Jahr ist der Bauer zu jeder Jahreszeit berechtigt, für obigen Lohn Hilfe zu verlangen. Jeder Tabakarbeiter hat Pachtland und richtet sich der Preis desselben ebenfalls danach, ob Hilfe geleistet werden muß oder nicht (...) Unsere Hauptnahrung sind Kartoffeln und Gemüse, als Weißkohl, Kohlrüben, Wasserrüben und Bohnen, welches wir selbst auf unserem Acker ziehen. Weißkohl, grüne Bohnen und das Kraut der Wasserrüben werden im Herbst eingemacht und bilden dann die hauptsächlichste Mittagskost während des ganzen Jahres. Brod wird ebenfalls stark gegessen, und wird dieses aus geschrotetem Mehl – sogenannter Pumpernickel – bereitet und ist dieses Brod für Arbeiter mit sitzender Beschäftigung sehr schwer verdaulich. Die meisten Arbeiter füttern und schlachten ein Schwein, verkaufen aber die Schinken (...) Das andere Fleisch wird geräuchert und auf das ganze Jahr eingeteilt (...) Rind-, Schaf- oder Kalbfleisch sehen wir nur in den Schlächterläden liegen, wenn wir zur Stadt kommen; zu essen bekommen wir es nicht, weil unsere Mittel soweit nicht langen. Viele Arbeiter halten auch ein paar Hühner, die Eier die sie legen, werden aber nicht im Haushalt verbraucht, sondern gegen Kolonialwaaren beim Krämer umgetauscht, und von diesem holen sie die Händler der großen westphälischen Industrieorte ab. Butter wird hier zwar viel gewonnen, aber von Arbeitern wenig genossen, und stattdessen ein Syrup ähnliches Gemisch aus Aepfel, Birnen, Mohrrüben und Runkelrüben, Aepfelkraut genannt, hergestellt und aufs Brod geschmiert.[4]

2. Löhne bei Brauern, Bäckern, Böttchern, Müllern und Kellnern

Auch die Brauer standen im Lohn weit unter den meisten Industriearbeitern. Nach einer Erhebung des *Allgemeinen Brauerverbandes* aus dem Jahr 1885 betrug der Durchschnittslohn in der Stunde 22,6 Pfennig, im Monat 79 Mark. Mit 60 bis 65 Mark im Monat waren die Löhne in Kaltenkirchen und Zwickau am niedrigsten, in Hamburg, Kiel und Braunsberg, wo 90 bis 100 Mark gezahlt wurden, am höchsten. Diese Sätze galten aber nur für Brauer, die *nicht* in Kost und Logis arbeiteten. Das war eine kleine Minderheit. Die Masse der Gesellen, die im Betrieb wohnte und dort auch verköstigt wurde, bekam nicht mehr als 5 bis 10 Mark in der Woche. Dazu kam der Haustrunk, bis zu 7 Liter täglich, und in manchen Brauereien ein Wecken zum Frühstück. Der schmale Lohn reichte hinten und vorne nicht, auf Pump zu leben war üblich.

Über die Löhne der Bäcker gibt es nur wenige brauchbare Angaben. In München lagen die Durchschnittslöhne für Gesellen außer Kost und Logis (auch hier die Minderheit) Anfang der 90er Jahre bei 15 bis 20 Mark in der Woche. Die im Haus des Meisters wohnenden Bäcker kamen – bei Kleinstbetrieben – über 5 bis 10 Mark wöchentlich nicht hinaus. In den mittelgroßen Bäckereien wurden 10 bis 12 Mark gezahlt, hier war aber auch die Arbeitszeit länger. In den wenigen Großbetrieben bewegte sich der wöchentliche Arbeitslohn, je nach Tätigkeit, zwischen 20 und 30 Mark. Die Mehrzahl der Leipziger Bäcker kam über 6 bis 9 Mark Wochenlohn nicht hinaus. Nur wenige Gehilfen, die außer Kost und Logis arbeiteten, erzielten einen Verdienst von 20 bis 25 Mark in der Woche. Kneter und Werkmeister außer Kost und Logis bekamen in Berlin 23 Mark wöchentlich, dritte und vierte Gesellen 16,50 Mark. 8 bis 10 Mark gab es in Kleinbetrieben, bei Kost und Logis.

Nach einer 1890 vom *Zentralverein der deutschen Böttcher* unter seinen Mitgliedern durchgeführten Umfrage lag der Durchschnittsverdienst etwas über 18 Mark in der Woche. Spitzenlöhne wurden in Bremen und Düsseldorf mit 24 Mark gezahlt, das ostpreußische Braunsberg, Berlin und Kulmbach bildeten mit 10 bis 12 Mark das Schlußlicht. Für das Gros nicht organisierter Böttcher bewegten sich die Löhne eher unter dem Durchschnitt. Die Jahresdurchschnittslöhne für Müller betrugen nach der Statistik der Müllereiberufsgenossenschaft Ende der 90er Jahre über 700 Mark (1897: 703, 1899: 736 Mark).

In der Regel wurden die Löhne einmal im Monat oder alle 14 Tage ausgezahlt. Auch die halbjährliche Lohnzahlung kam vor, war aber seltener. Keine Seltenheit hingegen war es, wenn der Lohntag einmal ausfiel und die Arbeiter auf ihr Geld warten mußten. In den Saisonbetrieben wie der Zuckerindustrie geschah das manchmal wochenlang, so daß die Arbeiter am Ende froh waren, wenn sie wenigstens einen Teil des ihnen zustehenden Lohns empfingen.

Gar keinen Lohn oder allenfalls einen Hungerlohn von 10 bis 20 Mark im *Monat* erhielten die Kellner. Sie waren ausschließlich auf das Trinkgeld angewiesen, an dem die Wirte über ein ausgeklügeltes Strafsystem für zu Bruch gegangenes Geschirr, eventuell abhanden gekommene Servietten, Besteck und dergleichen noch teilhaben wollten. Das »Bruchgeld« wurde in jedem Fall einkassiert, ob nun etwas zu Schaden gekommen war oder nicht. Ausliegende Zeitschriften mußten die Kellner ebenso aus eigener Tasche bezahlen wie etwa Zahnstocher. In den gegen Ende des 19. Jahrhunderts in Berlin neu aufkommenden »Bierpalästen« wurde vom Trinkgeld der Kellner der Hausdiener entlohnt. Dort mußten sie sogar für ihren freien Tag bezahlen. Den Vogel schoß wohl jener Besitzer des Café Habsburg in München ab, für dessen Kellnerinnen es weder Lohn noch Speisen und Getränke gab. Dafür mußten die Kellnerinnen die gleichen Preise wie die Gäste bezahlen und darüber hinaus noch »Gebühren« für z. B. die Aufbewahrung der Garderobe oder die Benutzung der Toilette.

3. Arbeitszeiten und Arbeitszwang

Den Kellnern blieb nichts anderes übrig, als sich auf die von den Wirten verlangte Ausdehnung der Arbeitszeit einzulassen. Längere Arbeitszeit bedeutete mehr Gäste, höheres Trinkgeld und damit größeren Verdienst.

Nach den Feststellungen der Kommission für Arbeiterstatistik aus dem Jahr 1893 hatten 36 Prozent der befragten Kellner einen Arbeitstag von 16 bis 18 Stunden, 49,2 Prozent einen von 14 bis 16 Stunden, und nur 4,3 Prozent hatten das Glück, weniger als 12 Stunden am Tag arbeiten zu müssen. Selbst Arbeitstage von 20 Stunden waren keine Seltenheit. Ein oder höchstens zwei freie Tage im Monat waren die Regel. Dafür mußte aber bezahlt oder auf eigene Kosten ein Ersatz beschafft werden.

Die lange Arbeitszeit in denkbar schlechter Luft machte die Tuberkulose zur typischen Krankheit des Gasthauspersonals. In München z. B. lag in den 80er Jahren die Lebenserwartung eines Kellners um 35 Prozent niedriger als die der Gesamtbevölkerung.

Begrenzungen des Arbeitstages existierten praktisch nicht. Die 1889 erlassene Arbeitsordnung der Berliner Schultheiß-Brauerei legte fest:

> Die Arbeitszeiten der Arbeiter sind unbestimmt. Sie werden je nach den Erfordernissen des Geschäfts von der Direktion festgestellt. Ueberstunden werden nicht bezahlt. Für gewöhnlich beginnt die Arbeit Morgens 4 Uhr und endet Abends 7 Uhr.[5]

Die schon erwähnte Befragung des *Allgemeinen Brauerverbandes* aus dem Jahr 1885 ergab eine *Netto*arbeitszeit von durchschnittlich 13,2 Stunden bei seinen Mitgliedern. An vielen Orten sah es noch schlechter aus. In Hildesheim und Zwickau wurde 15 Stunden gearbeitet, in Norden 16 bis 18 Stunden – und zwar auch an Sonn- und Feiertagen. Zu keiner Nachtstunde waren die Brauer sicher, nicht zu Extraarbeit aus dem Schlaf geholt zu werden. Das hatte zur Folge, daß ein Brauer mit 35 Jahren als »ausgedient« galt und seinen Beruf aufgeben mußte. Nur in wenigen größeren Städten wie Hannover und Dresden gab es in einigen Brauereien schon den 12-Stunden-Tag. 6 Stunden Ruhezeit seien für einen Brauergesellen genug, erklärte ein Stuttgarter Brauereibesitzer, weil ihm bei längerer Zeit zuviel Gelegenheit zur Selbstbildung bleibe. Das sei weder wünschenswert noch notwendig.

Noch unmenschlicher waren die Verhältnisse bei den Fleischern. Berliner Ladenfleischer arbeiteten im Schnitt 99 Stunden in der Woche, auch 110 oder gar 120 Stunden waren keine Seltenheit. Echte Pausen gab es nicht. Frühstück und Vesper wurden während der Arbeit eingenommen, nur zum Mittagessen durfte die Arbeit unterbrochen werden. Kaum hatte aber der Meister Messer und Gabel weggelegt, war die Pause vorüber.

In den Bäckereien wurde fast durchwegs nachts gearbeitet. Die Berliner Bäckergesellen mußten zwischen 20 und 22 Uhr beginnen und hörten anderntags um 10 oder 12 Uhr mit der Arbeit auf. In Braunschweig dauerte der Arbeitstag 19 bis 20, in Darmstadt, Frankfurt a. M., Köln und München 16, in Altona 15, in Flensburg und Hamburg 14 Stunden.

Auf den ersten Blick sah die Arbeitszeit der Tabakarbeiter da fast paradiesisch aus. 11 Stunden in Baden, 9½ bis 10½ Stunden in Hamburg und Umgebung, 10½ Stunden im Königreich Sachsen. Das galt jedoch nur für

Fabrikarbeiter. Heimarbeiter hatten einen weit längeren Arbeitstag, der meist über 14 Stunden hinausging.

Überlange Arbeitszeit sowie Kost- und Logiswesen brachten es mit sich, daß ein Familienleben für viele Beschäftigte der Nahrungs- und Genußmittelwirtschaft ein Fremdwort blieb. Eine Umfrage unter 336 Berliner Fleischergesellen ergab im Jahre 1904, daß nur 4,3 Prozent verheiratet waren. Und von den rund 1000 Beschäftigten südbayerischer Brauereien ganze 6 Prozent. Verheiratete Kellner wurden gar nicht erst eingestellt. Die Frau eines Kollegen aus der Zahlstelle Frankfurt a. M. des *Zentralverbands der Fleischer* schrieb 1907:

> Ich weiß nicht, warum ich Frau geworden bin. Morgens zwischen 5 und ½6 geht mein Mann fort. Ich muß deshalb sehr früh aufstehen, um ihm seine Kleidung in Ordnung zu bringen und das Frühstück zu besorgen. Während des ganzen Tages sehe ich meinen Mann dann nicht. Des abends zwischen 9 und 10 Uhr kommt er nach Hause, und zwar von der Arbeit so müde, daß, wenn ich ihn um eine Gefälligkeit bitte oder ein Wort mit ihm plaudern möchte, die Antwort erhalte:»Ich kann nicht mehr!« Sonntag ist es auch nicht anders: Vormittag kommt er um 11 Uhr und muß dann noch einmal zum Mittagstisch nach dem Geschäft und so wird es 2 bis 3 Uhr, wenn er nach Hause kommt. Dann will er sich ein paar Stunden ausruhen und in dieser Zeit wird es Nacht.[6]

In den Betrieben herrschte die Willkür der Unternehmer. Selbst Arbeitsordnungen waren noch eine Seltenheit. Und wenn es sie gab, dann glichen sie mehr Kasernenhof-Anordnungen. Beim geringsten Versehen gab es hohe Geldstrafen. Die Hausordnung der Hannoverschen Aktienbrauerei aus dem Jahr 1884 bestimmte:

> Allen Anordnungen der Direktion oder des Braumeisters muß unweigerlich Folge gegeben werden, und ist jede Auflehnung gegen diese Anordnungen sowie jedes Lärmen und Schreien, jeder Zwist und jede Rauferei auf das strengste verboten.[7]

Läppische Kleinigkeiten konnten in den Brauereien Entlassungsgrund sein. Noch ehe der Betroffene wußte, wie ihm geschah, stand er auf der Straße. In Hannover wurden Arbeiter entlassen, weil sie nicht in dem vom Vorgesetzten empfohlenen Laden ihre Wurstwaren kauften. In Leipzig wurde ein Arbeiter auf die Straße gesetzt, weil er sich in einem Lokal in Gegenwart seines Direktors ein Glas Bier einer anderen Brauerei bestellt hatte. Die Herrschaft der Unternehmer ging so weit, daß die Brauergesellen zum Heiraten erst eine Erlaubnis einholen mußten.

4. Das Kost- und Logiswesen

Bei Bäckern und Konditoren, Metzgern und Brauern, in geringerem Maße auch bei Kellnern und anderen Gastwirtsgehilfen, war das Kost- und Logiswesen üblich. Lehrlinge wie Gesellen wohnten und aßen im Betrieb bzw. im Haus des Meisters. Sie konnten so zu jeder Tages- und Nachtzeit zur Arbeit herangezogen werden, befanden sich unter ständiger Aufsicht und waren vom Kontakt mit der Außenwelt abgeschnitten, da es

Aufgang zum Schlafraum eines hannoverschen Bäckergesellen. Der Schlafraum war 2 m lang, 2 m breit, 1,80 m hoch.

kaum Ruhetage gab und vor jedem Verlassen des Betriebs der Meister um Erlaubnis zu bitten war.
Anfang der 80er Jahre war es in den Städten und Landgemeinden von Frankfurt a. M. bis Düsseldorf noch üblich, daß die Bäckergesellen ihren Strohsack in der Backstube liegen hatten. Wenn sie mit der Arbeit fertig waren, legten sie den Strohsack auf die Backmulde, um darauf zu schlafen. Erst ganz allmählich verschwanden diese Zustände, und die Bäcker bekamen Betten und Schlafstuben. Doch nicht jeder hatte ein Bett für sich allein. Die Verhältnisse in den Wohnräumen und die Kost waren im allgemeinen schlicht menschenunwürdig.
August Bebel, Vorsitzender der *Sozialdemokratischen Partei,* machte mit seiner im September 1890 veröffentlichten Broschüre *Zur Lage der Arbeiter in den Bäckereien* als erster in Deutschland auf die Mißstände aufmerksam. Als sieben Jahre später der 6. Kongreß des *Verbands der Bäcker* zusammentrat, stellte man fest, daß sich nicht viel verändert hatte. Immer noch waren die Kollegen auf Dachböden, in Kellern und über Pferdeställen untergebracht. Immer noch mußten sie ihre Betten teilen und des Nachts auch noch an die Hausdiener oder Hausmädchen abgeben. Über die Wohnräume hieß es in einer Resolution des Kongresses:

> Die Wohnräume lassen, was Reinlichkeit betrifft, sehr zu wünschen übrig. Betten und Handtücher sind oft ganz steif von Schmutz. Aus Hamburg wurde ein Fall mitgeteilt, wo in einer Bäckerei 6 Arbeitern nur 3 Betten zur Verfügung standen. Selbst beim Stellenwechsel werden Betten sehr häufig nicht einmal mit frischer Wäsche überzogen (...) Tische und Stühle existieren in den Logis der Arbeiter in den seltensten Fällen. Das Essen müsse derselbe auf der Backbank oder sonst auf dem ersten besten Gegenstand einnehmen.[8]

Nach den Erhebungen der 1904 von der *Generalkommission der Gewerkschaften* eingerichteten *Kommission für Beseitigung des Kost- und Logiszwanges* hatten 80 Prozent der Bäckerunterkünfte keine Heizung. Über ein Viertel der Räume lag entweder im Keller oder auf dem Dachboden. Drei Viertel hatten nur winzige Fenster. Es gab sogar Räume ohne jede Belüftungsmöglichkeit. Schlafstätten dienten in vielen Fällen als Lagerräume für Backwaren. Butterfässer dienten als Stühle, Marmeladeneimer als Waschzuber und Mehlsäcke als Kopfkissen. Aus Berlin wurde der Kommission berichtet:

> Zum Schlafraum, welcher sich über einem Pferdestall befindet, muß man erst durch den Mehlboden und den Taubenschlag.[9]

Aus Bayern: »Der freie Raum in der Schlafkammer ist 30 Zentimeter breit, so daß es nicht möglich ist, sich anzuziehen. Für drei Mann ein Handtuch.«[10]
Aus Hannover: »Ich habe mich beim Meister beklagt, daß die Betten nicht gemacht werden, auch die Stube nicht ausgefegt wird; für diese ›Frechheit‹ ist mir gekündigt worden. Einer der Gesellen hat ein Bett, das aus Eierkisten hergestellt ist.«[11]

In allen Berichten wurde über Ungeziefer, über Ratten, Mäuse, Schaben und andere »Mitbewohner« in Schränken und Betten geklagt. Mehr als die Hälfte der Betriebe hatten nicht einmal Handtücher und Waschbecken für jeden Gesellen.
Die Kostverhältnisse waren entsprechend: Kartoffeln mit Leinöl oder einer kleinen Ration schlechter Wurst, Kartoffeln mit Hering usw. wurden den Arbeitern zum Mittagessen vorgesetzt. Es gab Fälle, wo die Gesellen kein Besteck erhielten oder das Essen einfach auf Blechtellern vor die Tür gestellt wurde.
Die Verhältnisse in anderen Betrieben unterschieden sich nicht viel von denen in den Bäckereien. Über das Leben der Brauergesellen in ihrem Wohn- und Schlafraum, dem Schalander, berichtet der Mannheimer Brauereiarbeiter Wilhelm Schmutz in seinen Erinnerungen:

> Irgendeine Lektüre oder Zeitung bekam man kaum zu sehen. Nur dann und wann den *Schwarzwälder Boten* hatte mal je ein Geselle abonniert. Die Hauptunterhaltung im Schalander bildeten die Sexualfragen. Diese wurden nur mit den gemeinsten Ausdrücken und niederigsten Bezeichnungen erörtert. Unterhaltungen über ein Wissensgebiet habe ich nie gehört. Wer den größten Unsinn trieb, war Meister auf der Bude. Dem einen, der fest im Schlafe lag, wurden mit Wichse die Geschlechtsteile schwarz gemacht, ein anderer, der am Tisch eingeschlafen war, wurde auf seinem Stuhl festgebunden, andere im Bett gefesselt, u. a. m. Kulturbedürfnisse erstickten durch die lange Arbeitszeit und das Milieu des Zusammenwohnens. Es gab Kollegen, die wuschen sich die ganze Woche nicht. Andere zogen sich nicht aus, legten sich mit Stiefeln auf die Klappe und standen so am nächsten Morgen wieder auf. Sie sparten das Ent- und Ankleiden. Man muß zugeben, daß dabei auch der übermäßige Biergenuß seine Wirkung auslöste, ist naheliegend. Aber gerade dieser Umstand, des nicht zur Besinnung kommens, machte es den Brauereiherren möglich, ihre Arbeiter auf dem Niveau von Arbeitstieren zu halten.[12]

Natürlich: Es gab auch saubere und freundliche Wohnräume für Brauereiarbeiter, es gab auch anständige Kost für Bäckergesellen. Nur: die Regel war das nicht.

KAPITEL VI
Die Gewerkschaftsbewegung in den 90er Jahren

Wer die unmenschlichen Arbeitsbedingungen ändern wollte, mußte vor allem die gewerkschaftlichen Organisationen festigen. Denn die Erfahrung hatte gezeigt, daß die immer wieder aufflackernden spontanen Streiks kaum dauerhafte Erfolge brachten. Auf der anderen Seite hing die Entwicklung der Gewerkschaften davon ab, daß Verbesserungen im Kost- und Logissystem und in der Arbeitszeit eintraten. Denn, so schrieb August Bebel 1890:

> Arbeiter, die Tag für Tag, Sonn- und Wochentag, also das ganze Jahr hindurch, bei unmenschlich langer Arbeitszeit beschäftigt werden, in Folge ihrer Arbeitsweise keinen geistigen Verkehr pflegen können, aller Bildungsmittel bar sind, und wenn sie ein paar Stunden frei haben, diese entweder zum Schlafe benutzen müssen, um sich von der furchtbaren Ueberarbeitung zu erholen, oder, da der Mensch doch auch zeitweilig nach einem Genuß verlangt, sich dann dem Spiel oder dem Trinken oder andern aufregenden und ruinierenden Genüssen ergeben, solche Arbeiter haben für die Verbesserung ihrer sozialen Lage kein lebhaftes Empfinden und arbeiten sich, wenn überhaupt, nur langsam aus dem Sumpfe empor, in den die Verhältnisse sie drückten.[1]

Der Widerspruch schien kaum auflösbar: Einerseits brauchte man eine Organisation, um die Verhältnisse zu verbessern; andererseits ließen die Verhältnisse das Aufkommen von Organisationen aber gar nicht erst zu. Die Konsumgenossenschaften leisteten Hilfestellung. Sie boten vor allem den Bäckern Arbeit zu Bedingungen, daß noch Zeit blieb, sich um den Aufbau ihrer Gewerkschaft zu kümmern.

1. Der Zustand der Verbände

Viele Verbände befanden sich in einem desolaten Zustand. Der *Verband der Bäcker* zählte im ersten Vierteljahr 1895 nicht mehr als 195 Mitglieder, 14 davon am Sitz der Verbandsleitung in Berlin. Der *Allgemeine Brauerverband* hatte 1891 noch 500 Mitglieder an vier Orten. In beiden Verbänden waren nach verlorenen Streiks heftige Streitigkeiten ausgebrochen. Auch bei dem 1889 in Eisenach gegründeten *Deutschen Müllergesellenverband* waren von den anfänglich 2000 Mitgliedern 1895 noch wenig mehr als 400 übrig. Das Strohfeuer der ersten Begeisterung war überall erlo-

Allgemeiner Brauerverband: 6. Verbandstag. 23. bis 24. September 1891 in Hannover. 1. Reihe: König, Schmidt (Magdeb.), Will, Richter, Müllner, Klein, Schmidt (Nürnberg), Reule, Siebe. 2. Reihe: Dankhoff, Wiehle, Kersten, Roschlau, Hilpert, Penndorf, Großer, Kappe, Probst, Jauß.

schen, nachdem sich die Hoffnung zerschlagen hatte, in kurzer Zeit zu nennenswerten Erfolgen kommen zu können.

Bei den Gastwirtsgehilfen bildeten sich zwar 1889 in Hamburg und Berlin die ersten örtlichen Organisationen, später kamen Altona, Kiel, Dortmund, Hannover und andere Städte hinzu. Aber es mangelte an der zentralen Zusammenfassung, deren Notwendigkeit sehr umstritten war.

Fachvereine für Fleischergesellen entstanden 1890 in Hamburg, Berlin und Braunschweig. Die Vereine lösten sich aber schon im gleichen Jahr wieder auf. 1891 gaben Fleischergesellen und organisierte Bäcker in Berlin ein gemeinsames Organ heraus. 1893 bildete sich ein neuer Fachverein, dem sich z. T. auch die Verkäuferinnen anschlossen. Er ging ebenso an Mitgliederschwund zugrunde, wie der im Frühjahr 1894 gegründete *Verband der Schlächter und Berufsgenossen Deutschlands* mit Zweigvereinen in Berlin, Hamburg, Braunschweig und anderen Orten. Erst der im Herbst 1898 entstandene Lokalverein der Schlächtergesellen Berlins erwies sich als dauerhaft.

Als halbwegs gefestigte Organisationen standen nur die Verbände der Böttcher und der Tabakarbeiter da. Der *Zentralverein der deutschen Böttcher* hatte 1890 bereits rund 5000 Mitglieder und 67 Filialen. Er gab mit der *Deutschen Böttcher-Zeitung* ein florierendes Verbandsorgan heraus. Der *Unterstützungsverein deutscher Tabakarbeiter* verzeichnete 1890 15 360 Mitglieder in 260 Zahlstellen. Weil die Tabakarbeiter schlecht verdienten, waren aber auch die Finanzverhältnisse ihres Verbandes bescheiden. Große Arbeitskämpfe konnte er aus eigenen Mitteln nicht durchstehen. Ein Beispiel ist der große Hamburger Zigarrenarbeiterstreik, der vom November 1890 bis März 1891 dauerte und über 400 000 Mark kostete. Der Streik ging um das Organisationsrecht und mußte von den Arbeitern abgebrochen werden, wenngleich die Unternehmer ihr Ziel, den Unterstützungsverein zu zerschlagen, auch nicht erreichten. Der Unterstützungsverein konnte gerade 47 790 Mark aus der eigenen Kasse beisteuern, die *Generalkommission der Gewerkschaften* mußte ein Darlehen von fast 150 000 Mark besorgen. 100 000 Mark kamen von den Gewerkschaftskartellen aus Hamburg, Altona und Ottensen, sowie weitere Spenden aus dem In- und Ausland.

Verständlich, daß sich der Ausschuß des *Unterstützungsvereins deutscher Tabakarbeiter* oft in die Lage gedrängt sah, Anträge auf Genehmigung von Streiks abzulehnen. Dieses Recht hatte er seit der Brandenburger Generalversammlung im Mai 1890. Die Mitglieder kümmerte es allerdings wenig, wo die für einen Arbeitskampf notwendigen Finanzmittel herkommen sollten. Sie setzten es auch durch, daß dem Ausschuß in der Folgezeit ein Teil seiner Vollmachten wieder genommen wurde.

2. Organisation und Verwaltung

Die Schwäche der Verbände ließ den Gedanken aufkommen, alle bestehenden Organisationen in einem Industrieverband zusammenzufassen. Erste Gespräche zwischen Vertretern der Bäcker, Brauer, Müller und Fleischer (die organisierten Tabakarbeiter lehnten die Beteiligung an solchen Gesprächen stets ab) nach dem Halberstädter Gewerkschaftskongreß 1892 führten zur Gründung eines Kartells. Die Verbände wollten sich in der täglichen Arbeit unterstützen und so einen Industrieverband aller Nahrungsmittelarbeiter vorbereiten. Praktische Bedeutung bekam das Kartell freilich nie. Auch die von den Verbänden der Bäcker, Konditoren, Fleischer und Müller im Mai 1893 entwickelten Pläne zur Gründung eines *Deutschen Nahrungsmittelarbeiterverbandes* wurden von den Mitgliedern in der Urabstimmung verworfen. Zunächst müßten die eigenen Organisationen aufgebaut werden.

3. Bescheidene organisatorische Verhältnisse bei allen Verbänden

Die Last der Arbeit lag auf den Schultern nur weniger Kollegen. Bei den Brauern war es Richard Wiehle aus Hannover, unterstützt von seiner Frau, die ihm viele technische Arbeiten abnahm. Bei den Bäckern war es Oskar Allmann aus Hamburg, bei den Gastwirtsgehilfen Richard Ströhlinger und Hugo Pötzsch aus Berlin, bei den Müllern Hermann Käppler aus Altenburg und bei den Fleischern Franz Graßmann aus Berlin. Ebenso wie Richard Wiehle von den Brauern war Allmann Vorsitzender, Hauptkassierer und Redakteur in einer Person. Die Arbeit verschlang im wahrsten Sinne des Wortes ihren Mann: Wiehle legte auf dem 11. Verbandstag des *Zentralverbands deutscher Brauer* 1898 in Stuttgart den Vorsitz nieder, weil er verbraucht war, ein »vollständiges Wrack«[2], wie er selbst erklärte.
Daß die frühen Führer der Gewerkschaften diese »großgehungert« hätten, wie Hugo Pötzsch einmal meinte[3], mag zwar übertrieben klingen, trifft aber durchaus den Kern der Sache.
Selbst der von seiner Größe her ansehnliche *Unterstützungsverein deutscher Tabakarbeiter* konnte sich bis zur Jahrhundertwende nur zwei besoldete Angestellte leisten: Sekretär und Kassierer, beide bekamen ab 1892 ein Monatsgehalt von 120 Mark. Dem Vorsitzenden wurde erst ab 1900 anstatt der bis dahin üblichen Aufwandsentschädigung ein festes Gehalt gezahlt. Der *Verband der Bäcker* legte sich erst 1901, auf der 8. Generalversammlung in Mainz, mit dem Kassierer Friedrich Friedmann einen zweiten Angestellten zu – neben dem Vorsitzenden Allmann, der übrigens lange Zeit auf sein Gehalt von 50 Mark im Monat verzichtet hatte, um dem Verband wenigstens ein paar Mark für die Agitation zur Verfügung zu stellen. Auch bei den Brauern war der Vorsitzende Richard

Wiehle mit 150 (ab 1892: 160) Mark Monatsgehalt lange Zeit der einzige Angestellte, ab 1894 notdürftig von einer Hilfskraft unterstützt. Nicht anders sah es bei Müllern, Böttchern und Gastwirtsgehilfen aus.

Wie sparsam zu jener Zeit gewirtschaftet werden mußte, zeigt allein die Tatsache, daß 1894 und 1895 im *Zentralverband deutscher Brauer* nicht mehr als 2274 Mark für Agitation ausgegeben wurden. Auch 10 Jahre später hatte sich das nicht grundlegend geändert. Als der frisch angestellte Gauleiter für Posen, Eduard Backert, 1904 beim Verbandsvorstand anfragte, ob man ihm nicht eine gebrauchte Schreibmaschine, einen Schreibtisch und einige Büroutensilien bewilligen könne, bekam er vom Vorsitzenden Bauer zur Antwort:

> Lieber Freund!
> Deinen Antrag kann ich nicht erfüllen und Dir Büromaterial bewilligen (...) Die Gauleiter sollen nicht zu Hause an dem Schreibtisch sitzen. Sie sollen die fast noch 100 000 unorganisierten Brauereiarbeiter dem Verband zuführen und sollen die Lohnbewegungen leiten. Dazu brauchen sie keinen besonderen Schreibtisch (...) Den Gauleitern können nicht noch Gepäckträger bewilligt werden, die ihnen die Büroeinrichtung hintennach tragen (...) Deine wenigen Büroarbeiten kannst Du an einem gewöhnlichen Tisch verrichten.[4]

4. Beiträge und Unterstützungen

Die meisten Verbände fingen mit 30 Pfennig Beitrag im Monat an. Man glaubte, die Kollegen würden in Scharen herbeigeströmt kommen, weil die wenigen Groschen nicht zählten. Das Gegenteil trat ein. Viele kehrten den Gewerkschaften den Rücken. Denn die Verbände konnten von den niedrigen Beiträgen zwar halbwegs leben, waren aber kaum kampffähig. Beitragserhöhungen indes blieben schwer durchsetzbar, und auf den Verbandstagen der neunziger Jahre gab es in dieser Frage ein ewiges Tauziehen. In einem Jahr wurde der Beitrag gesenkt und im nächsten oder übernächsten Jahr wieder angehoben. Ende der neunziger Jahre lagen die Beitragssätze dann in den meisten Verbänden bei 60 bis 80 Pfennig im Monat. Die Tabakarbeiter hatten eine Beitragsstaffelung von 20 Pfennig pro Woche für Männer, 15 Pfennig für weibliche Roller, 10 Pfennig für Wickelmacherinnen und Lehrlinge. Die Beitragsstaffelung nach Verdienst setzte sich erst nach der Jahrhundertwende durch.

Die Brauer zahlten Ende der neunziger Jahre schon 1 Mark im Monat. Sie hatten auch das am besten ausgebaute Unterstützungssystem, während die Bäcker bis Mitte der neunziger Jahre überhaupt keine Unterstützungen kannten.

Schon im ersten Statut des *Allgemeinen Brauerverbandes* aus dem Jahre 1885 war die Bildung einer Unterstützungskasse für reisende bzw. arbeitslose Mitglieder vorgesehen. Nach vierwöchiger Karenzzeit wurden 60 Tage lang 50 Pfennig pro Tag gezahlt. Die Mittel dazu brachten die Gauvereine auf. Nach der Neukonstituierung des Verbandes 1891 wurde für die reisenden Mitglieder eine Unterstützung in Form von Kilometergeld eingeführt. Es gab 2 Pfennig pro Kilometer, nicht mehr als 1 Mark je Tag bzw. 3 Mark pro Ort. Der Verbandstag 1896 setzte an die Stelle der Arbeitslosenunterstützung eine Erwerbslosenunterstützung: Ob jemand am Ort arbeitslos wurde, sich auf die Reise machte oder durch Krankheit erwerbslos wurde – für alle diese Fälle galten die gleichen Leistungen: Die Unterstützung betrug nach 26 Beitragswochen 40 Tage lang täglich 50 Pfennig. Nach 52 Beitragswochen wurde 45 Tage lang jeweils 1 Mark ausgezahlt. Die Unterstützungsberechtigung schon nach 26 Wochen Beitragszahlung fiel später weg. 1914 wurden die Sätze für Unterstützung bei Arbeitslosigkeit um 50 Prozent angehoben, die übrigen Sätze belassen.

Die Umzugsunterstützung fand 1898 Aufnahme ins Statut. Ursprünglich war sie nur für Streikende und Gemaßregelte gedacht, wurde 1914 aber auf alle Umzüge ausgedehnt. 1904 wurde die obligatorische Sterbeunterstützung statuarisch verankert.

Streik- und Gemaßregeltenunterstützung gab es seit 1891. Sie war von vornherein verschieden hoch für verheiratete und unverheiratete Mitglieder: zwei Mark am Tag für die einen, 1,50 Mark für die anderen. Der Verbandstag 1910 beseitigte diese unterschiedliche Behandlung, führte aber Zuschläge für Frauen und Kinder von Streikenden ein. Ursprünglich war der Bezug von Streikunterstützung an keinerlei Dauer der Mitgliedschaft gebunden (das wurde erst 1922 eingeführt und die Unterstützung gleichzeitig nach Beitragswochen gestaffelt).

Der *Verband der Bäcker* führte 1903 nach einer Urabstimmung die Arbeitslosenunterstützung ein. Sie wurde erstmals nach 52 Beitragswochen fällig und belief sich pro Tag auf das Zweieinhalbfache des Wochenbeitrages. Gezahlt wurde sieben Wochen lang. 1905 machte man eine Erwerbslosenunterstützung daraus, die wie bei den Brauern für Arbeitslosigkeit, Krankheit und auf der Reise galt. Die Unterstützungssätze waren sozial gestaffelt, den Mitgliedern der niedrigen Beitragsklassen kam relativ mehr Unterstützung zu, als denen der höheren Beitragsklassen. Im Durchschnitt wurden 1,2 Wochenbeiträge als Tagessatz ausgezahlt. Steigende Ansprüche nach mehr Beitragswochen machten sich nur in längerer Bezugsdauer bemerkbar, nicht in höheren Sätzen.

Voraussetzung für den Empfang der Umzugsunterstützung war der Umzug eines verheirateten Mitglieds nach einem mindestens 25 km entfernten Ort. Sterbeunterstützung gab es seit Mitte der neunziger Jahre, und Streikunterstützung konnte erstmals nach 13 Wochen bezogen werden. Für Kinder wurden dabei besondere Zuschläge angerechnet.

Rechtsschutz konnte im *Verband der Bäcker* erstmals nach 13 Wochen beansprucht werden und galt für alle aus dem Arbeitsverhältnis sich ergebenden Streitigkeiten. Im *Zentralverband deutscher Brauer* galt der Rechtsschutz seit 1898 auch für Straßenkarambolagen und Vergehen gegen die Straßenverkehrsordnung, was für die im Verband organisierten Bierkutscher von größter Bedeutung war.

Im *Zentralverband der Fleischer* gab es Unterstützung für reisende Mitglieder seit der Verbandsgründung: 1 Mark am Tag. Innerhalb eines Jahres konnten höchstens 25 Mark beansprucht werden. Streik- und Gemaßregeltenunterstützung waren nach dem Familienstand gestaffelt (10 bzw. 12 Mark in der Woche, je Kind 1 Mark zusätzlich) und gleich der Sterbeunterstützung so alt wie der Verband selbst.

Mit Wirkung vom 1. Juli 1904 wurde die Krankenunterstützung eingeführt. *Während eines Jahres konnte sie 42 Tage lang (Sonntage ausgenommen)* bezogen werden, bei einer *Karenzzeit von 7 Tagen*. Nach 52 Beitragswochen waren 2 bis 3 Mark, nach 104 Beitragswochen 3 bis 4 Mark (je nach Beitragsstaffel) fällig.

1907 beschloß der Verbandstag, Arbeitslosen- und Krankenunterstützung zu einer Erwerbslosenunterstützung zusammenzufassen. Gleichzeitig wurde die Umzugsunterstützung eingeführt.

Im *Zentralverein der deutschen Böttcher* gab es Reiseunterstützung seit der Gründung. Rechtsschutz, Streik- und Gemaßregeltenunterstützung wurden nach Aufhebung des Sozialistengesetzes in die Satzung eingebaut. Sie waren, wie bei fast allen Gewerkschaften üblich, nach dem Familienstand gestaffelt.

Ab 1897, mit der Wahl Winkelmanns zum Vorsitzenden, gab es eine Sterbeunterstützung. Die Arbeitslosenunterstützung führte der Verbandstag 1902 ein. Drei Jahre später wurde sie – wie bei den Brauern – zu einer Erwerbslosenunterstützung erweitert. Gleichfalls 1905 wurde die Umzugsunterstützung eingeführt, die an eine bestimmte Zahl von Beitragswochen gebunden war und deren Sätze sich an der Beitragsstaffel ausrichteten.

Der *Verband der Konditoren* kannte eine Reiseunterstützung, Sterbegeld, obligatorische Krankenunterstützung (seit 1897) und natürlich die direkten Kampfunterstützungen.

Der *Unterstützungsverein deutscher Tabakarbeiter* zahlte seit seiner Gründung eine Reiseunterstützung. Seit 1885 waren das 15 Pfennig pro Meile im Winter, 10 Pfennig im Sommer. 1887 wurde das Kilometergeld eingeführt, und zwar 2 Pfennig pro Kilometer. Da die Reisekasse über Gebühr strapaziert wurde, griff man 1894 zu einer Verschärfung der Bestimmungen: Nach 26 Wochen Unterstützungsbezug mußten erst einmal wieder 13 Wochenbeiträge gezahlt werden (ab 1896: 26 Wochenbeiträge), bevor von neuem Reiseunterstützung beantragt werden konnte.

Seit 1883 gab es einen Zuschuß zu den Begräbniskosten. Umzugsunterstützung existierte 1889 zunächst nur für Streikende und Gemaßregelte, seit 1898 für alle Mitglieder. Rechtsschutz wurde seit 1898 gegeben, auch in solchen Fällen, wo Mitglieder Schwierigkeiten mit der Krankenkasse, der Alters- oder Unfallversicherung hatten.

Seit 1894 bestand eine freiwillige Krankenunterstützungskasse. Es zeigte

sich bald, daß die Zuschußkasse eben wegen ihres freiwilligen Charakters nicht lebensfähig war. Es gab zwar seit den achtziger Jahren eine vom Verband getrennte Zentralkranken- und Sterbekasse der Tabakarbeiter, die aber ausgerechnet in denjenigen Gegenden am stärksten vertreten war, in denen der Unterstützungsverein schwach war.
1903 wurde das Unterstützungswesen neu geordnet. Auch die Tabakarbeiter führten die Erwerbslosenunterstützung ein. Für Arbeitslosigkeit sollte sie erst nach einer Wartezeit von 52 Wochen gelten und dann in einer Höhe von 50 Pfennig pro Tag in der ersten, 70 Pfennig in der zweiten Beitragsklasse ausgezahlt werden.
Neu eingeführt wurde 1903 auch die Wöchnerinnenunterstützung in Höhe von 2,50 Mark pro Woche vom Tag der Niederkunft an – für insgesamt vier Wochen. Gleichzeitig wurde das Beitragssystem reformiert und 6 Beitragsklassen mit Wochenbeiträgen zwischen 25 und 75 Pfennig wurden eingeführt.
Der *Verband deutscher Gastwirtsgehilfen* räumte seinen Mitgliedern seit 1906 für 13 Wochen eine Unterstützung bei Arbeitsunfähigkeit ein. Danach waren erst wieder 52 Wochen lang Beiträge zu zahlen. Innerhalb von 5 Jahren durften nicht mehr als 200 Mark für diese Unterstützungsart ausgezahlt werden. Auch ein Sterbegeld wurde eingerichtet. Streik- und Gemaßregeltenunterstützung wurde seit Anbeginn gezahlt, eine Arbeitslosenunterstützung erst seit dem Nürnberger Verbandstag 1912.
In fast allen Verbänden gab es immer wieder Auseinandersetzungen über die Ausdehnung der Unterstützungen und über einzelne Unterstützungszweige. Kein Verbandstag der Tabakarbeiter verging, auf dem nicht Klagen laut wurden über die Ausnutzung der Verbandskasse durch Mitglieder, die viel reisten und wenig Beiträge zahlten. Erst mit der Einführung der obligatorischen Arbeitslosenunterstützung, 1903, konnte eine Kontrolle der wirklich arbeitslosen und der nur aus freien Stücken reisenden Mitglieder durchgeführt werden. Um die Einführung einer solchen Arbeitslosenunterstützung war in allen Verbänden – mit Ausnahme vom *Verband der Zigarrensortierer* und dem *Zentralverband deutscher Brauer* – heftig gestritten worden. »Wenn das mit den Unterstützungsbestrebungen so fort geht, können wir uns bald Versicherungsanstalt nennen (...) Das Unterstützungswesen nimmt den Gewerkschaften den Kampfescharakter«[5], meinte der Berliner Kollege Dechand, unterstützt von Heinrich Meister, dem Ausschußvorsitzenden, auf der Generalversammlung 1898 des *Unterstützungsvereins deutscher Tabakarbeiter*.
Auf der Generalversammlung des *Zentralvereins der deutschen Böttcher* 1894 in Mainz betonte der Hamburger Delegierte Carl Winkelmann:

> Wir haben keine Veranlassung, dem Staat seine Pflichten seinen Angehörigen gegenüber abzunehmen. Sobald wir künstlich unsere Notlage aus reiner Menschlichkeit zu unserem Nächsten verschleiern, werden wir mit der Opposition gegen die unsere Notlage herbeigeführte Schutzzollpolitik wenig Erfolg haben.[6]

Tab. 8
Unterstützungsleistungen im Zentralverband deutscher Brauereiarbeiter bzw. Verband der Brauerei- und Mühlenarbeiter 1898–1913[7]

	1898	1899	1900	1901	1902	1903	1904	1905
Streikunterstützung	9737	50730	6677	12782	5627	11340	164814	159148
Gemaßregeltenunterstützung	3465	2477	3756	5267	3983	4838	7445	14289
Umzugsunterstützung	140	372	698	1044	779	715	1065	1104
Rechtsschutzkosten	1130	2283	1803	1805	3397	3521	3875	5183
Unterstützung bei Streiks in anderen Berufen	900	1132	1450	2000	1800	3900	683	8074
Krankenunterstützung	4024	13546	15360	22321	24377	28355	45087	57439
Arbeitslosenunterstützung	7158	10891	11582	24491	23739	18460	21489	28622
Sterbegeld	–	–	–	–	–	–	1035	5393
Notfallunterstützung	820	150	535	1709	1571	1736	3094	4245

	1906	1907	1908	1909	1910	1911	1912	1913
Streikunterstützung	46071	122262	43846	49479	111002	141343	51940	94353
Gemaßregeltenunterstützung	9801	13641	9891	7856	6742	9654	12070	10357
Umzugsunterstützung	1505	2004	1391	1100	1851	2176	1828	1536
Rechtsschutzkosten	7980	9655	9491	8046	3519	13301	16121	14207
Unterstützung bei Streiks in anderen Berufen	1600	4791	–	3340	–	3173	6239	8346
Krankenunterstützung	70312	89313	111921	127555	139128	200062	224388	221505
Arbeitslosenunterstützung	18641	23612	46546	55349	45526	65205	78538	99427
Sterbegeld	7376	9255	11616	13414	17850	25613	27434	29214
Notfallunterstützung	5728	15503	9232	27455	6764	8303	9612	10778

Tab. 9

Unterstützungsleistungen im Verband der Bäcker 1895 bis 1904[8]

	1895	1896	1897	1898	1899	1900	1901	1902	1903	1904
Rechtsschutzunterstützung	–	914	116	1091	2251	3389	1482	955	660	2138
Arbeitslosenunterstützung	–	–	–	–	–	–	1849	361	21047	26693
Reiseunterstützung	197	342	389	486	730	1016	1579	1070	1387	2593
Krankenunterstützung	–	–	–	–	–	–	–	–	1652	2804
Umzugsunterstützung	–	–	–	–	–	–	–	–	–	–
Sterbegeld	–	–	–	–	–	–	–	–	130	160
Notfallunterstützung	–	–	–	–	–	–	–	–	120	220
Streikunterstützung	–	–	–	4050	4918	2199	1509	1343	2064	23755
Gemaßregeltenunterstützung	1071	597	1250	5822	7515	4186	2138	1674	2155	2472

Tab. 10

Unterstützungsleistungen im Zentralverband der Bäcker und Konditoren 1905 bis 1911[9]

	1905	1906	1907	1908	1909	1910	1911
Rechtsschutzunterstützung	4061	3254	4004	7287	4629	5182	5335
Arbeitslosenunterstützung	38505	39221	58838	68825	75547	76719	79186
Reiseunterstützung	2948	3868	5092	6444	7623	6347	5767
Krankenunterstützung	4223	5656	16385	31369	40873	44570	54135
Umzugsunterstützung	–	–	1233	1503	1506	1790	2880
Sterbegeld	170	190	600	1340	2305	1823	3050
Notfallunterstützung	302	726	627	744	3821	3576	3612
Streikunterstützung	14268	7851	38097	8363	13999	31934	157047
Gemaßregeltenunterstützung	1369	2533	5350	7112	5625	3940	5811

Besonders groß war die Furcht, bei einem erhöhten Beitrag wegen der Gewährung von Arbeitslosenunterstützung könnten die Mitglieder davonlaufen. Die Befürworter – wie bei den Tabakarbeitern insbesondere Adolph von Elm – argumentierten dagegen, es sei ungerecht, ledigen arbeitslosen Mitgliedern, die auf Wanderschaft gingen, Unterstützung zu geben, Verheirateten aber, die ja kaum umherziehen könnten, nicht. Mit der Arbeitslosenunterstützung könne die verhängnisvolle Fluktuation in der Organisation bekämpft werden. Im Sortiererverband und in der Hamburger Zahlstelle des Tabakarbeiterverbandes galt die Arbeitslosenunterstützung schon, dort hatte man gute Erfahrungen gemacht: »Wenn ein Kollege gedenkt, von uns als zu billig empfundene Arbeit anzunehmen, dann sagen wir ihm, du darfst nicht und geben ihm Unterstützung, und dies führt zur Erhaltung des Lohns«[10], berichtete der Kollege Ostertag auf der Generalversammlung 1898 des Unterstützungsvereins deutscher Tabakarbeiter.

Anfang des neuen Jahrhunderts schließlich setzte sich die Erkenntnis durch, daß mit der Arbeitslosenunterstützung das Rückgrat des einzelnen Kollegen und damit der Kampfcharakter der Verbände insgesamt, gestärkt werden könne. Die Arbeitslosenunterstützung wurde allgemein eingeführt – im *DTAV* auch deswegen, weil man eingesehen hatte, daß etwas für die Organisierung der Arbeiterinnen getan werden mußte, denn – »Ohne die Gewinnung der Kolleginnen kein Sieg«[11], meinte der neue Verbandsvorsitzende, Carl Deichmann, auf der Generalversammlung 1902.

5. Arbeitskämpfe in den 90er Jahren

Das gewerkschaftliche Ziel der neunziger Jahre war für die Vorläuferverbände der *NGG* die Abschaffung des Kost- und Logiswesens. Den Anfang machte der *Allgemeine Brauerverband*. 1890 erzwang er in Berlin den Auszug der Gesellen aus den Schalandern. In den folgenden Jahren gelang ihm in den größeren Städten das gleiche – in Kiel, Leipzig, Flensburg, Stuttgart, Hannover, Mainz, Elberfeld, Nürnberg, München usw. Auf dem Lande hingegen war das Wohnen im Betrieb nur schwer abzuschaffen.
Die Bäcker bereiteten sich seit 1895 auf größere Kämpfe vor. 1895 war das Jahr der Wende für den *Verband der Bäcker* gewesen. Auf der Berliner Generalversammlung wurde Oskar Allmann zum neuen Vorsitzenden gewählt. Die *Generalkommission der Gewerkschaften* stellte 500 Mark für vier Agitatoren bereit, die im Juni und Juli in die größeren Städte reisten. Ende 1895 lag die Mitgliederzahl des Verbandes schon wieder bei 660. Mit Hilfe der sozialdemokratischen Reichstagsfraktion gelang ein Jahr später der erste Durchbruch in der Arbeitszeitfrage. Der Bundesrat mußte am 6. März 1896 einer Verordnung über den 12stündigen Normalarbeitstag auch für Bäcker zustimmen. Das Zutrauen zum Verband stieg. Für die

Streik der Bäcker und Konditoren.

Legitimation Nr.

für

Brotträger.

Herr ....

wohnhaft ....

bezieht nach eigener Angabe seine Backwaaren aus umstehend vermerkten Bäckereien.

Diese Bäckereien sind nicht boykottirt.

Hamburg, den .... August 1898.

Die Streikleitung.

| Stempel | .... |

Im Hamburger Bäckerstreik 1898 ausgegebene Legitimationskarte für Brotausträger.

weitere Ausbreitung sorgte vor allem der große Bäckerstreik von Hamburg-Altona-Wandsbek während des Jahres 1898.
Die Hamburger Bäckergesellen planten seit 1896 Kampfmaßnahmen zur Abschaffung des Kost- und Logiszwangs. Nachdem sich bis Mitte 1898 über 1100 Gesellen organisiert hatten, stellten sie den Innungsmeistern ihre Forderungen: Abschaffung des Kost- und Logiszwangs, Minimallohn von 21 Mark in der Woche, Leitung der Arbeitsvermittlung (die bis dahin bei der Innung lag und dazu mißbraucht wurde, gewerkschaftlich organisierte Kollegen aus den Betrieben fernzuhalten) durch eine aus Gesellen und Meistern paritätisch besetzte Kommission, schließlich Bezahlung der Überstunden mit 50 Pfennig pro Stunde.
Verhandlungen mit der Bäckerinnung scheiterten. Am 23. Juni 1898 begann der Streik. 694 Kollegen legten die Arbeit nieder. Die Innungen ließen in ganz Deutschland die Propagandatrommel rühren und brachten Streikbrecher nach Hamburg. Auf den Bahnhöfen wurden die Streikposten der Bäckergesellen festgenomen. Die Meister gaben sich siegessicher – zu früh, wie sich zeigte. Am 24. Juni 1898 verhängten die Gewerkschaftskartelle von Hamburg, Altona und Wandsbek einen Boykott über alle Bäckereien, die sich den Forderungen der Gesellen verweigerten. Geldsammlungen wurden in die Wege geleitet. Die Unternehmer gaben nach. Binnen kurzem willigten fast 200 Hamburger Bäckereien in die Forderungen der Gesellen ein. Auch die Wandsbeker und Altonaer Innungen waren schon nahe daran nachzugeben, als sich der Arbeitgeberverband einschaltete und die Meister zu weiterem Widerstand anspornte.
Die boykottierten Bäckermeister denunzierten bei der Stadtverwaltung kleinere und mittlere Beamte, die den Boykott unterstützten. Der Öffentlichkeit, die nicht zuletzt wegen immer wieder durchsickernder Nachrichten über mangelnde Hygiene in den Bäckereien auf seiten der Gesellen stand, wurde eingeredet, der Streik diene nur dazu, damit die Sozialdemokraten die Brotproduktion in ihre Hand bekämen. Mehlhändler und Müller wurden veranlaßt, allen Bäckereien, die den Forderungen der Gesellen zugestimmt hatten und nun vom Boykott ausgenommen waren, kein Mehl mehr zu liefern. Aber die Streikleitung hatte vorgesorgt. Sie konnte allen Bäckermeistern, die es wünschten, Mehl zu Tagespreisen verschaffen.
Mitte September 1898 konnte von einem Streik eigentlich schon keine Rede mehr sein. Nach und nach hatten immer mehr Meister nachgegeben. Eine Verbandsversammlung am 20. September 1898 erklärte daher den Streik für beendet und dankte der Bevölkerung für ihre Unterstützung – ein vollständiger Sieg der streikenden Arbeiter. 31 985 Mark hatte der Arbeitskampf gekostet, davon 25 995 Mark für Streikunterstützung.
Das Hamburger Vorbild löste eine Welle von Streiks aus, die sich über mehrere Jahre hinwegzogen und alle dem einen Ziel galten: Abschaffung des Kost- und Logiswesens. Nicht immer konnte das erreicht werden. Manchmal war »nur« eine Verbesserung der sanitären Verhältnisse und der Beköstigung durchzusetzen. 1906 bezogen schon 24,2 Prozent aller

Große Volks-Versammlungen

am Montag, den 29. August 1898

Abends 8½ Uhr

in den Lokalen:

Tütge's Etablissement, Valentinskamp Nr. 40/42.
English Tivoli, St. Georg, Kirchen-Allee.
Saubert's Salon, Rothenburgsort.
Victoria-Garten, Barmbeck, Hamburgerstraße.

Für Eimsbüttel:
Waterloo, Altona, Eimsbüttelerstraße.

Tages-Ordnung:

Was lehren uns die wirthschaftlichen Kämpfe der Arbeiter?

Arbeiter Hamburgs!

Erscheint massenhaft in diesen Versammlungen, es gilt, Stellung zu nehmen zu dem das Gemeinwohl schädigenden Treiben der Unternehmer-Koalitionen, die darauf ausgehen, die Arbeiterschaft in abhängige Sklaverei zu zwingen oder zu Gewaltthätigkeiten aufzureizen. Im Interesse der Kultur und des Volkswohls muß diesem Treiben ein Ziel gesetzt werden.

Arbeiter Hamburgs! Erinnert Euch der schwerkämpfenden Bäckergesellen,

erinnert Euch des Brot-Boykotts!

Kauft kein Stück Brot aus boykottirten Bäckereien, die Liste derselben findet Ihr in heutiger Nummer des „Hamburger Echo".

Kontrolirt Eure Brotträger; diejenigen, die sich auf Ehrenwort verpflichtet haben, kein Brot aus boykottirten Bäckereien zu kaufen, führen zu ihrer Legitimation

☛ eine rothe Karte und ein rothes Plakat. ☚

Die Liste derselben findet Ihr auch im heutigen „Hamburger Echo".

Hoch die Solidarität der Arbeiter! Hoch der Brot-Boykott!

Die Kartell-Kommission.

_{Verlag: E. Kretschmer in Hamburg. — Druck: Hamburger Buchdruckerei und Verlagsanstalt Auer & Co. in Hamburg.}

Plakat des Hamburger Gewerkschaftskartells aus dem Bäckerstreik 1898.

Bäckergesellen ihren vollen Lohn in bar und konnten in den eigenen vier Wänden wohnen. Fast vollzählig galt das für die Bäckergesellen in Hamburg, Altona, Frankfurt a. M. und den größeren Teil der Kollegen in Berlin, Dresden, Braunschweig, Stettin, Lübeck und Kiel – sowie natürlich für die Gesellen der Konsumgenossenschafts-Bäckereien. 1910 waren bereits 33,3 Prozent der Bäckergesellen vom Kost- und Logiszwang befreit, 1912 schon 34,5 Prozent. Ganz abzuschaffen war das Kost- und Logisunwesen aber nicht. Das lag daran, daß der *Verband der Bäcker* nur sehr schwer einen Fuß in die Kleinbetriebe bekam. Und im Fleischergewerbe waren Kost und Logis vor dem I. Weltkrieg aus den gleichen Gründen noch gang und gäbe.

6. Abkehr von der Berufsgewerkschaft?

Mit dem Beginn des neuen Jahrhunderts hatte sich der Gewerkschaftsgedanke überall durchgesetzt. Die letzten waren die Gastwirtsgehilfen und die Fleischer. Vom 20. bis 27. Oktober 1897 trat in Berlin der Gründungskongreß des *Verbands deutscher Gastwirtsgehilfen* zusammen. 915 Mitglieder in 8 Orten zählte er 1898, Ende 1899 waren es 1387. Der *Zentralverband der Fleischer* wurde am 1. Juli 1900 in Berlin gegründet. Zwei Jahre später, bei seinem ersten Kongreß, zählte er bereits 2000 Mitglieder in 26 Verwaltungsstellen.

Die meisten Verbände stellten noch reine Berufsorganisationen dar und beschränkten sich bewußt auf die Erfassung gelernter Arbeitskräfte. Eine Ausnahme machte der *DTAV*. Denn in der Zigarrenindustrie gab es abgesehen von den Sortierern, die ihren eigenen Verband hatten, keine Lehr-, sondern nur Anlernberufe. Trotzdem war noch ein weiter Weg zum Prinzip der Einheitsgewerkschaft – ein Betrieb gleich eine Gewerkschaft. Gerade Arbeiter mit Schlüsselstellungen blieben anderweitig organisiert: die Sortierer im *Verband der Zigarrensortierer*, die Maschinenführer in der Zigarettenindustrie im *Zentralverband der Maschinisten und Heizer*.

Die Brauereiarbeiter waren die einzigen, die schon in den 90er Jahren bewußt und mit Erfolg danach strebten, das Einheitsprinzip einzuführen. 1891 beschloß der *Zentralverband deutscher Brauer,* alle in Brauereien und Brauniederlagen sowie Mälzereien beschäftigten Arbeiter zu organisieren, unabhängig von ihrer jeweiligen Tätigkeit. Ab 1893 wurden auch ungelernte Arbeiter aufgenommen. Um den Ungelernten den Eintritt in die Organisation zu erleichtern und auch, um den an einigen Orten bestehenden Organisationen der Brauereihilfsarbeiter den Übertritt zum Zentralverband zu ermöglichen, wurde die Einteilung in Sektionen (= Fachgruppen) vorgenommen. 1902 ging der Zentralverband noch einen Schritt weiter und dehnte seinen Organisationsbereich auf alle den Brauereien und Mälzereien *verwandten* Betriebe aus.

Der *Zentralverein der deutschen Böttcher* hingegen lehnte noch 1899 die

Organisierung von Hilfsarbeitern ab, weil gemeinschaftliche Streiks in der Vergangenheit immer an den viel zu hohen Forderungen der Hilfsarbeiter gescheitert seien. Und der *Verband der Bäcker* ließ ungelernte Arbeiter erst ab 1905 zu, als auch die Böttcher ihren alten Beschluß schon korrigiert hatten und sich nun demonstrativ *Zentralverband der Böttcher und Böttchereihilfsarbeiter* nannten. Auch die Brauer hatten den Namen ihrer Organisation geändert. Von *Zentralverband deutscher Brauer,* was zu sehr an eine Organisation nur der gelernten Bierbrauer erinnerte, in: *Zentralverband deutscher Brauereiarbeiter.* Der konsequente Kurs bei der Werbung der Ungelernten machte den *Zentralverband deutscher Brauereiarbeiter,* mit über 50 000 Mitgliedern vor dem I. Weltkrieg, zur stärksten Organisation unter den Vorläufern der NGG.

Ganz ohne Auseinandersetzungen mit den übrigen Gewerkschaften, die sich über die »räuberischen« Brauer beklagten, ging das freilich nicht ab. Mal beschwerte sich der *Zentralverband der Böttcher,* daß die Brauer auch Handwerker in ihre Organisation aufnähmen, ein anderes Mal war es der *Transportarbeiterverband,* der dem *Zentralverband deutscher Brauereiarbeiter* die Zuständigkeit für die Bierkutscher streitig machte – ohne Erfolg. Solche »Grenzstreitigkeiten« waren auch anderswo zu finden. Der *Verband der Fabrikarbeiter* und der *Verband der Bäcker* z. B. stritten sich jahrelang um die Zugehörigkeit der Beschäftigten in Teigwaren-, Marmeladen- und Kunsthonigfabriken, bis diese durch Schiedsspruch des *ADGB* vom 20. Februar 1919 dem *Verband der Bäcker* zugeschlagen wurden.

KAPITEL VII
Tarifpolitik vor dem Ersten Weltkrieg

Auf dem ersten Kongreß der deutschen Gewerkschaften nach Aufhebung des Sozialistengesetzes, dem Halberstädter Kongreß von 1892, sagte Carl Legien:

> Gleich den Pionieren haben die Gewerkschaften den Boden zu ebnen für eine höhere geistige Auffassung und durch Erringung besserer Lohn- und Arbeitsbedingungen die Arbeiterklasse vor Verelendung und Versumpfung zu bewahren, um so die Massen der Arbeiter zu befähigen, die geschichtliche Aufgabe, welche dem Arbeiterstand zufällt, lösen zu können.[1]

Der Kampf um bessere Existenzbedingungen, um die Hebung des Bildungsniveaus der Arbeiter und die Umgestaltung der kapitalistischen Wirtschaftsform – das waren, zusammengefaßt, die drei erklärten grundlegenden Ziele der Gewerkschaften zu dieser Zeit.

Der Kampf um bessere Existenzbedingungen, d. h. um höhere Löhne, kürzere Arbeitszeit, mehr und geregelte Pausen usw. wurde direkt mit den Unternehmern ausgetragen. Der Kontrahent der Gewerkschaften in den unmittelbaren Auseinandersetzungen war in den frühen 90er Jahren in erster Linie der einzelne Fabrikant und weniger die – erst im Entstehen befindlichen – Unternehmerverbände. Ergebnisse wurden *mündlich* vereinbart. Kollektive Arbeitsverträge, Tarife, gab es kaum. Daß die Zigarrenarbeiter schon 1848 einen Reichstarif angestrebt hatten, war in Vergessenheit geraten, oder wurde als utopisches Unterfangen belächelt.

1. Erste Tarifverträge bei den Brauern

Die erste Nahrungs- und Genußmittelarbeiter-Gewerkschaft, die den Gedanken einheitlicher Tarifverträge wieder aufgriff, war der *Allgemeine Brauerverband*. Zunächst auf örtlicher Ebene. Die ersten schriftlichen Abmachungen über Lohn- und Arbeitsverhältnisse wurden beim Berliner Brauerstreik 1890 getroffen. Eine Reihe von Brauereien verpflichtete sich, einen Zentralarbeitsnachweis einzurichten und die wöchentliche Arbeitszeit auf 62 Stunden zu senken.

Der erste ausgearbeitete Tarifvertrag wurde 1892 in Stuttgart mit der Brauerei Dinkelacker und einigen anderen Brauereien ausgehandelt und legte die Einführung des 10stündigen Arbeitstages ab 1. Januar 1893 fest. Das Abkommen hatte bis zum 31. Dezember 1893 Gültigkeit, die Kündigungsfrist betrug 6 Wochen. Noch im gleichen Jahr wurden in Kiel, 1895 in Gera und 1896 in Mainz Tarifverträge abgeschlossen. 1897 folgte wieder Gera, 1898 die Badische Brauerei in Mannheim und die Nürnberger Brauereien.

Tarifverträge waren in der Gewerkschaftsbewegung noch sehr umstritten. Die Buchdrucker, die als erste Gewerkschaft 1896 einen Reichstarif erkämpft hatten, galten in manchen Gewerkschaftskartellen als Außenseiter. Auch etliche Zentralverbände wollten keine Tarifverträge abschließen. Die Zimmerer z. B. lehnten es ab, sich tariflich zu binden, da sie glaubten sonst die Baukonjunktur nicht mehr ausnutzen zu können. Der 3. Kongreß der Gewerkschaften Deutschlands vom 8. bis 13. Mai 1899 in Frankfurt a. M. beschloß dann allerdings:

> Tarifliche Vereinbarungen welche die Lohn- und Arbeitsbedingungen für eine bestimmte Zeit regeln, sind als Beweis der Anerkennung der Gleichberechtigung der Arbeiter seitens der Unternehmer bei Festsetzung der Arbeitsbedingungen zu erachten und in den Berufen erstrebenswerth, in welchen sowohl eine starke Organisation der Unternehmer, wie auch der Arbeiter vorhanden ist, welche eine Gewähr für Aufrechterhaltung und Durchführung des Vereinbarten bieten.[2]

Damit war das Eis gebrochen. Ein Jahr später, vom 9. bis 13. Mai 1900, beschäftigte sich der 12. Verbandstag des *Zentralverbands deutscher Brauer* mit den »Tarifgemeinschaften«. Der ehemalige Verbandsvorsitzende Richard Wiehle befürwortete den Abschluß örtlicher Vereinbarungen mit kurzen Laufzeiten. Ein Reichstarif komme für die Brauer wegen der viel zu unterschiedlichen Verhältnisse von Ort zu Ort nicht in Frage. Da die Brauer aber meist im Zeitlohn arbeiteten und der Geschäftsgang in den Brauereien relativ gleichmäßig sei, biete die Einführung von Tarifen keine besonderen Schwierigkeiten:

> Man sage nicht, daß hierdurch keine klassenbewußten Arbeiter erzogen würden! Dadurch, daß wir nicht fortgesetzt in Lohnbewegungen stehen, sind wir imstande, uns mehr dem inneren Ausbau der Organisation zu widmen.[3]

Wiehles Koreferent, der sächsische Gauleiter Eduard Stöcklein, fürchtete, durch Festlegung der Tarife auf Jahre hinaus werde der Verband seinen Kampfcharakter verlieren. Kampf sei aber das Lebensprinzip der Gewerkschaft:

> Durch fortgesetzte Kämpfe werden unsere Ideale bis in die entlegensten Winkel getragen. Lohnkämpfe sind die besten Agitatoren. Und wenn wir unserer Hauptaufgabe, neue Kämpfer für unsere gute Sache heranzubilden, gerecht werden wollen, so dürfen wir in eine Stabilität der Lohnbewegungen nicht eintreten.[4]

Beide Referate wurden entgegengenommen, ohne daß es zu einer Abstimmung kam. Man war aber allgemein der Auffassung, daß der Abschluß von Tarifverträgen der Organisation nur dienlich sein könne. Und mit den

Abschlüssen ging es von nun an immer schneller. Die Tabelle 11 zeigt die Entwicklung im Brauereiarbeiterverband von 1898 bis 1904:

Tab. 11

Tarifabschlüsse des Zentralverbandes deutscher Brauereiarbeiter[5]

Jahr	Anzahl der Ortstarife	Betriebstarife
1898	8	21
1899	9	45
1900	15	120
1901	11	143
1902	69	288
1903	62	327
1904	73	285

Mitte 1904 konnte der *Zentralverein der deutschen Böttcher* erst 13 gültige Tarifverträge vorweisen, der *Verband der Bäcker* 5 und der *Verband deutscher Mühlenarbeiter* 4.

Nach den Berechnungen des Kaiserlichen Statistischen Amtes hatte der *Zentralverband deutscher Brauereiarbeiter* zwischen 1903 und 1905 insgesamt 156 Tarifverträge neu abgeschlossen, der *Verband der Bäcker* 22, der *Verband deutscher Mühlenarbeiter* 16 und der *Zentralverein der deutschen Böttcher* 15. Zum Vergleich: im Baugewerbe waren es im gleichen Zeitraum 400, bei den Metallarbeitern 150 und bei den Schneidern 137 neu abgeschlossene Tarifverträge.

Was die Laufzeit der Verträge angeht, so gab es eine Entwicklung zu längerfristigen Abmachungen. Der *Zentralverband deutscher Brauereiarbeiter*, der angetreten war, nur kurzfristige Tarifverträge abzuschließen, besaß 1914 kaum einen Vertrag mit einer Laufzeit unter zwei Jahren, drei Jahre war schon fast die Regel und auch vier oder fünf Jahre kamen vor. Das waren ähnliche Verhältnisse wie bei den Buchdruckern. Mit seinen mehr als 50 000 Mitgliedern fühlte sich der *Zentralverband deutscher Brauereiarbeiter* stark genug, die Einhaltung von Verträgen auch über einen längeren Zeitraum kontrollieren zu können.

2. Tarifverträge für Urlaub und Lohnfortzahlung

Anfangs beschränkten sich die Tarifverträge der Brauer lediglich auf die Arbeitszeit, den Lohn, Überstunden und Sonntagsarbeit sowie auf die Regelung des Dujour (24-Stunden-Dienst). Die Arbeitszeit wurde zunächst nur für die Arbeiter des inneren Betriebs geregelt. In der Mälzerei und im Sudhaus, mitunter auch im Gärkeller, gab es noch keine tarifliche Festlegung. Diese kam erst mit der Arbeitszeitregelung für das Fahrpersonal kurz vor dem Ersten Weltkrieg.

Was die Löhne anging, so setzte der *Zentralverband deutscher Brauereiar-*

beiter die wöchentliche Lohnzahlung durch. Bei den Monatslöhnen hatten sich die Brauereien oft um die Bezahlung der Überstunden gedrückt – mit dem Argument, der Monatslohn enthalte schon alle notwendigen Zuschläge. Überstunden an Wochentagen wurden in den ersten Brauertarifverträgen noch mit Freizeit abgegolten, die Extrabezahlung setzte sich erst allmählich durch. Mit der Jahrhundertwende wurden zahlreiche Bestimmungen über die sanitären Verhältnisse in den Brauereien in die Tarifverträge aufgenommen. Meistens war festgelegt, daß »für genügende Wasch- und Badegelegenheit, heizbare und saubere Aufenthalts-, Trocken- und Umkleideräume sowie für Beschaffung und Instandhaltung aller derjenigen Vorkehrungen, die dem Schutz gegen Unfall und Krankheit der Arbeiter dienen (...) arbeitgeberseits hinreichend zu sorgen«[6] war.

Als am 1. Januar 1900 das neue Bürgerliche Gesetzbuch in Kraft trat und festlegte, daß auch Arbeiter im Krankheitsfall Anspruch auf ihren Lohn hatten, machte sich der *Zentralverband deutscher Brauereiarbeiter* als eine der ersten Freien Gewerkschaften sofort daran, das in die Tarifverträge einzubauen. Widerstand kam vom *Zentralverband deutscher Industrieller*, dessen Generalversammlung 1900 jeden Anspruch der Arbeiter verneint hatte. Noch am 16. August 1900 verurteilte das Gewerbegericht Hannover auf Antrag des *Zentralverbands deutscher Brauereiarbeiter* die dortige Aktienbrauerei, einem Verbandskollegen den Lohn für 5½ Tage unter Abzug des Krankengeldes weiterzuzahlen.

Zwischen den Hannoveraner Brauereien und dem *Zentralverband deutscher Brauereiarbeiter* wurde ein Tarifabkommen geschlossen, wonach der Lohn bei siebentägiger Karenzzeit bis zu zwei Wochen weitergezahlt werden mußte. Damit war der Anstoß gegeben, und bei allen folgenden Lohnbewegungen der Brauer wurde die Forderung nach Lohnfortzahlung bei Krankheit erhoben.

Auch in einer anderen Frage übernahm der *Zentralverband deutscher Brauereiarbeiter* eine Vorreiterrolle: der Verankerung von Urlaubsansprüchen im Tarifvertrag. Allzuoft war es bis dahin vorgekommen, daß Arbeiter, die dem Braumeister nicht grün waren, keinen Urlaub bekamen. Die Lohnkommission der Münchner Thomasbrauerei erhob im Jahre 1900 zum ersten Mal die Forderung, feste Urlaubsbestimmungen zu vereinbaren.

Die Unternehmer weigerten sich standhaft, auch zwei Jahre später bei der Brauerei Koppisch in Ponitz. Der Durchbruch kam 1903 im Tarifvertrag mit den Brauereien in Greiz und den Stuttgarter Ringbrauereien. Während die ersten Verträge Einheitssätze – meist drei Tage Urlaub für alle bei mindestens einjähriger Tätigkeit im Betrieb – aufwiesen, herrschte später der nach *Dienst*alter gestaffelte Urlaub vor. Tabelle 12 zeigt den Umfang der Tarifverträge mit Urlaubsansprüchen in der Brauwirtschaft zwischen 1907 und 1914.

Damit hatte rund die Hälfte aller deutschen Brauereiarbeiter vertraglichen Anspruch auf einen Erholungsurlaub. Für den Brauverband war das

Tab. 12
Tarifverträge mit Erholungsurlaub in der Brauwirtschaft[7]

Jahr	Anzahl der Tarifverträge	Gültig für Betriebe	Personen
Mitte 1907	282	403	20 170
1.1.1910	386	818	33 729
1.1.1912	693	1 458	51 614
1.1.1914	876	1 666	57 920

jedoch kein Anlaß, auf seinen Lorbeeren auszuruhen: »Eine Woche Urlaub muß das Mindeste werden, worauf jeder Brauerei- und Mühlenarbeiter Anspruch erheben kann; die dienstälteren Arbeiter müssen entsprechend mehr erhalten«,[8] schrieb der stellvertretende Verbandsvorsitzende Eduard Backert, der wie kein anderer die Tarifpolitik des Verbandes gestaltete: »Soll der Erholungsurlaub seinen eigentlichen Zweck erfüllen, dann muß zur zweckentsprechenden Verwendung desselben (...) neben dem Lohne noch ein Zuschuß gezahlt werden.«[9]
Derart ausgereift war das Tarifwesen bei den übrigen Verbänden nicht, wie ein Blick auf Tabelle 13 zeigt. Die Böttcher tauchen in dieser Tabelle erst *1912* auf, weil ihre Tarifverträge vorher bei den Holzarbeitern mitgezählt wurden. Der Mühlenarbeiterverband verschwand nach der Vereinigung mit dem Brauereiarbeiterverband (vgl. S. 95) natürlich aus der Statistik. Daß die Tabakarbeiter mit relativ wenigen Tarifverträgen vertreten sind, liegt an der hochkomplizierten Lohnstruktur mit dem ausgeprägten Lohngefälle nicht nur zwischen einzelnen Regionen, sondern auch Ortschaften und Betrieben innerhalb einzelner Ortschaften. Bei Fleischern und Gastwirtsgehilfen, die mit nur wenigen Tarifverträgen in der Statistik erscheinen, macht sich die Schwäche der Organisation und die stockkonservative Haltung der Unternehmerseite bemerkbar.
Der *Verband der Bäcker* hatte im Jahre 1908 tariflich geregelte Arbeitsverhältnisse in 28 Städten und einer Region durchgesetzt (Bergisch-Märkische Brotfabriken). Dazu kam der Genossenschaftstarif, der seit 1904 bestand. Die meisten Tarifverträge einschließlich des Genossenschaftstarifs liefen über drei Jahre. Kurzfristige Tarife waren die Ausnahme. Die Verträge regelten Lohn- und Arbeitszeit, die Gewährung eines Ruhetages, meist einmal in der Woche, die Arbeitsvermittlung. Urlaubsfragen wurden erst in wenigen Tarifverträgen angesprochen.
Der Genossenschaftstarif enthielt umfangreiche Bestimmungen über die Schlichtung von Differenzen. Ein Tarifamt war zuständig für die Entscheidung aller Differenzen, die über die Auslegung und Anwendung des Tarifs entstehen; ein Schiedsgericht (je zwei Vertreter der Gewerkschaften und der Genossenschaften, ein Mitglied des örtlichen Gewerkschaftskartells als unparteiischer Vorsitzender) befaßte sich mit allen anderweitigen

Tab. 13

Tarifverträge der gewerkschaftlichen Zentralverbände 1908 bis 1912[10]

Verband	31.12.1908			31.12.1910			31.12.1912			31.12.1913		
	Tarife	Betriebe	Personen	Tarife	Betriebe	Personen	Tarife	Betriebe	Personen	Tarife	Betriebe	Personen
Brauer	557	1248	52045	656	1446	51054	910	1792	61623	994	1845	60065
Bäcker u. Konditoren	60	3346	9061	127	4238	10809	227	7903	19902	266	7835	20785
Mühlenarbeiter	8	29	568	–	–	–	–	–	–	–	–	–
Fleischer	20	48	347	244	347	1641	505	505	2250	572	572	2431
Böttcher	–	–	–	–	–	–	92	234	1192	224	914	5043
Tabakarbeiter	8	35	493	207	639	3278	270	1052	6174	268	930	6118
Gastwirtsgehilfen	18	183	1010	27	550	1724	210	1408	5853	251	1654	6928
Hausangestellte	–	–	–	1	88	88	2	89	103	4	257	284

Differenzen. Entscheidungen von Tarifamt oder Schiedsgericht waren bindend.

Tabelle 14 gibt einen Überblick über die Tarifgemeinschaften in der Nahrungs- und Genußmittelindustrie im Jahre 1913. Tarifgemeinschaften ergeben sich, wenn man in der Statistik die Mehrfachzählung ausschaltet, die durch Beteiligung verschiedener Zentralverbände an einem Tarifvertrag entsteht. Tabelle 15 schlüsselt den Geltungsbereich der Tarifgemeinschaften auf. Im Nahrungs- und Genußmittelbereich herrschten, das kann man hier deutlich erkennen, Firmen- oder Bezirkstarifgemeinschaften vor. Ortstarifgemeinschaften waren hauptsächlich eine Angelegenheit der Bäcker. Die Tabellen 16 bis 18 zeigen den wöchentlichen Arbeitsverdienst, die kürzeste tägliche und wöchentliche Arbeitszeit, wie sie in den *neu* abgeschlossenen Tarifverträgen vereinbart wurden. Die Tabellen geben keinen Überblick über den gesamten *Bestand* an Verträgen, und sie kranken daran, daß unter dem einen Oberbegriff Nahrungs- und Genußmittelindustrie Bereiche mit unterschiedlicher Ausformung des Tarifvertragsgedankens zusammengefaßt werden. Dennoch können die Tabellen einen Eindruck geben vom unablässigen Bemühen der Verbände um die Verbesserung der Lebens- und Arbeitsbedingungen ihrer Mitglieder.

Tab. 14
Tarifgemeinschaften im Jahre 1913[11]

	Tarifgemeinschaften	Betriebe	Personen	Davon organisiert
Nahrungs- und Genußmittelindustrie	2397	11738	108938	88191
Gast- und Schankwirtschaften	264	1846	7331	6294
Baugewerbe	1825	41651	408462	296102
Metallverarbeitung	1376	16910	207472	135351

Tabelle 19 zeigt, wie die Löhne der Bäcker in einzelnen Orten des Deutschen Reichs im Jahre 1912 aussahen, und Tabelle 20 macht das gleiche für ausgewählte Orte bzw. Bezirke, in denen mehr als 100 Arbeitnehmer der Süßwarenbranche vorhanden waren.

Tab. 15

Geltungsbereich der Tarifgemeinschaften 1913[12]

	Firmentarife			Ortstarife			Bezirkstarife			Reichstarife		
	Tarifge-meinsch.	Betriebe	Personen	Tarifge-meinsch.	Betriebe	Personen	Tarifge-meinsch.	Betriebe	Personen	Tarifge-meinsch.	Betriebe	Personen
Nahrungs- und Genußmittelindustrie	2271	7761	70570	93	2894	7141	32	877	28316	–	–	–
Gast- und Schank-wirtschaften	244	331	3861	11	486	1434	9	1029	2216	–	–	–
Baugewerbe	847	4672	37748	255	6775	29450	722	30188	341046	1	16	218
Metallverarbeitung	1130	3227	106212	172	6369	39765	74	7314	61525	–	–	–

Tab. 16
Kürzeste wöchentliche Arbeitszeit in den Tarifgemeinschaften der Nahrungs- und Genußmittelindustrie[13] (S = Sommer, W = Winter)

	1908		1910		1912	
	S	W	S	W	S	W
Unter 48 Stunden						
Tarife	1	1	1	1	6	7
Betriebe	1	1	1	1	415	416
Personen	26	26	3	3	1 795	1 802
48–50 Stunden						
Tarife	–	–	3	4	19	20
Betriebe	–	–	3	26	227	247
Personen	–	–	88	139	3 957	4 012
50–52 Stunden						
Tarife	–	–	9	10	10	17
Betriebe	–	–	9	10	19	26
Personen	–	–	401	435	364	496
52–56 Stunden						
Tarife	2	4	181	200	379	459
Betriebe	2	4	418	447	3 410	3 545
Personen	24	59	12 897	14 314	39 827	45 777
56–60 Stunden						
Tarife	152	162	289	288	875	859
Betriebe	311	324	689	669	1 992	1 933
Personen	9 251	9 420	23 283	22 359	58 790	53 979
60–64 Stunden						
Tarife	22	14	62	49	221	182
Betriebe	30	21	165	136	388	317
Personen	444	324	2 291	1 843	4 322	3 407
über 64 Stunden						
Tarife	34	30	69	63	575	539
Betriebe	1 027	1 021	1 158	1 149	5 135	5 100
Personen	1 628	1 541	2 227	2 101	9 577	9 160
unbestimmt						
Tarife	5	5	516	515	–	–
Betriebe	5	5	26	25	–	–
Personen	635	635	1 102	1 098	–	–

Tab. 17
Kürzeste tägliche Arbeitszeit in den Tarifgemeinschaften[14]

	1908		1910		1912	
	S	W	S	W	S	W
Unter 8 Stunden						
Tarife	1	1	–	–	4	5
Betriebe	1	1	–	–	413	414
Personen	26	26	–	–	1 620	1 627
8 Stunden						
Tarife	–	–	3	3	19	20
Betriebe	–	–	3	3	236	237
Personen	–	–	80	80	3 550	3 560
8–9 Stunden						
Tarife	2	4	48	56	124	206
Betriebe	2	4	104	150	2 718	2 891
Personen	21	59	9 474	10 896	33 493	39 495
9–10 Stunden						
Tarife	153	163	462	466	1 276	1 266
Betriebe	409	422	1 182	1 165	3 360	3 289
Personen	9 392	9 561	28 744	27 725	68 778	64 036
10–11 Stunden						
Tarife	47	36	73	55	545	394
Betriebe	635	613	506	482	1 961	1 783
Personen	1 555	1 359	2 001	1 689	5 936	4 678
über 11 Stunden						
Tarife	8	7	27	23	119	192
Betriebe	332	331	647	643	2 925	2 997
Personen	376	365	853	766	5 337	5 319
unbestimmt						
Tarife	5	5	17	16	–	–
Betriebe	5	5	27	26	–	–
Personen	635	635	1 140	1 136	–	–

Tab. 18
Wochenlöhne erwachsener männlicher Arbeiter in den Tarifgemeinschaften der Nahrungs- und Genußmittelindustrie (niedrigster Vertragslohn)[15]

	1908 Gel.	1908 Ungel.	1910 Gel.	1910 Ungel.	1912 Gel.	1912 Ungel.
bis 15 Mark						
Tarife	–	–	–	–	368	20
Betriebe	–	–	–	–	468	20
Personen	–	–	–	–	885	171
15–20 Mark						
Tarife	125	141	195	275	89	233
Betriebe	1 155	277	1 336	759	888	427
Personen	4 785	8 915	6 013	19 723	2 056	12 032
20–25 Mark						
Tarife	–	–	–	–	457	549
Betriebe	–	–	–	–	4 721	1 620
Personen	–	–	–	–	22 716	39 014
25–30 Mark						
Tarife	56	7	180	58	441	185
Betriebe	155	7	597	167	3 641	393
Personen	5 838	125	18 928	10 928	33 760	13 687
30–35 Mark						
Tarife	–	–	–	–	128	18
Betriebe	–	–	–	–	361	70
Personen	–	–	–	–	23 608	20 116
35–40 Mark						
Tarife	–	–	4	–	11	–
Betriebe	–	–	48	–	51	–
Personen	–	–	7 017	–	18 792	–
über 40 Mark						
Tarife	–	–	–	–	–	–
Betriebe	–	–	–	–	–	–
Personen	–	–	–	–	–	–

Tab. 19
Wochenlöhne der Bäckergesellen in deutschen Großstädten 1912[16]

Bezirk/Stadt	Mit Kost und Logis	Ohne Kost und Logis
Hamburg	16,45	31,63
Berlin	15,02	28,19
Dortmund	13,53	31,32
Bochum	13,20	32,17
Kiel	13,13	31,12
Bremen	13,04	27,66
Saarbrücken	12,93	24,89
Frankfurt a. M.	12,67	28,65
Solingen	12,59	28,41
Lübeck	12,08	29,02
Duisburg	12,08	27,49
Leipzig	12,05	28,36
Mannheim	12,02	28,67
Elberfeld	11,91	30,64
Gelsenkirchen	11,81	27,26
Essen	11,65	28,83
Mainz	11,27	28,07
Wiesbaden	11,27	27,12
Barmen	11,27	27,64
Kassel	11,25	26,44
Hannover	11,21	24,87
Bielefeld	11,15	31,–
Dresden	10,59	26,93
Braunschweig	10,53	29,77
Nürnberg	10,52	27,37
München	10,13	26,76
Karlsruhe	10,07	24,08
Düsseldorf	9,99	30,58
Erfurt	9,74	24,–
Augsburg	9,62	28,59
Köln	9,21	28,80
Würzburg	9,15	24,05
Viersen	9,12	24,24
Krefeld	8,99	27,94
Aachen	8,98	24,15
Stuttgart	8,96	30,60
Görlitz	8,35	23,89

Tab. 20
Durchschnittswochenlöhne in der Süßwarenindustrie 1912[17]

Bezirk/Stadt	Arbeiter		Arbeiterinnen	
	über 16 Jahre	unter 16 Jahre	über 16 Jahre	unter 16 Jahre
Danzig	22,14	5,47	9,18	6,22
Görlitz	18,01	9,72	8,41	7,73
Berlin	23,27	9,28	13,09	6,45
Halberstadt	26,–	–	9,63	6,77
Braunschweig	20,39	10,15	10,86	6,97
Celle	20,78	10,31	10,15	7,–
Hannover	20,08	9,40	11,47	8,18
Hamburg	24,15	8,82	12,86	10,15
Bremen	22,87	10,32	11,78	9,72
Leipzig	24,40	–	10,98	–
Dresden	24,31	9,19	12,29	8,50
Bielefeld	27,30	11,50	13,48	10,15
Detmold	18,34	7,87	8,99	6,89
Herford	19,30	8,30	12,29	8,48
Dortmund	27,31	12,80	11,–	8,12
Duisburg	19,52	9,33	8,69	8,09
Aachen	16,42	8,63	8,84	6,64
Düsseldorf	27,39	12,33	13,52	8,67
Köln	21,18	8,22	10,12	7,–
Solingen	23,85	–	12,49	9,69
Viersen	19,66	9,16	12,23	8,55
Kassel	18,02	7,–	12,13	7,74
Mainz	27,15	–	9,54	6,62
Freiburg	24,82	10,11	9,–	6,94
Stuttgart	22,29	10,86	11,97	9,31
Nürnberg	23,25	10,88	12,29	8,59
Landshut	18,94	10,15	9,72	7,46

3. Arbeitsvermittlung und Arbeitsnachweis

Für arbeitsuchende Brauer und Müller, in bestimmten Gegenden auch für Bäcker und Konditoren, Böttcher und Fleischer, war der Wirt ihrer jeweiligen Berufsherberge die erste Anlaufstelle. Solange die Gesellen noch über Bargeld verfügten, wurde aber selten eine Stelle vermittelt. Arbeit gab es erst, wenn genug Schulden beim Herbergswirt aufgelaufen waren. Vom neuen Meister wurde dann gleich ein entsprechender Betrag einbehalten und an den Wirt überwiesen. Ausnahmen, wie die Brauerherberge von Cirias in Dortmund, waren relativ selten. Bei den großen Berliner Brauereien lag die Arbeitsvermittlung in den Händen der Portiers, meist Mitglied einer gewerkschaftsfeindlichen Organisation.
Bei den Bäckern und Fleischern bemächtigten sich die Innungen der einseitigen Stellenvermittlung. Konditoren wurden meist durch gewerbsmäßige Stellenvermittler untergebracht. Für jede vermittelte Stelle waren Honorare von 20 bis 100 Mark zu zahlen.
Die Brauereiarbeiter stellten in den großen Brauerstreiks der Jahre 1889 und 1890 die Forderung nach Anerkennung der Arbeitsvermittlung durch den Verband. Den ersten Erfolg brachte die Lohnbewegung der Berliner Brauer 1890. Eine Art paritätischer Arbeitsnachweis wurde anerkannt und Wilhelm Richter vom Brauerverband mit seiner Leitung betraut.
Es dauerte aber nicht lange, und die Brauereien hatten den Berliner Bierbrauergesellenverein in die Leitung des Arbeitsnachweises bugsiert. Das änderte sich auch bei dem paritätisch geleiteten Arbeitsnachweis für das Berliner Bierbrauergewerbe nicht, der aus dem acht Monate währenden Bierboykott des Jahres 1894 hervorging. Der Verband war durch den Kampf so geschwächt, daß er bei den Kuratoriumswahlen bis zur Jahrhundertwende in der Minderheit blieb. In Dresden und Halle an der Saale (1899), Frankfurt a.M. und Hamburg (1905) kamen gleichfalls paritätische Arbeitsnachweise zustande.
Besondere Fortschritte machte die Arbeitsvermittlung durch den Verband, als mehr hauptamtliche Funktionäre eingestellt wurden, die es sich zur besonderen Aufgabe machten, arbeitslose Mitglieder in ihrem Tätigkeitsbereich unterzubringen. Es entstanden so der Arbeitgeberseite unbekannte Arbeitsnachweise, durch die auch gemaßregelte Mitglieder in andere Orte vermittelt wurden. 1907 wurde eigens zu diesem Zweck eine zentrale Arbeitsvermittlung beim Verbandsvorstand geschaffen. Auf diese Weise gelang es recht häufig, »der Ruhe besonders gefährliche Hechte systematisch einzusetzen und in Gegenden Stützpunkte zu schaffen, wo es schwer geworden wäre, ganz legal an die Kollegenkreise heranzukommen«.[18]
Vor dem I. Weltkrieg war die Arbeitsvermittlung über den Verband ein ungeschriebenes Gesetz geworden in Breslau, Stettin, Lübeck, Rostock, Hannover, München, Nürnberg, Hof und Regensburg. Städtische Ar-

beitsnachweise wurden bevorzugt benutzt in Halberstadt, Leipzig, Weimar (für ungelernte Arbeitnehmer), Stuttgart, Göppingen und Metz.

Ein bemerkenswertes Ereignis am Rande: in Bernburg wurde den neu eingestellten Arbeitern von der Direktion sofort plausibel gemacht, daß alle beschäftigten Arbeiter dem Verband der Brauereiarbeiter angehörten und es im Interesse des Friedens im Betrieb angebracht sei, sich dem Verband anzuschließen.

Wegen der immer schon bestehenden Überfüllung des Bäckergewerbes erlangte die Arbeitsnachweisfrage hier besondere Bedeutung. Um eine bessere Kontrolle der Bäckergesellen durchführen zu können, beschloß der Germania-Zentralverband deutscher Bäckerinnungen auf seiner Generalversammlung 1872, ein Germania-Arbeitsbuch einzuführen. Nur solche Gesellen durften bei Innungsmeistern beschäftigt werden, die im Besitz dieses Buches waren. Die Zustände auf den Arbeitsnachweisen der Innungen waren alles andere als ideal, und unparteiisch ging es auch nicht zu. Bestechungen waren gang und gäbe. Arbeitsnachweise und Herbergsväter arbeiteten in der Ausbeutung der Gesellen einträglich zusammen.

Schon in den ersten Lohnbewegungen der Bäcker wurde deshalb die Forderung nach Regelung des Arbeitsnachweises aufgestellt und in der Folgezeit immer wieder erhoben. Der Bäckertag 1887 in Frankfurt a.M. richtete eine Petition an den Reichstag, für gesetzliche Regelung der Arbeitsnachweise zu sorgen.

In einigen Lohnbewegungen gelang es, den Arbeitsnachweis der Innungen abzulösen. Am Ende des Münchener Bäckerstreiks 1910 stand ein Tarifvertrag, in dem die Arbeitsvermittlung durch den städtischen Arbeitsnachweis anerkannt wurde. Auch beim großen Frankfurt-Offenbacher Bäckerstreik 1910 stand die Forderung nach Errichtung eines paritätischen Arbeitsnachweises ganz obenan. Wegen der starren Haltung der Meister, die sich eine mit Messern und Gummiknüppeln bewehrte Streikbrechergarde zugelegt hatten, kam es zu keinem Erfolg.

Dagegen konnte 1910 in Stettin ein paritätischer Arbeitsnachweis eingerichtet werden.

Die nächste Station war Berlin. Bei der Tarifbewegung 1911 wurden den Unternehmern folgende Forderungen präsentiert: 11stündige Arbeitszeit inklusive einer Stunde Pause, Minimallohn von 27 Mark in der Woche, paritätischer Arbeitsnachweis. Durch Schiedsspruch vor dem Gewerbegericht wurde am 12. Mai 1911 festgelegt, daß ein paritätischer Arbeitsnachweis eingerichtet werden solle, der aus einem besonderen Kuratorium von je sechs Vertretern der Parteien und einem unparteiischen Vorsitzenden bestand.

Im gleichen Jahr wurde der Arbeitsnachweis der Frankfurter Bäckerinnung der Kontrolle eines Tarifamts mit unparteiischem Vorsitzenden unterstellt.

Im Konditorengewerbe war die Vermittlung immer über private Büros oder per Zeitungsanzeige erfolgt. Der *Zentralverband der Konditoren* hatte

seine eigenen Arbeitsnachweise in Berlin, Hamburg, München, Nürnberg, Stettin, Dresden und Magdeburg. 1902 wurde beschlossen, einen zentralen Arbeitsnachweis in Berlin einzurichten.
Eine systematische Arbeitsvermittlung gab es im Süßwarengewerbe nicht. Die Facharbeiter inserierten in Tageszeitungen oder Fachzeitschriften, andere Arbeitskräfte sprachen in den Fabriken selbst vor. Die Mitglieder des *Verbands der Bäcker* meldeten freiwerdende Stellen den Vorständen ihrer Zahlstellen, um Verbandskollegen in die Betriebe zu bekommen.
Im Fleischergewerbe war die Arbeitsvermittlung ein altes Privileg der sogenannten Spruchmeister der Innungen. In Berlin allerdings beherrschten private Vermittler das Feld. In anderen Orten wie Braunschweig, Breslau und Hamburg erfolgte die Vermittlung über die Herbergswirte, die ihr oberstes Ziel fast immer darin sahen, die Gesellen gewinnträchtig übers Ohr zu hauen.
Der *Zentralverband der Fleischer* errichtete 1901 in Berlin einen (für die Gesellen) kostenlosen Arbeitsnachweis. 1910 wurde in Berlin ein paritätischer Arbeitsnachweis eingeführt. Die privaten Vermittler in diesem Bereich mußten fast alle ihr Gewerbe an den Nagel hängen, nur zwei blieben übrig.
Sehr früh kümmerten sich die organisierten Böttcher um die Arbeitsvermittlung. Schon 1872 erkämpften sich die Hamburger Böttchergesellen eine Mitbestimmung bei der Arbeitsvermittlung. 1889 hatte der Verband in 21 Orten die Arbeitsvermittlung ganz oder teilweise in der Hand. Darunter befanden sich Braunschweig, Hannover, Kassel, Dortmund und Dresden. Nicht immer erkannten die Meister diese Arbeitsvermittlung gerne an, es blieb ihnen aber nichts anderes übrig. Weil an den Arbeitsnachweisstellen des Böttcherverbandes auch die Reiseunterstützung ausgezahlt wurde, waren sie der einzige Sammelpunkt arbeitsloser Böttchergesellen. Verstärkt wurde dieser Druck auf Meister und Gesellen dadurch, daß in vielen Orten das »Umschauen« (nach Arbeit) bei Strafe des Ausschlusses aus dem Verband verboten war. Mehr als jeder anderen Vorläuferorganisation der NGG gelang es dem *Zentralverband der Böttcher,* die verbandsseitige Arbeitsvermittlung in den Tarifverträgen zu verankern: Vor dem I. Weltkrieg in etwa 30 Orten, darunter Leipzig, Halle an der Saale, Dresden, Danzig, Dortmund, Düsseldorf, Mülheim (Ruhr), Saarbrücken, Braunschweig, Nürnberg, Mannheim, Heidelberg, Hamburg, Bremen, Elberfeld.
Ganz ohne Zweifel mußten die Beschäftigten des Hotel- und Gaststättengewerbes am meisten unter den privaten Stellenvermittlern leiden:

> Die gastwirtschaftlichen Angestellten befanden sich in vollkommener Abhängigkeit von den gewerbsmäßigen Stellenvermittlern. Diese waren vielfach zugleich Gastwirte. Hier mußten die Stellensuchenden erst große Zechen machen, ehe sie überhaupt daran denken konnten, von dem Allgewaltigen eine Stelle angeboten zu erhalten.[19]

Gegen solche Unsitten waren die Beschäftigten lange Zeit machtlos. Der

Gastwirtsgehilfe, der *Vorwärts* und einige andere sozialdemokratische Zeitungen waren die einzigen Organe, die die ausbeuterischen Machenschaften der Vermittler an die Öffentlichkeit brachten. In vielen Fällen wurden die Funktionäre des *Verbandes deutscher Gastwirtsgehilfen* deswegen mit Geldstrafen überzogen.

Neben den gewerblichen Vermittlungsbüros gab es Arbeitsnachweise der Unternehmerverbände – sogenannte Kellnernachweise. Meist waren sie in solchen Lokalen eingerichtet, die nicht gerade an Publikumszustrom litten, um die Wirte über Wasser zu halten, die im übrigen an Gebühren kassierten, was sie gerade kriegen konnten.

Im April 1898 wurden sämtliche preußischen Regierungspräsidenten vom Handelsministerium angewiesen, die Stellenvermittler schärfstens zu kontrollieren. Die Tarife mußten von der Polizeibehörde genehmigt werden, was aber oft genug nach dem Motto gesehen = genehmigt ablief. Gewerblichen Stellenvermittlern wurde der gleichzeitige Betrieb einer Gaststätte untersagt.

Genützt hat diese Verordnung, die 1907 erneuert wurde, nicht viel. Nach wie vor bereicherten sich die Vermittler auf Kosten der Stellungssuchenden, kassierten überhöhte Gebühren, nahmen Kautionen für Stellen, die schon doppelt und dreifach besetzt waren. Ihnen gerichtlich beizukommen war schwer, da Zeugen aus Angst, keine Stelle mehr zu bekommen, nicht bereit waren, öffentlich auszusagen.

Vereinsnachweise, wie sie vom *Genfer Verband* oder vom *Deutschen Kellnerbund* betrieben wurden, waren von den Bestimmungen ausgenommen, obwohl sie sich von gewerbsmäßigen Nachweisen nicht viel unterschieden. Den Bestrebungen, öffentliche oder kommunale Arbeitsnachweise zu errichten, standen die organisierten Angestellten des Hotel- und Gaststättengewerbes anfangs sehr skeptisch gegenüber. Solange es gewerbliche Vermittlungsbüros gäbe, würden die Unternehmer doch von dort ihre Arbeitskräfte beziehen. Und einen neutralen Arbeitsnachweis vermochten sich die Gehilfen einfach nicht vorzustellen.

Hugo Pötzsch, der Vorsitzende des *Verbands deutscher Gastwirtsgehilfen,* erläuterte vor dem Frankfurter Gewerkschaftskongreß 1899, welche Gefahren seiner Ansicht nach von einem neutralen Arbeitsnachweis ausgehen könnten:

> Die kommunalen Arbeitsnachweise stehen auf dem Prinzip der absoluten Neutralität. Die Kellnerinnen werden zu einem großen Teil nicht zur Bedienung, sondern als Lockmittel für die Gäste engagiert; viele Mädchenkneipen, insbesondere in Norddeutschland, unterscheiden sich nicht viel von Bordellen. Danach darf aber der kommunale Arbeitsnachweis nicht fragen, er muß die Mädchen auf Nachfrage dorthin vermitteln.[20]

Solange nicht starke Organisationen der Arbeiterschaft hinter den kommunalen oder öffentlichen Arbeitsnachweisen stünden, seien sie für die Arbeiterschaft nichts wert. Der Arbeitsnachweis werde so vielleicht dazu dienen, arbeitslose Kollegen unterzubringen, aber keinesfalls dazu, Ein-

fluß auf die Arbeitsbedingungen zu erhalten. Und genau das sei für die Arbeiterschaft das Entscheidende. Auch könnten starke Organisationen den Arbeitsnachweis selbst in die Hand nehmen.
In der von Adolph von Elm begründeten Resolution des Frankfurter Gewerkschaftskongresses wurde das Schwergewicht bei der gewerkschaftlichen Arbeitsvermittlung belassen, aber eingeräumt, daß sich Gewerkschaften unter gewissen Bedingungen an kommunalen Arbeitsnachweisen beteiligen könnten.
Auf der anderen Seite war, gerade im *Verband deutscher Gastwirtsgehilfen*, nicht zu übersehen, daß die eigenen Arbeitsnachweise auch etliche Probleme mit sich brachten. Nicht zuletzt die dauernden Zwistigkeiten unter den Mitgliedern wären hier zu nennen. Allzuleicht konnte sich jemand übergangen fühlen, und in den Versammlungen gab es dann nur noch Auseinandersetzungen über den Arbeitsnachweis.
Schließlich tat sich die Gefahr auf, daß Gelbe Verbände oder Christliche Gewerkschaften (die Freien Gewerkschaften machten da lange Zeit keinen großen Unterschied) die städtischen Arbeitsnachweise unter ihre Kontrolle bringen würden. Und gerade Verbände wie derjenige der Gastwirtsgehilfen waren noch weit davon entfernt, den Arbeitsmarkt, und damit die Arbeitsbedingungen, aus eigener Kraft kontrollieren zu können. Der Kölner Verbandstag der Gastwirtsgehilfen legte 1905 ein Bekenntnis zu den öffentlichen paritätischen Arbeitsnachweisen ab.
1910 erließ die Reichsregierung ein Stellenvermittlungsgesetz. Es brachte nicht das Verbot der privaten Stellenvermittlung, auf das die Gewerkschaften gedrängt hatten, aber doch eine Reihe von Erleichterungen, die im wesentlichen auf die alte preußische Verordnung von 1898 zurückgingen. Die Unternehmerverbände standen den paritätischen Arbeitsnachweisen nach dem Erlaß des Gesetzes nicht mehr ganz so ablehnend gegenüber, jedenfalls, wenn man sich die Verhandlungen der Kongresse der Unternehmerverbände ansieht, den Hoteliertag und den Gaststättentag. Daß dort aber auch viele leere Versprechungen gemacht wurden, zeigt die Tatsache, daß der *Verband deutscher Gastwirtsgehilfen* bis zum I. Weltkrieg den Unternehmern nur in vier Städten die Zustimmung zur Errichtung öffentlicher paritätischer Arbeitsnachweise abringen konnte: Magdeburg (1906), Wiesbaden (1908), Köln (1910) und Breslau (1912). Unmittelbar vor Kriegsbeginn kam dann noch Berlin hinzu.
Nach dem Ersten Weltkrieg wurde am 24. April 1919 zunächst in Berlin durch den Oberbürgermeister die gewerbsmäßige Stellenvermittlung verboten. Das Verbot wurde in vielen Ortschaften und Staaten übernommen. Am 22. Juli 1922 schließlich trat ein Gesetz über den Arbeitsnachweis in Kraft, nach dem gewerbsmäßige Stellenvermittlungen mit dem 1. Januar 1931 im ganzen Reichsgebiet untersagt wurden. Ab sofort durften keine neuen Konzessionen mehr erteilt werden. Die sogenannte »nichtgewerbsmäßige« Stellenvermittlung blieb aber bestehen, so daß die alten Stellenvermittlungsagenturen z.T. dazu übergingen, die Arbeitsnachweise nicht-

gewerkschaftlicher Kellnerverbände zu übernehmen. Das ging aber nur gut, bis 1927 das Gesetz über Arbeitslosenversicherung und Arbeitsvermittlung vom Reichstag verabschiedet wurde, das die Arbeitsvermittlung in einer eigenen Reichsbehörde zentralisierte.
Bei den Tabakarbeitern war es lange Zeit Brauch, Stellenanzeigen und -gesuche im Gewerkschaftsorgan zu veröffentlichen. 1906 wurde eine zentrale Stellenvermittlung eingerichtet, die sich aber nicht recht entwickelte und sich hauptsächlich auf Norddeutschland erstreckte. Die Bielefelder Generalversammlung des DTAV entschied sich für eine neuerliche Dezentralisierung. Die Arbeitsvermittlung wurde in die Gaue verlagert und galt für alle Berufsangehörigen (stand also auch nichtorganisierten Tabakarbeitern offen).

KAPITEL VIII

Gewerkschaften und Arbeiterschutzgesetze

Mit Tarifverträgen konnten die Gewerkschaften viel, aber nicht alles regeln. Der weite Bereich des Arbeiterschutzes, der Hygiene am Arbeitsplatz und in der Produktion erforderte gesetzgeberische Maßnahmen. Das gleiche galt zum Schutz der Heimarbeiter, für die es in absehbarer Zeit keine Tarifverträge geben würde.

1. Für Hygiene am Arbeitsplatz

»Die Geheimnisse des Wurstkessels«, so hieß vor dem Ersten Weltkrieg eine vielgelesene Spalte im *Fleischer,* der Zeitschrift des *Zentralverbands der Fleischer,* in der die z. T. ekelerregende Unsauberkeit in Fleischereien angeprangert wurde. Der *Fleischer* deckte auf, daß verdorbenes Fleisch, von der Gewerbeaufsicht schon auf den Misthaufen befördert, wieder in den Wurstkessel gewandert war. Und dieser Wurstkessel wurde ganz nebenbei auch noch zum Wäschewaschen benutzt und höchst selten gereinigt. Klosetts und Dunggruben lagen dicht bei den Arbeitsräumen, in denen häufig auch geräuchert wurde. In vielen Arbeitsräumen fehlte eine Waschgelegenheit, von Handtüchern und Seife ganz zu schweigen.
Äußerst zahlreich sind auch die Artikel, Broschüren und Bücher, die sich um die Jahrhundertwende mit den katastrophalen hygienischen Verhältnissen in den Bäckereien befaßten. Die Lohnkommission der Dresdener Bäcker berichtete 1890:

> Der Ordnung und Reinlichkeit wird in den meisten Backräumen sehr wenig Sorgfalt zugewandt, da sowohl die hierzu erforderliche Zeit, wie meistentheils auch die hierzu nöthigen Utensilien fehlen. (...) Wie schon bemerkt, ist der Backtrog nicht selten defekt, und da kommt es auch vor, daß der Meister die Kosten für die Reparatur scheut. Alsdann werden die defekten Stellen mit Teig verklebt. Die Folge ist, daß sich durch das längere Haften des altgewordenen Teigs zwischen diesem und der Wand des Backtrogs roth aussehende Maden bilden, die bei der Verarbeitung des Teigs in denselben gerathen. Unappetitlich ist auch, daß vielfach Backgeräthschaften und sogar Mehl unter dem Backtrog aufbewahrt werden und sich alsdann Ungeziefer darin verbirgt. In schlechtem Zustand sind öfters auch die Mehlkammern, in welchen das Mehl meist ausgeschüttet liegt und dann gern ein angenehmer Aufenthaltsort für zahlreiches Ungeziefer wird.[1]

In der Reichshauptstadt Berlin lagen nach einer statistischen Untersuchung der Lohnkommission der Bäcker um die Jahrhundertwende die meisten Betriebe in den Kellerräumen. Nicht einmal ein Fünftel dieser »Höhlen« bot den Gesellen so viel Luft wie den Strafgefangenen im Zuchthaus Berlin-Plötzensee ihre Zellen. Spucknäpfe waren nur in 10 Prozent der untersuchten Betriebe vorhanden, so daß auf den Boden gespuckt wurde. Die Krankheitskeime flogen mit dem Staub herum und setzten sich überall fest. Erkrankungen der Atmungsorgane, Rheuma und Hautkrankheiten (Bäckerkrätze) waren die Folge. Es kam vor, daß die Semmeltücher länger als ein Jahr nicht gewaschen wurden, daß Schmutzwasser zum Backen, oder durch Katzen- oder Mäusekot verunreinigtes Mehl verwendet wurde.

Erhebungen der statistischen Kommission der Leipziger Bäcker aus dem Jahr 1894 ergaben, daß es fast nirgendwo einen besonderen Raum zum Waschen gab und Handtücher – wenn überhaupt – nur einmal pro Woche ausgeteilt wurden.

Karl Mössinger untersuchte 1906 im Auftrag des *Verbands der Bäcker* die Verhältnisse in den Kleinbäckereien Magdeburgs und erhielt Antworten wie:

> Die Backstube sieht aus wie eine Räuberhöhle, dreckig und schmutzig im höchsten Grade.
> Der Backraum ist sehr schmutzig und sind viel Spinngewebe darin. Die Holzgeräte und Bretter sind schwarz von Schmutz. Die Backtücher werden nicht gewaschen und sind schwarz von Schmutz. Dieselben haben einen dumpfen, üblen Geruch.
> In der Korintenkiste haben die Mäuse richtige Gänge durchgefressen, ebenso in der Ziehbutter, das alles wird weiterverbraucht.
> Alles was von den Teigen übrig bleibt und von den Deckeln abgekratzt wird, wird in einen Eimer getan und aufbewahrt, bis derselbe voll ist, was durchschnittlich 14 Tage in Anspruch nimmt. Dann wird das Zeug im Bottich verbacken.
> Als Pissoir dient der Ausguß in der Backstube.[2]

Nachdem der Verband der Bäcker 1894 seine aufsehenerregende *Lokale Statistik über sanitäre Verhältnisse in den Hamburg-Altonaer Bäckereien* veröffentlicht hatte, folgte eine eingehende Revision der Betriebe durch die Behörden und 1897 der Erlaß von Vorschriften durch den Hamburger Senat. Danach hatten Arbeitsräume mindestens 3½ m hoch zu sein, mußten Fenster aufweisen, für die Arbeiter war ein ausreichend großer Wasch- und Umkleideraum einzurichten, die Fußböden sollten täglich gründlich gereinigt werden, und die Beschäftigung von Arbeitern mit ansteckenden Krankheiten war verboten.

Der Würzburger »Schweinereiprozeß« vom 14. April 1899, der skandalöse Mißstände in dortigen Bäckereien an die Öffentlichkeit brachte, veranlaßte den Staatssekretär des Innern vor dem Reichstag zu der Überlegung, vielleicht müsse man doch zu allgemeinen Verordnungen für bessere sanitäre Verhältnisse in den Bäckereien greifen. Praktische Konsequenzen wurden jedoch nur sehr langsam gezogen. Erst anderthalb Jahre später, im Oktober 1900, veröffentlichte die preußische Regierung einen Entwurf – beileibe noch kein Gesetz –, der sich in seinen wesentlichen Teilen an die Verordnung des Hamburger Senats von 1897 anlehnte. Weiter geschah

Zwei Bäckereien zu Anfang des 20. Jahrhunderts. Ein Kellerbetrieb (oben), Ecke eines Berliner Betriebes (unten).

nichts, obwohl die Bäckergesellen in den nächsten Jahren in zahlreichen Versammlungen gegen die Verschleppung einer so notwendigen Arbeiterschutzmaßnahme protestierten.
Nur das kleine Herzogtum Braunschweig brachte im April 1903 einige Anordnungen heraus. Erst im Juli 1906 beschäftigte sich der Bundesrat mit der Frage und erhob den von Preußen vorgelegten Entwurf zur Mindestforderung dessen, was die einzelnen Landesregierungen tun sollten. Entsprechende Polizeiverordnungen wurden in der Folgezeit von den meisten Oberpräsidenten der preußischen Provinzen erlassen. In Sachsen und Bayern hingegen blieb der Arbeiterschutz für Bäcker weiterhin unbekannt.
Arbeitsräume sollten nach den Verordnungen nicht tiefer als einen halben Meter unter der Erdoberfläche liegen, mußten mindestens 3 m hoch sein und pro Person mindestens 15 cbm Luftraum aufweisen. Wasch- und Umkleideräume für die Gesellen – im Winter beheizbar – waren vorgeschrieben, ferner fließendes Wasser bzw. für je fünf Arbeiter eine Waschgelegenheit.
Die Kleinmeister liefen Sturm gegen diesen »Eingriff in ihre Freiheit«. Der Germania-Verband der Bäckerinnungen, der preußische und der schlesische Haus- und Grundbesitzerverein richteten 1910 eine Petition an den Reichstag, die lästigen Verordnungen wieder zu beseitigen. Während die Petition der Bäckergesellen über die Einführung des 36stündigen wöchentlichen Ruhetages jahrelang in den Aktenablagen verstaubte, empfing die Petition der Innungen eine Vorzugsbehandlung. Tatsächlich empfahl der Reichstag dem Reichskanzler, diejenigen Vorschriften, die sich auf den Umbau veralteter Produktionsstätten bezogen, etwas schonender zu gestalten. Dazu kam es aber nicht – denn selbst der preußische Handelsminister von Sydow berichtete im Preußischen Abgeordnetenhaus über eine vor kurzem stattgefundene Inspektion der Berliner Kellerbäckereien:

> Ich will nur eins andeuten. Die Herren aus dem Ministerium und der Obermeister sind an manchen Tagen acht bis neun Stunden herumgegangen durch solche Bäckereien, sind hungrig geworden und haben sich gesagt: Wenn wir doch mal ein Stück Kuchen hätten – aber aus denen, die sie besichtigt haben, hat keiner, auch der Obermeister nicht, ein Stück Kuchen nehmen mögen.[3]

2. Für den wöchentlichen Ruhetag

Bis in die dreißiger Jahre des 19. Jahrhunderts war es in Deutschland Brauch, daß in jeder Stadt bzw. in Großstädten in jedem Stadtbezirk sonntags jeweils nur eine Bäckerei arbeitete. So kamen die Gesellen wenigstens sonntags zu einem freien Tag, bis auch dieser aus Konkurrenzgründen von den Bäckermeistern gestrichen wurde.
Die Konditoren, die einmal ihre volle Sonntagsruhe genossen hatten, teilten das Schicksal der Bäcker. Häufig wurden sie an Sonntagnachmittagen

noch zur Bedienung der Kundschaft in einem mit der Konditorei verbundenen Café eingesetzt. Zudem begannen die Bäckermeister, von Gewinnsucht getrieben, immer früher mit der Arbeit. Wer um 2 Uhr nachts begonnen hatte, ließ seine Gesellen jetzt schon um Mitternacht oder gar um 10 Uhr abends antreten.

In allen Lohnbewegungen seit Ende der achtziger Jahre forderte der *Verband der Bäcker* drei Freinächte im Jahr: zu Ostern, Pfingsten und Weihnachten. Von etlichen Meistern und Innungen wurde diese Forderung auch erfüllt. Allerdings machten immer wieder einige Bäckermeister ihren Kollegen durch das Backen ausgerechnet in den freien Nächten Konkurrenz. Die übrigen zogen nach. Der *Verband der Bäcker* ging deshalb dazu über, mit Eingaben an die Gewerbebehörden polizeiliche Verordnungen über die drei Freinächte zu erwirken. Das gelang 1904 in Nürnberg und Fürth, Berlin folgte 1905 und wenig später auch Potsdam, Hamburg, Kiel und Altona, Ludwigshafen, Bremen, Lübeck, Köln. In Norddeutschland und ganz Nordbayern wurden entsprechende Verordnungen erlassen. Allmählich regte sich aber ein wachsender Widerstand der Innungen und Behörden gegen diese polizeilichen Regelungen.

Die gewerkschaftlich organisierten Gesellen wandten sich einer anderen Forderung nach Verkürzung der Arbeitszeit zu, die vom Verbandstag 1903 zum ersten Mal aufgestellt wurde: dem 36stündigen wöchentlichen Ruhetag. Die 36-Stunden-Pause sollte sicherstellen, daß der Ruhetag nicht nur zum Ausschlafen diente. Jedenfalls schien diese Forderung leichter durchsetzbar zu sein, als ein völliges Verbot der Sonntagsarbeit, das weiterhin als Ziel galt.

Im Januar 1905 ging eine entsprechende Petition des *Verbands der Bäcker* an den Bundesrat. Die Antwort: Er werde sich damit nicht befassen.

Schrittweise wurde nun der direkte Kampf begonnen. Der Genossenschaftstarif vom August 1907, der für 1380 Bäcker und Konditoren Gültigkeit hatte, sah nur sechs Arbeitsschichten in der Woche vor. Mit den Bäckerinnungen von Hamburg, Altona und Wandsbek wurde am 2. April 1907 für alle Betriebe mit mehr als sechs Gesellen der 36stündige Ruhetag vereinbart; in Berlin und seinen Vororten mit einer ganzen Reihe von mittleren Betrieben.

Im November 1908 ging eine neuerliche Petition des Verbands der Bäcker ab, diesmal an den Reichstag. Eine Reihe ärztlicher Gutachten über die schädlichen Folgen der langen Arbeitszeit und Hinweise auf die Schutzgesetze anderer Länder waren beigefügt. Die Innungsmeister bekamen Schützenhilfe vom »gelben« Bund der Bäcker-(Konditor-)gesellen Deutschlands, der in einer Gegenpetition um Ablehnung des 36stündigen Ruhetages bat, da er von den Bäckereien wirtschaftlich nicht verkraftet werden könne. Die Schützenhilfe war unnötig, denn ohnehin wurde die Petition so lange liegen gelassen, bis die Sitzungsperiode des Reichstags beendet war. Damit hatte man erst einmal Ruhe. Nach zahlreichen Protestversammlungen der Bäcker und nach dem erneuten Einbringen der

Teilansicht eines Berliner Betriebes.

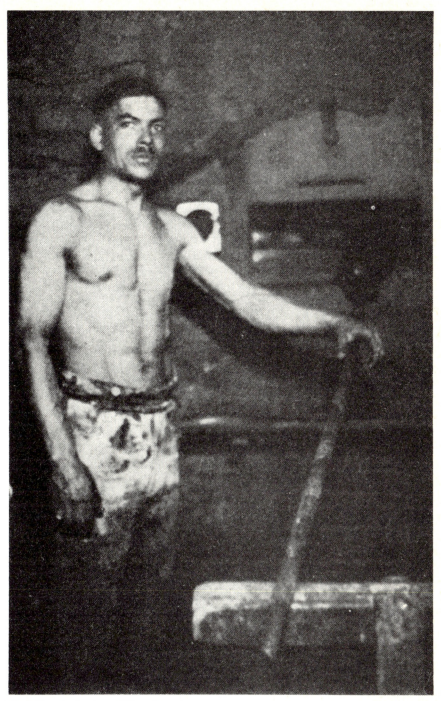
Backofenecke in einem Kölner Betrieb.

Petition kam es am 30. Januar 1911 zu einer »Entscheidung«: Überweisung an den Reichskanzler als Material – d. h. die Petition verschwand in der Versenkung.
Die Stuttgarter *Allgemeine Bäcker- und Konditorenzeitung,* die schon den Untergang des Handwerks an die Wand gemalt hatte, sollten die »roten Hetzer«[4] vom Zentralverband triumphieren, konnte sich fürs erste beruhigen. Fürs erste – denn schon 1912 traten die Berliner Bäckergesellen in den Streik und setzten in 2100 weiteren Bäckereien den wöchentlichen oder zumindest 14tägigen Ruhetag durch. Unter den Bäckermeistern brachen noch einmal Auseinandersetzungen aus, wie man sich zu den Forderungen der Gesellen stellen sollte. Es siegte die harte Linie. Der Stuttgarter Innungstag des Germania-Verbandes lehnte alles ab: den 36stündigen Ruhetag und das Backverbot am Sonntag, ob nun ganz oder teilweise. »Eine sehr große Zahl von staatserhaltenden Existenzen« würde »bei Erfüllung genannter Forderungen ihrem Ruin entgegengeführt«.[5]
Während sich die Front der Gegner versteifte, ging der Zentralverband zum neuerlichen Angriff über. 1912 wurde dem Reichstag noch einmal eine Petition überreicht, die dritte, an deren Erfolg niemand so recht glauben konnte. In der Tat erhielt der Zentralverband die Petition im Mai 1914 zurückgesandt mit dem Vermerk, sie habe leider nicht behandelt werden können.
Diese neuerliche Petition war jedoch auch mehr als propagandistisches Instrument gedacht für die Tarifbewegungen des Jahres 1913. Ende 1913 hatte der *Zentralverband der Bäcker* die sechstägige Arbeitswoche für 2842 Betriebe mit 10 846 Beschäftigten aus eigener Kraft durchgesetzt. Hinzu kamen noch die Betriebe in Rheinland und Westfalen, in denen die Ruhezeit durch Verordnungen eingeführt worden war.

3. Für den Arbeiterschutz im Gaststättengewerbe

Die Erfahrungen des *Zentralverbands der Bäcker* mit seinen Petitionen an Reichstag und Bundesrat sagen einiges aus über das Interesse von Ministerien und Reichstagsmehrheit an einer umfassenden Arbeiterschutzgesetzgebung. Die gleichen Erfahrungen wie die Bäcker mußten auch die Beschäftigten in Gastwirtschaften, Restaurants und Hotels machen.
Bis zu den 90er Jahren war nicht einmal klar, ob sie nun zum gewerblichen Personal oder zum Gesinde zu rechnen seien. Der Unterschied war bedeutend: Unter der Gesindeordnung stehende Beschäftigte wie Hausangestellte und Landarbeiter hatten kein Koalitions- und selbstverständlich auch kein Streikrecht, konnten ihre Arbeitgeber bei Lohnstreitigkeiten nicht gerichtlich belangen und ihre Arbeitsstätte nicht frei verlassen.
Der Deutsche Kellnerbund (DKB) richtete am 10. Mai 1886 eine Eingabe an den Bundesrat, endlich Klarheit zu schaffen, wurde aber abgewiesen. Das gleiche Schicksal ereilte eine vom *Deutschen Kellnerbund,* vom *Verein*

Heimarbeit in der Süßwarenproduktion Berlin 1913/14.

der *Hotelangestellten zu Dresden* und von einem *Verein der Hotelangestellten zu Berlin* unterzeichnete Petition, worin der Reichstag aufgefordert wurde, das gesamte Personal des Gast- und Schankwirtschaftsgewerbes zu Gewerbegehilfen zu erklären. Das Problem sei viel zu kompliziert, als daß man es mit einer einfachen Verordnung lösen könne, wurde geantwortet. Das hinderte die unermüdlichen Petenten vom *Deutschen Kellnerbund* nicht, sich am 1. Juni 1890 an den Kaiser zu wenden und Ihre Majestät darauf hinzuweisen, daß aus dem Kellnerstand die geringste Zahl von Soldaten komme. Eine Mindestruhezeit von neun Stunden pro Tag, jede Woche wenigstens ein halber Tag Ausgang und alle 14 Tage zwei Stunden frei zum Kirchgang waren die Wünsche, die der *DKB* Wilhelm II. vortrug. Nebst dem Anliegen, doch in allen staatlichen oder städtischen Gasthäusern feste Löhne von wenigstens 30 Mark einzuführen und für ein »gänzliches Verbot oder wenigstens bedeutende Einschränkung der weiblichen Bedienung, so weit sie zu sittlichen Bedenken Anlaß gibt«,[6] zu sorgen.

Die sozialdemokratische Reichstagsfraktion beantragte im Februar 1891 bei der Beratung der Arbeiterschutzgesetze den 36stündigen Ruhetag für Kellner. Die Anregung stammte von einer Abordnung Berliner Kellner, die den Vorsitzenden der *SPD*, August Bebel, in dessen Wohnung aufgesucht hatte. Die Reichsregierung bezog ihre schon traditionelle Rückzugslinie: Den besonderen Verhältnissen im Gaststättengewerbe könne man nur mit einem besonderen Gesetz beikommen. Auf die Idee, zumindest den dringendsten Nöten sofort abzuhelfen, wie es der sozialdemokratische Abgeordnete Georg von Vollmar vorgeschlagen hatte, ging die Regierung nicht ein. Immerhin wurden Untersuchungen in Gang gesetzt: Das Reichsministerium für Handel und Gewerbe holte zunächst Gutachten der Unternehmerseite ein: die Berliner Gastwirteinnung erklärte, selbst eine 9stündige Mindestruhezeit sei absolut undurchführbar. 1893 wurde die Kommission für Arbeiterstatistik beauftragt, die Verhältnisse des Bedienungspersonals in Gast- und Schankwirtschaften näher zu untersuchen.

Über die Arbeitszeit der Kellnerinnen und Kellner stellte die Kommission folgendes fest:

12 Stunden und weniger	2,7%
12–14 Stunden	12,7%
14–16 Stunden	53,3%
16–18 Stunden	29,8%
Über 18 Stunden	1,5%

Das waren Durchschnittswerte aus den stark voneinander abweichenden Angaben der Unternehmer und Arbeitnehmer. Die tatsächlichen Verhältnisse dürften noch schlechter gewesen sein. Das gilt wohl auch für die Tabelle 21, die Angaben macht über die täglichen regelmäßigen Pausen. Bei der halb- bis einstündigen Pause wird es sich dabei in den meisten

Tab. 21
Tägliche regelmäßige Pausen für Kellnerinnen und Kellner 1893[7]

Angaben von	überhaupt	½–1 Std.	9 Std. und mehr
Arbeitgebern	67,9 %	29,7 %	38,2 %
Arbeitnehmern	52,6 %	28,7 %	23,9 %

Fällen um die Umkleidepause gehandelt haben, keinesfalls um eine echte Ruhepause.

Ein regelmäßiger 24stündiger Ruhetag wurde nur in 19,9 Prozent der Betriebe gegeben; Tabelle 22 zeigt, wie oft im Jahr das der Fall war. In dieser Beziehung lagen die Verhältnisse in Berlin am günstigsten, wo 23,3 Prozent aller Betriebe ihrem Kellnerpersonal über 37mal im Jahr einen 24stündigen Ruhetag zugestanden.

Die Kommission für Arbeiterstatistik fand heraus, daß mehr als 80 Prozent der Kellnerinnen und Kellner 14 Stunden und länger am Tag arbeiteten, daß mehr als die Hälfte keine tägliche Ruhepause und 80 Prozent keinen Ausgehtag kannte. Das reichte den Ministerien offenbar noch nicht. Die Kommission erhielt den Auftrag, eine zweite Umfrage, diesmal bei Unternehmer- und Gehilfenvereinen, durchzuführen. Ob die übliche lange Arbeitszeit nachteilige Folge für die Gesundheit der Kellner habe, sollte z. B. gefragt werden. Die Unternehmer- und Wirtevereine verneinten – verständlicherweise – die Frage. Aber auch unter den Kellnerorganisationen fanden sich vier (u. a. der *Genfer Verband* und der Münchner Bezirksverein des *Deutschen Kellnerbundes*), die mit Nein antworteten.

Die Räume, in denen die Kellner arbeiteten, seien ja auch zum Aufenthalt der Gäste bestimmt und könnten somit nicht gesundheitsschädlich sein, meinten die Wirte. Die lange Arbeitszeit gelte für sie selbst nicht minder und sei im übrigen eine schwer zu beseitigende Besonderheit des Gaststättengewerbes. Eine Mindestruhezeit von 6 bis 8 Stunden oder einen Maximalarbeitstag von 14 bis 18 Stunden hielten die Wirte für das Höchstmaß des Erreichbaren.

Dabei waren die gesundheitsschädlichen Folgen nachweisbar: Kellner erkrankten fast doppelt so oft und länger als andere Versicherte, unter Kell-

Tab. 22
Verteilung des 24stündigen Ruhetages für Kellnerinnen und Kellner über das Jahr 1893[8]

Die 24stündige Ruhezeit wurde gewährt im Jahr			
12mal und weniger	in	6,5 %	
13–24mal	in	7,4 %	
25–36mal	in	1,2 %	der Betriebe
37–48mal	in	3,7 %	
49mal und mehr	in	1,1 %	

nern gab es mehr Todesfälle durch Lungenschwindsucht als im Bevölkerungsdurchschnitt. Und nach einer Statistik, die den Zusammenhang zwischen Beschäftigung, Gefährdung der Gesundheit und Sterblichkeit darstellte, standen die Kellner an erster Stelle der stark gesundheitsgefährlichen Berufe – noch vor Müllern und Steinhauern. Nach dieser vom Königlich Preußischen Statistischen Büro erstellten Übersicht waren die häufigsten Todesursachen bei Kellnern, im Vergleich zu anderen Beschäftigten des Gaststättengewerbes: Typhus, Tuberkulose und Selbstmord. Auch beim Küchenpersonal war Tuberkulose eine sehr häufig vorkommende Krankheit.

Der *Verband deutscher Gastwirtsgehilfen* befürwortete in seinem Gutachten an die Kommission für Arbeiterstatistik den 36stündigen wöchentlichen Ruhetag und den 12stündigen Maximalarbeitstag. Der Arbeitstag könne auf insgesamt 15 Stunden verteilt werden, vorausgesetzt, dazwischen lägen echte Ruhepausen.

1898 fanden die mündlichen Verhandlungen vor der Kommission statt. Im Juni 1900 konnte der Schlußbericht erstellt werden. Der Vorschlag ihres Referenten, Hermann Molkenbuhrs (SPD), den 12stündigen Maximalarbeitstag einzuführen, wurde von der Mehrheit der Kommission rundheraus verworfen. Statt dessen wurden die Anträge des Koreferenten, des bayerischen Ministerialdirektors v. Heremann, angenommen, die noch weit hinter die Empfehlungen des Reichsgesundheitsamtes zurückfielen.

Danach war eine Ruhezeit von 8 Stunden am Tag vorgesehen, die aber 60mal im Jahr um eine Stunde verkürzt werden konnte. Das Hilfspersonal blieb von jeglicher Regelung ausgeschlossen.

Um auf die Gesetzgebung doch noch Einfluß zu nehmen, versammelte sich vom 6. bis 9. März 1900 in Berlin der 1. Allgemeine Fachkongreß der Gastwirtsgehilfen. Nur der *Genfer Verband* und die *Vereinigung der Köche* hatten es – wohl aus Standesdünkel – vorgezogen, der Veranstaltung fernzubleiben. Die Delegierten forderten nach einem von Hugo Pötzsch vom *Verband deutscher Gastwirtsgehilfen* vorgetragenen Referat eine Mindestruhezeit von 9 Stunden, den 36stündigen Ruhetag, der alle 4 Wochen auf einen Sonntag fallen sollte, und das Recht, sich während der Pausen aus den Betriebsräumen zu entfernen.

Ende Januar 1902 wurden endlich, nach 10jährigen Vorarbeiten, die »Bestimmungen über die Beschäftigung von Gehilfen und Lehrlingen in Gast- und Schankwirtschaften«[9] veröffentlicht, am 1. April 1902 traten sie in Kraft. Die Bestimmungen legten für alle Gehilfen über 16 Jahre eine 8stündige Ruhezeit fest, in Orten mit mehr als 20 000 Einwohnern *konnte* die Ruhezeit von der Polizei um eine Stunde verlängert werden. Das geschah auf Antrag des *Verbands deutscher Gastwirtsgehilfen* jedoch nur in einer einzigen deutschen Stadt: in Stettin. Im übrigen konnte die Arbeitszeit 60mal im Jahr unbeschränkt ausgedehnt werden. In Bade- und Kurorten war es auf Anordnung der Verwaltungsbehörden möglich, den

8stündigen Ruhetag um eine Stunde zu verkürzen, allerdings »nur« für längstens drei Monate. Die Bestimmungen brachten den Gastwirtsgehilfen einen Ruhetag von 24 Stunden, aber – in größeren Städten mit mehr als 20 000 Einwohnern – nur alle 14 Tage. Und in den übrigen Orten nur alle drei Wochen.

Nur in einem Punkt war man den Forderungen der Gehilfen gefolgt: Zwischen 22 und 6 Uhr wurde die Beschäftigung von Jugendlichen unter 16 Jahren verboten, ebenso die Beschäftigung von weiblichen Gehilfen und Lehrlingen unter 18 Jahren.

Daran entzündete sich sofort die Kritik von Unternehmerseite: Jetzt sei überhaupt keine vernünftige Ausbildung der Lehrlinge mehr möglich. Die Unternehmerpresse veröffentlichte Schauergeschichten über die unmoralischen Auswirkungen der Bundesratsverordnung – über angebliche Ausschweifungen von Kellnern und Lehrlingen, die wegen der übermäßigen Freizeit zu Verschwendern geworden seien und nach dem Ruhetag erst ihren Rausch ausschlafen müßten.

Mit vielerlei Tricks wurde versucht, die Verordnung zu unterlaufen. Da machte man aus den Lehrlingen einfach Hausburschen, die keinen gesetzlichen Schutz genossen und folglich auch nachts arbeiten konnten. Oberkellner wiederum sollten zu »Direktoren«, Küchenchefs zu »Leitern des Küchenbetriebs« avancieren, ohne Gehaltsaufbesserung versteht sich, nur um sie aus dem Kreis der schutzberechtigten Personen herauszunehmen. Aus dem gleichen Grund sollten Kaltmamsells zu Küchenmädchen degradiert werden.

Die einfachste Methode blieb jedoch, so zu tun, als gebe es gar keine Schutzbestimmungen für das Personal. Und es fanden sich Richter im Deutschen Reich, die das für Rechtens erklärten. Ein Hotelbesitzer in Hirschberg (Schlesien) wurde 1902 vom Schöffengericht freigesprochen: Es habe sich herausgestellt, daß die Angestellten »freiwillig« weitergearbeitet hätten; man könne sie ja schließlich nicht zwingen, die Ruhezeit einzuhalten. Das Oberlandesgericht Breslau verwarf die Revision und bestätigte das Urteil. Damit bestand die Gefahr, die ganze Sozialgesetzgebung aus den Angeln zu heben. Der Minister von Posadowsky stellte im Reichstag nach einer Anfrage der sozialdemokratischen Fraktion allerdings klar, daß es sich bei der Arbeiterschutzgesetzgebung um ein öffentliches Recht handele, das nicht durch einen privaten Vertrag abgeändert werden könne.

Die Unternehmerverbände schlugen nun einen anderen Weg ein. Da schrieb z. B. der Verband der Hotelindustriellen des Harz und der umliegenden Gebiete 1907 an das Reichsarbeitsministerium, das Bedienungspersonal in den Kurorten bräuchte im Grunde keinen besonderen Schutz. Vormittags müßten allenfalls zwei bis drei Stunden gearbeitet werden, nachmittags, zwischen 15 und 18 Uhr, herrschte völlige Arbeitsruhe und abends sei der Betrieb – man befinde sich ja in einem Kurort – auch schon wieder um 22 Uhr zu Ende.

Der Internationale Hotelbesitzerverein, der Reichsverband Deutscher Gastwirts-Verbände, die Vereinigung der Hoteliers und Restaurateure deutscher Bade- und Kurorte und noch etliche weitere Organisationen mehr bestürmten Reichstag und Bundesrat mit eigenen Petitionen. Es war immer das gleiche Bild: Angeblich genossen die Angestellten so viel freie Zeit, wie sie nur wünschten, deshalb seien schriftliche Verordnungen unnötig und schädlich. Zwar wurden die Verschlechterungsversuche der Unternehmer immer wieder abgewiesen – ebenso aber auch alle Versuche der Gehilfenorganisationen, die zahlreichen Unzulänglichkeiten der Verordnung zu beheben.

4. Für den Arbeiterschutz in der Tabakindustrie

Die Berichte der Gewerbeaufsichtsbeamten kamen in den 70er und 80er Jahren des 19. Jahrhunderts immer wieder auf einige wenige Punkte zurück, wenn sie sich mit den Tabakfabriken befaßten: kleine Betriebsräume mit zu wenig Platz und unzureichenden Belüftungsverhältnissen sowie unzureichende allgemeine Hygiene. 1883 wurde aus Bremen berichtet:

> Räume, ein bis anderthalb Meter unter Straßenhöhe, theils so feucht, daß die Wände tropfen, ohne Ventilation, mit kleinen, gußeisernen, bis zur Rothgluth erhitzten Öfen eingerichtet, fast ohne Ausnahme überfüllt, dienten als Arbeitsstätten. Theilweis betrug der Brutto-Luftraum nur 2,5 cbm auf den Kopf.[10]

Auf Auswandererschiffen waren mindestens 10 cbm per Kopf vorgeschrieben ...
In Baden, Minden, Münster, Mecklenburg, Posen und anderen Zigarrenproduktionsgebieten erschienen ähnliche Berichte. Überall war die Luft in den Betriebsstätten voll von Staub und Ausdünstungen des Tabaks, die Räume eng und schlecht ventiliert, die Gesundheit der Zigarrenarbeiter aufs äußerste gefährdet. Nach Untersuchungen des badischen Fabrikinspektors Wörrishoffer wurden Zigarrenarbeiter öfter krank als andere gewerbliche Arbeiter, und die typische Krankheit war die Lungenschwindsucht, an der nur Steinmetzen und Porzellanarbeiter häufiger erkrankten. Die meisten Polizei- und Gewerbeaufsichtsbehörden kümmerten diese Verhältnisse wenig. Sie zerbrachen sich den Kopf, wie man in den Zigarrenfabriken eine Trennung zwischen Männlein und Weiblein herbeiführen könne.
Die ersten durchgreifenden Verbesserungen wurden in Baden unter Anleitung des schon erwähnten Fabrikinspektors Wörrishoffer vorgenommen. Er hatte eine Ventilationsanlage entworfen, die für ständige Lufterneuerung im Winter sorgte und bis 1883 vor allem in den größeren Fabrikanlagen eingeführt wurde. In den folgenden Jahren wurde sie mit Hilfe polizeilicher Zwangsgewalt auch in den meisten übrigen Betriebsstätten eingeführt.

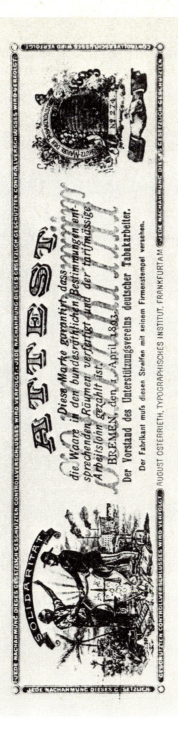

Die Schutzmarke der Tabakarbeiter.

Im Februar 1886 ersuchte Reichskanzler Otto von Bismarck die Landesregierungen, Erhebungen über die Zustände in der deutschen Zigarrenproduktion anzustellen. Damit verknüpft war die Anregung, für reichseinheitliche Regelungen zu sorgen, um die zahlreichen unüberschaubaren lokalen polizeilichen Vorschriften abzuschaffen.
Der *Reiseunterstützungsverein deutscher Tabakarbeiter* durfte sich – noch galt das Sozialistengesetz – zu diesen sozialpolitischen Fragen nicht äußern, wollte er nicht Gefahr laufen, als politische Vereinigung verboten zu werden. So lag alles in den Händen der Regierungsbeamten und einiger beratender Zigarrenfabrikanten. Im November 1887 lag ein erster »Entwurf von Vorschriften über den Betrieb der zur Anfertigung von Zigarren bestimmten Anlagen«[11] vor. Danach sollten die Arbeitsräume mindestens 3 m hoch und mit unmittelbar ins Freie führenden Fenstern versehen sein. Vorgesehen waren ein Mindestluftraum von 10 cbm und Arbeitstische, die eine gesunde Körperhaltung ermöglichten. Der Entwurf ging an eine Sachverständigenkommission aus sechs Fabrikinspektoren und sechs Zigarrenfabrikanten. Arbeiter waren nicht geladen, und so wurde der Entwurf erst einmal entschärft. Die Verordnung, die der Bundesrat dann am 9. Mai 1888 erließ, sprach nur noch von 7 cbm Luftraum, hielt die Mindestraumhöhe von 3 m aber bei und bestimmte, daß Fußböden und Arbeitstische mindestens einmal täglich feucht gereinigt werden müßten. Ausnahmegenehmigungen für Altanlagen waren möglich und wurden laufend bewilligt.
Die Zigarrenherstellung in der Heimarbeit blieb ganz ausgenommen (ebenso die anderen Branchen der Tabakwirtschaft). Die Folgen zeigten sich schnell: die Heimarbeit wuchs.
Immerhin, ein Anfang zur Verbesserung der Arbeitsbedingungen war gemacht. Nur stellte sich jetzt das Problem, wie die Verordnung kontrolliert werden konnte. Die Gewerbeaufsicht war dazu – bei der Vielzahl der Zigarrenproduktionsstätten – kaum in der Lage. So entstand bei den organisierten Zigarrenarbeitern die Idee einer Arbeiterschutzmarke, die auf der Halberstädter Generalversammlung des *Unterstützungsvereins deutscher Tabakarbeiter* 1892 lebhaft diskutiert wurde. Die Arbeiterschutzmarke kam aus den USA, hieß dort »Union label« und diente zur Kennzeichnung von Waren, die unter Bedingungen hergestellt waren, welche den Forderungen der Gewerkschaften entsprachen. Einige Branchen hatten sie jüngst in Deutschland eingeführt, die Hutmacher z. B. Der Unterstützungsverein entschloß sich, ihrem Beispiel zu folgen. Die Schutzmarke sollte nur an Fabrikanten ausgegeben werden, deren Fabrikräume zumindest den Bestimmungen des Bundesrats entsprachen, keine Heimarbeit vergaben und einen Pro-Tausend-Stücklohn von wenigstens 8 Mark, Wikkel inklusive, zahlten.
Der Fabrikant würde die Schutzmarke seinen Produkten beigeben und die Arbeiterschaft nur Produkte mit der Schutzmarke kaufen, war die Kalkulation. Durch den Umweg über den Konsumenten könne man die Fa-

brikanten zur Anerkennung bestimmter Arbeitsbedingungen zwingen und außerdem noch Agitation für den Verband betreiben.
Schon zwei Jahre später mußte man sich aber eingestehen, daß die Schutzmarke ihren Zweck verfehlt hatte. Sie war an der Interesselosigkeit der Tabakarbeiter wie der allgemeinen Arbeiterschaft gescheitert. »Man wollte den Kampf, der zur Erlangung günstiger Arbeitsbedingungen nöthig ist, von sich ab auf die Schultern der Masse der Raucher wälzen«, kommentierte Sebastian Faure, Vorstandsmitglied im Unterstützungsverein, auf der Generalversammlung 1894.[12] Zwar wurde die Schutzmarke noch für einige Zeit beibehalten, hatte aber keine Bedeutung mehr.
An ihre Stelle trat die Idee, in den Arbeiterkonsumvereinen für die Forderungen der organisierten Tabakarbeiter zu werben und sie zu bewegen, Tabakfabrikate nur von den Firmen zu kaufen, die zu gewerkschaftlichen Bedingungen arbeiteten.
1893 wurde die fünf Jahre alte Verordnung des Bundesrats über den Betrieb von Zigarrenfabriken für weitere zehn Jahre verlängert. 1903 kam noch einmal eine Verlängerung für zwei Jahre, zugleich aber an das Reichsamt des Innern die Auflage, einen neuen Entwurf zu erstellen. Dieser neue Entwurf – überraschend schnell fertig –, bezog sich auch auf solche Anlagen, in denen Zigaretten, Rauch-, Kau- und Schnupftabak hergestellt wurden. Es gab einige wichtige Veränderungen: Keller- und Bodenräume durften nicht mehr zur Verarbeitung von Tabak benutzt werden, nur das Trocknen war dort noch gestattet. Arbeits-, Lager- und Trockenräume durften nicht mehr als Wohn-, Schlaf-, Koch- und Vorratsräume benutzt werden. Alle Arbeitsräume mußten ein unmittelbar ins Freie führendes Fenster haben, als Mindestluftraum sollte jetzt 10 cbm pro Person gelten, für je fünf Personen war ein Spucknapf bereitzustellen. Jedem Arbeiter war pro Woche ein Handtuch auszuhändigen, ab zehn Beschäftigten mußten Arbeiterinnen und Arbeiter an getrennten Tischen sitzen.
Die Freude über die neuen Bestimmungen hielt bei den organisierten Tabakarbeitern jedoch nicht lange vor. Denn als die entsprechende Verordnung am 21. Februar 1907 im *Reichsanzeiger* veröffentlicht wurde, da galt sie doch wieder nur für die Zigarrenindustrie.

5. Für den Schutz der Heimarbeiter

Über die Heimarbeit enthielten all die verschiedenen Verordnungen nichts, obwohl gerade in der Zigarrenheimarbeit die Verhältnisse sehr schlimm waren.
Heimarbeit im größeren Stil war in den 70er und 80er Jahren des 19. Jahrhunderts entstanden. In den alten Tabakzentren Hamburg und Bremen hatten sich Zigarrenarbeiter, die durch die Produktionsverlagerung nach Westfalen arbeitslos geworden waren und nicht nach den USA auswandern wollten, auf diese Art der Produktion in den eigenen vier

Frauenarbeitsraum der Zigarrenfabrik von Jaminet und Meyer (Bergkirchen) von 1910.

Arbeitsraum (um 1910) in der Zigarrenfabrik von Jaminet und Meyer.

Sortiererlehrlinge der Zigarrenfabrik von Jaminet und Meyer (von 1910).

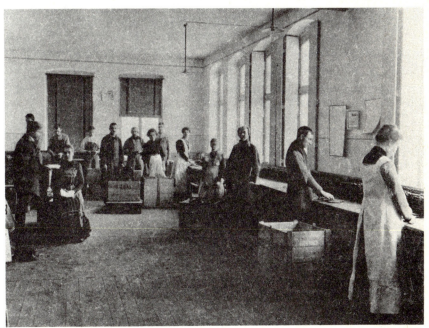
Zigarrenfabrik von Jaminet und Meyer. Abgabetag der Heimarbeiter. Rechts werden die in Heimarbeit gefertigten Zigarren sortiert.

Wänden eingelassen. Auch in Westfalen war die Heimarbeit anfänglich von vielen Zigarrenarbeitern als vorteilhaft empfunden worden. Schließlich mußte man nur noch einmal in der Woche den weiten Weg zur Fabrik zurücklegen, man brauchte nicht erst den Meister zu fragen, wenn man Kartoffeln stechen, Roggen säen wollte usw. Freilich mußte dann, um die verlorene Zeit wieder hereinzuholen, oft bis spät nachts gearbeitet werden; vor den sogenannten »Abgabetagen«, wenn die fertigen Zigarren oder Wickel abgegeben und neuer Tabak geholt wurde, oft die ganze Nacht hindurch.

Der Fabrikant sparte sich die Einrichtung von Fabrikräumen. Ein gemietetes Zimmer, eine Scheune oder ein Keller zum Aufbewahren des Tabaks, eine Waage dazu, mehr brauchte er nicht. Er sparte darüber hinaus die Beaufsichtigung, die Beleuchtung und Beheizung der Fabrikräume und alle übrigen Nebenkosten. Nicht zu vergessen natürlich, daß Heimarbeiter sehr viel niedrigere Löhne bekamen. Und schließlich hatte es ein Fabrikant nicht mehr mit einer größeren Zahl von Fabrikarbeitern zu tun, die zu geschlossenem Handeln fähig waren, sondern mit voneinander isolierten Heimarbeitern. Geschickt konnte er den einen gegen den anderen ausspielen und von jedem möglichst gute Waren bei möglichst niedrigem Lohn und aus möglichst schlecht zu verarbeitendem Rohmaterial erlangen.

Hochburgen der Heimarbeit waren das Königreich Sachsen, Westfalen (fast die Hälfte aller Zigarrenproduktion in Heimarbeit), die preußische Provinz Sachsen und Thüringen.

1879, ein Jahr nach Inkrafttreten des Sozialistengesetzes, berichtete ein Hamburger Fabrikinspektor:

> Die großen Firmen (...) beschäftigen in ihren eigenen Räumen meist nur die Sortierer und überlassen die Herstellung der eigentlichen Waare sogenannten Hausarbeitern, welchen sie den Tabak liefern. Sowohl in Kellern, wie direkt unter dem Dache, oft in den kleinsten Räumen zusammengepfercht, habe ich in diesen Arbeitsräumen soviel Menschen angetroffen, wie eben Platz zum Sitzen hatten. Die geschlossenen Fenster sind ohne jede Ventilationsvorrichtung (...) Die Leute sitzen in diesen Räumen so gedrängt, daß wenn einer derselben hinausgehen will, die ganze vor ihm sitzende Reihe sich erheben und die Schemel auf die Arbeitstische legen muß, um ihm Platz zu machen. Für je 4 Arbeitsplätze ist eine Petroleumlampe angebracht die, auch wenn sie nicht leuchtet, doch riecht, meistens dient ein zu kleiner und deshalb rothglühender Ofen zur Heizung der Räume, oder besser gesagt zur Überhitzung derselben (...) Über den Köpfen der Arbeitenden sind mit Leinewand bespannte Holzrahmen angebracht, auf denen der zu verarbeitende Tabak den erforderlichen Grad von Trockenheit bekommen soll, und an den Wänden und Thüren steht in großen Tropfen das Schweißwasser.[13]

Dieser Heimarbeiter gehörte schon zu den selbständigen Hausgewerbetreibenden, die sich je nach Menge des Tabaks Gehilfen nahmen. Normal waren zwei oder drei Gehilfen. Die hier inspizierte Arbeitsstätte gehörte schon zu den Ausnahmen – wie es auch eine Ausnahme war, daß sich die Fabrikinspektion einmal in solche Räume verirrte.

Strenggenommen muß man zwischen Heimarbeitern und Hausgewerbe-

Heimarbeit in der Zigarrenherstellung, Berlin 1910. Die beiden Kinder links entrippen die Tabakblätter.

treibenden unterscheiden. Die ersteren waren Lohnarbeiter, die ihre Arbeit zu Hause verrichteten. Letztere selbständige Kleinunternehmer, die auf eigene Rechnung arbeiteten. In der Wirklichkeit war die Trennung gar nicht so scharf, und beide Gruppen einte das gleiche Elend.

Ende der neunziger Jahre gab der *Gewerkschafter,* das damalige Organ des *DTAV,* eine Beschreibung der Heimarbeitsverhältnisse in Westfalen:

> In demselben Zimmer, wo gekocht wird, drängt sich die ganze Familie zusammen und arbeitet. Das Familienoberhaupt sitzt an dem staubbedeckten Arbeitstisch, welcher quer vor den beiden Fenstern des Zimmers steht, und macht Cigarren. Neben ihm sitzt seine Frau, welche Decke zurichtet, während der Säugling an der Brust liegt. Am Eßtische oder auch auf dem Fußboden mitten im Zimmer sitzen die übrigen Sprößlinge, eifrig bemüht, den Tabak zu entrippen, die entrippten Blätter liegen auf einem Haufen zwischen ihnen, die Rippen werden auf einen anderen Haufen geworfen. Auf einer anderen Seite liegt der Rohtabak. Sobald die Kinder kriechen können, nehmen sie an dieser Arbeit (teil); erst spielen sie mit den Tabakblättern, zuletzt wird es Ernst mit der Arbeit. Unreinlichkeiten können hierbei nicht verhindert werden. Der hierdurch verletzte Tabak wird aber nicht etwa vernichtet, in keinem Falle, denn knapp bekommt der Hausarbeiter den Tabak zugewogen (...) Wer zuviel Tabak braucht, wird entlassen (...)
> Über dem Ofen wird auf einem mit grauer Leinwand bespannten Holzrahmen der Tabak getrocknet.[14]

Ein weiterer Bericht aus einem Tabakarbeiterdorf im Erzgebirge schildert eine ähnliche Situation:

> Eine Stube in einem der Häuser des Städtchens Scheibenberg, eine Bahnstation nahe bei Annaberg im Erzgebirge: der blasse Tabakarbeiter sitzt am Arbeitstisch, Zigarren wickelnd und rollend, neben ihm am Boden ein kleiner gemieteter Junge, der den Tabak entrippt; die Frau, die gerade wirtschaftet, hat eine Posamentenarbeit daneben, im Kinderwagen und auf der Ofenbank schlafen zwei kleine Kinder im Dunst des Tabaks, der über dem Ofen zum Trocknen aufgehängt ist, und im Tabakstaub, der beim Knicken, Wickeln und Entrippen aufsteigt und das Zimmer erfüllt.[15]

Während der Tabakstaub die Familie des Heimarbeiters gefährdete, bedrohte die mangelnde Reinlichkeit bei der Heimarbeit den Konsumenten. Das galt für die Zigarren- wie die Zigarettenheimarbeit. »Wie ist es nun mit den hygienischen Verhältnissen?« fragte der Dresdener Zigarettenarbeiter Mütze auf dem ersten allgemeinen Heimarbeiter-Schutzkongreß in Berlin (7. bis 9. März 1904) und berichtete.

> Es ist in der Zigarettenindustrie noch viel schlimmer als in der Zigarrenindustrie, denn es ist eine Tatsache, daß die Zigaretten mit Speichel besudelt werden. Der Kleister trocknet beim Hülsenkleben vielfach ein und er wird dann einfach durch Speichel befeuchtet (...) Es ist selbstverständlich, daß wenn die Mutter mit dem kranken Kinde umgeht, der Krankheitsstoff an ihre Hände gelangt, und mit diesen Händen geht sie, ohne sich zu desinfizieren, wieder an die Arbeit.[16]

Die Arbeitszeit der Heimarbeiter betrug in den neunziger Jahren in Sachsen und Berlin 15 bis 16 Stunden am Tag, bisweilen auch mehr. In Hamburg waren es 80 Stunden in der Woche, einschließlich des Sonntagvormittags. Auch in den übrigen Heimarbeitergegenden waren, wenn nicht gerade Erntezeit war, bis zu 15 Stunden die Regel.

Die Löhne waren dementsprechend niedrig. In Eilenburg, einem Zentrum der sächsischen Heimarbeit, wurde in den neunziger Jahren etwa 7 Mark Pro-Tausend-Stücklohn gezahlt. Wenn Frau und Kinder mitarbeiteten, konnte ein Heimarbeiter auf 17,50 Mark in der Woche kommen. Fremde Kinder als Zurichter wurden mit mindestens 75 Pfennig, höchstens 1,25 Mark in der Woche entlohnt. Die Wohnungsmiete belief sich schon auf ungefähr 100 Mark im Jahr. Kartoffeln und Brot waren die Hauptnahrungsmittel, sonntags gab es für vier bis sechs Personen vielleicht einmal ein Pfund Fleisch.

Ein Hamburger Heimarbeiter verdiente im Durchschnitt 17 Mark die Woche. Das entspricht 884 Mark im Jahr. Davon gingen 250 Mark für die Miete ab, es verblieben 630 Mark für eine – meist sechsköpfige – Familie. Davon mußten alle notwendigen Ausgaben bestritten werden: Nahrung, Kleidung, Krankenkassenbeiträge usw.

Eine westfälische Heimarbeiterfamilie verdiente im Jahr 670 Mark, der Mann 380, die Frau 290 Mark. Davon gingen 80 Mark für die Wohnung ab, es verblieben 590 Mark oder 11,30 Mark in der Woche. 1 Pfund Brot kostete Mitte der neunziger Jahre 10 Pfennig, das Pfund Speck kostete 80 bis 90 Pfennig, Schweinefleisch 60 bis 70 Pfennig. Man kann sich ausrechnen, daß die 11,30 Mark in der Woche kaum zum Leben reichten. Der Lebensunterhalt mußte durch landwirtschaftlichen Nebenerwerb, Acker- oder Gartenbau aufgebessert werden. Damit wurde aber auch die Arbeitszeit wieder beträchtlich verlängert. In den Sommermonaten hatte ein westfälischer Heimarbeiter bis zu 17 Stunden und mehr entweder über dem Rollbrett zu sitzen oder auf dem Feld tätig zu sein.

Bürgerliche Politiker verwiesen immer wieder auf den Haus- und Grundbesitz der Zigarrenarbeiter, denen es so schlecht offensichtlich nicht gehe. Tatsächlich hatte jedoch nur eine Minderheit der Zigarrenarbeiter (ob Heim- oder Fabrikarbeiter) ein eigenes Haus – im Bezirk Osnabrück z. B. gerade einmal 20 Prozent. Meist waren das Nachfahren von Bauernfamilien.

Trotz ihrer schlechten wirtschaftlichen Lage waren die Heimarbeiter mit kleinem Haus- oder Grundbesitz, wie in Westfalen, aber bis um die Jahrhundertwende unzugänglich für jede Art der gewerkschaftlichen Agitation.

Heimarbeit gab es, wie schon angedeutet, nicht nur in der Zigarren-, sondern auch in der Zigarettenindustrie. Als die ersten Maschinen eingeführt wurden, kam auch die Heimarbeit auf – gefördert von jenen Fabrikanten, die sich nicht sofort Maschinen leisten konnten und deshalb auf die »billige« Heimarbeit auswichen. Selbst die Fabrikarbeiter klebten abends noch in Heimarbeit Zigarettenhülsen. Hülsenkleben wurde nämlich als Vor- oder Hilfsarbeit *in der Fabrik* nicht extra bezahlt. Als dann die maschinelle Hülsenfertigung aufkam, verschwand diese zusätzliche Verdienstmöglichkeit und mit ihr ging die Zigarettenheimarbeit ganz wesentlich zurück. In Berlin blieben von 3 000 Heimarbeitern nur 300 übrig.

Der *DTAV* forderte eine Ausdehnung der Bundesratsbestimmungen auf die Heimarbeiter und eine genaue Untersuchung ihrer sozialen Verhältnisse als Vorstufe zu einem endgültigen Verbot. Zu Beginn dieses Jahrhunderts wurde das Kaiserliche Gesundheitsamt mit einer Untersuchung über die Gesundheitsverhältnisse der Zigarrenheimarbeiter betraut. Seine Schlußfolgerungen:

> Die gesundheitlichen Schäden, welche den Zigarrenarbeitern und ihren Angehörigen in der Hausarbeit erwachsen, sind als erhebliche zu betrachten. Ein Teil der Schädigungen ist auf die besonderen Einwirkungen des zu verarbeitenden Materials und der Art der Verrichtungen, ein anderer Teil auf mangelhafte äußere Verhältnisse (Wohnung, Ernährung und dergleichen), wie sie auch abgesehen von der Zigarrenindustrie vorkommen, zurückzuführen.[17]

Nach diesem Gutachten durfte man gespannt sein, wie die Gesetzgebungsmaschinerie des Deutschen Reiches reagieren würde. Das Reichsamt des Innern verfaßte 1903 einen Gesetzentwurf für den Bundesrat, wonach die für Fabriken geltenden Vorschriften auf die Heimarbeit auszudehnen seien. Das wäre immerhin etwas gewesen. Beim Bundesrat tat sich – nichts. Der erste Allgemeine Heimarbeiter-Schutzkongreß, von der *Generalkommission der Gewerkschaften* vom 7. bis 9. März 1904 in Berlin organisiert, mahnte noch einmal vergeblich die Gesetzesinitiative an. Auch als Kaiser Wilhelm II. nach dem Besuch der Heimarbeiterausstellung 1906 in Berlin empört ausrief: »Man bestrebe sich, unzivilisierten Völkern Religion und Kultur zu bringen (...) übersehe aber, daß es daheim im Reich noch Verhältnisse gebe, welche als eine Art von Sklaverei bezeichnet werden müßten«[18], bewirkte das nichts. Nachdem sein Wunsch, die Krone möge die Führung bei der Beseitigung solche Zustände übernehmen, nur zu einer hastig einberufenen Kronratssitzung geführt hatte, ging alles wieder seinen gewohnten Gang.

Ab 1907 lag ein Gesetzentwurf über die Herstellung von Zigarren in der Hausarbeit beim Reichstag. Erst 1913, nachdem das allgemeine Hausarbeitsgesetz in Kraft getreten war, kam es auch zu einer Regelung für die Zigarrenheimarbeit. Heimarbeiterräume mußten zukünftig mindestens 2½ m hoch sein (das war ein halber Meter weniger als in der Fabrik) und für jede beschäftigte Person 7 cbm Luftraum aufweisen, wenn es sich um einen ausschließlichen Arbeitsraum, 10 cbm, wenn es sich um einen kombinierten Wohn- und Arbeitsraum handelte. Die zur Herstellung von Zigarren erforderlichen Arbeiten waren in Schlafräumen verboten. In Räumen, die zum Wohnen und Kochen dienten, durfte Tabak weiter in der für eine Tagesproduktion nötigen Menge gelagert und verarbeitet werden. Die Bearbeitung der Zigarrenspitzen mit dem Mund wurde zwar ebenso wie die Beschäftigung von Kindern unter 13 Jahren (bzw. bei eigenen Kindern unter 12 Jahren) verboten, aber: Für all diese Bestimmungen konnten Ausnahmen bis zum 1. Januar 1916 bzw. 1919 erlassen werden. Und vor allem: Es fehlte an jeder wirksamen Kontrollmöglichkeit. Wie hätten denn auch z. B. die drei Fabrikinspektoren im Bezirk Herford die rund

1200 Heimarbeiterstätten wirksam kontrollieren können? Völlig unverständlich war zudem, daß die Zigarettenheimarbeit von den gesetzlichen Maßnahmen ausgeschlossen blieb. Vorschläge des DTAV, Lohnämter einzurichten, die Mindestlohnsätze für die Zigarrenheimarbeit festsetzen und ihre Einhaltung überwachen sollten, wurden von der Regierung zurückgewiesen. Es blieb bei den äußerst niedrigen Lohnsätzen, die den Heimarbeiter praktisch zwangen, die gesetzlichen Vorschriften zu umgehen, um ein halbwegs erträgliches Auskommen zu erreichen. Hier wollte der DTAV ansetzen:

> Ohne materiellen Schutz kein wirklicher und erfolgreicher sanitärer Schutz. Ein einseitiger sanitärer Schutz belastet die Zigarrenhausarbeiter in materieller Beziehung und verschlechtert ihre bedauernswerte Lage, anstatt sie zu heben, weshalb die Pflicht erwächst, für den materiellen Schutz der Zigarrenhausarbeiter einzutreten. Dieser materielle Schutz, d.h. die Förderung der Entlohnung, kann erreicht werden dadurch, daß die Hausarbeiter organisiert, und gestützt auf die Organisation, zu besseren Lohnverhältnissen verholfen werden.[19]

Besondere Lohnämter hatte die Regierung abgelehnt, aber immerhin würde es nach dem Heimarbeitergesetz ein anderes Instrument geben: die Fachausschüsse. Diese sollten Erhebungen über die wirtschaftlichen und sozialen Verhältnisse der Heimarbeiter durchführen. Sie sollten untersuchen, ob die bestehenden Löhne angemessen waren – und schließlich Lohnabkommen und Tarifverträge fördern. All das stand in den Paragraphen 16 bis 26 des Heimarbeitergesetzes vom 20. Dezember 1911. Nur wurden ausgerechnet diese Paragraphen vor dem Ersten Weltkrieg nicht mehr in Kraft gesetzt – trotz vereinter Anstrengungen des DTAV und des *Zentralverbands christlicher Tabakarbeiter*.

Tab. 23
Verhältnis von Zigarrenheimarbeitern und -fabrikarbeitern im Kreis Herford 1901[20]

Kreis Herford	Gesamteinwohnerzahl	Zahl der Fabrikarb.		Heimarbeiter	
		m	w	m	w
Amt Bünde	19126	1216	1059	246	705
Enger	8569	248	251	262	470
Gohfeld-Menninghüssen	18425	974	583	548	904
Herford-Hiddenhausen	12450	410	425	295	478
Rödinghausen	4578	153	160	88	180
Stadt Herford	25120	159	58	23	21
Stadt Vlotho	10540	229	35	584	347
Spenge	6658	154	269	191	323
Zusammen		3543	2840	2237	3428
		6383		5665	

Tab. 24
Heimarbeit in der Tabakindustrie 1907[21]

Prod.-Bezirk	Anzahl der Betriebe mit Heimarbeitern	Anzahl der Heimarbeiter W	Ges.	Prozentualer Anteil der Heimarbeiter an allen Tabakarbeitern des Bezirks
Westfalen, Lippe, Waldeck	480	6 149	11 124	32,7
Sachsen, Thüringen	504	7 657	8 836	26,0
Hansestädte, Oldenburg, Schleswig-Holstein, Mecklenburg	202	480	2 659	7,8
Baden, Pfalz	220	1 729	2 158	6,3
Prov. Sachsen, Anhalt	139	1 440	1 903	5,6
Hessen, Hessen-Nassau	133	1 565	1 744	5,1
Hannover, Braunschweig	109	613	1 429	4,2
Brandenburg, Pommern	104	712	1 070	3,1
Württemberg, rechtsrhein. Bayern	81	905	976	2,9
Rheinland	82	628	814	2,4
Prov. Schlesien	89	613	687	2,0
Ost- und Westpreußen	30	617	633	1,9

KAPITEL IX

Der innere Aufbau der Gewerkschaften

Im knappen Vierteljahrhundert zwischen Aufhebung des Sozialistengesetzes und Beginn des Ersten Weltkriegs hat sich die innere Struktur der Gewerkschaften entscheidend verändert. Kurz nach dem Ende des Sozialistengesetzes gab es in den Vorläuferverbänden der NGG – abgesehen von den Tabakarbeitern – noch kaum eine zentralisierte Struktur. Der Vorstand brachte die Zeitung heraus, verwaltete einen Teil der Gelder und organisierte die Delegiertentage. Darüber hinaus waren die Zahlstellen, Ortsverwaltungen, Gauvereine, oder wie die unteren Gliederungen auch immer hießen, weitgehend selbständig.

1. Organisation und Strukturen

Im *Allgemeinen Brauerverband* hatten die Ortsvereine vor 1891 die Werbung (»Agitation«, sagte man damals) aus eigener Initiative und mit eigenen Mitteln zu betreiben. Bei ihnen verblieb auch der Großteil der Beiträge. Nachdem 1891 der Verband zentral umgestaltet wurde, gab es einheitliche Beiträge: Nach Abzug der Ausgaben für die Arbeitslosenunterstützung und 25 Prozent für örtliche Verwaltungsausgaben ging der Rest an die Hauptkasse. Zur Unterstützung des Vorsitzenden stellte der Verbandstag eine Zentrale Agitationskommission auf. Zunächst drei, später vier Kollegen aus Hamburg, Berlin, Hannover und Nürnberg, zugleich Mitglieder des erweiterten Verbandsvorstandes, betrieben in ihren engeren Gebieten die Agitation. Oft wurden sie, wenn der Vorsitzende verhindert war, auch in Orte außerhalb ihres eigenen Agitationsbereichs als Referenten gerufen.

Rührige Vorstände von Ortsvereinen bildeten aus eigener Initiative regionale Agitationskommissionen, die sich der Werbung für den Verband in ihrer näheren Umgebung widmeten. 1895 gab es ein Dutzend solcher Kommissionen, die sehr eifrig waren, aber oft weder untereinander noch mit dem Verbandsvorstand kooperierten. 1898 wurden sie deswegen dem Vorstand unterstellt.

Zwei Jahre später wurden die Agitationskommissionen ganz aufgelöst. An ihre Stelle traten 15 ehrenamtlich verwaltete Gaue. Die Gauvorstände wurden durch Urwahl der Mitglieder im Gau bestimmt, die Kosten der

Gauvorstände aus Verbandsmitteln gedeckt. Das gleiche System hatten die Tabakarbeiter schon unter Friedrich Wilhelm Fritzsche erwogen, es aber aus finanziellen Gründen nicht durchführen können. Die Gauleiter selbst wurden vom Vorstand eingesetzt.
Das veränderte System brachte den Brauern bis zum nächsten Verbandstag 2600 neue Mitglieder. Die Fluktuation wurde eingeschränkt.
Die nach der Jahrhundertwende stark ansteigende Zahl der Tarifverträge machte die Anstellung von hauptamtlichen Mitarbeitern im Außendienst unerläßlich. Der *Zentralverband deutscher Brauereiarbeiter* teilte sein Verbandsgebiet 1904 in sechs Gaue ein, jeder mit einem hauptamtlichen Gauleiter besetzt.
Die Bäcker hatten eine Einteilung in Gaue schon 1898 durchgeführt und seit 1903 in zunächst acht Gauen hauptamtliche Funktionäre an die Spitze gestellt.
Nach dem »Gauregulativ« des *Zentralverbands deutscher Brauereiarbeiter* waren die Gauleiter zuständig für die Agitation, die Kontrolle der Verwaltungsgeschäfte und die Wahrung der Verbandsinteressen bei Lohnbewegungen. Seit 1906 oblag den Gauleitern auch, nach vorheriger Verständigung mit dem Verbandsvorstand, die Einleitung und Durchführung von Lohnbewegungen. Gautage sollten nur in besonderen Fällen einberufen werden. Dem Gauleiter standen vier Beisitzer im Gauvorstand zur Seite. Während der Gauleiter – wie auch die Ortsangestellten – auf dem Verbandstag gewählt wurden (die Ortsverwaltungen hatten nur ein Vorschlagsrecht), wurden die Beisitzer von Verbandstag zu Verbandstag neu gewählt.
In den folgenden Jahren wurden die Gaue oder Bezirke systematisch verkleinert. 1908 waren aus ursprünglich 6 Gauleitern schon 13 geworden. Nach der Verschmelzung mit dem Mühlenarbeiterverband (1910), als in größerem Umfang Ortsangestellte eingestellt wurden, ging die Entwicklung im Verband wieder hin zu größeren Gauen. Die weniger finanzkräftigen Verbände, wie der *Verband der Bäcker,* blieben bei den kleinen, überschaubaren Bezirken, die weniger Ortsangestellte erforderten.
Auf unterster Ebene existierten zunächst nur die Mitgliederversammlungen in den einzelnen Ortsverwaltungen, selten auch in den Fabriken. Der *Verband der Zigarrensortierer* war der erste, der in den Fabriken eine Art Vertrauensleutesystem aufbaute, damals »Fabrikdelegierte« genannt, die allwöchentlich zur Berichterstattung über die Verhältnisse in ihren Betrieben und zum Erfahrungsaustausch zusammenkamen. Der DTAV hatte – zumindest im Prinzip – in allen Ortsverwaltungen »Lohnkommissionen« eingerichtet, um jederzeit unterrichtet und bei Lohnbewegungen handlungsfähig zu sein. Dieses System war jedoch längst nicht so ausgebaut und erwies sich bei Arbeitskämpfen viel ineffektiver, als der Fabrikdelegierte bei den Sortierern. Deshalb wurde nach und nach auch vom DTAV das Delegiertensystem übernommen.
Die wöchentliche Fabrikdelegiertenversammlung entwickelte sich immer

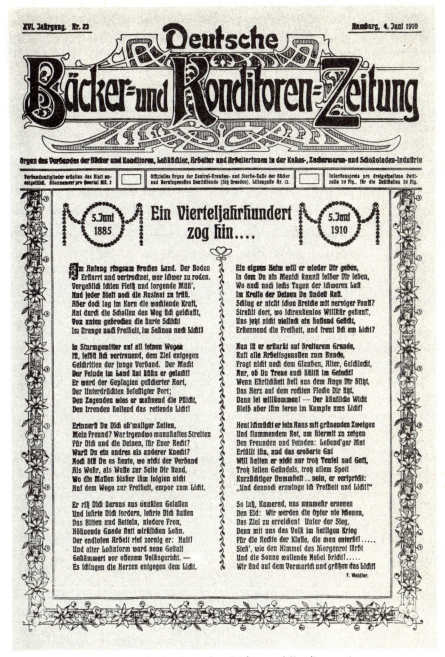

Titelseite der Jubiläumsausgabe der Deutschen Bäcker- und Konditorenzeitung.

mehr zum entscheidenden Organ der Gewerkschaftspolitik am Ort. In der Mitgliederversammlung, die seit Anfang des Jahrhunderts in den großen Tabakarbeiterzentren nur noch alle acht Wochen zusammentrat, wurden größere gewerkschaftspolitische Fragen besprochen. Außerdem waren sie der Ort für Bildungs- und Kulturarbeit. In Hamburg z. B. wurden in den gemeinsamen Mitgliederversammlungen von DTAV und *Verband der Zigarrensortierer* auch Vorträge gehalten über Themen wie »Friedrich Schiller und seine Zeit« oder »Goethes Faust«.

Öffentliche Versammlungen, Hausagitation und Fabrikbesprechungen waren die Mittel, die man am Ort zur Verfügung hatte, um Werbung in größerem Stil für die Gewerkschaften zu treiben. Die sozialdemokratische Presse unterstützte die Gewerkschaftsarbeit nach Kräften durch Aufnahme von Versammlungsanzeigen und -berichten, Verbreitung aufklärender Artikel usw.

Brauer, Bäcker und Gastwirtsgehilfen gliederten ihre Organisation in Branchen-Sektionen. Teils, um ungelernten Arbeitern den Beitritt zu erleichtern, teils, um besonderen Berufsinteressen entgegenzukommen. Die Tabakarbeiter lehnten solche Sektionen lange Zeit ab: Die Kollegen der einzelnen Branchen sollten voneinander lernen, nicht sich abkapseln.

Tab. 25
Branchenzugehörigkeit der Mitglieder im Zentralverband der Bäcker und Konditoren (in Prozent)[1]

Jahr	Bäcker	Konditoren	Hilfsarbeiter	Arbeiterinnen	Lehrlinge
1908	80,4	6,7	4,3	8,0	0,6
1909	76,1	6,6	6,5	10,1	0,7
1910	72,1	6,2	7,5	13,3	0,9
1911	67,7	6,2	9,1	16,0	1,0
1912	68,8	5,6	8,0	16,3	1,3
1913	70,2	5,6	6,9	16,2	1,1

2. Mitgliederwerbung und -betreuung

Alle Gewerkschaften, und die Vorläuferverbände der NGG in besonderem Maße, hatten unter Fluktuation, dem ewigen Wechsel der Mitglieder zu leiden. 1904 z. B. waren im DTAV von 7371 neu Aufgenommenen 3919 noch vor Ende des Jahres wieder ausgetreten. 1907 hatte der DTAV 10 380 Mitglieder neu geworben, gegen Ende des Jahres trotzdem 2830 Mitglieder *weniger*. Das hieß, daß in einem Jahr 13 000 Mitglieder den Verband verlassen hatten. Das beständige Element stellten die Belegschaften bestimmter Betriebe dar. Bei Bäckern und Fleischern die Beschäftigten der Konsumgenossenschaften, der Brot- und Wurstfabriken, im *Zentralverband deutscher Brauereiarbeiter* die Großbrauereien wie Elbschloß in Hamburg, Union in Dortmund, Schultheiß in Berlin usw. Die Verbände selbst glaubten, es seien immer »diejenigen Mitglieder, die dem Verband die kürzeste Zeit angehören, welche nach Beendigung einer Lohnbewegung dem Verbande meist die Treue brechen«.[2] Um die Fluktuation zurückzudrängen, wurden die Unterstützungen ausgebaut, wurde für mehr Betreuung der Mitglieder gesorgt. Denn allzuoft hatte sich gezeigt, daß neue Mitglieder wieder verlorengingen, weil die Beiträge nicht kassiert wurden und sich auch sonst kaum jemand um sie kümmerte. Bessere Betreuung, das hieß vor allem: Ausbau des Funktionärskörpers, vorwiegend der »Lokalbeamten«, der hauptamtlichen örtlichen Funktionäre. Eines der wichtigsten Mittel, die Mitglieder an die Organisation zu binden, war eine erfolgreiche Tarifpolitik. Denn eine der häufigsten Ursachen der Fluktuation war der ständige Arbeitsplatzwechsel – in der Hoffnung, irgendwo bessere Arbeits- und Lohnbedingungen zu finden. Der *Zentralverband deutscher Brauereiarbeiter,* der unter den Nahrungs- und Genußmittelarbeitergewerkschaften die am besten ausgebaute Organisation und das am weitesten ausgestaltete Tarifwesen besaß, gehört deswegen nicht zufällig zu den Verbänden mit den geringsten Fluktuationszahlen. Tabelle 26 zeigt, wie sich die Mitgliedschaft im Jahre 1909 zusammensetzte: Zwei Drittel der Mitglieder gehörten dem Verband länger als drei Jahre an.

Tab. 26
Fluktuation im Zentralverband deutscher Brauereiarbeiter
Von den am Schluß des 4. Quartals 1909 vorhandenen Mitgliedern traten in den Brauereiarbeiterverband ein im Jahr:[3]

Bezirk	vor 1891	1891	1892	1893	1894	1895	1896	1897	1898	1899
Danzig	–	–	1	–	–	–	–	–	–	–
Breslau	–	–	–	1	–	–	–	–	1	8
Berlin	18	3	14	17	8	9	12	28	19	44
Hamburg	5	5	9	13	11	23	49	26	83	104
Magdeburg	23	7	13	24	19	23	34	41	84	95
Leipzig	–	–	3	15	22	35	29	43	71	115
Regensburg	1	–	–	1	83	38	23	20	26	51
Bamberg	–	1	–	1	6	9	41	31	48	126
Ulm	–	–	–	–	–	–	6	2	3	4
Frankfurt a. M.	1	–	33	19	12	15	17	22	26	32
Straßburg	1	1	11	7	30	42	42	34	53	46
Düsseldorf	–	–	–	4	3	5	7	7	6	9
Dortmund	–	–	2	4	1	4	5	4	9	17
Ausland	–	–	–	–	–	–	–	1	–	1
	49	17	86	106	195	203	265	259	429	652

139

noch Tab. 26

Bezirk	1900	1901	1902	1903	1904	1905	1906	1907	1908	1909
Danzig	1	–	–	1	1	–	3	12	13	197
Breslau	3	7	10	35	23	81	267	135	159	363
Berlin	188	141	232	389	413	484	771	709	574	1060
Hamburg	230	194	96	224	221	541	579	612	456	655
Magdeburg	65	60	67	69	109	151	229	328	287	283
Leipzig	114	222	226	612	420	554	659	745	673	728
Regensburg	72	56	108	308	362	356	727	680	561	688
Bamberg	146	58	78	90	176	324	297	271	182	339
Ulm	7	13	11	21	65	48	143	129	157	271
Frankfurt a. M.	105	68	98	129	116	212	255	323	318	542
Straßburg	65	77	107	163	283	537	442	399	357	531
Düsseldorf	15	20	27	57	64	33	108	198	198	385
Dortmund	21	12	11	22	42	69	172	213	204	450
Ausland	–	–	–	3	3	1	9	11	3	13
	1032	867	1071	2123	2298	3391	4561	4765	4162	6505

Ein Bild von der Entwicklung des hauptamtlichen Funktionärskörpers versucht Tabelle 28 zu geben.

Die steigende Zahl der hauptamtlichen Funktionäre, der »Beamten«, wie man damals sagte, wurde von den Mitgliedern als notwendig im Interesse einer effektiven Verwaltung der Organisationen akzeptiert. Die große Mehrheit identifizierte sich mit ihren Führungen, auch wenn es gelegent-

Tab. 27
Lebensalter der Mitglieder des Zentralverbands deutscher Brauereiarbeiter 1909[4]

Bezirk	Von den am Schluß des 4. Quartals 1909 vorhandenen Mitgliedern standen im Lebensalter von					
	unter 18 J.	18–20 J.	21–25 J.	26–30 J.	31–35 J.	36–40 J.
Danzig	–	3	27	53	66	38
Breslau	19	54	123	217	213	186
Berlin	27	124	538	946	1139	999
Hamburg	91	182	413	787	875	674
Magdeburg	33	103	200	348	353	359
Leipzig	47	211	555	876	1185	954
Regensburg	13	62	215	565	732	911
Bamberg	9	66	200	399	491	524
Ulm	26	112	222	252	161	65
Frankfurt a. M.	19	98	323	786	771	571
Straßburg	74	142	360	518	600	327
Düsseldorf	21	62	180	301	270	180
Dortmund	4	85	193	319	260	196
Ausland	–	–	14	8	16	3
	383	1304	3563	6375	7132	5987

noch Tab. 27

Bezirk	Von den am Schluß des 4. Quartals 1909 vorhandenen Mitgliedern standen im Lebensalter von				
	41–45 J.	46–50 J.	51–55 J.	56–60 J.	über 60 J.
Danzig	23	15	2	2	–
Breslau	98	50	21	2	10
Berlin	656	410	196	84	14
Hamburg	463	292	150	87	50
Magdeburg	228	223	105	43	16
Leipzig	661	412	237	97	51
Regensburg	739	480	313	120	20
Bamberg	295	127	67	40	6
Ulm	24	15	3	–	–
Frankfurt a. M.	356	187	84	34	–
Straßburg	202	77	36	7	2
Düsseldorf	75	34	15	5	2
Dortmund	111	51	18	20	5
Ausland	2	2	–	–	–
	3 933	2 375	1 247	541	176

Tab. 28

Hauptamtliche Funktionäre in den freigewerkschaftlichen Nahrungs- und Genußmittelarbeiterverbänden[5]

Verband	1895	1896	1897	1898	1899	1900	1901	1902	1903	1904
Bäcker	1	1	1	1	1	1	2	2	10	10
Böttcher	0	0	1	1	1	1	1	2	2	3
Brauer	3	3	3	4	4	5	6	6	7	13
Gastwirtsgehilfen	0	0	0	0	2	2	2	2	2	2
Tabakarbeiter	4	4	4	4	4	4	4	4	6	6

Verband	1905	1906	1907	1908	1909	1910	1911	1912	1913
Bäcker	11	14	16	17	17	20	22	28	30
Böttcher	3	3	3	6	6	6	7	7	7
Brauer	17	27	38	43	43	52	58	59	62
Gastwirtsgehilfen	2	4	4	10	10	12	13	13	13
Tabakarbeiter	11	14	14	14	15	18	22	22	25

lich zu heftiger Kritik kam – wie auf der Generalversammlung des *Verbands der Bäcker* 1907, als sich der Hamburger Delegierte Krohn über die Vernachlässigung der Konsumgenossenschaftsbäcker beschwerte und ausrief:

> Die Vorstandsherren mögen nicht glauben, daß sie aus ihrem Wolkenkuckucksheim bloß anordnen können, die Mitglieder wissen auch ganz genau, was ihnen geboten wird, und werden ihre Konsequenzen ziehen.[6]

Sein Dortmunder Kollege Fischer konterte:

> Die Beamten müßten weit mehr durch die Mitglieder unterstützt werden. Letztere trumpfen darauf, daß sie den Beamten haben; diesem wird alles in die Schuhe geschoben, er ist schlimmer daran, als wenn er unter Polizeiaufsicht stände.[7]

3. Auf dem Weg zum Industriegewerkschafts-Prinzip

Seit dem 1892 gescheiterten Versuch, einen Deutschen Nahrungsmittelarbeiterverband zu gründen, gab es immer wieder ähnliche Anläufe. 1897 z. B., als Bäcker, Konditoren und Müller ergebnislos über die Gründung eines Verbandes der Arbeiter und Arbeiterinnen der Nahrungsmittelindustrie berieten. Treibende Kraft hinter allen Verschmelzungsprojekten waren die Mühlenarbeiter – u. a. deshalb, weil der Verband kaum expandierte und immer wieder an seine Grenzen stieß. Sein Vorsitzender Hermann Käppler formulierte das so:

> Wir sind nur 4500 Kollegen, die wohl manchmal für 10000 Krach machen, aber doch nur für 4500 Macht hinter sich haben. Wir arbeiten nun 21 Jahre und die Zahl unserer Mitglieder ist nicht größer geworden.[8]

Eine Vorständekonferenz der Verbände der Brauer, Bäcker und Konditoren, Mühlenarbeiter und Fleischer am 22. November 1907 erklärte sich im Prinzip einig über die Gründung eines Industrieverbandes. Das Projekt scheiterte, als der 16. Verbandstag der Brauer im Juli 1908 eine Verschmelzung ablehnte. Zwischen Brauern auf der einen und Bäckern, Metzgern, Müllern auf der anderen Seite gäbe es kaum praktische Berührungspunkte.

Zunächst schlossen sich die verwandten Berufsgruppen zusammen: 1907 die Bäcker und Konditoren, im gleichen Jahr kam der *Verein der Caféangestellten* zum *Verband deutscher Gastwirtsgehilfen*, dem sich wiederum zwei Jahre später der *Verband der Hoteldiener* anschloß. 1912 folgte die Fusion von Tabakarbeitern und Zigarrensortierern.

Nur die Vereinigung der Brauerei- und Mühlenarbeiter (eine »Paarung zwischen Karpfen und Karnickel«, wie man in Gewerkschaftskreisen spottete) fiel aus diesem Rahmen. Dem 10. Verbandstag der Mühlenarbeiter 1910 in München lagen zwei Anträge zur Verschmelzung vor: Die Bäcker wollten mit den Mühlenarbeitern einen Verband der Lebensmittelarbeiter und -arbeiterinnen Deutschlands gründen, die Brauer, bescheidener, einen Verband der Brauerei- und Mühlenarbeiter und verwandten Berufsgenossen. Die Entscheidung fiel zugunsten der Brauer. Sie hatten die besseren Bedingungen geboten: niedrigere Beiträge und höhere Streikunterstützung.

Allen Unkenrufen zum Trotz nahm der neue *Verband der Brauerei- und Mühlenarbeiter* eine positive Entwicklung. Als sich am 1. Mai 1914 zum 25. Mal die Maifeier jährte, gab der Verband einen selbstbewußten Rück-

Oskar Allmann   *Friedrich Friedmann*   *Wilhelm Kahl*
Die Leiter des Zentralverbands der Bäcker vor 1914. Der Vorsitzende Allmann, der Kassierer Friedmann und das Vorstandsmitglied Kahl.

blick auf seine Entwicklung und die der gesamten deutschen Gewerkschaftsbewegung.

»Wir sind vorwärts gekommen in diesen 25 Jahren«, lautete das Resumée. Die deutsche Gewerkschaftsbewegung sei »zu einer festgefügten Armee von 2½ Millionen Mann« ausgebildet worden, habe dem Unternehmertum Zugeständnisse aller Art abgetrotzt, sich einen erheblichen Einfluß erobert »in der Gesetzgebung, in der Verwaltung des sozialen Versicherungswesens, in der gewerblichen Rechtsprechung und nicht zuletzt auch in den Gemeindeverwaltungen«.[9]

Mit diesem allgemein positiven Trend änderte sich auch das Verhältnis zur Sozialdemokratischen Partei. Die Gewerkschaften pochten auf ihre besondere Rolle innerhalb der Arbeiterbewegung. »Die Gewerkschaft hat andere Interessen als wie die Partei«, sagte der linke Sozialdemokrat Alfred Henke aus Bremen auf der Generalversammlung des DTAV 1902 und fügte hinzu: »Die Gewerkschaften haben ihre Ziele innerhalb der bürgerlichen Gesellschaft, die Ziele der Partei gehen darüber hinaus.«[10] Der Zigarrensortierer Adolph von Elm ging noch einen Schritt weiter. Wer eine einheitliche Gewerkschaftsbewegung wolle, meinte er auf der Generalversammlung 1904, »der müsse aber vor allen Dingen bei der Agitation es unterlassen, ständig ostentativ zu betonen: Wir sind Sozialdemokraten«.
Dadurch stoße man die Kollegen, die noch keine Sozialisten seien, nur ab. »Parteipolitik« gehöre nicht in die Gewerkschaften. Die Gewerkschaften müßten »Realpolitik« betreiben:

Realpolitik bedeutet doch nur, daß wir sämtliche Arbeiter ohne Unterschied der Religion und ohne Rücksicht auf ihre politische Parteistellung für den wirtschaftlichen Kampf zu organisieren suchen und dann diesen wichtigen Einfluß auch zugunsten der Förderung der Arbeiterinteressen in der gegenwärtigen Gesellschaft in politischer Hinsicht geltend machen.[11]

Die meisten organisierten Tabakarbeiter waren zwar auch dafür, daß die Gewerkschaften ihre unabhängige Position gegenüber der SPD behaupteten. Die als »Mannheimer Abkommen« bezeichnete Abmachung zwischen Generalkommission der Gewerkschaften und Parteivorstand der SPD aus dem Jahre 1906, wonach Aktionen, die die Interessen von Gewerkschaften und Partei berührten, nur von beiden gemeinsam entschieden werden sollten, wurde als Anerkennung der Selbständigkeit der Gewerkschaften begrüßt.
Die »Realpolitik« von Elms aber ging den meisten Tabakarbeitern zu weit. Sie fürchteten, damit solle jegliche Diskussion politischer Fragen in den Gewerkschaften unterbunden werden. Damit könnten Organisationen entstehen, die über den engen Tellerrand ihrer Berufsinteressen nicht hinausschauten. Es würde der allgemeinen Arbeiterbewegung und damit auch den Gewerkschaften nur schaden, so Friedrich Geyer, Redakteur des *Tabak-Arbeiter,* wenn sich Gewerkschaften und *SPD* auseinanderdividieren ließen. Und darum werde man die »Neutralitätsduselei«[11] von Elms prinzipiell bekämpfen.

Karl Deichmann, 1900–1928 Vors. des DTAV.

Daß es gerade die Tabakarbeiter waren, die um ein Prinzip so hart diskutierten, das sich in den übrigen Gewerkschaften praktisch schon durchgesetzt hatte, lag daran, daß die Tabakarbeiter mehr als andere von direkten politischen Entscheidungen (Tabaksteuer) betroffen wurden und in der SPD bisher den einzigen zuverlässigen parlamentarischen Bündnispartner gehabt hatten.

KAPITEL X
Die Organisationen als Gegenmacht

Im ersten Jahrzehnt des 20. Jahrhunderts vollzog sich der Aufstieg der Gewerkschaften zur Massenbewegung. Die Unternehmer reagierten mit Angriffen auf das Koalitionsrecht. Juristischen Schutz für streikende Arbeiter gab es so gut wie nicht, während Streikbrecher Vorzugsbehandlung genossen und konservative Scharfmacher sogar nach einer Revision des Strafgesetzbuches zum besonderen Schutz der »nützlichen Elemente« – sprich: der Streikbrecher – riefen.

Den Versuch der Unternehmerverbände, die gewerkschaftlichen Organisationen zu zerschlagen, hatten die Nahrungs- und Genußmittelarbeiter mehr als einmal abzuwehren. Zwei Beispiele sollen hier erwähnt werden: die große Brauereiarbeiter-Aussperrung des Jahres 1905 am Niederrhein und in Westfalen, sowie die Zigarrenarbeiter-Aussperrung 1911.

1. Brauereiarbeiter-Aussperrung 1905

Am Anfang der großen Aussperrung stand ein scheinbar geringfügiges Ereignis: In der Kölner Brauerei Altenburg war ein Maschinist zu Unrecht entlassen worden. Die Gewerkschaft forderte seine Wiedereinstellung, die Betriebsleitung lehnte ab. Daraufhin verhängte das Gewerkschaftskartell Köln den Boykott über die Brauerei. Diese wiederum drohte, bis zum 1. Mai die Hälfte der organisierten Brauereiarbeiter auszusperren. Nun formierten sich die Fronten. Der Unternehmerschutzverband erklärte sich solidarisch, die Brauereiarbeiter aber auch. Am 1. Mai waren in 123 Betrieben über 2000 Arbeiter ausgesperrt. August Schmitz, seinerzeit Gewerkschaftssekretär in Elberfeld, erzählt in seinen Erinnerungen:

> Aus der Bedrohung eines Arbeiters entwickelte sich ein hochdramatischer Wirtschaftskampf. Man mache sich heute klar, was das damals bedeutete. Welches Maß an Opferbereitschaft sich darin ausdrückte, daß sehr viele, hier über 2000, die Existenzgefährdung willig auf sich nahmen, um einem zu Unrecht Bedrohten zu helfen! Die Streikkassen waren meistens leer. (...) Keiner konnte damit rechnen, von einem Sozialamt Unterstützung zu bekommen. Es war faktisch so, daß alle die, die den Schritt ins Ungewisse machten, noch das Geld für die Flugblätter und Opfer für die Streikkasse zusammenbringen mußten. Sie wurden auch keineswegs für ihre Opferbereitschaft und Solidarität von seiten der breiten Öffentlichkeit belobt oder bewundert, sondern noch als Streikhetzer beschimpft (...) Der Schaden, den wir den Brauereien bei diesem wirtschaftlichen Klein-

147

krieg zufügten, war groß. Trotzdem waren die Betriebsführer zäh. So zäh wie wir. Sie hatten aber die bessere finanzielle Rückendeckung und gewiß aß keiner der geschädigten Brauereibesitzer in den Kampfwochen trockenes Brot, wie unsere Leute. Gute acht Wochen dauerte die Aussperrung. Die Stimmung war äußerst gespannt geworden. Mancher der baumstarken Bierkutscher traute sich kaum noch nach Hause, weil sie vor den fragenden Augen der Frauen Angst hatten. Trotz allem bestanden wir die Feuerprobe. Keiner der Organisierten wurde zum Streikbrecher. Da die Brauereibesitzer mit den Streikbrechern aus den Kreisen der Unorganisierten die Betriebe nur mühsam in Gang hielten und schlechte Geschäfte machten, kam es am 27. Juni 1905 in Düsseldorf zur Verhandlung. Wir erreichten das, was wir mit dem Streik erreichen wollten. Die Anerkennung unseres Verbandes als Tarifpartei. Darüber hinaus erhielten unsere Vertrauensleute das Recht, im Betrieb während der Arbeitspausen die Verbandsbeiträge einzukassieren. Das Letztere erscheint heute vielleicht als ein sehr unwesentlicher Erfolg. Dem ist aber ganz und gar nicht so. Man muß sich klarmachen, daß die Gewerkschaften damals in den Augen der Arbeitgeber und auch Behörden und Regierungsstellen als unerwünschte »Fremdkörper« angesehen wurden (...) Die Forderung, die Munition zum Kampf, und das waren die Beiträge, im Lager des Feindes in Ruhe einzusammeln, wurde seinerzeit so aufgenommen, wie heute noch manchmal die Forderung der betrieblichen Mitbestimmung![1]

2. Zigarrenarbeiter-Aussperrung 1911

Nach der erfolgreich abgewehrten Aussperrung am Niederrhein und in Westfalen und einigen Kämpfen ähnlicher Art, war dem Verband der Brauerei- und Mühlenarbeiter ein großer Schritt zur Anerkennung durch die Unternehmer gelungen. Der DTAV hingegen mußte alle Jahre wieder mit einem Versuch der Zigarren- oder Zigarettenfabrikanten rechnen, die Organisation aus den Angeln zu heben. 1905 beim Streik der Zigarettenarbeiterinnen in Dresden. 1907 bei der Aussperrung der Zigarrenarbeiter in Gießen. Und schließlich 1911, bei der Aussperrung der Zigarrenarbeiter von Westfalen, Hamburg und Bremen, dem größten Arbeitskampf, den der DTAV vor dem Ersten Weltkrieg durchzustehen hatte.
Begonnen hatte alles ganz harmlos im August 1911: mit Lohnbewegungen bei einzelnen Firmen in Westfalen, im Raum Bünde, Verden an der Aller und Vlotho. Gefordert wurden Lohnerhöhungen von 10–15 Prozent (bei einzelnen Fassons und Packungen etwas mehr). Die Fabrikanten weigerten sich, und die Arbeiter traten in den Streik. Der Westfälische Cigarrenfabrikanten-Verband (WCV) griff sogleich zum großen Knüppel: Falls die Arbeiter der bestreikten Firmen nicht bis zum 28. September wieder an ihre Arbeitsplätze zurückgekehrt seien, werde allen organisierten Zigarrenarbeitern die Kündigung ausgesprochen werden. Der WCV glaubte offensichtlich – wie in der Vergangenheit – mit dem Auseinanderdividieren von Organisierten und Unorganisierten, von Heimarbeitern und Fabrikarbeitern, von freigewerkschaftlich und christlich organisierten Zigarrenarbeitern, leichtes Spiel zu haben. Alle Verständigungsversuche der Tabakarbeiterverbände wurden vom WCV zurückgewiesen. Was er wollte,

machte sein Syndikus Hindenberg in den *Vereinigten Tabakzeitungen* in seltener Offenheit deutlich:

»Der Kampf richtet sich (...) gegen die Organisationen, da diese hinter den im Verbandsbezirk entstandenen Streiks und hinter der weiteren Bewegung stehen.«[2]

Am 13. Oktober versammelte sich eine Konferenz der von der Aussperrung betroffenen Organisationen in Minden: DTAV, *Verband der Zigarrensortierer, Deutscher Holzarbeiterverband* (in dem die meisten Kistenmacher organisiert waren) und *Verband Christlicher Tabakarbeiter* einigten sich auf die Bildung einer Neunerkommission zur Leitung des Arbeitskampfes. Richtlinien zur Führung des Streiks wurden angenommen, wonach sich die Organisationen verpflichteten, »ihre Funktionäre und Mitglieder streng anzuweisen, jede Feindseligkeit gegeneinander einzustellen«, insbesondere seien »Übertritte von einer Organisation zur anderen während der Dauer des Kampfes«[3] nicht gestattet.

Damit war die erste Hoffnung des WCV zerschellt. Die westfälischen Tabakarbeiter standen geschlossen. Obendrein bekamen sie aktive Unterstützung von ihren Kollegen in Hamburg und Bremen. Viele westfälische Zigarrenfabriken waren Filialen Hamburger und Bremer Häuser. Der DTAV versuchte, über die dortigen Unternehmer den WCV zum Einlenken zu bewegen. Vergeblich. Ende Oktober traten die Hamburger und Bremer Zigarrenarbeiter in denjenigen Fabriken, die in Westfalen Filialen unterhielten, in einen Sympathiestreik. Die Fabrikanten reagierten nach bewährtem Muster und sperrten *alle* organisierten Zigarrenarbeiter im Verbandsbezirk aus. In der ersten Novemberwoche des Jahres 1911 waren damit fast 14 000 Tabakarbeiter in den Kampf einbezogen.

Bei den bekannt schlechten Kassenverhältnissen des DTAV war klar, daß er eine solche Auseinandersetzung nicht allein würde führen können. Die *Generalkommission der Gewerkschaften* schaltete sich am 4. November 1911 ein:

Der große Umfang und die Bedeutung des Kampfes für die unter so jammervollen Lohn- und Arbeitsverhältnissen leidende Tabakarbeiterschaft erheischt die tatkräftige Mithilfe der organisierten Arbeiter. Wir wenden uns deshalb an die organisierte Arbeiterschaft Deutschlands mit der dringenden Aufforderung, durch Vornahme allgemeiner Sammlungen zur Unterstützung der kämpfenden Tabakarbeiter und -arbeiterinnen beizutragen.[4]

Die Hamburger Ortsverwaltung des *Deutschen Metallarbeiterverbandes* stellte Mitte November als erste Spende 20 000 Mark zur Verfügung, der *Deutsche Bauarbeiterverband* 10 000 Mark, der *Transportarbeiterverband* 15 000 Mark. Dank dieser Unterstützung war es möglich, den Streik durchzustehen. Dem WCV wäre nur noch ein Ausweg geblieben: die Aussperrung aller organisierten Zigarrenarbeiter in ganz Deutschland. Das wurde auch beantragt, von den übrigen Zigarrenfabrikanten aber abgelehnt, die sich das Weihnachtsgeschäft nicht verderben lassen wollten. Im Lager der westfälischen Fabrikanten begann es zu bröckeln, so daß sich

Tab. 29

Mitgliederentwicklung der freigewerkschaftlichen Vorläuferverbände der NGG[5]

Jahr	Bäcker weibl.	ges.	Böttcher weibl.	ges.	Brauer weibl.	ges.	Fleischer weibl.	ges.	Gastwirtsgeh. weibl.	ges.
1890	–	983	–	4600	–	3000	–	–	–	–
1891	–	1200	–	5000	–	3100	–	–	–	–
1892	–	1210	–	4200	–	3590	–	–	–	–
1893	–	799	–	3800	–	4049	–	–	–	–
1894	–	1150	–	3800	–	5108	–	–	–	–
1895	–	1250	–	4000	–	6018	–	–	–	–
1896	–	1750	–	4150	–	8028	–	–	–	1554
1897	–	1635	–	4150	–	8133	–	–	–	1108
1898	–	2534	–	4168	–	7645	–	–	–	1328
1899	–	3596	–	4920	–	8681	–	–	–	1387
1900	–	4585	–	5582	–	11410	–	254	–	1470
1901	–	4651	–	6238	10	12121	–	1464	–	1950
1902	–	4760	–	5736	46	13189	–	1577	–	1978
1903	–	6062	–	6245	125	16934	–	2529	–	2704
1904	–	9706	–	6450	42	19259	3	2300	4	3025
1905	31	11374	–	7200	166	23342	4	2484	130	3908
1906	134	13425	–	8075	526	28602	7	2933	894	6309
1907	1289	17303	–	7919	875	33177	18	3066	692	6702
1908	1458	18786	–	7587	777	33279	12	3037	567	6796
1909	1063	20350	–	7809	815	33896	40	3258	551	9511
1910	3061	23093	–	8107	889	41303	52	3887	607	11019
1911	4246	26468	–	8389	1249	47654	165	5454	932	13918
1912	4909	30061	–	8638	1438	50739	365	6502	1144	16542
1913	4656	28754	–	8632	1436	51317	397	6557	1046	16025

Jahr	Konditoren weibl.	ges.	Müller weibl.	ges.	Tabakarbeiter weibl.	ges.	Zig.-Sort. weibl.	ges.	Hoteldiener weibl.	ges.
1890	–	–	–	2980	–	16000	–	700	–	–
1891	–	400	–	1200	3337	13526	–	650	–	–
1892	14	395	–	1150	2560	11079	30	480	–	–
1893	–	303	–	522	3636	13750	50	600	–	–
1894	5	330	–	1188	2831	13714	–	577	–	–
1895	–	330	–	1279	2831	14138	–	581	–	–
1896	–	380	–	910	3000	15222	(Tab.-Arb. und Zig.-Sort.)		–	–
1897	12	440	–	1072	3000	17951			–	–
1898	8	432	–	1048	3000	15613	61	850	–	–
1899	9	661	–	1304	3500	18401	60	857	–	–
1900	15	786	–	1596	3922	18500	80	1034	–	–
1901	7	814	–	1838	5463	17737	50	1054	–	–
1902	18	982	–	1992	5533	17833	92	1120	–	–
1903	410	1715	–	2688	6441	17811	112	1391	–	–
1904	752	2415	–	3711	8959	21263	132	1522	–	–
1905	1307	3071	–	4208	12169	25907	270	1839	–	–
1906	960	2594	–	4888	15333	32752	766	2727	–	–
1907	–	–	–	4584	13847	29992	838	2901	–	3253
1908	–	–	–	4341	12990	28817	810	2990	–	3032
1909	–	–	–	4482	15089	32625	855	3107	–	–
1910	–	–	–	–	16389	34046	883	3081	–	–
1911	–	–	–	–	17674	35449	–	–	–	–
1912	–	–	–	–	18053	37211	–	–	–	–
1913	–	–	–	–	15449	31713	1039	3305	–	–

der WCV im Dezember zu Verhandlungen bereit zeigen mußte. Anfang Januar war das Ergebnis unter Dach und Fach. In den ursprünglich bestreikten Firmen wurden der Pro-Tausend-Stücklohn zwischen 25 Pfennig und einer Mark – je nach Sorten – erhöht. Auch die Sortierer erhielten Zulagen bis zu 40 Pfennig. Der WCV verpflichtete sich, seinen Mitgliedern eine weitere Anhebung der Löhne für das kommende Frühjahr zu empfehlen. Schließlich erklärten alle Fabrikantenverbände, keine Maßregelungen vornehmen zu wollen.
»Die Schlacht ist gewonnen«, triumphierte der DTAV nach Abschluß der Aussperrung. Die Organisation stehe gefestigter denn je: »Wohl hat auch uns der Kampf Opfer gekostet, doch die Aussperrung wird, wie es immer bei solchen Kämpfen ist, ein Jungbrunnen für die Organisation sein, aus dem sie neue Kräfte zu schöpfen weiß.«[6] Vorsichtiger äußerte sich der *Verband christlicher Tabakarbeiter:* Auch die Arbeiter hätten von ihren ursprünglichen Forderungen Abstriche machen müssen, es gebe in dieser Hinsicht »weder Sieger noch Besiegte«.[7] Das sei aber nicht das Entscheidende, denn – und hier stimmten DTAV und Verband christlicher Tabakarbeiter überein – im Kern wäre »um das Schicksal der organisatorischen Kraftentwicklung der Tabakarbeiter und damit um die Möglichkeit gerungen worden, daß diese für die Zukunft die Waffen in der Hand behalten, ihre wirtschaftliche und soziale Lage mehr und mehr zu heben«.[8] *Diesen* Kampf hatten die organisierten Tabakarbeiter eindeutig gewonnen.

3. Die Auseinandersetzungen um die Biersteuer

Die Biersteuer war von alters her ein beliebtes Steuerobjekt. Manche mittelalterliche Stadt verdankte ihr Wohlstand und Ansehen. Anfang des 19. Jahrhunderts kam sie von der kommunalen in staatliche Zuständigkeit. Es gab damals vier Steuergebiete: die Norddeutsche Brausteuergemeinschaft, das Bayerische Brausteuergebiet sowie die Brausteuergebiete Württemberg, Baden und Elsaß-Lothringen (letzteres nach der Eingliederung in das Reichsgebiet 1871).
Im Gebiet der Norddeutschen Brausteuergemeinschaft wurde die Biersteuer vom Rohstoff, dem Malz, erhoben. Sie betrug ab 1821 pro Zentner verarbeitetem Malzschrot zwei Mark. Der Satz blieb bis 1906 unverändert, wenngleich die Steuer verfeinert und auf Malzersatzstoffe ausgedehnt wurde. Die Brausteuer floß in die preußische Landeskasse, ab 1871 ungeschmälert in die Reichskasse. Zweimal – 1875 und 1879 – versuchte Reichskanzler Bismarck, den Steuersatz anzuheben. Er wurde aber jedesmal im Reichstag abgewiesen. Sein Nachfolger präsentierte 1892 den Plan, die Steuersätze zu verdoppeln. Hintergrund war die finanzielle Notlage Preußens und des Reiches – nicht zuletzt herbeigeführt durch die ehrgeizige Rüstungspolitik.

Es gab zahlreiche Protestaktionen des Brauereiarbeiterverbandes, der befürchtete, die neuen Steuersätze mit den angekündigten Zollerhöhungen würden den Widerstand der Unternehmer bei künftigen Lohnrunden erheblich verstärken.
Noch einmal erhielt der Verband eine Atempause. 1906, im Zuge der »Kleinen Finanzreform«, beharrte die Regierung aber auf einer Neuregelung der Biersteuer. Das hieß vor allem: Einführung einer Staffel, wonach die Steuer zwischen vier und zehn Mark je Doppelzentner betragen sollte. Der Verband schickte Flugblätter an alle Brauereiarbeiter. Er ließ Versammlungen in allen erreichbaren Orten der Brau- und Malzindustrie abhalten. Die sozialdemokratischen Reichstagsabgeordneten gaben Unterstützung. In allen Versammlungen wurden Resolutionen angenommen, die auf die zu erwartende Einschränkung des Bierkonsums aufmerksam machten. Ohnehin seien durch die Preissteigerungen bei Lebensmitteln und anderen Bedarfsartikeln, die auf das Konto der arbeiterfeindlichen Zollpolitik der Regierung gingen, schon Konsumsenkungen festzustellen. Gleichzeitig wurden in den Versammlungen Resolutionen verabschiedet, die die Notwendigkeit eines festen Zusammenschlusses aller Arbeiter betonten. Nur so könnten in Zukunft noch die notwendigen Lohnerhöhungen und Arbeitszeitverkürzungen erreicht werden.
Von seiten des Verbandsvorstandes ging eine Petition an den Reichstag. Die Staffelung der Brausteuer würde die Existenz vieler kleiner und mittlerer Brauereien vernichten:

> Durch das Verschwinden dieser letzteren Brauereien würden Tausende Brauerei- und Mälzereiarbeiter brotlos werden, da es doch statistisch feststeht, daß prozentual in den Klein- und mittleren Brauereien bedeutend mehr Leute beschäftigt werden, wie in den Großbetrieben, die mit den neuesten maschinellen Einrichtungen versehen sind.[9]

Der Widerstand der Brauereiarbeiter brachte die Reichsregierung aber nicht von ihren Plänen ab. Die Steuererhöhungen wurden durchgesetzt. Die Brauereien gaben die Steuererhöhungen an die Verbraucher weiter. In Chemnitz, Görlitz und Leipzig kam es zu Bierstreiks und Aussperrungen organisierter Brauereiarbeiter.
1908 tauchten neue Steuerpläne auf. Es gab 247 Protestversammlungen, an denen 50000 Brauereiarbeiter teilnahmen. Und es gab neuerliche Petitionen an den Reichstag. Die Rüstungspolitik Wilhelms II., insbesondere seine Flottenpolitik, verlangte aber nach immer mehr Mitteln. So wurden auch diese Steuererhöhungen (im wesentlichen eine veränderte Staffelung) durchgesetzt. Abgelehnt dagegen wurde die Forderung nach einer Entschädigung für Brauereiarbeiter, die durch die Finanzreform arbeitslos würden.
Der *Zentralverband deutscher Brauereiarbeiter* schloß mit dem Schutzverband der Brauereien der Norddeutschen Brausteuergemeinschaft ein Abkommen. Entlassungen von Brauereiarbeitern als Folge von Bierstreiks

sollten vermieden werden. Nicht alle Brauereien waren aber bereit, solche Verträge zu unterschreiben.
Insgesamt wurden in Norddeutschland 1116 Brauereiarbeiter durch die Steuererhöhungen arbeitslos gemacht. Der Verband zahlte Arbeitslosenunterstützung.
In Süddeutschland war die Brausteuer eine Landessteuer und floß in die Säckel der einzelnen Landesregierungen. Das Reich profitierte nur über einen Umweg: Die süddeutschen Staaten mußten genausoviel Braustseuern pro Kopf ihrer Bevölkerung an das Reich abführen, wie in Norddeutschland anfielen. Das war das »Aversum«. Nach den Steuererhöhungen in Norddeutschland mußten die süddeutschen Staaten notgedrungen auch zu Erhöhungen greifen, um ihrer Ablieferungspflicht nachzukommen. Die Auswirkungen und auch das Vorgehen des Zentralverbands waren die gleichen wie in Norddeutschland. In Baden konnte allerdings eine Sonderunterstützung für arbeitslose Brauereiarbeiter durchgesetzt werden.
Weit heftiger war im Süden die Reaktion der Bevölkerung. An den Bierkriegen beteiligten sich weite Schichten. Trotzdem mußte der Zentralverband nur für 168 Kollegen Arbeitslosenunterstützung zahlen.
Insgesamt gesehen waren die Steuererhöhungen sicherlich lästig, aber keine ernsthafte Schädigung des Gewerbes, auch wenn die vom Zentralverband prophezeite Wirkung eingetreten sein mag, daß einige Kleinbrauereien ihre Pforten schließen mußten. Nicht zuletzt war es die erfolgreiche Lohnpolitik der Gewerkschaften, die dafür sorgte, daß der Bierabsatz nicht stockte.

4. Die Auseinandersetzungen um die Tabaksteuer

Auf dem Tabak lastete seit 1868 im fast ganzen späteren Reichsgebiet eine Flächensteuer. Die Steuer wurde nach der Größe der mit Tabak bebauten Fläche erhoben, dazu kamen die Zölle auf Importtabake.
1879 entwickelte Bismarck den Plan eines Tabakmonopols, das dem Reich eine ständige und vom Reichstag unabhängige Einnahmequelle verschafft hätte. Der Plan scheiterte, aber die Steuerbelastung des Tabaks stieg sprunghaft. Die alte Flächensteuer wurde nur noch für Kleinstanbauflächen beibehalten. Zu den stark erhöhten Zöllen auf Importtabak trat eine inländische Gewichtssteuer: 45 Mark für 100 Kilogramm fabrikationsreifen Tabaks. Ein Rückgang des Konsums und Arbeiterentlassungen großen Stils waren die Folgen. Die Produktion konnte nur deswegen ohne große Verteuerungen wieder gesteigert werden, weil die Steuererhöhungen voll auf die Arbeiter abgewälzt wurden. Was die Reichskasse mehr einnahm, wurde den Arbeitern über die Verlagerung der Zigarrenherstellung in »Billiglohngebiete« vom Lohn abgezogen. Nur beim Rauchtabak, wo eine Abwälzung der Steuer auf den Lohn (über die Ver-

lagerung der Produktion) nicht möglich war, trat ein dauerhafter Rückgang des Konsums ein.
In den folgenden Jahren gab es immer wieder neue Pläne zur Errichtung eines Tabakmonopols oder zur Erhöhung der Steuer, die sich zwar nicht durchsetzten, aber doch eine ruhige Entwicklung der Tabakindustrie verhinderten. Volkswirtschaftliche und vor allem sozialpolitische Erwägungen spielten bei der gesamten Steuerdiskussion und den bis zum Ersten Weltkrieg vorgenommenen Steuererhöhungen nie eine Rolle. Die Folge jeder angekündigten oder tatsächlich durchgeführten Maßnahme war ein verstärkter Zug aufs Land oder zur Heimarbeit.
1906 wurde im Zuge der »kleinen Finanzreform« auch eine Änderung der Tabaksteuer in Angriff genommen. Geplant waren: Erhöhungen der Gewichtssteuer auf Rohtabak, Erhöhung des Zolls, eine Banderolensteuer für Zigaretten, eine Steuer auf Zigarettenpapier. Insgesamt sollte das 40 Millionen Mark Mehreinnahmen bringen.
Friedrich Geyer, Vorstandsmitglied im DTAV, schrieb:

> Den pomphaften Titel Reichsfinanzreform muß man in die verständlichere Ausdrucksweise: Neue Steuern zur Deckung des Defizits im Reichsetat übersetzen, um zu einer richtigen Würdigung des neuen Steuerfeldzugs zu gelangen.
> Das Defizit, entstanden durch die im Interesse der bestimmenden und herrschenden Klassen vorgenomene Verstärkung der Militärmacht, weigern sich die besitzenden Klassen zu decken; die arbeitenden Klassen sollen die Kosten tragen.[10]

Eine Verteuerung aller Tabakfabrikate, der Rückgang des Konsums, die Dezimierung der Kleinfabrikanten, Lohnsenkungen und Arbeitslosigkeit würden die Folgen sein.
Die schon 1893 von den Tabakarbeiterverbänden eingesetzte Zentralkommission zur Bekämpfung etwaiger Tabaksteuervorlagen berief für den 29. bis 31. Januar 1906 einen Tabakarbeiterkongreß nach Berlin ein. Hermann Molkenbuhr referierte:

> Es gibt im Deutschen Reich kein Gewerbe, welches unter dem Vorurteil der Reichsregierung so zu leiden hat wie die Tabakindustrie. Jede Finanzkrankheit sollte vom Tabak geheilt werden (...) Wenn der Staat in finanziellen Nöten war, so sollte der Tabak heran.[11]

Er prophezeite einen Rückgang des Konsums um 14 Prozent, 28 000 Arbeiter würden brotlos werden. Einstimmig wurde eine Resolution angenommen, in der es u. a. hieß:

> Die Tabakarbeiter glauben umso mehr berechtigt zu sein zu einem Protest gegen jede weitere Steuererhöhung,
> 1. weil in der Tabakindustrie eine große Zahl schwächlicher und verkrüppelter Arbeiter Unterschlupf gefunden haben, die in keiner andern Industrie sich zu ernähren imstande sind und bei der durch die Steuererhöhung bewirkten Arbeitslosigkeit nur den Gemeinden zur Last fallen würden;
> 2. weil durch den am 1. März 1906 in Kraft tretenden Zolltarif eine weitere Herabdrückung der elenden Lebenshaltung der Tabakarbeiter bewirkt wird;
> 3. weil die jetzige Steuergesetzgebung für die Tabakindustrie zur Folge hatte, daß die Tabakarbeiter, die vor dem Jahre 1879 mit zu den besser entlohnten Arbeitern gehörten,

jetzt nach der Lohnstatistik der Berufsgenossenschaften mit ihrem Jahresverdienst um 404 Mk. unter dem Durchschnittsverdienst der gegen Unfall versicherten Arbeiter stehen (...)
Nennenswerte Lohnaufbesserungen konnten bis heute nicht errungen werden, weil durch die immer wiederkehrenden Beunruhigungen der Industrie, durch neue Steuerprojekte solche Störungen verursacht wurden, die jeden ernsthaften Versuch, Lohnaufbesserungen zu erstreben, unmöglich machten.
Eine neue Steuererhöhung würde eine weitere Verschlechterung der Lage der Tabakarbeiter herbeiführen. Da die Tabakarbeiter in 300 Arbeitstagen jetzt einen Durchschnittsverdienst von 543 Mk. erzielen, würden sie durch vermehrte Arbeitslosigkeit und Lohnverschlechterungen zum Hunger verurteilt sein.
Der Kongreß protestiert besonders gegen die geplante beispiellos hohe Zigarettensteuer. Durch Annahme dieser Steuer würden zweifellos Tausende weiblicher Tabakarbeiter brotlos werden und dem Hunger preisgegeben oder der Prostitution in die Arme getrieben. Eine Steuer, die in manchen Fällen höher ist als der gegenwärtige Verkaufspreis der Zigaretten, wird eine völlige Revolution in der Zigarettenindustrie erzeugen. Die Zigarettenindustrie wird aus den Großstädten, wo sie jetzt ihre Fabriken hat, verlegt werden nach Gegenden mit billigeren Arbeitskräften und die arbeitslos gewordenen Arbeiterinnen in den Großstädten in hilfloser Lage zurücklassen. Um zu verhindern, daß Tausende weiblicher Arbeiter dem Hunger oder der Prostitution preisgegeben werden, fordert der Kongreß von dem hohen Reichstage, dem Gesetzentwurf betreffend die Einführung einer Zigarettensteuer seine Zustimmung zu versagen.[12]

Zwar wurde die Tabaksteuervorlage zu Fall gebracht, die Banderolensteuer für Zigaretten und Zigarettenpapier in Höhe von 10 Prozent des Kleinverkaufspreises aber blieb.

Was 1906 nicht geglückt war, wollte die Reichsregierung 1909, bei der »großen Finanzreform«, auf den Weg bringen. Der Tabakarbeiterkongreß vom 18. bis 20. Januar 1909 in Berlin vereinte doppelt so viele Delegierte wie der Kongreß 3 Jahre zuvor, nur Vertreter des christlichen Verbandes fehlten. Auch war die Zahl derjenigen, die außerhalb der organisierten Tabakarbeiterschaft gegen die Mehrbelastung des Tabaks Stellung bezogen, stark geschrumpft. Im Reichstag gab es nur Schützenhilfe von der sozialdemokratischen und der polnischen Fraktion.

Adolph von Elm erinnerte auf dem Kongreß an die Steuererhöhung von 1879, mit der das Elend angefangen hatte:

Wir haben 1879 erlebt, wir haben zwei Jahrzehnte gebraucht, um aus diesem Sumpf herauszukommen, um die Arbeiter zu organisieren, um endlich etwas mehr Lohn zu bekommen. Wir haben längst nicht den Lohn erreicht, der der Mehrbelastung durch andere indirekte Steuer entspricht. Und was würde jetzt der Fall sein? Zurückgeworfen würden wir mit unseren ganzen Bestrebungen, die Lebenshaltung der Arbeiter zu heben, auf Jahrzehnte hinaus Versumpfung der Arbeiter, Herabdrückung zum Kulitum.[13]

Erreicht werden konnte zunächst zweierlei: Die Ausdehnung der Banderolensteuer auf die Zigarre wurde verworfen, es wurden »nur« die Gewichtssteuer und die Banderolensteuer für Zigaretten erhöht. Diejenigen Hausgewerbetreibenden und Tabakarbeiter, die nachweislich infolge der Tabaksteuererhöhung und der durch Konsumeinschränkung verminderten Produktion arbeitslos geworden waren, erhielten eine Entschädigung. Zigarettenarbeiter blieben davon allerdings ausgenommen.

Weder reichten die für die Entschädigung der Tabakarbeiter bereitgestellten vier Millionen Mark aus, noch war die Arbeitslosigkeit nach einem Jahr behoben (auf diesen Zeitraum war die Unterstützung ursprünglich befristet). In Baden waren 11,7 Prozent aller Tabakarbeiter arbeitslos, in Bremen 14,5 Prozent, in Hamburg 16 Prozent und in Westfalen 18,7 Prozent.
Während des Ersten Weltkrieges wurden Flächensteuer und Gewichtssteuer, Zölle für Rohtabak, Zigarren und Zigaretten beträchtlich erhöht. Dazu kam eine nach den Kleinverkaufspreisen abgestufte Skala von Kriegszuschlägen für Zigaretten und Zigarettentabak. Um dem Wachsen der Riesenbetriebe in der Zigarettenbranche zu begegnen, wurde die Kontingentierung der Produktion eingeführt, die bis 1923 bestehen blieb.
Erst nach Ende des Weltkrieges wurde ein neues System für die Besteuerung des Tabaks entwickelt. Flächensteuer und Rohtabakgewichtssteuer fielen fort. An ihre Stelle trat eine Fabrikatsteuer unter Verwendung von Steuerzeichen (Banderolen) für sämtliche Tabakerzeugnisse einschließlich Zigarren. Auf Zigarren lag je nach dem Kleinverkaufspreis eine Steuerbelastung von 10–45 Prozent, auf Zigaretten von 33–50 Prozent und auf Pfeifentabak von 20–45 Prozent.
Ursprünglich hatten die Prozentsätze noch weit höher liegen sollen. Daß es dazu nicht kam, war dem unermüdlichen Einsatz Wilhelm Schlüters im volkswirtschaftlichen Ausschuß des Reichstages zu verdanken. Allerdings hatte der *DTAV* mit der Zustimmung zur Banderolensteuer für Zigarren ein Prinzip durchbrochen, das er selbst noch vor dem Ersten Weltkrieg aufgestellt hatte. Deswegen gab es auf dem 18. Verbandstag des DTAV 1922 in Dresden heftige Auseinandersetzungen. Verschiedene Anträge lagen vor, dem Vorstand wegen seiner Haltung in der Steuerfrage das Mißtrauen auszusprechen. Sie wurden aber alle abgelehnt. Wilhelm Schlüter, Carl Deichmann und Ferdinand Dahms konnten darauf verweisen, daß es dem Vorstand gelungen sei, die Belastungen in Grenzen zu halten und eine Sonderunterstützung für Tabakarbeiter durchzusetzen.

KAPITEL XI

Die Christlichen Gewerkschaften

Viele Funktionäre der Gewerkschaften teilten den in der Arbeiterbewegung um die Jahrhundertwende populären Atheismus. Das nur zu oft erlebte Bündnis von Thron und Altar gegen die Arbeiterbewegung hatte den Atheismus auf eine so breite Grundlage gestellt. »In Religionsfragen wird von einzelnen Führern viel gesündigt. Wir sollten da so tolerant sein wie möglich«[1], kritisierte der Fürther Delegierte Kapp 1907 auf dem Verbandstag des *Verbands der Bäcker*. Für die Stimmung im Verband sprach allerdings, daß ihm sofort der Zwischenruf entgegenscholl: »Wir sollen wohl gleich Betstunden in den Versammlungen abhalten?«[2]
Atheismus und sozialistische Weltanschauung trugen dazu bei, daß viele christliche Arbeiter vor den Freien Gewerkschaften zurückschreckten. Der Wunsch nach einer eigenen, einer christlichen Gewerkschaft entstand, zumal es schon zahlreiche Christliche Gesellen- und Handwerkervereine gab. Diese Vereine waren aber wenig attraktiv und erfüllten nicht das, was die christliche Arbeiterschaft vor allem wollte: eine autonome Vertretung ihrer wirtschaftlichen und sozialen Interessen. Dieser Wunsch kam dem Interesse von Kirche und Zentrumspartei entgegen, den Einfluß der Sozialdemokratie und der Freien Gewerkschaften zurückzudrängen.
In den 90er Jahren entstanden die ersten Christlichen Gewerkschaften. 1899 fand in Mainz der erste Christliche Gewerkschaftskongreß statt. In den dort verabschiedeten programmatischen Richtlinien wurden die »gemeinsamen Interessen« von Arbeitern und Unternehmern herausgestellt. In den Richtlinien hieß es weiter, die ganze Wirksamkeit der Gewerkschaften solle »von versöhnlichem Geist durchweht und getragen sein«, die Forderungen müßten »maßvoll sein, aber fest und entschieden vertreten werden«.[3]

1. Die Christlichen Tabakarbeiter

Als erste Christliche Gewerkschaft aus dem Nahrungs- und Genußmittelbereich entstand 1899 der Verband christlicher Tabak- und Zigarrenarbeiter Deutschlands. 30 Zigarrenarbeiter kamen im Oktober 1899 auf Einladung einiger Kollegen aus Kaldenkirchen am Niederrhein in Kempen zusammen. 40 Delegierte waren es einen Monat später in Geldern, als der

Beschluß gefaßt wurde, einen Christlichen Verband zu gründen. Dessen Aktionsradius ging zunächst nicht über den Niederrhein hinaus: Kleve, Geldern, Goch, Kaldenkirchen, Orsoy und einige andere Orte, insgesamt acht Zahlstellen mit 349 Mitgliedern. Im März 1900 schaffte man mit der Errichtung einer Zahlstelle in Edingen den Sprung nach Süddeutschland. Daß auf der 1. Generalversammlung des niederrheinischen Bezirks, am 16. April 1900 in Geldern, schon mehr als 700 Mitglieder vertreten waren, schien zu positiven Hoffnungen Anlaß zu geben. Es zeigte sich aber rasch, daß mit einem Beitrag von 5 bzw. 10 Pfennig keine Organisation aufgebaut und Unterstützung gezahlt werden konnte. Eine im Juli 1900 gegründete Arbeitslosenunterstützungskasse verschwand ziemlich rasch wieder in der Versenkung und auch der im Mai 1900 gebildete Streikfonds fristete ein kümmerliches Dasein. Es mangelte an agitatorisch geschulten Kräften und schließlich hatte es der Verband, sobald er über den Niederrhein hinauswuchs, mit der entschiedenen Opposition des *DTAV* zu tun.
Im Sommer 1901 wurde der Verband sogleich in eine schwere Auseinandersetzung gezogen: Die Kaldenkirchener Fabrikanten nahmen den Streik bei einer Firma zum Anlaß, alle Christlichen Zigarrenarbeiter auszusperren. Nur die Unterstützung durch den Gesamtverband Christlicher Gewerkschaften machte es den Zigarrenarbeitern möglich, den Arbeitskampf durchzustehen. Trotzdem mußte er nach drei Monaten abgebrochen werden – ohne Lohnerhöhung. Immerhin erkannten die Fabrikanten die Organisation an, die indes nur noch wenige hundert Mitglieder zählte und sich erst Ende 1902 so weit erholt hatte, daß sie wieder mehr als 1000 Mitglieder aufwies. Nur die während der Aussperrung gegründete Genossenschaftsfabrik erzielte, ohne der Verbandskasse zur Last zu fallen, gute Fortschritte.
1904 hatte der *Verband Christlicher Tabakarbeiter* schon das zweite Tausend an Mitgliedern überschritten und im Frühjahr 1905 fast das dritte Tausend erreicht. Der zweite süddeutsche Bezirk zählte inzwischen mindestens ebensoviele Mitglieder, wie der erste Niederrheinische: etwa 1400. Die Aufwärtsentwicklung war Anlaß genug, die schwerfällige Organisationsstruktur – zwei selbständige Bezirke – aufzulösen und auf dem Verbandstag in Koblenz (23. bis 24. April 1905) eine Satzungsreform vorzunehmen. Ein Zentralverein wurde gebildet, der in »Agitationsbezirke« unterteilt war. Zum 1. Vorsitzenden wählte man den bisherigen Hauptkassierer Gerhard Camman, gleichzeitig wurde ein »Agitationsbeamter« für Süddeutschland angestellt. Die Beiträge lagen nunmehr bei 15 und 20 Pfennig in der Woche. Erste Erfolge stellten sich 1906 ein. 78 Lohnbewegungen führte der Verband, 64 davon wurden mit vollem oder teilweisem Erfolg beendet: Für 2520 Personen konnten Lohnerhöhungen zwischen 0,50 und 2,50 Mark in der Woche und für weitere 910 Personen eine Arbeitszeitverkürzung von einer halben bis einer Stunde in der Woche durchgesetzt werden.
Einen harten und längeren Arbeitskampf durchzustehen, war der Ver-

band aber immer noch nicht in der Lage. Die Aussperrung von 500 Tabakarbeitern (darunter 400 Mitgliedern) in Herrheim 1906 endete nach sechs Wochen wie die Kaldenkirchener Aussperrung, fünf Jahre zuvor: Die Zigarrenarbeiter gingen in die Fabriken zurück, ohne Zugeständnisse erreicht zu haben. Für die Verbandsleitung war das immerhin Anlaß, auf eine Stärkung der Organisation zu drängen. Auf dem 2. Verbandstag vom 13. bis 14. April 1907 in Frankfurt a. M. wurden Staffelbeiträge von 15 bis 60 Pfennig eingeführt. Viele Mitglieder kehrten dem Verband daraufhin den Rücken, 10 von 117 Ortsgruppen lösten sich auf, und es dauerte zwei Jahre, bis die Verluste wieder ausgeglichen waren.

1907/08 wurden in 17 Betrieben die ersten Tarifverträge abgeschlossen. Lange Zeit hatte man geglaubt, ganz wie im DTAV, daß Tarifverträge in der Zigarrenindustrie nicht möglich seien, weil es kaum gelingen werde, einheitliche Lohnsätze für die weit unterschiedlichen Fassons und das jedesmal zu verarbeitende Material zu entwickeln.

Das Verhältnis zwischen Christlichem Tabakarbeiterverband und DTAV glich dem sprichwörtlich schlechten Verhältnis zwischen Hund und Katze. Stets segelte der Christliche Verband im Windschatten des größeren DTAV. Eine Gelegenheit, aus diesem Schatten herauszutreten, bot die 6wöchige Aussperrung am Niederrhein mit dem Schwerpunkt Kaldenkirchen, die am 25. September 1911 zu Ende ging. Ein Minimallohn von 7 Mark und »Errichtung eines Schiedsgerichts behufs Verhinderung von Kündigungen und Aussperrungen bei auftauchenden Lohnfragen«[4] waren das Ergebnis. Aber nicht das war für den Christlichen Verband das wirklich entscheidende Resultat:

> Eine besondere Bedeutung hat dieser Kampf dadurch erlangt, daß ihn die im Zentralverband christlicher Tabakarbeiter Deutschlands organisierten Tabakarbeiter allein geführt und zu einem glücklichen Ende gebracht haben. Wir haben unsere Selbständigkeit bewiesen und gezeigt, daß wir zu kämpfen verstehen.[5]

Mit einem so gestärkten Selbstbewußtsein war der Verband auch bereit, mit dem DTAV in der Abwehr der westfälischen Zigarrenarbeiter-Aussperrung zusammenzuarbeiten, wenngleich ihm weder der eine noch der andere Kampf große Mitgliedergewinne einbrachte. Die Mitgliederentwicklung des Verbandes war vor dem Ersten Weltkrieg sogar rückläufig.

2. Die Christlichen Nahrungsmittelarbeiter

Aus dem Düsseldorfer Gesellenausschuß für die Sonntagsruhe im Bäckergewerbe entstand im Herbst 1900 ein *Christlicher Bäckerverband Düsseldorf*. Nach dem Anschluß von Krefelder Bäckern im Jahr darauf wurde er zum Zentralverband erklärt. 105 Mitglieder zählte er zu dieser Zeit. 1905 waren es 410 und 1907 dann 780. Der *Christliche Bäckerverband* hatte beim Aufbau mit den gleichen Problemen zu tun, wie zuvor der Verband der Bäcker:

> Wurde an einem Ort nach vielen Mühen eine Ortsgruppe zusammengebracht, so waren die Meister direkt bei der Hand, um durch Maßregelungen und sonstige Schikanen das kaum Geschaffene zu zerstören, was ihnen auch in vielen Fällen gelang. (...) Als Hemmnis kamen aber auch noch andere Momente in Betracht. Da sind zu nennen vor allen Dingen die eigenartigen Verhältnisse des Bäckerberufes, wodurch es den Angehörigen anderer Berufe fast unmöglich wird, an die Bäcker heranzukommen. Ferner der noch ausgesprochen handwerksmäßige Charakter des Bäckergewerbes und die mit Bezug hierauf von den Meistern geflissentlich genährten Anschauungen der Gesellen, daß sie noch alle die Selbständigkeit erlangen würden und die gewerkschaftlichen Bestrebungen das Handwerk als solches schädigten. Nicht zu vergessen ist dann auch noch der große Standesdünkel, wonach es sich in der Anschauung so manches Gesellen nicht mit seiner Handwerkerwürde verträgt, Bestrebungen zu verfolgen, die auch ungelernte Arbeiter haben. Wenn die genannten Gründe nicht genügten, so wirkten dahin die schlechten wirtschaftlichen Verhältnisse, wie übermäßig lange Arbeitszeit, Sonntagsarbeit, geringe Entlohnung, besonders aber auch die gerade bei den Bäckergesellen stark grassierende Vergnügungssucht.[6]

Seit dem 3. Verbandstag von Pfingsten 1906 nannte sich die Organisation *Verband Christlicher Bäcker und Konditoren und verwandter Berufe Deutschlands*. Die nächste Namensänderung erfolgte 1909: Aus dem Verband Christlicher Bäcker wurde ein *Zentralverband der Nahrungs- und Genußmittelindustriearbeiter*. Die organisatorischen Verhältnisse blieben aber bescheiden: 1573 Mitglieder zum Zeitpunkt des Verbandstages 1909, 31 Ortsgruppen und eine erschreckend hohe Fluktuation. In zwei Jahren war die Mitgliedschaft mehr als einmal umgewälzt worden. Vierzehn Lohnbewegungen hatte der Verband zwischen 1907 und 1909 geführt, davon acht allein, die übrigen mit anderen christlichen Gewerkschaften. Acht nur waren auch erfolgreich gewesen – mit Lohnerhöhungen von 2,80 Mark pro Woche für 816 Mitglieder. Drei Jahre später auf dem Düsseldorfer Verbandstag (27. bis 29. Oktober 1912) waren schon die Delegierten von bereits 52 Ortsgruppen bzw. 3037 Mitgliedern versammelt. Die Ortsgruppen lagen vornehmlich in West- und Süddeutschland. An 35 Tarifverträgen war der Verband mittlerweile beteiligt, vier Streiks hatte er seit dem letzten Verbandstag geführt, drei davon erfolgreich. Das gesamte Beitragswesen wurde in Düsseldorf neu gestaltet. Beitragsklassen von 10 Pfennig bis 80 Pfennig wurden eingeführt und – im Vorgriff auf die zu erwartenden Mehreinnahmen – die Wartezeit bei der Arbeitslosenversicherung von zwei Jahren auf eins gesenkt, außerdem eine Militärunterstützung neu eingeführt. Eine genaue Bezirkseinteilung wurde vorgenommen und alle Zahlstellen verpflichtet, Bezirksbeiträge in angemessener Höhe zu erheben, um besoldete Bezirksleiter einstellen zu können. Mit ihrer Hilfe hoffte man, endlich der leidigen Fluktuation erfolgreicher begegnen zu können.

Tab. 30
Mitgliederentwicklung der dem Gesamtverband der Christlichen Gewerkschaften angeschlossenen Nahrungs- und Genußmittelarbeiterverbände[7]

Jahr	Nahrungsmittel-industriearbeiter insges.	davon weibl.	Tabak- und Zigarrenarbeiter insges.	davon weibl.
1900	–	–	920	143
1901	–	–	1 041	184
1902	–	–	1 150	395
1903	–	–	1 577	447
1904	–	–	2 056	731
1905	–	–	2 851	942
1906	–	–	6 437	3 040
1907	650	35	6 024	2 422
1908	1 057	49	5 385	2 356
1909	1 302	81	6 016	2 287
1910	2 158	145	7 840	2 718
1911	2 875	187	7 989	3 395
1912	3 205	225	7 172	3 088
1913	3 926	414	6 444	2 746
1914	1 581	369	3 824	2 011
1915	1 066	207	2 245	1 237
1916	559	205	2 923	1 647
1917	807	192	3 177	2 189
1918	3 230	833	3 738	2 701
1919	10 244	1 626	28 384	15 274
1920	13 874	3 629	41 822	31 263
1921	20 106	5 890	47 179	36 441
1922	21 302	9 836	44 785	38 970
1923	12 320	8 897	35 514	27 651
1924	8 204	2 429	21 775	17 368
1925	7 696	3 104	18 909	16 477
1926	7 986	2 934	19 693	14 390
1927	9 015	2 950	23 969	18 851
1928	9 088	2 816	26 350	20 672
1929	10 005	3 716	22 421	17 764
1930	10 512	3 716	21 702	17 271
1931	11 298	4 552	15 611	12 310

Tab. 31
Unterstützungsleistungen des Verbands Christlicher Tabakarbeiter 1900 bis 1911[8]

Jahr	Streik u. Gemaßregeltenunterst.	Reise, Umzug u. Arbeitslosenunterst.	Sterbeunterst.	Krankengeld	Rechtsschutz	Sonstige
1900	642	31	–	–	–	25
1901	17 965	78	–	–	113	91
1902	3 990	46	–	–	–	14
1903	1 142	141	121	–	81	186
1904	1 494	93	–	–	25	19
1905	1 342	126	184	–	40	200
1906	32 258	92	225	–	363	326
1907	17 411	143	325	1 680	547	305
1908	4 866	665	770	3 897	595	588
1909	7 739	1 903	680	4 806	422	606
1910	25 376	4 497	620	5 739	834	605
1911	242 268	16 344	850	8 851	738	254

Tab. 32
Unterstützungsleistungen des Zentralverbands der Nahrungs- und Genußmittelindustriearbeiter[9]

Jahr	Streik u. Gemaßregeltenunterst.	Reise, Umzug u. Arbeitslosenunterst.	Sterbeunterst.	Krankengeld	Rechtsschutz	Sonstige
1910	1 244	214	86	762	50	617
1911	4 345	1 184	127	1 922	378	124

KAPITEL XII

Die Gewerkschaften im Ersten Weltkrieg

Der Kampf gegen den Krieg war eines der Hauptanliegen der organisierten Arbeiterbewegung seit ihrem Bestehen. Differenzen gab es, wie dieser Kampf geführt werden sollte. Die einen waren dafür, bei einem möglichen Kriegsausbruch zum internationalen Generalstreik aufzurufen. Die anderen zweifelten an der Durchführbarkeit. Aber, *daß* der Kampf gegen den Krieg zur wichtigsten Aufgabe der Arbeiterbewegung gehörte, daran zweifelte niemand. Es gab keinen internationalen Kongreß, auf dem nicht entsprechende Resolutionen gefaßt wurden.

Noch der Baseler Sozialistenkongreß 1912, der letzte große internationale Arbeiterkongreß vor dem Ersten Weltkrieg, bekräftigte den Willen von Arbeiterparteien und Gewerkschaften, alles aufzubieten, um den Ausbruch eines Krieges zu verhindern. Und falls sich die Arbeiterbewegung als zu schwach erweisen solle, wollte man mit allen Kräften für die rasche Beendigung des Krieges eintreten. Die durch den Krieg herbeigeführte wirtschaftliche und soziale Krise wollte man »zur Aufrüttelung des Volkes« nutzen und so »die Beseitigung der kapitalistischen Klassenherrschaft«[1] beschleunigen.

Der Kampf um die Verbesserung der sozialen Lage der Arbeiter zwang die Gewerkschaften immer wieder dazu, auch gegen den preußisch-deutschen Militarismus Front zu machen. Das seit der Jahrhundertwende vorangetriebene Aufrüstungsprogramm der Reichsregierung wurde durch erhöhte Verbrauchssteuern von den arbeitenden Menschen bezahlt. Besonders die Tabakarbeiter, aber auch andere Gewerkschaften, machten auf diesen Zusammenhang aufmerksam. 1906 und 1909, als der DTAV den Kampf gegen die Erhöhung der Tabaksteuer führte, verging kaum eine Versammlung, auf der nicht eine Resolution wie die folgende angenommen wurde:

> Während die Aufwendungen für die Militär- und Flottenrüstungen, die die Kolonialpolitik fordert, lediglich den Interessen der herrschenden Kreise dienen, soll die Masse des Volkes die Rechnung bezahlen und sich diese Millionen vom Munde absparen.[2]

Hintergrund aller Rüstungsmaßnahmen war das Bestreben der deutschen Führung, ein äußerst ehrgeiziges politisches Programm zu verwirklichen. Vom Rang einer kontinentalen Großmacht sollte das Deutsche Reich zu dem einer mit dem beneideten England mindestens gleichberechtigten Weltmacht aufsteigen. Das deutsche Expansionsstreben zielte in alle Rich-

tungen: Kolonien in Afrika und Asien wurden beansprucht, um den schon vorhandenen Besitz »abzurunden«, im Westen wie im Osten Europas sollten »Grenzkorrekturen« zugunsten des Deutschen Reiches vorgenommen werden. Deutsche Ansprüche waren so nebulös und gleichzeitig unbegrenzt, daß sie die Gegnerschaft aller großen Mächte hervorrufen und letztlich nur durch einen Weltkrieg gegen alle Mächte zu verwirklichen waren.
Gleichzeitig hoffte die deutsche Reichsführung, mit ihrem Expansionsprogramm alle innenpolitischen Probleme überspielen und dringend erforderlichen strukturellen Reformen, die aber die Macht der herrschenden Eliten beschnitten hätten, ausweichen zu können.
Mit seiner »Weltpolitik« hatte sich das Deutsche Reich freilich übernommen. Schon die finanziellen Lasten des Rüstungswettlaufs wuchsen ihm über den Kopf. Politisch hatte es sich nur einen wesentlichen Verbündeten sichern können, den zerfallenden Vielvölkerstaat Österreich-Ungarn, dafür aber England, Frankreich und Rußland, in der Entente vereint, gegen sich aufgebracht. Spätestens 1913 wurde deutlich, daß sich das Deutsche Reich in eine Sackgasse manövriert hatte. Abrüsten wollte es nicht, im gleichen Ausmaß weiterrüsten konnte es nicht. Als Ausweg blieb nur der Krieg, und zwar in relativ kurzer Frist, um die augenblickliche militärische Überlegenheit ausspielen zu können. Ende 1912 hatten sich politische und militärische Führung des Deutschen Reiches im Grundsatz darauf geeinigt, bis Mitte 1914 die notwendigen Vorbereitungen für einen Krieg abgeschlossen zu haben.
Als am 28. Juni 1914 in Sarajewo der österreichische Thronfolger von serbischen Nationalisten ermordet wurde, drängte die deutsche Regierung ihren österreichischen Verbündeten zu entschlossenem kriegerischen Vorgehen gegen Serbien. Sie wollte den lokalen Krieg, auch auf das Risiko eines kontinentalen oder gar Weltkrieges.

1. Der 4. August 1914 und die Gewerkschaften

»Krieg dem Kriege!« – mit diesem Alarmruf erschien die *Deutsche Bäcker- und Konditorenzeitung* am 30. Juli 1914. Hunderttausende hatten am 28. und 29. Juli in Deutschland gegen den Krieg demonstriert. Und das trotz der schon überall einsetzenden nationalistischen Begeisterung.
Freilich machte sich auch erste Resignation breit. Die *Deutsche Bäcker- und Konditorenzeitung* hatte nur noch »eine schwache Hoffnung«, daß der Krieg verhindert werden könne. Zudem setzte am 31. Juli 1914, einen Tag vor der deutschen Mobilmachung, die Pressezensur ein. Die sozialdemokratischen Zeitungen konnten ihre Anhänger nicht mehr alarmieren. Arbeitermassen, die auf die Straße gingen, sowie Partei- und Gewerkschaftsvorstände hatten sich bis dahin wechselseitig in ihrer Haltung gegen den Krieg bestärkt. Jetzt setzte in einem umgekehrten Prozeß der Zerfall ein.

Überall stieg sprunghaft die Bereitschaft, der amtlichen Version Glauben zu schenken, Deutschland befinde sich in einem Verteidigungskrieg. Nur wenige in der Arbeiterbewegung erkannten, daß gerade die deutsche Regierung und ihr habsburgischer Verbündeter zum Krieg drängten.
Geschickt verstand es die deutsche Regierung, Rußland als den Hauptschuldigen an der Verschärfung der Krise darzustellen. Damit konnte sie den alten Haß der Arbeiterbewegung auf das reaktionäre zaristische Regime, das Sozialisten und Gewerkschafter brutal verfolgte und die polnische Unabhängigkeitsbewegung niederhielt, für sich nutzen. Und an einem Verteidigungskrieg, das war von vornherein klar, würde sich die Arbeiterschaft beteiligen. Denn die sah mit der Unabhängigkeit und den wirtschaftlichen Entwicklungsmöglichkeiten des Vaterlandes auch ihren eigenen Aufstieg verknüpft.
Schließlich machte sich in den Vorständen der Sozialdemokratischen Partei und der Gewerkschaften die Furcht breit, die Reichsregierung werde die Organisationen bei harter Opposition gegen den Krieg zerschlagen. Entsprechende Pläne lagen in der Tat in den Schubladen. Sie wurden aber nicht benötigt, denn am 2. August trafen sich die Vorstände der Freien Gewerkschaften und beschlossen, den sogenannten »Burgfrieden« einzugehen und während des Krieges von allen Streiks abzusehen. Einzelne Verbände, wie die Fleischer, drängten darauf, sich auch politisch neutral zu verhalten, da die Arbeiterbewegung den Krieg nicht gewollt habe. Sie beugten sich aber dem Mehrheitsbeschluß.
Am 3. August 1914 kam die sozialdemokratische Reichstagsfraktion zusammen und beschloß mit 78:14 Stimmen, für die Bewilligung der Kriegskredite einzutreten. Der Fraktionszwang wurde erklärt, und am nächsten Tag stimmten alle Sozialdemokraten im Reichstag für die Bewilligung.
Noch am gleichen Tag marschierten deutsche Truppen unter Verletzung der völkerrechtlich garantierten Neutralität in Belgien ein. Der Erste Weltkrieg hatte begonnen.

2. Im Zeichen des Burgfriedens

Die ersten Wochen und Monate des Krieges brachten die gewerkschaftlichen Organisationen an den Rand des Zusammenbruchs. Vom Zentralverband der Bäcker und Konditoren z. B., der im Juli 1914 rund 30 000 Mitglieder hatte, wurden bis Ende 1914 13 000 Mitglieder eingezogen. Von den 124 Zahlstellen stellten 61 ihre Arbeit ein, da ihre Vorsitzenden und Kassierer beim Militär waren. Ganze Zahlstellen verschwanden von der Bildfläche, weil keine Mitglieder mehr da waren. In den anderen Verbänden sah es, wie Tabelle 33 zeigt, nicht besser aus. Hinzu kam die Arbeitslosigkeit: nicht so groß bei den Bäckern und Konditoren, beträchtlich in der Süßwarenindustrie. 2000 arbeitslose Mitglieder aus dieser Branche hatte der Zentralverband Ende 1914 zu versorgen. Dann die finanzielle

Der

Tabak-Arbeiter

Organ der Tabakarbeiter und -Arbeiterinnen Deutschlands

Der Tabak-Arbeiter erscheint wöchentlich jeden Sonnabend und ist durch alle Postanstalten zu beziehen. – Der Abonnementspreis beträgt 1.50 Mark für das Vierteljahr ohne Bringerlohn.

Inserate müssen bis Montag mittag in unserer Expedition aufgegeben sein. Der Anzeigenpreis beträgt 35 Pfg. für die 6 gespaltene Petitzeile. Der Betrag ist im voraus zu entrichten

Nr 33 Sonntag, den 16. August 1914

An die Mitglieder des Deutschen Tabakarbeiter-Verbandes!

Kollegen und Kolleginnen!

Außergewöhnliche Zustände hat der zur Tat gewordene Krieg auch für unsere Organisation geschaffen und uns, den unterzeichneten Körperschaften, die Pflicht auferlegt, zu prüfen, ob die im Verbande eingerichteten Unterstützungseinrichtungen zurzeit aufrecht erhalten werden können. Nach gewissenhafter Prüfung der Gesamtlage des Verbandes sind die unterzeichneten Körperschaften zu der Ansicht gelangt, daß es unmöglich ist, die bestehenden Unterstützungseinrichtungen aufrecht zu erhalten und beschlossen daher, alle Unterstützungseinrichtungen im Verbande außer Kraft zu setzen.

Alle Ansprüche auf die im Verbandsstatut vorgesehenen Unterstützungen ruhen nunmehr, und zwar von Montag, den 10. August d. Js., an bis auf weiteres.

An Stelle dieser nunmehr außer Kraft gesetzten Unterstützungsansprüche tritt jedoch vom gleichen Tage an (10. August) eine Notstandsunterstützung bei eintretender Arbeitslosigkeit. Diese Notstandsunterstützung bei Arbeitslosigkeit, die als Erwerbslosenunterstützung im Sinne des Statuts nicht verrechnet werden soll, wird allen Mitgliedern, die dem Verbande ununterbrochen 52 Wochen angehören und mindestens 52 Beiträge gezahlt haben, gewährt.

Sie soll betragen:

In der 1. Klasse	In der 2. Klasse	In der 3. Klasse
0.50 Mk. pro Tag	0.75 Mk. pro Tag	1.— Mk. pro Tag
3.— Mk. pro Woche	4.50 Mk. pro Woche	6.— Mk. pro Woche

Außerdem soll an die Familien der zum Militärdienst eingezogenen Mitglieder unseres Verbandes eine Unterstützung gezahlt werden. Diese Unterstützung wird in Höhe von 2.— Mk. pro Woche gezahlt.

Diese vorstehende Notstandsunterstützung bei Arbeitslosigkeit wird gezahlt vom siebenten Tage der eingetretenen Arbeitslosigkeit resp. vom siebenten Tage der Mobilmachung eines Mitgliedes.

An solche Mitglieder, die tageweise oder halbe Tage in einer Woche arbeiten, und an Mitglieder, die sich weigern, passende Arbeit in einem anderen Beruf, insbesondere Erntearbeiten, anzunehmen, darf keine Unterstützung gezahlt werden.

Solche Mitglieder, denen ihre Verhältnisse es einigermaßen gestatten, sollten es sich zur Ehre anrechnen, auf Unterstützung zu verzichten. Wer in dieser ernsten Zeit Opfer bringen kann, soll und muß Opfer bringen im Interesse der Gesamtheit.

Aus diesem Pflichtgefühl heraus, erhalten auch alle Festangestellten des Verbandes bis auf weiteres nur die Hälfte ihres Gehalts.

Kollegen und Kolleginnen! Es ist nun notwendig, daß alle Mitglieder des Verbandes es sich zur Pflicht machen, die Verbandsbeiträge pünktlich zu entrichten. Nur dann, wenn alle Mitglieder sich dieser Pflicht bewußt sind, wird es möglich sein, die Notstandsunterstützung bei Arbeitslosigkeit durchzuführen und zugleich das Ziel zu erreichen, uns unsere Organisation zu erhalten.

Kollegen und Kolleginnen! Erfüllet deshalb Eure Pflicht und bewahrt dem Verbande die Treue.

Bremen, den 10. August 1914.

Der Verbandsvorstand und der Ausschuß des Deutschen Tabakarbeiter-Verbandes.

I. A.: A. Deichmann.

Bekanntmachung betr. „Tabak-Arbeiter".

Der Krieg und seine Folgen erfordert auch für unsern Verband besondere Maßnahmen. Wir sehen uns deshalb gezwungen, den Tabak-Arbeiter bis auf weiteres nur zweiseitig erscheinen zu lassen. Es ist zwar beabsichtigt, wenn irgend möglich, den Tabak-Arbeiter, der jetzt als bindendes Mittel für die Mitglieder noch größeren Wert hat als sonst, allwöchentlich erscheinen zu lassen.

Die Umstände haben es auch erforderlich gemacht, die Auflage einzuschränken, so daß die Zahlstellen nicht mehr die sonst bezogene Anzahl Exemplare erhalten. Die Mitglieder werden gebeten, sich gegenseitig durch Weitergeben des Blattes zu helfen. Besonders dort, wo mehrere Kollegen oder Kolleginnen zusammenarbeiten, läßt sich dieses leicht machen.

Wir fordern auch an dieser Stelle die Mitglieder auf, treu zum Verband zu halten und mit Eifer für den Zusammenhalt tätig zu sein. Wo Arbeitseinschränkungen geplant oder eingetreten sind, haben sich die Mitglieder zu bemühen, daß keine Entlassungen stattfinden, sondern daß nötigenfalls die Arbeitszeit entsprechend verkürzt wird.

Vorstand, Redaktion und Expedition.

Der Krieg und die Tabakindustrie.

Schon die beiden letzten Balkankriege haben die deutsche Tabakindustrie ungünstig beeinflußt und hier und da wird man es auch deutlich verspürt haben. Daß der Krieg, den Deutschland zurzeit mit der halben Welt führen muß, seine furchtbare Wirkung auch auf unsere Industrie ausübt, bedarf nicht erst der Erwähnung, wir spüren es bereits recht fühlbar am eigenen Leibe. Schon sind vielerorts die Kollegen und Kolleginnen entlassen worden, wie uns aus den Zahlstellen mitgeteilt wird. Wir können im Augenblick nichts anderes tun, als den Grad der Kriegsfolgen möglichst zu beeinflussen.

Da nun das ganze Volk einig ist in der militärischen Verteidigung des Vaterlandes, dürfte es auch nicht schwer sein, eine wirtschaftliche Basis für ein gemeinschaftliches Handeln zu finden. Es ist nicht dem Ganzen dienlich, wenn jetzt einzelne Teile des Volkes allzu furchtbar leiden müssen. Sollen unsere Heere siegen, so bedürfen sie der Gewißheit, daß auch im Lande das Volk zusammensteht und sich gegenseitig stützt; daß nicht einzelne auf Kosten der anderen ihren Vorteil suchen. Wir haben uns gefreut, als wir hörten, daß hier und dort ein Fabrikant trotz der geschäftlichen Sorgen den Versuch gemacht hat, die Arbeiter weiter zu beschäftigen. Wir erwarten von der Unternehmerschaft der Tabakindustrie, die patriotische Pflicht, nach Möglichkeit ihre Betriebe offen zu halten; machen sich aber Einschränkungen nötig, so möge man nicht Einzelne entlassen, sondern die Einschränkung auf alle verteilen und die Arbeitszeit entsprechend verkürzen. Unseren Kollegen und Kolleginnen aber sei dringend empfohlen, die Solidarität auch in diesen ernsten Zeiten Richtschnur ihres Handelns sein zu lassen und überall dort, wo Betriebseinschränkungen angekündigt werden, in der Weise bei ihren Fabrikanten zu wirken, daß die Arbeitszeit so eingerichtet wird, daß alle weiter beschäftigt werden können.

Daß die Fabrikanten derartigen Wünschen der Arbeiter jetzt mehr denn je entgegenzukommen bereit sind, dürfen wir wohl als selbstverständlich annehmen. Schreibt doch auch die Süddeutsche Tabakzeitung in ihrer Nr. 94: „Man darf aber zu den Arbeitgebern das Vertrauen haben, daß sie gegen ihre Arbeiter und Angestellten in weitestem Maße Rücksicht üben und alles aufbieten werden, was eben in der Grenze des Möglichen liegt."

Allerdings hat die Regierung bekannt gemacht, daß sie die zurzeit gestundeten Beiträge an Zöllen und Steuern einfordert, und zwar in bar oder Wechsel. Für den Fall einer Belagerung wird sie etwa bestehende Transitläger ganz aufheben, wodurch die Steuern und Zölle für die dort lagernden Waren sofort fällig wären. Darüber sollen zurzeit noch Verhandlungen schweben. Schon die erstere Maßregel (die zweite dürfte kaum eintreten) belastet unsere Tabakindustrie, die bekanntlich mit erheblichem Zollkredit zu arbeiten gezwungen ist, sehr schwer. Die Tabakindustrie, insbesondere das Zigarrengewerbe, hat in den letzten Jahren gerade unter den steuerlichen Maßnahmen außerordentlich schwer gelitten, die Arbeitslosigkeit hat geradezu unheimliche Dimensionen gezeigt, so daß wir berechtigt sind, von der Regierung für unsere Industrie Nachsicht zu fordern, soweit es irgendwie möglich ist.

Es ist doch wohl zu hoffen, daß sich die Geschäftstätigkeit, die im ersten Augenblick nach der Mobilmachung natürlich einen argen Stoß erhielt, allmählich festigen wird. Namentlich dann, wenn erst einmal von unseren Truppen einige entscheidende Siege erfochten worden sind. Außerdem ist zu berücksichtigen, daß ja auch die Heeresleitung große Mengen von Tabakfabrikaten, vor allem Zigarren, Zigaretten, Kau- und Rauchtabak für die Soldaten einkaufen und bestellen wird; und möchten wir hierbei den Wunsch ausdrücken, daß diese Lieferungen möglichst über ganz Deutschland verteilt werden, wie auch nicht nur große Unternehmer berücksichtigt werden sollten.

Als 1870 der Krieg zwischen Frankreich und Deutschland ausbrach, wurden sofort zahllose Tabakarbeiter entlassen; nachdem aber die ersten siegreichen Schlachten geschlagen waren, hob sich sofort das Geschäft auch in der Zigarrenindustrie, und schließlich konnte man nicht genug Zigarren schaffen, wie uns alte Kollegen erzählten. Freilich ist der Krieg von 1870/71 nicht mit dem gegenwärtigen Kriege zu vergleichen, wie auch die heutigen wirtschaftlichen Verhältnisse unseres Landes mit denen der damaligen Zeit nicht zu vergleichen sind. Immerhin müssen die ersten entscheidenden Siege auch eine günstige Wendung im Wirtschaftsleben Deutschlands herbeiführen. Hoffen wir also aus diesem Grunde, daß unsere Heere überall den Sieg an ihre Fahnen heften.

Es könnte sich auch noch die Frage ergeben, ob wir bei der fast totalen Aufhebung unseres Auslandshandels genügend mit Rohtabak versehen sind und ob nicht eine wesentliche Steigerung der Rohtabakpreise eintreten könnte. Wir meinen, daß zu Befürchtungen nach dieser Richtung kein Anlaß vorliegt. Die Einschreibungen in Amsterdam und Rotterdam sind in der Hauptsache beendet, so daß die dort kaufenden Fabrikanten und Händler zum größten Teile ihren normalen Bedarf gedeckt haben. Außerdem kommt in Betracht, daß die Handelsbeziehungen mit Holland, das seine Neutralität erklärt hat, nicht unterbrochen sind. Demnach können nicht nur die bereits gekauften und noch dort lagernden Tabake nach Bedarf abgerufen, sondern auch neue Käufe abgeschlossen werden. Was den Bremer und Hamburger Markt anbetrifft, so ist [illegible] unseres Wissens gut versehen, nur daß, falls selbst in [illegible] Kriegszeit ein starker Bedarf bemerkbar wäre, die eine oder andere Sorte etwas knapp werden dürfte,

Aufruf des DTAV bei Ausbruch des Ersten Weltkrieges.

Tab. 33
Mitgliederentwicklung der freigewerkschaftlichen Nahrungs- und Genußmittelarbeiterverbände 1914 bis 1918³

		Bäcker	Brauer	Böttcher	Fleischer	Gastw.geh.	Tabakarbeiter	Gesamt
1914:	I. Quartal	28 846	51 563	8 552	6 998	15 897	29 970	141 426
	II. Quartal	29 116	51 587	8 538	6 944	15 764	28 928	140 877
	III. Quartal	19 266	34 903	6 010	3 630	9 698	26 268	99 775
	IV. Quartal	17 554	31 263	5 258	3 519	8 086	23 615	89 295
1915:	I. Quartal	12 989	27 245	5 590	2 935	6 629	22 767	78 155
	II. Quartal	11 365	24 854	4 988	2 557	5 850	22 880	72 494
	III. Quartal	9 868	22 588	4 274	2 338	5 228	23 108	67 406
	IV. Quartal	9 100	21 025	3 888	2 610	4 295	23 456	64 374
1916:	I. Quartal	8 829	20 050	3 420	2 065	4 035	24 685	63 084
	II. Quartal	8 555	19 611	3 418	1 735	3 973	26 072	63 364
	III. Quartal	8 134	19 077	3 391	1 972	3 511	27 785	63 870
	IV. Quartal	7 484	17 932	3 150	2 143	3 178	27 463	61 380
1917:	I. Quartal	7 462	17 173	3 119	2 020	2 859	27 956	60 589
	II. Quartal	7 300	16 713	3 090	2 157	2 821	27 281	59 362
	III. Quartal	7 160	17 171	3 086	2 558	2 829	27 240	60 004
	IV. Quartal	7 296	17 316	3 150	2 929	2 869	27 706	61 266
1918:	I. Quartal	7 495	17 767	3 172	2 551	2 897	27 884	61 766
	II. Quartal	7 206	18 132	3 485	3 202	3 037	27 267	62 329
	III. Quartal	7 479	18 896	3 573	3 095	2 829	27 760	63 632
	IV. Quartal	23 930	36 677	5 709	10 657	19 853	35 382	132 208

Tab. 34
Mitgliederentwicklung der Christlichen Gewerkschaften während des Ersten Weltkrieges[4]
(Jahresdurchschnittszahlen)

	1914	1915	1916	1917	1918	31.12.1918
Gasthausangestellte	3 347	1 326	595	576	314	357
Nahrungs- und Genußmittelindustrie	2 379	1 042	695	637	1 995	3 230
Tabakarbeiter	5 043	2 482	2 738	3 001	3 374	3 738
Zusammen	10 769	4 850	4 028	4 214	5 683	7 317

Unterstützung für die Familien der zum Militär eingezogenen Mitglieder. Das war ein neuer Unterstützungszweig, der in den ersten Wochen von fast allen Verbänden eingeführt werden mußte, bevor staatliche Maßnahmen einsetzten. Auf der anderen Seite gab es einen enormen Beitragsausfall wegen der vielen eingezogenen Mitglieder. Einschneidende Maßnahmen waren notwendig, um die Verbände vor dem finanziellen Zusammenbruch zu bewahren. Noch im August und September 1914 wurden in den meisten Gewerkschaften die Gehälter der Angestellten gekürzt, um 25 Prozent, zeitweise sogar 50 Prozent. Die Sätze für Kranken- und Arbeitslosenunterstützung wurden gesenkt, manche Verbände strichen die Krankenunterstützung für ledige Mitglieder ganz. Erst 1915 hatten sich die Verhältnisse so weit stabilisiert, daß die abgebauten Unterstützungen, meist zu einem niedrigeren Satz, wieder eingeführt werden konnten.

Der Kriegsausbruch wurde zunächst als Zeichen der Ohnmacht der Arbeiterbewegung empfunden. Von Anfang an gab es aber auch Stimmen, die meinten, jetzt habe die Arbeiterbewegung endlich Gelegenheit, sich einen anerkannten Platz in der Gesellschaft zu sichern: »Der Standpunkt, daß die Arbeiter Untertanen seien«, stellte die *Deutsche Bäcker- und Konditorenzeitung* am 25. März 1915 fest, »hat der Überzeugung, daß sie Staatsbürger geworden sind, Platz gemacht.«[5]

Alle Maßnahmen, mit denen der Staat in das Wirtschaftsleben eingriff, um die Versorgung der Armee und die Kriegführung sicherzustellen – die Höchstpreispolitik, die Errichtung staatlicher Monopole oder auch die Beschlagnahmung von Brotgetreide –, wurden als »Sieg des sozialistischen Prinzips« gefeiert. So hieß es in der *Deutschen Böttcherzeitung* am 19. September 1914:

> Und wenn irgend etwas imstande ist, die Überlegenheit einer sozialistischen Bedarfsdeckungswirtschaft zu erhärten, so ist dies die Art und Weise, wie unser Heer versorgt wird, im Gegensatz zu der jämmerlichen Art, wie für die Bedürfnisse der großen Masse der Zivilbevölkerung gesorgt wird (...) Beim Militär wird für den gesorgt, der Bedarf hat, beim Zivil für den, der Geld hat.[6]

Das zeugte, gelinde gesagt, von einer beträchtlichen Verkennung der Verhältnisse im deutschen Heer, wo die Klassenunterschiede gerade in der Lebensmittelversorgung alles andere als aufgehoben waren. Noch so viele Reden und Artikel über »Kriegssozialismus« vermochten nicht darüber hinwegzutäuschen, daß die Masse des Volkes, im Gegensatz zu der kleinen Schicht der Kriegsgewinnler, immer mehr verarmte – von der ungeheuren Vernichtung von Menschenleben und materiellen Ressourcen im Krieg einmal ganz abgesehen.

Die Gewerkschaften schlossen den Burgfrieden und legten einen Teil ihrer Gelder in Kriegsanleihen an. Die allgemeine Kriegspolitik wurde von den Gewerkschaften durchaus unterstützt. Felix Weidler, Redakteur der *Deutschen Bäcker- und Konditorenzeitung,* schrieb 1915:

> Der Zentralverband der Bäcker und Konditoren hat (...), obgleich die ihm zugehörige Arbeiterschaft weniger für die Exportindustrie in Frage kommt, immerhin ein starkes, unmittelbares Interesse daran, daß der leider entbrannte Krieg mit einem vollen Siege der deutschen Waffen ende. Eine Niederlage würde die Gewerbegruppen und die Industrie, die das Feld der Organisation bilden, gleichfalls recht schwer treffen und ihr weiteres Vorwärtsstreben auf Jahre hinaus lahmlegen. Sie würde auch obendrein ein Schaden für die internationale Bewegung der Bäcker und Konditoren sein, die ihren Hauptstützpunkt bisher in der deutschen Organisation gefunden hat und von ihr eigentlich getragen wurde.[7]

Erst spät wurde den Freien Gewerkschaften bewußt, daß sich zwischen den schönen Worten von der Eintracht des deutschen Volkes und der Wirklichkeit eine breite Kluft befand. »Alle Bilder nationaler Eintracht«, schrieb die *Böttcher-Zeitung* im November 1916, seien »verdunkelt worden durch die Ausbrüche einer rücksichtslosen Selbstsucht und eines schrankenlosen Bereicherungstriebes«.[8] Zu diesem Zeitpunkt wurden Lebensmittel, Kleider und Heizstoffe schon kanpp. Die Preise kletterten. Zwar sorgten die Gewerkschaften im nächsten Jahr dafür, daß die Löhne mit den weiterhin steigenden Preisen Schritt hielten, je länger jedoch der Krieg dauerte, desto weniger konnte man für sein Geld kaufen. Unterernährung und Mangelkrankheiten nahmen in bedrohlichem Ausmaß zu, besonders im furchtbaren Winter 1917, als die Ernährung der städtischen Bevölkerung zum großen Teil aus Steckrüben bestand.

Und je länger der Krieg dauerte, desto mehr stellte sich heraus, daß etliche Unternehmer den Burgfrieden als Stillhalteabkommen der Gewerkschaften verstanden. 1914 und 1915 begannen einzelne Betriebe, vor allem Großunternehmen des Berliner Gaststättengewerbes und die Betriebe der Frankfurter Bäckerinnung, drastische Lohnkürzungen durchzusetzen. 1916 mehrten sich dann die Fälle, wo Forderungen der Arbeiterschaft nach einem Teuerungsausgleich auf allerschärfsten Widerstand stießen, der oft erst nach dem Eingreifen der Militärbehörden gebrochen werden konnte. Bei den Dresdener Lukullus-Backwerken, wo 1916 auf einen Schlag alle 36 organisierten Belegschaftsmitglieder entlassen wurden, führte auch die Vermittlung der Militärbehörden zu nichts.

1917 war für die Gewerkschaft das Jahr der Teuerungsbewegungen. In

einzelnen Fällen mußte zu Streiks gegriffen werden, um den Forderungen Nachdruck zu verleihen. Die Unternehmer hätten die Streitaxt wieder hervorgeholt, bemerkte die *Deutsche Bäcker- und Konditorenzeitung* am 10. März 1917 treffend.
An der grundsätzlichen Stellung der Gewerkschaften zum Krieg änderte sich dadurch nichts. Noch immer waren sie der Überzeugung, der Krieg gehe um die Unabhängigkeit des Reiches und seiner wirtschaftlichen Entwicklungsmöglichkeiten. Zwar verstärkten sich 1917 – auch in der Gewerkschaftspresse – die Rufe nach Verhandlungen. Meist waren sie aber mit dem Hinweis verbunden, aufgrund der militärischen Erfolge seien Verhandlungen für das Deutsche Reich möglich, ohne »Nachteile« befürchten zu müssen.
Diese Haltung würde dennoch kaum zu erklären sein, wenn die Gewerkschaften nicht immer wieder die Hoffnung gehabt hätten, während des Krieges soziale und politische Veränderungen durchsetzen zu können. Eineinhalb Jahre waren seit Kriegsbeginn vergangen, als der *Zentralverband der Bäcker und Konditoren* die Erfüllung einer seiner ältesten Forderungen erlebte: das Nachtbackverbot.

3. Das Nachtbackverbot vom Januar 1915

Völlig überraschend verhängte die Reichsregierung am 5. Januar 1915 ein Nachtbackverbot. Ab 15. Januar war in allen Bäckereien, Konditoreien und Brotfabriken die Arbeit von 7 Uhr abends bis 7 Uhr morgens verboten. Mit sozialer Einsicht hatte das allerdings wenig zu tun. Die Ursache war ein Mangel an Weizenmehl. Mit Hilfe des Nachtbackverbots sollte der Verbrauch frischen Weißgebäcks in den frühen Morgenstunden gesenkt werden. Gleichzeitig wurde angeordnet, jeder aus Weizenmehl hergestellten Backware mindestens 30 Prozent Roggenmehl beizumischen. Und Roggenbrot wiederum sollte wenigstens 10 Prozent an Kartoffelmehl enthalten.
Der *Zentralverband der Bäcker und Konditoren* begrüßte natürlich das den Kollegen so plötzlich in den Schoß gefallene Nachtbackverbot. Trotzdem hätte er sich Übergangsmaßnahmen gewünscht, denn durch das plötzliche Verbot waren viele Betriebe nur noch zur Hälfte ausgelastet. Arbeitslosigkeit und Brotmangel waren die Folge. Indessen meinte der Zentralverband, das seien nur vorübergehende Erscheinungen und setzte alles daran, aus dem nur für die Kriegszeit geltenden ein dauerndes Nachtbackverbot zu machen. Im Juni 1915 wurde dem Reichstag eine Petition zugeleitet, die Arbeit in den Bäckereien zwischen 22 und 6 Uhr grundsätzlich zu verbieten. Selbst die Innungsmeister fanden, von einigen Meistern in Südwestdeutschland abgesehen, Geschmack am Nachtbackverbot. Nur die Brotfabriken und Konsumgenossenschaften liefen weiterhin Sturm. Im Reichsamt des Innern kam ein Gesetzentwurf zustande, der ein Nacht-

backverbot von 20–5 Uhr vorsah. In einer vom Zentralverband Ende 1915 organisierten Abstimmung unter den im Felde stehenden Kollegen sprachen sich 14 887 für und nur 88 gegen das Nachtbackverbot aus. Die Regierung blieb jedoch untätig. Das endgültige Nachtbackverbot kam erst mit der Novemberrevolution 1918.

4. Hilfsdienstgesetz und Arbeiterausschüsse

Betraf das Nachtbackverbot nur die Bäcker und Konditoren, so brachte das 1916 vom Reichstag verabschiedete »Hilfsdienstgesetz« einschneidende Veränderungen für alle Gewerkschaften. Das »Gesetz über den vaterländischen Hilfsdienst« wurde verabschiedet, weil der Armee im dritten Kriegsjahr die Soldaten und der für die Fortführung des Krieges mindestens ebenso wichtigen Rüstungsindustrie die Arbeitskräfte fehlten. Kriegswichtige Wirtschaftszweige sollten durch eine Dienstverpflichtung, den »Vaterländischen Hilfsdienst«, bevorzugt mit Arbeitskräften versorgt werden. Die Oberste Heeresleitung und ihr Kopf, General Ludendorff, planten die vollständige Militarisierung des Arbeitsverhältnisses. Jeder sollte dorthin gestellt werden können, wo es für das Funktionieren der Kriegsmaschinerie wichtig schien. Einspruchsmöglichkeiten waren nicht vorgesehen. Nach scharfen Protesten der Gewerkschaften und der Sozialdemokratischen Partei gelang es schließlich, die ersten Entwürfe zu Fall zu bringen.
Das am 5. Dezember 1916 gegen die Stimmen der 19 Reichstagsabgeordneten der Sozialdemokratischen Arbeitsgemeinschaft verabschiedete »Hilfsdienstgesetz« brachte den Gewerkschaften die offizielle Anerkennung des Staates. In allen Ausschüssen, die das Gesetz vorsah, waren Arbeitgeber und Gewerkschaften paritätisch vertreten. Diese Ausschüsse legten fest, ob ein Bedarf für die Heranziehung von Betrieben und Personen zum Hilfsdienst bestand. Sie sollten Einsprüche von Arbeitern gegen die Arbeitsverpflichtung behandeln. Das Gesetz garantierte ausdrücklich das Vereins- und Versammlungsrecht. Es legte fest, daß in allen Betrieben mit mehr als 50 Beschäftigten Arbeiterausschüsse eingesetzt werden müßten. Die Ausschüsse hatten Wünsche der Arbeiter, die sich aus dem Lohn- und Arbeitsverhältnis ergaben, zur Sprache zu bringen. Ließ sich keine Verständigung mit dem Unternehmer erreichen, konnte ein paritätisch besetzter Schlichtungsausschuß angerufen werden.
Das war ein Einbruch in den Herr-im-Hause-Standpunkt der Unternehmer. Die Eisen- und Stahlindustriellen liefen als erste Sturm gegen die Ausschüsse. Jedenfalls waren die Gewerkschaften zu einer Macht geworden, die – endlich – auch vom Staat anerkannt wurde. Anlaß genug, sich neue Gedanken zu machen über das Verhältnis der Gewerkschaften zum Staat. »Umsturzgedanken« wurden in den Vorständen nunmehr als »ehrwürdiger Rest der Vergangenheit« abgetan. »Nicht auf den Standpunkt

der Staatsverneinung, sondern der Staatsbejahung« wollten die Gewerkschaften sich begeben:

> Grundsätzlich steht auch heute noch die übergroße Mehrheit der Sozialdemokratie auf dem Standpunkte, daß der Staat nicht zertrümmert werden darf, sondern erhalten bleiben muß, weil er, all seinen Schönheitsfehlern zum Trotz, doch der Träger unserer Kultur und der Nährboden unserer wirtschaftlichen und sozialen Wohlfahrt ist und weil er den Rahmen bildet, in dem sich der Aufstieg der deutschen Arbeiterschaft vollzieht und das Feld, auf dem um diesen Aufstieg gekämpft wird.«[9]

5. Opposition gegen den Krieg

Bei einer wachsenden Zahl von Mitgliedern stießen jedoch gerade solche Töne und überhaupt die gesamte Kriegspolitik der Gewerkschaften auf Kritik. Anfangs war es nur eine kleine Gruppe um Rosa Luxemburg und Karl Liebknecht, der am 2. Dezember 1914 als einziger sozialdemokratischer Abgeordneter im Reichstag gegen die Bewilligung von Kriegskrediten gestimmt hatte. Das Lager der entschiedenen Kriegsgegner wuchs jedoch langsam an. Am 21. Dezember 1915 stimmten schon 20 Mitglieder der sozialdemokratischen Fraktion gegen die Kriegskredite. Die Opposition wurde vom Parteivorstand aus der Partei gedrängt. Sie bildete zunächst eine »Sozialdemokratische Arbeitsgemeinschaft« und konstituierte sich am 7. Januar 1917 zur Unabhängigen Sozialdemokratischen Partei Deutschlands (USPD). Die Gewerkschaften nahmen scharf gegen die »Unabhängigen« Stellung und versuchten mit dem Appell an Disziplin und gewerkschaftliche Einheit die politischen Auseinandersetzungen von sich fernzuhalten. Das konnte nicht gelingen, da sich Unruhe auch in den Betrieben breitmachte und der Krieg zur alles überschattenden Frage im Leben der Arbeiterschaft geworden war.

Im Juni 1916 fanden in Großbetrieben der Berliner Metallindustrie Proteststreiks gegen die Verhaftung Karl Liebknechts statt. Im April 1917, nach dem berüchtigten Steckrübenwinter, gab es Streiks und Demonstrationen in Berlin, Leipzig, Halle, Braunschweig, Magdeburg. Die Arbeiter forderten bessere Lebensmittelversorgung. Die Streiks vom Januar 1918, an deren Spitze wiederum die Vertrauensleute der Berliner Metallindustrie standen, hatten dann schon eindeutig politische Ziele: Frieden ohne Annexionen (das Deutsche Reich hatte gerade mit Rußland einen Friedensvertrag abgeschlossen und sich dabei große Stücke russischen Staatsgebiets einverleibt), Hinzuziehung von Arbeitervertretern zu den Friedensverhandlungen und Demokratisierung des Staates.

An den Streiks der Jahre 1917 und 1918 hatten auch Nahrungs- und Genußmittelarbeiterinnen und -arbeiter teilgenommen. Die Reaktion der Gewerkschaften war zwiespältig. Bei den Böttchern stießen die Streiks auf entschiedene Ablehnung. Bereits in den zurückliegenden Jahren hatte die *Deutsche Böttcher-Zeitung* immer wieder gegen die »Linksradikalen« polemisiert, deren »sogenannte Friedenspropaganda (...) eigentlich nur von weltfremden Wolkenkuckucksheimern«[10] betrieben werden könne. Wesentlich zurückhaltender äußerte sich die *Deutsche Bäcker- und Konditorenzeitung*. Sie warf die Frage auf, ob sich Bäcker angesichts der schlechten Ernährungslage an Streiks beteiligen sollten. In der politischen Bewertung hielt sich die Zeitung auffallend zurück.

Das lag an der Stärke der Opposition gegen den Krieg im *Zentralverband der Bäcker und Konditoren*. Zum 19. Verbandstag vom 6. bis 10. Mai 1918 in Leipzig lagen zwei Anträge aus Düsseldorf und Königsberg vor, die beide die Kriegspolitik der Freien Gewerkschaften scharf verurteilten. Die Düsseldorfer Kollegen formulierten:

> Die 14. ordentliche Generalversammlung möge beschließen, daß die Politik der Generalkommission und des Hauptvorstandes nicht den Interessen der Arbeiterschaft entspricht und weite Kreise der Mitglieder das Vertrauen zu ihren Führern verloren haben; sie erwarten vom Hauptvorstande eine Umkehr zur alten, klassenbewußten Politik, die die Gewerkschaften bis zum Ausbruch des Krieges zum Wohle der Arbeiterschaft geführt haben.[11]

Der Königsberger Antrag holte zu einer noch weitgehenderen Kritik aus, und in der Debatte über die Vorstandsberichte zeigte sich deutlich, daß eine Mehrheit der Delegierten den bisherigen Kurs des Verbandes ablehnte. Der bisherige Vorsitzende, Oskar Allmann, erklärte daraufhin, nicht mehr kandidieren zu wollen. Josef Diermeier aus München, als USPD-Mitglied Vertreter einer radikaleren Richtung, wurde zum neuen Vorsitzenden gewählt. Um die Auseinandersetzung nicht weiter zu verschärfen, entschloß man sich dann, zur Kriegspolitik eine gemäßigte Resolution vorzulegen. Sie wurde einstimmig angenommen. Darin rügten die Delegierten die einseitige Parteinahme der Generalkommission der Gewerkschaften für die SPD und stellten fest:

> Der 14. ordentliche Verbandstag des Zentralverbandes der Bäcker und Konditoren kann sich nicht mit allen Maßnahmen der Generalkommission während des Krieges einverstanden erklären.[12]

Während die Friedenssehnsucht der Bevölkerung immer größer wurde, wurde die militärische Lage an der Front immer unhaltbarer. Ende September 1918 stellte die Oberste Heeresleitung fest, daß die Kriegslage die sofortige Einleitung von Waffenstillstandsverhandlungen erforderlich mache. Voraussetzung für Waffenstillstand und Frieden war die Bildung einer neuen deutschen Regierung, denn mit der alten kaiserlichen Regierung, das hatten die Ententemächte deutlich zu verstehen gegeben, würden sie keine Verhandlungen aufnehmen.

Kanzler der neuen »Volksregierung« wurde Prinz Max von Baden. Er stützte sich auf eine Reichstagsmehrheit aus Sozialdemokratie, Zentrum und Fortschrittlicher Volkspartei, die Sozialdemokraten waren mit zwei Staatssekretären im Kabinett vertreten. Ende Oktober wurde eine Verfassungsreform vorgenommen und das Reich in eine Parlamentarische Mon-

Josef Diermeier, von 1918–1927 Vors. des Zentralverbandes der Bäcker.

archie verwandelt, der Reichskanzler war dem Reichstag gegenüber verantwortlich und die Allgewalt des Kaisers über »seine« Armee wurde gebrochen.

Tatsächlich aber war die neue Regierung Max von Baden der militärischen Führung gegenüber machtlos. Nur einen Tag nach der Verfassungsreform, am 29. Oktober, befahl die Marineleitung, mit Wissen des Kaisers, aber an der Regierung vorbei, das Auslaufen der Flotte gegen England. Eine Wende im Krieg hätte die Aktion nicht mehr herbeiführen können. Vielmehr ging es um eine Art »Selbstrechtfertigung« der Flotte, die während des ganzen Krieges nie so recht zum Einsatz gekommen war.

Die Matrosen der Kriegsflotte weigerten sich, die »Todesfahrt« mitzumachen. Sie revoltierten. Am 4. November 1918 war Kiel in den Händen der Matrosen, die dafür sorgten, daß sich der Aufstand über das ganze Reich ausbreitete. Am 6. November wurden Lübeck, Hamburg, Bremen und Cuxhaven von Arbeiter- und Soldatenräten regiert, am 7. November Braunschweig. Am gleichen Tag fiel als erste deutsche Königskrone die der Wittelsbacher in Bayern. Der Unabhängige Sozialdemokrat Kurt Eisner ergriff als Vorsitzender des Münchener Arbeiter- und Soldatenrates die Macht in der Bayerischen Republik.

Am Morgen des 9. November gingen die Berliner Arbeiter auf die Straßen. Die Soldaten schlossen sich ihnen an. Die Reichsregierung wurde an den Sozialdemokraten Friedrich Ebert übergeben, der eine aus Vertretern seiner Partei und der USPD paritätisch zusammengesetzte Regierung bildete, der Kaiser mußte abdanken. Vom Balkon des Reichstages rief der Sozialdemokrat Philipp Scheidemann die Republik aus, sehr zum Mißfallen seines Parteigenossen Ebert, der darin einen Vorgriff auf die Kompetenzen der noch einzuberufenden Nationalversammlung sah. Am 10. November wurde die Regierung Ebert in einer Versammlung von 3000 Berliner Arbeiter- und Soldatenräten bestätigt.

KAPITEL XIII
Die Gewerkschaften zwischen Novemberrevolution und Ausbau der Republik

Von der Novemberrevolution wurden die Gewerkschaften überrascht. Nur in ganz wenigen Verbänden hatte man das unterschwellige Grollen gespürt. So prophezeite die *Deutsche Bäcker- und Konditorenzeitung* am 7. November 1918,»Tage größter politischer Umwälzung, eine Weltrevolution im Sinne der demokratischen Reform und des politischen Fortschritts« stünden bevor.
Das *Correspondenzblatt* der Generalkommission hingegen erschien noch am 9. November 1918 mit einem Artikel, der die revolutionären Unruhen als »Straßenkundgebungen« abtat und sich über die Leute lustig machte, die glaubten, man könne in Deutschland einfach so die republikanische Staatsform einführen. Genau das geschah aber am 9. November. Der Sozialdemokrat Philipp Scheidemann rief in Berlin die Republik aus.
Als vordringliches Ziel galt den Gewerkschaften jetzt die Herstellung geordneter Verhältnisse, »damit nicht ganz Deutschland in einem chaotischen Elend, in Hungersnot und Verbrechen verfällt«.[1] Geordnete Verhältnisse, das bedeutete: Harte Arbeit am wirtschaftlichen Wiederaufbau, zur Festigung der gewerkschaftlichen Organisationen, Sicherung von Arbeit und Brot, insbesondere für die rückkehrenden Soldaten.
Die Arbeiter- und Soldatenräte, die sich überall in Deutschland bildeten, wurden nur als »Notbehelf für die Übergangszeit« akzeptiert. »Nicht eine Zusammenkunft der Vertrauensleute aus Fabriken und Kasernen«, sondern nur eine verfassunggebende Versammlung, eine »Vertretung aller Deutschen«[2], könne die neue Ordnung schaffen. Die *Tabakarbeiter-Zeitung* schrieb:

> Aller Sozialismus, Kommunismus oder Idealismus nützt nichts, wenn mit einem Nichts angefangen werden muß und das Volk verhungert. Deshalb blicken die Gewerkschaften mit Sehnsucht auf die Nationalversammlung, die am 15. Januar gewählt werden soll. Von ihr erhoffen sie, daß sie dem Abwärtsgleiten unseres politischen und damit auch unseres wirtschaftlichen Lebens ins Bodenlose Einhalt gebietet. Ist das geschehen, dann wollen wir den Volksstaat bauen, der sein soll ein Reich der Arbeit und der Arbeiter.[3]

Unter einer neuen Ordnung verstanden die Gewerkschaften die Sicherung der politischen Freiheitsrechte und ihre soziale Untermauerung. »Die demokratische Republik muß zu einer auf der wirtschaftlichen Gleichberechtigung gegründeten sozialen Republik ausgebaut werden«, schrieb die *Deutsche Böttcher-Zeitung* am 23. November 1918.

Auch für den christlichen Zentralverband der Nahrungs- und Genußmittelindustriearbeiter war die Umwälzung mit der politischen Revolution nicht zu Ende:

> Der Kampf geht weiter um die Durchführung der Demokratie auch im Wirtschaftsleben, um die anteilige Verteilung des Arbeitsertrages, um das Mitverwaltungsrecht der Arbeiter bei der Betriebsführung.[4]

1. Arbeitsgemeinschaften mit den Unternehmerverbänden

Die Furcht vor der Revolution war selbst für die größten Scharfmacher im Unternehmerlager Anlaß genug, sich den Gewerkschaften zu nähern. Am 15. November 1918 wurde zwischen führenden Industriellen und Gewerkschaftern ein Abkommen unterzeichnet (nach den Sprechern beider Seiten »Stinnes-Legien-Abkommen« genannt), das weitgehende Zugeständnisse an die Gewerkschaften enthielt. Die Unternehmer verpflichteten sich u. a., die Koalitionsfreiheit nicht mehr zu behindern, die gelben Vereine nicht mehr zu unterstützen, den Achtstundentag einzuführen und in allen Betrieben mit mehr als 50 Beschäftigten Arbeiterausschüsse einzurichten. Darüber hinaus wurde beschlossen, auf gesamtwirtschaftlicher Ebene sowie für die einzelnen Branchen paritätisch besetzte »Reichsarbeitsgemeinschaften« zu bilden, in denen Unternehmer und Gewerkschaften gemeinsam alle wirtschafts- und sozialpolitischen Fragen ihres Bereiches lösen sollten.

Die Reichsarbeitsgemeinschaft Nahrungs- und Genußmittelindustrie entstand am 4. Juni 1919. Sie gliederte sich in zehn Untergruppen, deren Konstituierung sich bis Ende 1919, z. T. sogar bis Anfang 1920 hinzog.

In den Freien Gewerkschaften waren die Arbeitsgemeinschaften sehr umstritten. Für die Befürworter waren sie eine Fortsetzung der gewerkschaftlichen Tarifpolitik. Die reibungslose Wiedereingliederung der Kriegsteilnehmer in den Produktionsprozeß sei den Arbeitsgemeinschaften zu verdanken. Die Arbeitsgemeinschaften seien eben gebildet worden, so erklärte der Vorstand des DTAV, um »in gemeinsamer Weise zum Besten der einzelnen Berufe«[5] und am wirtschaftlichen Wiederaufbau zu arbeiten.

Die Gegner der Arbeitsgemeinschaften befürchteten, hier werde die Burgfriedenspolitik in die Nachkriegszeit hinübergerettet. Die Gewerkschaften ließen sich vor den Karren der Unternehmer spannen und gäben ihren Charakter als Kampforganisationen preis. Mit der Arbeitsgemeinschaft sei es genauso, meinte der Karlsruher Delegierte Probst auf dem 18. Verbandstag des DTAV 1922 in Dresden, »wie wenn ein Schaf mit einem hungrigen Wolf ein Bündnis schließt«.[6]

Der *Zentralverband der Fleischer* lehnte den Beitritt von vornherein ab. Und im Vorstand des *Zentralverbands der Bäcker und Konditoren* war man der Ansicht, »daß durch diese Vereinbarung schließlich die Gefahr für die deutschen Gewerkschaften entstehen könnte, sie von ihren seitherigen

Die Deutsche Bäcker- und Konditorenzeitung ruft zur Sicherung der revolutionären Errungenschaften und zur Wahl einer Nationalversammlung auf.

Wegen (...) abzudrängen und ihnen das Schicksal der englischen Trade Unions zu bereiten oder sie den Hirsch-Dunckerschen und christlichen Gewerkschaften in taktischen Fragen näher zu bringen, die beharrliche Gegner des proletarischen Klassenkampfes sind«.[7]

Trotzdem entschloß man sich zur Mitarbeit, weil man die Möglichkeit sah, über die Arbeitsgemeinschaft zu Reichstarifen zu kommen und einige andere, für den Verband höchst wichtige Fragen – etwa das Lehrlingswesen – zu regeln.

Die praktischen Erfolge der Arbeitsgemeinschaften sahen freilich recht mager aus. Nur die Untergruppe Süß- und Teigwaren wie die Untergruppe Tabak der Reichsarbeitsgemeinschaft Nahrungs- und Genußmittelindustrie leisteten einige Hilfestellung bei der Ausarbeitung eines Reichstarifs. Die Untergruppe Brauereien konnte einiges bei der Rohstoff- und Kohlebeschaffung leisten. Im Gaststättengewerbe kam die Arbeitsgemeinschaft gar nicht erst zustande, weil sich nie genug Unternehmervertreter blicken ließen. Und die Verhandlungen der Untergruppe Bäckereien/Konditoreien wurden immer wieder durch den Germania-Verband der Bäckerinnungen blockiert, der auf Zulassung des gelben *Bund der Bäcker-(Konditor-)Gesellen* drängte. Spätestens 1922 schlummerte die Tätigkeit dieser wie auch der anderen Arbeitsgemeinschaften der Nahrungs- und Genußmittelwirtschaft ein.

2. Der Streit um die Räte

Im November und Dezember 1918, als überall in Deutschland die Throne stürzten, waren die Arbeiter- und Soldatenräte die maßgebliche Gewalt. Selbst die erste republikanische Reichsregierung unter dem Sozialdemokraten Friedrich Ebert nannte sich noch »Rat der Volksbeauftragten« und mußte sich von den Berliner Arbeiter- und Soldatenräten bestätigen lassen. Einige Funktionäre aus den Vorläuferverbänden der NGG spielten übrigens in der Rätebewegung eine beachtliche Rolle. Fritz Saar (SPD), der spätere Vorsitzende des Zentralverbands der Hotel-, Restaurant- und Caféangestellten, gehörte dem Soldatenrat der Ostfront an. Fritz Sauber (USPD), später Ortsangestellter des ZVHRC in Frankfurt am Main, war Mitglied des Zentralrats der kurzlebigen bayerischen Räterepublik und, ab März 1919, Vorsitzender des bayerischen Landessoldatenrates.

Die Gewerkschaften, egal ob Freigewerkschaftlicher, Hirsch-Dunckerscher oder Christlicher Richtung, standen dem Rätegedanken anfangs äußerst skeptisch gegenüber. Nur für eine begrenzte Übergangszeit wollten die Gewerkschaften den Räten eine Funktion zugestehen: bis zur Wiederherstellung geordneter Verhältnisse und der Einberufung der Nationalversammlung. Mißtrauisch machte die Gewerkschaften der Versuch der Räte, ihre Autorität auf die Betriebe auszudehnen. Darin sahen die Gewerkschaften einen Einbruch in den eigenen Kompetenzbereich. Hinzu kamen Übergriffe, etwa in der Räterepublik Bremen, wo am 10. Januar 1919 eine Menge unter der Parole »Absetzung der Bonzen« die Gewerkschaftsbüros stürmte, die Kassen beschlagnahmte und die Errichtung einer politisch-gewerkschaftlichen Einheitsorganisation erzwingen wollte. Daß unter den eifrigsten Befürwortern des Rätegedankens auch solche waren, die von den Gewerkschaften, oft aus Enttäuschung über deren Kriegspolitik, nichts mehr wissen wollten und sie zu Betriebsorganisationen, Einheitsorganisationen und dergleichen umformen wollten, verstärkte natürlich bei den Vorständen der Gewerkschaften die Skepsis gegenüber den Räten.

Unter den Vorläuferverbänden der NGG waren die Böttcher die profiliertesten Vertreter dieser Linie. Ihnen folgten Brauer, Tabakarbeiter, Hotel-, Restaurant- und Caféangestellte. Anders die Zentralverbände der Fleischer und Bäcker. Aus ihren Reihen war schon früh Kritik gekommen an der Berührungsangst der übrigen Gewerkschaften vor den Räten. Was sich in den Räten widerspiegele, so Paul Bergmann vor dem 7. Verbandstag der Fleischer im Februar 1919 in Berlin, sei das Gefühl der Arbeiterschaft, daß die politische Demokratie noch keine Verbesserung der sozialen Lage, »nicht die Erlösung von den Fesseln des Kapitalismus«[8], gebracht habe: »Wir haben doch nicht bloß eine Revolution gemacht, um Wilhelm II. nach Holland zu jagen, sondern wir haben die Revolution unterstützt, um bessere soziale Verhältnisse zu schaffen.«[9] In einer einstimmig angenommenen Resolution hieß es:

> Der Verbandstag stellt sich auf den Boden des Rätesystems. Er sieht in demselben eine erhebliche Erweiterung der politischen und wirtschaftlichen Macht der Arbeiterschaft. Sollen die Arbeiterräte ihre Pflicht im Interesse des Sozialismus erfüllen, so sind denselben nicht nur weitgehendste wirtschaftliche, sondern auch politische Rechte einzuräumen.[10]

Unter dem Eindruck der großen Streiks im Ruhrgebiet vom Frühjahr 1919 und der Streiks in Berlin und Mitteldeutschland, bei denen die Forderung nach Produktionskontrolle durch Arbeiterräte im Mittelpunkt stand, begann auch die Haltung der übrigen Gewerkschaften zu schwanken. Mit der Einrichtung von Betriebsräten, denen u. a. das Anhörungsrecht bei Einstellungen und Entlassungen zustehen müsse, glaubten sie das für die Arbeiterschaft Verwertbare und Nützliche aus der Rätebewegung herausschälen zu können.

Mittlerweile hatten sich die politischen Verhältnisse in Deutschland so weit geändert, daß der Rätegedanke in der Tat nur noch in den Betriebsräten weiterleben konnte. Die Zentralverbände der Bäcker und Fleischer sowie einige andere Verbände des *Allgemeinen Deutschen Gewerkschaftsbundes (ADGB)* wollten den Betriebsräten aber Aufgaben zuschreiben, die über ein bloßes Mitbestimmungsrecht weit hinausgingen. Anton Lankes, Redakteur der *Einigkeit,* erklärte auf dem 15. Verbandstag des Zentralverbands der Bäcker und Konditoren im Mai 1920 in Hannover seine Vorstellungen über die Rolle der Betriebsräte so:

> Hier wird den Arbeitern gezeigt, daß sie selbst in der Lage sind als der werktätige Teil des Volkes, unter Ausschaltung der Kapitalisten und Schmarotzer, den Produktionsprozeß leiten und überwachen zu können. Der Träger ist das engmaschige Netz der Betriebsräte, eine Kontrollinstanz zur Überwachung des Produktionsprozesses.
> Das Selbstbestimmungsrecht des Betriebsinhabers muß eingeschränkt werden, wenn es sich um Fragen handelt, die den Produktionsprozeß berühren und dabei der Arbeiter in Mitleidenschaft gezogen wird (...) Die Zeiten sollen nun endgültig vorüber sein, wo sich der Arbeiter den Launen des Unternehmers oder der Betriebsleitung zu unterwerfen hat. Als gleichberechtigter Faktor hat er im Betrieb zu gelten.[11]

Von diesen Absichten konnte man im Regierungsentwurf zum Betriebsrätegesetz, der vom Reichstag im Januar 1920 angenommen wurde, nichts wiederfinden. Die Enttäuschung unter den Kollegen des *Zentralverbandes der Bäcker und Konditoren* sowie des *Zentralverbands der Fleischer* war entsprechend groß. Paul Bergmann hatte noch während der Beratungen gemeint, eine Regierung, die »mit einem solchen Federwisch herauskomme« und dem Arbeiter nichts anderes zu bieten imstande sei, solle »hingehen, wo der Pfeffer wächst«.[12] Wieder einmal seien Kompromisse auf Kosten der Arbeiterschaft geschlossen worden, kritisierte die *Deutsche Bäcker- und Konditorenzeitung* am 21. Januar 1920. Die sozialdemokratischen Abgeordneten seien dem Widerstand von Kapitalisten und Großindustriellen nicht mit der nötigen Schärfe entgegengetreten. Vom Mitbestimmungsrecht bei Einstellungen und Entlassungen sei keine Rede mehr, ebensowenig von der Bilanzeinsicht in Betrieben mit weniger als 500 Beschäftigten.

Mit dem Gesetz mußte man aber leben. Dies fiel auch den Verbänden, die sich eine schärfere Waffe gewünscht hatten, insofern leichter, als das Gesetz auf eines zumindest nicht abzielte: aus den Betriebsräten eine von den Gewerkschaften unabhängige Instanz am Arbeitsplatz zu machen. Kritiker und Befürworter des Gesetzes vereinten in der Folgezeit ihre Stimmen im gemeinsamen Ruf nach einer Ausdehnung des Mitbestimmungsrechts auf alle Betriebsangelegenheiten.

3. Gewerkschaften und Sozialisierung

Ähnlich wie nach 1945, war auch nach dem Ersten Weltkrieg weit über den Kreis der Freien Gewerkschaften hinaus die Empfindung verbreitet, daß grundlegende Änderungen am Wirtschaftssystem vorgenommen werden müßten. Selbst der liberale Gewerkverein der deutschen Zigarren- und Tabakarbeiter sah in der kapitalistischen Ordnung der Produktion eine »willkürliche Brandschatzung«[13] von Staat und Produzenten und forderte die Sozialisierung einiger Grundstoffindustrien, der Elektrizitäts- und Verkehrswirtschaft. Auch die Mitglieder des christlichen Zentralverbands der Nahrungs- und Genußmittelindustriearbeiter zeigten sich von Forderungen in dieser Richtung angetan. Sie zogen es allerdings vor, von »gemeinwirtschaftlichem Solidarismus«[14] anstatt von Sozialismus zu spre-

chen und distanzierten sich von der Sozialisierungsdiskussion im freigewerkschaftlichen Lager, bei der auf die »innere sittliche Läuterung«[15] des Arbeiters zu wenig Wert gelegt werde.
Eine Mehrheit in den Freien Gewerkschaften meinte, vor einer Wiederankurbelung der Produktion könne von Sozialisierung ohnehin keine Rede sein. Einen Scherbenhaufen könne man eben nicht sozialisieren. In der Zwischenzeit würden die Gewerkschaften im Verein mit der Sozialdemokratie an der Regierung schon dafür sorgen, daß in der neuen Republik mit aller Kraft am sozialen Fortschritt gearbeitet werde.
Unter den Vorläuferverbänden der NGG kam Opposition gegen diese Denkrichtung wieder von den Fleischern und Bäckern. Die Bäcker glaubten zwar auch, daß erst ein bestimmter Überfluß an Waren vorhanden sein müsse, »wenn die Umformung der kapitalistischen in die sozialistische Wirtschaft erfolgen solle«, bemängelten aber, »daß auf dem Gebiet der Sozialisierung (...) viel unterlassen, viel versäumt worden«[16] sei. Noch einen Schritt weiter in der Kritik gingen die Fleischer auf ihrem 7. Verbandstag. Die Regierung setze zu wenig Dampf hinter die Sozialisierung und habe noch auf keinem einzigen Gebiet begonnen, die Macht des Privatunternehmertums auszuschalten. Es werde immer davon geredet, die Masse selbst der Arbeiterschaft sei für die Sozialisierung noch nicht reif – aber auf die Reife der Menschen warten und dann erst mit der Sozialisierung beginnen zu wollen, hieße, sie auf den Sankt Nimmerleinstag zu verschieben.
Alle im *Zentralverband der Bäcker und Konditoren* entwickelten Modelle liefen darauf hinaus, die Großbetriebe gegen Entschädigung in den Besitz der Kommunen zu überführen, und die kleinen Meisterbetriebe gleichfalls gegen eine Entschädigung oder Aussetzung einer Leibrente für den Besitzer aufzulösen. Eventuell sollten die ehemals selbständigen Kleinmeister als Leiter der städtischen Verkaufsstellen tätig sein. Der Großbetrieb wurde als hygienisch einwandfreiere Produktionsstätte befürwortet und sei außerdem keine solche Knochenmühle wie der Kleinbetrieb. Die Betriebsräte der einzelnen Brotfabriken sollten einen Vollzugsausschuß wählen, der an der Leitung der Betriebe zu beteiligen sei, das Recht zur Einsicht aller Bücher haben und bei allen sich aus dem Arbeitsverhältnis ergebenden Fragen hinzugezogen werden müßte.
Im *Zentralverband der Fleischer* wurden alle diskutierten Modelle der Sozialisierung abgelehnt. Die Kommunalisierung wurde abgelehnt, weil sie zu bürokratisch sei. Die Verstaatlichung wurde verworfen, weil man meinte, daß sich durch den Wechsel des Eigentümers nicht viel ändere: Auch verstaatlichte Betriebe würden auf kapitalistischer Grundlage produzieren müssen, um dem Staat möglichst hohe Einnahmen zu verschaffen.
Die Führung eines Betriebes in Selbstverwaltung der Belegschaften schließlich wurde vom Zentralverband (wie den meisten Gewerkschaften) verworfen, weil damit ein Betriebsegoismus herangezüchtet werde. Am geeignetsten erschien den Fleischern ein gemischtes System, bei dem sich

die Viehhalter in Genossenschaften organisieren, die Schlachthöfe in städtischer Regie übernommen werden und die Wurstfabriken selbständig weiter wirtschaften – vorausgesetzt, daß tüchtige Berufsangehörige in die Betriebsleitung kämen. Ein aus Gemeindevertretern, Konsumenten und Gewerkschaftern zusammengesetzter Ausschuß hätte die Betriebsleitungen zu kontrollieren.

Bei der gesamten Sozialisierungsdiskussion muß man sich eines vergegenwärtigen: Es wurde keineswegs darüber geredet, wie man nach allen Regeln der »freien Marktwirtschaft« arbeitende Betriebe sozialisieren könne. Die Mangelwirtschaft nach dem Ersten Weltkrieg zwang zu einer Vielzahl von Eingriffen in die Produktion. Der Bäckermeister, meinte im Juli 1919 ein Kollege in der *Deutschen Bäcker- und Konditorenzeitung,* sei ohnehin nur noch Angestellter der Gemeinde. Seine Selbständigkeit angesichts festgelegter Höchstpreise für Brot und Mehl und der Mehlkontingentierung nur Schein.

Manches, was den Gewerkschaften in der Revolutionszeit als Fortschritt in Richtung Sozialisierung erschien, war von Regierungsseite nur als vorübergehende Maßnahme zur Verwaltung des Mangels gedacht und wurde, wie etwa die Zentralisierung der Wurstfabrikation in den Städten, in der Folgezeit wieder abgebaut. Auch die Sozialisierung kam nicht recht voran. Selbst die gemäßigten Vorstellungen einer Mehrheit der Freien Gewerkschaften konnten sich nicht durchsetzen, die ein gemeinwirtschaftliches System mit einem breiten Spektrum von Wirtschafts- und Betriebsformen wollten – von Staats- und Kommunalbetrieben über Genossenschaften bis hin zu privat betriebenen Unternehmungen der öffentlichen Hand. Die erste Sozialisierungskommission, im Frühjahr 1919 von der Regierung eingesetzt, und ihre Nachfolgerin, die nach dem Kapp-Putsch, im März 1920, ins Leben gerufen wurde, blieben in schier endlosen Beratungen stecken, ohne je die Chance zur Verwirklichung ihrer Pläne zu bekommen.

4. Mitgliedergewinne in der Revolutionszeit

In den ersten Wochen und Monaten der Revolution und noch bis ins Jahr 1920 hinein erlebten die Freien Gewerkschaften, in kleinerem Maße auch die Christlichen Verbände, einen Mitgliederzustrom ohnegleichen. Im September 1918 zählten die Freien Gewerkschaften erst 1 468 132 Mitglieder. Drei Monate später waren es bereits 2 860 012 und innerhalb eines Jahres kletterte die Mitgliederzahl um 4 442 120 auf insgesamt 7 338 132. Die Anzahl der freigewerkschaftlich organisierten Nahrungs- und Genußmittelarbeiter und -arbeiterinnen wuchs von 1918 bis 1920 um das Vierfache. Sie war im März 1922 mit 388 752 um mehr als das Zweieinhalbfache größer als im März 1914. Es war der höchste Stand, der je in der Weimarer Republik verzeichnet wurde. Das ist um so beeindruckender, wenn man weiß, daß keiner der Verbände Zeit zur umfassenden und planmäßigen Mitgliederwerbung hatte. Durch die revolutionären Ereignisse aufgerüttelt, strömten die Massen wie von selbst in die Gewerkschaften. Der Zuwachs im letzten Quartal 1918 geht fast ausschließlich auf das Konto bisher Unorganisierter, da viele alte Gewerkschafter noch im Felde lagen. Aber auch, als die Soldaten in ihre Heimatorte zurückgekehrt waren, ebbte der Zustrom nicht ab.

Den größten Mitgliederzuwachs verzeichneten die vor 1914 eher schwach organisierten Verbände oder Sektionen: Tabakarbeiter, Gastwirtsgehilfen, Bäcker und Fleischer. In allen Verbänden waren es die An- und Ungelernten, die die Masse der neuen Mitglieder stellten. Im *Zentralverband der Bäcker und Konditoren* z. B. war die Sektion, die den größten Sprung nach vorne machte, die der Schokoladen- und Kakaofabrikation, mit einem großen Anteil von ungelernten weiblichen Arbeitskräften. Vor dem Ersten Weltkrieg nur schlecht zu organisieren, wurde diese Gruppe 1921, nur für kurze Zeit allerdings, zur stärksten Berufsgruppe des Verbandes.

Die regionale Verteilung der Neuzugänge ist sehr unterschiedlich. Bei den Tabakarbeitern kamen sie vom Land, aus Gebieten, die bisher gar nicht oder nur sehr schwach erfaßt worden waren: Bayern, Württemberg, Rheinland, Ost- und Westpreußen. Auch die übrigen Gebiete legten stark zu, Sachsen und Westfalen, aber nicht mit so hohen Prozentziffern.

In allen Verbänden wurde bemängelt, das Wachstum sei mehr in die Breite als in die Tiefe gegangen. Nirgendwo hatte man in der turbulenten Revolutionszeit und bei den sich einander jagenden Lohnbewegungen der Inflationsjahre ausreichend Zeit, die vielen neuen Mitglieder zu schulen. Mancher gestandene Gewerkschafter vertrat die Ansicht, der Zuwachs sei ohnehin »nur Schwemmsand« gewesen. Die vielen Tausende hätten sich wieder zurückgezogen, als sie gemerkt hätten, daß die Mitgliedschaft in einer Gewerkschaft auch mit Pflichten verbunden sei. Diese Auffassung war allerdings ziemlich einseitig. Denn von den Böttchern abgesehen, sackte keiner der freigewerkschaftlichen Vorläuferverbände der NGG auf den alten Mitgliederstand vor dem Ersten Weltkrieg ab. Mitgliederverluste waren allerdings nicht zu vermeiden, nimmt man die hohe Arbeitslosigkeit in einigen Branchen und nimmt man ferner die politischen Kämpfe in der Arbeiterbewegung, die in die Gewerkschaften hineingetragen wurden und sich bisweilen in endlosen, frustrierenden Streitigkeiten in den Versammlungen entluden.

Bei vielen, die aus den Gewerkschaften austraten, kam die Enttäuschung über den Verlauf der Revolution hinzu, die nicht den erhofften grundlegenden Wandel gebracht hatte.

Tab. 35
Mitgliederentwicklung der Freien Gewerkschaften 1919 bis 1924[17]

Zeitraum		Bäcker	Böttcher	Brauer	Fleischer	Gastw.geh.	Tabakarb.	Gesamt
1919:	I. Quartal	35 368	7 758	56 241	18 775	37 335	48 067	203 744
	II. Quartal	46 940	9 146	64 346	21 085	53 793	59 225	254 535
	III. Quartal	53 588	10 783	69 082	22 060	61 471	63 525	280 509
	IV. Quartal	60 172	11 662	70 807	23 238	64 160	79 219	309 258
1920:	I. Quartal	61 927	12 809	72 921	23 776	66 147	94 352	332 112
	II. Quartal	60 615	12 980	73 842	23 684	69 322	101 913	342 356
	III. Quartal	60 705	12 565	73 079	24 246	65 327	103 323	339 336
	IV. Quartal	65 077	12 938	73 428	24 473	63 379	114 265	353 560
1921:	I. Quartal	65 948	12 964	73 634	23 853	65 732	121 063	362 925
	II. Quartal	66 429	12 241	74 061	23 255	62 552	123 112	361 650
	III. Quartal	73 317	12 372	78 435	23 591	62 012	127 000	376 727
	IV. Quartal	80 580	13 153	80 752	24 338	54 169	129 155	382 147
1922:	I. Quartal	85 023	13 800	82 992	24 417	46 086	128 482	380 800
	II. Quartal	86 398	14 086	86 433	23 298	48 895	129 642	388 752
	III. Quartal	85 562	14 784	86 483	22 649	48 033	129 734	387 245
	IV. Quartal	80 574	14 238	82 361	21 402	47 758	117 956	364 289
1923:	I. Quartal	75 243	13 520	81 589	20 092	47 257	110 105	347 806
	II. Quartal	75 288	13 162	84 650	18 759	40 035	109 087	340 981
	III. Quartal	68 870	12 311	80 563	18 081	43 894	105 906	329 625
	IV. Quartal	55 121	10 155	69 459	15 720	37 175	81 934	269 564
1924:	I. Quartal	53 524	9 373	66 018	14 271	30 131	77 755	251 251
	II. Quartal	50 848	8 799	65 519	13 213	26 280	72 327	236 986
	III. Quartal	50 798	8 620	63 672	12 642	24 744	66 601	227 077
	IV. Quartal	52 761	8 848	65 235	12 984	22 413	66 712	228 953

Tab. 36
Weibliche Mitglieder in den Freien Gewerkschaften 1919 bis 1924[18]

		Bäcker	Böttcher	Brauer	Fleischer	Gastw.geh.	Tabakarbeiter	Gesamt
1919:	I. Quartal	12141	–	4963	1611	9528	34899	61142
	II. Quartal	14902	–	5705	1284	17871	44407	84169
	III. Quartal	16621	–	5658	1058	22709	48268	94314
	IV. Quartal	19145	–	5315	1183	23694	60634	109971
1920:	I. Quartal	20142	–	5745	1424	28986	72973	129090
	II. Quartal	19991	–	5931	1373	28764	78873	134932
	III. Quartal	20840	–	5447	1483	25583	80096	133449
	IV. Quartal	24808	555	5336	1583	26911	88918	148111
1921:	I. Quartal	25897	487	5205	1269	24285	95378	152521
	II. Quartal	26880	437	5263	1255	20296	96903	151124
	III. Quartal	32475	402	5754	1644	24605	100336	165221
	IV. Quartal	38449	554	5840	1827	19069	102372	168111
1922: IV. Quartal		40059	387	6034	2034	14876	95634	159024
1923: IV. Quartal		25141	157	4718	1607	16210	64639	112471
1924: IV. Quartal		26088	165	4206	1653	5936	50762	88810

Tab. 37
Branchenzugehörigkeit der Mitglieder im Zentralverband der Bäcker und Konditoren 1919 bis 1923[19]

Beschäftigt in	1919 Gesamt	Davon weibl.	1920 Gesamt	Davon weibl.	1921 Gesamt	Davon weibl.	1922 Gesamt	Davon weibl.	1923 Gesamt	Davon weibl.
1. Bäckereien Bäcker Konditoren	21965 460	318 14	18889 332	284 20	20156 552	383 –	18574 527	488 –	14636 385	344 –
2. Militärbäckereien	1504	2	790	4	309	3	249	–	292	13
3. Konditoreien, Cafés, Restaurants	3170	632	4500	1548	4864	1684	3862	1538	2329	618
4. Honig- und Lebkuchenfabrikation	1265	785	967	496	1158	644	1271	877	646	312
5. Waffel- und Oblatenfabrikation	72	54	1318	1037	1159	889	1446	1078	990	843
6. Spekulat.- und Printenfabrikation	14	8	78	63	25	8	73	45	31	21
7. Keksfabrikation	1526	1139	2105	1469	3882	2993	3780	3060	2287	1739
8. Zwiebackfabrikation	943	679	845	593	815	617	984	698	315	195
9. Teigwarenfabrikation	3652	2482	1992	1279	3451	2364	2548	1717	2404	1752
10. Schokoladen- und Kakaofabrikation	8685	6239	16370	11678	27440	20261	26187	18700	13793	10197
11. Zuckerwarenfabrikation	4876	3229	4002	2666	5808	4256	4594	3365	2807	2235
12. Marzipanfabrikation (Rohmasse)	66	47	168	118	87	65	102	76	68	59
13. Marzipanverarbeitung	17	15	390	323	376	305	1486	1066	101	78
14. Lakritzenfabrikation	–	–	256	225	185	172	227	204	383	349

15. Tragant- fabrikation	41	23	42	22	42	31	67	51	35	15
16. Kunsthonig- fabrikation	124	101	157	97	406	307	421	305	260	168
17. Nährmittel- betriebe	2003	1700	1300	1094	1510	1215	931	723	754	623
18. Marmeladen- betriebe	1058	644	633	339	1040	695	1254	809	690	498
19. Zur See fah- rende Mitglieder	2	–	24	–	28	–	20	–	54	–
20. Arbeitslose Mitglieder	3814	407	4679	889	3120	776	7558	3998	10194	4898
21. Kranke Mitglieder	315	101	626	228	721	352	760	439	383	160
22. Mitglieder auf der Reise	14	–	14	–	15	–	33	–	7	–
23. Mitglieder außer Beruf tätig	4586	323	4611	336	3421	429	3620	822	1277	24

Tab. 38
Branchenzugehörigkeit der Mitglieder des DTAV 1920 bis 1924[20]

Branche	1920 Gesamt	Davon weibl.	1921 Gesamt	Davon weibl.	1922 Gesamt	Davon weibl.	1923 Gesamt	Davon weibl.	1924 Gesamt	Davon weibl.
Zigarre	86656	65747	96460	74907	86353	69115	57355	44011	45207	32633
Zigarette	20309	18506	23951	21748	23203	21071	17479	15881	16058	14715
Rauch- und Schnupftabak	3900	2518	5128	3520	5287	3646	4699	3366	2903	1926
Kautabak	2880	1805	2997	1845	2512	1521	2102	1181	2387	1404
Sonstige	520	342	619	352	601	281	299	200	157	84

Mitgliederzuwachs im DTAV.

Tab. 39
Länder und Landesteile mit der absolut und prozentual größten Zunahme an Mitgliedern des DTAV[21]

Gebiet	Mitglieder 1913	Mitglieder 1920	Steigerung Prozent	Steigerung Absolut
Freistaat Bayern	458	7 531	1 531,2	7 013
Freistaat Württemberg	371	5 058	1 263,3	4 678
Prov. Rheinland	333	4 170	1 152,3	3 837
Prov. Ost- und Westpr.	199	2 385	1 098,5	2 186
Freistaat Baaden	1 595	16 862	945,9	15 087
Prov. Hessen-Nassau	607	4 076	571,5	3 469
Prov. Pommern	44	284	545,5	240
Freistaat Hessen	1 269	7 803	514,9	6 534
Freistaat Thüringen	1 235	5 194	320,6	3 959
Prov. Schlesien	2 097	7 097	238,4	5 000
Freistaat Sachsen	6 104	18 773	207,6	12 669
Prov. Westfalen	3 897	10 349	165,6	6 452

Tab. 40
Mitgliederentwicklung in den Verbandsbezirken des Zentralverbands der Bäcker und Konditoren 1921 bis 1922[22]

Verbandsbezirk	31. 12. 1921	Mitglieder am ... 30. 6. 1922	31. 12. 1922
Danzig	1 362	1 343	1 455
Breslau	2 320	2 544	2 291
Görlitz	1 747	1 795	1 513
Berlin	13 232	13 729	12 653
Magdeburg	3 747	4 397	4 053
Hannover	3 567	3 542	3 676
Hamburg / Kiel	} 8 316	8 938	8 682
Bremen	1 796	1 882	1 827
Leipzig	4 150	4 405	3 802
Chemnitz	1 733	1 885	1 824
Dresden	8 475	8 869	8 449
Halle	3 733	3 860	3 713
Erfurt	929	937	899
Bielefeld	3 656	4 374	3 322
Elberfeld	2 745	3 201	3 017
Köln	3 758	4 138	3 894
Frankfurt a. M.	3 296	3 485	3 034
Wiesbaden	1 126	1 176	1 036
Mannheim	2 536	2 696	2 652
Stuttgart	2 061	2 326	2 133
Nürnberg	2 909	3 091	3 178
München	3.288	3 753	3 445
Einzelmitglieder	98	32	26
	80 580	86 398	80 574

5. Um die Einheitsorganisation im Hotel- und Gaststättengewerbe

Am 16. November 1918 fand in Berlin eine Massenversammlung von über 1500 Personen statt, die zur »Verschmelzung aller gastwirtschaftlichen Gehilfenverbände« in »einem großen Verband aller Gehilfen«[23] aufrief. Eine noch imposantere Versammlung am 4. Dezember 1918 im Berliner Café Vaterland brachte den Willen aller zur Einheit zum Ausdruck. Ob *Deutscher Kellnerbund* (DKB) oder *Genfer Verband*, ob Berliner Lokalverein oder *Verband deutscher Gastwirtsgehilfen*, alle wollten die Einheitsorganisation.

Am 25. März 1919 hielt der Landesteil Deutschland des *Genfer Verbands* seine Vorständekonferenz in Leipzig ab. Mit großer Mehrheit (3329:326 Stimmen) wurde der Anschluß an die *Generalkommission der Gewerkschaften* beschlossen. Eine Verschmelzung mit dem *Verband deutscher Gastwirtsgehilfen* war damit nicht verbunden. Beide Verbände vereinbarten in einem Kartellvertrag aber, Lohnbewegungen in Zukunft gemeinsam zu führen und auch auf sozialpolitischem Gebiet geschlossen vorzugehen. Die Bundeshauptversammlung des DKB (6. bis 8. Mai 1919 in Leipzig) beschloß ebenfalls, sich der Generalkommission anzuschließen, mit einer wesentlich geringeren Mehrheit allerdings: 40:32 Stimmen und zwei Enthaltungen.

Mit der Zeit reiften beim *Genfer Verband* und beim DKB aber andere Pläne. Man wollte, so sahen jedenfalls die Absichten der Vorstände aus, lieber die Verbände zusammenlegen, um eine Organisation aller *gelernten* Berufsangehörigen zu schaffen.

Der *Verband deutscher Gastwirtsgehilfen* mit seinen damals 60000 Mitgliedern konnte und wollte sich nicht mit der ihm zugedachten Rolle einer Organisation des Hilfspersonals begnügen. Sein Ziel war die Einheitsorganisation, für die es auch unter den Mitgliedern des *Genfer Verbandes* viele Sympathien gab.

Die 13. Generalversammlung des *Genfer Verbandes* (29. bis 31. 10. 1919 in Eisenach) jedenfalls sprach sich einstimmig für die Verschmelzung aller Gastwirtsgehilfenverbände aus. Der vorherige Zusammenschluß von Genfern und DKB zum *Bund der Hotel- und Restaurantangestellten Deutschlands* sollte die Vereinigung nur vorbereiten.

Am 27. April 1920 trat in Leipzig der 2. Fachkongreß aller gastwirtschaftlichen Arbeitnehmer zusammen, der den Schlußstrich unter die Verschmelzungspläne setzen sollte. Die Vertreter des *Bunds* wollten aber langsam schon wieder in eine andere Richtung. Dennoch brachte die Abstimmung unter den Delegierten eine große Mehrheit für die Einheitsorganisation: 167:24. *Verband der Gastwirtsgehilfen* und *Internationaler Verband der Köche* hatten einstimmig dafür votiert, der Bund mit 56:24 Stimmen. Damit schien nun doch alles glücklich zum Abschluß gebracht und am 21. September 1920 trat in Magdeburg die Gründungsversammlung des

neuen *Zentralverbands der Hotel-, Restaurant- und Caféangestellten* (ZVHRC) zusammen.
Die Gründungsurkunde wurde einträchtig von allen Anwesenden unterzeichnet, der erste Verbandstag auf den 21. und 22. Oktober 1920 nach Erfurt einberufen.
Hier sollten die drei Verbände, die sich zur Einheitsorganisation zusammenschließen wollten, ihre Auflösung vornehmen, die Statuten beraten und den Vorstand wählen.
Der letzte Verbandstag des *Verbands deutscher Gastwirtsgehilfen* (19. bis 20. Oktober 1920) entschied sich auch einstimmig für die Auflösung der Organisation und die Überführung ihrer Mitglieder in die Einheitsorganisation. Die gleichzeitig tagende Generalversammlung des *Internationalen Verbands der Köche* beschloß gegen eine Stimme, »die gesamte gewerkschaftliche und sozialpolitische Tätigkeit (...) an den Verband der Hotel-, Restaurant- und Caféangestellten abzutreten, den Internationalen Verband der Köche dagegen zum Fachverband unter voller Erhaltung seiner internationalen Stellenvermittlung, seiner fachkulturellen Einrichtungen und seiner Wohlfahrtseinrichtungen umzuwandeln«.[24] Einiges Gerangel gab es nur beim *Bund,* der aber schließlich auch mit 71:17 Stimmen den Anschluß an die Einheitsorganisation guthieß und sich, nach dem Vorbild der Köche, in einen reinen Fachverband umwandeln wollte.
Am Abend des 22. Oktober stimmten, nach den Satzungsberatungen und den Vorstandswahlen, alle Delegierten in Hochrufe auf den neuen *Zentralverband der Hotel-, Restaurant- und Caféangestellten* ein. Aber wohl nicht alle aus vollem Herzen. Denn der Vorstand des Bunds übte hinterher heftige Kritik und erreichte, daß sich eine neuerliche Bundeshauptversammlung am 3. und 4. Februar 1921 in Braunschweig gegen die Einheitsorganisation aussprach. Natürlich brach dann auch der *Bund* selbst wieder auseinander. Das Ende des Trauerspiels waren von neuem drei zentrale Organisationen der Arbeitnehmer im Hotel- und Gaststättengewerbe: ZVHRC, Genfer Verband und der unter dem Namen Bund der Hotel-, Restaurant- und Caféangestellten fortgeführte DKB.

6. Der Kapp-Putsch und die wiedererstarkte Reaktion

Die Revolution hatte die politische Demokratie eingeführt und den Arbeitnehmern bedeutende sozialpolitische Errungenschaften gebracht: den Achtstundentag, die endgültige Anerkennung des Koalitionsrechts auch für Arbeiterschichten, wie die Landarbeiter, die bisher davon ausgeschlossen waren. Die Bäcker hatten der Revolution das endgültige Nachtbackverbot (Verordnung des Rats der Volksbeauftragten vom 23. November 1918) und die vollständige Sonntagsruhe zu verdanken. Das Tarifwesen wurde mit der Revolution auf eine breite und sichere Grundlage gestellt, Reichstarife auch im Nahrungs- und Genußmittelbereich eingeführt.

Das war viel und wurde in den Gewerkschaften auch bereitwillig anerkannt. Nur: der von großen Teilen der Arbeiterschaft herbeigesehnte grundlegende gesellschaftliche Wandel, die Demokratisierung nicht nur des politischen Lebens, sondern auch der Wirtschaft und der Verwaltung erfolgte nicht. Der Kaiser war gegangen, aber seine Paladine waren geblieben. Die kleinen und großen Geister des reaktionären, monarchistischen Systems, die alles haßten, was die Arbeiterschaft anstrebte, sie paßten sich nur vordergründig der Republik an und manchmal nicht einmal das. Ansonsten waren sie emsig darum bemüht, die junge Republik zu unterminieren.

Der *Zentralverband der Bäcker und Konditoren* klagte 1919:

> Die politische und wirtschaftliche Gesamtlage hat sich (...) für die werktätigen Klassen im Jahre 1919 statt gebessert, fortwährend verschlechtert, und was nicht gleich im ersten Sturm der Revolution im November/Dezember 1918 erreicht worden war, mußte nun in immer hartnäckigeren Kämpfen dem auch in der Regierung erstarkten Bürgertum abgerungen werden oder konnte oft aus rein geldwirtschaftlichen Gründen nicht verwirklicht werden.[25]

Ein besonderer Hort der Reaktion waren die Freikorps. Das waren bewaffnete Freiwilligenverbände, Ende 1918 mit Unterstützung der sozialdemokratischen Regierung gebildet. Die Regierung hatte geglaubt, zur Aufrechterhaltung der inneren und äußeren Sicherheit auf solche Verbände nicht verzichten zu können, zumal die Reichswehr nach den Bestimmungen des Versailler Friedensvertrages auf 100 000 Mann abgerüstet werden mußte. Brutales Auftreten unter demonstrierenden und streikenden Arbeitern hatte den Freikorps schon 1919 einen traurigen Ruhm verschafft. Die Ermordung von Rosa Luxemburg und Karl Liebknecht im Januar 1919 ging mit auf ihr Konto. Der sozialdemokratische Reichswehrminister Noske zeigte sich außerstande, die Freikorps zu kontrollieren.

1920 wurde aus ihren Reihen der erste große Schlag gegen die Republik geführt. Hakenkreuzgeschmückte Einheiten der Marinebrigade Ehrhardt marschierten am 13. März 1920 in Berlin ein, erklärten die Regierung für abgesetzt und riefen den ostpreußischen Generallandschaftsdirektor Kapp zum neuen Reichskanzler aus. Die alte Reichsregierung wich nach Süddeutschland aus, konnte sich aber nicht dazu entschließen, zum offenen Widerstand aufzurufen, z. T. aus Furcht vor den Geistern, die sie da heraufbeschwören würde. Die Reichswehr, dazu da, die Republik zu schützen, hielt sich zurück oder griff, wie im Ruhrgebiet, aktiv auf seiten der Putschisten ein.

Die Gewerkschaften begriffen den Ernst der Stunde. Die heuchlerischen Liebeswerbungen Kapps um die Arbeiterschaft konnten die Vorstände der freien Gewerkschaften nicht darüber hinwegtäuschen, daß Kapp es auf die Zerschlagung der Gewerkschaften abgesehen hatte. Noch am Nachmittag des 13. März riefen *Allgemeiner Deutscher Gewerkschaftsbund* (ADGB) und *Allgemeiner freier Angestelltenbund* zum Generalstreik

Der Fleischer zum Kapp-Putsch.

in ganz Deutschland auf, der fast lückenlos befolgt wurde. Schon vor Bekanntwerden des zentralen Aufrufs hatten sich an etlichen Orten Aktionskomitees aus Gewerkschaften und Arbeiterorganisationen gebildet, die den Widerstand leiteten. Vielerorts kam es zu bewaffneten Zusammenstößen zwischen Arbeitern und Freikorpstruppen. Die aus Gewerkschaften und Mitgliedern der Arbeiterorganisationen gebildete »Rote Ruhrarmee« hinderte die Freikorps am Einmarsch ins Ruhrgebiet. Binnen weniger Tage war der ganze Spuk vorbei, und die »Regierung« Kapp mußte zurücktreten.

Für die Arbeiterschaft war der Fall aber damit noch nicht erledigt. Sie verlangte Garantien, daß jetzt endlich eine Säuberung von Armee und Verwaltung, die Auflösung aller konterrevolutionären, republikfeindlichen Verbände durchgeführt werde. Sie verlangte Garantien, daß mit der Sozialisierung Ernst gemacht werde. Die Gewerkschaften mußten solche Stimmungen berücksichtigen und erklärten sich am 22. März 1920 nur unter genau formulierten Bedingungen zum Abbruch des Generalstreiks bereit. Sie verlangten, den Gewerkschaften müsse »ein entscheidender Einfluß auf die Neuregelung der wirtschafts- und sozialpolitischen Gesetze« eingeräumt werden, »unter Wahrung der Rechte der Volksvertretung«; Bestrafung aller am Putsch Beteiligten, Reinigung der öffentlichen und Betriebsverwaltungen von gegenrevolutionären Persönlichkeiten, Auflösung aller militärischen Verbände des republikfeindlichen, gegenrevolutionären Lagers; »sofortige Inangriffnahme der Sozialisierung der dazu reifen Wirtschaftszweige.«[26] Ähnliche Punkte tauchten im Abkommen über den Abbruch der bewaffneten Kämpfe im Ruhrgebiet auf, das am 24. März 1920 in Bielefeld unterzeichnet wurde.

Zwar wurde die Reichsregierung umgebildet und die bei der Arbeiterschaft am meisten verhaßten Minister, Noske und Heine, mußten gehen. Die Reichsregierung, in der die Sozialdemokraten nur noch dem Namen nach führten, und der Reichspräsident dachten aber nicht wirklich daran, den Gewerkschaften entgegenzukommen. Unverschämt-arrogant war die Haltung des neuen Reichswehrministers. Er habe nicht vor, sich auf die Forderungen des »Gewerkschaftsklüngels«[27] einzulassen. Nachdem der Generalstreik vorüber war, konnte man sich solche Töne wieder erlauben. Die Gewerkschaften boten ihren ganzen Einfluß auf zur Verhinderung des Bürgerkrieges und mußten erleben, wie die Reichsregierung unter Bruch des Bielefelder Abkommens genau die gleichen Truppen ins Ruhrgebiet einmarschieren ließ, die zuvor Neigung gezeigt hatten, sich auf die Seite der Putschisten zu schlagen. Aus Angst vor dem Erstarken der Arbeiterschaft und der Gewerkschaften boten die »respektablen« bürgerlichen Rechtsparteien der Reichswehr, die tief in den Putsch verwickelt war, sehr schnell wieder die Hand.

Nur ein halbes Jahr nach dem Kapp-Putsch, bei den Reichstagswahlen vom Juni 1920, konnte die Rechte schon wieder triumphieren, während die Arbeiterschaft politisch zerstrittener war denn je.

Je mehr die Novemberrevolution der Vergangenheit angehörte, desto schlechter wurde das sozialpolitische Klima. Die Zigarrenarbeiter mußten schon 1920 an zahlreichen Orten in den Streik treten, um die Gewährung von Teuerungszulagen zu erzwingen. Bei der Lohnrunde 1921 hatten es die Unternehmer darauf angelegt, die Löhne zu kürzen. Erst der Streik von über 25000 Zigarrenarbeitern im Juli 1921 brachte dieses Ansinnen vom Tisch. Bäckerhandwerk und Brotindustrie bliesen zum Sturm gegen Nachtbackverbot und Verbot der Sonntagsarbeit, konnten aber trotz aller Rückendeckung durch die Konsumgenossenschaften nur einen Augenblickserfolg verbuchen: Am 13. November 1923 setzte der 1920 durch einen kalten Militärputsch an die Macht gekommene bayerische Generalstaatskommissar von Kahr das Nachtbackverbot außer Kraft. Er mußte zwei Monate später angesichts des Widerstandes der Bäckergesellen aber einen kläglichen Rückzug antreten und seine Verordnung wieder aus dem Verkehr ziehen.

Auch die Unternehmer des Hotel- und Gaststättengewerbes gingen zur Offensive über. Ihr Ziel war die Aufhebung der Festentlohnung, die nach der Revolution in einigen Städten eingeführt worden war. Der erste Angriff erfolgte in der Reichshauptstadt. Die Kündigung des Lohntarifs wurde von den Unternehmern mit der Kündigung des Manteltarifs und der Forderung nach Einführung des 10-Prozent-Systems für das Bedienungspersonals beantwortet. Einen Schiedsspruch des Reichsarbeitsministeriums, der sich für die Beibehaltung des bisherigen Lohnsystems aussprach, lehnten die Unternehmer entschieden ab. Sie waren offensichtlich auf eine Kraftprobe mit den Gewerkschaften aus.

Am 1. Oktober 1921 legten 25000 bis 30000 Arbeitnehmer im Berliner Hotel- und Gaststättengewerbe die Arbeit nieder. Wiederholte Versuche der Behörden, Verhandlungen einzuleiten scheiterten am Starrsinn der Unternehmerfunktionäre, die immer deutlicher auf die Sprengung des *Zentralverbands der Hotel-, Restaurant- und Caféangestellten* aus waren und sich eine mit Gummiknüppeln bewaffnete Streikbrechergarde deutschnationaler Studenten zugelegt hatten. Die Gewerkschaften schritten zum Boykott der bestreikten Lokale. Der Berliner Ortsausschuß des ADGB beschloß am 2. November 1921, den Generalstreik auszurufen, wenn sich die Unternehmer nicht binnen dreier Tage zur Verständigung bereit erklären würden. Jetzt endlich konnte ein Schiedsgericht eingesetzt werden, das am 6. November 1921 seinen Spruch fällte: Für das Bedienungspersonal wurde ein Grundgehalt von monatlich 1600 bis 1800 Mark festgesetzt (die Inflation hatte schon begonnen!), auf alle Speisen und Getränke wurde ein Zuschlag von 10 Prozent erhoben, der gleichmäßig unter dem Bedienungspersonal zu verteilen war.

Eine noch am gleichen Abend einberufene Betriebsräteversammlung erklärte, unter solchen Umständen die Arbeit nicht wiederaufnehmen zu wollen. Dennoch begann die Streikfront zu bröckeln. Abstimmungen in sechs großen Versammlungen am 7. November ergaben keine überzeugende Mehrheit für die Weiterführung des Streiks. Außerdem waren die Kassen leer und der ADGB hatte einen Antrag auf Bundeshilfe abgelehnt, so daß nichts anderes übrigblieb, als sich mit dem halben Sieg zufriedenzugeben.

7. Gewerkschaften in der Inflationszeit

Anfang 1922 wurde die Inflation immer deutlicher spürbar. Für einen Dollar mußte man bereits 200 Mark zahlen, ein halbes Jahr später waren es 500 Mark, und der Kurs kletterte immer weiter, bis zur schwindelerregenden Höhe von 4,2 Billionen Mark für einen Dollar im November 1923. Die Gewerkschaften waren bald nur noch mit Lohnbewegungen beschäftigt und nach jedem Abschluß mußte schon die nächste Runde angegangen werden, da die Preise im rasenden Tempo stiegen. Der Hamburger Brauereiarbeiter Carl Linné erinnert sich:

> 1923, ich war in der Lohnkommission drin, da machten wir alle 14 Tage Lohnbewegung. Meistens vor dem Schlichtungsausschuß. Nach jeder Verhandlung dann Versammlung, dann die Abstimmung über Annahme, Ablehnung. Wir hatten das eine noch gar nicht angenommen, da waren wir schon in der nächsten Lohnverhandlung.[28]

Der *Zentralverband der Bäcker und Konditoren* führte 1923 jede Woche Lohnverhandlungen. Der DTAV hatte 1097 Lohnverhandlungen mit den verschiedenen Unternehmerverbänden des Tabakgewerbes. In der letzten Phase des Geldverfalls wurde der Lohn täglich ausgezahlt, denn am nächsten Tag war das Geld schon nichts mehr wert.
Breite Schichten nicht nur der Arbeiterklasse, sondern auch des Mittelstandes verelendeten. Mit der Inflation stieg die Arbeitslosigkeit. Im Oktober 1923 waren 63,5 Prozent aller Mitglieder des *Zentralverbands der Bäcker und Konditoren* arbeitslos. Erneut standen die Gewerkschaften vor dem finanziellen Zusammenbruch. Wenn die Beiträge bei der Hauptkasse eintrafen, waren sie schon um ein Vielfaches entwertet. Das Vermögen schmolz dahin, und nur durch Spenden der *Internationalen Union der Organisationen der Arbeiter und Arbeiterinnen der Lebens- und Genußmittelindustrie* konnten die Organisationen notdürftig über Wasser gehalten werden. Die Verbandszeitungen erschienen nur noch als kümmerliche, zwei- oder vierseitig bedruckte Blättchen. An Ausgaben für Schulung oder ähnliches war gar nicht mehr zu denken.
Die Not der Massen war so groß, daß es in verschiedenen Städten zu Hungerkrawallen kam. Gleichzeitig schien die politische Einheit Deutschlands zu zerbrechen. Im Rheinland agitierten die von der französischen Regierung unterstützten Separatisten. In Bayern wühlten die rechtsradikalen »völkischen« Verbände und bereiteten, vom autoritären Regime des Generalstatthalters von Kahr unterstützt, den Marsch auf Berlin zum Sturz der verfassungsmäßigen Regierung vor. Schmerzlicher denn je empfanden

Tab. 41
Arbeitslosigkeit und Kurzarbeit im Zentralverband der Bäcker und Konditoren 1922 bis 1924[29]

Monat		Von den Verbandsmitgliedern waren arbeitslos	kurzbeschäftigt	Auf 100 Mitglieder kamen Arbeitslose und Kurzarbeiter
1922	Januar	4 529	501	6,2
	März	3 247	368	4,3
	Mai	3 364	632	4,7
	Juli	2 834	1 539	5,0
	Sept.	3 646	6 393	11,7
	Nov.	6 582	14 645	25,4
	Dez.	8 249	22 708	38,4
1923	Januar	7 450	14 231	27,8
	März	8 896	23 087	42,5
	Mai	6 575	10 382	22,5
	Juli	6 280	12 714	25,2
	Sept.	11 720	32 148	63,7
	Nov.	15 700	16 845	53,8
	Dez.	13 223	16 897	54,7
1924	Januar	9 105	2 717	21,4
	März	4 750	1 493	11,6
	Mai	5 215	4 219	18,0
	Juli	6 412	7 845	28,6
	Sept.	4 258	1 671	11,7
	Nov.	3 542	760	8,0
	Dez.	6 016	2 578	16,3

die freien Gewerkschaften die politische Zerrissenheit der Arbeiterbewegung, die ein geschlossenes Handeln gegenüber der Reaktion unmöglich machte. Die Zusammenarbeit von Sozialdemokraten und Kommunisten in den Landesregierungen Sachsens und Thüringens blieb ein Zwischenspiel. Ende 1923 hatten die offen gewerkschaftsfeindlichen Tendenzen in der KPD endgültig die Oberhand gewonnen. Raus aus den Gewerkschaften und Gründung eigener Verbände, war die kommunistische Parole. In Berlin z. B. waren die Verhältnisse derart, daß der *Zentralverband der Bäcker und Konditoren* sich wochenlang nicht traute, eine Versammlung einzuberufen, weil ungebetene Gäste von der KPD immer wieder Schlägereien provozierten.

Ende 1923, als die Markstabilisierung kam, und man wieder auf geordnete wirtschaftliche Verhältnisse hoffen konnte, lagen die Gewerkschaften durch große Mitgliederverluste geschwächt und finanziell ausgeblutet am Boden. Die Unternehmer holten zum langersehnten Schlag gegen den Achtstundentag aus, und die bürgerliche Reichsregierung war willfährig genug, ihnen dabei mit dem Erlaß einer neuen Arbeitszeitverordnung am 21. Dezember 1923 Hilfestellung zu leisten. Danach konnte die tägliche

Arbeitszeit bis zu 10 Stunden ausgedehnt werden, und tarifliche Bestimmungen, die noch den Achtstundentag vorsahen, galten als kündbar. Hiervon machten die meisten Unternehmensverbände sofort Gebrauch: Die deutsche Wirtschaft könne nur gesunden, wenn zumindest auf eine Reihe von Jahren überall 9 und 10 Stunden gearbeitet werde.
Die Gewerkschaften konnten den Unternehmern nicht mehr viel Widerstand entgegensetzen. In der Süßwarenindustrie wurde durch einen Schiedsspruch des Reichsarbeitsministers die wöchentliche Arbeitszeit auf höchstens 54 Stunden festgelegt. Ähnliche Regelungen fanden mit geringfügigen Unterschieden überall in der Nahrungs- und Genußmittelindustrie Eingang. Z. B. konnte die Arbeitszeit für Rauchtabakarbeiter bei »wirtschaftlichem Bedarf« noch einmal um zwei Stunden verlängert werden. Ausnahmen bildeten nur das Bäcker- und Konditorgewerbe und die Zigarettenindustrie, wo die Arbeitszeit von 45 auf 48 Stunden heraufgesetzt wurde. Im Bäcker- und Konditorgewerbe konnte an der täglichen Arbeitszeit von 8 Stunden festgehalten werden, und in einer Reihe von Tarifen war sogar eine Pause von 15–30 Minuten *innerhalb* der achtstündigen Arbeitszeit vorgesehen.
Mußten in der Arbeitszeitfrage notgedrungen Kompromisse eingegangen werden, so konnte der Generalangriff auf das Tarifvertragswesen abgewehrt werden. Auch hier gab es Einbrüche. Den Zigarrenarbeitern z. B. wurde der Tarifurlaub von 8 auf 4 Tage gekürzt, auf der anderen Seite konnte der *Zentralverband der Bäcker und Konditoren* den tariflich festgelegten Urlaub noch erhöhen. Insgesamt blieb das System der kollektiven Regelung von Lohn- und Arbeitsbedingungen erhalten. In zähem Ringen konnten die Gewerkschaften mit der ab 1925 einsetzenden wirtschaftlichen Erholung die Tarifverträge weiter ausbauen und die in der Inflationszeit verlorenen Positionen zurückerobern.

Werbeplakat des Denag, um 1925.

KAPITEL XIV
Die Nahrungs- und Genußmittelwirtschaft in der Weimarer Republik

1,36 Millionen Arbeitskräfte waren 1925 in der Nahrungs- und Genußmittelindustrie tätig. Diese Zahlen wurden nur noch vom Baugewerbe mit 1,53 Millionen und von der Bekleidungsindustrie mit 1,43 Millionen Beschäftigten übertroffen. In der Ausrüstung mit Kraftmaschinen kam die Nahrungs- und Genußmittelindustrie hinter Bergbau-, Eisen- und Metallgewinnung an dritter Stelle in der deutschen Wirtschaft. Handwerkliche Betriebe waren in der Bäckerei-, Konditorei-, Fleischerei-, Molkerei- und in der Mühlenwirtschaft am stärksten vertreten. 88,9 Prozent aller Betriebe im Bäcker- und sogar 92 Prozent im Fleischergewerbe beschäftigten nicht mehr als fünf Personen. 89 Prozent waren es bei der Molkerei- und 93,1 Prozent in der Mühlenwirtschaft. Die Brauwirtschaft hingegen wies nur zu 52,5 Prozent Kleinbetriebe auf. Zuckerindustrie, Schokoladen- und Zuckerwaren- und Brauwirtschaft waren die Bereiche in der Nahrungs- und Genußmittelwirtschaft mit den meisten Großbetrieben.
Die Anzahl der Bäckereien und Konditoreien, die bei der Betriebszählung 1925 ermittelt wurden, zeigt Tabelle 43. Etwa die Hälfte aller in Konditoreien und Bäckereien beschäftigten Personen waren Inhaber und mithelfende Familienangehörige. Keks-, Zwieback- und Waffelherstellung wurden fabrikmäßig betrieben. Die Produktion von dauerhaften Waren und die Exportwirtschaft schufen eher die Möglichkeit zur Konzentration der Betriebe als bei den Bäckereien mit ihrer Produktion für den Tagesbedarf. Trotz der handwerklichen Betriebsform der Bäckereien wurden immer mehr Handarbeitsverrichtungen durch Maschinen abgelöst. Seit Anfang des Jahrhunderts war die technische Entwicklung im Bäckergewerbe mit Riesenschritten vorangegangen, wie Tabelle 44 zeigt. Durch die Entwick-

Tab. 42
Bäckereien mit Kraftbetrieb 1901 bis 1928[1]

Es wurden ermittelt im Jahre		
1901	786	Bäckereien mit Kraftbetrieb
1910	7 032	,, ,, ,,
1914	19 587	,, ,, ,,
1926	42 375	,, ,, ,,
1928	54 882	,, ,, ,,

Tab. 43
Erwerbstätige in Bäckereien und Konditoreien 1925[2]

Berufe	Erwerbstätige männlich	weiblich	zusammen
Eigentümer	87 697	3 382	93 079
Bäcker	78 278	3 789	82 067
Konditoren	7 185	396	7 681
Pächter	4 048	147	4 195
Bäcker	3 674	108	3 782
Konditoren	276	7	283
Direktoren und Geschäftsführer	265	79	644
Hausgewerbetreibende	7	6	13
Selbständige insgesamt	92 317	5 614	97 931
Techn. Angestellte, Fachpersonal	161	68	229
Meister, Aufsichtspersonal	4 142	17	4 150
Kaufmännische Angestellte	2 129	14 496	16 625
Angestellte insgesamt	6 432	14 581	21 013
Arbeiter in charakterist. Berufen	157 697	242	157 939
Bäcker	140 464	175	140 639
Konditoren	17 233	67	17 400
Betriebshandw. und Hilfsberufe	3 363	794	6 157
Gärtner	12	–	12
Monteure usw.	72	–	72
Schlosser	133	–	133
Schmiede usw.	18	–	18
Maschinisten	36	–	36
Sattler	10	–	10
Stellmacher	20	–	20
Tischler	65	–	65
Zimmerleute	17	–	17
Maler	4	–	4
Maurer	25	–	25
Heizer	58	–	58
Kraftfahrer	1 046	–	1 046
Kutscher	3 081	–	3 081
Kellner	687	486	1 173
Köche	24	299	323
Übrige Arbeiter	6 599	7 434	14 033
Arbeiter insgesamt	169 759	8 470	178 129
Mithelfende Familienangehörige	4 843	61 574	66 417
Mithelf. v. Hausgewerbetreib.	1	–	–
Zusammen:	273 251	90 239	363 490

Tab. 44
Größenklassen der Bäckereibetriebe im Jahr 1925[3]

Größenklasse	Betriebe Zahl	Proz.	Personen Zahl	Proz.	Motor. Kraft (PS) Zahl	Proz.
Bis 5 Personen	92 464	88,9	258 413	68,8	94 526	63,8
6–50 Personen	11 441	11,0	100 362	26,7	40 415	27,3
51 u. mehr Pers.	143	0,1	16 948	4,5	13 224	8,9

lung kleiner Maschinentypen war es den Meistern möglich, erfolgreich mit den Großbetrieben zu konkurrieren, während die Technisierung in anderen Gewerbezweigen gerade zur Ausschaltung der kapitalschwachen Unternehmen geführt hatte. Die Fabriken für Bäckereimaschinen konnten durch den Massenabsatz kleinerer Maschinen das Risiko für die Herstellung größerer, teurer Anlagen für die Großbetriebe übernehmen.

Die Technisierung war natürlich verantwortlich für eine Reduzierung der Arbeiterzahl und für die »Lehrlingszüchterei« (Maschinen waren teuer, Lehrlinge aber billig). In den Bäckerinnungsbetrieben entfielen 1928 auf je 100 Bäckergesellen 81,2 Lehrlinge. 1926 waren es 66,2 Lehrlinge gewesen und in der Zeit vor dem Ersten Weltkrieg noch weniger. Besonders stark war die »Lehrlingszüchterei« in Baden mit 2240 Lehrlingen bei 2227 Gesellen, in Ost- und Westpreußen (1559 Lehrlinge, 1451 Gesellen), Schlesien (4140 Lehrlinge, 3133 Gesellen), Württemberg (2172 Lehrlinge, 1893 Gesellen).

Bei den Konditoreien dagegen ging die Entwicklung in Richtung Großbetrieb. Der Typ der reinen Konditorei, der vor dem Ersten Weltkrieg noch häufig anzutreffen war, verschwand in den Großstädten. An seine Stelle traten gemischtwirtschaftliche Unternehmen: Cafés, Restaurants, auch Gastwirtschaften wurden den Konditoreien angegliedert. Aus den kleinen Café-Ecken in den Verkaufsräumen der Konditoreien entwickelten sich große, moderne Cafés. Diese Umstellung war dafür verantwortlich, daß in den Konditoreien im Schnitt 5,2 Personen auf einen Betrieb arbeiteten, gegenüber nur 3,6 in den Bäckereien.

Die Betriebszählung des Jahres 1907 verzeichnete im Deutschen Reich (berechnet nach der Fläche von 1920) 9545 Brauereien und 119 225 Beschäftigte. Bis 1925 ging die Zahl der Betriebe um 57,2 Prozent zurück auf 4088, die der Beschäftigten um 22 Prozent auf 92 972. Diese im raschen Tempo vor sich gehende Konzentration der Betriebe war nur möglich durch eine dramatische Umgestaltung der inneren Betriebseinrichtungen. Wurden 1875 erst 12 369 PS an motorischer Kraft in den Betrieben ermittelt, so waren es 1925 mehr als 17mal so viel: 220 985 PS.

Die technische Entwicklung hatte entscheidende Auswirkungen auf die Zusammensetzung der Belegschaften. Die Zahl gelernter Brauer und Mälzer ging stetig zurück, es vergrößerte sich dagegen die Zahl der un- und angelernten Arbeitskräfte: Bottichwäscher, Faßschlüpfer, Flaschenspüler,

Flaschenfüller und Kellerburschen. Mit den für den Braubetrieb wichtigen Berufshandwerkern (Maschinisten, Monteuren, Schlossern) entstanden allerdings auch viele neue qualifizierte Arbeitsplätze.
Die Produktionsleistung in den Betrieben und die Leistung der einzelnen Arbeiter erfuhren eine enorme Steigerung. Sie betrug 1882 im Durchschnitt 1850 Hektoliter pro Betrieb und 470 Hektoliter pro Arbeiter, schnellte 1907 auf 5790 Hektoliter pro Betrieb, bzw. 570 Hektoliter pro Arbeiter. 1925 betrug sie 11 840 Hektoliter pro Betrieb bzw. 530 Hektoliter pro Arbeiter (die Biergewinnung insgesamt war wegen der schlechten wirtschaftlichen Lage um 20 Millionen hl gesunken). Das Leistungsbild würde noch viel klarer zum Ausdruck gebracht werden können, wenn man eine Statistik für die nur in der Produktion tätigen Personen erarbeiten könnte.
Die Produktionssteigerung ging einher mit einer Verschiebung der Standorte. Mit der Entstehung von Großstädten und Industriezentren wanderte die Brauindustrie dem Konsum nach. Sie zog von den Landstädten, wo sie seit Jahrhunderten in Klein-, bzw. Hausbetrieben tätig war, in die Großstädte. Ihre früheren städtischen Filialbetriebe wurden bald zum Hauptbetrieb ausgebaut, der wiederum die kapitalschwachen Klein- und Mittelbetriebe aufsaugte und das flache Land mit Bier belieferte.

Tab. 45
Brauereien im Deutschen Reich 1882 bis 1925[4]

Jahr	Betriebe	Beschäftigte Personen
1882	18 476	71 379
1895	14 289	105 405
1907	12 668	123 047
	(9 545)	(119 225)
1925	4 088	92 972

207

Tab. 46
Beschäftigte in Mälzereien, Brauereien, Eisgewinnung nach der Betriebszählung 1925[5]

Berufe	männl.	weibl.	zusammen
Eigentümer	2337	249	2586
Brauer	1327	108	1453
Mälzer	121	10	131
Pächter	92	7	99
Brauer	58	2	60
Direktoren und Geschäftsführer	1405	7	1412
Architekten, Ingenieure	13	–	13
Selbständige insgesamt	3834	263	4097
Techn. Angestellte, Fachpersonal	742	55	797
Architekten, Ingenieure	146	–	146
Chemiker	73	6	79
Meister, Aufsichtspersonal	3493	8	3501
Kaufmännische Angestellte	10283	2176	12459
Angestellte insgesamt	14518	2239	16757
Arbeiter in charakteristischen Berufen	17515	9	17524
Brauer	15769	6	15775
Mälzer	1646	3	1649
Betriebshandwerker, Hilfsberufe	26982	82	27064
Gärtner	142	–	142
Dreher	162	–	162
Monteure usw.	1092	–	1092
Schlosser	2753	1	2754
Schmiede usw.	819	–	819
Buchdrucker usw.	9	1	10
Maschinisten	1988	–	1988
Sattler	229	–	229
Böttcher	2486	–	2486
Stellmacher	214	–	214
Tischler	572	–	572
Zimmerleute	583	–	583
Fleischer usw.	18	–	18
Näher und Näherinnen	4	15	19
Schneider	2	10	12
Glaser	10	–	10
Maler	306	–	306
Maurer	894	–	894
Heizer	1492	1	1493
Kraftfahrer	3333	1	3334
Kutscher	9582	1	9583
Kellner	43	34	77
Köche	–	14	14
Übrige Arbeiter	27957	4819	32776
Arbeiter insgesamt	72254	4910	77264
Mithelfende Familienangehörige	230	202	432
Zusammen:	90936	7614	98550

KAPITEL XV
Der lange Weg zum Industrieverband

Das Gefühl der Ohnmacht während des Jahres 1923 war für die Vorläuferverbände der *NGG* der entscheidende Anstoß zur Gründung *eines* Industrieverbandes in ihrem Organisationsbereich. Anläufe dazu hatte es in den zurückliegenden 30 Jahren immer wieder gegeben, sie waren gescheitert am Desinteresse der Mitglieder, die mit einem richtigen Instinkt zunächst ihre eigenen Verbände auf eine gesunde Grundlage stellen wollten.
Erst 1919 wurde die Vereinigungsfrage wieder aufgerollt, diesmal durch den *Verband der Brauerei- und Mühlenarbeiter*, der auch innerhalb des *ADGB* – mit dem *Deutschen Metallarbeiterverband* – zu den Vorreitern des Industriegewerkschaftsprinzips gehörte. Der Versuch, die politische Spaltung und damit Schwächung der Arbeiterbewegung durch eine mächtige Gewerkschaftsorganisation auszugleichen, spielte bei den neuen Fusionsverhandlungen eine große Rolle. Auch der Angriffe von links, die in den bisherigen Berufsverbänden »nichts weiter als eine Verkörperung der Rückständigkeit unter der Leitung ›verhaßter Bonzen‹, die die Führung mit den Massen ganz und gar verloren hatten«[1] sahen, wollte man sich auf diese Weise erwehren.
Die ersten Gespräche fanden im März 1920 statt. *DTAV* und *Zentralverband der Hotel-, Restaurant- und Caféangestellten* lehnten allerdings jede Beteiligung ab mit der Begründung, sie seien schon ein Industrieverband. Und die Böttcher nahmen an den Verhandlungen ziemlich lustlos teil und hielten sich bald abseits.
Im Juli 1921 waren die Richtlinien für die Gründung eines *Lebens- und Genußmittelarbeiterverbandes* fertig. Die Urabstimmung brachte ein klägliches Resultat: schwache Beteiligung, da die Mitglieder nach den langen Verhandlungen schon nicht mehr an die Verschmelzung glauben wollten, bei den Brauerei- und Mühlenarbeitern sogar eine Mehrheit dagegen. Damit schien alles wieder in Frage gestellt. Der *Verband der Brauerei- und Mühlenarbeiter* schlug augenscheinlich einen anderen Weg ein, als er seinen Namen auf dem 21. Verbandstag 1922 in Dresden änderte in: *Verband der Lebensmittel- und Getränkearbeiter* (VLG). Dahinter verbarg sich das Kalkül des Vorsitzenden, Eduard Backert (der den Verschmelzungsplänen keine besondere Vorliebe entgegenbrachte), bei einer eventuellen Reform des ADGB, von der viel gesprochen wurde, alle noch anderweitig (im Fabrikarbeiterverband z. B.) organisierten Lebensmittel-

arbeiter für den eigenen Verband zu beanspruchen und so die Bäcker zu überrunden.
Der *Zentralverband der Bäcker und Konditoren* zog zwei Jahre später nach und nannte sich nun: *Deutscher Nahrungs- und Genußmittelverband (Denag)*.

1. Die Gründung des VNG

Die Erfahrung gewerkschaftlicher Ohnmacht während der Inflation war allen Verbänden eine bittere Lehre. Die im April 1925 begonnenen Verhandlungen über eine Verschmelzung kamen nun relativ zügig voran. Außerdem hatte der Breslauer ADGB-Kongreß 1925 zum freiwilligen Zusammenschluß verwandter Verbände aufgerufen.
Am 5./6. Januar 1926 trafen sich in Berlin die Vertreter des Denag, des VLG und des *Zentralverbands der Fleischer,* um die Grundlinien der Vereinigung zu besprechen. Im Mai fand die Urabstimmung statt, die diesmal eine große Mehrheit für die Verschmelzung brachte, wenngleich sich im Denag wieder nur 36 Prozent der Mitglieder an der Abstimmung beteiligten (verglichen mit 70 Prozent im VLG und 54 Prozent bei den Fleischern). Jetzt endlich konnten auch die Böttcher für die Verschmelzung gewonnen werden. Der *Verband der Gärtner* allerdings, den man gern in den neuen *Verband der Nahrungsmittel- und Getränkearbeiter* einbezogen hätte, zog es vor, sich dem Landarbeiterverband anzunähern.
Die restliche Kleinarbeit bedeutete noch viel Mühe, besonders was die Verteilung der Sitze im neuen Vorstand und die Festlegung der Gaugrenzen anging. Dabei fühlte sich der Denag übergangen. Fast wäre die Verschmelzung in letzter Minute gescheitert, wenn sich nicht der ADGB vermittelnd eingeschaltet hätte. Am 24. September 1927 schließlich wurde im Leipziger Volkshaus der Gründungskongreß des *Verbands der Nahrungsmittel- und Getränkearbeiter* (VNG) eröffnet.
Eduard Backert gab einen kurzen Rückblick über die Entwicklung bis hin zur Verschmelzung; Jean Schifferstein und Peter Graßmann überbrachten die Grüße der IUL bzw. des ADGB. Dann folgte die Beratung des neuen Statuts, das mit einigen Änderungen angenommen wurde. Gestrichen wurde der vorgeschlagene Verbandsbeirat. Die Wahl der Beisitzer zum Verbandsvorstand wurde vom Verbandstag selbst vorgenommen, nicht mehr von der Zahlstelle am Sitz des Vorstands. Der vom Denag gestellte Antrag, zwei Vorsitzende mit gleichen Rechten zu wählen, war schon in der Statutenberatungskommission zurückgewiesen worden, und im Plenum erfuhr der Antrag, Alfred Fitz ausdrücklich als 1. stellvertretenden Vorsitzenden zu bezeichnen, das gleiche Schicksal.
Der geschäftsführende Vorstand des *Verbands der Nahrungsmittel- und Getränkearbeiter* setzte sich wie folgt zusammen: Erster Vorsitzender: Eduard Backert (Brauer); stellvertretende Vorsitzende: Alfred Fitz (Kon-

Verband der Nahrungsmittel- und Getränkearbeiter

hervorgegangen aus folgenden Organisationen:

Verband der Lebensmittel- und Getränkearbeiter Deutschlands
Deutscher Nahrungs- und Genußmittelarbeiterverband (Denag)
Zentralverband der Fleischer und Berufsgenossen Deutschlands
Verband der Böttcher, Weinküfer und Hilfsarbeiter Deutschlands

Verfassunggebender Verbandstag

am 23. und 24. September 1927

im Volkshaus zu Leipzig

*

Selbstverlag der Verbände (Redaktion Fr. Krieg)

ditor), Emil Früchtnicht (Böttcher), Fridolin Tröger (Brauer); Redakteur: Anton Lankes (Bäcker); Verbandskassierer: Max Fiedler (Fleischer); Sekretäre und zugleich Leiter der Reichssektionen: Richard Meier (Brauer), Max Röseler (Müller), Hermann Scharf (Bäcker), Paul Hensel (Fleischer). Mit den 12 Beisitzern bildeten sie den Gesamtvorstand. Einen Beirat gab es, wie bereits erwähnt, nicht. In wichtigen Verbandsfragen beriet sich der Vorstand mit den Gauleitern.

Mit seinen 150 000 Mitgliedern stand der VNG an 10. Stelle der dem ADGB angeschlossenen Gewerkschaften. Etliche Beschäftigungszweige der Nahrungs- und Genußmittelindustrie befanden sich noch in anderen Verbänden: Die Margarinearbeiter waren im Fabrikarbeiterverband organisiert, dazu viele Arbeiter der Ölmühlenindustrie. Insgesamt gehörten etwa 35 000 Nahrungs- und Genußmittelarbeiter dem Fabrikarbeiterverband an.

Die Hausangestellten waren beim Verkehrsbund. Die Angestellten waren über eine Vielzahl von Organisationen verstreut. Im freigewerkschaftlichen *Zentralverband der Angestellten* waren hauptsächlich Angestellte aus Brauereien, aus der Süßwaren- und Zigarettenindustrie sowie den Genossenschaften. Im *Bund der technischen Angestellten und Beamten* und dem *Deutschen Werkmeisterverband* waren ebenfalls freigewerkschaftlich orientierte Angestellte aus der Nahrungs- und Genußmittelindustrie zu finden.

Sehr viele Angestellte hatten sich aber auch im stramm rechts orientierten *Deutsch-Nationalen Handlungsgehilfenverband* organisiert. 23 018 waren es 1928, ein Jahr später 25 392. Die meisten davon kamen aus dem Tabakgewerbe, den Genossenschaften, der Öl- und Fettindustrie und den Brauereien.

Im Molkereigewerbe waren noch viele Arbeiter und Angestellte im *Reichsverband der Molkerei- und Käsereiangestellten* oder im *Verband deutscher Molkereifachleute*. Beide Organisationen schlossen sich am 1. Januar 1932 zusammen, ohne daß die Arbeitgeber der Molkereiwirtschaft aufgehört hätten, das Sagen in den Organisationen zu haben.

Der neue *Verband der Nahrungsmittel- und Getränkearbeiter* war zentralistisch organisiert – allerdings bei Wahrung der Interessen in den einzelnen Berufsgruppen. Die Organisation war in 11 größere Gaue und 61 kleinere Bezirke eingeteilt. Alle Mitglieder wurden durch Ortsgruppen erfaßt. Das Statut des neuen Verbandes sah alle Unterstützungseinrichtungen vor, die es in der deutschen Gewerkschaftsbewegung überhaupt gab: Streikunterstützung (bei Maßregelungen, für Angriff- und Abwehrstreiks), Umzugsunterstützung, Rechtsschutz, Erwerbslosenunterstützung (in Fällen von Arbeitslosigkeit oder Krankheit), Kurzarbeiterunterstützung, Sterbegeld, seit 1931 auch eine Invalidenunterstützung, Aussteuerunterstützung. Schließlich konnte für im Statut nicht näher bezeichnete Sonderfälle eine Notunterstützung beantragt werden:

Mit Fug und Recht gilt, was in der Agitation immer mit in den Kreis der Erörterung gerückt werden sollte, daß der Verband der Nahrungsmittel- und Getränkearbeiter seinen Mitgliedern in allen Lebenslagen reichlich finanziell beisteht.[2]

Über eine Kapitalbeteiligung war der VNG Mitglied in der Allgemeinen Deutschen Ferienheim-Genossenschaft GmbH mit dem Sitz in Jena. Die Genossenschaft besaß sieben Ferienheime und vier Wanderheime, in denen 1929 insgesamt 88 und 1930 schon 156 Kolleginnen und Kollegen einen preiswerten Urlaub verbrachten. Auch gab der VNG Wandersparmarken heraus, um den Mitgliedern die Bildung der nötigen Urlaubskasse zu erleichtern.

Weiter war der VNG mit Aktienkapital beteiligt an einer Reihe gemeinwirtschaftlicher Unternehmen: so an den Lindcarwerken in Lichtenrade bei Berlin, die Fahrräder und Motorräder herstellten. Bei den wachsenden Entfernungen zwischen Arbeitsstätte und Wohnung waren viele Arbeiter auf ein preiswertes Fahrrad angewiesen; die Lindcarwerke boten sie nicht nur billiger (und besser) an, sondern räumten auch die Möglichkeit der Teilzahlung ein.

Der VNG war Aktionär der »Eigenhilfe«. Das war ein Unternehmen der Gewerkschaften und Genossenschaften, das Versicherungen gegen Feuer und Einbruch anbot. Lebens- und andere Versicherungen betrieb die »Volksfürsorge«, das Parallelversicherungsinstitut zur Eigenhilfe. Bei der »Volksfürsorge«, vom Tabakarbeiter Adolph von Elm gegründet, und der »Eigenhilfe« waren Beiträge bzw. Prämien niedriger als bei den privaten Versicherungsinstituten, da aller Gewinn wieder den Versicherten zugute kam.

Schließlich war der VNG an der Arbeiterbank beteiligt, einer Aktiengesellschaft mit 12 Millionen Mark Stammkapital, das von Gewerkschaften, Genossenschaften und anderen Arbeiterorganisationen gehalten wurde: »Weil es nicht im Interesse der Arbeiterklasse liegt, wenn Privatsparinstitute deren Spargroschen verwalten, müssen alle Arbeiter Kunden der Arbeiterbank werden.«[3] Kunde der Arbeiterbank zu sein, war aber auch wirtschaftlich von Vorteil: Bei der großen Bankenkrise im Juli 1931 war die Arbeiterbank das einzige deutsche Spar- bzw. Bankinstitut, das seine Kundengeschäfte ordnungsgemäß abwickelte und deshalb bei seinen Kunden noch Vertrauen genoß.

Aus dem Besitz des alten Brauereiarbeiterverbandes übernahm der VNG schließlich die Gesellschaftsbrauerei in Augsburg, die 1907 gegründet worden war, um gemaßregelte Kollegen unterzubringen und einen Stützpunkt für die gewerkschaftliche Agitation zu gewinnen.

Der VNG hatte bei der Verschmelzung 196 Angestellte und 47 Hilfskräfte. Ende 1928 waren es 208 Angestellte und 57 weibliche Hilfskräfte, davon entfielen auf das Verbandshauptbureau 26 Angestellte (die 10 Vorstandsmitglieder eingeschlossen) und 12 Hilfskräfte.

Mitglieder des VNG übten eine Fülle von ehrenamtlichen Funktionen aus. Tabelle 47 versucht, etwas genauer aufzuschlüsseln, in welchen Ämtern Kolleginnen und Kollegen des VNG anzutreffen waren.

2. Spaltungsversuche und ihre Abwehr

Die Abgeordneten des VNG waren alle Mitglieder der Sozialdemokratischen Partei. Bei den Reichstagswahlen riefen der VNG, aber auch DTAV und ZVHRC, zur Wahl der SPD auf. Die Sozialdemokratie erschien eben, wie schon in der Vorkriegszeit, als die konsequenteste Vertreterin gewerkschaftlicher Interessen im politischen Bereich und wurde als die einzige Arbeiterpartei angesehen. Namentlich die Anhänger der KPD monierten, daß die Gewerkschaften für die Sozialdemokratische Partei einträten und warfen ihnen Verletzung der Neutralität vor. Max Röseler antwortete im Mitteilungsblatt:

> Die Kommunisten sind aber gerade die letzten, die sich über die Neutralitätsverletzung der Gewerkschaften beklagen können. Die Kommunistische Partei hat es sich zur Aufgabe gemacht, die freie Gewerkschaftsbewegung in Deutschland zu zerschlagen (...) Die Freien Gewerkschaften in Deutschland haben durch das Eintreten bei der Reichstagswahl für die Sozialdemokratische Partei ihre Neutralität nicht aufgegeben. Wenn die Sozialdemokratische Partei dasselbe tun würde, wie es seit Jahr und Tag die Kommunistische Partei tut, d.h. den Gewerkschaften und ihren Mitgliedern Vorschriften darüber zu machen, wie gewerkschaftliche Kämpfe geführt und Gewerkschaftsarbeit geleistet werden muß und dabei die Arbeiterinteressen verletzt werden, so würden sich die freien Gewerkschaften mit derselben Energie gegen die Sozialdemokratische Partei wenden, wie sie es gegen die Kommunistische Partei tun müssen. Die Anhänger der radikalen Parteien sind die allerletzten, die sich über eine Neutralitätsverletzung der freien Gewerkschaft beklagen können. Bei ihnen liegen die Dinge nur so, daß sie bedauern, daß die freie Gewerkschaft sich nicht für ihre konfusen Programme einsetzt.[4]

Freilich war der kommunistische Einfluß im VNG nicht sehr groß. Er konzentrierte sich auf Berlin und noch mehr auf Chemnitz. In Berlin stan-

Tab. 47
Politische Funktionen von Mitgliedern des VNG

Funktion	Anzahl der Mitglieder[5]
Abgeordnete: Reichstag	3
Reichswirtschaftsrat	2
Landtage	7
Provinziallandtage	8
Kreistage	30
Stadtverordnetenkollegien	114
Gemeindevertretungen	211
Ämter in politischen Parteien	178
Ämter bei der Sozialversicherung	1899
Funktionen in der Arbeitsgerichtsbarkeit	254
Funktionen in Ortsausschüssen des ADGB	356
Kassierer der Volksfürsorge	314
Funktionen in der Verwaltung von Konsumvereinen	369
Mieteinigungsämter	23
Schlichtungswesen	40
Öffentliche Ämter aller Art	388

den einige Margarinefabriken, einzelne Abteilungen bei Schultheiß-Patzenhofer unter kommunistischem Einfluß. Die Sektion III (Fleischer) im Berliner VNG hatte einen kommunistischen Vorstand; in der Sektion II (Böttcher) war der kommunistische Einfluß relativ stark.
Hochburg der kommunistischen Nahrungs- und Genußmittelarbeiter war Chemnitz. Dort war die Atmosphäre gegen Ende der zwanziger Jahre so gespannt, daß der vom Verbandsvorstand geschickte Bevollmächtigte Otto Hemann in den Versammlungen von seinen eigenen Kollegen mit Biergläsern beworfen wurde.
Wie war es zu dieser erbitterten Feindschaft gekommen? Bis ca. 1923 sahen viele in den Gewerkschaften in den Kommunisten zwar politische Gegner, aber vor allem die proletarischen Klassengenossen. Die *Deutsche Bäcker- und Konditorenzeitung* schrieb:

> Zwei Richtungen in der proletarischen Bewegung stehen sich nunmehr gegenüber, die sozialistische und die kommunistische. Wie lange noch? Weisen nicht mit aller Deutlichkeit alle Vorgänge in der Weltpolitik auf den unbedingt notwendigen Zusammenschluß aller proletarischen Organisationen hin? (...) Diese Vorgänge werden die Triebfeder sein zur Einigung der beiden proletarischen Armeen. Die Zeit wird und muß kommen. Tragen auch wir unseren Teil dazu bei, sie abzukürzen.[6]

1923 war gleichzeitig das Jahr der Wende im Verhältnis zur KPD. Ruhrbesetzung und Inflation führten zu Demonstrationen, Streiks, Lebensmittelkrawallen und anderen Unruhen. Die KPD glaubte, die Zeit sei reif für den revolutionären Aufstand und nahm wieder schärferen Kurs gegen die Gewerkschaften. Ein Mann wie Jean Schifferstein, Sekretär der IUL, in der internationalen Arbeiterbewegung selbst auf dem linken Flügel stehend, wurde in Hamburg von KPD-Mitgliedern am Reden gehindert. Diese Erfahrung wiederholte sich hundertfach im kleinen. Ein Hamburger Kollege klagte auf dem 16. Verbandstag des *Zentralverbands der Bäcker und Konditoren* 1924:

> Wenn wir damals glaubten, die Kollegen soeben für die Gewerkschaften gewonnen zu haben, kamen die Quertreiber von links und jagten uns diese Mitglieder wieder ab, und daher stammt auch der Rückgang der Mitgliederzahl in der Fabrikbranche.[7]

Die »reformistischen Führer« des ADGB hätten mit ihrer »bürgerlichen Klassenpolitik« die Gewerkschaften zu »Organen des bürgerlichen Staates gegen die Arbeiterschaft«[8] gemacht, wetterte die KPD 1925 und wandte sich gegen den »erzreaktionären«, »gehässigen und feindseligen«[9] Josef Diermeier, den Vorsitzenden des Denag. Daß angesichts solcher und noch schlimmerer Anwürfe die gegenseitigen Brücken abgebrochen wurden, ist kein Wunder.
Für den endgültigen Bruch mit den Freien Gewerkschaften sorgte die KPD dann durch die Gründung eigener kommunistischer Gewerkschaften. Am 21. Februar 1931 wurde in Berlin eine Reichskonferenz der Revolutionären Gewerkschaftsopposition (RGO) – Nahrungsmittel- und Getränkearbeiter – abgehalten. 91 Delegierte aus Berlin und dem Reich (wie

viele Organisierte sich darunter befanden, wurde wohlweislich verschwiegen) verabschiedeten einen »Sturmplan« der RGO zur »Führung der Streikkämpfe«.[10] Und wählten eine Reichsleitung.

Das war für den Verbandsvorstand Anlaß, RGO-Mitgliedern, soweit sie Funktionen im Verband ausübten, einen Revers mit der Verpflichtung vorzulegen, sich »am Zellenbau der KPD nicht (zu) beteiligen«.[11] Zu großen Ausschlüssen kam es jedoch nicht, und von Vorfällen wie im DTAV-Berlin, wo rund 40 kommunistische Funktionäre ausgeschlossen wurden, blieb der VNG verschont.

Tab. 48
Branchenzugehörigkeit der Mitglieder im VNG 1928 bis 1931[12]

Branche	1928	1929	1930	1931
Getränkeindustrie				
männl.	61 692	65 272	63 901	58 864
weibl.	4 229	4 875	4 357	3 469
Lehrl./Jug.	538	714	839	801
Müllerei				
männl.	13 953	14 505	13 865	12 272
weibl.	808	849	765	632
Lehrl./Jug.	15	31	27	61
Bäckerei				
männl.	20 122	21 204	21 121	19 970
weibl.	1 047	1 171	1 117	1 081
Lehrl./Jug.	1 207	1 477	1 580	1 651
Konditorei				
männl.	1 971	2 236	2 136	1 893
weibl.	429	500	403	420
Lehrl./Jug.	54	72	97	109
Süß-, Back- und Teigwarenind.				
männl.	8 554	8 965	7 796	6 401
weibl.	25 006	25 199	20 638	15 681
Lehrl./Jug.	195	222	156	913
Fleischerei u. Wurstfabriken				
männl.	15 870	17 706	17 385	14 779
weibl.	2 831	3 378	3 188	2 702
Lehrl./Jug.	207	403	478	574
Böttcherei				
männl.	9 365	9 783	9 486	8 536
weibl.	325	291	235	149
Lehrl./Jug.	157	214	200	213
Gesamtzahl der Mitglieder				
männl.	131 527	139 671	137 783	125 494
weibl.	34 675	36 263	33 293	26 892
Lehrl./Jug.	2 373	3 133	3 393	4 564
gesamt	168 575	179 067	174 469	156 950

KAPITEL XVI
Die Gewerkschaften in der Weltwirtschaftskrise

1. Zigarrenarbeiter-Aussperrung 1927

Für die Tabakarbeiter war die zweite Hälfte der zwanziger Jahre alles andere als die vielgerühmten »Goldenen Jahre«. 30,9 Prozent der Mitglieder des DTAV waren 1924 arbeitslos oder Kurzarbeiter. 1925 gab es schon 32,9 Prozent und im nächsten Jahre fast die Hälfte (49,38 Prozent), die kurz- oder gar nicht mehr arbeiteten. Erst 1927 trat mit »nur« 20,3 Prozent arbeitslosen und kurzarbeitenden Mitglieder eine leichte Besserung ein.
Unter diesen Verhältnissen glaubten die Zigarrenfabrikanten, die Löhne diktieren zu können. Ein Schiedsspruch des Reichsarbeitsministeriums vom 29. 12. 1924, der den Zigarrenarbeitern eine Lohnerhöhung von 10 Prozent zugestand, wurde vom Reichsverband deutscher Zigarrenhersteller (RdZ) abgelehnt, jedoch auf Antrag des DTAV am 2. 2. 1925 für verbindlich erklärt. Die Arbeitsverdienste seien so kläglich, erklärte der Schlichter, daß mindestens die 10prozentige Erhöhung nötig sei.
Das hinderte den RdZ aber nicht daran, das Tarifabkommen schon zehn Tage nach Inkrafttreten wieder zu kündigen. Bereits damals geisterte das Gespenst der Aussperrung im Hintergrund. Die vom RdZ beabsichtigten Verschlechterungen konnten aber noch einmal abgewehrt werden.
Mitte 1925 präsentierte der DTAV seine neue Lohnforderung: 20 Prozent. Wieder spitzte sich die Auseinandersetzung rasch zu. In einer Reihe von Betrieben kam es zu Streiks, in zwei Fällen wurden Aussperrungen verhängt. In Sachsen lagen die Kündigungen zum Zweck der Aussperrung schon vor. Am 4. 9. 1925 wurde ein Schiedsspruch gefällt, der eine Lohnerhöhung von 7 Prozent vorsah. Der DTAV nahm an – sehr zum Mißfallen vieler Mitglieder, die sich mehr erhofft hatten. Aber, so Carl Deichmann im nachhinein:

> Wenn wir damals den Schiedsspruch abgelehnt hätten, dann hätten wir jedenfalls im Jahre 1925 überhaupt keine Lohnzulage mehr erhalten, weil die Arbeitslosigkeit im Oktober so stark einsetzte, daß an die Führung eines Lohnkampfes nicht gedacht werden konnte. Erst im November 1926, als sich die Lohnverhältnisse allgemein in der Industrie gebessert hatten, haben wir dann gemeinsam mit dem Tarifbeirat beschlossen, daß neue Lohnforderungen bei den Arbeitgebern eingereicht werden sollen.[1]

Die Forderung des Jahres 1926 lautete wieder auf eine Lohnerhöhung von 20 Prozent. 897 Mark verdiente damals ein Vollarbeiter im Jahresdurchschnitt. Das entsprach einem Stundenlohn von 37 Pfennig, wie er fast nir-

gendwo mehr in der Industrie üblich war. Die Forderung von 20 Prozent schien da nicht zu hoch gegriffen.
Bei den Arbeitnehmern hatte sich in der Zwischenzeit viel Verbitterung angestaut. Zu oft hatten sie zusehen müssen, wie Zigarrenfabrikanten in Westfalen und Süddeutschland die Situation zum Lohnabbau im großen Stil zu nutzen suchten: Sie waren aufgefordert worden, sich mit einem Lohnabzug von 10, manchmal sogar 20 Prozent einverstanden zu erklären. Andernfalls würde die Filiale geschlossen.
Jede Lohnerhöhung, so erklärten die Zigarrenfabrikanten immer wieder – so auch bei den Schlichtungsverhandlungen am 29. 12. 1926 –, führe zu einer neuerlichen Steigerung der Preise, zum Sinken des Absatzes und zu Arbeitslosigkeit. Auf den Schlichter verfehlten diese Argumente nicht ihre Wirkung. Nach seinem Schiedsspruch sollten die bisherigen Lohnsätze bestehenbleiben. Allerdings wurden die Parteien aufgefordert, spätestens bis zum 31. 3. 1927 in Verhandlungen über eine Neuregelung der Löhne zu treten.
Der DTAV stimmte zu. Die Arbeitslosigkeit war immer noch groß. Die Fabrikanten hatten es offensichtlich darauf angelegt, den Verband zum Streik zu provozieren. Man biß in den sauren Apfel und hoffte auf die Lohnverhandlungen im Frühjahr.
In der Tat zeigte sich der RdZ bei der Frühjahrs-Lohnrunde von den 20 Prozent angetan – nur schlug er vor, die Löhne um diesen Satz zu *kürzen*. Von neuem ging es in Schlichtungsverhandlungen. Eine Lohnerhöhung von 10 Prozent sei angemessen, verkündete diesmal der Schlichter; dazu sollte der Ferienanspruch künftig nach Beschäftigungsmonaten berechnet und für die 52. bis 54. Wochenarbeitsstunde ein Überstundenzuschlag bezahlt werden.
Die beiden Verbände, DTAV und *Zentralverband christlicher Tabakarbeiter,* die in diesen Jahren fast stets gemeinsam verhandelten, stimmten zu. Nur der RdZ legte sich erneut quer. Am 31. 3. 1927 wurde allen Arbeitnehmern der Zigarrenindustrie zum Zweck der Aussperrung gekündigt.
Der Beschluß verfehlte seine Wirkung nicht. Das Reichsarbeitsministerium zeigte sich eingeschüchtert und lehnte es ab, den Schiedsspruch für verbindlich zu erklären. Statt dessen wurden neue Schlichtungsverhandlungen angesetzt und ein neuer Schiedsspruch verkündet. 7,5 Prozent Lohnerhöhung sollten es jetzt nur noch sein, und diesmal beantragten die Unternehmer sofort die Verbindlichkeitserklärung, die binnen einer halben Stunde auch ausgesprochen wurde.

> Dieser Erfolg ließ den Zigarrenfabrikanten den Kamm schwellen. Sie glaubten, den Tabakarbeitern nunmehr alles bieten zu können. Versuche, den Lohn zu drücken, wurden in größerem Umfang unternommen, die Not der Kollegen stieg und das Verlangen nach Neuregelung der Löhne wurde immer stärker.[2]

Beirat, Gauleiter und Ausschuß des DTAV kamen am 18. 9. 1927 zusam-

men und beschlossen Forderungen für die Tarifverhandlungen des nächsten Frühjahres.
Provozierend wies der RdZ jeden Versuch des DTAV zurück, zu Verhandlungen zu kommen. Im ganzen Reich gärte es bei den Arbeitern und Arbeiterinnen der Zigarrenindustrie. Durch das Eingreifen der Verbandsleitung, die sich nicht dem Vorwurf aussetzen wollte, sie breche den Tarif, wurden Streiks jedoch einstweilen vermieden.
Die Sortierer sowie die Kisten- und Fertigmacher der Leipziger Firma Darthmann brachten schließlich den Stein ins Rollen. Sie stellten Lohnforderungen auf, und als mehrmalige Verhandlungen kein Vorwärtskommen zeigten, kündigten sie den Streik an. Noch bevor die Arbeitseinstellung vollzogen war, sperrte die Firma bereits alle Beschäftigte aus.
Unter dem Einfluß der Kreishauptmannschaft Sachsen kam es zu Vermittlungen. Die beteiligten Firmen (die Firma Darthmann hatte Nachahmer gefunden) schienen anfangs auch zum Einlenken bereit, bis Vertreter der Bezirksgruppe Sachsen des RdZ im Verhandlungslokal erschienen. Sie verlangten bedingungslose Wiederaufnahme der Arbeit und brachten so die Verhandlungen zum Scheitern. Am gleichen Tag wurde allen Arbeitern der sächsischen Zigarrenindustrie zum Zweck der Aussperrung gekündigt.
Die Bezirksgruppe Schlesien des RdZ nahm einen Streik in Breslau zum Anlaß, ihrerseits gleichfalls die Aussperrung anzukündigen. Dabei hatte der Breslauer Streik dazu dienen sollen, den Vorsitzenden der Bezirksgruppe zur Anerkennung des Tarifs in seiner Fabrik zu zwingen.
Schließlich kam die Arbeitseinstellung der Zeitlöhner in Bünde hinzu, von den Zigarrenfabrikanten gleichfalls als grober Tarifbruch des DTAV behandelt, obgleich für Zeitlöhner gar keine festen Lohntarife existierten.
Insgesamt waren Mitte Oktober, noch waren die Aussperrungen in Sachsen und Schlesien nicht vollzogen, 232 Arbeiter ausgesperrt. 232 Arbeiter hatten nach Auffassung des RdZ Tarifbruch begangen, und deswegen wurde in der Sitzung der Tarifkommission des RdZ am 18. 10. 1927 sogleich die Aussperrung für die *gesamte* Zigarrenindustrie verhängt. Mit anderen Arbeitgeberverbänden wurde vereinbart, keine ausgesperrten Arbeiter einzustellen.»Es handelt sich um eine grundsätzliche Entscheidung, die auf Jahre hinaus wirken wird«, stimmte der RdZ seine Mitglieder ein.[3] Doch das wurde keineswegs mit einhelligem Beifall aufgenommen. Man bangte um das Weihnachtsgeschäft. Dem hatte der RdZ vorbeugen wollen, indem er den Arbeitern erst zu einem späten Zeitpunkt kündigte. Die Zigarrenarbeiter jedoch legten die Arbeit nieder, sobald sie die Kündigung in Händen hatten.
Ende Oktober standen 80 000 Zigarrenarbeiter auf der Straße. Viele Tabakarbeitergemeinden waren gezwungen, aus öffentlichen Mitteln Unterstützungen an die Unorganisierten zu zahlen. Nicht zuletzt deswegen bemühten sich die Regierungen von Baden und Hessen, eine rasche Einigung herbeizuführen. Die sozialdemokratische Fraktion stellte einen Dringlich-

keitsantrag im Reichstag. Zentrum, Deutschnationale und Kommunisten taten das gleiche.
Der DTAV betrieb eine breite Öffentlichkeitsarbeit. Das zahlte sich aus. Die Sympathie der Konsumenten für die bereits ausgesperrten und gekündigten Zigarrenarbeiter wuchs. Ungefähr ein Drittel der Zigarrenfabrikanten machte die Aussperrung nicht mit und stimmte statt dessen den Lohnforderungen des DTAV zu.
Die in anderen Zweigen der Tabakindustrie beschäftigten Mitglieder beschlossen, für die Dauer der Aussperrung doppelte Beiträge zu zahlen. Die Verbandsangestellten gaben darüber hinaus noch 10 Prozent ihres Gehalts ab. Am 24. November 1927 trat der Bundesausschuß des ADGB zusammen und beschloß, den Tabakarbeitern die »Bundeshilfe« zukommen zu lassen. Das bedeutete, daß alle Verbände pro Woche 10 Pfennig für jedes männliche und 5 Pfennig für jedes weibliche Mitglied zur Unterstützung der ausgesperrten Tabakarbeiter beisteuerten. Damit war der Plan, den DTAV finanziell auszuhungern, gescheitert. Im Unterschied zur Aussperrung von 1911 konnte der Kampf diesmal aber aus eigenen Mitteln durchgestanden werden, die *Ankündigung* der »Bundeshilfe« reichte, um das Lager der Zigarrenfabrikanten zum Wanken zu bringen.
Am 22. 11. wurden die Verhandlungen in Hessen, am 26. 11. in Baden eröffnet, und am 30. 11. lud der Reichsarbeitsminister zu Gesprächen ein. Nach mehr als 22stündiger Verhandlung stand fest: Die Zigarrenarbeiter bekommen ab 1. 3. 1928 eine Lohnerhöhung von 12 Prozent (10 Prozent in Hamburg und Bremen), für alle Beschäftigte werden die Ferientage von vier auf sechs erhöht.

> Damit war die Aussperrung erfolgreich beendet, der Angriff durch die Geschlossenheit der organisierten Tabakarbeiter abgeschlagen und der Plan, die Zigarrenarbeiter auf Jahre hinaus kampfunfähig zu machen, gescheitert. Besonderer Dank gebührt der Internationale der Tabakarbeiter und den ausländischen Bruderorganisationen, die namhafte Mittel zur Verfügung stellten, sowie dem ADGB, der ohne Zögern die Bundeshilfe gewährte; Dank gebührt auch den Tageszeitungen, die durch die Aufrüttelung der Öffentlichkeit den Kampf wirksam unterstützten.[4]

So Carl Deichmann 1928 auf dem Münchener Verbandstag des DTAV.

2. Gewerkschaften und Regierungspolitik

Auf die ersten Anzeichen einer Konjunkturverschlechterung reagierten die Gewerkschaften, zumal der DTAV, gelassen. Daß die Arbeitslosenzahlen schon 1929 in allen Verbänden ganz beträchtlich über dem Durchschnitt des Vorjahres lagen, wurde auf außergewöhnliche Faktoren wie den langen und harten Winter zurückgeführt. Von einer akuten Wirtschaftskrise könne man nicht reden, meinte der VNG im Frühjahr 1930. Man setzte auf eine baldige wirtschaftliche Belebung und hatte Vertrauen

in die Reichsregierung, an deren Spitze seit 1928 wieder ein sozialdemokratischer Reichskanzler stand.
Die große Arbeitslosigkeit 1929 vergrößerte das Defizit des Reichshaushaltes, das die bürgerlichen Vorgängerregierungen hinterlassen hatten. Die Finanzen der Arbeitslosenversicherung waren bald aufgezehrt, das Reich mußte mit umfangreichen Darlehen einspringen. Die Schere zwischen Einnahmen und Ausgaben im Reichshaushalt öffnete sich in der Folgezeit noch weiter.
Die Konservativen gingen zur Offensive gegen die Sozialversicherung über. Damit war der Konflikt mit den Gewerkschaften vorprogrammiert, für die die erst 1927 eingerichtete Arbeitslosenversicherung einen ähnlich großen Stellenwert hatte wie der Achtstundentag.
Im Dezember 1929 legte die Reichsregierung ein Sofortprogramm zur Deckung der Finanzlücke im Haushalt der Reichsanstalt für Arbeitslosenversicherung vor, die sich auf rund 500 Millionen Mark belief. Eine zeitlich befristete Beitragserhöhung von 0,5 Prozent war vorgesehen, ferner eine Erhöhung der Zigarettensteuer und die Steigerung des Biersteuersatzes um 50 Prozent. Den Unternehmerverbänden wurden Steuersenkungen (Herabsetzung der Einkommenssteuer und der Realsteuer) angekündigt – alles in allem etwa 500 bis 600 Millionen Mark Einnahmeverlust für den Reichshaushalt.
Der VNG protestierte. Tausende von Arbeitnehmern in der Brauindustrie und im Schankstättengewerbe würden arbeitslos werden. Bei den zu erwartenden größeren Entlassungen entstünden erhebliche »Erwerbslosenunterstützungslasten«. Es sei doch widersinnig, »durch eine Übersteuerung des Bieres den Absatz zu erschweren und damit die Einnahmen wieder zu vernichten, die das Reich erhofft«.[5]
Zwischenzeitlich wurden Pläne zur Erhöhung der Biersteuer um 100 Prozent bekannt. Der VNG berief zahlreiche Protestversammlungen der Verbandsmitglieder ein. Es blieb dann im April 1930 bei der 46prozentigen Erhöhung mit ihren immer noch schlimmen Folgen. Die Arbeitslosigkeit im Verband schnellte nach oben.
Der ADGB betonte, wie notwendig die Arbeitslosenversicherung sei, um die Binnennachfrage zu sichern. Das von ihm befürwortete ausgewogene Programm von Besitz- und Massensteuererhöhungen mit einem steuerlichen Notopfer aller Besitz- und Einkommenssteuerpflichtigen konnte sich im Kabinett nicht durchsetzen. Die großbürgerliche Deutsche Volkspartei legte sich quer.
Auf Druck der Wirtschaftsverbände und ihrer politischen Partner mußte der sozialdemokratische Finanzminister Hilferding abtreten. Sein Nachfolger Moldenhauer wollte das Defizit im Reichshaushalt ausschließlich über erhöhte Verbrauchssteuern für Bier und Mineralwasser und durch erhöhte Zölle auf Kaffee und Tee ausgleichen. Gleichzeitig wurde eine Senkung der Realsteuer in Millionenhöhe geplant. Eine Erhöhung des

Beitragssatzes zur Arbeitslosenversicherung war vorgesehen, einstweilen aber keine Leistungsminderungen.
Schweren Herzens stimmte die sozialdemokratische Reichstagsfraktion diesem Kompromiß zu. Zumindest die Kürzung von Leistungen schien abgewehrt. Im Gegenzug erklärten sich die Koalitionspartner bereit, für den Young-Plan, der eine endgültige Regelung der deutschen Reparationszahlungen brachte, zu stimmen.
Hinter den Kulissen wurde freilich schon an einer Rechts-Koalition gestrickt. Nach der Zustimmung zum Young-Plan wurde der ursprüngliche Kompromiß zur Arbeitslosenversicherung immer mehr aufgeweicht und – unter Federführung des Zentrumspolitikers Heinrich Brüning – die Kürzung von Leistungen neben erneuten Steuererhöhungen ins Spiel gebracht. Die Erhöhung der Beiträge war nicht mehr vorgesehen. Am 27. März 1930 lehnte die sozialdemokratische Fraktion diesen neuen »Kompromiß« ab. Die Regierung zerbrach.
Die Regierung Müller zerbrach, weil die bürgerlichen Koalitionspartner – ebenso wie der Reichspräsident – mit der SPD nicht mehr zusammenarbeiten wollten, und weil auch die Wirtschaftsverbände auf den Sturz dieser Regierung aus waren. Das hat manche Historiker nicht daran gehindert, den Gewerkschaften bittere Vorwürfe wegen ihres mangelnden staatspolitischen Verhaltens zu machen. Die Gewerkschaften hätten die SPD zur Ablehnung des Brüning-Kompromisses getrieben (was nicht stimmt), anstatt mit allen Mitteln die Regierung Müller zu stützen. Denn nach Müller kam der Zentrumspolitiker Heinrich Brüning als Reichskanzler – und der regierte schon nicht mehr demokratisch.
In Vorausahnung späterer Legendenbildungen schrieb die *Gastwirtsgehilfen-Zeitung* am 10. April 1930:

> Staatsmännische Erwägungen in allen Ehren, aber wir dürfen darüber nicht vergessen, wodurch wir wurden, was wir sind. Wir sind groß und stark geworden, weil wir rücksichtslos die Interessen der Arbeiter vertreten (...) Wir dürfen das Zutrauen der Arbeiter zu uns nicht erschüttern, wir dürfen die Meinung nicht aufkommen lassen, als seien wir unsichere Kantonisten (...)
> Die Arbeiterbewegung gilt es zusammenzuhalten, und darin liegt mehr staatspolitisches Tun als hinter manch anderer Tätigkeit. Wer anders als die festgefügten Arbeiterorganisationen ist die feste Stütze der demokratischen Republik.

1931 war schon die Hoffnung auf eine wirtschaftliche Besserung endgültig zerronnen. Die Entwicklung in Deutschland hatte »einen geradezu katastrophalen Charakter«[6] angenommen und Ausmaß und Dauer aller früheren Krisen übertroffen.
Die Nahrungs- und Genußmittelwirtschaft wurde davon nicht verschont: Im Braujahr 1930/31 ging der Bierumsatz um rund 16 Millionen Hektoliter zurück, von 58 077 732 auf 42 233 664 Millionen Hektoliter. Erneute Zusammenlegung von Brauereien und Stillegungen von Betrieben waren die Folge. Auch der Brotverzehr wurde eingeschränkt. Darüber gibt es zwar kein direktes Zahlenmaterial, die Angaben über die Zunahme der

Arbeitslosigkeit im Bäckergewerbe geben dennoch einen Hinweis. Am 1. Januar 1931 kamen auf je 100 offene Stellen 1658 Arbeitssuchende. Am 1. Januar 1932 jedoch auf 100 offene Stellen 4160 Arbeitssuchende. Die Zahl der arbeitslosen Bäckergesellen betrug im Januar 1931 schon 39 322, im Januar 1932 rund 10 000 mehr: 49 678. Die Zollpolitik der Regierung, die die Preise für Getreide und Mehl ständig in die Höhe trieb, vergrößerte die Zahl der arbeitslosen Bäcker noch mehr.

Die Menge der konsumierten Tabakfabrikate nahm erheblich ab, und die Raucher wanderten zu den billigsten Preisklassen, was sich für die Arbeiterschaft der Tabakindustrie sowohl lohnpolitisch als auch arbeitsmarktpolitisch auswirken mußte. Um möglichst billige Zigarren herzustellen, gingen namhafte Zigarrenfabriken dazu über, die Wickel maschinell anzufertigen. In der Zigarettenindustrie wurden die letzten Handpackerinnen und Tabaklöserinnen auf die Straße gesetzt und Maschinen und Packautomaten aufgestellt.

Auch im Fremdenverkehrsgewerbe stiegen die Arbeitslosenzahlen. Die Gesamtzahl der Gäste ging in den wichtigsten preußischen Städten vom Winter 1930/31 zum Winter 1931/32 um 21,4 Prozent zurück: von 2 809 777 auf 2 295 855. In Berlin sank der Fremdenverkehr im ersten Halbjahr 1932 gegenüber dem Vorjahreszeitraum um 24,75 Prozent, in Breslau um 25 Prozent, nachdem er von 1930 auf 1931 schon einmal um ca. 25 Prozent abgenommen hatte. Die Arbeitslosigkeit im Hotel- und Gaststättengewerbe verdeutlicht Tabelle 49.

Die rigorose Sparpolitik der Regierung Brüning trug dabei erheblich zur Verschärfung der Krise bei. Gespart wurde vor allem auf Kosten der Lohnempfänger, der Arbeitslosen und Rentner. Mit der Notverordnung vom 5. Juni 1931 wurden Abstriche gemacht an der Arbeitslosenunterstützung und Krisenfürsorge (der heutigen Arbeitslosenhilfe vergleichbar) zwischen 8 und 15 Prozent. Die Wartezeit wurde verlängert, die Unterstützung für Jugendliche unter 21 Jahren gestrichen, soweit ihnen ein

Tab. 49
Arbeitslosigkeit im Hotel- und Gaststättengewerbe[7]

Ende	November 1931	101 677
”	Dezember 1931	103 757
”	Januar 1932	107 764
”	Februar 1932	111 483
”	März 1932	111 254
”	April 1932	108 297
”	Mai 1932	100 530
”	Juni 1932	97 343
”	Juli 1932	93 203
”	August 1932	94 194
”	September 1932	100 594
”	Oktober 1932	108 663
”	November 1932	114 243

familienrechtlicher Unterhaltsanspruch zustand. Die 4. Notverordnung vom 8. Dezember 1931 griff massiv in das Tarifwesen ein: eine 10- bis 15prozentige Kürzung der Löhne und Gehälter zum 1. Januar 1932. Am 14. Juni 1932 wurde noch einmal die »Not verordnet«: Lohnsenkungen für die 31. bis 40. Stunde, Kürzung der Arbeitslosenunterstützungssätze um mindestens 25 Prozent, in manchen Fällen um bis zu 50 Prozent. Die Steuerpolitik des Reiches, die Erhöhung der Biersteuer und Tabaksteuern, war eine zusätzliche Belastung für die ohnehin schon arg gebeutelten Arbeitnehmer.

3. Unternehmerangriffe auf Lohn- und Manteltarife

Zu den staatlichen Belastungen kamen die Versuche der Unternehmer, auf breiter Front eine Verschlechterung der Lohn- und Manteltarife durchzusetzen. 1930 konnte der *VNG* die Angriffe noch abwehren, in einzelnen Bereichen sogar Lohnerhöhungen durchsetzen. 1931 war das nicht mehr möglich. Zu den allgemeinen Lohnsenkungen für 200 000 Personen kamen Verschlechterungen der Arbeitsbedingungen für weitere 70 000 Personen aus dem Tarifbereich des *VNG:* weniger Urlaub, Kürzung der Überstundenbezahlung, niedrigere Bezahlung für Sonntagsarbeit.
Streiks waren unter den Bedingungen der Wirtschaftskrise verständlicherweise selten. Am häufigsten waren noch Aktionen gegen die Verschlechterungsversuche der Unternehmer. Sie endeten durch Verhandlungen oder vor dem Schlichter, wobei vom VNG weitaus mehr Differenzen in direkten Verhandlungen beigelegt wurden, als dies vor dem Schlichter geschah. 1930 kam es nur zu einem halben Dutzend Streiks; 1931 zu 17, an denen nicht mehr als 1251 Personen beteiligt waren.
Der *Reichsverband Deutscher Zigarrenfabrikanten (RdZ)* trat im Frühjahr 1931 an den *DTAV* heran und schlug Lohnsenkungen vor, die für einzelne Gruppen bis zu 48 Prozent betragen hätten. Als der *DTAV* es ablehnte, über solche Forderungen auch nur zu reden, reduzierte der *RdZ* seine Ansprüche. Aber eine allgemeine 12prozentige Lohnkürzung (für Sortierer, Kistenmacher und Bekleber: 14 Prozent) sowie eine umfangreiche Herabsetzung der Orts- und Bezirkszuschläge sollten es wenigstens sein. Der Konflikt ging vor den Schlichter, der nach einer Anweisung des Reichsarbeitsministers die Löhne mindestens um 6 Prozent kürzen sollte. Der Schlichter arbeitete Vorschläge aus, die vorsahen, die Löhne in Bezirken ohne Bezirkszuschlag um 4 Prozent, in allen anderen Bezirken um 6 Prozent zu kürzen. Damit steckte der *DTAV*, der mit dem *Zentralverband Christlicher Tabakarbeiter* und dem *Gewerkverein der deutschen Zigarren- und Tabakarbeiter* gemeinsam verhandelte, in der Zwickmühle. Eine ablehnende Haltung einzunehmen, hätte die Gefahr heraufbeschworen, daß der Schlichter einen Schiedsspruch mit den Unternehmern allein gefällt hätte:

> Angesichts der schweren und langanhaltenden Krisis mußte versucht werden, auf die Gestaltung der Dinge Einfluß zu gewinnen, um das Schlimmste von den in der Zigarrenbranche Beschäftigten abzuwehren. In Anbetracht der allgemeinen Situation war der Lohnabbau, obwohl unberechtigt, dennoch nicht abzuwenden, es mußte deshalb unsere Hauptaufgabe sein, ihn so gering wie nur irgend möglich zu gestalten.[8]

Schweren Herzens entschlossen sich die Tabakarbeiterorganisationen, der Lohnkürzung ihre Zustimmung zu geben. Wie sich die Löhne in der Tabakbranche bis zum 1. 8. 1932 entwickelten, zeigen die Tabellen 50 und 51.

Vorschläge zu einer aktiven Konjunkturpolitik gab es bei den Gewerkschaften im Anfangsstadium der Krise nicht. *DTAV* und *VNG* beschränkten sich darauf, gegen Maßnahmen der Reichsregierung anzugehen, von denen schädliche Auswirkungen auf die wirtschaftliche Entwicklung der betreuten Branchen erwartet wurden – z. B. die Erhöhung der Tabak- und Biersteuer. Die Steuererhöhung konnte der *DTAV* nicht verhindern. Immerhin erreichte er aber, daß den Tabakarbeitern, die wegen der Steuererhöhung arbeitslos wurden, nach dem Muster früherer Jahre eine Sonderunterstützung zu zahlen war.

4. Gewerkschaftskonzepte für Arbeitszeitverkürzung und Arbeitsbeschaffung

»Gegen Arbeitslosigkeit – Arbeitszeitverkürzung«, war das Rezept der Verbände 1931. Nach Gesprächen zwischen Vertretern der Brauindustrie, des Reichsarbeitsministeriums und der Gewerkschaften (*VNG* und Christlicher *Zentralverband der Nahrungs- und Genußmittelindustriearbeiter*) im Juli 1931 wurden bis zum Oktober 1931 insgesamt 50 Abkommen über die Einführung der 40-Stunden-Woche geschlossen. Sie galten für 530 Betriebe mit rund 30 000 Arbeitern, sahen aber nur einen teilweisen Lohnausgleich vor. In den Tarifgebieten Ostpreußen, Schlesien, Berlin, Kiel, Braunschweig, Hannover, Kassel, Mainz, Wiesbaden, Oberhessen, München und einigen anderen Gebieten wurden solche Abkommen vereinbart; *nicht* jedoch im Freistaat Bayern, im Gebiet des Schutzverbandes Rheinisch-westfälischer Brauereien und in Mittelbaden. Die dortigen Brauereiunternehmen hatten einer Arbeitszeitverkürzung nur ohne jeden Lohnausgleich zustimmen wollen.

In der Zigarren- und Rauchtabakindustrie scheiterten wiederholte Versuche, tarifliche Arbeitszeitverkürzungen durchzusetzen, am Widerstand der Unternehmer. Nicht einmal zu einer wirksamen Beschränkung der Überstunden kam es. Nur in *dem* maßgebenden Bezirk der Kautabakbranche, in Nordhausen, wurde 1932 ein außertarifliches Abkommen über die Einführung der 40-Stunden-Woche geschlossen.

In der Zigarettenindustrie war schon im Januar 1931 eine tarifliche Neuregelung der Arbeitszeit durch den Abschluß eines Zusatzvertrages erfolgt.

Tab. 50
Zigarrenherstellung, Reichsgrundlöhne pro 1000 Stück (für Roller und Wickelmacher), Formenarbeit[9]

Ecklöhne bis 10½ Pfd.	Diktatlöhne 18. 11. 1923	ab 27. 2. 1924	ab 12. 10. 1924	ab 16. 11. 1924	ab 25. 2. 1925	ab 7. 9. 1925	ab 1. 4. 1927
Fassonkl. A	5,53	6,30	6,60	6,77	7,75	8,30	9,90
Fassonkl. B	5,81	6,70	7,04	7,20	8,15	8,70	9,35
Fassonkl. C	6,16	7,30	7,67	7,85	9,—	9,65	10,35
Fassonkl. D	6,58	8,20	8,61	8,82	10,10	10,80	11,60

	ab 1. 3. 1928	ab 1. 7. 1929	ab 1. 4 1930	ab 1. 10. 1930	ab 12. 4. 1931	NVO 1. 1. 1932	ab 1. 8. 1932
Fassonkl. A	9,95	10,25	10,55	10,75	10,32	8,77	8,33
Fassonkl. B	10,45	10,76	11,08	11,29	10,84	9,21	8,75
Fassonkl. C	11,60	11,95	12,30	12,53	12,03	10,23	9,72
Fassonkl. D	13,—	13,39	13,78	14,04	13,48	11,46	10,89

Anstelle der 48-Stunden-Woche wurde die 42½stündige Arbeitswoche eingeführt, im allgemeinen sollte der Samstag freibleiben. Zeitlohnarbeiter sollten den Lohn für 45 Stunden bezahlt bekommen. Für die Akkordarbeiter konnte ein Lohnausgleich nicht durchgesetzt werden. Mit solchen und ähnlichen Maßnahmen in anderen Industriezweigen wurde ein Teil der noch vorhandenen Arbeitsplätze abgesichert. Millionen standen aber schon auf der Straße. Ihnen konnte nur mit einem großangelegten Arbeitsbeschaffungsprogramm geholfen werden. Dafür war die Regierung Brüning noch weniger zu haben als für eine gesetzliche Verkürzung der Arbeitszeit. Fritz Tarnow vom *Holzarbeiterverband,* Wladimir Woytinski vom *ADGB* und Fritz Baade, sozialdemokratisches Reichstagsmitglied, legten im Januar 1932 einen Plan vor, der die gewerkschaftlichen Vorstellungen präzisierte. Durch öffentliche Arbeiten mit einem Finanzvolumen von zwei Milliarden Reichsmark sollten eine Million Arbeitslose für ein Jahr in den Produktionsprozeß eingegliedert werden. Der gewerkschaftliche Krisenkongreß vom April 1932 griff den Plan auf. Er empfahl staatliche Aufträge, bei Einhaltung der 40-Stunden-Woche, in folgenden Bereichen: Straßenbau, Wohnungsbau, Sanierung von Wohnungen und Häusern, Schutzmaßnahmen gegen Hochwasser und anderes. Die notwendigen Mittel sollten durch eine Arbeitsbeschaffungsanleihe, durch Steuern der Wiederbeschäftigten und eingesparte Arbeitslosenunterstützung aufgebracht werden. Über den Kaufkraftimpuls, der von den eine Million Wiederbeschäftigten ausgehen würde, könnte dann auch der wirtschaftliche Aufschwung wieder in Gang gesetzt werden, hoffte man. Mangelnde Resonanz im politischen Lager brachte den gewerkschaftlichen Arbeitsbeschaffungsplan zum Scheitern. Nicht einmal die den Gewerkschaften verbundene sozialdemokratische Reichstagsfraktion konnte sich voll für den Plan erwärmen. Auch die der Regierung Brüning folgen-

Tab. 51
Spitzenwochenlöhne in der Zigarettenindustrie bei 48stündiger Arbeitszeit, ab 1.3.1931 bei 42½stündiger Arbeitszeit[10]

		ab 1.1.24	ab 1.10.27	ab 1.7.29	ab 1.6.30	ab 1.3.31	ab 1.1.32
Tabakschneider							
	Hamburg	26,—	61,70	67,68	68,64	64,60	55,25
	Hannover	24,96	41,76	53,76	53,76	51,85	44,20
	Berlin	30,—	51,15	60,—	62,—	58,15	49,45
	Dresden	25,85	47,—	58,—	58,—	54,60	46,75
	München	21,60	42,—	50,50	50,50	47,37	40,30
Sonstige männliche Arbeiter in der Tabakabt.							
	Hamburg	24,—	48,40	55,20	58,08	54,40	45,90
	Hannover	24,—	40,32	46,56	46,56	45,05	38,25
	Berlin	28,70	44,60	58,—	58,—	54,40	46,25
	Dresden	25,85	47,—	54,—	54,—	51,—	43,35
	München	21,60	38,—	45,75	45,75	42,88	36,50
Arbeiterinnen in der Tabakabt.							
	Hamburg	14,25	30,85	35,04	36,96	34,85	29,75
	Hannover	15,36	26,40	31,68	33,60	30,60	26,35
	Berlin	15,—	28,20	35,—	36,—	33,75	28,70
	Dresden	17,85	29,30	35,—	35,—	33,25	28,05
	München	14,40	27,36	32,64	32,64	30,60	26,35
Arbeiterinnen in der Maschinenabteilung							
	Hamburg	14,25	30,80	35,04	36,96	34,85	29,75
	Hannover	15,36	26,40	21,68	32,64	30,60	26,35
	Berlin	18,—	30,30	35,—	36,—	33,75	28,70
	Dresden	18,—	30,—	37,—	37,—	34,85	29,75
	München	14,40	27,36	32,64	32,64	30,60	26,35
Hilfsarbeiterinnen							
	Hamburg	14,40	29,35	33,60	35,04	33,15	28,05
	Hannover	14,40	24,96	29,28	29,28	28,05	23,80
	Berlin	15,—	27,—	32,—	32,—	30,—	25,50
	Dresden	17,—	27,30	32,—	32,—	29,75	25,50
	München	13,44	23,52	28,32	28,32	26,35	22,53

Das Arbeitsbeschaffungsprogramm der Regierung und der Gewerkschaften. Karikatur aus dem Tabak-Arbeiter vom Oktober 1932.

de Regierung Papen legte nur ein höchst bescheidenes Maßnahmenbündel vor, das in keiner Weise geeignet schien, der Massenarbeitslosigkeit Herr zu werden. Soziale Verelendung, wirtschaftliche und politische Verzweiflung griffen weiter um sich. Den Nutzen trugen die Nationalsozialisten davon.

Tab. 52
Arbeitslosigkeit und Kurzarbeit unter den Mitgliedern des ADGB (1929–1932) in Prozent[11]

	Arbeitslos	Kurzarbeiter	Vollarbeiter
Jan. 1929	19,4	8,2	72,4
Mai 1929	9,1	6,3	84,6
Dez. 1929	20,3	10,6	69,1
Jan. 1930	22,2	10,6	67,2
Mai 1930	19,8	11,7	68,5
Dez. 1930	31,8	16,3	51,9
Jan. 1931	34,5	18,8	46,7
Mai 1931	30,4	17,1	52,5
Dez. 1931	42,8	21,9	35,2
Jan. 1932	44,3	22,2	33,5
Mai 1932	43,9	22,2	33,9
Dez. 1932	45,6	22,2	32,2

Tab. 53
Arbeitslosigkeit in Nahrungs- und Genußmittelarbeitergewerkschaften (1929–1932) in Prozent[12]

	1929			1930			1931			1932		
	Jan.	Mai	Dez.	Jan.	Mai	Dez.	Jan.	Mai	Dez.	Jan.	Mai	Dez.
VNG	7,8	6,3	9,8	9,7	10,2	16,0	15,7	15,1	22,1	22,5	22,5	23,4
DTAV	15,7	16,2	16,5	17,8	19,5	42,9	58,8	26,1	51,1	44,1	43,6	37,9
ZVCT	17,0	19,3	13,9	11,1	16,5	73,3	—	38,8[1]	—	—	—	20,1[2]
Kurzarbeit, 1929–1932												
VNG	3,4	2,4	4,2	5,9	4,9	19,0	22,7	18,6	36,4	38	35,6	38,6
DTAV	21,4	23,0	13,6	22,0	20,8	10,7	18,6	10,8	29,5	29,2	23,7	32,2
ZVCT	25,3	24,4	15,6	20,9	31,3	3,5	—	19,3[1]	—	—	—	40,0[2]

1 Jahresdurchschnittszahlen
2 Angaben für Nov. 1932

Tab. 54
Arbeitslose und Kurzarbeiter im ZVCT nach Bezirken (in Prozent)[13]

	1929 Arbeitslose	1929 Kurzarbeiter	1930 Arbeitslose	1930 Kurzarbeiter	1931 Arbeitslose	1931 Kurzarbeiter	1932 (Nov.) Arbeitslose	1932 (Nov.) Kurzarbeiter
Krefeld	12,7	26,5	20,6	27,6	38,2	21,5	29,6	45,0
Herford	16,8	5,0	16,5	9,0	42,3	8,0	17,0	10,4
Heiligenstadt	7,0	22,6	15,1	26,2	26,8	19,4	13,7	42,9
Danzig	7,3	0,0	6,3	43,9	27,3	39,9	6,9	91,0
Ratibor	16,2	33,2	14,1	10,5	26,8	23,0	7,5	90,1
Offenbach	30,9	20,5	31,4	25,5	49,1	12,1	40,1	30,5
Heidelberg	24,9	26,5	28,8	29,0	36,4	18,7	25,9	41,7
Bruchsal	23,9	32,2	18,9	35,3	38,5	19,6	29,4	22,2
Neustadt	12,2	7,8	23,8	20,4	–	–	–	–
Lahr	3,3	40,3	4,9	34,4	20,2	30,8	13,8	45,5

Tab. 55
Arbeitslosigkeit und Kurzarbeit 1929 bis 1932 im Jahresdurchschnitt (in Prozent)[14]

	1929 Arbeitslose	1929 Kurzarbeiter	1929 Vollarbeiter	1930 Arbeitslose	1930 Kurzarbeiter	1930 Vollarbeiter
Verband der Nahrungsmittel- und Getränkearbeiter	7,4	3,3	89,3	11,5	9,3	79,2
Deutscher Tabakarbeiterverband	15,9	17,6	66,5	20,0	22,0	58,0
Zentralverband christlicher Tabakarbeiter	15,6	22,5	61,9	18,2	25,7	56,1

	1931 Arbeitslose	1931 Kurzarbeiter	1931 Vollarbeiter	1932 Arbeitslose	1932 Kurzarbeiter	1932 Vollarbeiter
Verband der Nahrungsmittel- und Getränkearbeiter	17,2	27,2	55,6	22,7	37,5	39,8
Deutscher Tabakarbeiterverband	37,1	22,3	40,6	42,0	26,9	31,1
Zentralverband christlicher Tabakarbeiter	38,8	19,3	41,9	20,1	40,0	39,9

KAPITEL XVII

Der Aufstieg des Nationalsozialismus und die Zerschlagung der Gewerkschaften

Als die Gewerkschaften 1922 nach der Machtergreifung Mussolinis in Italien begannen, sich mit dem Faschismus auseinanderzusetzen, herrschte lange Zeit die Auffassung vor, Faschismus sei etwas für unterentwickelte Agrarstaaten, nicht aber für Industrienationen wie Deutschland. Außerdem sei der Faschismus in Italien zu verstehen als »Gegenwirkung auf das überradikale Benehmen von Arbeiterkreisen, wovor seitens der dem ADGB angeschlossenen Verbände seit Jahren immer nachdrücklich gewarnt wurde«.[1]
Hitler galt als nicht ganz ernstzunehmendes Kuriosum auf der politischen Bühne und schien nach dem fehlgeschlagenen Putsch vom 9. November 1923 keine Rolle mehr zu spielen. Daß ein Nürnberger Delegierter auf dem 16. Verbandstag des *Zentralverbands der Bäcker und Konditoren,* 1924, meinte, den »Hakenkreuzlern« müsse mehr Aufmerksamkeit gewidmet werden[2], zählte schon zu den seltenen Begebenheiten. Desgleichen die Schulungsvorträge über Nationalsozialismus, die Wilhelm Hoegner, sozialdemokratischer Reichstagsabgeordneter aus Bayern, 1928 vor der Münchener Ortsverwaltung des VNG hielt.

1. Gewerkschaftliche Warnungen vor dem Nationalsozialismus

Das Bild änderte sich erst mit dem September 1930 und dem Wahlerfolg der NSDAP, der, wie die *Einigkeit* am 25. September 1930 schrieb, in der politischen Geschichte ohne Beispiel sei. Den Artikeln und Notizen, die von nun ab erschienen, merkte man indes an, daß die Gewerkschaften Schwierigkeiten hatten, zu einer gründlichen Analyse des Nationalsozialismus zu kommen. Meist wurde die nationalsozialistische Bewegung sehr schematisch als von Kleinbürgertum getragen und von den Großkapitalisten ausgehalten dargestellt. Gelegentlich wurde die NSDAP sogar als ausgesprochen monarchistische Partei bezeichnet. Hitler galt als »Abgott hysterischer Weiber, politischer Kinder und Abenteurer, abgehalfterter Offiziere und Prinzen, entthronter Monarchen«[3], als Unternehmerknecht oder Hausknecht der Reaktion. Nur der DTAV charakterisierte die nationalsozialistische Anhängerschaft differenzierter: »Wir dürfen

an der Tatsache nicht vorbeigehen, daß die Mehrzahl der nationalsozialistischen Wähler Arbeiter und Angestellte sind.«[4]
Die Gewerkschaften erkannten aber durchaus, daß die NSDAP ihre Gefolgschaft mit bloßer antikapitalistischer Rhetorik gewann, indes nicht daran denken würde, davon irgend etwas umzusetzen. Sie sahen auch, daß die Funktion des Faschismus darin lag, die in der Krise verarmten Mittelschichten von einem Anschluß an die Arbeiterbewegung abzuhalten, indem ihnen vorgegaukelt wurde, in einer nach den Plänen der *NSDAP* eingerichteten Gesellschaft würden sie wieder in ihre alte Herrlichkeit zurückfinden. Die Gewerkschaften waren sich klar darüber, daß die Funktion des Faschismus darin liegen würde, die organisierte Arbeiterbewegung zu zerschlagen, um dem Kapital eine unbehelligte Krisenlösung auf dem Rücken der Arbeiterschaft zu gestatten.
Komme Hitler an die Macht, schrieb die *Einigkeit* am 7. April 1932, dann werde seine Privatarmee, die SA, von der Leine gelassen, um der Arbeiterbewegung eine Bartholomäusnacht zu bereiten. Mit Galgen und Fallbeil würden die Herrscher des Dritten Reichs dann gegen Gewerkschaften und Arbeiterorganisationen vorgehen. »Wer streikt, wird erschossen«[5] so knapp und zutreffend kennzeichnete der *VNG* das Arbeitsprogramm des Nationalsozialismus. Hitler sei der Todfeind aller Tarifverträge und Sozialgesetze und wolle die Arbeiterschaft wieder in die Helotenstellung der früheren Jahrzehnte zurückpressen.
Im übrigen ließen die Nationalsozialisten auch gar keinen Zweifel aufkommen, worauf sie hinauswollten. Ende November 1931 wurden Pläne der hessischen *NSDAP* für den Fall der Machtübernahme bekannt, die sogenannten »Boxheimer Dokumente«. Danach sollten alle, die Widerstand leisteten oder sich weigerten, mitzuarbeiten, sofort hingerichtet werden. Wenn die Nationalsozialisten an die Macht kämen, sagte der Bottroper Gauleiter Nagel am 7. Mai 1932 in einer Versammlung in Westfalen, dann würden die Gewerkschaftshäuser verschlossen und versiegelt.

2. Gewerkschaftsspalter von links und rechts

Die Gewerkschaften glaubten lange Zeit nicht, daß die Nationalsozialisten je die Möglichkeit bekommen würden, ihre politischen Vorstellungen Wirklichkeit werden zu lassen. Und wenn die von Hitler angekündigte Nacht der langen Messer je kommen solle, schrieb die *Gastwirtsgehilfen-Zeitung* am 10. März 1932, dann werde eben das »deutsche schaffende Volk« mit seinen »Bedrückern« und der »Nazipest« zugleich aufräumen. Voll Verachtung blickten die Freien Gewerkschaften auf den menschlichen Flugsand, der sich bei den Nazis angesammelt hatte. »Ein solcher Brei ohne Ziel und Ideale«, schrieb die *Einigkeit* am 26. November 1931, »kann nicht dem Sozialismus Schaden zufügen (...) Dieses Konglomerat mit weit auseinandergehenden Meinungen und Ansichten kann unmöglich zur Macht kommen, es wird in sich selbst zusammenbrechen müssen.« Zudem zählte man, über alle ideologischen und sonstigen Grenzen hinweg, auf die Solidarität von christlichen und sozialdemokratisch orientierten Arbeitern in der Abwehr des Nationalsozialismus:

> Der in der Zentrumspartei stehende Arbeiter ist sich mit dem sozialdemokratischen Arbeiter einig, daß eine Zertrümmerung der Gewerkschaften unbedingt verhindert werden muß. Der christliche Arbeiter kämpft mit seinen Klassengenossen in der freien Gewerkschaft ebenfalls um die Durchführung der Tarifbestimmungen. Diese Front zu durchbrechen, wird den Nazis nie gelingen.[6]

Ob eine solche gemeinsame Front zustande kommen würde, war allerdings zweifelhaft. Zwar erklärten die Christlichen Gewerkschaften, sie wollten sich nicht als »Sturmbock gegen den Marxismus«[7] mißbrauchen lassen von denjenigen, die Marxismus sagten und Arbeiter meinten. Aber sie fügten auch unmißverständlich hinzu, mit der Sozialdemokratie und erst recht mit dem Kommunismus könne es keine gemeinschaftlichen Aktionen geben.

Anhänger und Mitglieder der Kommunistischen Partei wurden in den Freien Gewerkschaften nie als ernsthafte Bundesgenossen in Betracht gezogen. Die irrwitzige kommunistische Gewerkschaftspolitik seit 1928, die rüde Kampagne gegen die Freien Gewerkschaften und der Kurs auf die Gründung eigener, »roter Verbände«, hatten einen unüberwindlich scheinenden Graben aufgerissen. Und die Kommunistische Partei schien nichts anderes im Sinn zu haben, als diesen Graben noch zu vertiefen. Aktionen wie die vom August 1931, als die *NSDAP* einen Volksentscheid gegen die ihr besonders verhaßte sozialdemokratisch geführte Regierung Preußens organisierte und die *KPD* auf den Karren der Nazis sprang, hinterließen bei den Freien Gewerkschaften einen nachhaltigen Eindruck. Dieser konnte auch durch gelegentliche Einheitsfrontfühler der *KPD* nicht verwischt werden. Zumal sich solche Einheitsfrontangebote allzuoft als Theaterdonner entpuppten, denen dann eine um so größere Hetze gegen die »sozialfaschistischen« Führer der Freien Gewerkschaften und der Sozialdemokratischen Partei folgte. Die KPD verkündete, zwischen NSDAP und ADGB gäbe es sozusagen nur graduelle Unterschiede, weswegen die einen als Faschisten und die anderen als Sozialfaschisten bezeichnet wurden.

»Eine Partei, die darauf ausgeht, der Reaktion die Regierungsgewalt auszuliefern, hat jedes Recht verwirkt, als Anwalt der Arbeiterschaft aufzutreten«, schrieb die *Einigkeit* am 20. August 1931 in Anspielung auf die Beteiligung der KPD am nationalsozialistischen Volksentscheid gegen die preußische Regierung. In der gleichen Ausgabe wurde auch ein vom Hauptvorstand gefaßter Beschluß bekanntgegeben, »diejenigen, die dennoch den verruchten Ideen der Kommunistischen Partei folgen, aus unseren Reihen zu entfernen«.

In der organisierten Arbeiterschaft hatte sich die KPD hoffnungslos isoliert. Mit ihrer Polemik hatte sie obendrein die Gewerkschaftsmitglieder unempfänglich gemacht für Kritik an der Führung. »Hinter fast jeder, auch hinter ehrlicher Kritik, witterte man vielfach kommunistische Verleumdung und Verhetzung, die man gewohnheitsmäßig ignorierte, oder mit einer kräftigen Abfuhr auf die Seite schob«[8], so kennzeichnete der IUL-Sekretär Jean Schifferstein die Lage im VNG zur Jahreswende 1932/33.

Mittlerweile versuchten die Nazis mit allen Mitteln, eine Bresche in das Lager der organisierten Arbeiterbewegung zu schlagen. 1928 war eigens eine Nationalsozialistische Betriebszellen-Organisation (NSBO) gegründet worden, der die Rolle eines Stoßtrupps in den Betrieben zugedacht war. Vor dem Mai 1932 hatte die NSBO kaum 100 000 Mitglieder und nur die Hälfte davon (im übrigen längst nicht alles Arbeiter) waren auch in die NSDAP eingetreten. Die meisten Mitglieder wurden in Berlin, im nördlichen Westfalen, in Schlesien, Sachsen und im Köln-Aachener Raum erfaßt. Schwerpunkt waren die öffentlichen Betriebe, in Berlin Großbanken, Großkaufhäuser und Verlage; mehrere Metallbetriebe in Hamburg und Zechen im Ruhrgebiet, Bosch in Stuttgart und die IG-Farben-Betriebe. In einigen Tabakarbeiterdörfern Westfalen-Lippes und Badens gab es Anhänger von NSBO und NSDAP, so in Alverdissen und Obernbeck, aber meist in den kleineren Betrieben oder unter Heimarbeitern. Bei der großen Lübbecker Firma August Blase z. B. bemühten sich die Nazis vergeblich, Fuß zu fassen.

Unter den 5658 Arbeiterratsmitgliedern, die 1931 im Organisationsbereich des VNG gewählt wurden, waren ganze 22 Nationalsozialisten (neun davon stammten aus Fleischereibetrieben), aber 5317 Freigewerkschafter. Selbst in Bereichen mit nicht so stabilen Belegschaften waren die Ergebnisse mager. So im Hotel- und Gaststättengewerbe, dessen Personal mancherorts mit nationalsozialistischen Flugblättern überschwemmt wurde. Bei der Mitropa in Berlin erhielt die NSBO Ende 1930 ganze zwei Sitze im Arbeiterrat, und das auch nur deswegen, weil die Mitropa den nationalsozialistischen Arbeitsnachweis benutzte und auf diese Weise Nazis in die Betriebe gekommen waren. Bei den Blauschen Betrieben in Essen konnte die NSBO trotz massiver Propaganda und Begünstigung durch die Geschäftsführung nicht mehr als zwei von sieben Sitzen erringen. Im sächsischen Annaberg gab es allerdings ein paar Hotels, die Bastionen der NSBO waren.

3. Die Gewerkschaften in der Defensive

In der Auseinandersetzung mit dem Nationalsozialismus versuchten die Gewerkschaften vor allem, deren soziale Demagogie zu entlarven. Kaum ein Monat verging, in dem die *Einigkeit* nicht über enge Kontakte führender Nationalsozialisten zur Großindustrie berichtete, über Bettelbriefe an Unternehmer oder arbeiterfeindliche Äußerungen und Taten von Nazi-Größen – wie z. B. den Oberbürgermeister von Coburg, für den die Arbeitslosen Arbeitsscheue waren, die bei der viel zu hohen Arbeitslosenunterstützung noch »feist, faul und dick«[9] würden.

Damit sollte zur Zersetzung der nationalsozialistischen Massenbasis beigetragen werden. Immer wieder glaubten die Gewerkschaften, ein Abbröckeln der Massenbasis der *NSDAP* feststellen zu können. Zum ersten Mal, ein halbes Jahr nach den verhängnisvollen Reichstagswahlen im April 1931, meinte die *Einigkeit,* bei der *NSDAP* gehe es schon längst wieder bergab. Das klägliche Scheitern des Volksentscheids gegen die preußische Regierung, die Resultate der Landtagswahlen des Jahres 1931 waren für die Gewerkschaften von neuem Anlaß, die Nationalsozialisten abzuschreiben. Und als Hitler in den Reichspräsidentenwahlen vom Mai 1932 unterlag, sagten die Freien Gewerkschaften erneut den Beginn der großen Krise voraus. Obwohl Hitler mit 13 Millionen Stimmen fast doppelt so viele Wähler hinter sich gebracht hatte, wie bei den Reichstagswahlen des Jahres 1930.

Daß eine auf unerfüllbaren Versprechungen und leeren Hoffnungen aufgebaute Bewegung, die kein Programm, sondern nur Schlagworte hatte, über längere Zeit Bestand haben sollte, erschien den Gewerkschaften – und nicht nur ihnen – undenkbar. Die immer wieder genährte Hoffnung, der Nationalsozialismus werde bald an seinen inneren Gegensätzen zerbrechen, seine Millionen von Anhängern müßten doch einmal merken, daß ihnen außer Illusionen nichts geboten wurde, war für die Gewerkschaften auch einer der entscheidenden Gründe zur Tolerierung der »stillen Diktatur Brünings«.[10]

Die gleiche Hoffnung stand Pate beim Entschluß vom März 1932, zur Wiederwahl des Reichspräsidenten Hindenburg aufzurufen. *SPD* und Gewerkschaften befürchteten, ein eigener Kandidat werde nicht genügend Stimmen bekommen und damit die Wahl Hitlers ermöglichen. Zumal die Arbeiterbewegung wieder nicht einheitlich auftrat, sondern die *KPD* ihren »Reitergeneral«[11] Thälmann präsentierte, wie die *Gastwirtsgehilfen-Zeitung* in Anspielung auf das martialische Auftreten des KPD-Vorsitzenden spöttisch bemerkte. Die Gewerkschaften spielten auf Zeit und waren bereit, Hindenburg für weitere 5 Jahre in Kauf zu nehmen, um Hitler von der Macht fernzuhalten und die Zersetzung der faschistischen Bewegung herbeizuführen. Weniger das »Für Hindenburg«, als vielmehr das »Gegen Hitler« beherrschte die meisten Wahlaufrufe der Verbände.

»Hindenburg ist niemals der Mann der Arbeiterbewegung gewesen und wird es auch niemals sein«, schrieb der *Tabakarbeiter,* das Organ des *DTAV* am 27. Februar 1932, rief seine Leser aber trotzdem zur Wahl Hindenburgs auf, um dem Faschismus eine entscheidende Niederlage beizubringen. Der ZVHRC hingegen meinte, die Gewerkschaften hätten an Hindenburg etwas gutzumachen, da er sich nicht, wie man nach 1925 be-

fürchtet hatte, als Diener der Reaktion erwiesen und sein Amt mit großer Überparteilichkeit geführt habe.

In der Kampagne der Christlichen Gewerkschaften für Hindenburg dagegen schwangen schon deutlich nationalistische Untertöne mit. Sie versuchten, den alten Generalfeldmarschall der Kaiserlichen Armee als den Mann hinzustellen, der »dem sozialen Gedanken zum Sieg«[12] verholfen habe und der Arbeiterschaft zum Aufstieg verhelfen könne. Was angesichts der voraufgegangenen Notverordnungspolitik und angesichts dessen, was noch kommen sollte, als maßlose Übertreibung bezeichnet werden muß.

Hindenburg wurde gewählt, aber die Nationalsozialisten liefen nicht auseinander. Sie konnten bei den folgenden Landtagswahlen noch einmal kräftig zulegen. Auch in Preußen, dem letzten, aber auch mit Abstand größten und wichtigsten Land, wo noch eine von der *SPD* geführte demokratisch-republikanische Regierung am Ruder war. Aufgrund der neuen Mehrheitsverhältnisse (Rechtsparteien und *KPD* blockierten sich wechselseitig im Preußischen Landtag) konnte sie nur als geschäftsführende Regierung im Amt bleiben.

»Die Faschisten vor den Toren!« alarmierte die *Einigkeit* am 5. Mai 1932, beruhigte ihre Leser aber sogleich wieder:

> Wie ein Fels in den brandenden Wogen des Lügenschlamms stehen die freien Gewerkschaften fest. Wenn die Nazis sich daran die Zähne ausbrechen wollen, mögen sie nur kommen.[13]

Immerhin machten sich jetzt Zweifel breit, ob es wirklich ausreiche, auf den Zusammenbruch der Nazi-Bewegung im Lauf der Zeit zu rechnen. Im *VNG* wurde überlegt, ob man die Nazis nicht einmal an die Regierung lassen solle, um so vor aller Öffentlichkeit den Beweis ihrer Unfähigkeit zu erbringen. Das Spiel mit dem Feuer schien dann doch zu riskant, und der *VNG* konzentrierte sich wie alle übrigen Verbände auf die energische Vertretung des gewerkschaftlichen Arbeitsbeschaffungsprogramms.

Der Reichspräsident – ohnehin kein Freund von Republik und Demokratie – geriet in der Zwischenzeit immer mehr in die Abhängigkeit eines Beraterkreises aus Adel, Großgrundbesitz und vor allem Reichswehr – die eine Regierung der »Nationalen Konzentration« unter Einbeziehung der NSDAP wollten. Auf deren Drängen hin wurde im Mai 1932 Reichskanzler Brüning entlassen und Franz von Papen zu seinem Nachfolger ernannt.

Papen hob postwendend das in Preußen erlassene Uniformverbot auf: die SA konnte wieder durch die Straßen ziehen und ihr Zerstörungswerk fortführen.

Die Gewerkschaften wurden bei den Behörden vorstellig, aber es half nichts. Um den Bürgerkrieg nicht noch mehr anzufachen, wollten sich die Gewerkschaften jedoch nicht dazu entschließen, in gleichem Maße zurückzuschlagen, obgleich immer wieder gedroht wurde, die »über-

menschliche Geduld gegenüber diesen Banditen« habe bald ein Ende, und dann werde es »für viele ein grausames Erwachen geben«.[14]
Die neue Regierung von Papen, im Volksmund spöttisch »Kabinett der Barone« genannt, griff zu noch drastischeren Kürzungen aller Unterstützungsleistungen. Die Gewerkschaften riefen auf, »alle Kräfte der Arbeiterschaft zu einmütigem Widerstand zusammenzufassen« und nannten von Papen einen »Platzhalter des Faschismus«.[15] Das war er auch. Unter seiner Regierung wurden wesentliche Voraussetzungen für die spätere Machtergreifung Hitlers geschaffen. Allen voran die rechtswidrige Absetzung der amtierenden preußischen Regierung am 20. Juli 1932, der sogenannte »Preußenschlag«. Damit wurde Preußen der Reichsregierung unterstellt und die Möglichkeit geschaffen, Polizei und Staatsverwaltung von republikanischen Elementen zu säubern.
Dies sei der Moment, Widerstand zu leisten, meinten viele. Bundesvorstand des *ADGB* und Parteivorstand der *SPD* sahen es anders und verwiesen auf die hohe Zahl der Arbeitslosen. Um die für den 31. Juli anberaumten Reichstagswahlen nicht zu gefährden, beschloß man, vom offenen Kampf Abstand zu nehmen. Auch die Christlichen und Hirsch-Dunckerschen Gewerkschaften, Angestellten- und Beamtenverbände teilten diesen Standpunkt. Wohl wurde noch einmal bekräftigt, die Arbeiterschaft werde »sich nicht kampflos zu Sklaven degradieren lassen«[16], es war aber fraglich, ob diese Worte auf den Gegner noch Eindruck machten, der soeben das Zurückweichen der Arbeiterbewegung hatte beobachten können.

4. Die Nationalsozialisten an der Macht

Die mit so viel Hoffnung erwarteten Reichstagswahlen vom 31. 7. 1932 brachten den Nationalsozialisten 37,3 Prozent der Stimmen und machten sie zur stärksten Partei in Deutschland. Der *VNG* beruhigte seine Mitglieder – immerhin hätten die Nazis in einigen Großstädten Mitglieder verloren, und somit sei der Höhepunkt überschritten. Als die *NSDAP* bei den erneuten Reichstagswahlen vom November 1932 zum ersten Mal in ganz Deutschland Stimmen verlor, fühlte sich die *Einigkeit* bestätigt. Der Faschismus schien erledigt:

> Das Jahr 1932 war das Jahr der Entscheidung. Der Ansturm der Reaktion mit dem Heerhaufen der Faschisten wurde abgeschlagen (...) An der Eisernen Front brach sich die faschistische Welle.[17]

An dieser Einschätzung, der Nationalsozialismus sei im Grunde keine Gefahr mehr, sind wohl auch die ehrgeizigen Pläne des kurzzeitigen Reichskanzlers General von Schleicher gescheitert. Er war im Dezember 1932 an die Stelle von Papens getreten und wollte eine »Querfront« aus Gewerkschaften, Reichswehr und sogenanntem »linken« Flügel der NSDAP aufbauen. Mit der Machtergreifung der Nazis wurde um so weniger gerechnet als man glaubte, daß die Weltwirtschaft jetzt endlich auf dem tiefsten Punkt der Krise angelangt sei, und es nur noch aufwärts gehen könne. Überall beginne es zu kriseln in Hitlers Bewegung, die Geldquellen seien versiegt, SA und SS meuterten. Das waren die Meldungen, die im Dezember 1932 und Januar 1933 in der Gewerkschaftspresse zu lesen waren. Noch am 26. Januar 1933 schrieb die *Einigkeit* spöttisch: »Hitler im Weinkrampf«, weil er partout kein Reichskanzler werden könne.

Am 30. Januar 1933 aber *war* Hitler Reichskanzler. Um die Jahreswende 1932/33 hatte innerhalb der gesamten deutschen Bourgeoisie eine bemerkenswerte Umgruppierung stattgefunden. Zu den schwerindustriellen und großagrarischen Kreisen, die die NSDAP bisher schon unterstützt hatten, gesellten sich maßgebliche Kreise der vormals exportorientierten Industrie, die das faschistische Modell der Krisenlösung (Zerschlagung der Arbeiterbewegung) lange Zeit für zu riskant gehalten hatten. Unter dem Druck der politischen Entwicklung, vor allem der sich ständig verschärfenden handelspolitischen Abschließung der einzelnen Staaten voneinander, der nahezu völligen Auflösung internationaler Wirtschaftsbeziehungen, war das Modell dieser Kreise, der Krise durch verstärkten Drang auf den Weltmarkt zu begegnen, kein länger gangbarer Weg mehr. Zudem schien sich durch die Stimmenverluste der NSDAP bei den Reichstagswahlen vom November 1932 die Gefahr aufzutun, daß auch diese Karte bald nicht mehr stechen würde. Dem vereinten Druck von Großindustrie und Großagrariern gelang es, Hitler zum Reichskanzler zu machen.

Die Gewerkschaften wollten nach wie vor nicht daran glauben, daß er Erfolg haben könnte. Mit seinen drei nationalsozialistischen Ministern war er noch nicht einmal Herr der Regierung, meinte man. Und außerdem hatte er für den 5. März 1933 Neuwahlen zum Reichstag ausschreiben lassen, da würde sich der Niedergang der Nazi-Bewegung schon fortsetzen.

Mit den Freien Gewerkschaften und der SPD pochte auch die katholische Zentrumspartei auf die Erhaltung verfassungsmäßiger Zustände, des Koalitionsrechts und der Sozialgesetzgebung. Die Christlichen Gewerkschaften versicherten, für die Arbeiterschaft könne es keine Verständigung mit der Regierung geben und riefen dazu auf, »die Reaktion um Papen und Hugenberg« (auch sie hielten Hitler für eine unbedeutende Marionette) zu zerschlagen.[18] Damit schien ein starker Schutzwall errichtet, an dem sich die Nazis schon die Köpfe einrennen würden.

Alle Stellungnahmen der Gewerkschaften riefen dazu auf, Disziplin zu wahren und sich bereitzuhalten, die Grundrechte der Arbeiterschaft zu schützen – die Stunde der Aktion sei noch nicht gekommen. Trotz aller Provokationen müsse die Arbeiterschaft auch jetzt ihr Pulver bis zum entscheidenden Augenblick trockenhalten.

Nicht alle Mitglieder waren mit dem Abwarten einverstanden. Im ersten Quartal des Jahres 1933 traten an die 40 000 aus dem VNG aus. Die allgemeine Stimmung war: »Im Verband bleiben, hat keinen Zweck. Bei der

Politik des Vorstandes wird der Verband ja doch dem Faschismus ausgeliefert.«[19]

Die Wahlen vom 5. März 1933 waren dann schon längst keine freien Wahlen mehr. Sozialdemokratische und Gewerkschaftszeitungen wurden verboten oder beschlagnahmt. Am 25. Februar 1933 wurde auch der *Tabakarbeiter* beschlagnahmt.

Die berüchtigten »Rollkommandos« der SA erhielten freie Hand, überall wurden Veranstaltungen der Arbeiterparteien gestört und gesprengt. Hermann Tartemann, zu jener Zeit bei der Biskuitfabrik XOX in Kleve beschäftigt, beschreibt eine Versammlung in Kleve am 23. Februar 1933 mit dem ehemaligen sozialdemokratischen Finanzminister Rudolf Hilferding:

> Abends vorher hatten wir Versammlung gehabt. Da hieß es dann, während der Versammlung sollten, wenn die SA und SS die Straße rauf- und runtermarschiert kommen und in den Rathaussaal eindringen wollten, dann sollten die Kommunisten von hinten kommen und sollten die zusammenschlagen. Und das haben wir verneint. Wir wollten keinen Pakt mit der NSBO und auch nicht mit der KPD. Wir haben gesagt, das ist gefährlich, das hätte Mord und Totschlag gegeben. Ich hatte mit noch einigen Kollegen Saalschutz. Damals hatte die SA als Verteidigungswaffe einen Koppel und einen Spaten. Den Spaten zogen sie dann, wenn Klopperei war. Wir sagten uns, ja, wenn die einen Koppel und Spaten haben, dann müssen wir auch einen Spaten haben.
> Es war gegen 7 Uhr. Hilferding kam rauf. Und auf einmal ging der Gesang los. Auf einmal kam die ganze Horde SA und SS. Auf einmal wollten die die Treppe stürmen. Die ersten kamen rauf. Wir standen so am Geländer. Gerd Strohmenge, der war bei der Stadt an so einem Aschenwagen. Der war so ein Bulle. Und zwei aus Kalkar, Reichsbannerleute, die waren auch nicht ohne. Die ersten, die kamen, die kriegten so einen Tritt von uns und kullerten wieder runter. Unten war so ein Durcheinander. Und da zog der Strohmenge den Spaten und schlug einen SA-Mann vor den Scheitel. Und dann ging es natürlich drauf. Karl van Dam saß in der Kasse drin. Von ihm wußte ich, daß er einen Revolver hatte. Und dann fiel ein Schuß. Karl war so durcheinander, in der Aufregung hat er sich selber in den großen Zeh geschossen. In dem Durcheinander ging alles stiften. In dem Moment kommt die Sturmabteilung von Krefeld von Polizisten, was zum größten Teil auch schon eingeschriebene Nazi-Mitglieder waren. Die haben alles vor sich hergeknüppelt. Am anderen Tag, da wurde Karl van Dam verhaftet, da wurde Strohmenge verhaftet, da wurden die beiden aus Kalkar verhaftet. Hier war eine Wirtschaft bei uns, in der Nähe vom Betrieb. Und da war 'ne Kegelbahn. Und da haben die Spießruten gelaufen. Wie ich die am anderen Morgen gesehen habe, die hatten sie so zerschlagen, die hatten sie so zusammengeschlagen, die hatten keine weiße Stelle mehr.[20]

Nachdem die Wahlpropaganda der Linksparteien systematisch behindert wurde, war es kein Wunder, daß die NSDAP und ihr Koalitionspartner im neuen Reichstag endlich die langersehnte Mehrheit hatten. Daß es noch immer nicht die für Verfassungsänderungen nötige Zweidrittelmehrheit war, störte sie nicht. Die 81 auf die KPD entfallenen Reichstagssitze wurden kurzerhand kassiert und den übrigen Abgeordneten glaubte man mit Druck schon beikommen zu können.

Die Gewerkschaften nahmen ihre scharfe Frontstellung gegen die nationalsozialistische Regierung zurück. Am deutlichsten die Christlichen Gewerkschaften. Der *Zentralverband Christlicher Tabakarbeiter* meinte nun, er habe keinen Anlaß anzunehmen, daß die neue Regierung nicht eine gerechte und soziale Politik betreiben werde und brachte die eigenen Verdienste im Kampf gegen den »sozialistischen« DTAV und die »bolschewistische Gefahr«[21] 1918/19 ins Spiel. »Diese Herrschaften biedern sich in einer geradezu widerlichen Art an«, protestierte der *VNG* in seinem *Mitteilungsblatt für Funktionäre,* ließ gleich darauf aber ein verstecktes Angebot an die neue Regierung folgen: Die Christlichen Verbände seien doch gar nicht fähig, »die Ordnung in den Betrieben zu erhalten«.[22]

An die Dauerhaftigkeit des neuen Regimes wollten die Freien Gewerkschaften noch immer nicht glauben. Früher oder später, jedenfalls in absehbarer Zeit, mußte der Nationalsozialismus doch zusammenbrechen. Bis dahin galt es, die Zähne zusammenzubeißen und die Organisation aufrechtzuerhalten, um für den »Tag danach« handlungsfähig zu sein. Und selbst wenn sich das nationalsozialistische Regime länger halten sollte, ein oder zwei Jahre vielleicht, was bedeutete das schon für die Gewerkschaften? Der *Tabak-Arbeiter* schrieb am 25. März 1933:

> Mögen sich die politischen Verhältnisse gestalten wie sie wollen, immer werden die Arbeiterinnen und Arbeiter zur Vertretung ihrer sozialen und wirtschaftlichen Interessen starke Gewerkschaften nötig haben. Die Gewerkschaften, die sich noch unter jeder Staatsform und unter den schwierigsten Verhältnissen behauptet haben, werden auch in Zukunft ihre Daseinsberechtigung erweisen.

Um die Gewerkschaften aus der Schußlinie des Nationalsozialismus – gegen Marxismus und Sozialismus – herauszuhalten, wurde nun die traditionsreiche Bindung zur SPD verleugnet und der Charakter der Gewerkschaften als rein soziale und wirtschaftliche Interessenvertretung herausgestrichen. Betont wurde auch von der nationalen Sendung der deutschen Gewerkschaften gesprochen. Mehr als einmal kamen dabei bedenkliche Annäherungen an den Sprachgebrauch der neuen Machthaber zustande. So z. B., als der *Tabak-Arbeiter* im April 1933 vom »germanischen Ethos« der Gewerkschaften und vom »triebhaft ursprünglichen Gemeinschaftswillen der Arbeiterschaft«[23] sprach.

Alle Warnungen, die die Gewerkschaften selbst noch vor einigen Monaten ausgesprochen hatten, der Nationalsozialismus wolle die Arbeiterorganisationen zerschlagen, wurden im Augenblick der Gefahr verdrängt. Dabei dehnte sich der Terror auf der unteren Ebene schon aus. In noch größerem Stil als vorher wurden nach der Reichstagswahl vom 5. März Gewerkschaftshäuser besetzt, Gewerkschaftsbüros durchsucht und geschlossen. Der Kollege Josef Kaschel vom *VNG* in Kassel hielt seine Erlebnisse in einem Bericht an den *ADGB* fest:

> Am 24. März gegen ½5 Uhr wurden beide Kollegen des Nahrungsmittelarbeiter-Verbandes durch SA im barschen Tone aufgefordert, sich anzuziehen und zum Verhör mitzukommen. Jede Frage, warum und wohin, wurde mit »Maulhalten, sonst gibt es eine mit dem Gummiknüppel in die Fresse« beantwortet. Beim Herausführen aus dem Gewerkschaftshaus wurden die Kollegen der Volksmenge vorgestellt mit den Worten: »Jetzt kommt der K[aschel] von den Nahrungsmittelarbeitern und das ist der G. von den Getränkearbeitern.« Von der Volksmenge, worunter sich eine große Anzahl hysterischer

Weiber befanden, wurden sie als Lumpen, Verräter, Bonzen, Strolche usw. tituliert. Der Abtransport geschah ohne Zielangabe (...) Sie wurden dann nach den »Bürger-Sälen«, einem SA-Heim gebracht. Dort mußten sie eine Stunde in einem großen Saale warten und wurden in dieser Zeit Zeuge einer Reihe von Mißhandlungen, die in einem Nebensaal vor sich gingen. Nach einer Stunde wurde erst K[aschel] aufgerufen und in einen 2 Treppen tiefen Keller geführt. Dort erhielt er den Befehl, sich mit dem Gesicht zur Wand zu stellen, damit wollte man den Eindruck erwecken, daß er erschossen wird. Nachdem kam der Befehl »hierher kommen!« Nachdem dieser Aufforderung Folge geleistet war, bekamen die SA-Leute den Befehl: zufassen! Im selben Augenblick faßte ein SA-Mann den Verhafteten am Kopf und einer an den Beinen und warfen K[aschel] auf einen bereitstehenden Tisch. Dann traten 6 Mann, je drei auf jeder Seite, mit Knüppeln bewaffnet, heran und bearbeiteten Rücken, Gesäß und Beine ca. 20 Minuten lang. Nachdem mußte K[aschel] in den Kreis der SA-Leute treten und in den Ruf: »Heil Hitler für unseren Führer« einstimmen. Da K[aschel] fast bewußtlos geschlagen war, mußte wohl die Hand nicht ordnungsgemäß hochgegangen sein, denn auch hierher wurden ihm nochmals die Arme zerschlagen. Auch bei dem Transport aus dem Keller, der durch zwei SA-Leute vorgenommen wurde, da K[aschel] allein nicht mehr gehen konnte, wurde er von hinten noch dauernd mit dem Gummiknüppel traktiert und besonders auf die Beine geschlagen. Dann kam K[aschel] in ein Zimmer, wahrscheinlich saß hier das Kommando der Schlägerkolonne. Hier meldete die Begleitmannschaft: »erledigt«. Mit den Worten »fertigmachen« wurde er dann von zwei Mann hinausgeschleppt.[24]

Die Regierung Hitler schob alle Übergriffe, die doch in Wahrheit von ihr gesteuert oder geduldet wurden, auf Einzelpersonen. Die Nationalsozialisten ließen die Gewerkschaften bewußt im unklaren über ihre weiteren Ziele.

> Wenn eine gewerkschaftliche Betätigung als Ziel die Besserstellung eines mit zu den Grundpfeilern der Nation gehörenden Standes im Auge hat, wirkt sie nicht nur nicht vaterlands- oder staatsfeindlich, sondern im wahrsten Sinne des Wortes national.[25]

Das war Originalton Hitler aus dem April 1933. Solche und andere Andeutungen bezogen die Gewerkschaften, ob freigewerkschaftlicher, christlicher oder Hirsch-Dunckerscher Richtung, nur zu gern auf sich. Der Mannheimer Gauleiter des *VNG,* Wilhelm Schmutz, kommentierte im April 1933 in einem Vortrag:

> Nach den verschiedensten Äußerungen von maßgebenden Stellen der letzten Wochen ist zu erkennen, daß man auch regierungsseits überzeugt ist, daß die Gewerkschaften beim Wiederaufbau Deutschlands notwendig sind. 5 Millionen gewerkschaftlich organisierte Arbeiter, die ohne Zweifel den Kern der Arbeiterschaft in allen Produktionsbetrieben darstellen, spielen im Aufbau der Wirtschaft und der Wirtschaftsbefriedigung ohne Zweifel eine große Rolle (...)
> Man hat auch den inneren Wert der Gewerkschaftseinrichtungen erkannt, was neben den Leistungen in der Vertretung der Arbeiterschaft auf tarifvertraglichem, kulturellem und im Bildungswesen geleistet wurde, daß die Gewerkschaften auch noch ein Stützpunkt für ihre Mitglieder auf sozialem Gebiete sind (...)
> Die Gewerkschaftsorganisation fördert das Gemeinschaftsgefühl. Wir treffen uns in diesem Bestreben mit den Vertretern des Nationalsozialismus.
> Wie weit die Zukunft eine Vereinfachung des Gewerkschaftswesens in der Lösung der Gewerkschaftsaufgaben bringt, kann nicht vorausgesagt werden. Immerhin wäre es zu begrüßen, wenn eine Zusammenfassung der Arbeiterschaft in einer Gewerkschaft möglich wäre, die auch einzig dem Zwecke diente, die Interessen ihrer Mitglieder im Rahmen der Gesamtwirtschaft zum Wohle der Allgemeinheit zu wahren.[26]

5. Der 1. und 2. Mai 1933

Für die Nationalsozialisten waren alle Verlautbarungen über einen möglichen Fortbestand der Gewerkschaften nichts als Schein. Sie wollten nur eine massenhafte Beteiligung der Arbeiterschaft an der Maifeier des Jahres 1933 sicherstellen. In einer großen Propagandaschau sollte nach innen und, angesichts der beginnenden Kritik des Auslandes, auch nach außen deutlich gemacht werden, daß das deutsche Volk hinter der Regierung Hitler stünde. Mit einem geschickten Schachzug wurde der 1. Mai zum Feiertag erklärt und damit pro forma der Arbeiterschaft entgegengekommen. Vom ursprünglichen Inhalt des 1. Mai allerdings blieb nichts: Aus dem Kampftag der internationalen Arbeiterbewegung wurde der »Feiertag der nationalen Arbeit«.

Der Bundesausschuß des ADGB begrüßte es, »daß die Reichsregierung diesen unseren Tag zum gesetzlichen Feiertag, zum deutschen Volksfeiertag erklärt hat«, daß »der deutsche Arbeiter im Mittelpunkt der Feier stehen« sollte und rief zur Teilnahme auf.[27] Die Vorstände der Einzelgewerkschaften, darunter auch der *VNG*, der *DTAV* und der *ZVHRC*, taten das gleiche. Der *VNG* forderte zur Teilnahme auf, weil »die jahrelang gestellten Forderungen der deutschen Arbeiterschaft in bezug auf die Maifeier nunmehr erfüllt«[28] seien, und die Christlichen Verbände wollten an dem Tag, der »der Ehre und dem Adel deutscher Arbeit«[29] gewidmet sei, natürlich nicht fehlen.

Die große Masse der Gewerkschafter aller Richtungen nahm dann auch an den Umzügen und Veranstaltungen zum 1. Mai 1933 teil. Durch betriebsweise Zusammenfassung und Abkommandierung der Arbeiter unter dem »Schutz« der SA hatten die Nazis für die entsprechende Beteiligung gesorgt. Nur wer mitlief, erhielt den Lohnausfall ersetzt. An verschiedenen Orten stellten die Gewerkschaften mehr symbolisch gemeinte Bedingungen für die Teilnahme: in Bremerhaven z. B., wo der *ZVHRC* darauf bestand, seine Fahnen mitzuführen. Wo es möglich war, versuchten die Arbeiter sich im Verlauf der Umzüge abzusetzen. Der Lübbecker Zigarrenarbeiter Willi Althoff erinnert sich, daß etliche seiner Kollegen vor Eintreffen auf dem Kundgebungsplatz schon in den am Weg liegenden Kneipen verschwunden waren. Willy Sprenger, langjähriges Mitglied im Geschäftsführenden Hauptvorstand der NGG, berichtet, daß sich die Brauereiarbeiter seiner oberbayerischen Heimatstadt mit den Fäusten tief in den Taschen vergraben an den Straßenrand stellten, als die SA vorüberzog.

Schon lange vor der pervertierten Maifeier der Nazis waren die Vorbereitungen zur Zerschlagung der freien Gewerkschaften angelaufen. Seit dem 21. April lagen die »Marschbefehle« in den Schubladen. Am 2. Mai 1933 war es soweit. Morgens um 10 Uhr wurde in einer koordinierten Aktion überall im Reich mit der Besetzung der Gewerkschaftshäuser begonnen. Der Berliner Brauereiarbeiter August Schmitz, Angestellter in der Ortsverwaltung des *VNG*, berichtet in seinen Erinnerungen:

Aufruf des Gesamtverbandes der christlich-nationalen Gewerkschaften Deutschlands zum 1. Mai 1933.

Am 2. Mai 1933 wurden die Gewerkschaftsbüros von den Beauftragten der Nationalsozialisten besetzt. Auch bei uns in der Neuen Schönhauser erschienen sie. Zunächst zwei und dann weitere. Neben jeden von uns wurden ein oder zwei Mann gesetzt, die uns kontrollieren sollten. In dieser ganzen Aufregung meldeten sich dann schon Kollegen, die entlassen worden waren, weil sie nicht mitmarschiert wären. Sie suchten Schutz bei uns und wir konnten nicht mehr helfen, obwohl wir es, trotz Aufsicht um uns herum, versuchten. Ein Direktor sagte mir nur höhnisch am Telefon:»Was, Sie sind noch da? Sie haben nichts mehr zu bestimmen!« Der Gauleiter Hetzschold unseres Verbandes wurde verhaftet. Ebenfalls die Kollegen Backert und der Redakteur Toni Lankes von der Hauptverwaltung am Reichstagsufer. Sie waren bereits zum Polizeipräsidium transportiert worden. In vielen Büros ging man mit unseren Kollegen höchst brutal um. Man verprügelte und verhöhnte sie und warf sie einfach hinaus.

In unserem Verband wurden wir von solch scheußlicher Behandlung bewahrt, weil einer unserer damals jüngsten Angestellten (...), Robert Rohde, die Initiative ergriff und mit dem NSDAP-Beauftragten verhandelte, und zwar erfolgreich. Nicht nur für uns, sondern auch die verhafteten Kollegen aus der Hauptverwaltung am Reichstagsufer wurden durch diese Bemühungen wieder befreit. Da dieser Nazi zugleich Reichstagsabgeordneter war, verfügte er über Einfluß.

Aber das Ende unserer Arbeit war trotzdem gekommen. Am 31. 5. 1933 erhielten wir alle die Kündigung. Ich war so entsetzt über diese Entwicklung, daß ich alles daransetzte, meine Entlassung sofort zu erwirken. So war ich der erste, der mit 60 Jahren – nach 23jähriger Tätigkeit – schweren Herzens meinen Berliner Arbeitsplatz im mitaufgebauten Verband verließ.[30]

In vielen Gewerkschaftshäusern hausten die Nazis so, wie August Locherer, ehrenamtliches Mitglied im Hauptvorstand des *VNG,* erzählt:

> Ich habe gesehen, wie die SA und SS im Hofe des Gewerkschaftshauses standen, dort herumlärmten, Akten herunterwarfen, Möbel kaputtschlugen und von einer ungewöhnlichen Zerstörungswut gepackt waren. Später habe ich eine Fotografie gesehen, da wurde ein Tisch aufgestellt, darauf wurden zwei leere Sektflaschen plaziert, einige Gläser, einige Sessel wurden aus dem Hotel geholt und damit wurde bewiesen, wie die Gewerkschaftsbonzen vor der Übernahme der Macht durch die Nationalsozialisten gelebt hätten.[31]

Die meisten Vorstandsmitglieder der Zentralvorstände, der Bezirksleitungen und der Ortsvorstände wurden sofort verhaftet und in »Schutzhaft« genommen: Ludwig Selpien und Alfred Kiel vom Hauptvorstand des *DTAV;* Fritz Saar, der Vorsitzende des *ZVHRC;* Wilhelm Weber, Josef Kollmair, Josef Wankerl, Josef Kaschel, Karl Kassen, Wilhelm Benecke, alle Bezirksleiter im *VNG;* Karl Dange, Betriebsratsvorsitzender der Gesellschaft für Kraftfutter in Hamburg-Altona und viele andere.

Einige Angestellte wurden von den Nazis auf ihrem Posten belassen, um die abschließenden Arbeiten zur Übergabe der Organisationen zu erledigen, vor allem die Kassenabrechnung. Etliche Angestellte legten auf die Kassenabrechnung großen Wert, weil sie der Nazipropaganda über Verschwendung von Gewerkschaftsgeldern entgegentreten wollten. Und sie wollten für den Tag nach dem Zusammenbruch des Nationalsozialismus die Ansprüche der Gewerkschaften auf ihr geraubtes Gut belegen können. Auch wenn man dies weiß, mutet es trotzdem eigenartig an, Sätze zu lesen wie den in einem Brief des ehemaligen Mainzer Bezirksleiters des *VNG,* Johann Brückl, an Jean Schifferstein, den Sekretär der *IUL:* »Mein Be-

zirk, und soweit ich sehen konnte unsere ganze Organisation wurde in bester Ordnung übergeben.«[32] Was war noch in Ordnung?
Die Christlichen Gewerkschaften waren von der Besetzungsaktion am 2. Mai 1933 ausgenommen worden und wurden einstweilen »nur« unter kommissarische Leitung gestellt. Die Selbsterniedrigung ging so weit, daß man sich entschloß, diese »Würdigung« des eigenen »Kampfes gegen den Marxismus« anzunehmen und sich »am 3. Mai 1933 der Führung Adolf Hitlers und den Anordnungen des Aktions-Komitees zum Schutz der deutschen Arbeit unterstellte«.[33] Das wurde den Mitgliedern des *Bundes der Hotel-, Restaurant- und Caféangestellten* am 18. Mai 1933 in einer mit »Heil Hitler!«[34] unterzeichneten Mitteilung kundgetan.
Beim Gründungskongreß der *Deutschen Arbeitsfront* (DAF) am 10. Mai 1933 in Berlin durften die führenden Funktionäre der Christlichen Gewerkschaften noch teilnehmen. In der *Hotel-Revue* vom 18. Mai stand zu lesen: »Der Führer hatte sicher auch die Meinung aller christlich-nationalen Gewerkschafter hinter sich, als er in scharfer Weise mit dem Marxismus abrechnete«, und nach einer Lobrede auf Adolf Hitler wurde versichert: »Auch wir reihen uns ein in die große Front, um auch zu unserem Teil mitzuwirken und mitzuarbeiten an der Erreichung der Ziele, die der Führer sich gesteckt hat.«[35]
»In dem Augenblick, da der Nationalsozialismus die Gewerkschaften unter seinen Schutz genommen hat«, schrieb die *Tabakarbeiter-Zeitung* am 1. Juli 1933, in ihrer letzten Ausgabe, vor der »freiwilligen« Eingliederung des *ZVCT* in die *DAF,* sei »die Sache des Deutschen Arbeiters gerettet«.
An alldem, was zwischen 5. März und 2. Mai 1933 geschah, ist, was das Verhalten der Gewerkschaften betrifft, viel zu verstehen und mitzufühlen. Aber es fordert doch Kritik heraus. Jean Schifferstein, der langjährige Sekretär der *IUL*, schrieb im Mai 1933 in einem Bericht für die Exekutive der *IUL:*

Die Katastrophe der deutschen Arbeiterbewegung zeigt, daß im Leben der Gewerkschaften Momente kommen, in denen politische Entscheidungen zu treffen sind. Der ADGB hat in den Gefahrenmomenten die falsche Entscheidung getroffen, nämlich die gewerkschaftlichen Machtmittel nicht für politische Zwecke zu verwenden, selbst nicht um dem Faschismus den »verfassungsmäßigen« Zugriff zur Macht zu verwehren (...) Diese Strategie des ADGB war nur möglich durch die an Automatisierung grenzende Disziplin, die bis hinein in die Mißachtung der höchsten Grundsätze der Gewerkschaftsbewegung wirkte (...)
Wenn auch gesagt werden muß, daß die Führung nicht in jeder Situation der Masse willfährig sein darf, so zeigt doch das Ergebnis der deutschen Gewerkschaftsdisziplin, daß der Wille der Masse ein gewisses Maß von Selbständigkeit, auch in politischen Dingen haben muß.[36]

KAPITEL XVIII

Zur Lage der Nahrungs- und Genußmittelarbeiterschaft im »Dritten Reich«

Grund zur Zufriedenheit mit ihrer Lage hatte die Arbeiterschaft nach 1933 keineswegs. Die vielgerühmte »Arbeitsschlacht« der Nationalsozialisten zur Beseitigung der Arbeitslosigkeit hatte vorwiegend propagandistischen Charakter. Sie beschränkte sich auf die Zuweisung von Notstands- oder Hilfsarbeiten (in der Landwirtschaft z. B.), die z. T. unter den Wohlfahrtssätzen bezahlt wurden, und auf Manipulationen mit der Statistik. Im Januar 1935 waren immerhin noch knapp drei Millionen, im Dezember des gleichen Jahres 2,5 Millionen Arbeitslose amtlich registriert. Danach kam das gigantische Aufrüstungsprogramm zum Tragen, das mit dem neu einsetzenden Aufschwung der Weltwirtschaft bis 1938 zu einer Knappheit von Arbeitskräften führte. Daß die Rüstung in allen Bereichen Vorrang hatte, bekam die Nahrungs- und Genußmittelwirtschaft bald zu spüren. An Kapital und Arbeitskräften wurde sie förmlich ausgehungert. Brotindustrie und Bäckereikleinbetriebe litten unter der nationalsozialistischen Autarkiepolitik, d. h. unter dem Bemühen, vom Ausland wirtschaftlich unabhängig zu sein. Die Getreideeinfuhren wurden drastisch reduziert und die Mehlvorräte knapper. Ende 1936 durften noch acht verschiedene Typen Weizenmehl in verschieden hoher Ausmahlung hergestellt werden, 1938 nur noch eine, die mittlere Type 812. Zweck der Maßnahme war, den Verbrauch auf das in Deutschland reichlich vorhandene Roggenmehl umzulenken. Das dunklere Brot wurde aber abgelehnt, weil zu wenig Streichfett vorhanden war. Außerdem mußten dem Brot Mais- und Kartoffelmehl beigegeben werden, so daß 1937 in manchen Gegenden das Wort vom »Kriegsbrot« die Runde machte. Ein illegaler Bericht aus Hannover an die *IUL* vom Herbst 1937 beschreibt:

> Mit Fetten ist es noch schlimmer. Die Fabriken liefern den Bäckermeistern eine undefinierbare Masse, und kein Meister war in der Lage, mir zu sagen, woraus diese Masse eigentlich besteht. Jede Firma, die solches Fett auf den Markt bringt, versieht es mit einem anderen Namen. Die Leute haben mir erzählt, daß das Zeugs nicht nur einen ranzigen Geschmack hat, sondern auch alles andere als angenehm riecht.
> Es ist deswegen nicht überraschend, daß die Leute überall über das Brot, das Gebäck und die Kekse schimpfen.[1]

Der akute Mangel an pflanzlichen und tierischen Fetten ließ viele Firmen zur Verwendung von Mineralöl übergehen, was erst 1938 als gesundheitsschädlich verboten wurde.

Die Bäckereiarbeiter wurden besonders getroffen vom weiteren Abbau des Nachtbackverbots. Eine erste Regierungsverordnung vom 26. März 1934 setzte den allgemeinen Arbeitsbeginn auf 4 Uhr 30 fest, Vorarbeiten durften schon vor 4 Uhr begonnen werden. Transport und Verkauf von Backwaren wurden ab 5 Uhr 45 bzw. 6 Uhr gestattet. Das neue Gesetz über die Arbeitszeit in Bäckereien und Konditoreien vom 29. Dezember 1936 ließ zwar formal den Achtstundentag und die Sonntagsruhe bestehen, eine Vielzahl von Ausnahmeregelungen sorgte aber dafür, daß die Sonn- und Feiertagsruhe nahezu völlig aufgehoben wurde und der achtstündige Arbeitstag nur noch auf dem Papier gültig war.

Überall im Nahrungs- und Genußmittelgewerbe feierte der Kost- und Logiszwang Wiedergeburt. Nach einer bezirklichen Erhebung waren 1937 von 100 erwerbstätigen Arbeitern unverheiratet:

Industrie und Handwerk   43,6 Prozent
Nahrungs- und Genußmittelhandwerk[2]   61,3 Prozent

In verschiedenen Bezirken standen mehr als 95 Prozent aller Bäckergesellen wieder in Kost und Logis. Das galt auch für Fleischer und Müller. Bei Kost und Logis wurde im Handwerk traditionell schlecht verdient, so daß bald wieder Nachwuchssorgen auftauchten.

1. Opposition in den Betrieben

Wohl gelang es dem Nationalsozialismus mit den Jahren, die Widerstandsgruppen aufzureiben; eine echte Basis unter den Millionen ehemals gewerkschaftlich organisierter Arbeiter hat er dennoch nicht bekommen. Die Grundstimmung der Arbeiterschaft gegenüber dem Nationalsozialismus blieb eine passive Ablehnung. All der Propagandarummel, die Massenaufmärsche, der Autobahnbau konnten die Skepsis nicht ausräumen. Einbrüche gab es nur an den Rändern der alten Arbeiterbewegung, in den Kleinstädten, im Handwerk, dort, wo der organisierte Zusammenhang schon vor 1933 schwach gewesen war.

Ein deutlicher Beleg für die Abfuhr, die die Nationalsozialisten in den alten Hochburgen der Gewerkschaften erhielten, sind die Ergebnisse der Vertrauensrätewahlen. Die Vertrauensräte hatten nach dem Gesetz zur Ordnung der nationalen Arbeit vom 20. Januar 1934 die Betriebsräte abgelöst, ohne deren Rechte zu übernehmen. Bestenfalls waren sie beratende Organe; das entscheidende Wort hatte stets der »Betriebsführer«. Zum ersten Mal fanden 1934 Vertrauensrätewahlen statt. Die Nazis erwarteten eine Volksabstimmung zu ihren Gunsten – heraus kam das Gegenteil. Rund 60 Prozent der Wahlberechtigten blieben den Urnen fern. Wie viele von den übrigen 40 Prozent gegen die nationalsozialistische Einheitsliste stimmten, ist nie bekannt geworden, da die Nazis nach den ersten »Erfolgsmeldungen« rasch darauf verzichteten, ein genaues Ergebnis zu veröffentlichen. Ähnliches ereignete sich bei den Vertrauensrätewahlen des Jahres 1935: Ein parteiinterner Berichterstatter fürchtete, mit der Publikation des genauen Ergebnisses würde man sich vor der gesamten Arbeiterschaft lächerlich machen. Und das, obwohl es an massiver Wahlbeeinflussung nicht fehlte.

Schon die später ans Tageslicht gekommenen Einzelergebnisse sind meist geschönt, geben aber dennoch ein annäherndes Bild vom Ausmaß der Unzufriedenheit in den Betrieben. Das äußerte sich meist im Durchstreichen der ganzen Liste oder im Ausstreichen einzelner Namen, der am meisten verhaßten Nazi-Anhänger. Für das Durchstreichen der ganzen Liste hatten sich die illegalen freigewerkschaftlichen Gruppen ausgesprochen, für die Ausschaltung einzelner Namen die *KPD,* die noch die Hoffnung hegte, in den Massenorganisationen des NS-Staates so etwas wie eine »legale Opposition« aufbauen zu können.

Die Einzelergebnisse aus Nahrungs- und Genußmittelbetrieben, die herausgefunden werden konnten, zeigt die Tabelle 56. Nach diesem Fiasko wurden die Vertrauensrätewahlen 1936 verschoben und schließlich ganz ausgesetzt.

Die traditionellen gewerkschaftlichen Kampfmittel konnten im Betrieb natürlich kaum mehr angewendet werden. Inwieweit eine Belegschaft in der Lage war, andere Formen des Widerstands zu entwickeln, hing von vielfältigen Einflüssen ab. Ein Betrieb, der schon vor der Machtergreifung gut organisiert war, dessen Belegschaft sich untereinander gut kannte und seit Jahren zusammenarbeitete, mochte dazu eher in der Lage sein. Hatten die Nazis aber viele ihrer »alten Kämpfer« in den Betrieb geschickt und die alten Gewerkschafter entlassen, gelang es nicht, die Nazis auf die eigene Seite zu ziehen (was riskant war, aber durchaus möglich) oder zumindest zu isolieren, so war die einen möglichen Widerstand begünstigende Struktur einstweilen zerschlagen. In größeren Betrieben ließen sich Widerstandsaktivitäten im allgemeinen leichter entwickeln, als in kleineren, wo die Kontrolle durch den Betriebsführer allgegenwärtig war.

Ein Beispiel dafür, wie eine intakte Belegschaftsstruktur es ermöglichte, den Einfluß der Nazis im Betrieb gar nicht erst aufkommen zu lassen, bietet die Münchener Löwenbräu-Brauerei. Die *Deutschland-Berichte der Sopade* meldeten im September 1934:

> Im Betrieb wurde von der Betriebsleitung ein nationalsozialistischer Vertrauensrat berufen, der so gut wie keinen Einfluß hat. Die Arbeiter wenden sich nach wie vor an den alten Betriebsratsvorsitzenden der Freien Gewerkschaften, der, ohne gewählt zu sein, bereits in einzelnen Fällen im Auftrage der Arbeiter mit der Betriebsleitung verhandelte. Der Hitlergruß setzt sich im Betrieb nicht durch.[3]

Auch in den Brauereien im Ruhrgebiet war das »Heil Hitler« weitgehend unbekannt. Der Gruß war ein Erkennungsmerkmal. Wer mit »Heil Hitler« grüßte, galt als suspekt und wurde vom oppositionellen Teil der Belegschaft zumindest eine Zeitlang gemieden. Umgekehrt war der »deutsche Gruß« für die Nazis oft der erste Schritt, ihren Einfluß im Betrieb voranzutreiben.

Tab. 56
Ergebnisse der Vertrauensrätewahlen 1934 und 1935[4]

Betrieb	Beschäftigte	Bemerkungen zur Wahl
Wahlen 1934		
Zigarettenfabrik Greiling, Dresden		10% Opposition
Lebensmittel Beck, Krefeld		Auf den Rand des Wahlzettels wurden die Namen des alten Betriebsrates geschrieben, der Zettel durchgestrichen
Diawalt-Werke, Allach		Der Spitzenkandidat wurde einstimmig gestrichen
Wahlen 1935		
Estol-Margarinewerke, Mannheim		324 Stimmberechtigte, 303 abgegebene Stimmen, davon waren 78 ungültig und 43 Neinstimmen = 39% Opposition
GEG, Mannheim		Keine Stimme für die Naziliste
Konsumverein, Mannheim		277 Stimmberechtigte, 28 Neinstimmen = 10% Opposition
Kempinski-Betriebe, Berlin	1369	30% Opposition
Aschinger-Betriebe, Berlin	3500	60% Opposition
Norddeutsche Reismühle Hamburg	184	50% Opposition
Brot-Union, Chemnitz	über 250	30% Opposition
Rheinische Kakao- und Schokoladenwerke, Aachen		30% Opposition
Hotel International, Aachen		43% Opposition
Schlacht- und Viehhof, Aachen		36% Opposition
Kaffeehaus Walhalla, Hamburg		50% Opposition

Zahlreiche Propagandaveranstaltungen, häufig im Zusammenhang mit Betriebsausflügen sollten die nationalsozialistische Ideologie in die Köpfe der Arbeiterschaft hämmern. Nicht immer konnte man sich dagegen so offen zur Wehr setzen, wie es ein Bericht aus einem Chemnitzer GEG-Betrieb für den 1. September 1934 schildert:

> Am 1. September unternahmen annähernd 60 Arbeiter eine »Fahrt ins Blaue«. Abschluß der Fahrt war ein gemütliches Beisammensein. Die gemütliche Stimmung wurde aber vergällt durch einen längeren Vortrag über die Arbeit der Nationalsozialisten. Im Vor-

trag wurden die früheren marxistischen Führer und die marxistische Bewegung auf das Tollste beschimpft. Das war den Arbeitern denn doch zu viel, und sie machten ihrem Unwillen durch erregte Zwischenrufe Luft. Der Referent forderte die Zwischenrufer auf, den Saal zu verlassen, wenn sie mit seinen Ausführungen nicht einverstanden wären. Wie ein Mann standen alle Teilnehmer auf und waren willens, den Raum zu verlassen. Schnell wurde die Saaltür von den anwesenden Nationalsozialisten geschlossen, so daß keiner der Aufforderung des Referenten nachkommen konnte. – Der Zwischenfall hatte bis jetzt keine Folgen.[5]

Solche Auftritte waren schon deswegen nicht häufig, weil sie stets die Gefahr der Verhaftung und Einlieferung ins KZ nach sich zogen. Häufiger versuchte man, Nazi-Veranstaltungen fernzubleiben, ohne viel Aufsehen zu erregen, oder stellte die Ohren während der propagandistischen Berieselung auf Durchzug.

2. Die Not der Arbeiter

Die meisten Auseinandersetzungen in den Betrieben drehten sich um Lohnfragen, wobei es hier und da zu Kampfmaßnahmen der Belegschaft kam. Die Heringseinlegerinnen einer Emdener Fischfabrik traten Ende 1934 in den passiven Streik, sie arbeiteten entschieden langsamer, um gegen die Herabsetzung der Akkordsätze zu protestieren. Ende 1935 kam es zu einem kurzen Streik in einem Fischereibetrieb Bremerhavens. 300 von 500 Beschäftigten legten die Arbeit nieder. Erreicht wurde die Heraufsetzung der Akkordlöhne pro Kiste von 40 auf 50 Pfennig. Als Nachrichten darüber durchsickerten, traten 180 Beschäftigte eines Bremer Fischbetriebs ebenfalls in den Streik. Auch sie konnten eine Anhebung der Akkordsätze durchdrücken.
Anfang 1937 beschlossen die Arbeiterinnen einer Hamburger Fleisch- und Wurstwarenfabrik, eine Delegation zur *DAF* zu schicken, mit deren Hilfe sie tatsächlich eine Lohnerhöhung von 7 Pfennig in der Stunde erreichten. Im Mai 1938 wehrten die Arbeiterinnen einer Hamburger Fischkonservenfabrik mit passiven Streikaktionen die Kürzung der Akkordlöhne ab. Die Arbeiterinnen einer Konservenfabrik in der Niederlausitz nützten den Saisonbeginn des Jahres 1938, um die *DAF* aufzufordern, sich für eine Erhöhung der Stundenlöhne einzusetzen, die mit 32 Pfennig äußerst niedrig lagen. Die *DAF* vereinbarte eine Aufbesserung um 2 Pfennig – im Interesse der Aufrüstung seien Lohnerhöhungen eigentlich verboten und mehr als 2 Pfennig kaum zu verantworten. Nachdem die Funktionäre der *DAF* abgezogen waren, verhandelten die Arbeiterinnen allein mit der Firma weiter. Das Ergebnis waren 4 Pfennig mehr pro Stunde.
Die Forderungen nach Lohnerhöhungen häuften sich 1937, als sich unter dem Sog der Rüstungskonjunktur größerer Arbeitskräftemangel in vielen Betrieben der Nahrungs- und Genußmittelindustrie bemerkbar machte. Besonders in der Zuckerindustrie Niedersachsens mußten beträchtliche

Lohnerhöhungen gewährt werden, um die Belegschaften zu halten, die sonst zur Metallindustrie abgewandert wären.
In der Zigarrenindustrie, wo überwiegend Frauen und ältere oder körperlich schwächere Personen beschäftigt waren, konnten solche indirekten Druckmittel keine Wirkung zeigen. Auch deswegen nicht, weil die nächsten Metallbetriebe meist zu weit entfernt lagen. Das nationalsozialistische Maschinenverbot nutzte den Belegschaften wenig. Die Zigarrenarbeiter bildeten weiterhin das Schlußlicht der Lohnstatistik. Noch bis weit in die 30er Jahre hinein herrschte Kurzarbeit vor. Im Bereich des Arbeitsamts Mannheim z. B. wurde Mitte 1935 meist 30 Stunden und weniger gearbeitet, was nicht mehr als 8 bis 12 Mark Wochenverdienst brachte. Selbst ein Vollarbeiter kam selten über 16 Mark hinaus. Die Stimmung in den badischen und westfälischen Zigarrenarbeiterdörfern war entsprechend – so schlecht, daß selbst *NSDAP*-Funktionäre aufgeschreckt wurden: Der Bürgermeister von Dielheim schrieb am 4. April 1934 an das württembergische Finanz- und Wirtschaftsministerium, es seien schon Fälle von Unterernährung bei Kindern vorgekommen:

> Die Leute können längst keine Neuanschaffung mehr machen, die dringend notwendig wären, so z. B. die Leibwäsche, Bettwäsche, Möbelstücke u.dergl. Oft haben Familien mit 8–10 Köpfen nur 3 Schlafstellen und es ist an eine Neuanschaffung nicht zu denken, denn der Lohn reicht kaum für das nackte Leben. Die Kurzarbeiter verdienen nun schon über 2 Jahre im Durchschnitt nur 6–7 RM pro Woche, bei Vollarbeit 10–15 RM, Jungarbeiter verdienen pro Stunde 12–18 Pfg.[6]

Und die *NSDAP*-Kreisleitung Wiesloch klagte, auch die Machtergreifung des Nationalsozialismus habe an der unermeßlichen Notlage der Zigarrenarbeiter nichts geändert:

> Es ist doch ein Widersinn, wenn ein Familienvater, der sich von früh bis spät emsig mühen muß, am Wochenende 8–10 RM nach Hause bringt und um seine oft 6–8 köpfige Familie zu ernähren, die Fürsorgebehörde in Anspruch nehmen muß. Auf diesem Weg züchtet man Kommunisten und ich muß die Verantwortung ablehnen, wenn die Entwicklung zwangsläufig dahin führt. Man kann nicht im Rundfunk eine Erhöhung des Lebensstandards der Bevölkerung proklamieren und in der Praxis die Leute im Elend versinken lassen.[7]

Trotz einer Reihe gleichlautender Briefe änderte sich kaum etwas. Im Januar 1936 wurde die bisher nur verheirateten Männern zustehende Familienzulage auch Frauen gegeben, die Kinder unter 15 Jahren zu versorgen hatten. Zur Finanzierung der Familienzulage gab es eine Lohnausgleichskasse, in die die Betriebe 3,25 Prozent der Bruttolohnsumme abführen mußten. Je nach Kinderzahl wurde zwischen 2 und 5 Mark ausgezahlt, bei Kurzarbeit nur die Hälfte bis zwei Drittel des entsprechenden Satzes.
Um den Zigarrenarbeitern annähernd die gleiche Lebenshaltung zu ermöglichen wie den übrigen Arbeitern, wäre eine Lohnerhöhung von wenigstens 50 Prozent nötig, schätzte ein Heidelberger Fabrikant 1938. Dazu waren die nationalsozialistischen Behörden selbstverständlich nicht bereit. Zwar wurde im Juni 1938 noch einmal eine geringfügige Erhöhung der

Familienzulage vorgenommen und gleichzeitig auf alle Haushaltsvorstände ausgedehnt. Letztlich paßte den Nationalsozialisten der niedrige Lohnstandard in der Zigarrenindustrie aber gut ins Konzept, da auf diese Weise dafür gesorgt wurde, daß junge Arbeitskräfte gar nicht erst in den Zigarrenfabriken anfingen, sondern von selbst in die für die Aufrüstung entscheidenden Bereiche der Metallindustrie und des Bausektors abwanderten.

Von Arbeitskonflikten im Zigarrengewerbe ist nichts bekannt. Wohl wurde hier und da auch einmal ein offenes Wort über die niedrigen Löhne gewagt. Weiter ging der Protest nicht.

Tab. 57
Wochenlöhne von Nahrungs- und Genußmittelarbeitern 1931 und 1934[8]

	1931	1934
Tabakarbeiter		13,53
Kakao- und Schokoladenarbeiter	32,19	27,38
Zuckerwarenfabriken	27,78	25,03
Backwarenfabriken	31,25	25,15
Süßwarenfabriken	31,01	26,42

Tab. 58
Durchschnittliche wöchentliche Arbeitsleistung in Stunden je Arbeiter in der Nahrungs- und Genußmittelindustrie[9]

1929	47,00
1932	43,11
1933	43,26
1934	44,99
1935	44,76
1936	45,03
1937	45,47
1938	45,46
1939, Juni	44,84

Tab. 59
Tatsächliche Nominalbruttoverdienste in 2 Bereichen der Nahrungs- und Genußmittelindustrie 1933 und 1936[10]

	Stundenverdienst		Wochenverdienst	
	Sept. 33	Sept. 36	Sept. 33	Sept. 36
Brauegewerbe	97,7	101,2	43,25	44,76
Süß-, Back- und Teigwarenindustrie	48,9	50,5	23,10	23,27

KAPITEL XIX
Gewerkschaftlicher Widerstand gegen den Nationalsozialismus

Was soll man unter Widerstand verstehen, wie soll man ihn definieren? Am besten vielleicht als jene Haltung, die darauf aus war, Sand in das Getriebe des nationalsozialistischen Staates zu streuen, die Unrecht verhüten wollte oder wiedergutmachen wollte, ob nun Unrecht im Kleinen oder im Großen. Als jene Haltung, die auf den Sturz des Nationalsozialismus aus war, ob mit den Mitteln politischer Propaganda oder mit Gewalt. Als eine Haltung, die sich in Widerspruch setzte zu den leitenden Prinzipien des nationalsozialistischen Unrechtsstaates, ob nun in Wort oder Tat. Der Übergang zwischen Widerstand und passiver Verweigerung ist fließend und läßt sich nicht genau bestimmen.
Innerhalb dieses allgemeinen Rahmens nahm gewerkschaftlicher Widerstand die verschiedensten Formen an. Das begann mit der Aufbewahrung der Traditionsfahne eines Verbandes als Symbol der Gewerkschaft und gleichzeitig als Symbol der kollektiven Verweigerung gegenüber dem nationalsozialistischen Unrechtsstaat. Das setzte sich fort mit der antifaschistischen Mund-zu-Mund-Propaganda am Arbeitsplatz, der Isolierung von Nazis in den Betrieben, der Verweigerung des Hitler-Grußes und der passiven oder aktiven Sabotierung von nationalsozialistischen Betriebsversammlungen, auf denen die Arbeiterschaft im Geist der neuen Machthaber beeinflußt werden sollte. Das reichte von Bummelei und Dienst nach Vorschrift bis hin zu Streiks oder anderen Aktionen am Arbeitsplatz. Mit all diesen Maßnahmen sollte eine Grundvoraussetzung gewerkschaftlicher Arbeit, das Bewußtsein von der Notwendigkeit solidarischen Zusammenhaltens unter der Arbeiterschaft wachgehalten werden. Gleichzeitig sollte die Stabilität des nationalsozialistischen Staates – auf lange Sicht zumindest – untergraben werden, indem man dafür sorgte, daß die Arbeiterschaft als zahlenmäßig größte und bedeutendste Gruppe der Bevölkerung nicht zu einer weiteren Stütze des Regimes wurde.
Ziel war, Passivität und Niedergeschlagenheit, die sich in der Arbeiterschaft nach dem Zusammenbruch ihrer Organisationen breitgemacht hatten, zu überwinden und Schritt für Schritt die Voraussetzungen für die Neukonstituierung einer Arbeiterbewegung zu schaffen, für die Wiederaufnahme des Kampfes um die Sicherung der Rechte der Arbeiterschaft und den schließlichen Sturz des Faschismus.
Gewerkschaftlicher Widerstand beschränkte sich nicht auf den Betrieb.

Tausende von alten Gewerkschaftsmitgliedern waren entlassen worden, weil sie als politisch unzuverlässig galten. Weitere Tausende von Gewerkschaftsfunktionären waren von jeglicher Arbeitsvermittlung gesperrt und kamen nicht mehr in die Betriebe hinein. Sie versuchten, den Zusammenhang unter den ehemaligen Mitgliedern und Funktionären aufrechtzuerhalten, Informationen über die Lage der Arbeiterschaft auszutauschen und diese weiterzuleiten an die Kollegen im Exil, an den *Internationalen Gewerkschaftsbund (IGB)* oder ihre jeweiligen Berufssekretariate.

Gewerkschaftlicher und politischer Widerstand sind kaum voneinander zu trennen. Der Widerstand der Gewerkschaften war politisch, weil er auf den Sturz des Nationalsozialismus abzielte, der nur mit politischen Mitteln zu erreichen war. Politische Organisationen wie *SPD, KPD* oder die zahlreichen unabhängigen sozialistischen Widerstandsgruppen, die sich 1933 gebildet hatten, setzten bei klassischen gewerkschaftlichen Themen wie Arbeitsplatz- und Lohnfragen an, um ihrer Propaganda gegen den Nationalsozialismus Gehör zu verschaffen. Beide Formen des Widerstands stützen und ergänzten sich wechselseitig.

Die Schwierigkeiten des Widerstands waren groß. Zum Gegner hatte man einen allumfassenden Terror- und Bespitzelungsapparat, der ständig um seine Vervollkommnung bemüht war. Die Stimmung in den Betrieben war gedrückt, das Vertrauen gerade der früher aktiven Mitglieder zu ihren Verbänden war erschüttert. Viele der alten Funktionäre kamen für illegale Arbeit überhaupt nicht in Betracht, weil sie unter ständiger polizeilicher Überwachung standen. Das galt für den Großteil der Vorsitzenden und Hauptvorstandsmitglieder, aber auch für etliche Bezirksleiter und Angehörige von Ortsverwaltungen. Otto Gerke z. B., seit 1927 Geschäftsführer der Ortsverwaltung Kassel im *VNG*, mußte sich lange Jahre vor dem Zugriff der Nazis in hessischen Dörfern verbergen. Ähnlich Hugo Kögler, Ortsangestellter des *VNG* in Köln, der es bis 1937 nicht wagen konnte, nach Köln hineinzufahren, weil dort der Boden für ihn zu heiß war. Nicht allen gelang es, sich in einer anderen Stadt eine neue Existenz aufzubauen und dort Anschluß an einen Kreis illegal arbeitender Gewerkschafter zu bekommen, wie Christian Blome vom *VNG*, der vor der ständigen Bespitzelung in Bremen 1936 nach Stuttgart entfloh. Viele waren auf lange Zeit von allen Zusammenhängen abgeschnitten und gezwungen, mit der passiven Verweigerung die einzige ihnen mögliche Form des Widerstands zu wählen.

1. Das illegale Netz des VNG

Die maßgebliche Figur für den Aufbau eines illegalen Netzes von Vertrauenspersonen des ehemaligen *VNG* war Alfred Fitz, bis 1933 2. Vorsitzender des *VNG* und damals 54 Jahre alt. Eduard Backert, der Vorsitzende des Verbandes, war für diese Aufgabe zu bekannt und hatte

Alfred Fitz, Stellv. Vors. des VNG. Er leitete die illegale Arbeit nach 1933.

außerdem abgewinkt, er sehe keinen Sinn darin. Fitz und Backert betrieben aber, im Namen aller ehemaligen hauptamtlichen Funktionäre des *VNG* eine Klage. Damit sollten die Nazis gezwungen werden, die Beiträge aus der Pensionskasse der Gewerkschaftsangestellten zurückzuerstatten, da die Nazis alle Zahlungen aus der Kasse eingestellt hatten. Auf diese Weise konnte Fitz, ohne viel Aufsehen zu erregen, auf Reisen durch Deutschland die unterbrochenen Verbindungen wiederaufnehmen.

Nach einem ersten Treffen, das Jean Schifferstein, Sekretär der *IUL,* und IUL-Vorstandsmitglied Anton Büchi Anfang August 1933 mit deutschen Kollegen in Saarbrücken hatten (Teilnehmer waren auf deutscher Seite wahrscheinlich Alfred Fitz, Georg Reiter aus Köln und Ludwig Lehner vom *Nahrungsmittel- und Getränkearbeiterverband* des Saarlandes, vielleicht auch Wilhelm Schmutz aus Mannheim) sowie einer zweiten Begegnung zwischen Fitz und Schifferstein Ende Oktober oder Anfang November 1933, erhielt Fitz finanzielle Unterstützung der *IUL* für die illegale Arbeit in Deutschland.

Mit diesen Mitteln konnte er in den folgenden Wochen sämtliche Gau- und Bezirksleiter aufsuchen und diese wiederum veranlassen, das Netz auf zuverlässige Personen in ihrem Umkreis auszudehnen. Zu den engeren Kontaktpersonen von Fitz zählten u. a. Georg Reiter (Köln), Wilhelm Frank (Düsseldorf), Paul Bergmann und Anton Lankes (Hamburg), Sebastian Dani und Richard Moser (Duisburg), Veit Rommel (Koblenz), Ludwig Meetz (Krefeld), in Berlin: Richard Eckart, Paul Volkmann, Carl Hetzschold, Josef Schmitz, Aloys Winter und Oskar Rother, schließlich Josef Bidi in Pommern, Johann Brückl in Mainz und noch einige andere, deren Namen nicht mehr bekannt sind. Auf welche Städte sich das von Fitz geknüpfte Netz erstreckte, kann heute nicht mehr mit Sicherheit festgestellt werden, wahrscheinlich gehörte aber ein Großteil der Orte dazu, in denen sich Widerstandstätigkeit von Kollegen des *VNG* feststellen läßt: Aachen, Bielefeld, Bremen, Breslau, Darmstadt, Dortmund, Berlin, Dresden, Duisburg, Düsseldorf, Essen, Frankfurt a. M., Hamburg, Hannover, Koblenz, Köln, Krefeld, Mainz, Mannheim, München, Nürnberg, Stuttgart.

Die Kollegen wurden von der Tätigkeit der Gewerkschaften im Ausland informiert und erhielten ausländische Zeitungen. Besonders die *Baseler Nachrichten,* die ungeschminkte Berichte über die Lage in Deutschland brachte, zirkulierte unter einem großen Kreis von Kollegen. An die *IUL* gingen Berichte über die Stimmung der Arbeiterschaft in den Betrieben. Mehr konnte einstweilen nicht erreicht werden. Von der Errichtung einer selbständigen zentralen Leitung und einer entsprechenden »Organisation« für die illegale Arbeit der Nahrungsmittel- und Getränkearbeiter wurde noch Abstand genommen.

Mit der Zeit verfestigte sich die Struktur des illegalen Vertrauensleuteapparates. Alfred Fitz hatte so viel Autorität errungen, daß er als »Kopf« oder Reichsleiter der illegalen Nahrungs- und Genußmittelarbeitergruppe angesehen wurde. Über den Informations- und Nachrichtenaustausch hinaus widmete sich die Gruppe ab 1934 auch anderen Aufgaben. Das taktische Konzept lief darauf hinaus, durch entsprechende Propaganda zur Zersetzung des faschistischen Regimes beizutragen. Das Vorgehen anläßlich der Vertrauensrätewahlen wurde abgestimmt, wobei man einheitlich zu der Auffassung kam, bei Gesprächen mit Kollegen in den Betrieben Stimmenthaltung zu empfehlen. Am 30. August 1934 reiste Alfred Fitz zur Vorstandssitzung der *IUL* nach Amsterdam. Er gab dort einen Bericht über die Lage in Deutschland und nahm inkognito wahrscheinlich auch am anschließenden *IUL*-Kongreß teil, worüber natürlich strengstes Schweigen gewahrt wurde. Ende 1934 gaben sich die Kollegen um Fitz optimistisch. In einem vom »Berliner Kopf« am 29. Dezember 1934 der *IUL* zugestellten Bericht heißt es in der typischen Tarnsprache des Illegalen:

> Mein Geschäft geht leidlich und bestehen Aussichten, daß in den nächsten Wochen und Monaten der Geschäftsgang sich noch etwas hebt. Mehr und mehr wird in allen Kreisen die Ware beliebt. Es wird jedoch noch eine Zeit währen, ehe sie sich überall durchsetzt. Um das Geschäft so richtig vorwärts zu bringen, müßte noch mehr Reklame gemacht werden. Dazu bedarf es größerer finanzieller Mittel. Die möchte ich aber noch nicht aufnehmen. Meine Freunde raten mir zwar dazu. Doch möchte ich mit einer Anleihe noch etwas warten. Meine Vertreter berichten allgemein gut über den Absatz und sind überzeugt, die kommende Zeit wird noch ein besseres Geschäft bringen.[1]

Im August/September 1935 berichtete die gleiche Stelle an die *IUL*, es werde allgemein bedauert, »daß man die alte solide Ware«[2] (d. h. die alten Gewerkschaften) nicht mehr habe. Verhaftungen im Rheinland, »Erkrankungen« oder »Unfälle«, wie die Illegalen sagten, sorgten aber für Unruhe im »Geschäft«, über die Alfred Fitz auf einer Besprechung illegaler Gewerkschafter im Juli 1935 in Zürich, an der hauptsächlich Kollegen aus dem Raum Berlin und Frankfurt a. M. teilnahmen, berichtete. Ob von dort aus auch Vertreter der illegalen Nahrungsmittel- und Getränkearbeiterorganisation zu der von Heinrich Schliestedt eingeladenen Konferenz von Reichenberg fuhren, ist nicht bekannt.
Schliestedt war *DMV*-Funktionär gewesen und hatte bis zum 2. Oktober 1934 illegal in Berlin gearbeitet. Gemeinsam mit seinem *DMV*-Kollegen Hermann Schlimme und einigen anderen Kollegen bildete er eine »Spitzenkörperschaft« oder »Reichsleitung«, die ziemlich regelmäßige, wöchentliche Besprechungen abhielt. Am 2. Oktober 1934 mußte sich Schliestedt der drohenden Verhaftung durch Flucht nach Prag entziehen. Er ließ sich in Komotau nahe der tschechisch-deutschen Grenze nieder und plädierte für den Aufbau einer Auslandsvertretung der deutschen Gewerkschaften, die die Reichsleitung in ihrer Arbeit unterstützen sollte. Die *Gewerkschaftliche Auslandsvertretung Deutschlands* (Geade) wurde schließlich auf der Reichenberger Konferenz vom 26./27. Juli 1935 gebildet.
Ob ein Vertreter der illegalen Nahrungsmittel- und Getränkearbeitergruppe an dieser Konferenz teilnahm, ist, wie gesagt, nicht bekannt. Alfred

Fitz hielt auf jeden Fall engen Kontakt zu Schliestedt und Schlimme. Er reiste nach 1933 mehrere Male in die Tschechoslowakei, wo sich der Exilvorstand der *SPD* niedergelassen hatte, um seinen Genossen wichtige Nachrichten zu überbringen. Fitz nahm auch an den Zusammenkünften der Reichsleitung teil, so daß er um die Arbeit von Schliestedt wußte.

Im Oktober 1935 trafen sich illegal tätige Gewerkschafter mit Jean Schifferstein in Luxemburg. Der Teilnehmerkreis ist unbekannt, die Vermutung liegt nahe, daß es sich um Kollegen aus dem westdeutschen Raum handelte, für die Luxemburg näher lag als die tschechische Grenze. Möglich ist, daß dort darüber gesprochen wurde, wie die Grenzbeziehungen neu geregelt werden könnten, nachdem der bisherige bequeme Weg über das seit 1919 unter der Verwaltung des Völkerbundes stehende Saarland nicht mehr gangbar war (die Volksabstimmung im Saarland vom Januar 1935 ergab eine große Mehrheit für die Rückkehr ins Reich).

1936 hatten die Verhaftungsaktionen der Gestapo eine beträchtliche Lücke in das von Fitz geknüpfte Netz gerissen. Die Vertrauenspersonen der früheren Verbände wurden wieder schärfer überwacht. Der Berliner Kopf berichtete im Mai 1936 an die *IUL:*

> Geschäftlich hat man auch seine Sorgen. In letzter Zeit ist wieder ein Vertreter schwer erkrankt, habe überhaupt in letzter Zeit viel Pech mit den Leuten gehabt. Die Vertreter waren gut eingeführt und ein Ersatz ist nicht immer vollwertig zur Stelle.[3]

Das Vertrauensleutesystem mußte z. T. neu organisiert werden, so daß aus der geplanten Reise von Fitz zur Vorstandssitzung der *IUL* am 25./26. Mai 1936 in Luzern nichts wurde. Die unsichere Lage in Deutschland bewog den *IUL*-Vorstand auch, von einem weiteren Ausbau der Verbindungen abzusehen. Erst im November 1936 konnte das geplante Treffen mit Fitz nachgeholt werden.

1937 ruhten die Beziehungen der deutschen Illegalen zur *IUL* zeitweise fast ganz. Am 20. Januar 1937 wurden mit Hermann Schlimme vom *Deutschen Metallarbeiterverband* (DMV) und Cäsar Thierfelder von den *Bekleidungsarbeitern* zwei der engsten Mitarbeiter der illegalen Reichsleitung verhaftet, weitere Inhaftierungen folgten. Alfred Fitz mußte mit drei anderen Kollegen (Richard Barth, *Buchdrucker-Verband*; Erich Bührig, *DMV*; Hermann Scheffler, *Holzarbeiter-Verband*) in die Bresche springen, die Verbindung zu Schliestedt neu aufnehmen und die Reichsleitung umbauen. 1938 dehnten sich die Verhaftungen aus. Die Lage in der Tschechoslowakei wurde immer schwieriger, nachdem das nationalsozialistische Deutschland seine Forderungen auf Einverleibung des Sudetengebietes erhob.

Der IGB mußte seine Kräfte auf die Unterstützung der Republikaner im Spanischen Bürgerkrieg konzentrieren und konnte bisweilen nicht anders, als die deutschen Illegalen zu vernachlässigen.

Am 13. August 1938 kam Heinrich Schliestedt bei einem Flugzeugabsturz über dem Schwarzwald ums Leben. Er war auf dem Weg zu einer Kon-

ferenz in Mühlhausen im Elsaß, wo über die Reorganisation der deutschen Arbeit gesprochen werden sollte.
14 Tage später hielt Jean Schifferstein in einem Bericht an den Vorstand der IUL fest:

> Die Kollegen unseres Kreises sind größtenteils verhaftet und zu langjährigen Zuchthausstrafen verurteilt (...) Kollege A. ist noch frei und bereit, die Bewegung weiterzuführen, im Augenblick allerdings kann nicht viel gemacht werden, vorerst muß abgewartet werden. Die Situation in Deutschland ist äußerst heikel.[4]

Durch einen Spitzel in der Umgebung Schliestedts hatte die Gestapo Abschriften der Briefe von Alfred Fitz bekommen. Ende 1938 wurde auch der »Kollege A.« verhaftet. Alfred Fitz berichtete später:

> Über 11 Monate war ich in Einzelhaft. Sommer und Winter kein Strahl Sonne in der Zelle. 5 Schritte hin und 5 Schritte her waren die einzige Bewegung, die ich in dieser Zeit hatte. Dazu war die Zelle so kalt, daß ich auch im Sommer fror, und die Kost so gering, daß ich Tag und Nacht hungerte. Ich war auch im Konzentrationslager Sachsenhausen. Wurde dort schon in der ersten halben Stunde geschlagen.[5]

Mit der Inhaftierung von Fitz war das illegale Netz der Nahrungsmittel- und Getränkearbeiter zerschlagen.

2. Die illegale Arbeit des ZVHRC

Am 9. Juni 1933 verließ der ehemalige Vorsitzende des *ZVHRC*, Fritz Saar, mit einem gültigen Reisepaß Deutschland und zog zu seinem Bruder nach Amsterdam. Nach der Entlassung aus der »Schutzhaft« war er von der Arbeitsvermittlung gesperrt. Andere Arbeitsmöglichkeiten gab es nicht, so daß ihm nur das Exil blieb. Mit seiner vier Wochen später nachgekommenen Frau Martha führte Saar zunächst ein kleines Zigarrengeschäft in Amsterdam und eröffnete im Mai 1934 an der Nassaukade 372 eine Pension, die vorwiegend von deutschen Emigranten besucht wurde. Saar fand in Amsterdam schnell Anschluß an die sozialdemokratischen Emigranten. Einer Gruppe, die in Opposition zum Exilvorstand der *SPD* in Prag stand und sich *Gruppe revolutionärer Marxisten* nannte, schloß er sich näher an. Von illegaler Arbeit des *ZVHRC* war einstweilen keine Rede. Saar war allerdings bestrebt, Verbindungen nach Deutschland zu halten. Er korrespondierte mit Karl Bauer, zuletzt Bezirksleiter des *ZVHRC* in Köln, der in Baden-Baden Arbeit als Koch gefunden hatte; mit Gustav Scharmer, einem Hamburger Funktionär, mit Karl Fleischbein und Emil Schäfer, dem ehemaligen Schriftführer bzw. Kassierer der Düsseldorfer Ortsverwaltung des *ZVHRC*. Emil Schäfer, der als Steward auf der Holland-Amerika-Linie arbeitete, besuchte Saar Anfang 1934 und wieder Anfang 1935 in Amsterdam. Ferner stand Saar mit Josef Lampersberger in der Tschechoslowakei und Fritz Sauber in Verbindung, der in

Dudweiler im Saargebiet und später in Paris in der Emigration lebte. Sauber hatte seine eigenen Kontakte in den Frankfurter Raum.
Auf diesen Wegen gingen Nachrichten und Informationen hin und her. Die Wiedereinführung der Wehrpflicht in Deutschland im Frühjahr 1935 und die Furcht vor einem neuen kriegerischen Zusammenstoß bildeten den entscheidenden Anstoß: Eine neue »Provisorische Hauptverwaltung« des *ZVHRC* wurde gebildet, ohne daß man heute noch sagen könnte, von wem die Initiative dazu ausgegangen wäre. Der »Provisorischen Hauptverwaltung« gehörten an: Fritz Saar, Bruno Bettelheim, Josef Lampersberger (zuletzt Reichsjugendleiter im ZVHRC), Fritz Sauber (vor 1933 Ortsangestellter in Frankfurt a.M.) und Walter Koppel, der aus Osnabrück stammte. Die »Provisorische Hauptverwaltung«, deren Mitglieder sich alle in der Emigration befanden, war zunächst auf sich allein gestellt, denn stabile Kontakte in Deutschland gab es nicht. Ein Instrument zum Aufbau des neuen illegalen Verbands sollte eine Zeitschrift werden, die *Gastwirtsgehilfen-Zeitung* (GGZ). Von der *Internationalen Union der Hotel-, Restaurant- und Caféangestellten* finanziert, später auf den Abzugsapparaten der *Internationalen Transportarbeiterföderation* hergestellt, erschien die erste Ausgabe im Juni 1935. 5000 Exemplare, behauptete der Kreis um Saar, seien in Deutschland zur Verteilung gelangt. Tatsächlich waren es in der Anfangszeit 60–70, später 100 und nie mehr als 200 Exemplare.
50 Ausgaben der ersten Nummer wurden von Martha Saar nach Deutschland geschmuggelt. Sie fuhr mit ihrem immer noch gültigen Reisepaß nach Düsseldorf und verschickte die *GGZ* von dort per Post. Später lief der Vertrieb hauptsächlich über Bruno Feller, einem ehemaligen Angestellten der Danziger Ortsverwaltung des *ZVHRC,* der im tschechischen Bodenbach, nahe der deutschen Grenze, lebte. Feller bekam die Zeitschriften von Saar zugeschickt und transportierte sie dann allmonatlich als Reisender getarnt auf dem Leib und im Gepäck verborgen über die Grenze. Mal in Königstein, mal in Riesa oder Dresden, meistens aber in Bad Schandau, warf er sie in die Postbriefkästen.
Etwa 100 Personen standen auf der Verteilerliste Fellers. Die meisten GGZ gingen nach Berlin (38), Frankfurt a.M. und Düsseldorf (je 8), an weitere 23 Orte nur ein oder zwei Exemplare. Jede Ausgabe der GGZ war mit der Aufforderung versehen, die Zeitschrift abzuschreiben und an andere zuverlässige Adressen zu schicken. Das wurde offensichtlich in einigen Fällen auch getan. Jedenfalls fand die Gestapo im Hamburger Raum und in der Kölner Gegend, ab und an auch in Süddeutschland, handgeschriebene Exemplare der *GGZ*.
Die illegale Organisation des *ZVHRC* bestand aus der Lesergemeinde der *GGZ* und kam darüber nicht hinaus. Versuche, ein Vertrauensleutenetz aufzubauen, schlugen fehl. Obwohl nach Berlin die weitaus meiste Anzahl von *GGZ* ging, bildete sich dort nicht einmal ein Lesezirkel. Bruno Feller fuhr im Dezember 1935 nach Berlin und sprach mit einigen

ehemaligen Funktionären der Hauptverwaltung. Sie erklärten aber, mit Saar wollten sie nichts zu tun haben.
Eine Gruppe von Empfängern der *GGZ,* in der die Zeitschrift gelesen und auch besprochen wurde, bestand nur in Düsseldorf und Hamburg, im Ansatz auch in Köln. Man beschränkte sich darauf, die *GGZ* im kleinen Kreis zirkulieren zu lassen, unter Kollegen, die man von früher her aus der Gewerkschaftsarbeit kannte. Nach außen hin trat man mit der *GGZ* jedenfalls nicht hervor. Der Düsseldorfer Kreis machte sechs bis zwölf Personen aus, je nachdem, ob man nur den »harten Kern« oder auch sein Umfeld zählt.
Angesichts dieser schwachen Verankerung nahmen sich die hochfliegenden Pläne der »Provisorischen Hauptverwaltung« etwas eigenartig aus. Sie wollte nämlich weit mehr sein, als der Kopf einer Gewerkschaftsstruktur im Untergrund. Den Wiederaufbau der Arbeiterbewegung stellte sie sich so vor, daß zukünftig nur noch die Gewerkschaften als wirtschaftliche und politische Einheitsorganisationen der deutschen Arbeiterschaft bestehen sollten. Die alten politischen Parteien müßten vom Erdboden verschwinden.
Der überzogene Anspruch, mit dem Saar auftrat, seine intensiven Kontakte mit der *KPD,* noch mehr aber die unvorsichtige Art, mit der die illegale Arbeit des *ZVHRC* vorangetrieben wurde, führten dazu, daß die *Geade* nicht sehr gut auf die »Provisorische Hauptverwaltung« zu sprechen war.
Tatsächlich war die von Saar gewählte Methode, die *GGZ* mit der Post zu verschicken, ziemlich riskant. Schon bei der zweiten Ausgabe kam die Gestapo der Zeitschrift auf die Spur. Ein Adressat in Berlin-Wilmersdorf war verzogen und der Brief wurde geöffnet. Im Juli 1935 wurden erste Verhaftungen in Frankfurt a. M. vorgenommen. Am 7. Oktober 1935 wurde Karl Bauer in Baden-Baden verhaftet und zu zwei Jahren Zuchthaus verurteilt, die er z.T. in Einzelhaft absitzen mußte. Mitte 1936 schlug die Gestapo in Hamburg zu. Gustav Scharmer und Bruno Godau wurden zu je drei Jahren Zuchthaus, Ernst Schulze und Johannes Gostomski (später Sekretär in der Hauptverwaltung der *NGG*) zu zwei Jahren bzw. 15 Monaten Gefängnis verurteilt.
Als am 29. September 1936 Bruno Feller in Dresden festgenommen wurde, fiel der Gestapo die vollständige Liste der Bezieher der *GGZ* in die Hand. Damit konnte zu einer systematischen Überprüfung aller alten Zentralverbändler ausgeholt werden, von denen die meisten mit Gefängnisstrafen davonkamen, da ihnen außer dem Bezug der *GGZ* nichts nachgewiesen werden konnte. Die Düsseldorfer Gruppe flog im November 1936 auf. Im Juli 1937 wurden die Angeklagten zu Strafen zwischen 9 Monaten Gefängnis und 42 Monaten Zuchthaus verurteilt. Ein Kollege kam nach verbüßter Haft ins KZ Sachsenhausen. Der Verbindungsmann der Düsseldorfer Gruppe zu Fritz Saar, Emil Schäfer, beging noch in der U-Haft Selbstmord, weil er befürchtete, den Folgen

einer langen Gefängnis- oder Zuchthausstrafe gesundheitlich nicht gewachsen zu sein.
Im März 1938 löste die Gestapo die Überreste der kleinen Frankfurter Gruppe auf.
Der Versand der *GGZ* ging nach den Verhaftungen weiter, jedoch weniger an Privatpersonen, sondern direkt an Hotels und Gaststätten, meist mit dem Zusatz »An den Vertrauensrat«. Nachdem die *IUHRC* Ende 1938 keine finanziellen Mittel mehr bereitstellte, stellte die *GGZ* ihr Erscheinen ein.
Die beiden Saars konnten sich nach der deutschen Besetzung der Niederlande im Mai 1940 noch für eine Zeitlang verborgen halten. Im Januar 1941 wurden sie in Amsterdam verhaftet. Martha Saar wurde am 29. Juli 1941 vom Oberlandesgericht Hamm zu 6 Monaten Gefängnis verurteilt. Fritz Saar hingegen brachte man vor den Volksgerichtshof. Am 9. April 1942 wurde er »wegen Vorbereitung zum Hochverrat zu lebenslangem Zuchthaus und zum Verlust der bürgerlichen Ehrenrechte auf Lebenszeit« verurteilt.[6] Erst beim Einmarsch der Roten Armee in Berlin wurde er befreit.

3. Widerstand am Niederrhein

Zahlreiche Mitglieder der Vorläuferverbände der *NGG* waren auf regionaler oder örtlicher Ebene in sozialdemokratischen Widerstandsgruppen tätig. Am Niederrhein in der illegalen Organisation, die über den Vertriebsapparat der Duisburger Brotfabrik »Germania« aufgebaut worden war. Die »Germania« gehörte einem ehemaligen Duisburger Reichsbannermann, August Kordaß. Der Aufbau eines illegalen Vertriebsnetzes für Zeitungen und sonstige Materialien der *SPD* ging auf Hermann Runge (vor 1933 SPD-Sekretär in Moers) und Sebastian Dani zurück, Bäcker von Beruf und zuletzt Sekretär des VNG in Duisburg.
Über die Niederlande, über Venlo, auch über das Dreiländereck bei Aachen, gingen die Schmuggelwege nach Deutschland. Manchmal sorgte die ITF dafür, daß Rotterdamer Matrosen die *Sozialistische Aktion* auf ihren Schiffen den Rhein herauf brachten. *Sozialistische Aktion* war der Name der vom Prager Parteivorstand herausgegebenen Zeitschrift für die illegalen Gruppen im Reich. Ab 1935 wanderte sie durch das Netz, das sich die Eisenbahnergewerkschaft mit Hans Jahn aufgebaut hatte. Aus Zwischenlagern wurde das Material von Hermann Runge und Sebastian Dani, die als Verkaufsfahrer ohne Verdacht zu erregen viel unterwegs sein konnten, abgeholt. In Zwiebackpackungen eingelegt wanderte es weiter an die Kunden der »Germania«, meist alte Sozialdemokraten und Gewerkschafter. Vom Duisburger Zentrum aus konnten Runge und Dani nach und nach ein Vertriebsnetz aufbauen, das bis nach Lüdenscheid, Essen, Gelsenkirchen, Kamp-Lintfort und Aachen reichte.

Nur Hitlers Sturz schafft Freiheit und Brot!

Habt Mut! Sprecht frei und offen! Der Terror wird gebrochen!

Nur Hitlers Sturz schafft Freiheit und Brot!

Nur Hitlers Sturz schafft Freiheit und Brot!

Hitlergruß – fauler Schmus

Hitler redet vom Frieden und rüstet zum Krieg
Soll es wieder Millionen Tote geben?
Soll Deutschland verwüstet werden?
Sichert den Frieden!
Macht Schluß mit der Hitlerei!

Nur Hitlers Sturz schafft Freiheit und Brot!

Nur Hitlers Sturz schafft Freiheit und Brot!

Nur Hitlers Sturz schafft Freiheit und Brot!

Groß ist die Zeit — doch klein sind die Portionen —
Was hilft es uns, wenn Hitlers Fahnen wehn!
Wenn unter diesen Fahnen heute schon Millionen
Viel weniger Brot und keine Freiheit sehn!

Nur Hitlers Sturz schafft Freiheit und Brot!

Klebezettel, die 1933/34 am Niederrhein in Umlauf gebracht wurden.

Frühere Funktionäre der Düsseldorfer Bezirksleitung des *VNG*, der Ortsverwaltungen Essen und Mühlheim waren in den Vertriebsapparat eingeschaltet. Eugen Ruff war wie Dani Verkaufsfahrer. Anlaufstelle für die weitere Verteilung in Mühlheim war der Mühlenarbeiter Peter Hendricks, in Duisburg auch der Fleischer Reinhold Moerders und in Düsseldorf Wilhelm Frank, der ehemalige Gauleiter des *VNG*. Frank war in der Anfangszeit der Verteiler für ganz Düsseldorf und Umgebung, trat später nur noch als Einzelabnehmer der *Sozialistischen Aktion* auf, blieb aber weiterhin an maßgeblicher Stelle in die Organisation des Schriftenvertriebs und den Aufbau von Lesezirkeln der *Sozialistischen Aktion* eingeschaltet.

Seit Frühjahr 1935 hatte die Gestapo die Brotfabrik »Germania« unter Beobachtung. Im Mai rollte eine Verhaftungswelle an. Hermann Runge, Sebastian Dani, Reinhold Moerders und viele andere wurden in die berüchtigte »Steinwache«, das als Folterhölle weithin bekannte Hauptquartier der Dortmunder Gestapo, gebracht. Im August 1935 wurde Wilhelm Frank festgenommen. Erst ein Jahr später fanden die Prozesse statt. Hermann Runge erhielt 9 Jahre, Sebastian Dani 4 Jahre Zuchthaus. Eugen Ruff, schon im Sommer 1936 verurteilt, kam mit 18 Monaten Gefängnis vergleichsweise glimpflich davon. Wilhelm Frank hingegen wanderte für 4 Jahre und 6 Monate hinter Zuchthausmauern.

Die Familien der Eingekerkerten wurden von den alten Kollegen unterstützt, u. a. durch Geldsammlungen, an deren Organisierung sich auch Jupp Dozler, der spätere Landesleiter NRW der *NGG*, beteiligte. Als Wilhelm Franks Frau 1938 ein Gnadengesuch für ihren immerhin schon 66jährigen Mann einreichte, setzten sich auch einige Arbeitgeber, mit denen er als Gauleiter zu tun gehabt hatte, für ihn ein. Der Geschäftsführer des Verbandes rheinisch-westfälischer Brauereien bekräftigte, in Wilhelm Frank einen »ehrlichen, zuverlässigen und aufrichtigen Menschen kennengelernt«[7] zu haben. Alle Anstrengungen waren aber vergebens. Und auch als seine Strafe am 26. Februar 1940 ablief, kam Wilhelm Frank nicht frei. Die Gestapo verordnete Schutzhaft:

> Frank weigerte sich bei seiner Festnahme und auch im Termin, seine Hintermänner anzugeben. Auch heute behauptet er, keine Mitbeteiligten namhaft machen zu können, obwohl dies nach den Angaben seiner Mitbeschuldigten unmöglich stimmen kann. Bei Frank ist eine innerliche Umstellung keinesfalls gegeben, er wird als alter, überzeugter Marxist, als den man ihn auch heute noch ansehen muß, stets eine Gefahr für die öffentliche Ruhe und Ordnung darstellen. Die Verbüßung der 4½jährigen Zuchthausstrafe scheint ihren Zweck nicht erreicht zu haben. In der Kriegszeit kann eine Freilassung des Frank nicht verantwortet werden.[8]

Erst am 11. Juni 1940, »nach schwerster Verwarnung und unter Auflage polizeilicher Meldepflicht«[9], wurde Wilhelm Frank entlassen. Die letzten Jahre des Krieges verbrachte er in einem kleinen Ort im Schwarzwald.

4. Die Mitropa-Gruppe

Im Münchener Raum arbeitete die »Mitropa-Gruppe« um Franz Faltner, Eisenbahner und Reichsbannermann aus München-Ost. Der Name entstand, weil die Gruppe Mitropa-Kellner, die auf Zügen nach der Tschechoslowakei arbeiteten, als Kuriere einsetzte. Josef Lampersberger hatte schon im Sommer 1933 damit begonnen. Bei seinen häufigen Einsätzen auf Zügen in die Tschechoslowakei brachte er dem Prager Exilvorstand der *SPD* Nachrichten und auf der Rückfahrt nahm er illegale Schriften mit. Die Gestapo kam ihm auf die Spur, und im September 1933 mußte er selbst in die Tschechoslowakei emigrieren. Er hielt aber mit seinen alten Kollegen Verbindung, und durch seine Vermittlung gelang es Franz Faltner, auf dem Rheingold-Expreß und dem Zug Nürnberg–Eger Mitropa-Kollegen zu gewinnen. Darunter den Kellner Josef Feuerer und den Silberputzer Georg Huber, die die *Sozialistische Aktion*, Flugblätter und Klebezettel nach München brachten. Auch der Kollege Hans Heiß, später Landesangestelltensekretär der *NGG* in Bayern, gehörte zu dieser Gruppe, die bisweilen Flugblattverteilungen großen Stils organisierte. Anläßlich der Volksabstimmung vom 19. August 1934 z. B. schwärmten Radler und Motorradfahrer aus und streuten Flugblätter in Landgemeinden um München.

Aus Deutschland heraus gingen Berichte über die Lage in den Betrieben und den nationalsozialistischen Terror, meist veröffentlicht in den *Deutschland-Berichten der Sopade,* mit denen der Parteivorstand der *SPD* der NS-Lügenpropaganda entgegenzutreten und die europäische Öffentlichkeit aufzuklären versuchte. Einmal gelang es der Mitropa-Gruppe sogar, Bilder aus dem KZ Dachau nach Prag zu schaffen, darunter das berühmt gewordene »Walzen-Photo«, auf dem man sehen konnte, wie Häftlinge eine schwere Straßenwalze ziehen mußten.

Niemand bemerkte, daß die Mitropa-Gruppe längst beobachtet wurde. Der Silberputzer Georg Huber hatte einen Bruder bei der Bayerischen Politischen Polizei und wurde zum Spitzel. Die Polizei hielt sich zunächst im Hintergrund, um alle Verbindungen der Gruppe aufzudecken. Im Frühjahr 1935 schlug sie zu. Insgesamt 64 Personen wurden verhaftet. Zwölf sprach das Gericht später frei, die übrigen wurden zu Strafen zwischen einem Jahr Gefängnis und drei Jahren Zuchthaus verurteilt. Franz Faltner erhielt sechs Jahre Zuchthaus. Fast alle, auch die Freigesprochenen, fanden sich im KZ Dachau wieder. Josef Lampersberger wurde von Gestapo-agenten gewaltsam aus der Tschechoslowakei verschleppt, mußte aber nach energischem Protest der tschechoslowakischen Behörden wieder freigelassen werden.

Neben dieser Gruppe arbeitete noch eine kleinere kommunistische Zelle bei der Mitropa, die in geringem Umfang die Literatur der *KPD* zur Verteilung brachte und gleichfalls im Frühjahr 1935 ausgehoben wurde.

5. Örtliche Widerstandsgruppen politischer Parteien und Organisationen

Zahlreiche Kolleginnen und Kollegen beteiligten sich an der Widerstandsarbeit politischer Parteien und Gruppen. Wilhelm Weber (später Landesleiter in Niedersachsen und Oberbürgermeister von Hannover) war mit Richard Heimberg (später Betriebsratsvorsitzender bei Bahlsen und Hauptvorstandsmitglied der NGG) in der *Sozialistischen Front* aktiv. Die Sozialistische Front hatte eine Organisation aufgebaut, die von Hannover bis nach Magdeburg, Hamburg, Münster und Kassel reichte. Sie gab eine monatliche Zeitschrift heraus, 10 bis 14 Seiten stark und auf Rotationsapparaten vervielfältigt.

Alfred Jurke, seit 1922 als Bäcker im Bochumer Konsumverein Wohlfahrt beschäftigt, dort Betriebsratsmitglied und ein Vorstandsmitglied der Bochumer Ortsverwaltung des *VNG*, bis er im November 1932 wegen Fraktionsarbeit für die *KPD* aus dem Verband ausgeschlossen wurde, organisierte unter seinen Kollegen im Konsumverein Geldsammlungen für Verhaftete und war zwischen 1935 und 1936 maßgeblich an der Verteilung illegaler Schriften der *KPD* in Bochum beteiligt. Im Mai 1936 konnte er der Gestapo im letzten Augenblick entkommen und nach Holland fliehen, wo er für die *Rote Hilfe*, eine Nebenorganisation der *KPD*, tätig wurde. Mit Hilfe des in Bocholt wohnenden Bäckers Hubert Martens sorgte er für den Schriftenversand nach Deutschland. Im Februar 1940 von niederländischen Behörden interniert, wurde Alfred Jurke beim Einmarsch der deutschen Truppen der Gestapo übergeben und am 25. August 1942 vom Volksgerichtshof zum Tode verurteilt.

Der Dortmunder Bäcker Christian Schmale, seit 1921 beim Konsumverein beschäftigt und gewerkschaftlich organisiert, wurde vom Oberlandesgericht Hamm am 26. Oktober 1936 wegen Beteiligung am Wiederaufbau der Dortmunder *SPD* zu einem Jahr Gefängnis verurteilt.

Der Düsseldorfer Bäcker Walter Grocholewski, seit 1921 Mitglied im *Zentralverband der Bäcker und Konditoren*, wurde vom Oberlandesgericht Hamm am 6. April 1934 mit 43 weiteren Angeklagten wegen Beteiligung am Wiederaufbau der Düsseldorfer *KPD* zu 7 Jahren Zuchthaus verurteilt.

In der Frankfurter Osthafen-Brotfabrik arbeitete Ende 1933/Anfang 1934 eine kommunistische Widerstandszelle, die mit den morgendlichen Brötchen auch ihre Flugblätter zur Verteilung brachte, durch zwei Verhaftungsaktionen der Gestapo aber rasch aufgelöst wurde. Eine weitere kommunistische Zelle, in der Willi Mahr, vor 1933 im *VNG* organisiert, tätig war, stand mit Rotterdamer Rheinschiffern in Verbindung, die sie mit illegalen Materialien der *KPD,* darunter der *Roten Fahne,* Flugblättern, Heften und Broschüren, versorgte.

Teil II
Geschichte der Gewerkschaft Nahrung-Genuss-Gaststätten

KAPITEL XX
Wiederaufbau nach 1945

Als im März 1945 die alliierten Truppen in Westdeutschland vorrückten, ging ihnen eine Erklärung ihres Oberkommandierenden, General Eisenhower, voraus, in der es hieß: »Die deutschen Arbeiter werden sich, sobald die Umstände es gestatten, zu demokratischen Gewerkschaften zusammenschließen dürfen.«[1] Darauf setzten die alten Funktionäre, die die Jahre des Faschismus im Untergrund, in Konzentrationslagern, in Gefängnissen oder der »inneren Emigration« überlebt hatten. Aufgrund der langen historischen Tradition der Arbeiterbewegung im Kampf für die Demokratie, aufgrund ihres aktiven Widerstandes gegen den Faschismus und aufgrund der Leiden und Verfolgungen, denen die Arbeiterschaft nach 1933 ausgesetzt war, glaubten sie, für die Arbeiterbewegung einen vordersten Platz beim Wiederaufbau des Landes beanspruchen zu können.
Zwar hatten sie es nicht geschafft, Hitler an der Machtergreifung zu hindern und auch nicht, den Nationalsozialismus aus eigener Kraft zu stürzen. Dieses Gefühl lastete schwer auf den Kolleginnen und Kollegen, die sich an den Neuaufbau machten. Aber sie waren auch nicht zu Komplizen des nationalsozialistischen Regimes geworden. Das gab den alten Funktionären den nötigen moralischen Rückhalt, die Thesen von einer Kollektivschuld des deutschen Volkes für die nationalsozialistischen Greueltaten zurückzuweisen und einen Wiederaufbau anzustreben, der Nationalismus und Militarismus, die beiden furchtbaren Geißeln Deutschlands in den zurückliegenden Jahrzehnten, ein für allemal ausrotten sollte. Das hieß vor allem: restlose Beseitigung der Nationalsozialisten aus führenden Positionen, Einführung der Wirtschaftsdemokratie, Sozialisierung der Grundstoffindustrie, stärkere Planung und Lenkung der Produktion. Von diesem Grundverständnis aus machten sich die alten Gewerkschafter sofort an den Wiederaufbau der Organisationen.
Schon im April 1945 traten Funktionäre aus den Vorläuferverbänden der NGG zusammen, um örtliche Nahrungs- und Genußmittelarbeitergewerkschaften zu gründen, so z. B. in Frankfurt a. M. und Hannover, im Mai dann in München und Kiel.
Am 5. Mai 1945 trafen sich die Stuttgarter. Josef Kollmair, vor 1933 Bezirksleiter im VNG, berichtet:

Am 3. Mai erhielt ich eine Einladung zu einer Besprechung der Gewerkschaftsangestellten am 5. Mai in einer Privatwohnung. Alle Verkehrsmittel waren außer Betrieb, alle Brücken gesprengt, nur auf einem Umweg über einen Steg konnte man in das Innere der Stadt gelangen. Dies bedeutete für mich einen Weg von zwei Stunden hin und zwei Stunden zurück. Die Besprechung war von kurzer Dauer. Ein Vorschlag über die Industriegewerkschaften lag schon vor, der allgemeine Annahme fand. Es war nur noch notwendig, die Angestellten festzustellen, die anwesend waren und die Frage zu stellen, wer bereit ist, sich am Aufbau zu beteiligen. Alle waren dazu bereit, obwohl bekannt war, daß für die Tätigkeit keine Entschädigung gezahlt werden könnte.[2]

So einfach und nüchtern ging es bei den meisten Besprechungen zu, wenngleich die Konzepte für den Neuaufbau der Gewerkschaften von Gebiet zu Gebiet unterschiedlich waren (vgl. S. 286).

Die ersten Neugründungen gingen in den seltensten Fällen von den Betrieben aus. In der Regel fand sich ein Kreis von alten Funktionären, die schon in der Nazizeit Pläne für den Wiederaufbau der Gewerkschaften geschmiedet hatten. Ihre Hoffnungen, von den Alliierten bevorzugt behandelt zu werden, lösten sich jedoch rasch in Luft auf.

1. Erfahrungen mit den Besatzungsmächten

Daß die Versammlungs- und Aufbautätigkeit in den ersten Wochen und Monaten so rege war, lag daran, daß sich noch keine festen Richtlinien durchgesetzt hatten und jeder einzelne alliierte Kommandeur einen großen Ermessensspielraum besaß.

So machten z. B. Vertreter der englischen Militärregierung bei einer Besprechung mit Gewerkschaftern aus dem Minden-Ravensberger Land und dem Ruhrgebiet klar, daß sie gegenwärtig nur Betriebsgewerkschaften dulden würden. Im Raum Westfalen-Lippe bestand aber schon seit längerer Zeit ein stillschweigend geduldeter, geschäftsführender Ausschuß der Gewerkschaften, der die Aufbauarbeit zu koordinieren suchte. Und Heinrich Schmidt vom ehemaligen *DTAV* gab schon Rundschreiben im Namen der *Gewerkschaft Bünde und Umgebung* heraus, als er noch gar keine Erlaubnis zur Bildung einer örtlichen Gewerkschaft besaß.

Mit dem August/September 1945 änderte sich das Bild. Es stellte sich heraus, daß die Alliierten alles andere im Sinn hatten, als den grundlegenden gesellschaftspolitischen Plänen der Gewerkschaften entgegenzukommen. Ihr erstes Interesse galt der Wiedererrichtung einer funktionierenden Verwaltungsmaschinerie, der Aufrechterhaltung von »Sicherheit und Ordnung«. Dabei wurde nur allzugern auf die alten Fachleute zurückgegriffen, auch wenn es dabei einen nationalsozialistisch belasteten Beamten oder Manager in Kauf zu nehmen galt.

Die britische Militärregierung verlangte jetzt einen langsamen Aufbau der Gewerkschaften von unten her, d. h., vom Betrieb über den Ort und die Region bis zur zonalen und interzonalen Ebene. Nach der »Industrial Relations Directive« Nr. 16 mußte der Aufbau der Gewerkschaften in jedem

Fall in drei Stufen vor sich gehen. In der ersten Stufe war nicht mehr erlaubt, als örtliche Gründungsversammlungen abzuhalten, Statuten und Programme zu entwerfen. Mit dem eigentlichen Aufbau der Organisation, mit Mitgliederwerbung, der Wahl von Funktionären, der Kassierung von Beiträgen usw. durfte erst in der zweiten Stufe begonnen werden und in der dritten schließlich war der Zusammenschluß örtlicher Gewerkschaften bis zur zonalen Ebene gestattet. Interzonale Verschmelzungen blieben einstweilen verboten. Zum Übergang in eine höhere Aufbauphase bedurfte es der ausdrücklichen Zustimmung der Militärregierung.
In den amerikanischen Besatzungsbehörden stritten zwei Tendenzen. Es gab Offiziere, die meinten, die alte Gewerkschaftsführung sei für die Kapitulation vor dem Nationalsozialismus verantwortlich und müsse sich jetzt aufs Altenteil begeben. Zumindest die Emigranten dürften nicht beim Gewerkschaftsaufbau herangezogen werden. Und der Antikommunismus der alten Gewerkschafter sei etwas Unpassendes in einem Augenblick, wo man sich anschicke, Deutschland gemeinsam mit der Sowjetunion zu verwalten. Zeitweise konnte diese Richtung beträchtlichen Einfluß gewinnen, weil ihre Anhänger einige Schlüsselpositionen besetzt hielten. Letztlich stellte sie aber nur eine Minderheit in der Militärregierung und den Behörden der Arbeitsverwaltung dar.
Einflußreicher war jene Gruppierung, deren Sorge vor allem der Ausdehnung des sowjetischen Einflusses in Mitteleuropa galt und die in der schnellen Wiedererrichtung der Gewerkschaften ein Mittel sah, dem sowjetischen Einfluß entgegenzutreten.
Letztendlich folgte auch die Politik der amerikanischen Besatzungsbehörden dem englischen Drei-Phasen-Schema und war womöglich noch stärker darauf aus, die Gewerkschaften auf eine »Brot-und-Butter-Politik« zu beschränken. Eine übertriebene, insgesamt nicht gerechtfertigte Furcht, es könne der KPD gelingen, beherrschenden Einfluß in den Gewerkschaften zu erlangen, und es so der Sowjetunion zu ermöglichen, sich in die politische Entwicklung in den Westzonen einzuschalten, stand hinter dem Versuch, die Gewerkschaften von jeder Politik fernzuhalten.
Die französischen Besatzungsbehörden duldeten örtlichen Aufbau, behinderten aber konsequent alles, was darüber hinausging. Ein Eintritt in die Gewerkschaft war erst mit 18 Jahren erlaubt. Funktionäre mußten mindestens 30 Jahre alt sein. In Wirtschaftsbereichen, die ihre Produktion noch nicht wieder voll aufgenommen hatten, durften keine Gewerkschaften gegründet werden. Kontaktaufnahme mit Gewerkschaften in anderen Zonen war verboten.
Hans vom Hoff, Mitglied des ersten *DGB*-Bundesvorstandes, sprach auf dem außerordentlichen *DGB*-Kongreß der britischen Zone 1948 in Recklinghausen die Erfahrungen der Gewerkschaften mit der Militärregierung in den ersten Monaten nach Kriegsende an:

Wir haben nach dem Zusammenbruch 1945 geglaubt, daß wir bald unsere ganze Kraft zum Aufbau der Gewerkschaften entfalten könnten. Aber wir alten Gewerkschaftsfunktionäre sind erheblich enttäuscht worden. In Rundfunksendungen wurde zwar wiederholt davon gesprochen, die Gewerkschaftsbewegung solle gefördert werden, aber als wir uns nach dem Zusammenbruch in den ersten Monaten zur Verfügung stellten, wurde uns meist nur die kalte Schulter gezeigt.[3]

Ohne Zweifel hat die Politik der Besatzungsmächte dafür gesorgt, daß der Gewerkschaftsaufbau viel langsamer vonstatten ging, als es möglich gewesen wäre. Die Arbeiterschaft wurde so daran gehindert, ihren Einfluß in der entscheidenden ersten Zeit des Wiederaufbaus voll in die Waagschale zu werfen.

2. Der Kampf ums Überleben

Es gab außer den Besatzungsmächten noch andere Faktoren, die die Gewerkschaften hemmten. Da waren die Zerstörungen, die der Krieg hinterlassen hatte: Zerstörungen materieller Werte, aber auch der Moral breitester Volksschichten. Elend, Hunger und Not waren insbesondere im zweiten Nachkriegsjahr so groß, daß viele Menschen vom Kampf um die Sicherung der elementaren Lebensbedürfnisse völlig aufgezehrt wurden und keine Kraft mehr verspürten, sich für scheinbar so fernliegende Dinge wie die Neuordnung von Wirtschaft und Gesellschaft einzusetzen. Der Hamburger Gewerkschafter Franz Spliedt schrieb im September 1946:

> 16 Monate nach Kriegsende rasen noch die apokalyptischen Reiter durchs Land. Zwar blieb der eine, der Krieg, zurück; aber seine drei Mitgesellen: Hungersnot, Pest und Tod schwingen weiter ihre furchtbare Geißel. Wahrlich, wir kennen Deutschland nicht wieder. Sein Volk hungert und siecht dahin. Die Sterblichkeitsziffer steigt, die Krankenkurve klettert und klettert. Tausende und Abertausende leiden an Hungerödem. Die Tuberkulose greift in unvorstellbarem Maße um sich. Auch Kinder und Jugendliche sind ihre Massenopfer (...) Zum Hunger gesellt sich bald die Kälte, denn drohend steht ein neuer Winter vor uns ohne Kohle und ohne auch nur halbwegs genügende Ersatzbrennstoffe für den Haushalt. Viele Betriebe werden zum Stehen kommen aus Mangel an elektrischem Strom. Es werden daher nicht einmal die Betriebe einen wärmenden Aufenthalt bieten (...) Die Moral ist von der Not erschlagen. Oft scheint es, als seien wir ein Volk von Räubern und Dieben geworden. Diebstähle und Beraubungen, besonders der Transportzüge, haben einen Umfang angenommen, dem Polizei und Aufsichtsorgane machtlos gegenüberstehen.[4]

Das Wirtschaftsleben war bei Kriegsende völlig zusammengebrochen. Das lag in den Westzonen weniger an der Zerstörung von Fabrikationsanlagen durch Kriegseinwirkungen und Demontagen. Denn die hatten – je nach Wirtschaftszweig – nur zu einem Verlust von 10 bis 20 Prozent der industriellen Kapazität geführt. Entscheidender war der Mangel an Rohstoffen und Energie, das Fehlen von Transportmitteln, die Zerstörung der Verkehrswege, vor allem der Eisenbahnen und der Zusammenbruch des Kommunikationssystems.

Schwerwiegende Auswirkungen für die Nahrungs- und Genußmittelwirt-

schaft hatten die Gebietsabtretungen im Osten, die sich auf fast 30 Prozent der landwirtschaftlichen Nutzfläche beliefen, auf der zwischen 20 und 30 Prozent des Vorkriegsverbrauchs an Kartoffeln, Weizen, Roggen, Milch und Fleisch erzeugt worden waren. Die wirtschaftliche Abschnürung der Sowjetischen Besatzungszone, aus der noch einmal 40 Prozent der landwirtschaftlichen Vorkriegsproduktion stammten, verschärfte das Rohstoffproblem weiter.
Die Rohstoffvorräte, die sich die Betriebe während des Krieges angelegt hatten, waren oft nicht mehr als ein Tropfen auf den heißen Stein. Oder sie waren schon 1945 geplündert worden. Allein im Werk Hannover des Reemtsma-Konzerns waren in den letzten Kriegstagen 10 Millionen Zigaretten und 700 Tonnen Orienttabak verschwunden. Die Malzvorräte der Brauereien waren nach dem Braujahr 1945/46 aufgebraucht, auch Zuteilungen von Braugerste gab es nicht mehr – von einigen wenigen Betrieben abgesehen, die für den Militärbedarf arbeiteten. Der Rest mußte sich unter dem durch die tatsächlichen Verhältnisse erzwungenen oder auch von den Militärbehörden ausdrücklich verhängten Brauverbot umstellen. Statt Bier wurde Limonade oder das berüchtigte »Molkebier« mit einem Stammwürzegehalt von 1–2 Prozent produziert. In der Fleisch- und Wurstwarenindustrie und in den Fleischereien gab es bis Ende 1945 durch die vielen Notschlachtungen noch ausreichend Arbeit, dann erfolgte auch hier der Einbruch. Viele Margarinefabriken, Betriebe der Obst- und Gemüseverarbeitung, Werke der Nährmittel- und Stärkeindustrie lagen aus Mangel an Rohstoff still.
In einem zeitgenössischen Bericht aus Köln heißt es:

> Infolge der außerordentlich niedrigen Brotration werden in den Brotfabriken und Bäckereien außerordentlich wenig Leute beschäftigt. In der Schokoladen- und Zuckerindustrie in Köln waren im Jahre 1932 etwa 5000 Leute beschäftigt. Jetzt arbeiten in dieser Industriegruppe noch etwa 145 Personen. In der Getränkeindustrie ist infolge des Brauverbots kaum Arbeit vorhanden und man ist nur mit Aufräumungsarbeiten beschäftigt. Die Mühlen liegen, soweit sie nicht zerstört sind, schon seit Monaten still, weil kein Getreide vorhanden ist. In der Fleischindustrie und den Metzgereien haben nur wenig Menschen, infolge der kleinen Rationen, Beschäftigung. Da der größte Teil der Hotels und Restaurants zerstört ist, sind für die Kollegen aus diesem Gewerbe auch wenig Arbeitsmöglichkeiten. In der Tabakindustrie sind fast alle Betriebe zerstört oder ohne Beschäftigung.[5]

Diese von Karl Langenbach geschilderte Situation war – mit einigen Abstrichen – für alle drei westlichen Besatzungszonen charakteristisch und änderte sich während des Jahres 1946 nur wenig.
Die Suche nach Ersatzprodukten stand überall an erster Stelle. Bei Stollwerck in Köln z. B. wurden anstatt Schokolade aus Zucker, Kakaopulver, kondensierter Magermilch und Maisfett sogenannte »Nährstangen« für die Schulspeisung produziert. Wo die Herstellung von Ersatzprodukten nicht möglich war, gab es Kurzarbeit und Entlassungen. Im Bäckergewerbe z. B., wo der Verdienst in Norddeutschland wegen dauernder Kurzarbeit nicht mehr als 20 Mark die Woche betrug und es eines stürmischen

Protests der Gewerkschaften bedurfte, bevor die Beschäftigten den Lohnausfall bezahlt bekamen. In der Zigarrenherstellung, deren Ausstoß bis auf 14 Prozent der Vorkriegsproduktion zurückgegangen war, wurden alle Arbeitskräfte, die irgendwie anderweitig untergebracht werden konnten, entlassen und der Rest auf Kurzarbeit gesetzt.
Nahrungs- und Genußmittelgewerbe und Landwirtschaft waren nicht in der Lage, die Bevölkerung der drei westlichen Besatzungszonen ausreichend zu versorgen. Dies um so weniger, als im Westen fast zwölf Millionen Menschen (Vertriebene und Flüchtlinge) mehr lebten als vor dem Zweiten Weltkrieg.
Die Besatzungsmächte unternahmen zwar große Anstrengungen. Allein in der Amerikanischen Zone wurden vom Juni 1945 bis zum Juni 1946 Lebensmittel für mehr als 200 Millionen Dollar eingeführt. Da aber überall in der Welt Hunger herrschte, selbst bei den »Siegermächten«, von den USA einmal abgesehen, war es klar, daß sich Deutschland zunächst bescheiden mußte.
Nahrungsmittel wurden bewirtschaftet und nur gegen Marken abgegeben. Die Zuteilungen waren gestaffelt. Bergarbeiter, die unter Tage körperliche Schwerstarbeit verrichteten, sollten eine Tagesration von 3400 Kalorien bekommen, was aber längst nicht überall geschah. Andere Arbeiter erhielten weniger.
Die Masse der Bevölkerung erlebte eine Versorgungskrise, wie man sie in Deutschland seit 30 Jahren nicht mehr gekannt hatte. Der Fleisch- und Fettverbrauch ging 1945/46 um 70 Prozent, zeitweise um 90 Prozent zurück. Der Durchschnittsverbrauch an Lebensmitteln pro Kopf und Tag lag in den vier Besatzungszonen im Schnitt bei 1272 Kalorien. 1946/47 waren es 1321 Kalorien. Am schlechtesten waren die Verhältnisse in der Französischen und Sowjetischen Zone. In der Britischen und Amerikanischen Zone verbesserte sich die Situation Ende 1946 etwas: 1500 Kalorien wurden für den Normalverbraucher ausgegeben. Mitte 1947 aber wurden die Lebensmittelrationen in den westlichen Zonen zeitweise auf weniger als 1000 Kalorien gekürzt, und in verschiedenen Städten der Britischen und Amerikanischen Zone wurde im Sommer 1947 mit 700 Kalorien am Tag der absolute Tiefstand erreicht.
Oft konnte man nicht einmal das bekommen, was auf der Ernährungskarte stand. Sie bekam im Volksmund bald den Spitznamen »Hungerkarte«. Auf einen städtischen Normalverbraucher, der über 20 Jahre alt war, sollten in der Britischen und Amerikanischen Zone in der 102. Zuteilungsperiode, vom 26. 5. bis 22. 6. 1947, folgende Mengen an Lebensmittel in der Woche entfallen[6]:

Brot	1625 g
Nährmittel (Reis, Hülsenfrüchte usw.)	312,5 g
Fleisch	100 g
Magermilch	750 g
Käse	31,25 g

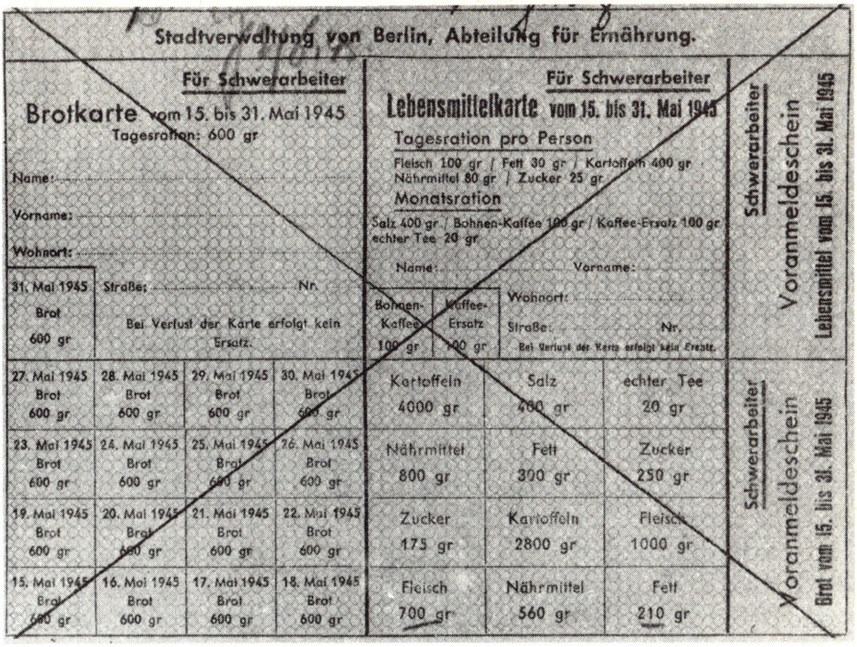

Stadtverwaltung von Berlin, Abteilung für Ernährung.

Für Schwerarbeiter
Brotkarte vom 15. bis 31. Mai 1945
Tagesration: 600 gr
Name:
Vorname:
Wohnort:
Straße: Nr.
Bei Verlust der Karte erfolgt kein Ersatz.

31. Mai 1945 Brot 600 gr			
27. Mai 1945 Brot 600 gr	28. Mai 1945 Brot 600 gr	29. Mai 1945 Brot 600 gr	30. Mai 1945 Brot 600 gr
23. Mai 1945 Brot 600 gr	24. Mai 1945 Brot 600 gr	25. Mai 1945 Brot 600 gr	26. Mai 1945 Brot 600 gr
19. Mai 1945 Brot 600 gr	20. Mai 1945 Brot 600 gr	21. Mai 1945 Brot 600 gr	22. Mai 1945 Brot 600 gr
15. Mai 1945 Brot 600 gr	16. Mai 1945 Brot 600 gr	17. Mai 1945 Brot 600 gr	18. Mai 1945 Brot 600 gr

Für Schwerarbeiter
Lebensmittelkarte vom 15. bis 31. Mai 1945
Tagesration pro Person
Fleisch 100 gr / Fett 30 gr / Kartoffeln 400 gr
Nährmittel 80 gr / Zucker 25 gr
Monatsration
Salz 400 gr / Bohnen-Kaffee 100 gr / Kaffee-Ersatz 100 gr
echter Tee 20 gr
Name: Vorname:
Bohnen-Kaffee 100 gr | Kaffee-Ersatz 100 gr
Wohnort:
Straße: Nr.
Bei Verlust der Karte erfolgt kein Ersatz.

Kartoffeln 4000 gr	Salz 400 gr	echter Tee 20 gr
Nährmittel 800 gr	Fett 300 gr	Zucker 250 gr
Zucker 175 gr	Kartoffeln 2800 gr	Fleisch 1000 gr
Fleisch 700 gr	Nährmittel 560 gr	Fett 210 gr

Schwerarbeiter
Voranmeldeschein
Lebensmittel vom 15. bis 31. Mai 1945

Schwerarbeiter
Voranmeldeschein
Brot vom 15. bis 31. Mai 1945

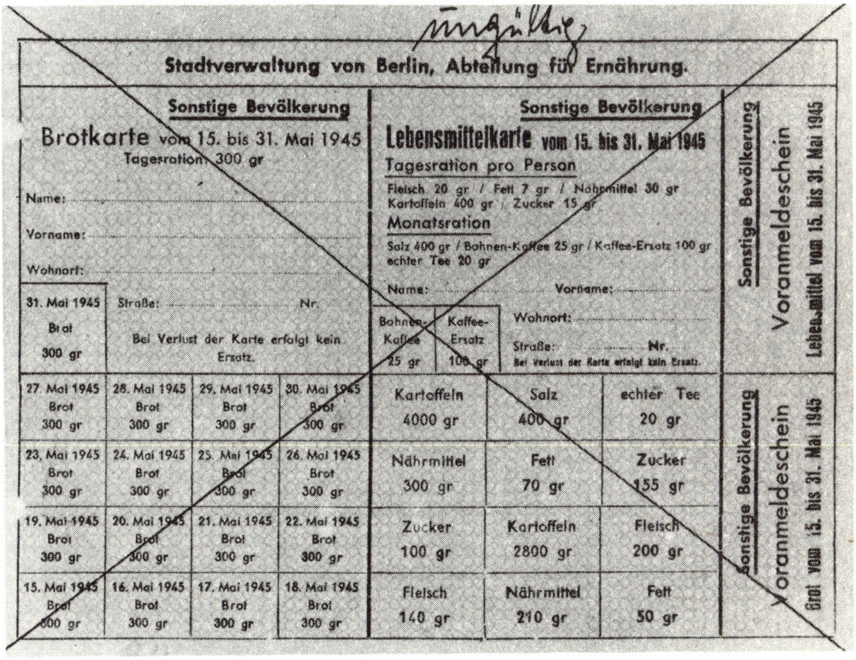

ungültig

Stadtverwaltung von Berlin, Abteilung für Ernährung.

Sonstige Bevölkerung
Brotkarte vom 15. bis 31. Mai 1945
Tagesration: 300 gr
Name:
Vorname:
Wohnort:
Straße: Nr.
Bei Verlust der Karte erfolgt kein Ersatz.

31. Mai 1945 Brot 300 gr			
27. Mai 1945 Brot 300 gr	28. Mai 1945 Brot 300 gr	29. Mai 1945 Brot 300 gr	30. Mai 1945 Brot 300 gr
23. Mai 1945 Brot 300 gr	24. Mai 1945 Brot 300 gr	25. Mai 1945 Brot 300 gr	26. Mai 1945 Brot 300 gr
19. Mai 1945 Brot 300 gr	20. Mai 1945 Brot 300 gr	21. Mai 1945 Brot 300 gr	22. Mai 1945 Brot 300 gr
15. Mai 1945 Brot 300 gr	16. Mai 1945 Brot 300 gr	17. Mai 1945 Brot 300 gr	18. Mai 1945 Brot 300 gr

Sonstige Bevölkerung
Lebensmittelkarte vom 15. bis 31. Mai 1945
Tagesration pro Person
Fleisch 20 gr / Fett 7 gr / Nährmittel 30 gr
Kartoffeln 400 gr / Zucker 15 gr
Monatsration
Salz 400 gr / Bohnen-Kaffee 25 gr / Kaffee-Ersatz 100 gr
echter Tee 20 gr
Name: Vorname:
Bohnen-Kaffee 25 gr | Kaffee-Ersatz 100 gr
Wohnort:
Straße: Nr.
Bei Verlust der Karte erfolgt kein Ersatz.

Kartoffeln 4000 gr	Salz 400 gr	echter Tee 20 gr
Nährmittel 300 gr	Fett 70 gr	Zucker 155 gr
Zucker 100 gr	Kartoffeln 2800 gr	Fleisch 200 gr
Fleisch 140 gr	Nährmittel 210 gr	Fett 50 gr

Sonstige Bevölkerung
Voranmeldeschein
Lebensmittel vom 15. bis 31. Mai 1945

Sonstige Bevölkerung
Voranmeldeschein
Brot vom 15. bis 31. Mai 1945

Lebensmittelmarken von Mai 1945.

Zucker	125 g
Kartoffeln	2500 g
Fisch	125 g

Tatsächlich wurden an vielen Orten nur folgende Mengen ausgeteilt:

Brot	1500 g
Nährmittel	–
Fleisch	75 g
Fett	50 g
Magermilch	750 g
Käse	31,25 g
Fisch	125 g

Hauptnahrungsmittel in Nordrhein-Westfalen waren im April 1947 Brot (60 Prozent) und Kartoffeln (18 Prozent). Fleisch, Fett und Käse gab es nur in ganz geringen Mengen. Die Qualität der Nahrungsmittel war oft schlecht. Für das wenige, das es gab, mußte man lange anstehen. Für Pferdefleisch z. B. mußte man sich 1948 in Hannover spätestens um 6 Uhr morgens anstellen, dann waren aber schon 15 bis 30 Menschen da. Um 9 Uhr wurde der Laden geöffnet, dann dauerte es eine Stunde, bis man an der Reihe war. Möglicherweise waren die Vorräte dann auch schon wieder ausverkauft. Gab es Innereien ohne Marken, dann standen die Menschen schon um 2 Uhr früh in der Schlange.

Der polnische Journalist Isaac Deutscher schrieb im September 1945 über seinen Aufenthalt in Berlin:

> Was auffällt, ist nicht die Magerkeit der Menschen, nicht einmal die allgemeine Müdigkeit, sondern die Gesichtsfarbe. Die Gesichter der Babys in den Kinderwagen sind leichenhaft; das Fleisch hat ein wächsernes oder seifenartiges Aussehen. Kleine Kinder sind gelb, aber die zwölfjährigen weisen die Blässe der Erwachsenen auf (...) Die Gesichter der wenigen Alten sind genauso totenblaß oder gelb wie die der Babys und Kleinkinder. Es gibt ein paar Ausnahmen; aber rosige, runde Gesichter gehören gewöhnlich Prostituierten oder dem Personal, das in Diensten der Alliierten steht und zum Teil in einem Kasino oder in einer offiziellen Institution verpflegt wird.[7]

»Die Menschen haben ein dauerndes Hungergefühl (...) Die über sechs Jahre alten Kinder leiden an Unterernährung (...) Es wird eine allgemeine Abmagerung der Bevölkerung festgestellt«, heißt es in einem Bericht der IUL vom Juni 1947.[8]

Zwar konnten sich städtische Verbraucher auf dem »Schwarzen Markt« mit zusätzlichen Lebensmitteln eindecken. Dort kostete ein Pfund Brot aber bis zu 50 Reichsmark, für ein Pfund Fleisch zahlte man bis zu 200 und für ein Pfund Fett 500 bis 800 Reichsmark. Die Mehrzahl der Verbraucher konnte sich auf diesem Weg allenfalls einen Zuschuß von 100 bis 200 Kalorien über die Monatsrationen verschaffen – absolut unzureichend zur Erhaltung der physischen Kräfte und der Gesundheit.

Arbeitnehmer konnten auf dem »Schwarzen Markt« nur durch den Eintausch von Haushaltsgeräten und Wertgegenständen etwas erwerben. Der Lohn reichte noch nicht einmal aus, die elementaren Lebensbedürfnisse zu

decken, geschweige denn dazu, Zusatzeinkäufe zu tätigen. Ganz davon abgesehen, daß das Geld in den Augen der Händler sowieso seinen Wert verloren hatte und am liebsten amerikanische Zigaretten als Zahlungsmittel angenommen wurden.
Die Löhne durften nach der Direktive Nr. 14 des Alliierten Kontrollrats vom 12. Oktober 1945 nicht erhöht werden. Es versteht sich, daß ein Preisstopp nie in Betracht gezogen wurde. Zwar konnten nach einer Neufassung der Direktive vom 13. September 1946 Stundenlöhne unter 50 Pfennig auf diesen Satz angehoben werden, aber auch das änderte nichts daran, daß die Löhne weiter Teile der Arbeitnehmerschaft sanken. Der Lohnstopp bezog sich nämlich nur auf die Stundenlöhne. Durch Kurzarbeit sanken die Wochenlöhne oft um 20 Prozent und mehr. Die durchschnittliche Wochenarbeitszeit eines Industriearbeiters betrug 1946 39,7 Stunden und 1947 noch weniger. Das waren zehn Stunden weniger als während der Kriegszeit und neun Stunden weniger als im letzten Vorkriegsjahr.
Die Löhne waren längst nicht mehr in der Lage, die Lebenshaltungskosten zu decken. Die Kaufkraft der Wochenverdienste lag 1946 noch unter dem Niveau von 1932, dem schlimmsten Jahr der Weltwirtschaftskrise. Nach Berechnungen des niedersächsischen Instituts für Wirtschaftsforschung konnten im Jahre 1946 nur 60 Prozent der Gesamtausgaben einer Familie aus den Arbeitseinkünften gedeckt werden. Der Rest wurde mit gesparten oder zurückgelegten Geldern, aus dem Verkauf von Sachwerten usw. bestritten.
Löhne und Gehälter hatten ihren zentralen Stellenwert zur Sicherung der Lebenshaltung verloren. In Teilbereichen kehrte die Entlohnung in Natu-

Tab. 60
Durchschnittliche Bruttowochenverdienste in der Amerikanischen Zone in RM/DM[9]

	Arbeiter			Arbeiterinnen		
	Dez. 47	Juli 48	Sept. 48	Dez. 47	Juli 48	Sept. 48
Süß-, Back- und Teigwarenindustrie	46,41	45,38	51,50	22,97	25,02	26,80
Brauereigewerbe	47,20	39,95	52,12	—	—	—

Tab. 61
Durchschnittliche Bruttowochenverdienste in der Britischen Zone in RM/DM[10]

	Arbeiter			Arbeiterinnen		
	1946 September	1947 Juni	1948 Sept.	1946 September	1947 Juni	1948 Sept.
Süß-, Back- u. Teigwarenind.	44,91	44,38	43,05 50,95	21,83	22,18	21,87 25,86
Braugewerbe	49,40	50,17	51,92 54,89	25,66	25,74	27,39 30,60

Tab. 62
Durchschnittliche Bruttostundenverdienste in der Britischen Zone in Rpf, Dpf.[11]

	Arbeiter			Arbeiterinnen		
	1946 September	1947 Juni	1948 Sept.	1946 September	1947 Juni	1948 Sept.
Süß-, Back- u. Teigwarenind.	97,0	98,3	92,6 103,5	52,9	57,1	54,5 60,5
Braugewerbe	109,6	105,0	109,0 112,4	64,4	63,9	64,0 68,1

Tab. 63
Verdienste männlicher Arbeiter in der Britischen Zone, Sept. 1948[12]

	Facharbeiter		Spezialarbeiter		Ungelernte Arbeiter	
	Stundenverdienste in Pf.	Wochenverdienste in DM	Stundenverdienste in Pf.	Wochenverdienste in DM	Stundenverdienste in Pf.	Wochenverdienste in DM
Süß-, Back- u. Teigwarenindustrie	109,4	54,26	101,5	51,22	87,3	41,86
Braugewerbe	115,8	57,54	110,3	53,35	101,0	46,75

Tab. 64
Tatsächlich geleistete durchschnittliche Wochenarbeitszeiten in der Britischen Zone[13]

	Arbeiter			Arbeiterinnen		
	1946 September	1947 Juni	1948 Sept.	1946 September	1947 Juni	1948 Sept.
Süß-, Back- u. Teigwarenind.	46,3	45,1	46,5 49,2	41,3	38,8	40,1 42,8
Braugewerbe	47,7	47,8	47,6 48,8	39,8	40,3	42,8 45,0

ralien wieder, mit denen man oft mehr anfangen konnte als mit ein paar Reichsmarkscheinen. Deputate gewannen bei den Beschäftigten der Nahrungs- und Genußmittelwirtschaft große Bedeutung und wurden höhergeschätzt als der Geldlohn. Die Rauchzigarren der ostwestfälischen Zigarrenarbeiter z. B. standen in einer Zeit, in der Tabakwaren allenthalben knapp waren, als »Braunes Gold« hoch im Kurs. In einem Bericht aus Deutschland vom Februar 1947 heißt es:

> Die Fabriken nehmen alle möglichen Artikel in ihr Programm auf, die eine macht Bügeleisen, die andere Töpfe, eine dritte Küchenmesser. Damit wird erst im großen kompensiert, und dann kriegt jeder von der Belegschaft sein bestimmtes Quantum und jeden Monat einige Tage frei, um das Zeug irgendwo auf dem Lande abzusetzen. Der Betriebsrat ist am populärsten, der es in Verhandlungen mit der Werksleitung fertigbringt, daß der Arbeiter statt eines Kochtopps zum Verhamstern deren zwei bekommt. Man kann

versuchen, den Arbeitern klarzumachen, daß es so nicht geht, daß dieser Rückfall in die primitivsten Formen des Tauschhandels zur Katastrophe führt, sie begreifen das und sehen das ein. Aber bei dieser Erkenntnis können sie verhungern. Besorg ihnen etwas, wo der Bauer Kartoffeln oder ein paar Hände voll Roggenkörner dagegen tauscht, dann bist Du ihr Mann.[14]

Erst mit der Währungsreform 1948 begann das lohnpolitische Interesse der Belegschaften wieder zu erwachen.

Ähnlich demoralisierend für die Arbeitnehmerschaft wirkte sich die Wohnungssituation aus. Die Bombardierungen der Alliierten während des II. Weltkrieges hatten weniger die Produktionsanlagen, als vielmehr die Wohnviertel der Zivilbevölkerung zerstört. In der Britischen Zone waren 30,2 Prozent, in der Amerikanischen Zone 21,6 Prozent und in der Französischen Zone 13,3 Prozent aller Wohnungen zerstört. In den großen Städten sah das Bild noch viel schlimmer aus: 40 Prozent zerstörte Wohnungen in Berlin. In den sieben größten Städten Baden-Württembergs, in Karlsruhe, Mannheim, Stuttgart usw., wo 76,9 Prozent der Gesamtbevölkerung lebten, war rund die Hälfte aller Wohnungen zerstört. Eine Familie mit vier oder fünf Kindern bewohnte in der Regel einen Raum und teilte sich die Küche mit zwei weiteren Familien. Oft wohnten die Menschen in Kellern, teilzerbombten Häusern, Baracken und notdürftig hergerichteten Behelfshäusern.

Schon vor 1939 herrschte in Deutschland Wohnungsmangel. Kriegszerstörungen und die Ankunft von zwölf Millionen Neubürgern in den westlichen Zonen ließen die Wohnsituation unerträglich werden.

Viele Arbeiter wurden an die Stadtränder umgesiedelt. In einem Bericht aus Rheinhessen heißt es:

> Die Hunderte von Arbeitern, die heute evakuiert werden, leben unter den denkbar schlechtesten Verhältnissen. Es gibt sehr viele Arbeiter, die 10 bis 12 km von ihrer Wohnstätte nach dem Abfahrtsbahnhof gehen müssen, außerdem eine Bahnfahrt von drei Stunden am Tag haben, dazu kommt noch die achtstündige Arbeitszeit, noch nicht einbegriffen die Wartezeit, die diese Leute bis zur Abfahrt des Zuges jeweils auf dem Bahnhof stehen müssen. Die Züge sind ungeheizt, von der Ernährung gar nicht zu reden. Am schlechtesten sind Arbeiter bei schlechter Witterung dadurch getroffen, daß sie vor allen Dingen kein gutes Schuhwerk besitzen, im Winter selbstverständlich auch mit warmer Kleidung nicht entsprechend versorgt sind. Es gibt viele Arbeiter, die nur ein Hemd zur Verfügung haben und es ist nicht übertrieben, wenn gesagt wird, daß viele Arbeiter nur noch zusammengeflickte Unterkleider besitzen, die fast nicht mehr ausbesserungsfähig sind.[15]

An allem und jedem herrschte Mangel in Deutschland. Und es mußte ungeheuer viel Zeit aufgebracht werden: Stundenlanges Anstehen in der Schlange vor einem Lebensmittelgeschäft, viele vergebliche Wege zum Kaufmann oder Warenhaus auf der Suche nach irgendeiner Kleinigkeit. Endlose Fahrten in vollgestopften Zügen, um in der Umgebung der großen Städte etwas Eßbares zu ergattern, quälend lange Fußwege der Arbeiter zu ihren Betrieben. Zermürbend langes Warten mit Dutzenden von anderen in irgendwelchen Büros, in der Hoffnung, vielleicht eine günstigere Wohnung zu bekommen – das alles gehörte zum Alltag der deutschen Arbeitnehmer und ihrer Familien. Da blieb wenig Platz in den Köpfen der einzelnen, sich Gedanken um große gesellschaftliche Fragen zu machen, wenn die Sorge um das tägliche Leben schon alle Kraft beanspruchte. Wenn die Gewerkschaften dennoch rasch wieder Zulauf fanden, dann deswegen, weil die Menschen von ihnen Hilfe zur Verbesserung ihrer elementaren Lebensverhältnisse erwarteten.

3. Gewerkschaften als »Lebenshelfer«

Die Gewerkschaften verlangten vor allem eine bessere Erfassung und Verteilung der Lebensmittel. Das richtete sich direkt gegen das Zentralamt für Ernährung und Landwirtschaft unter dem konservativen Politiker Hans Schlange-Schöningen, dem die Gewerkschaften vorwarfen, die Ernährungsnot der Bevölkerung nur zu verschlimmern. Seine Ersetzung durch eine demokratische Selbstverwaltung unter Einschaltung der Gewerkschaften wurde von der Militärregierung aber strikt abgelehnt. In Niedersachsen gelang es den Gewerkschaften immerhin im April 1947, die Einrichtung von Kontrollausschüssen zu erwirken. Diese Ausschüsse, von Gewerkschaftern und Erzeugern besetzt, sollten kontrollieren, ob die Bauern ihr Ablieferungssoll einhielten. Die Hofbegehungen in Niedersachsen, in Nordrhein-Westfalen und Baden-Württemberg dienten dem gleichen Zweck. Zum Teil konnten dabei beträchtliche Mengen gehorteter Lebensmittel sichergestellt werden. Die Verbesserung von Transportsystem und Verteilerwegen waren Forderungen der Gewerkschaften, die auf einhellige Zustimmung aller Arbeitnehmer stießen. Weniger das verlangte Verbot der Kompensationsgeschäfte – viele Betriebe und Arbeitnehmer hielten sich gerade damit über Wasser. Auch die Forderung nach einer Arbeitszeitverkürzung auf 40 Stunden für alle fand keinen ungeteilten Beifall. Oft wurde befürchtet, daß der Lohnausgleich nicht durchgesetzt werden könne, manchmal spielten ganz andere Gründe eine Rolle: Die Betriebe waren warm, die Wohnungen aber ungeheizt.
Ebensowichtig war für die Belegschaften die Selbsthilfe durch die Betriebsräte. Manches Betriebsratszimmer glich damals eher einem Gemischtwarenladen. Von der Arbeitskleidung über Feuerholz bis hin zu Lebensmitteln wurde alles zur Verteilung gebracht. Leider lenkte das die Betriebsräte von ihren eigentlichen Aufgaben ab.
Viele Betriebe konnten aus Mangel an Rohstoffen nicht arbeiten. Auch hier mußten Betriebsräte und Gewerkschaften einspringen. Ein klassischer Fall bei der *NGG* war der Kampf gegen das Brauverbot, das in der Britischen Zone seit 1945 galt, während in den amerikanisch, französisch und sowjetisch besetzten Zonen einstweilen noch 1–2prozentiges Ersatzbier mit undefinierbarem Geschmack hergestellt werden konnte. Viele Brauereien mußten zur Kurzarbeit übergehen oder ihre Pforten schließen.

Im Mai 1947 kam das Brauverbot in Bayern. Gewerkschaften und Brauerverbände setzten alles in Bewegung, um das Verbot rückgängig zu machen und die Bereitstellung von Braugerste zu erreichen. Georg Fiedler von der bayerischen *NGG* sprach wiederholt, mal zusammen mit dem *DGB,* mal mit den Brauerverbänden, beim amerikanischen Militärgouverneur Clay vor. Durch mehr Braugerste, argumentierte auch die nordrhein-westfälische *NGG,* unterstützt von der *IG Bergbau* und der *IG Bau,* könne mehr Treber als Viehfutter erzeugt und damit die Milcherzeugung gesteigert werden. Bier sei in Deutschland nun einmal Bestandteil der Volksernährung. In Bayern war das unmittelbar einsichtig, nicht ganz so beim *DGB* in Düsseldorf, der unter Hinweis auf die verzweifelte Ernährungssituation der Bevölkerung die Bereitstellung von Getreide für Genußmittel ablehnte. Nach vielem Hin und Her und nach dem kurzen Zwischenpiel eines Molkebieres auf Brotmarken, das nach der Währungsreform niemand mehr haben wollte, wodurch der Ausstoß der Brauereien um bis zu 95 Prozent zurückging, war es dann im September 1948 mit der Erlaubnis zur Herstellung eines Bieres mit 4 bis 5 Prozent Stammwürze (8 Prozent ab Februar 1949) endlich soweit.

4. Neuaufbau der Gewerkschafts-Organisationen

Die Schwerpunkte der Gewerkschaften lagen bis ins Jahr 1946 hinein in den industriellen Ballungszentren, den großen Städten, in denen die Gewerkschaftsbewegung auch vor 1933 ihre Hochburgen gehabt hatte. Brauer und Beschäftigte der Konsumgenossenschaften waren fast überall die Eckpfeiler der neuen Organisationen. Sie waren rasch zu 80 und 90 Prozent organisiert. Je nach regionalen oder örtlichen Besonderheiten spielten andere Berufsgruppen eine gleich wichtige Rolle. Im Norden, in Städten wie Cuxhaven, Bremerhaven und Emden waren es die Belegschaften der Fischverarbeitungsbetriebe und die Loggermannschaften; im Minden-Ravensberger Land natürlich die Tabakarbeiter, während ihre Organisierung im Süden langsamer vonstatten ging. In Bayern spielten die Arbeitnehmer der Molkereibetriebe eine wichtige Rolle.
Die Gründer waren ganz überwiegend Funktionäre, die schon vor 1933 aktiv gewesen waren. Die meisten befanden sich im fortgeschrittenen Alter. Wilhelm Frank z. B., der maßgebliche Mann für den Aufbau der *NGG* im Nordrheingebiet, war 1945 schon 73 Jahre alt, Josef Dietmayer und Josef Kollmair in Stuttgart hoch in den Sechzigern. Alfred Supper, der erste Geschäftsführer der *Industriegruppe Nahrungsmittel-, Getränke und Genußmittel* in Bielefeld, zählte bei Kriegsende 70 Jahre, Max Gerl, der den Anstoß gab zum Aufbau der *NGG* in München, war zum gleichen Zeitpunkt 67 Jahre alt. Nur in Hamburg war die Führungsmannschaft mit Gustav Pufal, Ferdinand Warnecke, Johannes Gostomski u. a. etwas jünger, Ende 40, Anfang 50.

Die Gründer waren fast durchweg Sozialdemokraten, in zweiter Linie erst, vor allem in einigen Städten des Ruhrgebiets und im südbadischen Raum sowie in Berlin, Mitglieder der alten christlichen Gewerkschaften und der sich neu bildenden *CDU*. *KPD*-Mitglieder gab es nur in geringerem Maße. Das lag daran, daß Nahrungs- und Genußmittelbetriebe in der Weimarer Republik nie zu den Bastionen der *KPD* gehört hatten. Eine nennenswerte Rolle beim Aufbau der *NGG* spielten Kommunisten in Bremerhaven, Mannheim und Ludwigshafen, in einigen Orten des Saarlands, auch in Heidelberg und Bochum. In der Regel ergaben sich aus der unterschiedlichen Parteizugehörigkeit keine Konflikte. Zunächst einte alle der Gedanke, die politische Zerrissenheit der Gewerkschaftsbewegung, wie man sie in der Weimarer Republik gekannt hatte, nicht wiederkehren zu lassen.

In Bremerhaven allerdings machten sich die Mitglieder der *KPD* und des kommunistisch beeinflußten *Antifa-Bundes* durch Polemik gegen die alten freigewerkschaftlichen Funktionäre bemerkbar und scheuten dabei auch nicht vor dem Griff in die Klamottenkiste des Sozialfaschismus zurück. Die Folge war, daß die Militärregierung im Oktober 1945 die Wahlen für den Gründungsausschuß der *Allgemeinen Gewerkschaft* aussetzte und die Streitigkeiten unter den Kollegen ausnutzte, um ihre Forderung nach dem Aufbau selbständiger Industriegewerkschaften anstelle einer zentralen Einheitsgewerkschaft durchzusetzen. Nachdem das geschehen war, die Auseinandersetzungen aber weitergingen, schloß die englische Militärregierung im Mai 1946 kurzerhand die Gewerkschaftsbüros. Im Juni 1946 mußte dann mit dem Aufbau ganz von vorne begonnen werden.

Zu einigen Auseinandersetzungen kam es auch in Ludwigshafen und im Saarland, wo *KPD*-Mitglieder versuchten, die Wahl ihnen nicht genehmer Gewerkschaftsfunktionäre zu verhindern, sich als Minderheit aber fügen mußten.

Der ohnehin nie sehr starke kommunistische Einfluß im Bereich der *NGG* schmolz bis zum Ende der vierziger Jahre mehr und mehr zusammen. Von den Gewerkschaftern, die in die *KPD* eingetreten waren, hatten das viele nur deswegen getan, weil sie hofften, auf diese Weise auch für die politische Einheit der Arbeiterbewegung etwas tun zu können. Sie wandten sich enttäuscht wieder ab, als sich herausstellte, daß die *KPD* unter Einheit nur ihre politische Vorherrschaft verstand. Die Ereignisse in der Sowjetischen Besatzungszone, wo die *KPD* in den Gewerkschaften, obgleich eine Minderheit, mit Unterstützung der Besatzungsmacht unverhüllt ihren Führungsanspruch durchsetzte, taten ein übriges, um die Abkehr von dieser Partei in den drei westlichen Zonen zu beschleunigen.

Während des Neuaufbaus bildeten sich, z.T. aufgrund von Zufälligkeiten, z.T. in Wiederanknüpfung an die Verhältnisse vor 1933 »Vororte« heraus, von denen die Bildung von Gewerkschaften im Umland vorangetrieben wurde. Im Nordrheingebiet war das Düsseldorf mit Wilhelm Frank und Eugen Ruff, Köln mit Karl Langenbach und Ferdinand Kiefer. Im östlichen Ruhrgebiet Dortmund mit Wilhelm Brülling, im westfälischen Raum Bünde (Heinrich Schmidt), Minden (Heinrich Ohlemeyer) und Bielefeld (Alfred Supper). Hamburg beeinflußte auch den Gewerkschaftsaufbau in Schleswig-Holstein. Hannover, Braunschweig und Osnabrück taten das gleiche in Niedersachsen. In Bayern zeigte sich sehr früh, daß München (Max Gerl) das Zentrum für die Gewerkschaften war, neben Nürnberg (Josef Rückl, Hans Nätscher), Kulmbach (Georg Gräbner) und Fürth. Mannheim (Max Reichelt), Stuttgart (Josef Dietmayer und Josef Kollmair), Frankfurt a. M. (Hans Wiegand), Wiesbaden (Otto Machwirth), Gießen/Butzbach (Alfred Kiel) und Kassel (Josef Kaschel) waren die übrigen »Vororte« im süddeutschen und hessischen Raum.

5. Konflikte um die Organisationsform

Während die Überwindung der politischen Richtungsgewerkschaften nach 1945 keinerlei Schwierigkeiten bereitete, entstanden in Hamburg und Bremen die alten Fachverbände wieder: der DTAV, der sich jetzt *Verband für die gesamte Tabakindustrie* nannte (am 4.10.1945 in Hamburg, am 23.10. in Bremen), und der *Zentralverband der Hotel-, Restaurant- und Caféangestellten* mit Johannes Gostomski an der Spitze in Hamburg. Den Nahrungsmittel- und Getränkearbeitern blieb fürs erste nichts anderes übrig, als ebenfalls ihren eigenen Verband zu gründen. Das geschah am 4.10.1945 in Hamburg und am 1.11 in Bremen.

Die Tabakarbeiter hätten mit den übrigen Nahrungs- und Genußmittelarbeitern nichts gemein, erklärte Ferdinand Husung. Mit der neuen Industriegewerkschaft NGG könne ein bürokratischer Wasserkopf entstehen. Johannes Gostomski rechtfertigte die Existenz einer eigenen Gewerkschaft für die Beschäftigten im Hotel- und Gaststättengewerbe mit dem Argument, die »langersehnte Einheit im Gastwirtsgewerbe« bedürfe erst

Tab. 65
Mitgliederentwicklung der Vorläuferverbände der Gewerkschaft NGG in Hamburg 1945 bis 1947[16]

Datum	Verband für die gesamte Tabakindustrie	Verb. der Hotel-, Restaurant- und Caféangestellten	Verb. der Nahrungsmittel- und Getränkearbeiter	Zusammen
Dezember 1945	983	1 209	4 915	7 107
März 1946	977	2 161	6 607	9 745
Mai 1946	977	2 546	7 000	10 523
September 1946	1 005	3 191	8 495	12 691
November 1946	1 002	3 445	9 172	13 619
März 1947	1 019	3 966	11 157	16 142
Juni 1947	1 033	4 408	12 700	18 141

Tab. 66
Mitgliederentwicklung der NGG in Hamburg[17]

Datum	Mitglieder ges.	männl.	weibl.
1.4.1948	21854	14911	6943
1.7.1948	21431	14037	7394
31.12.1948	17211	11579	5632

einer gewissen Stabilisierung. Für eine weitere Zentralisierung sei die Zeit noch nicht reif.
Beide Funktionäre, Husung und Gostomski, waren eng mit der Tradition ihrer vor 1933 selbständigen Verbände verwachsen. Und die Schwierigkeit, sich von einer alten Tradition zu lösen, dürfte wohl der eigentliche Grund gewesen sein, diesen Weg weg von der Industriegewerkschaft einzuschlagen. Weit über Hamburg und Bremen hinaus kamen die beiden Organisationen ohnehin nicht.
Es waren die Vertreter der westfälischen Tabakarbeiter, die in einigen harten Diskussionen mit Ferdinand Husung in Bad Oeynhausen die Überführung der kleinen selbständigen Organisation, die 1947 nicht mehr als 1500 Mitglieder hatte, in die NGG durchsetzten.
Wenn auch Übereinstimmung herrschte, daß eine Einheitsgewerkschaft angestrebt werden müsse, so bestand doch über die Organisationsform beträchtliche Unklarheit.
Die einen wollten selbständige Industriegewerkschaften gründen (so der Kreis in Frankfurt um den späteren DGB-Vorsitzenden Willi Richter), die anderen zentralistische Gewerkschaften, auch Allgemeine Gewerkschaften genannt (so in Hamburg und in Hannover der Kreis um Albin Karl und Wilhelm Weber).
Dieses Modell wurde am eindeutigsten in Niedersachsen verwirklicht und hielt sich dort am längsten (bis 1947). Auch am Niederrhein waren große Teile der Mitgliedschaft von der Allgemeinen Gewerkschaft angetan. In Bayern, Hessen, Württemberg und Baden kamen beide Organisationsformen vor.
Daß viele Gewerkschafter nach 1945 die Allgemeine Gewerkschaft vorzogen, hat eine Reihe von Gründen. Einen großen Teil ihrer traditionellen Aufgaben im Bereich der Lohn- und Tarifpolitik konnten die Gewerkschaften unter dem Lohnstopp sowieso nicht wahrnehmen. An Räumen und Büromaterial herrschte großer Mangel. Da lag es nahe, sich mit anderen Wirtschaftsgruppen zu einer großen Organisation zusammenzuschließen, um den Aufbau zu beschleunigen. Die Allgemeine Gewerkschaft bot bessere Betreuungsmöglichkeiten auf dem Land, wo etliche Einzelgewerkschaften keine Ortsverwaltung aufbauen konnten. Schließlich wollten sich die Gewerkschaften im neuen Deutschland stärker als je zuvor in den Aufbau der Wirtschaft einschalten und dafür Sorge tragen,

Tab. 67
Mitgliederentwicklung des Verbandes der Nahrungsmittel- und Getränkearbeiter und des DTAV in Bremen 1946 bis 1947[18]

Datum	Verband der Nahrungsmittel- und Getränkearbeiter	DTAV
März 1946	1 341	244
Juli 1946	1 750	237
September 1946	1 843	293
Dezember 1946	2 280	346
März 1947	2 718	408

daß die Demokratie nicht wieder vor den Fabriktoren halt machte. Ein fester zentralistischer Zusammenschluß schien da viel größere Einflußmöglichkeiten zu bieten.

Auf der anderen Seite fürchtete man, mit der Allgemeinen Gewerkschaft werde ein bürokratischer Wasserkopf herangezüchtet, der die Initiative von unten ersticke. Die schwierigen Verkehrsverhältnisse, das zerrüttete Kommunikationssystem würden eine demokratische Kontrolle der mit so großer Machtfülle ausgestatteten Führung erschweren. Allenfalls in der Aufbauphase sei eine zentralistische Zusammenfassung möglich, später würden sich die besonderen Interessen der einzelnen Berufsgruppen rasch bemerkbar machen und dann entstünde die Gefahr von Abspaltungen. Und schließlich könne eine zentrale Streikkasse kleine Gruppen dazu verleiten, leichtfertig Streiks vom Zaun zu brechen, aber auch die Unternehmer verlocken, diese Kasse zu zerschlagen.

Wie die Auseinandersetzung über die Organisationsform ausgegangen wäre, wenn die Entscheidung hätte frei gefällt werden können, muß offen bleiben. Die Offiziere der englischen und amerikanischen Besatzungsmacht (in der Französischen Zone war das Modell der zentralen Einheitsgewerkschaft ohnehin nie erlaubt worden) machten sehr bald ihren Einfluß geltend, um dem Prinzip der selbständigen Industriegewerkschaft zum Sieg zu verhelfen.

Nachdem die *Sozialistische Freie Gewerkschaft* in Hamburg am 20. Juni 1945 aufgelöst wurde, fiel die nächste wichtige Entscheidung am Nordrhein. Die feste Haltung der Militärregierung, sollten die Deutschen auf der zentralen Einheitsgewerkschaft beharren, würde eben die weitere Aufbauarbeit untersagt, gab den Ausschlag. Eine Konferenz der Gewerkschafter der Nordrheinprovinz vom 7. Dezember 1945, an der für die NGG Karl Langenbach (damals noch in Solingen tätig) teilnahm, entschied sich für den Aufbau selbständiger Industriegewerkschaften. Damit waren die Würfel gefallen. Die Gewerkschaftskonferenz der Britischen Zone vom 21.–23. August 1946 in Bielefeld faßte auf Antrag Hans Böcklers mit 267:78 Stimmen den definitiven Entschluß:

Der autonome Industrieverband, unterteilt in Berufsgruppen und Sparten, und gleichzeitig regional den Bedürfnissen entsprechend aufgegliedert, ist, nach der Überzeugung der in Bielefeld Versammelten, die Organisationsform, die den höchsten Wirkungsgrad verspricht.[19]

6. Entstehung der Industriegewerkschaft Nahrung-Genuss-Gaststätten für die Britische Zone

Da anfangs nur auf örtlicher Ebene gearbeitet werden konnte, und die Ortsgewerkschaften untereinander keinen Kontakt aufnehmen durften, war es sehr schwer, beim Aufbau einheitlich vorzugehen. Zwar konnte in Hamburg schon vor Ende des Jahres 1945 ein *Verwaltungsausschuß der Gewerkschaften Hamburgs* gegründet werden, der nach Kräften bemüht war, ähnlich wie die *Allgemeine Gewerkschaft Hannover* für Niedersachsen, die Entwicklung im Umland zu steuern. In anderen Teilen der westlichen Besatzungszonen ergaben sich aber größere Schwierigkeiten. Jupp Dozler, der spätere Landesleiter von Nordrhein-Westfalen, berichtet:

> Als Kollege Frank in Neuss und Mühlheim an der Ruhr Verbindung aufnehmen wollte, wurde ihm gesagt: »Du hast hier nichts zu suchen.« Ein vom Kollegen Frank in Duisburg eingesetzter Funktionär mußte wieder weichen, weil dort die »Düsseldorfer« nichts zu sagen hatten. Auch in Mühlheim an der Ruhr war man nicht geneigt, sich Düsseldorf zu »unterwerfen«.[20]

Ähnliche Erfahrungen mußte Jupp Dozler selbst machen, als er die westfälischen Gewerkschaften zum Anschluß an die Nordrhein-Provinz bewegen wollte. Vielerorts wurde ihm entgegengehalten, »daß man nur gewillt sei, eine Organisation aufzubauen, wenn es auf lokaler Grundlage geschehe«.[21]

Das gleiche Problem ergab sich auch in den anderen Zonen:

> »Wir kranken in unserer Zone noch zu sehr an den Geburtswehen, unter denen seinerzeit die Gewerkschaften ins Leben gerufen wurden und wo jeder Ortsausschuß sich ein eigenes Reich zu schaffen suchte«, schrieb der Freiburger Kollege Peter Bieber an den Gewerkschaftsveteranen Wilhelm Schmutz in Mannheim.[22]

Wenn es trotzdem mit Mühen gelang, den Lokalpatriotismus mancher Ortsverwaltungen zu überwinden, dann war das zu einem großen Teil den Veteranen der Gewerkschaften zu verdanken – Kollegen wie Wilhelm Schmutz in Mannheim, Josef Kollmair in Stuttgart, Josef Rückl in Nürnberg oder auch Wilhelm Brülling in Dortmund und Alfred Supper in Bielefeld. Sie hatten aus der Zeit vor 1933 noch die vielfältigsten Verbindungen, die jetzt genutzt werden konnten. Selbst der über 70jährige ehemalige Vorsitzende des VNG, Eduard Backert, mußte im November 1946 und noch einmal im April/Mai 1947 eigens aus der Sowjetischen Zone anreisen und seine alten Kollegen drängen, die Vorbehalte gegen eine Vereinigung zurückzustellen.

Im heutigen Nordrhein-Westfalen setzten die Koordinierungsversuche

schon früh ein, was der unermüdlichen Arbeit Wilhelm Franks zu verdanken war. Am 23. Januar 1946 versammelten sich, noch halb illegal ohne Wissen der Militärregierung, zwölf hauptamtliche Funktionäre aus Nordrhein-Westfalen, unter anderem Wilhelm Frank und Eugen Ruff (Düsseldorf), Wilhelm Brülling (Dortmund), Karl Langenbach (Köln), Ludwig Meetz (Krefeld), Alfred Supper (Bielefeld), und bildeten einen provisorischen Vorstand. Die Bezirke wurden eingeteilt und auf einer Bezirksleitersitzung am 3. Mai 1946 in Düsseldorf gegeneinander abgegrenzt.
Am 28. Juli 1946 trat in Düsseldorf der erste Verbandstag der Nordrheinprovinz zusammen. 87 Delegierte vertraten 16 000 Mitglieder. Gäste aus Hamburg, Bremen und Hannover waren anwesend. Man wählte nur einen provisorischen Vorstand, um die Vereinigung mit den westfälischen Verbänden nicht zu gefährden. Der erste westfälische Verbandstag, der im nächsten Monat, am 16. August 1946 in Bochum zusammenkam, konnte allerdings keine Entscheidung treffen, da es keine ordnungsgemäßen Delegiertenwahlen gegeben hatte. So mußten in den folgenden Wochen getrennte Verbandstage der sechs westfälischen Bezirke abgehalten werden, die jeweils einzeln der Vereinigung mit der Nordrheinprovinz zustimmten und ihre Vertreter in den neu gebildeten Hauptvorstand des *Industrieverbandes Nahrung, Getränke und Genuß, Nordrhein-Westfalen* wählten. Am 14. November 1946 hielt der Hauptvorstand in Düsseldorf seine konstituierende Sitzung ab. Auf die Einberufung eines Verschmelzungsverbandstages hatte man verzichtet, da sich der Hauptvorstand selbst als Provisorium begriff und bereits den nächsten Schritt, die Zusammenfassung aller Verbände in der Britischen Zone anpeilte.
Das gleiche Ziel beherrschte auch die Konferenz vom 4. bis 5. Dezember 1946 in Elmshorn, auf der sich Hamburg und Schleswig-Holstein zusammenschlossen. Es dauerte trotzdem noch bis zum März 1947, ehe die Vorgespräche in Gang kamen. Den ersten Ordentlichen Kongreß des *Deutschen Gewerkschaftsbundes für die Britische Zone* vom 22. bis 25. April 1947 in

Tab. 68
Mitgliederentwicklung des Industrieverbandes Nahrung, Getränke und Genuß in Nordrhein-Westfalen[23]

Datum	Mitglieder ges.	männl.	weibl.
Januar 1947	39 134	—	—
März 1947	42 144	28 918	13 226
Juli 1947	49 366	32 876	16 490
September 1947	52 347	34 884	17 463
Dezember 1947	55 685	37 111	18 574
1.4.1948	57 049	38 282	18 767
1.7.1948	61 931	40 354	21 577
31.12.1948	59 304	39 476	19 828
Dezember 1949	58 540	—	—

Bielefeld nutzten die Delegierten der *NGG* zur intensiven Beratung. Eine Kommission wurde gebildet – aus Jupp Dozler und Karl Langenbach (Nordrhein-Westfalen), Wilhelm Weber und Christian Blome (Niedersachsen/Bremen), Gustav Pufal und Johannes Maack (Nordmark). Auf Antrag Pufals wurden noch Johannes Gostomski vom Gaststättenverband und Ferdinand Husung von den Tabakarbeitern hinzugezogen. Am 8./9. Mai 1947 trat die Kommission zum ersten Mal in Bielefeld zusammen und beriet den Satzungsentwurf für die Zonengewerkschaft. Düsseldorf wurde als Verbandssitz in Erwägung gezogen – Jupp Dozler winkte ab, es gebe keine Räumlichkeiten. So machte Hamburg das Rennen, wo man, wie Pufal versicherte, eine ganze Etage mit 11 Zimmern zur Verfügung stellen könne – geradezu fürstliche Verhältnisse für die damalige Zeit.

Am 30. Juli und 1. August 1947 konnte in Hamburg der Gründungsverbandstag der *Industriegewerkschaft Nahrung-Genuss-Gaststätten* für die Britische Zone zusammentreten, auf dem sich die Verbände aus Nordrhein-Westfalen, Niedersachsen, Bremen und der Nordmark sowie die bis dahin selbständigen Organisationen der Tabakarbeiter und der Hotel-, Restaurant- und Caféangestellten zusammenschlossen.

Gustav Pufal betonte in seiner Eröffnungsansprache, die Aufgaben des neuen Verbandes müßten auf wirtschaftlichem Gebiet liegen:

> Dazu gehört die Säuberung der Wirtschaftsführung von nationalsozialistischem Gedankengut, die Anleitung und die Unterstützung der Betriebsräte bei ihrer Arbeit in den Betrieben sowie die Einschaltung des Verbandes in die für uns in Frage kommenden Industrie- und Gewerbezweige in allen wirtschaftlichen Fragen.[24]

Die nordrhein-westfälischen Delegierten zeigten sich auf dem Verbandstag nun doch unzufrieden mit der Entscheidung, den Sitz der Gewerkschaft nach Hamburg zu legen. Fritz Holler aus Neuss sprach für viele, als er fragte, warum sich die *NGG* ausgerechnet in »den kleinsten Staat unseres Vaterlandes an der Nordecke«[25] zurückziehen müsse, wo Düsseldorf doch der politische und wirtschaftliche Schwerpunkt der Britischen Zone sei[25]. Unausgesprochen im Hintergrund stand die Furcht, von den norddeutschen Kollegen überfahren zu werden. Nach einem beschwörenden Appell Gustav Pufals, die Arbeit im neuen Verband nicht unter dem »fürchterlichen Druck des gegenseitigen Mißtrauens«[26] zu beginnen, fiel die Entscheidung mit 45 Stimmen für Hamburg und 34 für Düsseldorf dennoch recht knapp aus. Das gleiche Thema sollte noch eine Reihe weiterer Konferenzen und Kongresse der *NGG* beschäftigen.

Die Statuten wurden nach eingehender Beratung, aber ohne größere Auseinandersetzungen, angenommen. Einiges Hin und Her gab es nur um die Beiträge und das Streikreglement. Alle Anträge zur Beitragsfrage (Krefeld verlangte einen Stundenlohn als Wochenbeitrag, einige Ortsverwaltungen wünschten eine Erhöhung, andere eine Senkung der Beiträge) wurden dem Verbandsvorstand als Material überwiesen. Man hoffte noch auf eine einheitliche Regelung der Beitragssätze durch den *DGB*.

Der Gründungsverbandstag der NGG, Britische Zone, 1947 in Hamburg. Von l.n.r.: Josef Dozler, Wilhelm Weber, Gustav Pufal. Am Rednerpult der Hamburger Bürgermeister Max Brauer.

Daß dem Vorstand die Möglichkeit eingeräumt werden sollte, Streiks aus eigenem Entschluß abzubrechen, war nicht nach dem Geschmack der Delegierten. Einer witterte sogar eine »furchtbare Beschneidung«[27] der Mitgliedsrechte. Man setzte durch, daß der Vorstand Streiks nur unter Zustimmung der betreffenden Fachgruppe abbrechen dürfe.

In verschiedenen, einstimmig angenommenen Entschließungen forderten die Delegierten: Betriebsvereinbarungen als Mittel, das Mitbestimmungsrecht in den Betrieben zu verankern; die »sofortige Freigabe von Gerste zur Herstellung eines, wenn auch im Anfang nur 2%igen Bieres«[28]; Maßnahmen, die Lehrlingshaltung in Bäckereien und Konditoreien so zu beschränken, daß die jungen Gesellen Gelegenheit hatten, ihren erlernten Beruf auszuüben; ferner die Wiederherstellung der alten Verordnung zum Nachtbackverbot »von 1915, die eine Nachtruhe von 22 Uhr bis 6 Uhr vorsah«.[29] Der Vorstand wurde beauftragt, bei der *IUL* für einen baldigen Eintritt der *NGG* zu sorgen. Und schließlich wurde ein Antrag aus Essen einstimmig angenommen, der den Vorstand verpflichtete, die Verschmelzung mit der Amerikanischen Zone anzustreben, »darüber hinaus aber auch alle vier Zonen baldmöglichst organisatorisch zusammenzuführen, weil dadurch die wirtschaftliche Gesundung Deutschlands erst möglich wird«.[30]

Gustav Pufal, der auf diesem Kongreß immer wieder ausgleichend aufgetreten war, wurde mit allen Stimmen, außer seiner eigenen, zum Vorsitzenden, Ferdinand Warnecke und Herbert Stadelmaier einstimmig zum 2. Vorsitzenden bzw. Kassierer gewählt.

Der nächste Schritt mußte die Vereinigung mit den Gewerkschaften der Amerikanischen und Französischen Zone sein. Ob das möglich sein würde, wußte noch niemand genau. Wie stark die gewerkschaftliche Arbeit in der französisch besetzten Zone immer noch behindert wurde, hatte gerade die Tatsache deutlich gemacht, daß ein Kollege von dort nur illegal – eine Ausreiseerlaubnis war ihm nicht erteilt worden – am Hamburger Gründungsverbandstag hatte teilnehmen können.

Tab. 69
Mitgliederentwicklung der NGG in der Britischen Zone

Datum	Mitglieder ges.	männl.	weibl.
März 1947	61 625	—	—
Juni 1947	100 000	—	—
Dezember 1947	119 094	83 076	36 018
März 1948	125 117	87 534	37 523
Juni 1948	133 023	90 485	42 538
September 1948	113 114	—	—
Dezember 1948	128 631	89 315	39 316
September 1949	133 766	—	—
Dezember 1949	132 668	89 701	42 967

Delegierte zum Gründungsverbandstag der NGG, Britische Zone.

7. Gründung der Landesgewerkschaft Nahrungs- und Genußmittel in Bayern

In Bayern arbeiteten die einzelnen Ortsverwaltungen bis zur Jahreswende 1945/1946 weitgehend unabhängig voneinander. Im Mai endlich gab die Militärregierung bekannt, der landesweite Zusammenschluß aller Mitglieder sei erlaubt. Schon kurz darauf, Anfang Juni 1946, wurde Georg Fiederl in einer Urwahl zum Vorsitzenden der *Landesgewerkschaft Nahrungs- und Genußmittel* gewählt. Wenige Tage später hatten die Delegierten der *Landesgewerkschaft* zum 1. Außerordentlichen Kongreß des *Bayerischen Gewerkschaftsbundes* die Möglichkeit, sich über den weiteren Weg zum Aufbau einer Landesorganisation zu verständigen.

Ein halbes Jahr dauerten die Vorarbeiten, bis vom 25. bis 27. Februar 1947 in München unter dem Vorsitz von Hans Nätscher und Georg Fiederl der Erste Außerordentliche Verbandstag der Landesgewerkschaft zusammentrat. Einstimmig wurde beschlossen, den Namen zu ändern in *Industriegewerkschaft Nahrung-Genußmittel-Gaststätten*. Der Verbandstag forderte den »Einbau der Betriebsräte in die Wirtschaft zur Produktions- und Versorgungskontrolle«[31], Hinter der etwas umständlichen Formulierung verbarg sich der Wunsch nach einem echten Mitbestimmungs- und nicht nur Mitberatungsrecht der Betriebsräte.

Eine »schnelle Reform der Sozialversicherung«, die den Versicherten das Gefühl nehmen solle, nur »Almosenempfänger«[32] zu sein; gründlichere Entnazifizierung, vor allem, was die »größeren Fische« anging, aber eine beschleunigte Amnestie für Jugendliche; die Zuteilung von Braugerste und noch einige Entschließungen mehr standen am Ende der Arbeiten des Verbandstages. Georg Fiederl wurde wieder zum Vorsitzenden, Andreas Hölzl aus München zum Landessekretär und Hans Nätscher (Nürnberg) zum Vorsitzenden des Verbandsausschusses gewählt.

Tab. 70
Mitgliederentwicklung der NGG in Bayern[33]

Datum	Mitglieder ges.	männl.	weibl.
Januar 1946	9 000	—	—
Februar 1947	20 265	—	—
Juni 1947	31 730	23 838	7 892
Dezember 1947	34 810	25 160	9 650
Dezember 1948	40 567	—	—
Juni 1949	45 680	—	—

Tab. 71
Branchenzugehörigkeit der Mitglieder der Bayerischen NGG, August 1947[34]

Branche	Mitglieder
Bäckereien, Konditoreien	667
Süßwarenbetriebe	884
Teigwaren, Nährmittel	497
Konsumvereine	2 003
Lebensmittelbetriebe	1 220
Konservenfabriken	426
Kühlanlagen	153
Lagerhäuser	347
Molkereien, Milchbetriebe	1 962
Käsereien	344
Mühlen	391
Malzfabriken	906
Brauereien	6 162
Weine, Spirituosen	324
Fleisch- und Wurstwaren	1 766
Haut- und Fettverwertung	183
Schlachthöfe	316
Tabakindustrie	884
Hotels und Gaststätten	1 931
Sonstige (Böttcher)	661
Andere Mitglieder, über die noch kein detaillierter Bericht vorlag	7 487
Invaliden	1 216
	30 730

8. Gewerkschaftsaufbau in Baden-Württemberg

Sehr viel schwieriger waren die Organisationsverhältnisse im heutigen Baden-Württemberg – mit gleich drei Einzelgewerkschaften. Die *Landesberufsgewerkschaft der Nahrungs- und Genußmittelbranche von Süd-Württemberg und Hohenzollern* hatte sich am 23. Oktober 1946 in Balingen konstituiert. Mit Pius Weichert und Fabian Schmidt, die beide später in der *NGG* keine Rolle mehr spielten, als 1. und 2. Vorsitzenden. Später wurde die Organisation von Jakob Wörner geleitet. Die sich von Biberach bis Schwenningen erstreckende Landesberufsgewerkschaft glich mit ihren wenigen Mitgliedern (1.1.1947: 668, 1.7.1947: 859, 31.12.1948: 1121) gerade einer mittleren Ortsverwaltung und konnte sich allein finanziell kaum über Wasser halten.

In Südbaden, gleichfalls unter französischer Besetzung, konstituierte sich am 18. August 1946 die *Landes-Gewerkschaft Nahrung, Getränke, Gastwirts-Gewerbe und Tabak-Industrie* mit Sitz in Freiburg. Clemens Weber wurde Vorsitzender und Karl Glockner Kassierer. Allerdings waren nur acht von vierzehn Ortsgewerkschaften vertreten, die übrigen konnten erst nach und nach zum Anschluß an die Landes-Gewerkschaft bewogen werden, die dann von Baden-Baden über Lahr bis nach Konstanz reichte. Von der Entwicklung außerhalb Südbadens war sie jahrelang fast völlig abgeschnitten, da die französische Militärregierung noch Anfang 1948 rigoros jeden Interzonenpaß verweigerte, so daß nicht einmal eine Reise von Freiburg zur Interzonenkonferenz nach Heidelberg möglich war. Zeitungen und Rundschreiben anderer Gewerkschaften verirrten sich kaum einmal nach Südbaden, so daß die Briefe der alten Gewerkschaftskollegen, die noch Verbindungen hatten, Wilhelm Schmutz und Eduard Backert vor allem, bald die einzige Informationsquelle darstellten.

Die größte und bedeutendste der drei Landesgewerkschaften Baden-Württembergs war der *Industrieverband Nahrungs-, Genußmittel und Beherbergungsgewerbe für Nordwürttemberg und Nordbaden*, dessen 1. Verbandstag am 29. und 30. Juli 1946 in Stuttgart abgehalten wurde. Albert Remppel aus Stuttgart und Karl Bauer aus Heidelberg, dort 2. Bürgermeister, wurden zu gleichberechtigten Vorsitzenden gewählt. Diese eigenartige Konstruktion hing mit der historischen Eigenständigkeit der Gewerkschaften in beiden Gebieten zusammen, die in einer neuen Organisation berücksichtigt werden mußte. Differenzen zwischen Bauer und Remppel behinderten allerdings mehr als einmal den weiteren Aufbau. Remppel gehörte der SPD, Bauer der KPD an. Remppel steuerte den bizonalen Zusammenschluß der Gewerkschaften an, während Bauer darin nur einen Hemmschuh sah für die Verschmelzung mit der Sowjetischen Zone. Auch über interne gewerkschaftspolitische Fragen gab es ständig Reibereien, wobei sich zeigte, daß Karl Bauer über dem großen Ziel oft die alltäglichen Notwendigkeiten vergaß. Daß der Versuch, über Betriebsvereinbarungen Mitbestimmungsrechte der Betriebsräte durchzusetzen, 1947 nach kurzem Anlauf zum Stocken kam, ist auch dem Veto Bauers zuzuschreiben. Die Gewerkschaften hätten »wichtigeres« zu tun, meinte er. Mit dem 2. Verbandstag vom 5. bis 6. September 1947 wurde denn auch der unerquicklichen Situation ein Ende gemacht und Remppel zum ersten, Bauer zum zweiten Vorsitzenden gewählt.

9. Die Landesgewerkschaften von Hessen und Rheinland-Pfalz

Die Gründungskonferenz der *Landesgewerkschaft Nahrung, Genußmittel, Gaststätten Rheinland-Pfalz* trat am 27. Juli 1946 zusammen. Erst 1947 konnte sich die Landesgewerkschaft auf die bis dahin selbständigen Orts- und Kreiskartelle des Rheinlands ausdehnen, so daß die eigentliche Geburtsstunde der *Landesgewerkschaft Nahrung, Genußmittel, Gaststätten* mit dem 2. Verbandstag am 17. April 1947 in Ludwigshafen beginnt. Zum Sitz der Gewerkschaft wurde Mainz bestimmt, Anton Basting als Vorsitzender gewählt und gleichzeitig hauptamtlich eingestellt.
In Hessen fand der erste Zusammenschluß auf Landesebene am 21. Juni

Tab. 72
Mitgliederentwicklung der NGG in Württemberg-Baden[35]

Datum	Mitglieder ges.
Juni 1947	21 288
September 1947	22 075
Dezember 1947	23 171
März 1948	23 857
Juni 1948	24 839
September 1948	25 428
März 1949	26 929
Juni 1949	27 254
September 1949	29 375
Dezember 1949	30 309

1946 in Frankfurt a. M. statt. Hans Wiegand und Josef Schnellbögl, beide aus Frankfurt, wurden zum 1. bzw. 2. Vorsitzenden gewählt. »Der Zweck der Organisation«, hieß es im Satzungsentwurf,

> ist die Förderung der wirtschaftlichen, sozialen und kulturellen Interessen der Mitglieder unter Ausschaltung aller parteipolitischen und religiösen Fragen. Zu den wichtigsten Aufgaben der Organisation gehört die Beseitigung der nationalsozialistischen und militaristischen Einflüsse und tatkräftiges Auftreten für den Aufbau einer freiheitlichen und demokratischen Ordnung auf allen Gebieten.[36]

Mit nur geringfügigen Änderungen wurde die Satzung auf der 1. Konferenz der *Landesgewerkschaft Nahrungs-, Genußmittel- und Gaststättengewerbe* am 19. und 20. Oktober 1946 in Frankfurt a. M. angenommen.

Tab. 73
Mitgliederentwicklung der Landesgewerkschaft Nahrungs-, Genußmittel- und Gaststättengewerbe in Groß-Hessen[37]

Datum	Mitglieder ges.	männl.	weibl.
Oktober 1946	9 175	7 210	2 505
Dezember 1946	9 996	7 276	2 720
Januar 1947	10 239	7 436	2 803
März 1947	10 800	7 860	2 940
Juni 1947	12 237	9 086	3 169
Oktober 1947	12 928	9 284	3 644
Dezember 1947	13 125	–	–
Januar 1948	13 231	9 412	3 819
März 1948	13 519	9 568	3 951
Juni 1948	13 533	9 472	4 061
September 1948	12 077	8 466	3 611
Dezember 1948	11 920	8 338	3 582
Februar 1949	12 684	–	–

Die 2. Landeskonferenz am 5. und 6. Juli 1947 in Frankfurt a. M. erteilte dem Vorstand den Auftrag, für den Zusammenschluß der Gewerkschaften über die Zonengrenzen hinaus zu sorgen: »Endziel aller Vereinigungen muß die Bildung von Reichsgewerkschaften sein.«[38]
Ende 1947 gab es in den drei westlichen Besatzungszonen somit folgende Vorläufer der heutigen *NGG*:
Industriegewerkschaft Nahrung-Genuss-Gaststätten, Britische Zone
Industriegewerkschaft Nahrung-Genußmittel-Gaststätten, Bayern
Landesberufsgewerkschaft der Nahrungs- und Genußmittelbetriebe, Süd-Württemberg-Hohenzollern
Landesgewerkschaft Nahrung, Getränke, Gastwirtsgewerbe und Tabakindustrie, Südbaden
Industrieverband Nahrungs-, Genußmittel- und Beherbergungsgewerbe, Nordwürttemberg, Nordbaden
Landesgewerkschaft Nahrung-Genußmittel-Gaststätten, Rheinland-Pfalz
Landesgewerkschaft Nahrungs-, Genußmittel- und Gaststättengewerbe, Hessen.

10. Die Ost-West-Spaltung der Gewerkschaften

Wie man weiter vorgehen sollte, ob mit der *Industriegewerkschaft Nahrung-Genuß* der Sowjetischen Besatzungszone (SBZ) eine Reichsgewerkschaft bilden oder zunächst die Organisationen der westlichen Besatzungszonen zusammenfassen, war Ende 1947 keine Frage mehr. Zu viele dringende Probleme türmten sich in den drei westlichen Zonen auf, die eine einheitliche Gewerkschaftsorganisation erforderten, wenn die Interessen der Arbeitnehmer wirksam vertreten werden sollten: die für 1948 erwartete Währungsreform, das Mitbestimmungsrecht und vieles andere. Gegen den bi- bzw. trizonalen Zusammenschluß erhoben sich unter den Vorläufern der *NGG*, von wenigen Stimmen aus Mannheim, Stuttgart oder Duisburg abgesehen, kaum Einwände. Es fragte sich nur, ob es gelingen werde, die Verbindung zur *Industriegewerkschaft Nahrung-Genuß* in der Sowjetischen Besatzungszone (SBZ) nicht abreißen zu lassen. Was bisher in dieser Richtung geschehen war, angefangen bei der Reise Max Reichelts aus Mannheim zur ersten Delegiertenkonferenz der Nahrungs- und Genußmittelarbeiter am 6. und 7. Februar 1946 in Berlin bis zur 1. Interzonenkonferenz vom 23. bis 27. Juni 1947 in Heidelberg, sah nicht sehr ermutigend aus. Greifbare Ergebnisse waren kaum zustande gekommen. In Heidelberg hatte man sich nur darauf einigen können, überall den Namen Nahrung-Genuss-Gaststätten anzunehmen und für eine einheitliche Ausgestaltung der Tarifverträge zu sorgen. Außerdem waren »Richtlinien über die Grundsätze und Aufgaben der Industriegewerkschaft Nahrung-Genuss-Gaststätten« verabschiedet worden, die als Aufgabe festhielten:

Außer Wahrnehmung der tariflichen, sozialpolitischen und wirtschaftlichen Interessen Stellungnahmen zu allen politischen Problemen, die das Leben der Werktätigen berühren, unter Einhaltung der parteipolitischen Neutralität.[39]

Praktische Resultate hatte das alles nicht gebracht. Ein unmittelbar nach der Interzonenkonferenz von Jupp Dozler geäußerter Vorschlag, einen provisorischen interzonalen Vorstand einzusetzen und mit fünf Prozent des Beitragsaufkommens zu finanzieren, wurde kaum beachtet.
Der Vorstand der Britischen Zone, allen voran Gustav Pufal, hielt nicht viel von weiteren Interzonenkonferenzen, weil der Gesprächspartner aus der SBZ keine demokratisch zusammengesetzte Verbandsleitung sei. Er ging deshalb ohne großen Eifer an die ihm in Heidelberg übertragene Aufgabe, ein neues interzonales Treffen vorzubereiten. Das Treffen wurde wieder und wieder verschoben. Damit lief Pufal allerdings Gefahr, einen Konflikt mit den süddeutschen Landesverbänden heraufzubeschwören, die noch zur 2. Zentraldelegiertenkonferenz der *Industriegewerkschaft Nahrung und Genuß (einschließlich Gaststätten)* vom 1. bis 2. Dezember 1947 in Leipzig eine größere Delegation entsandt hatten: Lorenz Schupper, Augsburg; Georg Fiederl, München; Max Reichelt, Mannheim; Josef Rückl, Nürnberg; Georg Gräbner, Kulmbach; Neumeister, Heidelberg, dazu kam der Kollege Kiel aus Helmstedt. In seiner Begrüßungsansprache auf der 2. Zentraldelegiertenkonferenz hatte Georg Fiederl noch, in Anspielung auf die bedrohliche Entfremdung zwischen den Gewerkschaften in Ost und West gemeint, es sei »unsere erste und wichtigste Aufgabe, in unserer Gewerkschaftsarbeit das alte kollegiale Verhältnis wiederherzustellen« und »die Einheitlichkeit der deutschen Gewerkschaftsbewegung endgültig zu gestalten«.[40]

Allerdings waren die Gegensätze zwischen den süddeutschen Landesverbänden und dem Vorstand der Britischen Zone in dieser Frage mehr taktischer als grundsätzlicher Natur. Der undemokratische Aufbau der *NGG* in der SBZ, der mit Hilfe der sowjetischen Besatzungsmacht durchgesetzte kommunistische Führungsanspruch, der in keinem Verhältnis stand zum tatsächlichen Einfluß von *KPD/SED* in den Betrieben, wurde hier wie dort genauso kritisiert. Und bei aller Anerkennung der organisatorischen Erfolge des *FDGB* verkannte man nicht die Tatsache, daß seine starke Stellung in Wirtschaft und Gesellschaft mit dem Verlust seiner gewerkschaftlichen Unabhängigkeit erkauft worden war. Ein Modell sah man darin schon gar nicht. Albert Remppel sagte auf der Generalversammlung der Ortsverwaltung Stuttgart am 16. März 1947 auf die Stellung der Gewerkschaftsbewegung zwischen den Weltmächten USA und UdSSR anspielend:

> An den Osten können wir uns nicht anlehnen und aus einem großkapitalistischen Staat können wir ebenfalls keine besonderen Erwartungen schöpfen. Wir müssen eben unsere eigene Politik machen.[41]

Immerhin setzten die süddeutschen Verbände bei Pufal durch, daß für

April oder Mai 1948 doch noch eine zweite Interzonenkonferenz einberufen wurde. Die Hoffnung, daß sich die *NGG* der SBZ aus ihren parteipolitischen Fesseln doch befreien könne, daß man zumindest durch die Kontakte auf gewerkschaftlicher Ebene eine weitere Aufspaltung Deutschlands, in dem sich die ehemaligen Kriegsverbündeten schon drohend gegenüberstanden, verhindern könne, diese Hoffnung wollte man nicht ohne Not aufgeben.

Die Möglichkeiten »gewerkschaftlicher Außenpolitik« in der Ost-West-Richtung waren indes gering. Die sowjetische Blockade Berlins, derentwegen auch die 2. Interzonenkonferenz abgesetzt wurde, bedeutete das vorläufige Ende aller Bestrebungen in dieser Richtung.

11. Gewerkschaften in der Sowjetischen Besatzungszone

»Die Hitlers kommen und gehen, aber das deutsche Volk und der deutsche Staat bleiben«[42], hatte der sowjetische Staats- und Parteichef Stalin noch vor Ende des Zweiten Weltkrieges gesagt und den Gedanken einer kollektiven Schuld des deutschen Volkes am Nationalsozialismus von sich gewiesen. Aber nicht von Versöhnung war das Auftreten der Roten Armee in den ersten Wochen der Besetzung Mitteldeutschlands bestimmt, sondern vom Verlangen, all die Leiden und Demütigungen, die das »Dritte Reich« Rußland zugefügt hatte, mit gleicher Münze heimzuzahlen. Plünderungen, Vergewaltigungen und eine rücksichtslose Demontagepolitik hinterließen einen nachhaltigen Eindruck. Das völlige Fehlen jeden Gefühls persönlicher Rechtssicherheit führte dazu, daß sich viele alte Gewerkschaftsfunktionäre und die Kollegen in den Betrieben zurückhielten oder ohne viel Enthusiasmus an den Gewerkschaftsaufbau gingen.

Als im Mai/Juni 1945 in allen Teilen der SBZ die Gründungswelle anrollte, war der Vorgang genau der gleiche wie in den westlichen Besatzungszonen: wenige spontane Neugründungen in den Betrieben, wohlorganisierte Gründungsmaßnahmen seitens der alten Gewerkschafter. Mangelhafte Post- und Bahnverbindungen erschwerten die gegenseitige Verständigung. In einigen Orten waren Industriegewerkschaften, in anderen zentrale Einheitsgewerkschaften aufgebaut worden. Die erste Delegiertenkonferenz der Nahrungs- und Genußmittelarbeiter in Berlin am 6. und 7. Februar 1946 sorgte für die notwendige Vereinheitlichung.

Anders als in den westlichen Besatzungszonen konnte sich in der SBZ aber sehr viel schneller eine zentrale Leitung der Gewerkschaften etablieren und den Aufbauprozeß von oben steuern. Das lag nicht zuletzt daran, daß die KPD sich nur dann Chancen ausrechnete, einen maßgeblichen Einfluß in den Gewerkschaften zu erobern und die Gewerkschaften ihren politischen Plänen gemäß einzusetzen, wenn sie von vornherein an der Spitze vertreten war. Das Modell war stets: 1. Vorsitzender von der *KPD*, 2. Vorsitzender von der *SPD*. Dieses mit dem nötigen Nachdruck seitens der

sowjetischen Besatzungsmacht vorgetragene Verlangen der *KPD,* in allen Gewerkschaftsvorständen mindestens gleich stark wie die *SPD* vertreten zu sein, führte bisweilen zu kuriosen Situationen.
Als am 30. Juni 1945 die konstituierende Sitzung des vorläufigen Vorstandes für den *Verband der Nahrungs- und Genußmittelarbeiter* (später: Industriegewerkschaft Nahrung und Genuß) zusammentrat, wurde Alfred Fitz zum Vorsitzenden vorgeschlagen. Darauf allgemeine Ratlosigkeit, »denn es sollte doch ein Kollege von der KPD werden«.[43] Man fand ihn schließlich in Jacob Schlör vom alten *ZVHRC*, Fritz Saar wurde 2. Vorsitzender. In den neunköpfigen Vorstand kamen fünf Kollegen aus der Hotel- und Gaststättenbranche, darunter alle vier KPD-Vertreter. Das Verhältnis änderte sich auch nicht, als später Rudolf Richter zum 1. und Otto Hemann zum 2. Vorsitzenden bestimmt wurden, Fritz Rentz vom christlichen *Bund der Hotel-, Restaurant- und Caféangestellten* und Erich Hensel vom *Gewerkverein der deutschen Zigarren- und Tabakarbeiter* in den Vorstand gewählt worden waren. Die *KPD* hatte in Berlin einfach keine anderen Mitglieder aus dem Nahrungs- und Genußmittelbereich auftreiben können.
Auf der 2. Zentraldelegiertenkonferenz vom 1. bis 2. November 1947 in Leipzig kam Rudolf Richter bei den Wahlen zum 45köpfigen Vorstand auf Platz 23, konnte aber wieder das Amt des Vorsitzenden bekleiden, während Otto Hemann, der die meisten Stimmen bekommen hatte, nicht in den Geschäftsführenden Zentralvorstand kam.
Politisch nicht genehme ältere Funktionäre wie Eduard Backert wurden von der Mitarbeit ausgeschlossen. Die absurde Situation ergab sich, daß Backert zwar aus den westlichen Zonen immer wieder um Rat gefragt wurde, in Berlin aber isoliert blieb. Alfred Fitz, der wegen seiner Rolle im Widerstand großes Ansehen genoß, wurde auf der 1. Delegiertenkonferenz 1946 nach allen Regeln der Kunst ausgebootet. Den Delegierten wurde hinter vorgehaltener Hand gesagt, er habe sich während des I. Weltkrieges von der Front zurückbeordern lassen, um die links eingestellten Kollegen in der Leipziger Ortsverwaltung des *Zentralverbands der Bäcker und Konditoren* zu bekämpfen. Das entsprach zwar nicht den Tatsachen, aber was kümmerte es die Urheber, wenn die Flüsterpropaganda nur ihren Zweck erreichte.
Die sozialdemokratischen Mitglieder im Vorstand der *Industriegewerkschaft Nahrung und Genuß* durchschauten dieses Spiel. Sie blieben trotzdem auf ihrem Posten, weil sie einerseits glaubten, wenn erst einmal die Provinz bei den Wahlen mitreden dürfe, würden sich die Mehrheitsverhältnisse schon ändern. Andererseits setzten sie auf die Wiedervereinigung, die doch irgendwann einmal kommen müsse. Für den Tag X sollten zumindest einige einflußreiche Funktionen gehalten werden. Entscheidend aber war, daß niemand die Einheitsgewerkschaft gefährden wollte. Man fürchtete, daß genau das passieren würde, wenn der offene Fraktionskampf in den Gewerkschaften ausbräche.
Stützen der Verbände waren im Osten die Brauer, Bäcker und Tabakar-

beiter. Ende 1945 waren in Berlin schon wieder 98 Prozent aller Brauer, 92 Prozent der Tabakarbeiter und 88 Prozent der Bäcker organisiert. Während der Organisationsgrad des Gaststättenpersonals in Berlin mit 69 Prozent sehr hoch lag und auch in Leipzig noch beträchtlich war, hatte man in der restlichen SBZ wegen der enormen Fluktuation im Gewerbe Schwierigkeiten, die Kellner anzusprechen.

Der *FDGB* war von seiner Struktur her eine zentrale Einheitsgewerkschaft. Die Verbände galten nur als Abteilungen des Gewerkschaftsbundes, der die Aufnahme, die Werbung und vor allem die Kassenführung an sich gezogen hatte und den Verbänden nur einen bestimmten Prozentsatz für ihre sachlichen Ausgaben überwies. Trotz der zentralistischen Struktur blieben Grenzstreitigkeiten nicht aus. Die *IG Chemie* z. B. beanspruchte die sächsischen Zuckerfabriken, der *Fabrikarbeiter-Verband* meldete seinen Anspruch auf die Konserven-, Margarine- und Zuckerindustrie an usw.

Auch waren nicht alle mit der zentralen Struktur einverstanden. Ein Teil der Verbände wünschte eine selbständige Kassenführung. Einige Kollegen aus Berlin und Magdeburg beklagten sich über mangelnde Unterstützung durch den *FDGB*. In Magdeburg z. B. wurde der Vorsitzende der *NGG* zunächst für den Rechtsschutz im *FDGB* eingestellt und konnte sich erst im Juni 1945 von dieser Aufgabe lösen. Dann wurde ihm aber kein zweiter Sekretär bewilligt, so daß er die Aufbauarbeit allein bewältigen mußte. Und als er 1947 in den Kleinbetrieben 1000 neue Mitglieder gewonnen hatte, gingen viele davon wieder verloren, weil der *FDGB* mit der Beitragskassierung nicht nachkam. Zwar gab es ähnliche Probleme auch in den westlichen Besatzungszonen und man wäre geneigt, nichts Besonderes darin zu sehen, daß sie sich in Magdeburg wiederholten, wenn man nicht wüßte, daß die Magdeburger *NGG* in Opposition zum Kurs des *FDGB* stand.

Die Anwendung planwirtschaftlicher Methoden zur Überwindung des wirtschaftlichen Chaos war eine bei den Gewerkschaftsmitgliedern durchaus populäre Forderung. Man war sich aber darin einig, nach außen zumindest, daß sowjetische Erfahrungen nicht schematisch auf deutsche Verhältnisse übertragen werden konnten und daß einstweilen von der Entwicklung eines sozialistischen Systems in der SBZ keine Rede sein könne. Denn, so sagte Rudolf Richter auf der 1. Zentraldelegiertenkonferenz der Nahrungs- und Genußmittelarbeiter am 6. und 7. Februar 1946 in Berlin:

> Die vier Besatzungsmächte sind nicht nach Deutschland gekommen, um eine sozialistische Wirtschaft zu bringen, sondern um uns eine Demokratie zu geben. Dann haben wir unseren eigenen Weg zu wählen. Welchen wir wählen werden, hängt ganz von uns ab.[44]

Die weitverbreitete Zustimmung zu grundlegenden gesellschaftlichen Reformen geriet ins Wanken, als Zwangsdeportationen von Facharbeitern in die Sowjetunion vorkamen. Auch die alles Maß überschreitende Demontagepolitik der sowjetischen Besatzungsbehörden rief den Unwillen der mitteldeutschen Arbeiter hervor. Daß die gewerkschaftlichen Vertrauensleute immer mehr in den Hindergrund gedrängt wurden und statt dessen sogenannte Betriebsgewerkschaftsleitungen aufgebaut werden mußten, daß schließlich auch die Betriebsräte als demokratisches Organ der Belegschaften immer mehr mißachtet wurden (am 2. November 1948 wurden sie ganz abgeschafft) – das alles ließ die Basis des FDGB in den Betrieben noch mehr zusammenschmelzen. Hinzu kam die Einschränkung des Streikrechts, das nach der Satzung des FDGB nur für den »Kampf gegen das kapitalistische Unternehmertum und die Begleiterscheinungen der kapitalistischen Verhältnisse«[45] Gültigkeit haben sollte. Streiks in enteigneten Betrieben waren nicht vorgesehen.

Die Hoffnungen der alten freigewerkschaftlichen Funktionäre, wenn erst die »Provinz« in den Gewerkschaften mitwählen dürfe, würden sich die Mehrheitsverhältnisse schon ändern, erwies sich als Trugschluß. Die Gewerkschaftsapparate waren planmäßig mit zuverlässigen KPD-Funktionären besetzt worden; durch die Zwangsvereinigung von KPD und SPD zur SED waren die Mehrheitsverhältnisse in allen Organisationen zugunsten der KPD gesichert worden. Schließlich mischten sich die politischen Offiziere der sowjetischen Besatzungsmacht notfalls in recht massiver Weise in die innergewerkschaftlichen Auseinandersetzungen ein.

Im Februar 1946 war für den Berliner FDGB die erste zentrale Stadtdelegiertenkonferenz anberaumt worden. In den Delegiertenwahlen zu dieser Konferenz gab es eine kommunistische Mehrheit. Die KPD hatte eine massive Propagandakampagne zugunsten ihrer Kandidaten durchgeführt. Wahlschiebungen waren vorgekommen, die durch den Wahlmodus sehr erleichtert wurden. Die Delegierten zur Stadtkonferenz wurden nämlich nicht direkt gewählt, sondern in einem komplizierten Prozeß auf verschiedenen Ebenen ermittelt, so daß 1947 z. B. aus einer 60prozentigen kommunistischen Mehrheit an der Basis eine mehr als 80prozentige Mehrheit auf der Stadtkonferenz wurde.

Nach den ersten Kommunalwahlen des Jahres 1946, die der SPD in Berlin die Mehrheit brachten, nahm die Opposition im FDGB einen ersten Aufschwung. Sie wandte sich gegen den Überzentralismus, gegen die Kontrolle von oben nach unten, gegen den Mißbrauch des FDGB für parteipolitische Ziele. Ihr Ziel war, die Mehrheit im FDGB zu erringen. Jeder Gedanke an Spaltung wurde weit von sich gewiesen.

Von seiten der NGG gehörten zu dieser sich langsam formierenden Opposition: zunächst Oskar Rother, dann auch Robert Rohde, Richard Eckart, Wilhelm Busse, Max Cohen und Aloys Winter. Die amerikanische Militärregierung bot Unterstützung an, um dem übermächtigen Apparat des FDGB etwas entgegensetzen zu können. Die Opposition lehnte aber ab. Man wollte die Auseinandersetzungen nicht auf die Spitze treiben, um die Einheit nicht zu gefährden.

Die Stadtdelegiertenkonferenz des Jahres 1948, politisch von der Auseinandersetzung um den Marshallplan bestimmt, wurde diesmal nach einem

leicht modifizierten Schlüssel gebildet: 50 Prozent der Delegierten kamen von den Industriegewerkschaften, 50 Prozent wurden auf den Bezirkskonferenzen gewählt.
Es gab wieder massive Wahlbehinderungen. Oppositionelle Delegierte zu den Bezirkskonferenzen wurden zur deutschen Polizei oder sowjetischen Kommandantur geladen, oppositionelle Redner bisweilen am Sprechen gehindert oder vor der Konferenz mit der Entlassung bedroht. In bestimmten Bezirken und Gewerkschaften mit oppositioneller Majorität wurden Mandate für ungültig erklärt – so geschehen bei der ÖTV Schöneberg.

> Die Opposition sah sich nicht nur durch die Wahlordnung benachteiligt, sondern durch FDGB-Vorstand, SED und die Organe der sowjetischen Kommandantur behindert. Sie konstatierte Wahlfälschungen und Wahlbehinderungen. Nachdem die Opposition wegen Nichtanerkennung eines Teils ihrer Mandate die Stadt-Delegiertenkonferenz verlassen hatte, kam es faktisch zur Spaltung des FDGB Berlin.[46]

Die Unabhängige Gewerkschafts-Organisation (UGO) konstituierte sich im Mai 1948. Die NGG (UGO) zählte 5236 Mitglieder im April 1949 und Mitte des Jahres 5646 Mitglieder.

Durch die Blockade Berlins seitens der Sowjetunion waren die Verhältnisse in allen Gewerkschaften außerordentlich gespannt. Im Gaststättengewerbe war 25 Prozent des Personals ohne Arbeit, viele arbeiteten nur ein bis zwei Tage. Die Zigarettenindustrie kam erst dann wieder in Gang, als über die Luftbrücke Tabak eingeflogen wurde. Vom Ostsektor wurde die billigere Rasno-Zigarette eingeschmuggelt, der Schwarzhandel mit unversteuerten britischen und amerikanischen Zigaretten blühte.

Der Süßwarenindustrie fehlte Zucker, soweit vorhanden, mußte sie ihre Erzeugnisse gegen Zuckermarken abgeben, und das zu einem Zeitpunkt, wo die gleichen Produkte aus Westdeutschland her ohne Marken auf den Markt gelangten.

Die Nährmittel-, Backwaren- und Margarineindustrie befand sich in der gleichen Situation. Die Brau- und Spirituosenwirtschaft litt unter der illegalen Einfuhr von 12prozentigem Bier aus dem Ostsektor, und die Fleischwarenindustrie lag völlig still.

Auch nach der Aufhebung der Blockade dauerte es lange, bis diese Narben verheilten.

Von der politischen Situation wurden besonders die Beschäftigten der Brotfabriken betroffen. Nach Artikel 4a des Währungsgesetzes waren die Brotfabriken gehalten, ihre gesamte Produktion gegen Ost-Mark abzugeben. Folglich konnten sie ihren Beschäftigten auch keine DM-Löhne zahlen (die Beschäftigten anderer Industriezweige, bei Siemens z. B., erhielten immerhin schon zu 70 Prozent Westmark). Wenn ab und an einmal 25 Prozent des Lohns in Westmark ausgezahlt werden konnte, war das schon viel. Es bedurfte hartnäckiger Anstrengungen der NGG und verschiede-

ner Streikandrohungen der Belegschaft, bis diese unhaltbare Situation bereinigt war.
Die NGG (UGO) selbst wurde auf dem Stuttgarter Gewerkschaftstag 1951 offiziell der NGG auf Bundesebene angegliedert.

12. Mai 1949: Die Geburtsstunde der Einheitsgewerkschaft NGG

Erste Besprechungen zur Vorbereitung der bi- bzw. trizonalen Vereinigung (man wußte längere Zeit nicht, ob die Gewerkschaften der Französischen Zone würden mitmachen können) fanden Ende 1947 statt. Die endgültige Entscheidung fiel auf einer Konferenz der Landesgewerkschaften aus Bayern, Hessen und Nordwürttemberg-Baden am 27./28. Februar 1948 in Stuttgart-Wangen, an der auch Gustav Pufal sowie Eugen Richter aus der SBZ teilnahmen. Mit 6:3 Stimmen trugen die Befürworter des bizonalen Zusammenschlusses den Sieg davon. Ein Arbeitsausschuß wurde eingesetzt, der die notwendigen Einzelheiten regeln sollte und sehr bald in einen trizonalen Arbeitsausschuß umgewandelt werden konnte. Ihm gehörten an: Georg Fiederl (Bayern), Albert Remppel (Nordwürttemberg-Baden), Hans Wiegand (Hessen), Anton Basting (Rheinland-Pfalz), Clemens Weber (Südbaden), Jakob Wörner (Süd-Württemberg-Hohenzollern), Gustav Pufal, Ferdinand Warnecke, Jupp Dozler, Wilhelm Weber und Johannes Maack (Britische Zone). Eine Satzungsberatungskommission und – im Vorgriff auf die Vereinigung – auch eine gemeinsame Tarifkommission wurden eingesetzt, ferner ein trizonaler Informationsdienst herausgegeben. Schon im Oktober 1948 hatte die Satzungsberatungskommission ihre Arbeiten weitgehend abgeschlossen. Im November konnte der Entwurf in den Landesvorständen diskutiert werden. Am 8. Dezember 1948 folgte die Schlußredaktion auf einer Konferenz in Ingelheim, bevor der Satzungsentwurf dann an die Ortsverwaltungen ging.
Der gemeinsame Arbeitsausschuß der drei Zonen trat am 2. März 1949 zu seiner abschließenden Vorbereitungs-Sitzung zusammen. Endlich, vom 24. – 26. Mai 1949, fand der Verschmelzungsverbandstag dann im Colosseum-Saal der Spatenbrauerei in München statt:

> Wir wollen uns in den kommenden Tagen ein Haus bauen und ein Gesetz schaffen, das jedem Mitglied Schutz vor Ausbeutung und Hilfe in seinem sozialen Kampf bietet. Als Grundpfeiler, worauf wir dieses Haus einrichten, lassen Sie uns die Begriffe Freundschaft, Vertrauen, Solidarität, Humanität setzen (...) Lassen Sie uns frei von jeder Parteipolitik für die Völkerverständigung und für die Sicherung des Weltfriedens werben. Wir wollen kämpfen gegen jede Vergewaltigung und Tyrannei zum Wohle unserer Mitglieder und darüber hinaus der Arbeiterschaft der ganzen Welt[47],

sagte Gustav Pufal in seiner Eröffnungsrede unter starkem Beifall der Delegierten (die Eröffnungsfeier fand im Saal des Deutschen Museums statt). Ganz so einfach war der Bau des neuen Hauses freilich nicht. Bei der Beratung der Satzung gab es scharfe Auseinandersetzungen. Das begann

beim Sitz der Hauptverwaltung. Drei Möglichkeiten standen zur Wahl: Hamburg, Frankfurt oder aber am Sitz der neuen Bundesregierung bzw. des *DGB*, wobei man weder im einen noch im anderen Fall schon wußte, wo das sein würde. Für Hamburg sprachen, erklärte Pufal, die vorhandenen Räumlichkeiten und der »ausgebaute Apparat«.[48] Für Frankfurt wurde die verkehrsgünstige zentrale Lage ins Feld geführt und für die dritte Alternative schließlich, daß Lohn- und Tarifpolitik künftig nur im engen Zusammenhang »mit dem Deutschen Gewerkschaftsbund und mit dem Arbeitsministerium«[49] gemacht werden könne.
In der Abstimmung lag Hamburg deutlich vorn mit 79 Stimmen gegenüber 32 für Frankfurt und 41 für die Errichtung der Hauptverwaltung bei oder in der zukünftigen Hauptstadt und 4 Stimmen für Köln.
Zum Organisationsbereich lag ein Antrag von dreizehn bayerischen Ortsverwaltungen vor, auf die Hausangestellten zu verzichten, da sie in einer Industriegewerkschaft fehl am Platze seien und außerdem viel Arbeit kosteten, aber nur wenig Erfolgsmöglichkeiten böten. Bei nur vier Gegenstimmen wurde der Antrag abgelehnt.
Eine Reihe von Delegierten (August Locherer aus Mannheim, Jakob Mendel aus Heidelberg und Ernst Pulley aus Stuttgart) drängten darauf, die alten Unterstützungen wieder einzuführen. Anders könne man den Mitgliedern die mit der Verschmelzung notwendig werdende Beitragserhöhung nicht vermitteln, der Mitgliederstand werde erheblich zurückgehen. Mit knapper Mehrheit (77:61) lehnte es der Verschmelzungsverbandstag ab, schon jetzt Unterstützungen einzuführen. Erst müsse ein ausreichender Fonds angesammelt werden, und außerdem, hatte der Bremer Christian Blome in die Debatte geworfen, sei die *NGG* keine Versicherungsagentur:

> Glauben Sie, daß die Kollegen, die nach einer Sonderform von Unterstützungen, ganz gleich welcher Art, fragen, mit Ausnahme der Streikunterstützung, überhaupt einmal gute Gewerkschafter werden?[50]

Zur Führung von Lohnbewegungen und Streiks lagen eine Fülle von Anträgen vor. Nach dem Satzungsentwurf sollte die Tarifhoheit bei den Landesleitungen liegen, alle Aktionen aber, die über den Rahmen einer Ortsgruppe hinausgingen, müßten vom Hauptvorstand genehmigt werden. Streiks sollten nur »auf Antrag des Landesleiters und mit Zustimmung des Verbandsvorstandes«[51] erfolgen können, nachdem mindestens drei Viertel der in Frage kommenden Mitglieder für die Arbeitseinstellung gestimmt hatten. Der Hauptvorstand sollte Streiks auch gegen den Willen der Beteiligten abbrechen können, »wenn nach den Umständen die Weiterführung des Streiks zwecklos und für die Gewerkschaft schädlich ist«.[52]
Die meisten der 71 Anträge liefen darauf hinaus, die Befugnisse des Hauptvorstandes zu beschneiden und die entscheidenden Kompetenzen bei der Landesleitung oder beim Landesleiter anzusiedeln. Der Überraschungseffekt gehe verloren, wenn Streiks erst beim fernen Hamburger

Vorstand angemeldet werden müßten. Die Initiative von unten erlahme bei solch übertriebener Zentralisation, der Abschluß von Haustarifen werde erschwert, meinten u. a. Karl Langenbach, Eugen Föller und Ernst Pulley. Gustav Pufal, Ferdinand Husung, Jupp Dozler und andere hielten dagegen, der Hauptvorstand müsse die Fäden in der Hand behalten, um System in die Lohn- und Tarifbewegungen zu bringen und die Interessen der Gesamtorganisation zu wahren. Die Satzungsvorlage wurde in diesem Punkt unverändert angenommen.

Anders fiel die Entscheidung aus, als es um die Aufgaben des Landesleiters ging. Pufal sah in den Landesleitern nichts weiter als den verlängerten Arm des Hauptvorstands. Folglich seien die Landesleiter auf dem Gewerkschaftstag und nicht auf den Landeskonferenzen zu wählen. Ein Antrag Heidelbergs, unterstützt von Hamburg, sah demgegenüber im Landesleiter »sowohl das ausführende Organ des Hauptvorstandes wie auch der Willensbildung im Lande«[53] und schlug vor, den Landesleiter alle drei Jahre neu zu wählen, jeweils auf der ersten Landeskonferenz nach dem Gewerkschaftstag. So werde für mehr Demokratie in der Organisation gesorgt.

Nach einer stellenweisen äußerst heftigen Auseinandersetzung wurde der Heidelberger Antrag mit 72:69 Stimmen angenommen.

In besonderen Stellungnahmen beauftragte der Gewerkschaftstag den »Verbandsvorstand, die volle Kraft der Organisation«[54] einzusetzen für die Erhaltung des Nacht- und Sonntagbackverbots. Zur Tarifpolitik wurde gefordert: »1. Vereinfachung der gesamten Tarifverträge, 2. Allgemeine Reduzierung der Ortsklassen, 3. Gleicher Lohn für gleiche Arbeit.«[55] Einstimmig wurden dann Gustav Pufal zum 1., Ferdinand Warnecke zum 2. Vorsitzenden, Herbert Stadelmaier als Hauptkassierer sowie Johannes Gostomski und Fritz Holler als Sekretäre gewählt. Zusammen bildeten sie den Geschäftsführenden Hauptvorstand (GHV). Ebenso einstimmig wurde Hans Nätscher zum Hauptausschußvorsitzenden gewählt.

Damit war der Gründungsprozeß der *Industriegewerkschaft Nahrung-Genuss-Gaststätten* abgeschlossen, die NGG konnte an die Arbeit gehen. So schien es jedenfalls den Delegierten, die in München am 26. Juni 1949 nach einem dreifachen Hoch auf die internationale Arbeiterbewegung auseinandergingen.

Das neue Haus erwies sich allerdings nicht in allen Teilen als so fest und solide, wie man gehofft hatte.

13. Organisationsprobleme der Anfangsjahre

Es gab in den folgenden zwei Jahren noch überall Probleme: Zwölf Jahre Faschismus hatten tiefe Breschen in den Funktionärskörper geschlagen, es fehlte allenthalben an Nachwuchs. Das zwang bisweilen auf Personen zurückzugreifen, deren man sich nicht so sicher sein konnte, die den Ver-

lockungen des langsam anrollenden »Wirtschaftswunders« erlagen und einen Griff in die Gewerkschaftskasse taten. In allen Fällen reagierte der Hauptvorstand, sobald er von den Vorfällen Kenntnis erhielt, schnell und entschlossen. Ohne Umschweife wurden die Betreffenden ausgeschlossen, gelegentlich gelang es, die unterschlagene Summe auf dem Gerichtswege zurückzubekommen.
Auch hatten sich Personen den Gewerkschaften angeschlossen, die in ihnen vor allem die persönlichen Karrierewünsche befriedigen wollten. Und als sie merkten, daß sie nicht so recht zum Zuge kamen, begannen sie, gegen die Organisation zu arbeiten. Das bekannteste Beispiel dieser Art in der Geschichte der *NGG* ist der Fall Benner in Recklinghausen, wo ein ehemaliger Angestellter eine gelbe Konkurrenzorganisation aufzubauen suchte.
In ganz anderer Weise gab es Probleme an der Spitze der *NGG*. Das begann damit, daß die Hauptverwaltung erst eineinhalb Jahre nach dem Vereinigungsgewerkschaftstag halbwegs funktionsfähig wurde. Das ursprünglich vorgesehene Gebäude war entgegen aller Zusagen doch nicht geräumt worden, so daß man mit einem Notquartier im Hamburger Gewerkschaftshaus vorlieb nehmen mußte. Z. T. saßen acht Personen in einem Raum, und auch nach dem Umzug in das umgebaute Hinterhaus am Besenbinderhof waren die Verhältnisse alles andere als ideal.
Am 17. Juni 1950 starb nach längerer Krankheit der *NGG*-Vorsitzende Gustav Pufal. Der Beirat wählte am 4. August Ferdinand Warnecke zum 1. und Otto Sonntag zum 2. Vorsitzenden. Warnecke sah seine Aufgabe vor allem darin, eine straff geführte Organisation aufzubauen. Er trieb die Zentralisierung aber so weit auf die Spitze, daß die für jede Gewerkschaft unerläßliche Selbsttätigkeit der Mitglieder zu ersticken drohte. Am 15. Mai 1950, noch vor seiner Wahl zum Vorsitzenden (aber schon unter seiner Verantwortung) ging an die überraschten Ortsverwaltungen der berüchtigte »Maulkorberlaß« heraus – ein Rundschreiben, wonach jede Pressemitteilung, gleich zu welchem Thema, vorher vom GHV abgesegnet werden müsse. Auch sonst war der neue Vorsitzende bestrebt, die Befugnisse der Ortsverwaltungen nach Kräften zu beschneiden. Jupp Dozler meinte auf dem Gewerkschaftstag 1951, man habe aber doch in München einen Hauptvorstand und kein »Generalkommando«[56] gewählt.
Die Auseinandersetzungen spitzten sich so weit zu, daß der Hauptausschuß dem GHV wegen seiner mangelhaften Informationspolitik eine formelle Rüge erteilte. Es kam vor, daß selbst der Hauptausschußvorsitzende wichtige Informationen aus der Zeitung erfuhr. Ausschlüsse wurden vorgenommen, ohne die in der Satzung vorgeschriebene Prozedur einzuhalten. Anstellungen erfolgten über die Köpfe der Mitglieder hinweg, und auch bei Entlassungen von Angestellten nahm man es nicht immer so genau. Es hagelte Proteste beim Hauptausschuß. Hans Nätscher bekannte auf dem Stuttgarter Gewerkschaftstag 1951: »Daß der Hauptausschuß in diesen 1½ Jahren 90 Prozent seiner Tätigkeit auf schmutzige Wäsche abstellen mußte, war sicherlich nicht angenehm.«[57]

Die Zeichen für den 1. Ordentlichen Gewerkschaftstag der *NGG,* der am 28. Mai 1951 in Stuttgart eröffnet werden sollte, standen auf Sturm. Für die NGG sollte es ein historischer Kongreß werden. Die Atmosphäre war so bewegt wie selten zuvor und danach auf einem Gewerkschaftstag. Viele süddeutsche Kollegen machten aus ihrem Herzen keine Mördergrube – Ferdinand Warnecke sei als Vorsitzender nicht mehr tragbar. Hans Nätscher wurde in den Gesprächen immer wieder als möglicher Nachfolger genannt.

Warnecke hatte während des Gewerkschaftstages einen schweren Stand. Schon die mangelhafte Vorbereitung wurde ihm zur Last gelegt. Daß der Geschäftsbericht am Eröffnungstag nicht gehalten werden konnte, hinterließ einen denkbar ungünstigen Eindruck, der auch am zweiten Tag nicht zerstreut wurde, als die Delegierten einen Bericht zu hören bekamen, der sich über weite Strecken mit Belanglosigkeiten befaßte.

Wie in München wurde auch diesmal um die grundsätzliche Ausrichtung der Tarifpolitik gestritten, ohne die Frage zum Abschluß zu bringen. Auch um den Sitz der *NGG* wurde erneut debattiert. Die Zustände in der Hauptverwaltung hatten Hans Nätscher die Frage aufwerfen lassen, ob sich ein »Luft- und Klimawechsel«[58] nicht vorteilhaft auf die Arbeit des Geschäftsführenden Vorstandes auswirken könne, und der Kollege Ferdinand Kiefer aus Köln hatte sich lebhaft für eine solche »Kur« ausgesprochen. 15 Anträge lagen vor, von denen 11 den Sitz der *NGG* nach Düsseldorf, Köln, Frankfurt oder an einen nicht näher genannten zentralen Ort verlegen wollten. Die Argumente lauteten nicht viel anders, als seinerzeit in München. Die Schlußabstimmung, in der nur noch Hamburg und Köln zur Wahl standen, fiel mit 79 Stimmen für Hamburg und 78 für Köln denkbar knapp aus.

53 Anträge bezogen sich auf das Unterstützungswesen. 23 davon verlangten die Einführung einer Invalidenunterstützung, 5 eine besondere Arbeitslosenunterstützung und der Rest galt meist der Herabsetzung der Karenzzeit bei der Krankenunterstützung von 14 auf 7 Tage. Angenommen wurde nach einer streckenweise sehr hitzigen Diskussion der Antrag des Hauptvorstandes, 40 Mark im Jahr an die Rentner-Mitglieder auszuzahlen. Das waren 10 Mark mehr als die bisher bezahlten 30 Mark Sonderunterstützung.

Eine Reihe von besonderen Entschließungen wurde angenommen – zur strikten Durchführung des Nachtbackverbots, zur Traglastbegrenzung. Andere wurden dem Hauptvorstand als Material überwiesen, so die Verpflichtung, sich für einheitliche Beiträge und Unterstützungseinrichtungen im *DGB* einzusetzen oder für das Mitbestimmungsrecht in der Mühlenindustrie zu sorgen.

Mit die wichtigste Entscheidung des Gewerkschaftstages lag auf personellem Gebiet. Mit 114:42 Stimmen wurde Hans Nätscher **gegen** Ferdinand Warnecke zum neuen Vorsitzenden der *NGG* gewählt; mit gleichgroßer Mehrheit Emil Petersen (wieder gegen Warnecke, der danach auf eine

Funktion im Vorstand verzichtete) zum 2. Vorsitzenden. Einstimmig wurde Herbert Stadelmaier wieder zum Kassierer gewählt, Richard Eckart bei einer Stimmenthaltung zum Redakteur. Heinrich Ohlemeyer und Johannes Gostomski kamen als Sekretäre in den GHV. Der Posten des 3. Sekretärs wurde noch offen gelassen und später vom Hauptvorstand mit Fritz Holler besetzt. Der Hauptausschuß blieb in Nürnberg, an die Stelle des bisherigen Vorsitzenden trat sein Stellvertreter Georg Eimer.

KAPITEL XXI
Der Kampf um Mitbestimmung und Betriebsverfassung

Die erste Lehre, die die deutschen Gewerkschaften aus den zwölf Jahren Faschismus gezogen hatten, hieß: Bildung von Einheitsgewerkschaften als Garanten eines neuen Deutschland, in dem den Arbeitnehmern ein vorderer Platz zukommen sollte. Die zweite war die Forderung nach Mitbestimmung. »Die Folgen der Alleinherrschaft der Unternehmer«, sagte Alfred Schleicher 1947 auf dem Gründungsverbandstag der *NGG Britische Zone,* »haben wir durch das Hitlersystem kennengelernt und werden noch lange an dieser Katastrophe zu leiden haben. Ziehen wir eine Lehre daraus: Machen wir unseren Einfluß auf allen Gebieten geltend, bestimmen wir die wirtschaftliche Struktur. Platz dem Arbeiter auf dem Wege zum Sozialismus.«[1]

Kaum eine größere Gewerkschaftsversammlung, auf der nicht das Mitbestimmungsrecht gefordert worden wäre. Die Delegiertenversammlung der Stuttgarter Ortsverwaltung z. B. forderte am 25. März 1946:

> Die gewählten Betriebsvertretungen haben an den Planungen der Betriebe Mitbestimmungsrecht. Sie sind mitbestimmend und mitverantwortlich bei der Regelung des Produktionsprozesses, Einteilung der Arbeitszeit, Überwachung der Arbeitnehmerschutzbestimmungen und bei der Neufassung von Arbeitsordnungen sowohl in bezug auf obligatorischem wie auch auf fakultativem Gebiet.[2]

In vielen Statuten neu gegründeter Gewerkschaften war die Forderung nach Mitbestimmung verankert. Die Satzung des *Industrieverbands Nahrung, Getränke, Genuß Bochum* vom März 1946 definierte als Ziele des Verbands: »Mitbestimmungsrecht der Arbeitnehmer in der Wirtschaft, beginnend beim Einzelbetrieb bis zu den höchsten Stellen der Wirtschaftsorganisation zum Zweck der Demokratisierung der Wirtschaft.«[3]

Zur überbetrieblichen Mitbestimmung sollten nach den Plänen der *NGG Britische Zone* die Industrie- und Handelskammern aufgelöst und paritätisch besetzte Wirtschaftskammern eingerichtet werden. Die Wirtschaftskammern waren gedacht als eine Art Selbstverwaltungsorgane der Wirtschaft, in denen alle über den Bereich eines Betriebes hinausgehenden Fragen wie z. B. die Berufsausbildung zur Entscheidung kommen sollten. Leider wurde das Konzept kaum weiterverfolgt, da alle Energie zunächst darauf gerichtet war, die Stellung der Betriebsräte zu festigen. Sehr oft übersehen wurde bei der Mitbestimmungsdiskussion die Lage der Beschäftigten in den Kleinbetrieben, wie sie für das Nahrungs- und Genußmittelgewerbe typisch waren. Der Kölner Bezirksleiter Karl Langenbach bemängelte das 1947 und schlug die paritätische Besetzung der Handwerkskammern als mögliches Hilfsmittel vor.

Die Forderung nach Mitbestimmung muß man im Zusammenhang sehen mit anderen Forderungen, die von den Gewerkschaften erhoben wurden: Entnazifizierung, Sozialisierung der Grundstoffindustrie, demokratisches Erziehungswesen, Demokratisierung der Verwaltung. Der Satzungsentwurf des *Industrieverbands Nahrungs-, Genußmittel und Beherbergungsgewerbe* für Nordwürttemberg und Nordbaden forderte noch die »Liquidierung der Konzerne, Kartelle und Trusts«.[4] Das sollte jenes Deutschland der Arbeitnehmer schaffen helfen, das die Gewerkschaften erstrebten.

Die Entnazifizierung kam nach einem ersten Anlauf rasch zum Stocken. In der ersten Zeit nach der Befreiung kam es mancherorts noch zu Vorfällen wie in Bremerhaven bei der Firma Seebeck, wo einige Nazis, die wegen ihres Denunziantentums schwer verhaßt waren, von der Belegschaft einfach auf eine Schubkarre gepackt und zum Werkstor hinausgefahren wurden. Vier Jahre später herrschten schon wieder andere Verhältnisse. Da wurde in einem bayerischen Kraftfutterwerk der Geschäftsführer auf Drängen der Belegschaft entlassen, weil er *NSDAP*-Mitglied gewesen war, von der Vermögensverwaltung aber als Treuhänder über dieselbe Firma wieder eingestellt und dem Betriebsratsvorsitzenden, der sich der Rückkehr widersetzt hatte, gekündigt.

Die *NGG* mußte wie die anderen Gewerkschaften versuchen, ihre Mitbestimmungsvorstellungen in einer Zeit durchzusetzen, als die Unternehmer schon wieder Oberwasser bekommen hatten, die Gewerkschaften aber noch längst nicht mit einer Stimme reden konnten.

In zahlreichen Musterbetriebsvereinbarungen mit den Spitzenverbänden der Unternehmer, die dann noch einmal auf betrieblicher Ebene umgesetzt werden mußten, wurde versucht, Mitbestimmungsrecht der Betriebsräte zu verankern. Das ursprüngliche Ziel, Mitbestimmung auch im Produktionsbereich durchzusetzen, konnte kaum erreicht werden. Die meisten Betriebsvereinbarungen legten fest, daß die Firmenleitung dem Betriebsrat Aufschluß über alle das Arbeitsverhältnis betreffenden Angelegenheiten und Einblick in die entsprechenden Unterlagen geben mußte; der Betriebsrat in regelmäßigen Abständen über die wirtschaftlichen Verhältnisse des Betriebes zu informieren war. In den Aufsichtsrat von Aktiengesellschaften wurden zwei Mitglieder des Betriebsrats entsandt, bei Einstellungen und Entlassungen wirkte der Betriebsrat mit, ferner in allen Bereichen der Unfallverhütung, Sicherheitsvorkehrungen und sonstigen Sozialfragen. Der Betriebsrat überwachte die Durchführung aller tariflichen Bestimmungen und wirkte bei der Einführung neuer Arbeitsmethoden mit, um Arbeitslosigkeit und Kurzarbeit zu vermeiden. Die Kosten für die Geschäftsführung des Betriebsrates mußten von der Firmenleitung getragen werden, die auch die entsprechenden Räumlichkeiten zur Verfügung zu stellen hatte.

Nur in wenigen Fällen gelang es, weitergehende Mitbestimmungsrechte durchzusetzen. Die am 23. August 1947 abgeschlossene Rahmenbetriebsvereinbarung mit der Ernährungsindustrie Niedersachsen sah vor, daß der Betriebsrat »beratend« mitwirkte »bei der Festlegung des Produktionsprogramms, bei Betriebsstillegungen, beim betrieblichen Wiederaufbau und bei der Beschaffung neuer Arbeitsmethoden«.[5] Die zwischen dem *Landesverband ernährungswirtschaftlicher Unternehmen für Württemberg-Hohenzollern* und der *Landesberufsgewerkschaft der Nahrungs- und Genußmittelbranche* am 14. Mai 1948 unterzeichnete Betriebsvereinbarung sah vor, daß alle Planungen, insbesondere Betriebsumstellungen, mit dem Betriebsrat abzusprechen seien und legte fest, daß Vertrauensleute den gleichen Schutz genossen wie Betriebsratsmitglieder.

In den Konsumgenossenschaften und GEG-Betrieben hatten die Betriebsräte volles Mitbestimmungsrecht bei Einstellungen und Entlassungen.

Die NGG-Landes- und Zonengewerkschaften hofften noch auf eine günstige gesetzliche Regelung. Verschiedenen Länderparlamenten lagen Entwürfe für ein weitgehendes Betriebsverfassungsgesetz vor. In Nordrhein-Westfalen war der Versuch, die wirtschaftliche Mitbestimmung der Betriebsräte in der Verfassung zu verankern, allerdings schon im Sommer 1947 am Widerstand der Militärregierung gescheitert.

Auch die hessische Verfassung sah ein wirtschaftliches Mitbestimmungsrecht der Betriebsräte vor. Eine Koalition aus SPD, CDU und KPD hatte das gegen den Widerstand der Liberaldemokratischen Partei durchgesetzt. Der Paragraph wurde am 3.9.1948 von der amerikanischen Militärregierung suspendiert. Derart weitgehende Entscheidungen könnten nur von einer Regierung getroffen werden, hieß es, die die gesamte Bevölkerung Deutschlands vertrete.

Ähnliches geschah in Württemberg-Baden. Dort wurden die Paragraphen 20 – 24 und 29 des Betriebsrätegesetzes suspendiert. Und in Bremen konnte das durch Volksentscheid festgelegte wirtschaftliche Mitbestimmungsrecht gar nicht erst ins Gesetz aufgenommen werden, weil die Militärregierung interveniert hatte.

KAPITEL XXII

Die Nahrungs- und Genußmittelwirtschaft nach 1950

Trotz aller Kriegsschäden und Rohstoffprobleme hatte die Nahrungs- und Genußmittelindustrie 1948 schon wieder 80 Prozent des Produktionsniveaus von 1936 erreicht und lag damit an der Spitze aller westdeutschen Industriezweige. 1950 betrug ihr Anteil am Umsatz der gesamten Industrie 18,5 Prozent oder knappe 15 Mrd. DM. Nach Abzug der in einigen Branchen (Kaffeeröstereien, Tabakverarbeitende Industrie, Brauereien) besonders hohen Verbrauchssteuern ergab sich immer noch ein Umsatzanteil von knapp 15 Prozent. Nur sieben Prozent aller in der Industrie Beschäftigten waren aber in der Nahrungs- und Genußmittelindustrie tätig, und nur sechs Prozent der in der Industrie ausgezahlten Löhne und Gehälter kamen aus der Nahrungs- und Genußmittelindustrie.
Am Aufschwung der westdeutschen Wirtschaft in den 50er und 60er Jahren nahm auch die Nahrungs- und Genußmittelindustrie teil, wenngleich sich ihr Wachstum etwas langsamer vollzog. Während die Umsatzwerte der gesamten Industrie zwischen 1950 und 1960 um 220 Prozent stiegen, erhöhten sie sich in der Nahrungs- und Genußmittelindustrie nur um 134 Prozent und fielen anteilsmäßig auf 13,4 Prozent zurück. Die Bruttoanlageinvestitionen erhöhten sich in der gesamten Industrie zwischen 1950 und 1960 um 276,5 Prozent (von 4,6 auf 17,2 Mrd.), in der Nahrungs- und Genußmittelindustrie um 120,4 Prozent (von 0,6 auf 1,4 Mrd.).
Boomartige Entwicklungen, wie sie die Automobilindustrie verzeichnete, hat es in der Nahrungs- und Genußmittelindustrie nicht gegeben. Daran änderte sich auch in den folgenden Jahrzehnten so gut wie nichts. Ende der 60er Jahre waren die Zuwachsraten hier um die Hälfte niedriger als im gesamten verarbeitenden Gewerbe und bewegten sich anteilsmäßig nicht über 13 Prozent hinaus.
Die Nahrungs- und Genußmittelindustrie blieb relativ konjunkturunabhängig, was bei der Beschäftigtenentwicklung auch seine guten Seiten hatte. Die Nahrungs- und Genußmittelwirtschaft war (und ist) auf den Binnenmarkt angewiesen. Die Exportquote, d. h. der Anteil der Auslandsumsätze am Gesamtumsatz, schwankte in den 50er Jahren um 1 Prozent, nur die Getränkeindustrie lag darüber. 1962 betrug die Exportquote 1,7 Prozent und war immer noch unbedeutend. Bedeutendere Exportquoten hatten nur vorzuweisen die Talgschmelzen (25,7 Prozent), Stärkeindustrie (9,9 Prozent), Ölmühlenindustrie (9,7 Prozent), Mühlenindustrie (6,7 Pro-

zent) und die Fischverarbeitende Industrie (6,6 Prozent). Bis Ende der 60er Jahre kletterte die Exportquote in der gesamten Nahrungs- und Genußmittelindustrie allerdings auf 7 Prozent. Von 1978 bis 1981 nahmen die Ausfuhren wertmäßig um 64 Prozent zu, von 11,7 auf 19,2 Mrd. DM (das entsprach einer Exportquote von 12,3 Prozent).
Mit einem Einfuhrvolumen von 23 Mrd. DM 1981 blieb die Bundesrepublik aber der weltgrößte Importeur von Nahrungs- und Genußmitteln, auch wenn sich der Abstand zwischen Ein- und Ausfuhren in den zurückliegenden vier Jahren deutlich verringert hat.
Die Nahrungs- und Genußmittelwirtschaft ist also immer noch weitgehend auf den Binnenmarkt angewiesen. Der kann aber nicht beliebig ausgedehnt werden, sondern wächst nur im Gleichschritt mit der Bevölkerung oder aber durch Änderung der Verzehrgewohnheiten.
Der Wechsel von der Zigarre zur Zigarette und die Verbreitung von Tiefkühl- und Konservenprodukten sind Beispiele für Umsatzsteigerungen über veränderte Konsumgewohnheiten.
Steigende Einkommen der Bevölkerung sind nicht unbedingt gleichzusetzen mit steigenden Umsätzen in allen Bereichen der Nahrungs- und Genußmittelwirtschaft. In den 50er Jahren wurden noch 40 Prozent des privaten Einkommens für Nahrungs- und Genußmittel ausgegeben, Ende der 60er Jahre nur noch 26 Prozent. Vom Volumen her war das immer noch eine Steigerung, nur hatte sich das Schwergewicht eindeutig verlagert – von den einfachen hin zu den qualitativ besseren oder lange entbehrten Nahrungsmitteln. Die Nachfrage nach Getreideerzeugnissen, die in der Kriegs- und Nachkriegszeit den Hauptbestandteil der Ernährung ausgemacht hatten, ging beträchtlich zurück. Der große Renner der 50er und 60er Jahre war die »Verlegung der Küche in die Fabrik«, wie das von einigen Werbeleuten genannt wurde: das sich ständig erweiternde Angebot von Halbfertig- und Fertigprodukten, an Konserven sowie Tiefkühlwaren. Diese Produkte waren auf die Bedürfnisse der wachsenden Zahl berufstätiger Frauen und den Wunsch aller Frauen nach mehr Freizeit zugeschnitten.
Während der gesamte Nahrungsverbrauch (ohne Getreide) von 1953 bis 1957, bei einer Bevölkerungszunahme von 4,7 Prozent mengenmäßig nur geringfügig wuchs, erhöhte sich in der gleichen Zeit die industrielle Produktion von Obstkonserven um 78 Prozent, von Gemüsekonserven um 90 Prozent, von tiefgekühltem Obst und Gemüse um 150 Prozent.

1. Mittelständische Struktur

Die Nahrungs- und Genußmittelindustrie war und ist mittelständisch geprägt. Von knapp 16 000 industriellen Unternehmungen der Branche im September 1955 waren 60 Prozent Kleinbetriebe mit weniger als zehn Beschäftigten (Gesamtindustrie: 45,5 Prozent), auf die 5,7 Prozent des ge-

Tab. 74

Beschäftigtenentwicklung im Nahrungs- und Genußmittelgewerbe einschließlich Gaststätten (ohne Heimarbeiter und Hauswirtschaft) 1952 bis 1960[1]

Branche	1952 männl.	weibl.	ges.	30. 9. 1955 männl.	weibl.	ges.	30. 9. 1960 männl.	weibl.	ges.
Mühlengewerbe	30012	3830	33842	28108	4182	32290	24807	4692	29499
Bäckereien	119625	34916	154541	121069	45345	166414	112648	59159	171807
Zuckerwaren- u. Schokoladenind.	11338	28229	39567	10693	33155	43828	13888	43730	57618
Zuckerind.	18815	2682	21497	15056	2132	17188	15461	3133	18594
Fleischerei	75780	22589	98369	87588	30894	118482	99393	45763	145156
Fischind.	5098	12260	17358	5556	15233	20789	5402	14158	19560
Getränkeherst., Spirituosenind.	72534	18670	90604	79680	22925	102605	107433	32819	140252
Tabakind.	17132	61908	79040	15875	60208	76083	14152	45521	59673
Molkerei, Fettwaren	44531	19735	64266	47650	22656	70306	53066	27064	80130
Obst u. Gemüse	9137	11813	20950	9574	25020	34594	11227	23136	34363
Gaststätten	59442	146548	205990	72505	212335	284840	97376	278350	375726
Übrige	21956	19241	41197	23159	22886	46075	27322	26325	53647
Gesamt	485400	381828	867221	516513	496951	1013464	582175	603850	1186025

samten Umsatzes und 7,5 Prozent aller Beschäftigten entfielen. Von einer anderen Warte, dem Umsatz und den Beschäftigtenzahlen her betrachtet, sind die Betriebe mit 200 bis 500 Beschäftigten die wichtigsten. Sie machten zwar nur 2 Prozent aller Unternehmen der Nahrungs- und Genußmittelindustrie aus, erwirtschafteten aber 21,4 Prozent des Umsatzes und beschäftigten 20,2 Prozent des Personals. Auch 23 Jahre später, 1978, hatte sich das Bild nicht wesentlich verändert, wenngleich die Bedeutung der Großbetriebe gewachsen war. 1955 hatten nur 0,6 Prozent aller Betriebe 500 – 999 Beschäftigte, 1978 schon 2,2 Prozent, in ihnen waren 14,8 Prozent aller Beschäftigten tätig (1955: 12,1 Prozent). Immer noch waren 1978 aber drei Viertel aller Betriebe, in denen ein Drittel aller Arbeitnehmer zu finden war, Klein- und Mittelbetriebe mit nicht mehr als 100 Beschäftigten.

Das Schwergewicht der Produktion lag und liegt bei der Industrie, die 1953 mit 74 Prozent an der Gesamtproduktion beteiligt war. Vom Umsatz und den Beschäftigtenzahlen her ist das Handwerk dennoch nicht zu vernachlässigen. 1964 beschäftigte das Nahrungsmittelhandwerk 487 096 Arbeitnehmer und erzielte Umsätze von 29 356 000 Mark. Bis 1976 war die Beschäftigtenzahl leicht rückläufig, auf 476 437, die Umsätze aber stiegen kräftig an bis auf 51 869 000 DM. Die durchschnittliche Betriebsgröße bewegte sich Anfang der 50er Jahre zwischen drei und vier Beschäftigten. Die Großbetriebe mit 200 Beschäftigten und mehr dominierten Mitte der 50er Jahre in der Nährmittel- und Stärkeindustrie, der Süßwaren- und Fischindustrie, in der Zuckerindustrie, der Margarineindustrie und schließlich in der Tabakindustrie. In diesen Branchen machten die Großbetriebe mindestens 60 Prozent der Gesamtumsätze und mehr (bis zu 90 Prozent). In der Spirituosen- und Mineralwasserindustrie dagegen, in der Futtermittelindustrie, bei den Kaffeeröstereien, den Tee und Wein verarbeitenden Betrieben überwogen die Klein- und Mittelbetriebe.

An der mittelständischen Struktur hat sich auch Anfang der 80er Jahre nicht Wesentliches geändert. 89,4 Prozent des Umsatzes der verschiedenen Wirtschaftszweige des Nahrungs- und Genußmittelgewerbe entstehen in Branchen mit geringem Konzentrationsgrad. Nur 10,6 Prozent stammen aus Branchen mit sehr hoher Konzentration. Zum Vergleich das Grundstoff- und Produktionsgütergewerbe: dort werden fast 60 Prozent des Umsatzes in Branchen mit hoher Konzentration erwirtschaftet. In noch viel stärkerem Maße als in der Ernährungswirtschaft dominieren im Hotel- und Gaststättengewerbe die Kleinbetriebe. 1954 gab es im gesamten Bundesgebiet nur etwas 100 Betriebe mit mehr als 100 Arbeitnehmern, etwa 1200 Betriebe mit 20 bis 100 Arbeitnehmern. Die restlichen ungefähr 125 000 Gaststätten und 25 000 Hotels arbeiteten mit nur ganz wenig Personal. Von den rund 175 000 Betrieben, die für das Jahr 1961 geschätzt wurden, beschäftigten 35 Prozent überhaupt kein Personal, 0,8 Prozent mehr als 20 und nur 0,06 Prozent mehr als 100 Arbeitnehmer. Klammert man die Kleinstbetriebe aus, die nur im Nebenerwerb Gastronomie be-

treiben, dann gab es 1970 in der Bundesrepublik 121 241 Betriebe, von denen 105 246 einen Jahresumsatz zwischen 50 000 und 250 000 DM erwirtschafteten, weitere 10 845 Betriebe mit einem Umsatz bis zu 500 000 und nur 5 141 Betriebe, die mehr als 500 000 DM umsetzten, davon wiederum 1531 mit einem Umsatz von über 1 Million DM.
Das Schwergewicht der Produktion in der Ernährungswirtschaft lag und liegt bei der Industrie, die 1953 mit 74 Prozent an der Gesamtproduktion beteiligt war. Dennoch ist das Handwerk, vom Umsatz und von den Beschäftigtenzahlen her, nicht zu vernachlässigen. 1964 beschäftigte das Nahrungsmittelhandwerk 487 096 Arbeitnehmer und erzielte Umsätze von 29 356 000 DM. Bis 1976 war die Beschäftigtenzahl leicht rückläufig, auf 476 437, die Umsätze aber stiegen kräftig an bis auf 51 869 000 DM. Die durchschnittliche Betriebsgröße bewegte sich Anfang der 50er Jahre zwischen drei und vier Beschäftigten. Die stärksten Gruppen im Nahrungsmittelhandwerk waren Ende der 70er Jahre die Fleischer mit etwa 223 000 und die Bäcker mit rund 200 000 Beschäftigten. Industrie und Handwerk beliefern im allgemeinen verschiedene Märkte. Das gilt selbst für Metzgereien und Fleischwarenbetriebe. Letztere konzentrieren sich auf die Herstellung von Dauerwaren und solchen Frischwaren, die von Ladenfleischereien in der Regel nicht hergestellt werden können. Eine echte Konkurrenzsituation, besonders in den großen Städten, besteht dagegen zwischen Bäckereien und Brotfabriken. Der harte Konkurrenzkampf ging lange Zeit auf Kosten des Handwerks, das zusehen mußte, wie die Brotindustrie ihren Aktionsradius ständig erweiterte. 1960 gab es im Bundesgebiet 54 194 Bäckerhandwerksbetriebe, 1964 nur noch 50 149 und 1972 war die Zahl auf 38 112 gesunken. Seit den 70er Jahren blieben die Marktanteile von Brotindustrie und Bäckerhandwerk jedoch unverändert. Auf den Umsatz bezogen lagen sie bei etwa 75 Prozent für das Handwerk und 25 Prozent für die Industrie, wobei sich das Verhältnis in Ballungsgebieten und Großstädten umkehrte.
Auch in der Brotindustrie sank seitdem die Zahl der Betriebe: von 350 im Jahre 1964 über 309 (1970) auf schließlich 181 im Jahre 1981. In den 60er Jahren vergrößerte sich die Zahl der Beschäftigten in der Brotindustrie noch, seit den 70er Jahren geht sie zurück. Anders im Handwerk. Dort steigt die Beschäftigtenzahl wieder (1978: 200 100, 1981: 210 000). Die breite Auffächerung des Angebots trug in den letzten Jahren dazu bei, die Wettbewerbssituation für das Bäckerhandwerk zu verbessern.

2. Konzentrationsprozesse

Konzentrationsprozesse, die zu marktbeherrschender Stellung führten, spielten sich in den 50er Jahren schon auf dem Zigarettenmarkt ab, der 1960 zu 95 Prozent in der Hand von vier Unternehmen lag. Nach dem 1958 erfolgten Zusammenschluß von Roth-Händle mit Reemtsma, Kyriazi mit BAT, Haus Neuerburg mit Reynolds und Muratti mit Brinkmann dürften die einzelnen Unternehmen folgenden Marktanteil gehabt haben: Reemtsma 45 Prozent, BAT 32 Prozent, Reynolds 10 Prozent und Brinkmann 8 Prozent. 1981 hatte Reemtsma einen Marktanteil von 21,61 Prozent, BAT von 27,46 Prozent und Brinkmann von 16,78 Prozent. Philipp Morris hielt 14,42 Prozent, Roth-Händle 9,93 Prozent und Reynolds 9,93 Prozent Marktanteil.

Ganz anders das Bild in der Ernährungsindustrie: die 18 größten Unternehmen in der Umsatzklasse über 250 Mill. DM pro Jahr machten 1957 4,12 Mrd. DM Umsatz, nicht mehr als 14,6 Prozent des Gesamtumsatzes. Das schloß eine marktbeherrschende Stellung in Teilbereichen nicht aus. Der Margarinemarkt z. B. befand sich völlig in Händen der deutschen Unilevergruppe, die Produktion von Backmitteln zu 80 Prozent bei Oetker in Bielefeld.

Tab. 75
Anteil der 10 größten Unternehmen am Umsatz des jeweiligen Wirtschaftszweiges (in Prozent)[2]

	1981	1977
Ernährungsgewerbe	11,3	12,5
Mahl- und Schälmühlen	–	56,3
Herstellung von Teigwaren	91,1	86,3
Herstellung von Nährmitteln (ohne Teigwaren)	–	–
Herstellung von Stärke, Stärkeerzeugnissen	–	–
Herstellung von Kartoffelerzeugnissen, a. n. g.	–	–
Herstellung von Backwaren (ohne Dauerbackwaren)	22,7	–
Herstellung von Dauerbackwaren	72,3	77,1
Zuckerindustrie	70,0	70,6
Obst- und Gemüseverarbeitung	–	49,2
Herstellung von Süßwaren (ohne Dauerbackwaren)	56,6	49,9
Molkerei, Käserei	25,7	23,6
Herstellung von Dauermilch, Milchpräparaten, Schmelzkäse	77,6	67,6
Ölmühlen, Herstellung von Speiseöl	–	–
Herstellung von Margarine und ähnlichen Nahrungsfetten	98,9	98,2
Talgschmelzen, Schmalzsiedereien	100,0	–
Schlachthäuser (ohne kommunale Schlachthöfe)	60,3	–
Fleischwarenindustrie (ohne Talgschmelzen und ähnliches)	28,8	26,4
Fleischerei	–	24,3
Fischverarbeitung	–	71,8
Verarbeitung von Kaffee, Tee, Herstellung von Kaffeemitteln	80,4	79,6
Brauerei	25,2	23,7
Mälzerei	65,0	58,8
Alkoholbrennerei	–	–
Herstellung von Spirituosen	52,3	46,4
Herstellung und Verarbeitung von Wein	–	81,5
Mineralbrunnen, Herstellung von Mineralwasser, Limonaden	33,7	30,2
Übriges Ernährungsgewerbe (ohne Herstellung von Futtermitteln)	–	43,8
Herstellung von Futtermitteln	50,4	50,9
Zigaretten	100,0	100,0

3. Mechanisierung und Automatisierung

Investitionen, die in den 50er Jahren in der Nahrungs- und Genußmittelindustrie vorgenommen wurden, galten in erster Linie der Kapazitätsausweitung. Das Investitionsvolumen wuchs im Vergleich zur Gesamtindustrie nur langsam. Von 1950 bis 1960 stiegen die Bruttoanlageinvestitionen um 12 Prozent, verglichen mit 27,6 Prozent in der gesamten Industrie. In den frühen 60er Jahren trat ein bezeichnender Wandel ein. Für die nächsten drei Jahre stand die Nahrungs- und Genußmittelindustrie mit einer 14,6prozentigen Steigerung des Investitionsvolumens in der Gesamtindustrie an zweiter Stelle hinter der Grundstoff- und Produktionsgüterindustrie. Die Investitionstätigkeit konzentrierte sich immer mehr auf Rationalisierungsinvestitionen, die in der zweiten Hälfte der 70er Jahre 75 Prozent der Gesamtinvestitionen ausmachten. Welche Folgen das hatte, soll an einigen Beispielen deutlich gemacht werden.

4. Das Beispiel der Zigarrenindustrie

Für die Zigarrenindustrie galt in den 50er Jahren immer noch das von den Nationalsozialisten verhängte Maschinenverbot, das aber nach zwei Richtungen hin zunehmend unterlaufen wurde. Zum einen durch die maschinelle Fertigung von Wickeln, worüber das Gesetz nichts sagte. Ende der 50er Jahre wurden bei Kopfzigarren bereits 70 Prozent, bei Stumpen 80 Prozent und bei Zigarillos 90 Prozent der Wickel maschinell hergestellt. Zum anderen gab es die Möglichkeit, bei den zuständigen Landesministerien Ausnahmegenehmigungen für die Aufstellung von Maschinen zu erwirken. Solche Ausnahmegenehmigungen wurden auch bereitwillig erteilt. Zeitweilig waren sie mit der Auflage verbunden, eine Maschinensteuer zu entrichten, aus der nun aber keineswegs Zigarrenarbeiter entschädigt wurden, die ihren Arbeitsplatz verloren hatten, sondern Kleinunternehmer, die ihren Betrieb schließen mußten.
Noch kamen vollautomatische Maschinen erst bei der Produktion von Zigarillos und Stumpen, in der Packerei und Fertigmacherei zur Aufstellung. Komplettmaschinen wurden zum ersten Mal 1956 von zwei westfälischen Zigarrenfabrikanten eingeführt. Bis Ende 1957 gab es in der Bundesrepublik 19 Sätze. Diese Komplettmaschinen hatten eine Kapazität von 500 bis 600 Zigarren oder 600 Zigarillos in der Stunde. Sie kamen aber lange Zeit nicht zum Durchbruch. Das lag an den Mehraufwendungen für Deckblatt, da die Maschinen wesentlich mehr Abfall produzierten und auch an den hohen Kosten (ein Satz kostete 120 000 DM). Die Maschinen ließen sich erst dann rentabel ausnutzen, wenn sie doppelschichtig gefahren wurden. Schließlich konnte mit diesen Maschinentypen immer nur eine Fasson hergestellt werden. Die Umstellung auf eine andere Fasson war mit 30 000 DM enorm teuer. Da die Maschinen eine Mindestproduk-

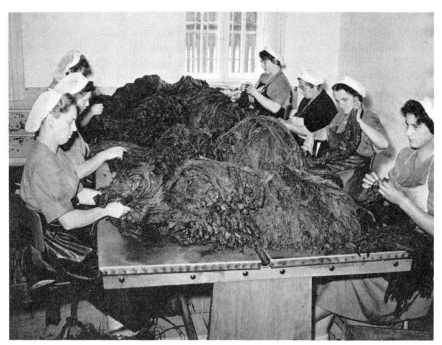

Handarbeit in der Zigarrenindustrie in den fünfziger Jahren. Entrippen der Tabakblätter (oben), Wickeln und Rollen (unten).

tion von 400 000 Zigarren im Monat erforderten, um sich zu rentieren (bei der breiten Produktionspalette jeder Zigarrenfabrik hieß das: mindestens eine Million Stück Gesamtproduktion), wurden die Komplettmaschinen vorerst nur in wenigen großen Betrieben aufgestellt und dort vor allem bei einfachen Fassons billigerer Preislagen. Immerhin wurden Ende der 50er Jahre schon 200 Millionen Kopfzigarren in der 20- bis 30-Pfennig-Preisklasse auf Komplettmaschinen angefertigt. Das waren 64,4 Prozent der gesamten Zigarrenproduktion.

Am 30. September 1958 wurde das Maschinenverbot aufgehoben. Damit begann der Wettlauf in der maschinellen Zigarrenfabrikation, das Massensterben kleiner und mittlerer Betriebe, das nur durch steuerliche Erleichterungen und Zuschüsse aus Mitteln der Tabaksteuer eine Zeitlang aufgehalten werden konnte. Dabei stand die eigentliche technische Revolution noch bevor: das Überrollen von Kopfzigarren mit Maschinen, die Aufstellung von Deck- und Umblattrippungsmaschinen, die Einführung des homogenisierten Deckblatts, das erhebliche Einsparungen an Rohtabak mit sich brachte und den bisher üblichen Zurichter arbeitslos machte und ferner der Einsatz von Strangmaschinen bei Zigarillos. Daß die Konstrukteure der neuen Maschinen arbeitsphysiologische Gesichtspunkte kaum berücksichtigten, sei nur am Rande vermerkt.

Die technologische Entwicklung wird durch folgende Tabelle deutlich gemacht:

Tab. 76
Technologische Entwicklung in der Zigarrenindustrie[3]

Wickelherstellung
Handarbeit: 60–70 Stück pro Stunde
Wickelbock: 180–200 Stück pro Stunde
Wickelmaschine: 1 200 Stück pro Stunde
Strangmaschine: 1 800 Stück pro Stunde (Zigarillo Doppelwickel)
Überrollen
Handarbeit: 60–70 Stück pro Stunde
Überrollmaschine: 600–650 Stück pro Stunde
Komplettmaschine: 600–650 Stück pro Stunde
Kabelüberrollmaschine: ca. 20 000 Stück[2] pro Stunde (je nach Länge der Zigarillos).

Tab. 77
Betriebe und Beschäftigte in der Zigarrenindustrie 1948 bis 1976[4]

Jahr	Anzahl der Betriebe	Beschäftigte
1948	2 605	47 248
1958	537	57 506
1968	284	19 027
1976	91	7 463

Verpackungsmaschine in der Zigarettenindustrie in den 60er Jahren.

Der Zigarrenmacher, ein Traditionsberuf der Arbeiterbewegung, ist heute so gut wie ausgestorben. Nur bei der Verarbeitung allerfeinster und teuerster Tabake ist seine manuelle Geschicklichkeit noch gefragt.
Die Zigarettenindustrie zählte schon sehr früh zu den Branchen mit hohem Automatisierungsgrad. In welchem Maße die Automatisierung vorangetrieben wurde, verdeutlicht folgende Tabelle über die Maschinenkapazität:

Tab. 78
Maschinenkapazitäten in der Zigarettenindustrie 1881 bis 1980[5]

Jahr	Zig./Minute
1881	200
1927	1 000
1951	1 250
1955	1 600
1972	3 000
1976	4 200
1980	6 000

An einer Kombinationsmaschine der Firma Reemtsma in Berlin waren zu Beginn der sechziger Jahre noch sieben Arbeitnehmerinnen tätig, 20 Jahre später nur noch drei.
Trotz der starken Rationalisierungsmaßnahmen stieg die Beschäftigtenzahl in den fünfziger und sechziger Jahren noch an, da sich auch der Absatz beständig vergrößerte. Der Anteil der Zigaretten am Konsum von Tabakprodukten stieg bis Ende der siebziger Jahre auf 83,5 Prozent und wird heute als kaum noch steigerungsfähig angesehen. Die großen Konzerne der Zigarettenindustrie sind deswegen schon seit geraumer Zeit in Bereichen außerhalb des Tabakgewerbes (im Braugeschäft z. B.) tätig.
Seit Beginn der 70er Jahre stagniert die Beschäftigtenzahl: 16 050 (1971), 17 935 (1974), 16 946 (1981), wobei der Anteil der Beschäftigten in der Produktion überdurchschnittlich stark zurückging. Weitere Rationalisierungen sind für die nächste Zukunft vor allem in den der Produktion vor- und nachgelagerten Abteilungen zu erwarten. Durch den Einsatz von Prozeßrechnern sollen Mischungen, Feuchtigkeitsgrad und Abrufung des Tabaks für die Produktion automatisch gesteuert werden. Auch im Bereich der Endverpackung wie der Verwaltung stehen weitere Rationalisierungsmaßnahmen an.

5. Rationalisierung in den Brauereien

Bis Ende der sechziger Jahre steigerte sich der Pro-Kopf-Verbrauch an Bier in der Bundesrepublik noch ständig. Seit Mitte der siebziger Jahre ist eine rückläufige Entwicklung festzustellen. Der scharfe Wettbewerb führ-

Tabakmischtrommel in einer modernen Zigarettenfabrik.

Moderne Zigarettenproduktionsanlage. Die Maschinenkombination zeigt von rechts die Strangmaschine, anschließend die Filteransetzmaschine, dann einen Pfuffer zum Ausgleich von Produktionsengpässen. Es folgt der Päckchen-Packer, an den sich die Cellophaniermaschine und der Gebindepacker (mit Papierrolle) anschließen.

te zur Unternehmenskonzentration. Die Zahl der Braustätten ging ständig zurück: von 2 280 im Jahre 1956 auf 1 292 im Jahre 1982. 1960 hatte der Bierausstoß 53,7 Mio hl betragen, 1983 waren es fast 95 Mio hl – das bei einer Beschäftigtenzahl, die sich seit 1966 ständig verringert hatte. Damals gab es 91 976 Arbeitnehmer, 1983 nur noch 61 007. Mit einem Drittel weniger an Beschäftigten wurde ein Viertel mehr an Ausstoß erreicht.

Der Marktanteil der Konzernbrauereien ist in den vergangenen Jahren ständig gewachsen. Kontrollierten die drei größten Braugruppen 1972 erst 30 Prozent des Marktes, waren es vier Jahre später schon 40 Prozent. Vor allem Banken und Konzerne der Nahrungs- und Genußmittelindustrie schalteten sich seit Ende der 60er Jahre in das Braugewerbe ein. Unter Beteiligung der Bayerischen Hypotheken- und Wechsel-Bank vollzog sich 1972 mit der Fusion von Berliner Schultheiß und Dortmunder Union-Brauerei die bedeutendste Fusion im westdeutschen Braugewerbe nach 1945. Mit einem Bierausstoß von 7 Millionen hl ist der Dortmunder Union-Schultheiß-Konzern zum größten Bierkonzern Europas geworden. Seit Ende der 50er, Anfang der 60er Jahre, als der Bierausstoß nicht mehr im gleichen Tempo nach oben kletterte, wandten sich die Brauereien Rationalisierungsinvestitionen zu. Daneben wurden immer noch erhebliche Mittel in die Ausweitung der Produktionsanlagen gesteckt, besonders, was die Erzeugung alkoholfreier Getränke angeht (1960 schon zu 25 Prozent in den Händen der Brauereien), ferner in die Erweiterung des Vertriebsapparates. Seit den siebziger Jahren dominieren eindeutig die Rationalisierungsinvestitionen. Der Anteil der Rationalisierungs- an den Bruttoanlageinvestitionen stieg zwischen 1960 und 1972 von 26 auf 53 Prozent. Der Anteil der Erweiterungsinvestitionen sank im gleichen Zeitraum von 61 auf 33 Prozent.

Den Arbeitsablauf entscheidend verändernde Rationalisierungsmaßnahmen wurden vor allem in den folgenden Bereichen vorgenommen: bei der Malzanlieferung, im Sudhaus, im Gär- und Filterkeller und schließlich im Flaschenkeller einschließlich des Versandes.

Früher wurde das zum Brauen nötige Malz in Säcken angeliefert. Durch die Umstellung auf loses Braumalz konnten die gesamten Transportwege automatisiert werden. Damit entfiel die enorme Staubentwicklung durch das Malzaufschütten, es wurden aber auch nur noch wenige Arbeitskräfte zur Wartung der automatischen Anlagen eingesetzt.

Durch den Einsatz von Prozeßrechnern im Sudhaus zur Steuerung und Programmierung der Sude und durch Veränderung des Sudverfahrens wurde die Beschäftigtenzahl drastisch gesenkt. Heute ist in manchen Großbrauereien nur noch ein Beschäftigter pro Schicht im Sudhaus anzutreffen, wo früher vier bis sechs arbeiteten.

Ende der fünfziger Jahre mußten die Sudgefäße noch am Ende der Woche, nach Abschluß des Sudhausbetriebs, mit großem Personalaufwand gereinigt werden. In den Großbrauereien wird das heute von automatischen Reinigungsanlagen übernommen. Die Tendenz geht zum voll-

Tab. 79

Mitgliederentwicklung in den Wirtschaftsgruppen der NGG[6]

Wirtschaftsgruppe	1950	1955	1960	1965	1970	1975	1980	1984
Tabak	44 100	44 839	34 536	23 670	16 922	14 307	13 631	12 066
Getreidewirtschaft	37 600	40 098	35 356	32 408	26 674	24 880	26 782	29 157
Getränkewirtschaft	37 200	52 090	63 215	73 749	62 733	59 124	50 940	47 423
Zuckerwirtschaft	25 800	27 629	11 206	10 615	24 325[a]	24 878[a]	25 856[a]	25 702[a]
Hotels und Gaststätten	25 800	22 511	20 344	19 014	17 024[b]	17 309[b]	24 775	32 038
Milch- und Fettwirtschaft	20 800	23 040	22 740	24 439	22 171	23 359	22 279	21 963
Fleischwirtschaft	11 600	16 404	17 187	15 404	21 177[c]	21 487[c]	22 415[c]	22 621[c]
Fischwirtschaft	8 700	7 346	7 082	5 519	e	e	e	e
GEG-Betriebe und Konsumgenossenschaften[d]	e	20 288	25 235	21 176	17 379	16 506	19 701	21 030
Süßwarenwirtschaft		e	19 428	19 496	e	e	e	e
Rentner	12 400	16 075	21 136	20 763	28 082	29 468	29 707	32 827
Obst- und Gemüsewirtschaft	e	e	e	e	2 971	4 410	4 687	6 251
Übrige	33 400	18 714	10 124	6 739	1 094	5 233	11 373	12 898

[a] mit Süßwaren
[b] mit Hauswirtschaft
[c] mit Fischwirtschaft
[d] Name der Wirtschaftsgruppe ab 1970 nur noch: Genossenschaften
[e] statistisch nicht oder nicht mehr erfaßt

automatischen, programmgesteuerten Sudwerk, auf der Münchener Interbrau 1977 unter dem zynischen Namen »Null-Mann-Automatik« vorgestellt.

Der anschließende Gärungsprozeß des Bieres wurde durch den Übergang zu geschlossenen Gefäßen – sogenannten zylindrokonischen Gärtanks – rationalisiert. Anders als die früher üblichen offenen Gärtanks erfordern sie wesentlich weniger Reinigungsaufwand. Auch im Lagerkeller, wo in geschlossenen Tanks die Nachgärung des Bieres erfolgt, setzte die Rationalisierung bei der Reinigung der Tankgefäße durch die Entwicklung von Tankreinigungsanlagen an, so daß die Tanks nicht mehr betreten und von Hand gereinigt werden müssen. Das gleiche Bild bietet sich im »Filterkeller«.

Der personalintensivste Bereich der Brauereien war in den 50er Jahren noch der Flaschenkeller. Hier wurde der Großteil aller Investitionen seit den 60er Jahren vorgenommen und Schritt für Schritt die Rationalisierung vorangetrieben. Zunächst durch die genormten Flaschen: durch den Übergang von der Lochmundflasche mit Bügelverschluß zur Euroflasche mit Kronenkorken konnte die Kapazität der Abfüllanlagen gesteigert werden. Im nächsten Schritt wurden die Holzkästen, die stark reparaturanfällig waren, durch Plastikkästen ersetzt. Dann folgte die Lagerung auf Paletten in automatischen Hochregal- oder Durchlauflagern, wo die Paletten automatisch an freien Stellen abgesetzt werden. Gabelstapler dienen hauptsächlich noch zum Be- und Entladen von LKWs. Damit waren die Voraussetzungen geschaffen, die Kapazität der Abfüllanlagen bedeutend zu steigern, von ca. 30 000 Flaschen pro Stunde Anfang der 60er Jahre auf 80 000 Flaschen in den siebziger Jahren.

Im Faßkeller wurde das Holzfaß vom genormten Leichtmetallfaß verdrängt. Damit wurde spätestens seit 1969 ein weiterer Traditionsberuf überflüssig: der hochqualifizierte Böttcher. Die (vorläufig) letzte Rationalisierungsmaßnahme im Faßkeller ist ein sogenanntes Keg-System, nach dem u. a. der Transport innerhalb der Anlage, das Reinigen und Füllen der Fässer automatisch vor sich geht und sich die Arbeitstätigkeit auf Überwachungsaufgaben beschränkt.

Die technologischen Veränderungen haben zwar viele der Schwerstarbeiten beseitigt, die ein Brauer noch bis in die 50er Jahre verrichten mußte, aber dafür auch neue Belastungen mit sich gebracht. Im Faßkeller ist der Lärm durch die anrollenden Fässer oft so groß, daß eine Verständigung nur über Zeichensprache möglich ist. Ohrenschützer werden nur sehr ungern benutzt, weil dann der Druck auf den Ohren unerträglich wird. Auch im Flaschenkeller ist der Lärm oft unerträglich hoch.

Immerhin gelang es Betriebsräten und Vertrauensleuten in etlichen Brauereien, schallschluckende Wände und Deckenverkleidungen anbringen zu lassen. Und auch direkt an der Stelle, wo die leeren Flaschen in den Füllereinlauf transportiert werden und aneinander klappern, konnte der Lärm durch Plexiglasverkleidungen gedämpft werden. Das trug dazu bei, den Lärm im Flaschenkeller auf etwa 80 Dezibel zu drücken.

Flaschenbierkeller einer Brauerei, 1952 (oben) und in den siebziger Jahren (unten).

6. Handel und Agrarmarkt

In den letzten Jahren gerät das Ernährungsgewerbe immer mehr in eine »Sandwichposition«. Es wird von zwei Seiten bedrängt. Die zunehmende Konzentration im Lebensmitteleinzelhandel und die Beschlüsse zur EG-Agrarmarktordnung gefährden Arbeitsplätze.

Der Konzentrationsprozeß im Lebensmitteleinzelhandel vollzieht sich auf einem ziemlich gesättigten Markt. Die Handelsriesen versuchen, Kunden mit möglichst günstigen Preisen in ihr Geschäft zu locken. Ihre Preiszugeständnisse an den Verbraucher versuchen sie durch günstige Einkäufe beim Hersteller wieder wettzumachen. Oft können sie große Preisnachlässe erreichen, sie erhalten Zahlungen für Regal- und Platzmiete, Zuschüsse für Werbemaßnahmen, »Eintrittsgelder«, Leistungsgebühren und dergleichen mehr. Ihre Marktmacht gibt ihnen Druckmöglichkeiten in die Hand, die der klassische »Tante-Emma-Laden« nicht besitzt, der keine Sonderrabatte erhält und so einen Teil der Preisnachlässe, die die Großen bekommen, mitfinanziert.

Von den Jahresgesprächen der Chefeinkäufer des Handels kann es abhängen, ob Betriebe des Ernährungsgewerbes kurzarbeiten oder zu erneuten Rationalisierungen greifen müssen.

Seit 1975 gilt eine Erklärung von Handel und Industrie, 1984 erneuert, »zur Sicherung des Leistungswettbewerbs«. Danach ist es z. B. verboten, Regalmieten, Schaufenster- oder Platzmieten zu fordern bzw. zu zahlen. Die Gewerkschaft NGG wäre froh, wenn sich Handel und Industrie an ihre gemeinsame Erklärung aus dem Jahre 1975 halten würden. Die bisherige Praxis läßt jedoch wenig Hoffnung aufkommen, daß so die wettbewerbsschädlichen Verhältnisse im Lebensmitteleinzelhandel überwunden werden könnten.

Seit Jahren schon hat die NGG gemeinsam mit der Gewerkschaft Gartenbau, Land- und Forstwirtschaft und dem DGB Vorschläge entwickelt, wie den Verzerrungen auf dem europäischen Agrarmarkt entgegengearbeitet werden könnte. Im Mittelpunkt stehen folgende Maßnahmen:

a) Für die Marktordnungen mit chronischer Überproduktion sind globale Garantieschwellen festzulegen, die sich am Verbrauch orientieren. Bei Überschreitung dieser Schwellen erfolgt automatisch die Einstellung der Abnahmen bzw. eine drastische Kürzung der Beihilfen. Ziel dieser Maßnahmen muß sein, daß die Überschußproduktion nicht mehr den EG-Haushalt belastet (Entlastung des Steuerzahlers).

b) Auf Agrarmärkten mit chronischer Überproduktion sind die Preise einzufrieren (Entlastung der Verbraucher), ansonsten ist eine strikte Befolgung des Prinzips einer vorsichtigen Preispolitik anzuwenden.[7]

Die Brüsseler Beschlüsse vom Frühjahr 1984 (Quotenregelung auf dem Milchmarkt, Senkung der Agrarpreise für das Wirtschaftsjahr 1984/85) wurden als Ansätze in der richtigen Richtung begrüßt. Daß die Agrarpreise der chronischen Überschußprodukte eingefroren und teilweise sogar gesenkt wurden und daß die unbegrenzte Garantiemengenabnahme

Technisierung im Fleischergewerbe. Entbeinungstisch 1952 (oben) und 1972 (unten).

im Milchsektor ein Ende fand, entsprach – zum Teil wenigstens – den Forderungen der NGG.

Daß sich jedoch der europäische Ministerrat auf Initiative des Bundeslandwirtschaftsministers für eine Quotenregelung entschied, wurde mit Sorge und Skepsis beurteilt. Die »gerechte« Zuteilung von Quoten auf der Ebene landwirtschaftlicher Betriebe werde auf erneute Probleme und Schwierigkeiten stoßen. Besser wäre es nach Meinung der NGG gewesen, wenn die Garantiemengenbegrenzung auf EG-Ebene erfolgt wäre, bei deren Überschreitung dann die Mitverantwortungsabgabe für alle Milcherzeuger zum Einsatz käme. Und erst recht mit Sorge mußte es die NGG erfüllen, daß der notwendige mittelfristige Abbau von Agrarüberschüssen auch zu Beschäftigungs- und Einkommensrisiken bei den Arbeitnehmern der angrenzenden Wirtschaftszweige führen wird. Eine von allen Betroffenen mitgetragene Agrarpolitik setzt voraus, so die NGG, daß die Lasten nicht einseitig den Arbeitnehmern des Ernährungsgewerbes aufgebürdet werden. Alleinige Einkommenshilfen für die Landwirte, ohne daß die Auswirkungen der Brüsseler Agrarbeschlüsse auf die Lage der Arbeitnehmer der angrenzenden Wirtschaftszweige berücksichtigt würden, seien arbeitsmarktpolitisch nicht gerechtfertigt und sozial einäugig. Für die Arbeitnehmer angrenzender Wirtschaftszweige sollten sozial abgefederte Maßnahmen vorgenommen werden, die im Fall der Arbeitslosigkeit die sozialen Härten mindern. Darüber hinaus müßten auch arbeitsmarkt- und beschäftigungspolitische Maßnahmen vorbereitet werden, die zur Milderung der regionalen Arbeitslosigkeit beitragen könnten.

Fischfabrik in Altona-Ottensen, um 1914 (oben). Fischfabrik in den sechziger Jahren (unten). Beide Male wird Seelachs filetiert.

KAPITEL XXIII

Die Tarifpolitik der Gewerkschaft NGG

Die *NGG* sollte in Zukunft, darin waren sich alle nach 1945 am Wiederaufbau Beteiligten einig, mehr sein als bloße »Tarifmaschine«. Wenn es in den ersten Jahren nach 1948 doch dazu kam, daß die Lohn- und Gehaltstarifpolitik im Vordergrund stand und anderen Aufgaben wenig Raum ließ, so lag das an Gründen, die von der *NGG* selbst nicht verschuldet waren: Die Schere zwischen Lebenshaltungskosten und Löhnen, die sich in den Jahren des Lohnstopps und auch noch nach der Währungsreform weit geöffnet hatte, zwang einfach dazu, das Schwergewicht auf eine aktive Tarifpolitik zu legen. Um so mehr, als die von der *NGG* vertretenen Arbeitnehmer fast überall am unteren Ende der Lohn- und Einkommensskala rangierten. Dabei stellte sich rasch heraus, daß sich das soziale Klima in der Bundesrepublik gewandelt hatte. »Im Kampf um jeden Pfennig Lohnerhöhung«, schrieb Emil Petersen, der 2. *NGG*-Vorsitzende 1953, »war eine Verbissenheit und Ablehnung auf Arbeitgeberseite festzustellen, wie sie in dieser Schärfe nach 1945 noch nicht aufgetreten war.«[1] Sätze wie dieser tauchten bis 1954 in fast jedem Rechenschaftsbericht auf. Erst ab 1955 änderte sich das Bild. Als sich bei ständig wachsender Produktion erste Anzeichen von Arbeitskräftemangel bemerkbar machten, waren die Unternehmer zu größeren Zugeständnissen bereit.
Die Tarifpolitik der *NGG* war zunächst darauf ausgerichtet, die Kaufkraft der Löhne und Gehälter der wirtschaftlichen Entwicklung anzupassen, den Arbeitnehmern ihren »gerechten Anteil« am Sozialprodukt zu verschaffen. Was unter einem »gerechten Lohn« zu verstehen sei, wurde zwar nirgendwo zusammenhängend erläutert, aus den verschiedensten Stellungnahmen läßt sich aber doch herauslesen, was sich die Tarifpolitiker der 50er Jahre darunter vorstellten: einen Lohnzuwachs, der geeignet war, die krassen Einkommensunterschiede in der bundesrepublikanischen Gesellschaft abzubauen. Nur 1952 wurde einmal der Versuch unternommen, im Zusammenhang mit der Grenzproduktivitätstheorie eine ausgefallene Begründung für den »gerechten Lohn« vorzulegen. 1956/57 wurde einmal die »Produktionsleistung je geleistete Arbeitsstunde«[2] als behelfsmäßige Grundlage genannt, von der aus ein »gerechter Lohn« ermittelt werden könne.
Die Konzeption vom gerechten Lohn hatte eine zweite, mindestens ebenso wichtige Seite, die weit über die Bedeutung rein quantitativer, auf Er-

höhungen in Mark und Pfennig ausgerichtete Tarifpolitik hinausging. Der einmal für die Arbeitnehmer erkämpfte Anteil am Sozialprodukt sollte nämlich auch gerecht verteilt werden. Die unteren Lohngruppen sollten, einerseits über eine stärkere prozentuale Anhebung, andererseits über lineare Lohnerhöhungen, an die oberen Lohngruppen herangeführt werden. Durch die Abschaffung der überkommenen Ortsklassen – früher einmal eingeführt, weil das Leben auf dem Lande billiger sei – sollte der Aufspaltung der Arbeiterschaft ebenso entgegengewirkt werden, wie durch die Beseitigung der Anfang der 50er Jahre noch reichlich vorhandenen Altersklassen. Tarifpolitik hatte so immer schon, lange, bevor dieser Name erfunden wurde, ihre »qualitativen« Elemente. Eine der frühesten Maßnahmen in dieser Richtung datiert vom 31. März 1949: die Lohnausgleichskasse für die Zigarrenindustrie: Beschäftigten, die das 55. Lebensjahr erreicht hatten, wurde eine Alterszulage ausgezahlt, da die Fingerfertigkeit und damit die Akkordleistung mit zunehmendem Alter zurückging. Aus dem gleichen Topf kamen Familien- und Kindergeldzulagen sowie Sonderzahlungen bei Krankheit und Arbeitsunfällen.

1952 tauchten in der NGG zum ersten Mal Stimmen auf, die der Tarifpolitik neue Aufgaben zuwiesen und sie als Mittel gewerkschaftlicher Konjunkturpolitik verstehen wollten. Viktor Agartz hatte die Parole von der »expansiven Lohnpolitik« ausgegeben. Expansive Lohnpolitik, schrieb Emil Petersen, mit Otto Sonntag Tarifexperte der NGG, sei nichts anderes als der »Vorgriff auf ein vergrößertes Sozialprodukt«.[3] Das wurde später in die griffige Formel gebracht: Die Löhne von heute sind der Umsatz von morgen. Gewerkschaftliche Lohnpolitik solle durch bewußte Kaufkraftsteigerung Wirtschaftswachstum erzeugen:

> Eine expansive Lohnpolitik ist zugleich das wirksamste Mittel, die Betriebe laufend zu höherer Wirtschaftlichkeit und Rentabilität anzuhalten, die Produktivität zu steigern und damit die Lohnexpansion zu untermauern.[4]

Gewerkschaftliche Tarifpolitik hatte in den 50er Jahren mit etlichen Problemen zu kämpfen: Da war die hohe Arbeitslosigkeit: 1,9 Millionen 1950, fünf Jahre später 1,1 Millionen und 1959 immer noch 500000. Erst 1960 sank die Zahl der registrierten Arbeitslosen auf 300000 und pendelte sich bis 1966 auf einem Niveau von 200000 ein.

Besonders hoch war die Arbeitslosigkeit in den Anfangsjahren der Bundesrepublik unter Jugendlichen – die Gesamtzahl der arbeitslosen Jugendlichen wird für 1950 auf 700000 geschätzt. Sie sank bis 1955 auf knapp 30000. Auch bei den Flüchtlingen und Heimatvertriebenen aus den Ostgebieten des untergegangenen Deutschen Reiches, in denen die Gewerkschaften vor 1933 nur schwach verankert waren, spielte Arbeitslosigkeit eine große Rolle. Über acht Millionen Flüchtlinge und Heimatvertriebene lebten 1950 in der Bundesrepublik. Die Not zwang sie, Arbeit um jeden Preis anzunehmen, zumal selbst niedrige Löhne und Gehälter im Vergleich mit den Verhältnissen in der alten Heimat für viele noch annehmbar

erschienen. Die Landesleiter von Baden-Württemberg, Nordrhein-Westfalen und Schleswig-Holstein berichteten übereinstimmend, »daß dieser Personenkreis, trotzdem er zu den Schutzbedürftigsten gehört, schwer für die Gewerkschaften gewonnen werden kann«.[5]
Die Massenzuwanderung aus dem Osten war nur eine Seite der Verschiebungen in der Bevölkerungs- und Beschäftigtenstruktur. Mit dem Anziehen der westdeutschen Konjunktur gingen viele Beschäftigte aus der Nahrungs- und Genußmittelwirtschaft in besser bezahlte Branchen. Im Süden war es die Anziehungskraft der Metallindustrie, die die Belegschaften der Betriebe umschichtete, und durch die die NGG viele aktive Funktionäre und Mitglieder verlor. Im Jahresbericht 1954/55 der Landesleitung von Baden-Württemberg wurden die Schwierigkeiten eindringlich geschildert:

> Das Land Baden-Württemberg ist für Flüchtlinge ein Aufnahmegebiet. Diese Menschen versuchen, was verständlich ist, raschmöglichst Fuß zu fassen, leider oftmals auch zu allen Bedingungen. Viel schwerwiegender ist aber die Tatsache, daß manche alten Gewerkschaftskollegen und auch viele junge Gewerkschaftsmitglieder die Nahrungsmittelindustrie verlassen und besser bezahlte Industrien aufsuchen. Wir verlieren damit für die gewerkschaftliche Mitarbeit in den Betrieben wertvolle Kräfte, die nur ganz selten durch neu eintretende ersetzt werden können. Diese Strukturwandlung der Belegschaft bringt aber mit sich, daß im Tarifgeschehen die organisatorische Kraft bei weitem nicht mehr das Gewicht hat, wie noch vor einigen Jahren.[6]

»Gelbe« wirtschaftsfriedliche Organisationen, die von der grundsätzlichen Interessenharmonie zwischen Unternehmern und Belegschaften ausgingen, versuchten, in den Betrieben »im Trüben zu fischen«. Um die Forderungen der Gewerkschaft zu unterlaufen, schlossen in den fünfziger Jahren hier und da immer wieder Unternehmer Tarifverträge mit solchen »gelben« Organisationen ab, auch wenn diese im Tarifgebiet kein einziges Mitglied vorweisen konnten:
Die Hamburger Konditorinnung schloß 1951 einen Tarifvertrag mit dem *Konditorgehilfenbund*, dessen Registrierung allerdings vom Bundesarbeitsministerium abgelehnt wurde. Auch das Konditorenhandwerk Niedersachsens versuchte 1952, mit dem gelben Bund anzubändeln. Der württembergische Hotel- und Gaststättenverband schloß 1954 mit dem *Bund der Hotel-, Restaurant- und Caféangestellten*, der in Baden-Württemberg nur dem Namen nach existierte, einen Tarifvertrag ab. Auf Bundesebene drohten die Arbeitgeber des Hotel- und Gaststättengewerbes, wenn die *NGG* nicht auf ihre Wünsche eingehe, im neuen Manteltarifvertrag die Regelarbeitszeit kräftig über acht Stunden hinaus auszudehnen, dann eben mit dem *Bund* abzuschließen. Meist scheiterten solche Pläne aber daran, daß die Gerichte den gelben Organisationen die Tariffähigkeit absprachen, und das Bundesarbeitsministerium die Registrierung der dennoch mit ihnen ausgehandelten Verträge verweigerte. Ende der 50er Jahre war die Blütezeit der »meistertreuen Organisationen«, wie sie sich selbst nannten, vorbei.

1. Bundesregierung und Tarifautonomie

Mit dem Tarifvertragsgesetz vom 9. April 1949 wurde den Verbänden der Arbeitnehmer das Recht zugesprochen, kollektive Arbeitsverträge abzuschließen, die für die Beteiligten Gesetzeskraft besitzen. Der Staat hält sich bei diesen Vereinbarungen heraus. Damit war der Zustand staatlicher Schlichtung, wie er aus der Weimarer Republik bekannt war, beseitigt. Es fehlte allerdings nicht an Versuchen der Bundesregierung und der Koalitionsparteien (und erst recht nicht der regierungsfreundlichen Presseorgane), die Tarifautonomie zu untergraben. Der erste Versuchsballon startete 1951, mit dem von verschiedenen Seiten lancierten und auch im Bundestag debattierten Indexlohn, der für eine automatische Anpassung der Löhne an die Lebenshaltungskosten sorgen sollte. In immer neuen Varianten wurde das Projekt in der Folgezeit propagiert. Die NGG lehnte stets ab. Nicht nur, weil sie – und das mit Recht – der amtlichen Statistik über die Lebenshaltungskosten mißtraute. Günter Döding, seinerzeit noch 2. NGG-Vorsitzender, nannte vor dem Wolfsburger Gewerkschaftstag, 1974, die entscheidenderen Gründe:

> Wir lehnen Indexklauseln in jeder Art ab, weil die Orientierung des Lohnes allein an der gesamtwirtschaftlichen Produktivität die bestehende Einkommensverteilung nicht ändert. Eine produktivitätsorientierte oder gar produktivitätskonforme Lohnpolitik, die in der Öffentlichkeit immer wieder als allgemeinverbindlich dargestellt wird, kann die Preisstabilität in keiner Weise garantieren. Weitere Auswirkungen automatischer Indexklauseln auf die Tarifpolitik sind absehbar. Daraus ergibt sich Druck in Richtung längerfristiger Tarifverträge entstehen. Das ist das eine. Das andere ist ein von uns nicht gewünschter Trend zur Zentralisierung der Tarifpolitik, weil die tarifpolitische Wertung einer Branche dann sektoral und regional ausgeschaltet wird. Wenn die Tarifpolitik auf einen Bruchteil ihres bisherigen Tätigkeitsbereichs beschränkt wird, ist die Gefahr nicht fern, daß die Mitgliedschaft passiviert und die Organisation diszipliniert wird. Das wird dann nicht ohne negative Folgen für die Kampfkraft der Gewerkschaften im Tarifkonflikt und in gesellschaftspolitischen Auseinandersetzungen bleiben.[7]

1953, nach dem Aufruf des DGB »Wählt einen besseren Bundestag«, wurden im Bundesarbeitsministerium Pläne entworfen, die staatliche Zwangsschlichtung wieder einzuführen, ein Streikgesetz auszuarbeiten und dann vielleicht mit einem Verbändegesetz die Gewerkschaften endgültig an die Leine zu legen. Durch freiwillige Schlichtungsvereinbarungen mit den Arbeitgeberverbänden konnten diese Pläne unterlaufen werden. 1957, die Gewerkschaften standen mitten im Kampf um die 40-Stunden-Woche, lagen ähnliche Pläne freilich schon wieder auf dem Tisch. Arbeitszeitverkürzung und gleichzeitige Lohnerhöhungen, sagte Konrad Adenauer in seiner Regierungserklärung vom Dezember 1957, seien untragbar. Und überhaupt liege der Sinn des Lebens nicht in Hast und Jagd nach dem Geld und materiellem Genuß. Gutachterausschüsse sollten eingesetzt werden, die jeweils vor Beginn einer Tarifbewegung feststellten, was an Lohn- und Gehaltserhöhungen machbar sei und was nicht. Es lag ganz auf der Linie dieser Regierungserklärung, daß sich Bundeswirtschaftsminister Erhard, der 1957 schon in großen Zeitungsanzeigen zur lohn- und preispolitischen Disziplin aufgefordert hatte, im Februar 1958 direkt in die laufenden Tarifverhandlungen *NGG* – Brotindustrie/Bäckerhandwerk einschaltete. In einem Schreiben an den Hauptvorstand der *NGG* warnte er vor Lohnerhöhungen, die zu weiteren Brotpreissteigerungen führen müßten. »Die Preise werden vom Arbeitnehmer nicht gemacht, sondern nur bezahlt«[8], mußte er sich von Hans Nätscher entgegenhalten lassen.

1960 wollte die Arbeitgeberseite unter Berufung auf ein vom Bundeskanzler bestelltes Gutachten des Bundesbankpräsidenten Blessing nicht mehr als vier Prozent Lohnerhöhung zugestehen. Ein Jahr später war es wieder die Bundesregierung und insbesondere der Koalitionspartei *FDP*, die mit ihrem Ladenhüter »Gewerkschaftsgesetz« Stimmung gegen die Tarifautonomie machen wollten.

Die ständigen Maßhalteappelle des Bundeswirtschaftsministers und die öffentliche Kampagne gegen die Gewerkschaften zeigte 1963 eine gewisse Wirkung. Die *NGG* entschloß sich, einmal die Probe aufs Exempel zu machen, »durch bewußt niedrig gehaltene Lohn- und Gehaltsforderungen die Unternehmerschaft zu einer Politik der Stabilität der Preise zu bewegen«.[9] Erstmals wurden Verträge mit einer längeren Laufzeit abgeschlossen. Die Hälfte aller ausgehandelten Lohn- und Gehaltstarifverträge galt für 12, ein Drittel aber schon für 13 bis 15 Monate und der Rest für 16 bis 24 Monate. Nur ein Vertrag – mit der Süd-Zucker AG – war im Austausch gegen die tarifliche Regelung des Urlaubsgeldes auf 24 Monate abgeschlossen worden. Das Experiment bewährte sich nicht. Schon in der zweiten Hälfte des Jahres 1963 nahm wieder die Tendenz zum Abschluß von Verträgen mit 12monatiger Laufzeit zu, und am 1. Mai 1964 mußte die *Einigkeit* feststellen, daß es für die *NGG* darum gehe, auf lohnpolitischem Gebiet »manches aufzuholen«.

2. Die Konzertierte Aktion

Bis Mitte der 60er Jahre hatte die Bundesregierung meist einseitig gegen die Gewerkschaften Front gemacht. Mit Bildung der Großen Koalition aus *CDU/CSU* und *SPD* 1966 schien sich das Blatt zu wenden. Alte wirtschaftspolitische Forderungen, vor allem die nach einer mehrjährigen mittelfristigen Wirtschaftspolitik, nach Abbau von Subventionen usw. tauchten in der Regierungserklärung des neuen Kabinetts Kiesinger/Brandt wieder auf. Der Einladung des Bundeswirtschaftsministers Schiller zur »Konzertierten Aktion« konnten sich die Gewerkschaften daher schlecht verweigern, wollten sie nicht riskieren, daß ihnen in der Öffentlichkeit der Schwarze Peter zugeschoben wurde. Schließlich gab es im gleichen Jahr 1966 eine heftige Kampagne in der Presse gegen die »Lohnwelle« der Gewerkschaften, die erneut zum Sündenbock für die gestiegenen Preise und die noch ziemlich hohe Arbeitslosigkeit gemacht wurden. Entscheidend

war für die Gewerkschaften aber eine andere Überlegung, nämlich, wie der seinerzeitige *NGG*-Vorsitzende Herbert Stadelmaier im Februar 1967 schrieb, in einer »ausgewogenen Aktion zwischen Bundesregierung, Bundesbank, Arbeitgebern und uns (...) eine Expansion der Gesamtnachfrage, der Massenkaufkraft, einen Aufschwung in Stabilität und Freiheit«[10] zu gewährleisten.
Über die Grenzen der Konzertierten Aktion wurden nie Zweifel gelassen. Lohnleitlinien kämen nicht in Frage und die Tarifautonomie dürfe nicht beschnitten werden. Schließlich gingen die Gewerkschaftsvertreter ohne überschwenglichen Enthusiasmus in die Sitzungen der Konzertierten Aktion. Die Skepsis war von Anfang an groß. Die Erfahrungen mit der unternehmerischen Obstruktionspolitik in der Krise verstärkten die Skepsis noch – fast die Hälfte aller von der *NGG* bis Mitte 1967 abgeschlossenen Lohn- und Gehaltstarifverträge waren keine Anschlußtarifverträge, d. h. daß Tariferhöhungen erst nach mehreren Wochen Wartezeit eintraten. Wenn das so weitergehe, sei die Fortdauer der Konzertierten Aktion ernsthaft in Frage gestellt, meinte der Hauptvorstand der *NGG* Ende 1967 in einer einstimmig angenommenen Entschließung, denn durch die Haltung der Unternehmer steuere die Konzertierte Aktion in soziales Ungleichgewicht statt zur versprochenen sozialen Symmetrie.
Die gleiche Beschwerde brachte Herbert Stadelmaier vor dem Gewerkschaftstag 1970 in Berlin vor. Die soziale Symmetrie sei bei den Gesprächen im Rahmen der Konzertierten Aktion leider zu kurz gekommen, und sozial- wie gesellschaftspolitische Themen würden außer von den Gewerkschaftsvertretern kaum von jemandem angesprochen. Dementsprechend groß war die Unruhe unter den Mitgliedern der *NGG*. Viele hatten »den Eindruck, daß es sich dabei um so eine Art Stillhaltekommission oder Stillhalteabkommen handele«.[11]
Noch mehr Verdruß kam auf, als die sogenannten Orientierungsdaten für Lohn- und Einkommenserhöhungen – ursprünglich nur unverbindliche Diskussionsgrundlage – in der Öffentlichkeit immer stärker herausgestellt wurden. Der Austritt aus der Konzertierten Aktion war aber weder auf dem Gewerkschaftstag 1970 noch auf den vorausgegangenen Landeskonferenzen ein Diskussionsthema. Daß die vom sozialdemokratischen Wirtschaftsminister Karl Schiller eingeleitete und dann von der *SPD/FDP*-Koalition nach 1969 fortgesetzte Wirtschaftspolitik in sehr kurzer Zeit gestattete, die Krise zu überwinden, war für die Gewerkschaften Grund genug, in der Konzertierten Aktion zu bleiben, zumal immer noch Hoffnung bestand, dem im *DGB*-Grundsatzprogramm geforderten »volkswirtschaftlichen Rahmenplan in Form eines Nationalbudgets«[12] näher zu kommen.
Vier Jahre später sah es schon anders aus. Auf dem Wolfsburger Gewerkschaftstag 1974 brachte Horst Brehm von der Verwaltungsstelle Trier die Unzufriedenheit der Mitgliedschaft deutlich zum Ausdruck: Die Konzertierte Aktion laufe Gefahr, »zu einem Disziplinierungsverein gegen die Gewerkschaften«[13] zu werden. Ein Antrag der Verwaltungsstelle Ham-

burg wurde einstimmig angenommen, wonach aus Orientierungsdaten keine Lohnleitlinien gemacht werden dürften. Immerhin glaubten die Delegierten aber noch an die Möglichkeit, über die Teilnahme an der Konzertierten Aktion Informationsvorsprünge der Unternehmer abzubauen und im Wege der Diskussion Einfluß zu nehmen. Anträge der Verwaltungsstelle Hagen-Hamm und des Bundesjugendausschusses, beim *DGB* auf den Austritt aus der Konzertierten Aktion hinzuwirken, wurden mit großer Mehrheit abgelehnt.

Seit Juli 1977 blieb der *DGB* aus Protest gegen die Verfassungsklage der Unternehmerverbände gegen das Mitbestimmungsgesetz der Konzertierten Aktion fern. Der *NGG*-Gewerkschaftstag 1978 begrüßte diese Entscheidung und unterstützte die ablehnende Haltung des *DGB* gegenüber gemeinsamen Gesprächen in der bisherigen Form der Zusammensetzung, erklärte sich aber nach wie vor bereit, »Fragen der gesamtwirtschaftlichen Zielsetzung mit der Bundesregierung zu erörtern«, auch unter Hinzuziehung der Unternehmerverbände, vorausgesetzt, »daß diese Bereitschaft erkennen lassen, auch über Vorschläge zur Lösung der Beschäftigungsprobleme zu beraten«.[14]

3. Die Koordinierung gewerkschaftlicher Tarifpolitik

Tarifpolitik gehöre auf die zentrale Ebene, weil nur so verhindert werden könne, daß ein Bundesland gegen das andere ausgespielt werde, meinten Ferdinand Warnecke und Eugen Fölber auf dem Gewerkschaftstag 1951. Satzungsgemäß lag die Tarifhoheit aber bei den Ländern, und die Landesleiter waren nicht geneigt, sich von ihrer nach 1945 gewachsenen Selbständigkeit etwas nehmen zu lassen. Zumal sie gute Argumente auf ihrer Seite hatten: Jupp Dozler, Landesleiter von NRW, meinte 1951 in Stuttgart, man müsse die Abschlüsse im kleinen, überschaubaren Rahmen halten, um möglichst viele Kollegen an den Verhandlungen beteiligen zu können. Nur so sei es möglich, schnell einen ausgebildeten Funktionärskörper heranzuziehen. Auch das Argument, Verhandlungen auf zentraler Ebene kämen zur langsam voran, weil sich Tempo und Ergebnis stets am wirtschaftlich schwächsten und gewerkschaftlich am schlechtesten organisierten Betrieb ausrichteten, hatte einiges für sich.

Das Dilemma war nur, daß die wahren Frontlinien in dieser Auseinandersetzung immer wieder verwischt wurden. Dezentrale Tarifpolitik und gegenseitige Abstimmung mußten ja keine Gegensätze sein. 1954 hatte sich noch vor dem Gewerkschaftstag ein Tarifausschuß gebildet, der im folgenden Jahr auch Richtlinien über Lohn- und Manteltarifverträge herausgab. Da die Richtlinien aber wenig beachtet wurden, löste sich das Gremium Anfang 1957 wieder auf. Vom guten Verhältnis des jeweiligen Sachbearbeiters zum Landesleiter hing es ab, in welchem Maße die Tarifpolitik koordiniert werden konnte. Auf den dreimal jährlich stattfindenden ge-

meinsamen Tagungen von Geschäftsführern, dem Hauptvorstand, Landesleitern und Sachbearbeitern sollte die große Linie abgesteckt werden. In der Praxis funktionierte das aber nicht immer. Erst auf dem Frankfurter Gewerkschaftstag 1958 wurde der entscheidende Schritt nach vorn getan. Trotz der üblichen hitzigen Wortgefechte, in denen die einen wiederum ihre Forderung durchdrücken wollten, kein Tarifvertrag dürfe unterschrieben werden, bevor er nicht von der Tarifabteilung geprüft worden sei, und die anderen meinten, die Landesleiter sollten unter Kuratel gestellt werden, kam allgemein der Wunsch nach mehr Koordinierung zum Ausdruck. Denn »der Inhalt unserer Tarifverträge«, so hieß es in einem vom Gewerkschaftstag angenommenen Antrag der Ortsverwaltung Mannheim, »in einzelnen Sparten ist in den verschiedenen Landesbezirken so unterschiedlich, daß eine Koordinierung unbedingt notwendig ist. Durch einen zweckmäßigen Ausbau der Tarifabteilung unserer Hauptverwaltung, die heute fast nur registriert, wird es zweifellos möglich sein, im Lauf einer absehbaren Zeit diese (...) Mängel zu beseitigen.«[15]
Sachbearbeiter der seit 1958 unter der Leitung des 2. NGG-Vorsitzenden Alfred Schattanik arbeitenden Tarifabteilung war bis 1960 Otto Sonntag, dann Helmut Prasse. Der Tarifabteilung kam es zunächst darauf an, eine Bestandsaufnahme und Analyse der Tarifverträge vorzunehmen. Man kam zu dem Resultat, daß im Tarifbereich der NGG 1958 insgesamt 1 067 Tarifverträge abgeschlossen worden waren. 1959 waren es wieder knapp 1000 – das macht vier Tarife pro Arbeitstag.
Vor allem in der Verbesserung des Informationssystems konnte die Tarifabteilung rasche Erfolge verbuchen. Ein *Tarif-Nachrichten-Schnelldienst*, kurz vor oder während der Verhandlungen herausgegeben, und monatliche Übersichten über den Stand der Tarifbewegung sorgten dafür, daß die Verantwortlichen in den Landesbezirken auf dem laufenden gehalten wurden. Einmal abgeschlossene Verträge wurden überprüft, Mängel festgehalten und in Erinnerung gebracht, wenn die Verträge wieder zur Kündigung anstanden.
Die nächste Aufgabe lag darin, ein Gremium zu schaffen, das entsprechend autorisiert die Grundsatzgestaltung für die Tarifarbeit leisten könne. Diese Funktion übernahm der im März 1959 auf Bundesebene wiedererrichtete Tarifarbeitskreis. Die Initiative zu seinem Zusammentritt war von Alfred Schattanik ausgegangen, dem es vor allem um die Überprüfung der Tarifverträge und der neuen Lohnfindungsmethoden (Prämienregelung) ging. Auf der Hauptvorstandssitzung vom 4./5.12.1958 führte Alfred Schattanik u. a. aus:

> Der Unternehmer bedient sich in seinem Betrieb vielfach der Arbeitsstudiensachverständigen und Betriebsberater, um die Verdienste des Arbeitnehmers nach oben abzugrenzen. Diesen schon weit verbreiteten Entlohnungsmethoden stellen wir ausschließlich nur Kollektivverträge als alleingültige Entlohnungsform entgegen.
> Wollen wir auf die Dauer gesehen damit unserer gewerkschaftlichen Grundsatzforderung

nach dem gerechten Lohnanteil genügen? Ich meine, es wäre an der Zeit, unsere bisherige Arbeitsweise in der Tarifgestaltung gründlich zu überprüfen, wenn wir nicht Gefahr laufen wollen, die Grundsatzforderung, dem schaffenden Menschen den gerechten Lohnanteil zu sichern, zum abgeschmackten Schlagwort zu degradieren.[16]

Der Tarifarbeitskreis umfaßte die Landesleiter, zwei ehrenamtliche Hauptvorstandsmitglieder und vier, später fünf Sachbearbeiter und wurde von Alfred Schattanik geleitet. Er stellte »gewissermaßen das Tarifgewissen«[17] der Gewerkschaft *NGG* dar.

1959 führte der Tarifarbeitskreis drei zweitägige Arbeitstagungen durch, die sich vor allem mit Richtlinien für Kampfmaßnahmen befaßten, mit dem Entwurf einer Schlichtungsordnung, einem Tarifabkommen für Lehrlinge und Arbeitszeitstudien.

Damit war der Debatte um Koordinierung oder Zentralisierung der Tarifpolitik schon viel Zündstoff entzogen. Alfred Schattanik stellte auf dem Essener Gewerkschaftstag 1962 nach seiner Wahl zum Vorsitzenden der NGG klar, wohin die Dinge mit ihm laufen würden:

> Die Autonomie unserer Landesleitungen für ihren Bereich einschließlich der Autonomie, Tarifverträge für die Wirtschaftszweige ihres Landes abzuschließen, ist nie bestritten worden, und daran wird nicht gerüttelt. Es käme einer Utopie gleich, wollte man annehmen, daß die vielen hundert Tarifabschlüsse pro Jahr, die unsere Organisation tätigt, ausschließlich von der Hauptverwaltung bewältigt werden müssen.[18]

Der »Born gewerkschaftlicher Kraft« sei gerade »das Eigenleben unserer Gliederungen bis in die Zahlstellen hinein«. Aber, fügte er mahnend hinzu, »bei unseren Bemühungen, herkömmliche gewerkschaftliche Tagesarbeit zu leisten, sollten wir uns öfter daran erinnern, daß wir eine Gewerkschaft mit sieben Landesleitungen sind, aber keine Verwaltung von sieben Gewerkschaften«.[19]

An die Stelle des Tarifarbeitskreises trat seit 1970 der auf Beschluß des Hauptvorstands eingerichtete Tarifpolitische Ausschuß, der aus den Mitgliedern des GHV, den Landesbezirksvorsitzenden und den in der Hauptverwaltung tätigen Sachbearbeitern besteht. Je nach den zur Beratung anstehenden Themen werden auch ehrenamtliche Mitglieder des Hauptvorstandes hinzugezogen. Der Tarifpolitische Ausschuß ist wie sein Vorgänger Beratungsorgan des Hauptvorstandes, konnte aber stärker als der Tarifarbeitskreis Koordinierungsaufgaben wahrnehmen. Das liegt daran, daß die Frage zentrale oder dezentrale Tarifpolitik für die NGG mittlerweile kein Thema mehr ist. Der seinerzeitige 2. Vorsitzende der NGG, Günter Döding, machte das auf dem Wolfsburger Gewerkschaftstag deutlich, als er einen Überblick über die Tarifentwicklung gab:

> Bei den Manteltarifverträgen sind 108 Unternehmenstarifverträge, 154 auf regionaler Ebene und 25 für den Geltungsbereich Bundesrepublik abgeschlossen.
> Bei den Lohntarifverträgen gibt es folgendes Bild: 243 Betriebs- bzw. Unternehmensverträge, 205 Verträge auf regionaler Ebene. Nur 19 haben als Geltungsbereich das Bundesgebiet. Diese Zahlen beweisen, daß wir über eine betriebsnahe Tarifpolitik nicht nur reden, sondern sie seit Jahren praktizieren. Das schließt auch für die Zukunft unsere Ver-

pflichtung ein, Tarifgebiete in überschaubaren Größenordnungen beizubehalten. Das ist auch dann noch richtig, wenn wir zu weiteren Unternehmens- oder Konzerntarifverträgen kommen sollten.

Mit den vorher genannten Zahlen will ich auch deutlich machen, wie falsch die Behauptung ist, daß Tarifpolitik »die da oben« machen. Auch wenn dieser Vorwurf mit der Ausdauer tibetanischer Gebetsmühlen immer wiederholt wird: Bei NGG steht fest, daß 75 bis 90 Prozent der Mitglieder in der jeweiligen Tarifkommission ehrenamtliche Vertrauensleute aus den Betrieben sind. Bei uns in der NGG entscheidet also der Funktionär vor Ort.[20]

4. Lohn- und Gehaltspolitik seit den 50er Jahren

Da die alliierten Militärregierungen 1945 einen Lohnstopp verhängten, waren die Möglichkeiten gewerkschaftlicher Tarifpolitik äußerst eingeschränkt. Nur für sogenannte Problemgruppen durften Lohnerhöhungen ausgehandelt werden. Für Gruppen z. B., deren Stundenverdienst unter 50 Pfg. lag, durften die Löhne auf diesen Betrag angehoben werden – aber auch das nur mit Zustimmung der Militärbehörden.

Etwas mehr Bewegungsfreiheit bekam die Tarifpolitik mit der wenige Wochen vor der Währungsreform verkündeten »Industrial Relations Directive No. 40«. Danach konnten in freien Verhandlungen zwischen Gewerkschaften und Unternehmern Lohnerhöhungen bis zu 15 Prozent vereinbart werden. Das heißt, die Gesamtlohnsumme des betreffenden Wirtschaftszweiges durfte um nicht mehr als 15 Prozent wachsen. Wie das im einzelnen verteilt wurde, war Sache der Tarifparteien.

Erst das Tarifvertragsgesetz vom 9. April 1949 gab der Tarifpolitik die notwendige Handlungsfreiheit.

Zwei unmittelbare Ziele mußte gewerkschaftliche Tarifpolitik haben: Zum einen mußten an die Stelle der alten, vom Reichstreuhänder erlassenen Tarifordnungen – noch vollgepfropft mit nationalsozialistischem Gedankengut – neue Manteltarifverträge treten. Zum anderen waren die Löhne und Gehälter endlich an die seit Jahren davongelaufenen Preise anzupassen.

Die eine Aufgabe war so wichtig wie die andere, denn die Tarifordnungen enthielten eine Fülle von nachteiligen Bestimmungen für die Arbeitnehmer. Einer der ersten neuen Manteltarifverträge wurde 1950 mit der Zigarrenindustrie abgeschlossen, der den Betriebsräten das Mitbestimmungsrecht bei Einstellungen sicherte. Der Urlaubsanspruch wurde besser geregelt und alle in die Woche fallenden Feiertage bezahlt. Im Oktober folgte eine neue Lohn- und Gehaltsvereinbarung, die den aus der Nazizeit stammenden Begriff des Anlernlings beseitigte und wesentliche Verbesserungen für erstmals in der Zigarrenindustrie Tätige mit sich brachte. Auch im Gaststättengewerbe konnten noch 1950 in den Bezirkstarifen für die niedersächsischen Bäder und im Ortstarif Hannover die alten Anlernberufe beseitigt werden. Je nach Wirtschaftszweig und Region zog sich die

Tab. 80
Durchschnittliche Wochenlöhne im Nahrungs- und Genußmittelgewerbe 1950[21]

Branche	Gelernte	Ungelernte	Frauen	Jugendliche/ männl.	Differenz zwischen den Lohngruppen Ungelernte/ Frauen
Brauereien	67,91	61,19	45,07	41,34	16,12
Getränkeindustrie	61,03	51,65	38,19	40,35	14,46
Mühlenindustrie	64,–	59,05	43,34	49,48	13,46
Brotindustrie	59,38	49,45	34,83	36,28	14,62
Mineralwasser	57,53	47,04	34,01	34,08	13,03
Bäckerhandwerk	59,50	48,54	35,77	36,80	12,77
Nährmittel	58,86	49,26	35,46	41,28	13,80
Zuckerindustrie	63,84	49,03	37,51	36,82	11,52
Süßwarenindustrie	59,38	50,40	34,97	42,65	15,34
Fleischindustrie	58,47	50,67	40,11	41,07	10,56
Fischverarbeitung	61,33	51,07	32,30	39,22	18,77
Milchwirtschaft, Milchindustrie	60,50	49,99	37,13	38,49	12,86
Obst/Gemüse	53,94	44,16	29,46	30,84	14,70
Margarine	66,71	57,76	42,08	44,46	15,68
Ölmühlen	64,86	56,22	41,84	40,96	14,38
Zigaretten	74,63	56,36	37,35	35,33	19,01

Ablösung der Tarifordnungen bis etwa 1955 hin. Mit einigen Ausnahmen allerdings: In der baden-württembergischen Teigwarenindustrie war die nationalsozialistische Tarifordnung noch bis 1970 gültig.

Als in der zweiten Jahreshälfte 1950 nach dem Beginn des Koreakrieges durch Angstkäufe und spekulative Warenverknappung das Preisgefüge vollends zerbrach, mußte zunächst alle Kraft auf die Durchführung von Lohnbewegungen und die Erkämpfung von Teuerungszulagen gerichtet werden. Wo es irgend möglich war, wurden die Tarife gekündigt und neue Abschlüsse nur noch mit sechs- bis neunmonatiger Laufzeit getätigt. In der Getränkewirtschaft wurden Lohnerhöhungen zwischen 7 und 12 Prozent ausgehandelt, in der Brotindustrie zwischen 7 und 19 Prozent, in der Zuckerwirtschaft zwischen 13 und 14 Prozent und in der Zigarettenindustrie 8 bis 13 Pfg. für Frauen und 10 bis 22 Pfg. für Männer. Und trotzdem waren die Preise Ende 1950 schon wieder so weit davongelaufen, daß neue Teuerungszulagen angestrebt werden mußten. Es gab aber auch Bereiche, für die wegen der unsozialen Einstellung der Unternehmer und des schlechten Organisationsgrades der Beschäftigten keine Erhöhungen durchgesetzt werden konnten. Dazu zählte das Gaststättengewerbe in Rheinland-Pfalz, NRW und Berlin sowie das Konditorenhandwerk in NRW und Niedersachsen. In der Zuckerindustrie von Niedersachsen und Schleswig-Holstein konnten Lohn- und Gehaltserhöhungen erst mit Streikandrohungen erreicht werden. Mit der GEG allerdings war bereits

Ende 1950 ein Abkommen geschlossen worden, wonach auf die Tarifverträge der vergleichbaren Wirtschaftszweige ein Aufschlag von 8 Prozent gezahlt werden mußte. Auch die besonderen Tarifabschlüsse für Konsumgenossenschaften lagen in ihrer Höhe weit über denjenigen der »Konkurrenz«.
Alles in allem konnte die Preisentwicklung aber nur zum Teil aufgefangen werden, so daß die Tarifpolitik der NGG auch 1951 im wesentlichen darin bestand, einen Ausgleich für die Teuerung anzustreben.
Für das verschärfte soziale Klima sprach, daß z. T. monatelang verhandelt werden mußte, um zu einem halbwegs akzeptablen Ergebnis zu kommen. Hamburger Brotindustrie und Bäckerinnung hielten die *NGG* von Februar bis Mai 1951 hin und waren auch dann erst nach Anrufung des Schlichters bereit, 5 DM pro Woche mehr zu zahlen. In der Süßwarenindustrie zogen sich die Verhandlungen gar von April bis November 1951 hin, und in der niedersächsischen Zuckerindustrie war schon die Urabstimmung durchgeführt worden – 93 Prozent der Mitglieder hatten sich für Streik ausgesprochen –, bevor eine Einigung zustande kam. Auch die Berliner Bäckerkollegen hatten schon alle Vorbereitungen getroffen, am 10. Mai 1951 in den Ausstand zu treten, als durch Vermittlung des Senators für Arbeit in letzter Minute ein Kompromiß erreicht wurde.
Die Verbesserung der Lohn- und Gehaltstarifstruktur geriet in den frühen 50er Jahren außer Sichtweite, auch wenn hier und da Verträge abgeschlossen wurden, die mit linearen oder stärkeren prozentualen Erhöhungen die unteren Lohngruppen nach vorne bringen wollten. Erst ab 1952, nachdem sich ein Minimum an Zusammenarbeit zwischen Sachbearbeitern, Landesleitern und anderen für die Tarifpolitik Verantwortlichen eingespielt hatte, wurde die Verbesserung der Lohn- und Gehaltstarifstruktur erklärtermaßen zum zweiten Pfeiler der Tarifarbeit der *NGG*. Das Ziel war: Beseitigung des »Ortsklassenunfugs«. Schließlich war die Teuerung für alle gleich. Im Übergang sollte zumindest eine verringerte prozentuale Abstufung der Ortsklassen erreicht werden. In einzelnen Tarifbereichen betrugen die Unterschiede zwischen höchster und niedrigster Ortsklasse nämlich bis zu 15 Prozent. Weiter wurde eine stärkere Anhebung der unteren Lohngruppen – insbesondere für Frauen – angestrebt, ferner die Beseitigung der besonderen Frauenlohngruppen, schließlich die Abschaffung der Industrietarife für Angestellte und statt dessen die Einrichtung von Branchentarifen.
Bei der Abschaffung der Ortsklassen konnte trotz des Widerstands der Unternehmer, die der *NGG* mancherorts mit dem Angebot kamen, die prozentuale Abstufung der Ortsklassen zu verringern, dafür aber ihre Zahl zu vergrößern, relativ rasche Erfolge erzielt werden. Schon 1953 gab es in Niedersachsen in den meisten Tarifverträgen nur noch drei Ortsklassen, in der Zuckerindustrie zwei mit jeweils 5 Prozent Abstufung. Zwei Jahre später war die Differenz zwischen Ortsklasse I und Ortsklasse III in den meisten Tarifverträgen auf 6 bis 8 Prozent zusammengeschrumpft –

statt der früher üblichen 15 Prozent. Der weitere Abbau aber ging, z.T. wegen der längeren Laufzeit der Manteltarifverträge, z.T. wegen des Widerstands vor allem der Kleinbetriebe, nur noch schleppend voran. Immerhin gab es 1962 in den meisten Tarifverträgen nur noch zwei Ortsklassen, etwa ein Viertel der regionalen Abschlüsse enthielt noch 3 Ortsklassen und in 8 Lohntarifverträgen, der Brauwirtschaft, der Süßwaren- und Mühlenindustrie, waren noch 4 bis 6 Ortsklassen vereinbart.

Weit weniger Erfolg war den Bemühungen beschieden, die besonders in Lohntarifen übliche starke Differenzierung nach Lebensalter und Berufsjahren zurückzudrängen. Zwar konnten die Altersklassen in der Brauerei- und Mühlenwirtschaft von Hamburg und Schleswig-Holstein schon 1958 ganz abgeschafft, in den übrigen Verträgen dieses Tarifgebiets auf zwei (unter und über 20 bzw. 21 Jahre) zurückgeführt werden – der erhoffte schnelle Durchbruch wurde das aber nicht. Noch Anfang der 60er Jahre gab es Tarifverträge, die Lohngruppen mit bis zu fünf Altersstufen aufwiesen.

5. Die Reform der Lohngruppen

»Die Tarifpolitik unserer Landesleitung geht darauf hinaus, die unteren Gruppen nach Möglichkeit höher zu bringen«[22], hielt die Landesleitung Baden-Württemberg in ihrem Geschäftsbericht für 1952 fest. Hans Nätscher empfahl auf der Landeskonferenz Niedersachsen-Bremen des Jahres

Tab. 81
Durchschnittliche Lohn- und Gehaltserhöhungen in der Nahrungs- und Genußmittelwirtschaft 1960 bis 1976 (in Prozent)[23]

Jahr	Gew. Arbeiter		Angestellte	
	Facharbeiter	Ungelernt leicht	K 3	K 1
1960	8,9	10,4		9,3
1961	–	–	–	–
1962	10,1	10,6	7,7	7,3
1963	7,3	10,1	6,1	6,2
1964	7,–	8,–	6,6	7,1
1965	7,–	8,4	6,6	7,1
1966	5,4	8,3	6,2	6,3
1967	2,3	2,7	2,9	3,1
1968	4,–	4,7	4,–	4,–
1969	8,3	9,7	8,7	9,5
1970	10,9	11,–	10,–	10,2
1971	10,3	10,2	9,4	9,2
1972	–	–	–	–
1973	8,7	9,4	10,1	10,6
1974	6,6	6,7	K 2: 6,4	6,4
1975	6,6	6,7	K 2: 6,4	6,4
1976	5,8	6,2	K 2: 3,9	4,2

Tab. 82
Ortsklassen in den Tarifverträgen der Gewerkschaft NGG[24]

Anzahl der Ortsklassen	1968	1969	1970	1973	1975	1976
1	57,8	58	59	58	62	65
2	21,2	22	24	28	23	22
3	19,5	19	16	12	13	12,5
4	–	–	–	–	2	0,5
5	1,5	1	1	2	–	–
6	–	–	–	–	–	–

1952, zu einer »möglichst gerechten Differenzierung bei der Verteilung der vorhandenen Löhne«[25] zu kommen und in den Tarifverträgen anstelle von Prozentzahlen feste Steigerungsraten zu vereinbaren. Sonst werde das Lohngefälle zu groß.

Gleichmäßige Pfennigerhöhungen wurden über längere Zeit in der Fleischwarenindustrie Niedersachsens praktiziert. In anderen Bereichen wurden die unteren Lohngruppen prozentual stärker angehoben. Trotzdem konnten die Differenzen nur in bescheidenem Maße beseitigt werden. Und solange man bei den traditionellen Eingruppierungskriterien nach beruflicher Ausbildung blieb, änderte sich daran auch nichts.

Die Notwendigkeit einer Reform der Lohngruppen wurde immer offenkundiger. Durch die technische Entwicklung wurde auch die Tätigkeit eines Facharbeiters in eine ganze Reihe mechanisierter Arbeitsstellen oder maschineller Arbeitsgänge zergliedert. Es gab kaum noch Facharbeiter, die auf ihrem Arbeitsplatz ihr gesamtes Fachwissen anwenden konnten. Spezialisierung auf die Bedienung und Wartung neuerer technischer Anlagen, eine Verlagerung der Belastung von körperlicher Tätigkeit zu geistig-nervlicher Inanspruchnahme beherrschten immer mehr das Berufsfeld der gelernten und ungelernten Arbeiter. Die Zergliederung der herkömmlichen Facharbeitertätigkeit in mehrere mechanisierte Arbeitsvorgänge eröffnete gerade Frauen, die eine umfassende Berufsausbildung nicht vorweisen konnten, zahlreiche Arbeitsmöglichkeiten. Da auf solchen Arbeitsplätzen ein bestimmtes Mindestmaß fachlicher, betrieblicher oder technischer Kenntnisse verlangt wurde, erreichten dort tätige Frauen oft die Qualifikation eines angelernten Arbeitnehmers, vielfach blieben sie nur knapp unter den Anforderungen, die an Facharbeiter gestellt wurden.

Das bisherige Lohngruppensystem wurde den neuen Anforderungen aber nicht gerecht. Helmut Prasse begründete 1960 die Notwendigkeit einer Reform der alten Lohngruppen, die auch von anderer Seite, dem Bundesfrauenausschuß etwa, ins Gespräch gebracht wurde:

> Die bei der technischen Veränderung der Arbeitsbedingungen erfolgte Verschiebung der Anforderung an den Arbeitnehmer (Höherqualifizierung, zusätzliche nervliche Belastung) muß in neuer Arbeitsbewertung und in neuen Begriffsmerkmalen der Lohngruppen berücksichtigt werden. Nur mit bescheidenen Ansätzen wurde bisher in unseren Ta-

rifverträgen versucht, die starre Form der konventionellen drei Lohngruppen durch Benennung einzelner Tätigkeitsfelder elastischer zu gestalten. Das Problem der Neuformung des überholten und nicht mehr aufrecht zu erhaltenden Lohngruppensystems liegt darin, daß der einzige gültige Wertmaßstab »Ausbildung« keine weiteren Wertungen zuläßt, so daß große Arbeitnehmergruppen in den unteren – meist sogar in der untersten Lohngruppe festgenagelt sind.[26]

Welche neuen Wege konnten beschritten werden?
Die von der *NGG* zum ersten Mal 1960 in Baden-Württemberg in zwei Firmentarifverträgen (Knorr und Franck-Kathreiner) übernommene analytische Arbeitsplatzbewertung, die darauf abzielte, anhand von vier Hauptmerkmalen (Können, körperliche und geistige Belastung, Verantwortung, Umgebungseinflüsse) die unterschiedliche Erschwernis an jedem Arbeitsplatz zu ermitteln, mochte in Einzelfällen oder auf rein betrieblicher Ebene gangbar sein.

In der Zigarettenindustrie wurde erstmals am 1. Januar 1961 nach zweijährigen Verhandlungen unter Leitung des Referats Tabak mit der BAT ein Lohntarifvertrag abgeschlossen, der die analytische Arbeitsplatzbewertung als Lohnfindungsmethode anwandte. Positivstes Ergebnis war wohl, daß die weiblichen Beschäftigten eine ihren Belastungen entsprechende, gerechtere Entlohnung erhielten. Dieser Vertrag wurde beispielgebend für die gesamte Zigarettenindustrie.

Durch Vereinbarung zusätzlicher Einstufungsmerkmale wie Verantwortung, Geschicklichkeit, fachliche Kenntnisse usw. eine Höhereinstufung vor allem qualifizierter Frauenarbeit zu ermöglichen, ging nach entsprechender Diskussion im Tarifarbeitskreis und im Hauptvorstand ab 1963/64 langsam in die Tarifpolitik der NGG ein.

Der Beirat der NGG zog im November 1969 eine erste Bilanz:

> In der Nahrungs- und Genußmittelindustrie und dem entsprechenden Handwerksbereich erfolgt in immer schnellerer Folge eine technische und arbeitsorganisatorische Veränderung der Arbeitsplätze. Die Gestaltung der Arbeitsbedingungen und die von den Arbeitnehmern geforderten Qualifikationen werden in zunehmender Weise überwiegend technischen und wirtschaftlichen Sachzwängen untergeordnet.
>
> Unter der Deklarierung einer »modernen Personalführung«, wie unter Vorgabe einer »individuellen Bewertung« kommen in den Betrieben Verfahren zur Differenzierung der Löhne und Gehälter zur Anwendung, die nicht nur einer subjektiven, willkürlichen Bewertung von Arbeitseinsatz und Leistung Tür und Tor öffnen, sondern auch die Prinzipien einer tarifvertraglichen begründeten Lohngerechtigkeit verletzen.
>
> Trotz wiederholter Erklärung der Arbeitgeberseite zur Erhaltung der Funktionsfähigkeit der Tarifautonomie laufen diese betrieblich eingeführten Regelungen auf eine Unterwanderung und Abwertung der Institution »Tarifvertrag« hinaus.
>
> Der Beirat der Gewerkschaft NGG unterstreicht daher die Notwendigkeit, bei den künftigen Tarifabschlüssen in den einzelnen Wirtschaftszweigen die Bewertungsmerkmale und Eingruppierungskriterien der tarifvertraglichen Lohn- und Gehaltsgruppen den veränderten Arbeitsanforderungen und den Belastungen neuer Arbeitstechniken anzupassen. Eine Lohn- oder Gehaltsdifferenzierung vornehmlich nach Ausbildungsnachweisen, der körperlichen Belastung oder schematischen Zeitstufen entspricht nicht mehr dem heutigen Arbeitsablauf in den Betrieben und den Vorstellungen einer Lohngerechtigkeit.[27]

Das wies schon hin auf die einheitlichen Einkommenstarifverträge, die der Berliner Gewerkschaftstag 1970 forderte.
In der Nahrungs- und Genußmittelwirtschaft hatte lange Zeit der Zeitlohn vorgeherrscht. Ausnahmen waren die fischverarbeitende Industrie und die Schlachthöfe (wo es Gruppenakkord gab) und die Zigarrenindustrie sowie stellenweise die Süßwarenindustrie, wo man den individuellen Stückakkord kannte.
Ende der 50er Jahre tauchte die Prämienentlohnung in der Fleisch und Gemüse verarbeitenden Industrie, in der Suppen- und Nährmittelindustrie und sogar in der Getränkewirtschaft zum ersten mal auf. 1962 arbeiteten 15 Prozent der Männer und 25 Prozent der Frauen ganz oder teilweise im Leistungslohn. 1966 waren es schon 27 Prozent der Männer und 41 Prozent der Frauen in der Nahrungs- und Genußmittelindustrie.
Die Unternehmer propagierten den Prämienlohn als Beitrag zu mehr Lohngerechtigkeit. Tatsächlich lagen seiner Einführung andere Motive zugrunde, wie Helmut Henschel, Leiter des Referats Arbeitsstudien in der Hauptverwaltung der NGG, wiederholt herausarbeitete.
Der Produktionsausstoß der Nahrungs- und Genußmittelindustrie konnte mit der steigenden Nachfrage nicht mehr Schritt halten. Arbeitskräfte waren knapp und die technischen Kapazitäten vielfach erschöpft. Die Rationalisierungsinvestitionen standen erst am Anfang. Investitionen für mehr Arbeitsplätze scheiterten entweder an den räumlichen Verhältnissen oder wurden aus Kostengründen abgelehnt. Als Ausweg blieb nur die Mobilisierung der Leistungsreserven bei den schon vorhandenen Arbeitskräften über verbesserte Methoden der Prämien- und Leistungsentlohnung. Eine Kostensenkung, die durch andere Maßnahmen nicht mehr zu erreichen war, sollte eben durch das Leistungslohnprinzip bewerkstelligt werden: Kostensenkung je Erzeugungseinheit, indem die Solleistung je Person und Stunde höher angesetzt wurde, als bei Zeitlohnarbeit üblich. In der Praxis bedeutete das eine Senkung von 17 bis 33 Prozent der bisherigen Fertigungslöhne je Erzeugungseinheit. Beseitigung von Personalschwierigkeiten, Einsparung von Investitionen für zusätzliche Arbeitsplätze, waren die weiteren Vorteile für die Unternehmen. In Betrieben mit viel Handarbeit wurden so Produktionssteigerungen von 60 bis 80 Prozent möglich.
Mit dem Angebot eines höheren Verdienstes wurden die Arbeitnehmer bewogen, Mehrarbeit innerhalb der regelmäßigen täglichen Arbeitszeit zu verrichten. Bisher schlechter bezahlte Gruppen, insbesondere Frauen, erhielten so die Möglichkeit, auf Verdienste zu kommen, die an diejenigen der Männer heranreichten, die im Zeitlohn arbeiteten. Manchmal kamen Frauen sogar auf höhere Löhne. Die Einführung der Prämienentlohnung war so für die Unternehmer mit dem angenehmen Nebeneffekt verbunden, Unruhe im Betrieb zu dämpfen.
Auf diese neue Entwicklung waren die Tarifverträge nicht eingestellt. Von den 280 Manteltarifverträgen für gewerbliche Arbeitnehmer z. B., die 1964

gültig waren, hatten nur knappe 10 Prozent Bestimmungen über die Lohnformen Akkord oder Prämie. Dort, wo über Öffnungsklauseln in den Tarifverträgen Betriebsvereinbarungen über Formen der Leistungsentlohnung zustande kamen, waren sie vielfach »arbeitsrechtlich angreifbar« und hielten »einer arbeitswissenschaftlichen Prüfung«[27] nicht stand, wie die Tarifabteilung der Hauptverwaltung der *NGG* monierte. Und auch 1967 enthielten weniger als 10 Prozent aller Manteltarifverträge eine mehr oder weniger ausführliche Regelung der Leistungsentlohnung.

Detaillierte Festlegungen über das Ausmaß der Leistung, das ein Arbeitnehmer im Betrieb zu bringen hatte, fehlten meistens, so daß für den Arbeitnehmer auch nirgendwo zu erkennen war, wann und wie er möglicherweise überfordert wurde und wo die Gegenleistung des Unternehmers nicht mehr im Einklang stand mit der vom Arbeitnehmer erbrachten Leistung. »Man könnte fast die Meinung vertreten«, schrieb Helmut Prasse 1965 noch sehr zurückhaltend, »daß die Arbeitgeber sich die Lohnform Prämien deswegen wählten, um wegen noch vorhandener methodischer Unzulänglichkeiten im trüben zu fischen.«[28]

Einer methodischen, ins einzelne gehenden festen Bindung der Vorgabezeiten, der Solleistung usw. widersetzten sich die Arbeitgeber vor allem deswegen, um an der Leistungslohnarbeit nicht nur einmal, durch die Senkung der Fertigungslöhne, sondern dauernd, durch weitere Kürzung der Vorgabezeiten, Erhöhung der Solleistungen usw. zu profitieren.

Tab. 83
Lohnentwicklung 1962 bis 1983. Wochenlöhne (1983: Monatslöhne) in der höchsten Altersstufe und Ortsklasse.
Durchschnitt aus allen Tarifverträgen[29]

Branche	Facharbeiter				Ungelernte, leicht			
	1962	1969	1976	1983	1962	1969	1976	1983
Brauereien	138,22	225,99	421,83	2 516,—	103,52	178,60	340,93	2 043,—
Mineralwasser	111,21	188,09	338,18	1 942,—	79,06	142,84	267,21	1 500,—
Mühlenindustrie	127,72	207,06	374,93	2 250,—	95,38	163,71	304,13	1 818,—
Brotindustrie	122,20	193,40	345,67	1 526,—	82,08	137,92	256,28	1 526,—
Nährmittelindustrie	108,41	181,76	336,75	2 000,—	70,33	128,39	247,92	1 501,—
Zuckerwirtschaft	128,74	200,40	373,20	2 259,—	79,20	—	298,40	1 830,—
Süßwarenindustrie	110,81	183,23	349,80	2 087,—	73,96	129,20	231,65	1 392,—
Fleischindustrie	124,42	191,18	341,68	1 994,—	88,87	147,45	271,91	1 590,—
Fischwirtschaft	112,69	185,15	338,49	1 948,—	74,17	128,41	229,21	1 335,—
Milchwirtschaft	116,91	197,99	354,05	2 088,—	84,15	149,24	283,50	1 673,—
Milchindustrie	113,89	202,35	357,92	2 096,—	77,95	150,76	275,92	1 642,—
Obst und Gemüse	111,66	177,54	320,40	1 865,—	71,27	118,96	228,90	1 331,—
Margarineindustrie	127,06	244,94	456,00	2 558,—	87,54	188,77	361,20	2 025,—
Ölmühlenindustrie	114,83	205,97	375,28	2 267,—	75,96	162,20	305,73	1 747,—
Zigarettenindustrie	148,75	236,48	459,12	2 825,—	93,—	178,80	352,88	2 170,—
Rauchtabakgewerbe	106,04	155,23	315,90	1 974,—	73,92	119,54	232,88	1 490,—
Zigarrenherstellung	132,—	190,27	327,60	1 933,—	85,80	125,29	232,88	1 240,—
Durchschnitt	120,34	198,06	363,93	2 156,—	82,13	146,88	276,20	1 639,—

Tab. 84
Gehaltsentwicklung 1962 bis 1983. Höchste Altersstufe und Ortsklasse.
Durchschnitt aus allen Tarifverträgen[30]

Branche	Gruppe K 3				Gruppe K 1			
	1963	1969	1976	1983	1963	1969	1974	1983
Brauereien	858,—	1 243,—	2 238,—	3 094,—	562,—	816,—	1 477,—	2 043,—
Mineralwasser	743,—	1 079,—	1 889,—	2 500,—	474,—	688,—	1 210,—	1 576,—
Mühlenindustrie	795,—	1 117,—	2 004,—	2 825,—	533,—	751,—	1 356,—	1 910,—
Brotindustrie	709,—	983,—	1 767,—	2 392,—	460,—	661,—	1 187,—	1 612,—
Nährmittelindustrie	725,—	1 035,—	1 880,—	2 473,—	468,—	668,—	1 215,—	1 642,—
Zuckerwirtschaft	924,—	1 286,—	2 550,—	3 004,—	569,—	782,—	1 323,—	1 898,—
Süßwarenindustrie	710,—	992,—	1 796,—	2 236,—	468,—	660,—	1 202,—	1 466,—
Fleischindustrie	720,—	1 030,—	1 821,—	2 411,—	481,—	700,—	1 215,—	1 679,—
Fischwirtschaft	720,—	1 028,—	1 864,—	2 462,—	481,—	685,—	1 223,—	1 641,—
Milchwirtschaft	700,—	1 004,—	1 770,—	2 405,—	478,—	687,—	1 271,—	1 749,—
Milchindustrie	715,—	1 037,—	1 821,—	2 358,—	493,—	714,—	1 267,—	1 743,—
Obst und Gemüse	720,—	987,—	1 713,—	2 388,—	458,—	647,—	1 146,—	1 582,—
Margarineindustrie	780,—	1 148,—	1 878,—	2 520,—	515,—	763,—	1 308,—	1 755,—
Ölmühlenindustrie	727,—	1 032,—	2 126,—	2 632,—	475,—	688,—	1 368,—	1 752,—
Zigarettenindustrie	750,—	987,—	2 092,—	3 113,—	560,—	833,—	1 633,—	2 563,—
Zigarrenherstellung	723,—	888,—	1 533,—	2 283,—	476,—	649,—	1 240,—	1 969,—
Durchschnitt	752,—	1 205,—	1 921,—	2 569,—	498,—	712,—	1 290,—	1 786,—

Für die *NGG* kam es darauf an, den Arbeitgebern die beliebige Öffnung der Akkordschere zu verweigern und die nachteiligen sozialen Folgen der Leistungslohnarbeit zu bekämpfen. Die Folgen, das war zum einen die scharfe personelle Auslese im Betrieb, das Bestreben der Betriebsleitungen,»olympiareife Belegschaften«[31] zusammenzustellen und die älteren, leistungsschwächeren Kollegen ins Abseits zu drängen. Zum anderen war es die Gefahr für den einzelnen Arbeitnehmer, sich zu überfordern und auf Dauer gesundheitlich zu schädigen. Und schließlich war es die Gefahr für die Gesamtheit der Arbeitnehmerschaft, durch Gruppenegoismen aufgespalten zu werden.

Tab. 85
Facharbeiterlöhne im Handwerk (Wochenlöhne)[32]

Handwerkszweig	1958	1964	1970	1976	1982
Müllerhandwerk	89,80	136,63	219,52	352,40	486,37
Bäckerhandwerk	99,55	148,09	218,14	359,98	474,13a
Konditorenhandwerk	99,88	140,14	209,16	352,40	461,20a
Fleischerhandwerk	98,17	145,33	211,72	349,05	460,28a

a Wegen tariflosen Zustand in einigen Tarifgebieten bzw. späterem Inkrafttreten einiger Tarifverträge nur bedingt vergleichbar.

6. Verkürzung der Arbeitszeit

Der erste Schritt zur Verkürzung der Wochenarbeitszeit wurde von der *NGG* am 13. April 1952 mit dem Manteltarifvertrag für die Zigarettenindustrie getan. Der Vertrag sah eine Verkürzung der Arbeitszeit auf 42½ Stunden bei einer zweijährigen Übergangszeit vor. Aber erst nach der Proklamierung des *DGB*-Aktionsprogramms von 1954, das u. a. die 40-Stunden-Woche forderte, begann ein systematischer Abbau der bis dahin noch fast überall gültigen 48-Stunden-Woche. Damals wie später prophezeiten die Unternehmer den Untergang der deutschen Wirtschaft und stellten extreme Berechnungen über die angeblich horrenden Kosten einer Arbeitszeitverkürzung mit vollem Lohnausgleich an.

Für die Gewerkschaften war die 40-Stunden-Woche vor allem ein Mittel, dem Verschleiß der Arbeitskraft entgegenzuwirken. Beschäftigungspolitische Perspektiven waren damit noch nicht verbunden. »Wir wissen aus Erfahrung«, sagte Karl Förster, Landesleiter von Hamburg und Schleswig-Holstein, auf der Landeskonferenz 1958, »daß im gleichen Umfang, in dem die Arbeitszeit verkürzt wird, nicht etwa die entsprechende Anzahl von Beschäftigten neu eingestellt wird. Neueinstellungen finden nur in einem ganz geringen Umfange oder gar nicht statt.«[33] Allenfalls galt die Arbeitszeitverkürzung als beschäftigungspolitische Präventivmaßnahme, die ihren Wert dann erweisen würde, wenn es einmal zu einem Konjunktureinbruch kommen sollte, mit dem aber niemand rechnete. Für die NGG war Arbeitszeitverkürzung in allererster Linie ein Mittel, etwas gegen das ständig steigende gesundheitsschädliche Arbeitstempo zu tun; ein Mittel, dem Arbeitnehmer mehr Freiraum für sein Privatleben, aber auch zur gesellschaftlichen Betätigung und zur Weiterbildung zu verschaffen. »Samstags gehört Vati mir!« verkündete ein Kind auf den einprägsamen Plakaten des DGB zur Arbeitszeitverkürzung.

Der Anspruch stieß sich bisweilen an der rauhen Wirklichkeit. Häufig genug führte Arbeitszeitverkürzung im Betrieb dazu, mehr Schichten oder Überstunden zu übernehmen.

Erst Mitte der sechziger Jahre, als die ersten Rationalisierungsinvestitionen in der Nahrungs- und Genußmittelindustrie zu greifen begannen,

Tab. 86
Wochenarbeitszeit im Handwerk[34]

Handwerkszweig	1958	1964	1970	1976	1982
Müllerhandwerk	45,0	43,0	41,0	40,0	40,0
Bäckerhandwerk	46,4	45,0	43,6	42,2	40,1
Konditorenhandwerk	47,1	45,6	43,8	42,4	40,9
Fleischerhandwerk	47,5	44,9	44,2	42,4	40,0

wurde Arbeitszeitverkürzung als ein Mittel begriffen, den Auswirkungen der Rationalisierung zu begegnen.
Der erste Durchbruch gelang der *NGG* 1957. Für die Schichtarbeiter der Zigarettenindustrie, das waren 40 Prozent der damals rund 15 000 Beschäftigten, wurde ab 1. April 1957 die 40-Stunden-Woche eingeführt. Ein Stufenplan sah die Einführung der 40-Stunden-Woche für alle Beschäftigten bis zum 1. Januar 1959 vor. In anderen wichtigen Branchen der Nahrungs- und Genußmittelindustrie wurde 1956/57 die tarifliche Wochenarbeitszeit auf 45 Stunden heruntergesetzt, in der Mühlen- und der Futtermittelindustrie sowie in der Rauch- und Schnupftabakbranche galt schon die 44-Stunden-Woche. Nur die Unternehmer der Hotel- und Gaststättenbranche blockten jeden Versuch der Arbeitszeitverkürzung entschieden ab und bestanden sogar auf einer Wiedereinführung des 10-Stunden-Tages, d. h. der Verlängerung der tarifvertraglichen Arbeitszeit von 54 auf 60 Stunden in der Woche. Dabei waren, wie die Jahresberichte der Gewerbeaufsichtsbeamten in den Bundesländern zeigten, Übertretungen der tarifvertraglichen Arbeitszeit ohnehin allzu häufig. Allerdings war die Arbeitszeitverkürzung im Hotel- und Gaststättengewerbe auch für viele Beschäftigte ein problematisches Thema, da sie als Prozentempfänger mit ihrem Verdienst direkt vom Umsatz abhingen und bei geringerer Arbeitszeit mit voraussichtlich weniger Umsatz Lohneinbußen hinnehmen mußten.
1959 konnten dann auch im Gaststättengewerbe in Hamburg und Schleswig-Holstein erste Arbeitszeitverkürzungen durchgesetzt werden, mit der Einschränkung allerdings, daß zusätzliche acht bis neun Stunden pro Woche als erweiterte Arbeitszeit möglich waren. In der Brauwirtschaft der meisten Tarifgebiete wurde ein Stufenplan zur Verkürzung der tariflichen Wochenarbeitszeit von 44 auf 42½ Stunden (ab 1. Januar bzw. 1. Februar 1960) ausgehandelt. Allerdings erst, nachdem in den Bremer Brauereien schon die Streikurabstimmung angelaufen war. Auch die weitere Verkürzung der Arbeitszeit auf 41½ Stunden konnte erst nach einem Streik in den nordrhein-westfälischen Großbrauereien durchgesetzt werden.
1960/61 machten die Beschäftigten im Handwerk einen großen Schritt nach vorn. 1960 lag das Schwergewicht der tariflichen Arbeitszeit noch bei 48, anderthalb Jahre später schon bei 44,9 Stunden in der Woche.
1963 hielt die 40-Stunden-Woche in der Margarineindustrie Einzug, ein Jahr später in acht Tarifgebieten der Mühlenindustrie und in der Hamburger Schmalzkonservenindustrie, 1965 in den restlichen vier Tarifgebieten der Mühlenindustrie, in drei Tarifgebieten der Brauwirtschaft, in der Ölmühlenindustrie auf Bundesebene, in einigen Schmelzkäse- und Süßwarenbetrieben, in Fischverarbeitenden Betrieben und in der Hefeindustrie. Der Erfolg war um so höher einzuschätzen, als sich das Bundeswirtschaftsministerium massiv in die laufenden Verhandlungen eingeschaltet und gefordert hatte, mit weiteren Arbeitszeitverkürzungen müsse jetzt endlich einmal Schluß sein, zur Stabilisierung der Mark müsse die Arbeitszeit um zwei Stunden in der Woche verlängert werden.

Am Jahresanfang 1965 galt die 40-Stunden-Woche in 45 Tarifbereichen. Etwa ab April 1966 konnten dann kaum noch Fortschritte gemacht werden. Auch mit Stufenplänen war nichts mehr zu erreichen. Die straffe Ausrichtung im Unternehmerlager durch die Bundesvereinigung der Arbeitgeberverbände und die Sozialpolitischen Fachgemeinschaften der Nahrungs- und Genußmittelindustrie in den Ländern wurde zum ersten Mal deutlich spürbar. Die Rezession 1966/67 ließ die durchschnittliche tarifliche Wochenarbeitszeit in der Nahrungs- und Genußmittelindustrie mit 42 Stunden unverändert. 1968 war es nur in fünf Tarifgebieten (Zigarrenindustrie, Mittelstandsbrauereien Baden-Württembergs und drei Firmentarifverträge) möglich, die 40-Stunden-Woche zu vereinbaren. Eine durchschnittliche Arbeitszeit von mehr als 43 Stunden hatten noch die Beschäftigten in der Mineralwasser-, Erfrischungsgetränke-, Fleischwaren- und Fischverarbeitenden Industrie. Mit 45,7 Stunden lag die durchschnittliche Arbeitszeit im Hotel- und Gaststättengewerbe immer noch weit über dem in der Industrie gültigen Standard. Daß die weitere Entwicklung der Arbeitszeitverkürzung nur noch langsam voranging, zeigt die folgende Tabelle:

Tab. 87
Durchschnittliche tarifliche Wochenarbeitszeit in der Nahrungs- und Genußmittelindustrie [35]

1962	43,2	Stunden
1966	42,0	"
1968	42,0	"
1969	41,7	"
1970	41,5	"
1971	41,2	"
1972	41,0	"
1973	40,6	"
1974	40,4	"
1975	40,3	"
1976	40,2	"
1977	40,1	"

Immerhin konnte Anfang 1970 mit der 38½-Stunden-Woche für Wechselschichtarbeiter und der 37½-Stunden-Woche für Beschäftigte der Spätschicht in der Zigarettenindustrie zum ersten Mal in der Bundesrepublik die 40-Stunden-Woche unterschritten werden. Für Schichtarbeiter in der Ölmühlen- und Margarineindustrie wurde wenig später über die Vereinbarung zusätzlicher bezahlter Pausen eine Verkürzung der Nettoarbeitszeit auf etwas über 38 Stunden durchgesetzt.

Tab. 88
Wochenarbeitszeit in ausgewählten Zweigen der Nahrungs- und Genußmittelwirtschaft[36]

Branche	1962	1966	1970	1975
Brauereien	42,6	41,7	40	40
Mineralwasser	44,6	43,7	42,9	40,3
Mühlenindustrie	42,5	40,3	40,1	40
Brotindustrie	44,1	43,3	42,7	41,6
Nährmittel	44,5	42,9	42,7	40,3
Zuckerwirtschaft	44	41	40	40
Süßwaren	42,6	42	42	40
Fleischindustrie	44,6	43	42,9	40,4
Fischverarbeitung	44,8	43,9	43,1	40,25
Milchwirtschaft	45,2	44,1	43,1	41,1
Milchindustrie	44,3	42,6	41,9	40
Obst/Gemüse	45	43	42	40
Margarine	42,8	40	40	40
Ölmühlen	42	40	40	40
Zigaretten	40	40	40 (38,5)	40 (38,5)
Rauchtabak	44	43	43	42,5
Zigarren	44	43	42,5	40,5

7. Urlaub und Urlaubsgeld

Zum Schwerpunkt Verkürzung der Wochenarbeitszeit gesellte sich in der Tarifpolitik der NGG ab 1958/59 der Versuch, durch Verlängerung des Urlaubs die Jahresarbeitszeit zu verkürzen. Vorbildliche Urlaubsbestimmungen hatten zu diesem Zeitpunkt nur wenige Branchen, wie z. B. die Zigarettenindustrie, wo nur Arbeitstage als Urlaubstage gezählt wurden und der Höchsturlaub in einem nach Lebensalter und Dauer der Betriebszugehörigkeit gestaffelten System immerhin schon vier Wochen und drei Tage betrug.
1960 stand die Verlängerung des Jahresurlaubs im Mittelpunkt der Manteltarifvertragsverhandlungen. Das Konzept der *NGG* war, die Urlaubsdauer möglichst nach dem Lebenalter zu staffeln, nicht nach der Betriebszugehörigkeit. Ein Drittel aller Tarifverträge hatte dann 1960/61 schon einen Mindesturlaub von 12 Tagen, in der Tabak- und Zigarrenindustrie

Tab. 89
Anzahl der Tarifverträge mit ... Tagen Höchsturlaub[37]

					Tage				
	unter 21	21	22	23	24	25	26	27	28
1957	143	32	3	19	5	1	3	–	–
1962	68	96	7	19	26	1	3	–	–
1. 1. 1964	13	48	8	19	58	7	4	8	1
1. 1. 1966	2	17	9	18	86	22	8	24	3

Tab. 90
Anzahl der Tarifverträge mit ... Tagen Mindesturlaub[38]

	unter 15	15	16	17	18
1957	175	1	20	–	2
1962	156	37	20	–	1
1964	–	156	7	–	3
1966	–	136	24	8	21

galten 18 Tage. Drei Viertel aller Verträge wiesen einen Höchsturlaub von 21 bis 26 Tagen auf. 1964/65 hatten drei Viertel aller Tarifverträge einen Höchsturlaub von wenigstens 24 Tagen; 1966/69 schon vier Fünftel und in 25 Prozent der Tarifverträge galten sogar 27 Werktage und mehr als Höchsturlaub. War 1966 in der Mehrzahl der Tarifverträge der Urlaubstag mit dem Werktag identisch, so wurde fünf Jahre später in den meisten Verträgen der Arbeitstag als Urlaubstag gezählt.

Die Unternehmer sperrten sich jetzt vor allem gegen die Zahlung eines zusätzlichen Urlaubsgeldes, das mit der zweiten Jahreshälfte 1961 im tarifpolitischen Forderungskatalog nach oben rückte. Allenfalls außertariflich waren einige Brauereien zur Erfüllung der Forderung bereit. Der Manteltarifvertrag mit den Handelsmühlen von Hamburg und Schleswig-Holstein, in dem zum ersten Mal ein Urlaubsgeld von 2,50 DM pro Urlaubstag vereinbart wurde, konnte noch nicht als Sieg eines Prinzips gefeiert werden. Das Urlaubsgeld war nämlich an eine Bedingung geknüpft: Es wurde nur in der Zeit vom 1. November zum 31. März ausgezahlt. 1962,

Tab. 91
Anzahl der Tarifverträge mit Urlaubsgeldregelungen[39]

Branche	1964	1966	1968/69
Brauereien/Mälzereien	17	26	26
Mineralbrunnen/Getränke	–	10	15
Hefeind.	1	7	10
Milchwirtschaft/Milchind.	2	20	23
Margarine/Ölmühlen	2	4	6
Zuckerind./Süßwaren	5	2	4
Futtermittelind.	–	8	10
Mühlen/Brotind.	4	21	29
Nährmittel/Stärke/Teigwaren	1	9	10
Genossenschaften/GEG	4	9	9
Fleischwarenind.	–	10	11
Kühlhäuser	1	7	8
Tabak	1	6	7
Gaststättengewerbe	–	–	3
Fleischwaren/Geflügelschlächterei	–	–	11
Obst/Gemüse	–	–	5
Sonstige	–	–	3

die Vorbereitungen für die Urabstimmung waren bereits angelaufen, konnte für 4800 Beschäftigte in der Ölmühlenindustrie aber dann ein Urlaubsgeld von 12 DM pro Tag vereinbart werden. Ein Jahr später gab es schon 9 Tarifverträge, 1966 bereits 96 und 1970 endlich 224 Vereinbarungen, die ein Urlaubsgeld aufwiesen. Zwei Drittel aller Verträge sahen einen festen Betrag je Tag von 7 bis 15 DM vor, der Rest einen Pauschalbetrag für den ganzen Urlaub, der sich meist zwischen 70 und 150 DM bewegte.

8. Bildungsurlaub

Die politische, wirtschaftliche, soziale und kulturelle Entwicklung der Gesellschaft, die zusehends mehr von wissenschaftlichen und technologischen Prozessen bestimmt wird, verlangt eine Bildung, die über die traditionelle Schulbildung hinausgeht.
Die Internationale Arbeitskonferenz des Jahres 1965 forderte einen bezahlten Bildungsurlaub, um den Arbeitnehmern die Möglichkeit zu geben, sich beruflich und gesellschaftspolitisch fortzubilden. Die im gleichen Jahr tagende 3. Bundesfrauenkonferenz der *NGG*, Jugendkonferenzen, der Beirat und schließlich der Bremer Gewerkschaftstag 1966 griffen diese Forderung auf, die in den nächsten Jahren im Vordergrund des »Urlaubsprogramms« der *NGG* stand.
Die Durchsetzung stellte sich als außerordentlich schwierig heraus. Bis Anfang der 80er Jahre war es nur in wenigen Tarifverträgen möglich, einen bezahlten Bildungsurlaub zu verankern. Zum ersten Mal geschah das 1966 nach 18monatigen Verhandlungen im neuen Manteltarifvertrag für die Zigarettenindustrie. Jährlich zwei Bildungslehrgänge für Betriebsräte wurden vereinbart, zwei Drittel der Kosten übernahm die Industrie, ein Drittel die *NGG*. »Bisher konnten wir Ablauf und Inhalt dieser Lehrgänge so beeinflussen, als handele es sich um Internatslehrgänge unserer Gewerkschaft«,[40] erklärte Herbert Stadelmaier vor dem Gewerkschaftstag 1966. Ende der 60er Jahre konnte im Betriebstarifvertrag mit einem großen Gaststättenbetrieb an der Ostsee Urlaub für »staatsbürgerliche Fortbildung« vereinbart werden. Anfang der 70er Jahre wurde im Tarifvertrag mit dem Zentralverband des Bäckerhandwerks die Gründung eines Förderungswerks für berufliche, staatsbürgerliche und gesellschaftspolitische Bildungsmaßnahmen vereinbart.
Mit dem Arbeitgeberverband der Zigarettenindustrie kam 1976 ein Tarifvertrag zustande über die finanzielle und sonstige Unterstützung des von der NGG gegründeten Vereins »Bildungswerk Cigarette«. Die Bildung der Arbeitnehmer solle im Interesse ihrer beruflichen, ihrer politischen und staatsbürgerlichen Qualifikation gefördert werden, heißt es im Tarifvertrag.
Der Verein führt Bildungsfreizeiten durch zu Themen wie: Ziele und Auf-

gaben der Gewerkschaft NGG, Gewerkschaften in der Demokratie, Zivil- und Arbeitsrecht. In besonderen Veranstaltungen für künftige Pensionäre der Zigarettenindustrie wird versucht, Anregungen für die Freizeitgestaltung zu vermitteln. Hinzu kommen Studienfahrten. Und es werden bestimmte Forschungsaufträge vergeben oder unterstützt, die sich besonders mit den Arbeitnehmern in der Zigarettenindustrie befassen.
Vorbereitung und Durchführung aller Veranstaltungen liegen beim Verein. Über 3000 Personen haben von 1976–1984 an den Bildungsfreizeiten teilgenommen. Für 1985 waren 22 Freizeiten mit 1400 Teilnehmern (Beschäftigte der Zigarettenindustrie und Familienmitglieder) geplant.

9. Tarifpolitik und Vermögensbildung

Trotz aller Erfolge gewerkschaftlicher Tarifpolitik: Die »skandalös ungerechte Vermögensbildung und Vermögenskonzentration bei den Selbständigen bzw. Unternehmern«[41] als Folge des westdeutschen Wirtschaftsbooms konnte von ihr nicht korrigiert werden. Die Einkommensunterschiede wurden bald so groß, daß sie auch die Bundesregierung alarmierten. Im Sommer 1961 lag ein »Gesetz über die Vermögensbildung« bei den Arbeitnehmern vor. Das war der Anfang einer Reihe von Vorschlägen, Projekten und Gesetzesmaßnahmen, die allesamt mehr auf psychologische Effekte abzielten, als der ungleichen Vermögensverteilung zu Leibe zu rücken. Das erste 312-DM-Gesetz vom Sommer 1961 beschränkte sich darauf, steuervergünstigte freiwillige Zuwendungen des Arbeitgebers möglich zu machen, die für fünf Jahre vermögenswirksam angelegt werden mußten. Bis Ende 1963 erhielten nur 1,4 Prozent aller Beschäftigten vermögenswirksame Leistungen nach diesem Gesetz.
Das nächste Projekt, das glücklicherweise nicht zur Verwirklichung kam, obwohl es immer wieder propagiert wurde, war der »Investivlohn«: Ein bestimmter Teil der jährlichen Lohn- und Gehaltserhöhungen sollte den Unternehmen als langfristiges Darlehen überlassen werden. »Zwangssparen ist es und erinnert sehr an die Methoden der Nazi-Zeit«[42], protestierte die *Einigkeit*. Im übrigen könne vermögenswirksam angelegtes Einkommen nur dann Sinn bekommen, wenn damit auch Mitbestimmung über das Produktivkapital verbunden sei:

> Und das interessiert uns vor allem. Denn nur auf diese Weise ist die schon längst überholte Gesellschaftsordnung zu ändern. Und das ist nötig; denn so wie bisher kann es tatsächlich nicht weitergehen. Die industrielle Entwicklung hat die Bildung größerer Wirtschaftseinheiten zur Folge. Größere wirtschaftliche Macht bedeutet aber auch größere politische Macht. Und hier liegt der Hase im Pfeffer. Ohne eine wirksame Kontrolle dieser Macht wird schließlich die politische Demokratie bis zu einer substanzlosen Fassade ausgehöhlt.[43]

Die *IG Bau-Steine-Erden* präsentierte einen vielbeachteten Vorschlag zur Vermögensbildung, wonach die Unternehmen 1,5 Prozent der Lohnsumme in einen Fonds einzahlen sollten, aus dem Gemeinschaftsaufgaben finanziert, günstige Darlehen an Bauarbeiter wie Bauwirtschaft vergeben werden konnten. Die Bauarbeiter bekamen Anteilsscheine, die beim Erreichen der Altersgrenze oder der Berufsunfähigkeit ausgezahlt wurden. Der *DGB*-Bundesvorstand empfahl den Einzelgewerkschaften Ende 1964, sich mehr als bisher auch tarifpolitischer Mittel zu bedienen, um die vermögenspolitischen Versäumnisse des Gesetzgebers zu korrigieren. Das Referat Wirtschaftspolitik der *NGG* entwickelte eigene Pläne über einen Fonds zur Vermögensbildung, um sowohl die innergewerkschaftliche als auch die öffentliche Diskussion wieder anzukurbeln. Der Versuch blieb in den Anfängen stecken.

Statt dessen kam im Frühjahr 1965 das »Zweite Gesetz zur Förderung der Vermögensbildung der Arbeitnehmer«. Es beinhaltete wieder nur Sparanreize durch Steuervergünstigungen. Ein geeignetes Instrument zur umfassenden Vermögensbildung breiter Schichten war dieses Gesetz nicht, wie der Bremer Gewerkschaftstag der NGG 1966 feststellte. Um so weniger, als seine Anwendung erneut in das Belieben der Unternehmer gestellt war. Im übrigen konnte es der Bundesregierung mit der von ihr selbst oft und laut verkündeten breiten Vermögensbildung so ernst nicht gewesen sein, denn nur ein halbes Jahr nach dem Inkrafttreten des »Zweiten Gesetzes zur Förderung der Vermögensbildung der Arbeitnehmer« wurden die Steuervergünstigungen wieder abgebaut (die Bundestagswahlen waren inzwischen vorüber ...).

Erst während der Krise 1966/69 und mit der Bildung der sozialliberalen Bundesregierung 1969 kam die Diskussion über Vermögensbildung erneut in Gang. Der Beirat der NGG beschäftigte sich im Juni 1968 mit der »skandalös einseitigen Vermögensbildung«:

> Die traditionelle gewerkschaftliche Tarifpolitik hat mit ihren Ergebnissen zu einer klaren Verbesserung der Realeinkommen der Arbeitnehmer geführt. Eine gesellschafts- und wirtschaftspolitisch erwünschte und notwendige Bildung von Vermögen in Arbeitnehmerhand wurde jedoch nicht erreicht (...) Der Beirat der Gewerkschaft NGG bekennt sich daher zu einer Aktivierung der Tarifpolitik, die auf eine gerechte Teilhabe der Arbeitnehmer an den Erträgnissen unserer Wirtschaft hinwirkt, die gemeinsam von den Produktionsfaktoren Kapital und Arbeit geschaffen werden (...) Diese Arbeitnehmergewinnanteile sollen einerseits zu einer finanziellen Stärkung der Träger der sozialen Rentenversicherung und andererseits zu einer Erhaltung des bisherigen Beitragsniveaus bei gleichzeitiger Leistungsverbesserung aller Arbeitnehmer verwendet werden. Durch einen antizyklischen Einsatz dieser getrennt zu verwaltenden Mittel und einer Verwendung für Sozialinvestitionen (Krankenhäuser, Sozialheime usw.) können konjunktur- und sozialpolitische Aufgaben erfüllt werden.
> Eine gesetzliche Ergänzung der anzustrebenden tariflichen Regelung einer sozial bestimmten Vermögensbildung ist hinsichtlich der steuerlichen Begünstigung der leistenden Unternehmen und der Arbeitnehmer erwünscht und notwendig.[44]

In die gleiche Richtung zielte, was auf dem Berliner Gewerkschaftstag 1970 verhandelt wurde: Nur eine überbetriebliche Ertragsbeteiligung der Arbeitnehmer, so Herbert Stadelmaier in seinem Rechenschaftsbericht, könne eine entscheidende Veränderung bringen: »Diejenigen Unternehmen also, bei denen sich Kapital anhäuft, müssen verpflichtet werden, dafür einen Teil ihres Gewinns abzuführen.«[45] Das 624-DM-Gesetz, ergänzte Erich Herrmann, damals Landesleiter von Hessen/Rheinland-Pfalz/ Saarland, sei doch nichts anderes als ein Spargesetz, das letztlich von den Verbrauchern getragen werden müsse. Zwölf Anträge lagen zur Vermögensbildung vor. Angenommen wurde schließlich einstimmig ein vom Hauptvorstand vorgelegter Antrag:

> Die Delegierten des 6. ordentlichen Gewerkschaftstages verfolgen mit wachsender Sorge die Konzentration von Vermögen in der Bundesrepublik Deutschland. Nach 20 Jahren »sozialer Marktwirtschaft« gehören der mit einem Anteil von 1,7 Prozent kleinsten gesellschaftlichen Gruppe der Selbständigen über 35 Prozent der Privatvermögen und 70 Prozent der Produktionsmittel. Bisher haben alle vom Gesetzgeber ergriffenen Maßnahmen diese einseitige Verteilung der Vermögen nicht verhindert und eine Vermögensbildung in Arbeitnehmerhand nicht ermöglicht.[46]

Der Gewerkschaftstag forderte eine verstärkte Förderung der Ersparnisbildung bei Arbeitnehmern und eine Beteiligung am Vermögenszuwachs der Unternehmen:

> Die Delegierten des 6. ordentlichen Gewerkschaftstages sind der Auffassung, daß die entscheidende Umverteilung künftigen Vermögenszuwachses nur über eine überbetriebliche Ertragsbeteiligung zu erreichen sein wird (...) Jene Unternehmen, in denen sich die Kapitalanhäufung im wesentlichen vollzieht, müssen zur Abführung von Teilen ihres Gewinnes gesetzlich verpflichtet werden.
> Die Delegierten des 6. ordentlichen Gewerkschaftstages erwarten von der Bundesregierung darüber hinaus eine Änderung der Vermögens- und Erbschaftssteuer, damit zukünftig auch dadurch die Konzentration eines großen Vermögens in den Händen einzelner Personen verhindert werden kann.[47]

Im Organisationsbereich der *NGG* wurde der erste Tarifvertrag über vermögenswirksame Leistungen Ende der 60er Jahre mit der Margarineindustrie abgeschlossen. Er sah noch eine Eigenbeteiligung von einem Drittel vor. Anfang 1970 gab es erst acht Tarifverträge, in denen meist Monatszahlungen von 26 Mark vereinbart waren, hier und da mit einer Eigenbeteiligung. Nachdem das 3. Vermögensbildungsgesetz, das sogenannte »624-DM-Gesetz« verabschiedet worden war, ging es schneller voran. 262 Tarifverträge mit vermögenswirksamen Leistungen 1973, in der Mehrzahl mit einer Jahresleistung von 312, z.T. 468 DM. Erst in 21 Tarifverträgen (darunter BAT, Reemtsma, Philipp Morris) waren Leistungen von 624 DM festgeschrieben. Anfang 1976 gab es insgesamt 250 Tarifverträge mit vermögenswirksamen Leistungen, davon 2 mit einem Anspruch von weniger als 312 DM im Jahr, 165 mit 312 DM, 40 Verträge mit 468 DM und 43 Tarifverträge mit 624 DM im Jahr.

KAPITEL XXIV
Die »qualitative Tarifpolitik« der Gewerkschaft NGG

Die Tarifpolitik der Gewerkschaft *NGG* hatte sich, wie dargestellt, schon seit Mitte der 50er Jahre zugleich mit der Verbesserung der Lohn- und Gehaltstarifstruktur auch der Arbeitszeitverkürzung und der Verlängerung des Jahresurlaubs gewidmet. Sie hatte sich damit Ziele gesetzt, die über den Rahmen einer traditionellen, nur auf Mark- und Pfennig-Erhöhungen ausgerichteten Tarifpolitik hinausgingen.
Die Arbeitnehmer vor den abträglichen sozialen Folgen des »technischen Fortschritts«, vor Rationalisierung und Automation zu schützen, war eine Aufgabe, der sich die Tarifpolitiker der *NGG* zuerst in den frühen 60er Jahren widmeten. Zunächst in den hochtechnisierten Bereichen der tabakverarbeitenden Industrie.
Dort wurden Klauseln zum Schutz der Löhne, zur Sicherung der Arbeitsplätze und Abfindungsregelungen, vor allem für ältere Arbeitnehmer, seit 1963 in verschiedenen Tarifverträgen verankert. Sogenannte Alterssicherungsklauseln, die entweder eine ordentliche Kündigung ausschlossen oder bei innerbetrieblichen Umbesetzungen die alte Lohn- und Gehaltsgruppe sicherten, wurden gleichfalls schon in jener Zeit in Tarifverträgen der Zigarettenindustrie festgeschrieben. Schichtarbeiter in der Zigarettenindustrie erhielten seit Anfang der 60er Jahre fünf Arbeitstage im Kalenderjahr als bezahlte Freizeit zusätzlich zum Urlaub.
Verschiedene Beiträge auf dem Bremer Gewerkschaftstag der *NGG* 1966 machten deutlich, daß die Aufgabe, vor allem ältere Arbeitnehmer vor den Folgen von Rationalisierung und Automatisierung zu bewahren, in Zukunft noch stärker in den Vordergrund rücken würde. Wie überhaupt eine Verlagerung der Tarifpolitik in sozialpolitischer Hinsicht notwendig sei. Unter dem Eindruck der ersten großen Wirtschaftskrise in der Bundesrepublik glaubten viele Delegierte, es werde zukünftig immer schwerer werden, gerechte und der Zeit entsprechende Lohnforderungen durchzusetzen. Alfred Schattanik, der scheidende Vorsitzende, bemerkte:

Da keine Anzeichen dafür sprechen, daß sich die Wachstumsraten der »Wirtschaftswunderzeit« wiederholen werden, rückt das Problem der Vollbeschäftigung und der Sicherung der Arbeitsplätze bzw. der sozialen Absicherung der Arbeitnehmer bei strukturellen Verschiebungen auf dem Arbeitsmarkt erstmals seit dem II. Weltkrieg wieder in die Front wirtschaftspolitischer Betrachtungen.[1]

Schutzbestimmungen vor den negativen Auswirkungen der Rationalisierung, wie sie in der Zigarettenindustrie bestanden, wurden von der *NGG* in der Folgezeit auch in der Ölmühlen- und Margarineindustrie, der Spirituosen-, Zucker- und Futtermittelindustrie, in den Molkereien durchgesetzt. In einigen Manteltarifverträgen der Brauwirtschaft (Hessen, Fulda, Rheinland, Rheinhessen und Berlin) galt die Unkündbarkeit älterer Arbeitnehmer, die über 50 bzw. 55 Jahre alt waren und 20 oder 30 Jahre dem Betrieb angehörten. Ein Freizeitausgleich für Schichtarbeiter konnte auch in der Margarineindustrie eingeführt werden.

1. Ziele »qualitativer Tarifpolitik«

Der Berliner Gewerkschaftstag 1970 bündelte die bis dahin unternommenen Versuche, neue Wege in der Tarifpolitik zu beschreiten und legte als Hauptziele einer aktiven Tarifpolitik der NGG in den 70er Jahren fest:
1. Sicherung der Arbeitsplätze,
2. Humanisierung der Arbeitsbedingungen,
3. Einkommensverbesserungen, Einheitliche Einkommenstarifverträge,
4. Arbeitszeit und Urlaub,
5. Urlaubs- und Weihnachtsgeld in Form eines 13. Monatsgehalts,
6. Garantiertes Jahreseinkommen.

Der Wolfsburger Gewerkschaftstag vier Jahre später legte genauer dar, was die *NGG* unter Humanisierung der Arbeitsbedingungen verstand:

> Der Wert gewerkschaftlicher Tarifpolitik darf nicht nur an der Erreichung materieller Ziele gemessen werden. Zentraler Kern einer dynamischen Tarifpolitik ist der arbeitende Mensch, die Durchsetzung eines gerechten Lohnes und die Verbesserung der Bedingungen seiner Arbeit. Die Leistung menschlicher Arbeit vollzieht sich auf Arbeitsplätzen, deren Umgebung und Gestaltung vorwiegend nach ökonomischen und technischen Kriterien bestimmt werden.
>
> Änderungen der Arbeitsorganisation, der Anwendung von Verfahrenstechniken und der Einsatz technischer Hilfsmittel in den Betrieben erfolgen in erster Linie mit dem Ziel einer Kostenminderung. Häufig wird die Chance vertan, den Arbeitnehmer vor einem zu frühen Verschleiß seiner Arbeitskraft zu schützen und ihm in seiner Arbeitsaufgabe einen befriedigenden Arbeitsinhalt und einen größeren Verantwortungsbereich zu geben.
>
> Deshalb fordern die Delegierten die Humanisierung der Arbeitswelt als tarifpolitische Forderung in die Tarifauseinandersetzungen einzubeziehen. Der Begriff einer besseren Lebensqualität muß in eine menschliche Qualität der Arbeitsbedingungen umgesetzt werden.
>
> Diesem Ziel dient:
> Eine Mitbestimmung des Arbeitnehmers über den Weg zur Erreichung seines Leistungszieles, bei der Bestimmung der Entlohnungsform, von Leistungsvorgabewerten und den notwendigen Erholungszeiten;
> Der Abbau psychischer Belastungen, wie sie in der eintönigen Arbeitsorganisation bei Fließbandarbeit und Serienfertigung auftreten, durch eine Festlegung sinnvoller Arbeitsinhalte mit größeren Verantwortungsbereichen;
> Eine Einflußnahme auf die personelle Besetzung von Arbeitsstraßen, von Maschinenkombinationen und in Arbeitsgruppen;

Eine Entlastung der Arbeitnehmer bei körperlich schwerer oder monotoner Arbeit durch technische Hilfsmittel;
Die Verkürzung der Arbeitszeit unter 8 Stunden je Tag, wenn mit der Arbeit besonders hohe oder schädigende Belastungen verbunden sind;
Das Recht auf bezahlte Kurzpausen und Erholungszeiten als Ermüdungsausgleich bei Arbeiten mit starken geistig-nervlichen Belastungen;
Der Ausgleich einer biologisch ungünstigen Lage der Arbeitszeit (z. B. Spätschichten) durch eine bezahlte Schichtfreizeit;
Die Sicherung des Einkommens und des Arbeitsplatzes älterer oder minderleistungsfähig gewordener Arbeitnehmer.[2]

In einem besonderen Antrag, vom Landesbezirk Berlin vorgelegt, wurde die Aufnahme von Schutzbestimmungen in alle Tarifverträge vorgeschlagen, so daß Arbeitnehmer, die über 55 Jahre alt waren und dem Betrieb länger als 15 Jahre angehörten, nicht mehr herabgestuft und nur noch aus »wichtigen Gründen« entlassen werden dürften.

Die *NGG* war der Meinung, daß die Tarifvertragsparteien neue Maßstäbe in der Tarifpolitik setzen müßten. Die quantitative Lohnpolitik werde künftig eine geringere Rolle spielen. Anders ausgedrückt: Gewinn und Produktionsfortschritt würden nicht mehr so sehr für Einkommenserhöhungen genutzt, hob Günter Döding auf dem Mannheimer Gewerkschaftstag, 1978, hervor:

Das bedeutet, mit dem einen oder anderen möglichen Prozent Lohnerhöhung die Arbeitszeitverkürzung für ältere Arbeitnehmer, zusätzliche Freizeit für Schichtarbeiter und Verlängerung des Urlaubs für alle Arbeitnehmer zu finanzieren. Hier wird dann nicht auf etwas verzichtet, sondern das mögliche wird anders, wir sagen: qualitativer, verteilt.[3]

Der damalige Bundeskanzler Helmut Schmidt, als Gastredner auf dem Gewerkschaftstag anwesend, hielt »das, was der Kollege Döding als einen Durchbruch zu mehr Menschsein in der Arbeitswelt gewertet hat, nämlich Eure neuesten tarifpolitischen Erfolge«, für »bemerkenswerte Beiträge in der allgemeinen Diskussion, in der sich unsere Gesellschaft befindet«.[4]
Und die Fortsetzung dieser qualitativen Tarifpolitik war denn auch auf dem Nürnberger Gewerkschaftstag 1982 unumstritten.
An die erste Stelle tarifpolitischer Zielsetzungen war jetzt die »weitere Verkürzung der Arbeitszeit in all ihren Varianten und die Berücksichtigung besonders belasteter Personengruppen«[5] gerückt, dem folgte die Sicherung zeitgemäßer Einkommensbedingungen und die soziale Beherrschung der technologischen Entwicklung.

2. Einheitliche Einkommenstarifverträge

Der Berliner Gewerkschaftstag 1970 hatte beschlossen, wegen der wachsenden Überschneidung der Arbeitsaufgaben und Funktionen von gewerblichen Arbeitnehmern und Angestellten, einen »Einheitlichen Einkommenstarifvertrag« für Arbeiter und Angestellte auf der Grundlage summarischer und analytischer Arbeitsplatzbewertungsmethoden anzustreben.

> Angestellte gehören in dem noch immer grundlegenden Interessenkonflikt zwischen Kapital und Arbeit auf diejenige Seite, auf der auch die Arbeiter stehen.
> Es ist wohl richtig, daß Angestellte spezifische Interessen haben können, ebenso wie sie bestimmte Erscheinungen ihrer Situation mit anderen Augen betrachten oder mit einem anderen Akzent versehen als die Arbeiter. Aber diese Verschiedenheiten bedingen keinen Interessengegensatz, der eine Konkurrenz zwischen Arbeitnehmergruppen erforderlich machen würde. Diese Verschiedenheiten gibt es auch in der Arbeitergruppe zwischen Gelernten, Angelernten und Ungelernten. (...)
> Die zukünftige Stärke und die Möglichkeiten der Gewerkschaften werden davon abhängen, ob es gelingt, die Angestellten in einer größeren Anzahl zu gewinnen. Der Zeitpunkt ist nicht mehr fern, daß Arbeiter und Angestellte einen einheitlichen Status haben werden.[6]

So Günter Döding auf dem Berliner Gewerkschaftstag 1970 über das Interesse der *NGG* an der Entwicklung Einheitlicher Einkommenstarifverträge. Im Antrag 153 des Gewerkschaftstages hieß es:

> Die Delegierten des Gewerkschaftstages sehen in der gemeinsamen Tarifpolitik für gewerbliche Arbeitnehmer und Angestellte den besten Weg zu einem gerechten Anteil am Ertrag und Gewinn in der Ernährungs-, Getränke- und Genußmittelindustrie.
> Sie empfehlen im Bereich der Manteltarifverträge einheitliche Tarifverträge für gewerbliche Arbeitnehmer und Angestellte abzuschließen.
> (...)
> In den Gehaltstarifverträgen sollte nicht mehr nach besonderen Gruppen für Kaufleute, Techniker und Meister (unterschieden werden), sondern ein allgemein gültiger Gehaltsgruppenaufbau geschaffen werden.[7]

Nach eingehender Diskussion im Tarifpolitischen Ausschuß beschloß der Hauptvorstand der NGG im September 1971, zunächst auf die Einheitlichen Einkommenstarifverträge den Schwerpunkt der qualitativen Tarifpolitik zu legen.

Die Brauwirtschaft wurde als erstes Tarifgebiet ausgewählt, in dem der Einheitliche Einkommenstarifvertrag verwirklicht werden sollte. 1972 lagen die Forderungen auf dem Tisch des Deutschen Brauerbundes. Die Eingruppierungskriterien sollten Leistungs- und Belastungskriterien entsprechen, die Bewertungsmerkmale aus einer Kombination von summarischen und analytischen Werten bestehen. Das Ziel: die jeweilige Arbeitsanforderung genau zu erfassen und die Möglichkeit betrieblicher Zulagen einzuschränken. Schließlich wurde angestrebt, auch die Angestellten mit leitenden Funktionen in den einheitlichen Bundesrahmentarifvertrag einzubeziehen.

In harten und zähen Verhandlungen konnte die NGG ihre Ziele weitgehend durchsetzen. Der am 1. Januar 1974 in Kraft getretene Bundesrahmentarifvertrag Brauindustrie bestimmte, daß allein die übertragenen und ausgeführten Arbeiten, nicht die Berufsbezeichnung, für die Eingruppierung eines Arbeitnehmers entscheidend sein sollten.

Zehn gemeinsame Bewertungsgruppen wurden aufgeführt und durch typische Tätigkeitsmerkmale ergänzt. § 23 des Vertrags legte fest:

> Soweit die Merkmale einer Bewertungsgruppe einem bestimmten beruflichen Ausbildungsgang entsprechen, ein Arbeitnehmer diesen aber nicht durchlaufen hat, ist er jedoch in diese Bewertungsgruppe einzustufen (...) andererseits begründet ein bestimmter Ausbildungsgang für sich allein keinen Anspruch auf Eingruppierung in eine bestimmte Bewertungsgruppe.[8]

Die *NGG* sicherte sich das Mitbestimmungsrecht für die Entwicklung weiterer Systeme zur Entgeltfindung und setzte durch, daß alle Beschäftigten künftig Monatsgehälter bekamen. Schließlich wurde festgelegt, daß mit dem Bundesrahmentarifvertrag keine Einkommensminderung verbunden sein dürfe. Das war dann auch nicht der Fall – im Schnitt wurden etwa 20 Prozent der Beschäftigten besser eingestuft als zuvor.
Die Bildung von paritätischen Kommissionen, die Belastungen durch eintönige Arbeit, Umgebungseinflüsse usw. hätten bewerten sollen und auch die Formulierung der Gruppenmerkmale und Tätigkeitsbeispiele nach analytischen Kriterien, wurden von Arbeitgeberseite strikt abgelehnt. In den Betrieben war noch mancher Strauß auszufechten, bevor man das neue *NGG*-Konzept als gesichert bezeichnen konnte. Viele Arbeitgeber versuchten, das nach einer Umgruppierung fällige höhere Entgelt gar nicht oder mit erheblicher zeitlicher Verzögerung auszuzahlen. Eine Reihe von Prozessen, die sich in zwei Fällen bis vor das Bundesarbeitsgericht hinzogen, verhalfen der *NGG* aber zum Erfolg.
1978 wurde der Bundesrahmentarifvertrag von der *NGG* gekündigt. In Neuverhandlungen, die sich bis zum Februar 1981 hinzogen, wurden nervliche Belastungen, die sich aus dem Ablauf oder der Beobachtung von Arbeitsvorgängen ergeben, als zusätzliches Eingruppierungskriterium aufgenommen, eine neue Bewertungsgruppe eingeführt und die Merkmale der einzelnen Bewertungsgruppen genauer gefaßt.
In der Zigarettenindustrie wurde der erste einheitliche Gehaltstarifvertrag für *alle* Arbeitnehmer 1974 mit der BAT abgeschlossen, 1977 folgten Reemtsma und die Brinkmann AG. In der Folgezeit setzte sich das Konzept in fast allen Unternehmen der Branche durch. Die Einbeziehung der Angestellten mit leitenden Funktionen erwies sich aber auch hier als problematisch und konnte nur in einem Teil der Einkommenstarifverträge erreicht werden.
Bis zum 1. 7. 1982 konnte die NGG 66 einheitliche Entgelttarifverträge abschließen. Mit den Schwerpunkten in Brauereien und Mälzereien, der Zigaretten- und Hefeindustrie, den Mineralbrunnenbetrieben, der Süßwaren- und Spirituosenindustrie wie den Weinkellereien.
Mit berechtigtem Stolz konnte Erich Herrmann, 2. NGG-Vorsitzender, das auf dem Nürnberger Gewerkschaftstag als »eines der herausragendsten Ergebnisse« der Tarifpolitik präsentieren. Denn »die Überwindung

der tariflichen Spaltung von Arbeitern und Angestellten hat große gesellschaftspolitische Wirkung.«[9]

3. Rationalisierungsschutz-Abkommen

Der 1964 abgeschlossene Manteltarifvertrag für gewerbliche Arbeitnehmer in der Zigarettenindustrie enthielt erste Schutzmaßnahmen gegen Kündigungen aus Rationalisierungsgründen. Ähnliche Bestimmungen wurden in der Folgezeit in einer Vielzahl weiterer Tarifverträge vereinbart.
Nach zahlreichen Verhandlungen gelang es der NGG am 6.8.1970, in der Brauwirtschaft auf Bundesebene ein Rationalisierungsschutz-Abkommen für gewerbliche Arbeitnehmer und Angestellte abzuschließen. Damit war ein beträchtlicher Schritt nach vorne getan worden.
Mit dem Abkommen sollten »soziale Härten, die als nachteilige Folgen von Rationalisierungsmaßnahmen eintreten können, vermieden oder gemildert werden«.[10] Das Abkommen galt auch für Rationalisierungsmaßnahmen nach Betriebsübernahmen, womit eine empfindliche Lücke geschlossen wurde. Die Rechte der Betriebsräte wurden fühlbar erweitert. § 4 des Abkommens regelte:

> Sind im Zusammenhang mit Rationalisierungsmaßnahmen Umsetzungen oder Entlassungen zu erkennen, so hat der Arbeitgeber den Betriebsrat unverzüglich zu unterrichten und mit ihm gemeinsam in vertrauensvoller Zusammenarbeit die zutreffenden personellen oder sozialen Maßnahmen zu beraten. Dazu gehören auch die zukünftige Personalsituation, die Auswirkungen der veränderten technischen Arbeitsbedingungen sowie die Möglichkeiten der betrieblichen Anpassung, in erster Linie, ob eine Weiterbeschäftigung der betroffenen Arbeitnehmer auf gleichwertigen Arbeitsplätzen im Betrieb oder Unternehmen möglich ist.[11]

Schließlich konnte ein wirksamer Kündigungsschutz für ältere Kollegen durchgesetzt werden, die sonst stets am härtesten getroffen wurden. Die ordentliche Kündigung als Folge von Rationalisierungsmaßnahmen, eines Arbeitnehmers, der das 55. Lebensjahr vollendet hatte und dem Betrieb 20 Jahre ununterbrochen angehörte, wurde erst mit Zustimmung des Betriebsrats wirksam.
Bei Umsetzungen, die mit Einkommensverlusten verbunden waren, wurde der bisherige regelmäßige Verdienst für sechs Monate weitergezahlt. Bei Entlassungen wurden Abfindungen vorgesehen, die je nach Lebensalter und Dauer der Betriebszugehörigkeit zwischen einem und zwölf Monatsverdiensten schwankten.
Zum 30.9.1974 wurde das Rationalisierungsschutz-Abkommen mit der Brauwirtschaft gekündigt. Eine Erneuerung wurde nicht für nötig gehalten. Die NGG versuchte jetzt, Rationalisierungsschutz-Bestimmungen in die einzelnen Manteltarifverträge zu übernehmen, wie sie es schon in den siebziger Jahren in der Zigarettenindustrie getan hatte. Die Manteltarif-

verträge u. a. für die Ölmühlen- und Margarineindustrie, die Zucker- und Süßwarenindustrie, die Obst- und Gemüseverwertung, die Deutsche Schlafwagengesellschaft (DSG), die Co op-Unternehmen und die Getränkeindustrie enthielten vergleichbare Rationalisierungsschutz-Bestimmungen.

4. Kündigungsschutz für ältere Arbeitnehmer

Sogenannte Alterssicherungsklauseln, die entweder eine ordentliche Kündigung ausschlossen oder bei innerbetrieblichen Umbesetzungen die alte Lohn- und Gehaltsgruppe sicherten, wurden in den frühen sechziger Jahren zuerst in den Tarifverträgen der Zigarettenindustrie und der hessischen Mühlenindustrie festgeschrieben.
Nach dem Manteltarifvertrag vom 1.1.1976 sind in der Zigarettenindustrie alle Beschäftigten, die das 50. Lebensjahr vollendet haben und dem Unternehmen mindestens 10 Jahre lang angehören, sowie Arbeitnehmer, bei denen die Summe aus Lebens- und Betriebszugehörigkeitsjahren mindestens 65 ergibt, von einer ordentlichen Kündigung aus betriebsbedingten Gründen ausgeschlossen. Änderungskündigungen sind möglich, dürfen aber keine Einkommensverluste mit sich bringen. Nach dem MTV vom 3.7.1981 muß die Summe von 65 nicht mehr erreicht werden.
Nicht ganz so günstig sahen die mit der Süßwarenindustrie getroffenen Regelungen aus. Im ersten Manteltarifvertrag auf Bundesebene vom April 1975 für alle Arbeitnehmer der Süßwarenindustrie wurde geregelt, daß Arbeitnehmer nach 25jähriger Betriebszugehörigkeit und nach Vollendung des 55. Lebensjahres nicht mehr ordentlich gekündigt werden können. Bei Änderungskündigungen darf keine Herabgruppierung vorgenommen werden.
Nach dem Stand von Juni 1983 war ein Kündigungsschutz für ältere Arbeitnehmer in insgesamt 183 Tarifverträgen verankert. Meist setzte der Kündigungsschutz nach dem 50. bis 55. Lebensjahr und 10 bis 20 Jahren Betriebszugehörigkeit ein.
106 Tarifverträge hatten Bestimmungen über Lohn- und Lohngruppensicherung für ältere Arbeitnehmer. 50- bis 55jährige erhalten nach einer gewissen Zeit der Betriebszugehörigkeit, in der Mehrzahl der Fälle sind das 10 bis 15 Jahre, das bisherige Einkommen oder die bisher innegehabte Lohn- und Gehaltsgruppe garantiert. Teilweise wird die Verdienstsicherung auch dann ausgesprochen, wenn eine altersbedingte Minderleistungsfähigkeit eintritt.
Nach dem Haustarifvertrag mit BAT gelten Besitzstandssicherungen auch für jüngere Beschäftigte, die bei Umgruppierungen in eine niedrigere Einkommensstufe ebenfalls für fünf Jahre eine Ausgleichzahlung erhalten, die dem Unterschiedsbetrag zum alten Entgelt entspricht. Danach wird eine schrittweise Anpassung vorgenommen.

5. Schichtfreizeiten

In einigen Bereichen der Nahrungs- und Genußmittelindustrie wird während der Kampagne oder Saison, im Gegensatz zu der sonst stillen Jahreszeit, zwei- oder dreischichtig gearbeitet. Zeiten der Spitzenbeschäftigung mit mehreren Arbeitsschichten gibt es insbesondere in der Zuckerindustrie während der zwei bis drei Monate andauernden Kampagne, in den Betrieben der Obst- und Gemüsekonservenindustrie während der Erntezeit und in den Betrieben der alkoholfreien Getränkeindustrie während der Sommermonate.

In Brauereien, Mälzereien und Mühlen findet man häufig den Dreischichtenbetrieb, in vielen anderen Bereichen den Zweischichtenbetrieb.

Die gesundheitlichen Nachteile der Schichtarbeit wurden schon Anfang der sechziger Jahre untersucht: ungenügender Schlaf am Tage, zusätzliche Ausgaben für Verpflegung, Heizung und Beleuchtung, gestörter familiärer Zusammenhalt, Verkehrsschwierigkeiten usw.

Die tarifvertragliche Vereinbarung von Mehrschichtarbeit, meinte man in der Tarifabteilung der NGG, werde nicht zu umgehen sein, wenn die Rohmaterialien, die Art der Erzeugnisse oder das Herstellungsverfahren einen ununterbrochenen kontinuierlichen Arbeitsablauf erforderten. Schichtarbeit nur, um die Kapazitäten bestmöglich auszunutzen, solle jedoch wegen der ungünstigen gesundheitlichen Auswirkungen abgelehnt werden.

1963 schrieb die Tarifabteilung der NGG, sie sehe »die Gewährung einer zusätzlich bezahlten Freizeit zum Ausgleich der dauernden physischen Belastung der Schichtarbeit als sinnvoller«[12] an – sinnvoller jedenfalls – als die bisherige Praxis der finanziellen Abgeltung.

Der Gewerkschaftstag 1966 beschloß, »in die Richtlinien für die Tarifarbeit weitere Sicherungen zum Ausgleich für Nachteile bei Schichtarbeit aufzunehmen«.[13]

Die erste Umsetzung dieser Empfehlung wurde Anfang der sechziger Jahre in der Zigarettenindustrie vorgenommen. Bis zum Februar 1979 gab es insgesamt 29, bis 1983 waren es schon 103 Manteltarifverträge mit Regelungen über Schichtfreizeiten.

Für die Zigarettenindustrie gab es nach dem MTV vom 3.7.1981 acht Arbeitstage Schichtfreizeit nach 160 Tagen Schichtarbeit. In insgesamt zehn Tarifverträgen besteht nach 10 bis 15 Nachtschichten ein Anspruch auf einen Tag Schichtfreizeit. Für die Firma Uniferm in Monheim wurden 12 Tage Schichtfreizeit im Jahr für die Arbeitnehmer in Konti-Arbeit vereinbart.

Hinzu kommen Vereinbarungen, die für Schichtarbeiter bezahlte Kurzpausen von 20 bis 30 Minuten vorsehen oder für Nacht- und Wechselschichtarbeiter die Wochenarbeitszeit auf 37,5 bis 38,75 Stunden senken.

Am 30.6.1982 gab es schon 66 solcher Tarifverträge, in denen besonders hohe oder schädigende Belastungen durch bezahlte Pausen innerhalb der Schichtzeit oder durch eine Verkürzung der Schichtzeit abgegolten wur-

Tab. 92
NGG-Tarifverträge mit Regelungen über Schichtfreizeit, bezahlte Kurzpausen, Arbeitszeitverkürzungen. Stand: 1979[14]

Wirtschaftsbereich	NGG-Tarifverträge mit Regelungen über		
	nur Schichtfreizeit	bezahlte Kurzpausen ggf. zusätzlich Schichtfreizeit	Arbeitszeit unter 40 Std. ggf. zusätzlich bez. Kurzpausen und/oder Schichtfreizeit
	gültig für.... Arbeitnehmer		
Brauereien	21 530	4 470	23 230
Mittelstandsbrauereien	–	10 000	–
Hefeindustrie	–	80	500
Erfrischungsgetränke- und Brunnenbetriebe	4 250	–	6 080
Spirituosenindustrie	–	1 000	3 940
Mälzereien	–	–	80
Mühlenindustrie	300	–	4 990
Futtermittelindustrie	–	–	1 760
Nährmittel-, Kaffee- und Stärkeindustrie	910	–	42 640
Brotindustrie	–	2 800	1 000
Bäcker- und Konditorenhandwerk	–	–	17 220
Fleischwarenindustrie	7 110	11 600	5 480
Geflügelschlachtereien	–	450	–
Kühlhäuser	400	–	325
Molkereien und Käsereien	–	12 560	4 670
Milch- und Schmelzkäseindustrie	1 900	150	–
Margarineindustrie	150	–	10 000
Ölmühlenindustrie	440	–	2 325
Zuckerindustrie	21 000	–	–
Süßwarenindustrie	–	62 970	–
Obst- und Gemüseverwertungsindustrie	–	–	470
Kartoffelverarbeitungsindustrie	–	–	1 900
Zigarettenindustrie	760	–	13 500
Landwirtschaftliche Genossenschaften	–	100	–
Insgesamt:	58 750	106 180	140 110
Insgesamt:		305 040	

den – u. a. in Brauereien und Mälzereien, in Mineralbrunnenbetrieben, in der Mühlenwirtschaft, der Nährmittel- und Fleischwarenindustrie, der Margarine- und Zigarettenindustrie, den Molkereien und Kühlhäusern.

6. Arbeitszeitverkürzung für ältere Arbeitnehmer

In den letzten Jahren traten in der Tarifpolitik der *NGG* immer stärker beschäftigungspolitische Ziele hervor. Nach dem vom Hauptvorstand im März 1977 beschlossenen Konzept zur Beschäftigungs- und Vermögenspolitik ist vorgesehen, die Arbeitnehmer durch Branchenfonds an den Unternehmergewinnen zu beteiligen. Die Branchenfonds sollen von den Tarifvertragspartnern gemeinsam verwaltet und ihre Mittel in erster Linie zur Sicherung der Arbeitsplätze verwendet werden. Beschäftigte ab dem 55. Lebensjahr sollen wöchentlich nur noch 35 und ab dem 60. Lebensjahr nur noch 30 Wochenstunden bei vollem Lohnausgleich arbeiten. Die schon angesprochenen Schichtfreizeiten, die Ablösung von Erschwerniszuschlägen durch Freizeit, auch die Abgeltung notwendiger Überstunden durch Freizeit, dort, wo das Einkommen der Arbeitnehmer es möglich macht, schließlich die Einstellung von kontinuierlichen Arbeitsreserven für Ausfälle durch Krankheit, Kur und Urlaub, sollen zur Schaffung neuer Arbeitsplätze beitragen. Das Konzept fand eine außerordentlich positive Aufnahme in der Öffentlichkeit.

Mit dem spektakulären Abschluß einer Vereinbarung über Arbeitszeitverkürzung für ältere Arbeitnehmer in der Zigarettenindustrie vom 7. Juni 1978 gelang es der Gewerkschaft *NGG* zum ersten Mal, ihr neues tarifpolitisches Konzept praktisch zu erproben. Der Tarifvertrag sah vor:

> Arbeitnehmer, die das 60. Lebensjahr vollendet haben und dem Unternehmen mindestens zehn Jahre angehören, können im Einvernehmen mit Arbeitgeber und Betriebsrat bis zum frühestmöglichen Bezug einer Rente aus der gesetzlichen Rentenversicherung alternativ von der Arbeit bei Fortzahlung von 75 Prozent ihrer Bruttobezüge freigestellt oder bei herabgesetzter Wochenarbeitszeit von 20 Stunden mit vollem Arbeitsentgelt beschäftigt werden.[15]

Weiterhin wurde vereinbart, daß die Unternehmen so viele neue Arbeitskräfte einschließlich Auszubildender einstellen, wie Mitarbeiter durch diesen Vertrag ganz oder teilweise von der Arbeit freigestellt werden.

Im Juli 1981 wurde die Vereinbarung mit der Zigarettenindustrie mit wesentlichen Veränderungen im Manteltarif neu geregelt. Jetzt konnten Arbeitnehmer 24 Monate vor dem Anspruch auf ein gesetzliches Altersruhegeld entscheiden, ob sie verkürzt arbeiten oder ganz aus dem Arbeitsleben ausscheiden wollten (Frauen und Schwerbehinderte somit schon ab dem 58. Lebensjahr).

Nach einer Erhebung vom Januar 1982 waren in der Zigarettenindustrie 452 = 2,7 Prozent aller Beschäftigten anspruchsberechtigt. 85 Prozent davon entschieden sich, ihre Ansprüche auch geltend zu machen, und von

diesen wiederum 56 Prozent für die Freistellung bei 75 Prozent der bisherigen Bezüge, 44 Prozent für die Halbierung der Arbeitszeit bei vollen Bezügen.
Fast zeitgleich zum beispielhaften Abschluß in der Zigarettenindustrie wurden Verhandlungen zum gleichen Thema mit der nordrhein-westfälischen Brauwirtschaft eröffnet. Die NGG rechnete damit, daß die Auseinandersetzungen härter würden. Kurz vor Eröffnung der neuen Tarifrunde hatten die Brauereien ein Schutzabkommen geschlossen. Im Fall eines Arbeitskampfes sollte keine Brauerei versuchen, im bestreikten Gebiet auf Kosten der Konkurrenz Marktanteile zu erobern. Nach fünf Verhandlungsterminen bis zum Juli 1978 war noch keine Einigung in Sicht. Die Arbeitgeber boten lediglich sieben freie Tage ab 60 an.
Eine Delegiertenkonferenz der Betriebsräte und Vertrauensleute nordrhein-westfälischer Brauereien in Dortmund forderte die NGG angesichts des Stillstands der Verhandlungen auf, »alle Mittel, auch die des Arbeitskampfes, dafür einzusetzen, die Verhaltensweise der Arbeitgeber zu durchbrechen und den Forderungen der NGG zur Anerkennung zu verhelfen«.[16] Das war neben der Verkürzung der Arbeitszeit die Mitbestimmung der Betriebsräte bei der personellen Besetzung der Maschinen und Anlagen, Erholungszeiten bei Lärmbelästigung und maschinengebundener Arbeit sowie Schichtfreizeiten bei Wechselschicht.
Die Delegierten der niedersächsischen Brauer gingen noch einen Schritt weiter. Sie forderten die Tarifkommission auf, »die Verhandlungen für gescheitert zu erklären und beim Geschäftsführenden Hauptvorstand den Antrag auf Durchführung einer Urabstimmung zur Einleitung von Kampfmaßnahmen zu stellen«.[17]
Am 21. und 22. August 1978 fand die Urabstimmung in NRW statt, 85 Prozent der Mitglieder erklärten sich für Kampfmaßnahmen. Die Zeitungen malten schon das Schreckgespenst einer »Bierpanik«[18] an die Wand, während in Dortmund erste Warnstreiks stattfanden und die Arbeitgeber mit Aussperrungen drohten. Ein Vermittlungsgespräch unter Leitung des Landesschlichters Peter Kraft schaffte am 26. August 1978 die Einigung (wie man damals glaubte): 32-Stunden-Woche für Arbeitnehmer über 60, sofern sie mindestens 10 Jahre in der Brauwirtschaft beschäftigt waren; die Arbeitszeit für 56jährige und Ältere sollte bis 1981 stufenweise auf 34 Stunden verkürzt werden. Von den Arbeitgebern wurde der Tarifvertrag als fairer Kompromiß bezeichnet, von der NGG zu Recht als entscheidender Durchbruch in Sachen Arbeitszeitverkürzung.
Was danach geschah, kam für die NGG völlig überraschend und dürfte in der bisherigen Geschichte westdeutscher Tarifpolitik ohne Beispiel sein: In einer Sitzung des Arbeitgeberverbandes der Brauindustrie vom 30. August 1978 in Düsseldorf fielen die Brauherren der eigenen Verhandlungskommission in den Rücken und lehnten mit 52:18 Stimmen bei 5 Enthaltungen den neuen Manteltarifvertrag ab. Das Geheimnis dieser denkwürdigen Abstimmung entwirrt sich ein wenig, wenn man einen Blick auf die Teil-

nehmerliste jener Arbeitgeberversammlung wirft. Da waren angereist: der Hauptgeschäftsführer von *Gesamtmetall*, Dieter Kirchner (der freilich beteuerte, in anderer Funktion anwesend zu sein), ferner der stellvertretende Hauptgeschäftsführer des *BdA*, Fritz Himmelreich und auch Vertreter der *Arbeitgebervereinigung Nahrung und Genuß*. Sie alle befanden sich »zufällig« in den Räumlichkeiten. Den Unternehmern nahestehende Blätter wie *Handelsblatt* und *Frankfurter Allgemeine Zeitung* hatten schon warnend den Zeigefinger erhoben, mit dem neuen Abschluß werde der »Tabukatalog« durchbrochen. Im Arbeitgeberlager wollte man um jeden Preis verhindern, daß sich hier ein unliebsamer Präzedenzfall auftat, der den Forderungen anderer Gewerkschaften nach Arbeitszeitverkürzung Rückhalt hätte geben können. Nach einer Meldung der *Frankfurter Rundschau* vom 4. September 1978 begründete der Vorsitzende des Brauerbundes, Eberhard Nies, die Absage an die *NGG* mit »zwischenzeitlich aufgenommenen Kontakten«, zu denen er aber keine Angaben machen wollte, da »die Sache zu hoch sei«.[19] Das war wohl deutlich genug.

Die Unruhe in den Betrieben, in denen von »Wortbruch« geredet wurde, wuchs. In Wuppertal, Düsseldorf und Bochum kam es zu spontanen Streiks. Die Frage war nun: Rechtsdurchsetzung oder Streik. Die NGG entschied sich für Streik, da der Gang vor die Gerichte voraussichtlich Jahre in Anspruch genommen hätte. In der Zwischenzeit schaltete sich der nordrhein-westfälische Arbeits- und Sozialminister Friedhelm Farthmann in den Tarifkonflikt ein. Am 7. September einigten sich NGG und Brauerbund unter seiner Vermittlung auf einen neuen Manteltarifvertrag, der 28 bezahlte freie Tage für über 60jährige vorsah. Arbeitnehmer, die in der dritten Schicht oder überwiegend nachts arbeiteten, sollten für je 60 Tage einen Tag Urlaub mehr erhalten. Wechselschichtarbeiter bekamen eine bezahlte Pause von 30 Minuten. Alle Arbeitnehmer erhielten zwei Tage mehr Urlaub, über 50jährige noch einmal zwei Tage Urlaub extra. Die Betriebsräte bekamen ein Anhörungsrecht bei der personellen Besetzung von Maschinen.

Ähnliche Regelungen wurden in der Brauwirtschaft von Niedersachsen, Berlin und Bayern getroffen. 1981 kamen Bremen und Hessen hinzu, im darauffolgenden Jahr Osthessen, Rheinland-Rheinhessen, Pfalz, Baden-Württemberg und Oberbaden.

Günter Döding sprach von einem »gerade noch erträglichen Kompromiß«.[20] Zweifelsohne brachte der neue Manteltarifvertrag älteren Arbeitnehmern mehr Lebensqualität und war geeignet, den von der *NGG* befürworteten »fließenden Übergang« in das Rentenalter sicherzustellen. Beschäftigungspolitische Signalwirkungen traten damals nicht im erwarteten Umfang ein, da der Kreis der Anspruchsberechtigten zu klein war.

In weiteren 121 Tarifvereinbarungen (Stand vom 30. 6. 1982) wurden in der Folgezeit Arbeitszeitverkürzungen für ältere Arbeitnehmer durchgesetzt, u. a. in den Wirtschaftsbereichen Brot- und Backwarenindustrie, Bäckerhandwerk, Molkereien und Käsereien, Milch- und Schmelzkäseindustrie,

Fleischerhandwerk, Zuckerindustrie, Zigarrenindustrie, Hotel- und Gaststättengewerbe, Süßwarenindustrie und Co-op, 89 Prozent der älteren Arbeitnehmer in der Brauindustrie und 100 Prozent in der Zucker-, Süßwaren- und Mühlenindustrie machten vom Angebot der Arbeitszeitverkürzung Gebrauch.

7. Vorruhestandsregelung – »Mit 58 – ja bitte!«

Seit Mitte der siebziger Jahre nahm die Zahl der Arbeitslosen von Jahr zu Jahr zu. Am Jahresende 1981 wurden bis zu 2 Millionen Arbeitslose für das kommende Jahr prophezeit. Eine wachsende Zahl Arbeitsloser wurde von der Statistik nicht mehr erfaßt (rund 900 000). Fast ebensogroß war die Zahl der Kurzarbeiter. Wissenschaftliche Untersuchungen rechneten mit dem Abbau von 500 000 Arbeitsplätzen allein durch den Einbau von Industrierobotern.

Steigende Produktivität bei nur geringem Wachstum der Gesamtwirtschaft ließen ein weiteres Ansteigen der Arbeitslosigkeit mit allen wirtschaftlichen, sozialen und politischen Folgen befürchten.

Mit Wachstum allein, wie es die Bundesvereinigung der Arbeitgeberverbände und ihr Wirtschaftsinstitut in Köln forderten, konnte die Arbeitslosigkeit nicht beseitigt werden. Ein so hohes Wachstum war nicht nur utopisch, sondern würde »ganz einfach an die Grenzen des Zumutbaren für Umwelt und Rohstoffressourcen«[21] stoßen.

Vor dem Hintergrund dieser Situation brachte der NGG-Vorsitzende Günter Döding auf der Hauptvorstandssitzung vom Dezember 1981 in Hamburg einen neuen Vorschlag in die Diskussion. Von ihm wurde das als »ein weiterer Teil der Strategie der Gewerkschaften im Kampf gegen die Arbeitslosigkeit«[22] begriffen. Der als »Döding-Plan« in der Öffentlichkeit bekanntgewordene und eng mit dem Namen der NGG verknüpfte Plan zielt auf die Verkürzung der Lebensarbeitszeit. Döding schlug eine Regelung vor, die Arbeitnehmern über 58 Jahren die Möglichkeit geben sollte, mit 75 Prozent ihres bisherigen Bruttoentgelts freiwillig vorzeitig aus dem Arbeitsleben auszuscheiden. Dies sollte mit Zustimmung des Betriebsrates erfolgen, der auch zu sichern hätte, daß für jeden ausscheidenden älteren ein jüngerer Arbeitnehmer oder Schulabgänger neu eingestellt werde. Die beim Arbeitslosengeld so eingesparten Mittel sollten in einen zusätzlichen Haushaltsposten »Strukturhilfe« der Bundesanstalt für Arbeit fließen, der mit zwei Drittel zur Finanzierung der Vorruhestandsregelung herangezogen werden sollte. Das restliche Drittel sollte vom Arbeitgeber übernommen werden. Arbeitgeber und Bundesanstalt hätten anteilig die Sozialversicherungsbeiträge zu übernehmen und dem Versicherungsträger zu überweisen. Dadurch sollte sichergestellt werden, daß der in den Vorruhestand gehende ältere Arbeitnehmer erst dann Rentenempfänger wird, wenn er Anspruch auf ein Altersruhegeld und keine

Nachteile beim späteren Rentenbezug zu befürchten hat. Außerdem könnte die Regelung bei entsprechender Arbeitsmarktlage jederzeit ohne gesetzlichen Eingriff wieder außer Kraft gesetzt werden und belastete die Sozialversicherungsträger nicht zusätzlich.

Der Vorruhestandsplan unterscheidet sich vorteilhaft von der bisherigen 59er-Regelung oder einem weiteren Vorziehen der Altersrente. Mit der 59er-Regelung hatten insbesondere Großbetriebe ihre Personalprobleme zu Lasten der Sozialversicherung gelöst. Ein Vorziehen der flexiblen Altersgrenze würde zu erheblichen Rentenabschlägen oder enormen Beitragserhöhungen führen.

Die Vorruhestandsregelung nimmt die Rentenversicherung jedoch nicht in Anspruch. Sie stärkt die Rentenversicherung noch, weil nicht nur der Vorruheständler, sondern auch der für ihn neu eingestellte Arbeitnehmer Sozialversicherungsbeiträge zahlt.

In der Nahrungs- und Genußmittelindustrie mit ihren zu Anfang der 80er Jahre 450 000 Beschäftigten waren rund 35 000 Arbeitnehmer 58 Jahre und älter. Nach Daten des Bundesministeriums für Arbeit und Sozialordnung waren Anfang der 80er Jahre in allen Wirtschaftszweigen etwa 360 000 Arbeitnehmer 60 Jahre und älter, rund 550 000 im Alter zwischen 58 und 59 Jahren. Zwei Drittel der 60jährigen und rund die Hälfte der 58-/59jährigen würden nach Schätzungen das Vorruhestandsangebot annehmen. Mindestens eine halbe Million Arbeitsplätze könnte so neu besetzt werden.

Die *NGG* sei bereit, erklärte Günter Döding, bei den Tarifverhandlungen ihren Teil aus dem jeweiligen Produktivitätszuwachs als Solidarbeitrag zur Finanzierung des Vorruhestands einzubringen. Nach Berechnungen der NGG würden sich die Kosten ihres Vorschlags für beide Seiten auf etwa ein Prozent der Bruttolohn- und Gehaltssumme belaufen.

Die Vorruhestandsregelung muß als Fortsetzung der bisherigen qualitativen Tarifpolitik gesehen werden, die schon immer für den besonderen Schutz benachteiligter Arbeitnehmergruppen eintrat.

Die älteren Arbeitnehmer waren extremen Belastungen ausgesetzt. Sie hatten die leidvollen Erfahrungen des Krieges hinter sich, mußten anschließend hart arbeiten, um Betriebe und Städte wieder aufzubauen. Jetzt sind viele von den wachsenden Anforderungen durch neue Technologien betroffen, von zunehmender Rationalisierung und Intensivierung der Arbeit.

Die vorzeitige Beendigung des Arbeitsprozesses verhindert Belastungen gerade in derjenigen Lebensphase, in der die Widerstandsfähigkeit gegen Streß, schwere körperliche Arbeit und Umgebungsbelastung geringer geworden ist. Die Vorruhestandszeit erhöht die Möglichkeit, den Lebensabend zu genießen und kulturell zu nutzen.

Die Erfahrungen der *NGG* mit den 165 Tarifverträgen, in denen bis 1984 Altersfreizeiten vereinbart worden waren, zeigten, daß diese Freizeiten überwiegend positiv beurteilt und gern in Anspruch genommen wurden.

Der Vorschlag der NGG zur Vorruhestandsregelung, so der 2. Vorsitzende Erich Herrmann,

> ist zwar weder ein Wundermittel gegen die Arbeitslosigkeit noch ersetzt er die notwendigen staatlichen Beschäftigungsprogramme, aber (er ist) ein konkreter Beitrag zur Bekämpfung der Arbeitslosigkeit. Die Belastung hält sich in Grenzen, die Vorteile sind unübersehbar.[23]

Das Konzept stieß auf eine positive Aufnahme in der Öffentlichkeit. Es wurde sinngemäß vom DGB-Bundeskongreß in Berlin übernommen und fand sich wieder in den gewerkschaftlichen Prüfsteinen zur Bundestagswahl vom März 1983.

Die sozialdemokratische Bundestagsfraktion hatte schon im März 1982 versprochen, sich im Rahmen eines staatlichen Beschäftigungsprogramms für die Verwirklichung des »Döding-Plans« einzusetzen. Die CDU bewertete den NGG-Vorschlag positiv, unter der Voraussetzung, »daß die entstehenden Zusatzkosten beim Tarifabschluß angemessen berücksichtigt werden«.[24]

Das Bundeskabinett beschloß einen Prüfauftrag. Ein flankierendes Gesetz zur Vorruhestandsregelung war bereits in Arbeit, als die sozialliberale Regierung im September 1982 der Regierung Kohl/Genscher weichen mußte. Auch für die neue Regierung sei die Bekämpfung der Arbeitslosigkeit die vordringlichste Aufgabe, verkündete Helmut Kohl in seiner Regierungserklärung.

Auf ein staatliches Rahmengesetz zur Verwirklichung ihres Vorschlags mußte die NGG aber lange warten.

Mittlerweile hatten sich außer der NGG auch noch andere Gewerkschaften für die Vorruhestandsregelung ausgesprochen: Bau-Steine-Erden, Bergbau und Energie, Chemie-Papier-Keramik und Textil-Bekleidung. Auf einer gemeinsamen Arbeitszeitkonferenz am 2. Dezember 1983 in Hamburg erklärten sie, in der Vorruhestandsregelung eine kurzfristig wirksame Form der Arbeitszeitverkürzung zu sehen, die beschäftigungspolitischen und humanitären Zielen diene. Die Vorruhestandsregelung sei *eine* Form der Arbeitszeitverkürzung und keine Alternative zur Verkürzung der Wochenarbeitszeit.

Als das Land Hessen und die sozialdemokratische Bundestagsfraktion einen eigenen Gesetzentwurf einbrachten, der den Vorstellungen der NGG weitgehend entsprach, sah sich die Bundesregierung endlich veranlaßt, mit ihren Gesetzesvorschlägen an die Öffentlichkeit zu kommen. Die Vorschläge wiesen jedoch erhebliche Mängel auf. Das Vorruhestandsgeld sollte erst ab dem 59. Lebensjahr gezahlt werden und betrug nur 65 Prozent. Die Wiederbesetzungsklausel war ungenügend.

Obendrein konnte die Regierung Kohl der Versuchung nicht widerstehen, in der Arbeitszeitfrage die Gewerkschaften gegeneinander auszuspielen. Da war – im Vorfeld der Arbeitskämpfe in der Metallindustrie um die 35-Stunden-Woche – von den ›vernünftigen‹, ›undogmatischen‹ Gewerkschaften die Rede, die für die Vorruhestandsregelung eintraten und den anderen, den ›radikalen‹, die auf die 35-Stunden-Woche setzten (die Bundeskanzler Kohl dann später als »dumm und töricht« abqualifizierte). Dabei hatte der NGG-Vorsitzende Döding auf dem Nürnberger Gewerkschaftstag 1982 keinen Zweifel gelassen: »Unser Vorschlag zur Verkürzung der Lebensarbeitszeit war und ist keine Alternative zur Forderung nach Verkürzung der Wochenarbeitszeit.«[25] Dennoch tauchten in der gewerkschaftlichen Diskussion Stimmen auf, die eine tarifliche Verkürzung der Lebensarbeitszeit nicht für vereinbar hielten mit der Verkürzung der Wochenarbeitszeit, oder die darin zumindest eine Ablenkung vom eigentlichen Ziel sahen. Auf diese Auseinandersetzung sollten sich die Gewerkschaften gar nicht erst einlassen, meinte der DGB-Vorsitzende Ernst Breit, denn:

> Angesichts der Arbeitslosenzahlen in der Gegenwart und der Beschäftigungsprobleme, die sich aufgrund des Einsatzes neuer Technologien einerseits und geburtenstarker Jahrgänge andererseits in Zukunft noch zu verschärfen drohen, können und dürfen weder die Möglichkeit der Wochen- noch der Lebensarbeitszeitverkürzung ungenutzt bleiben. Die Gewerkschaften haben die Verkürzung der Wochenarbeitszeit mit dem Ziel der 35-Stunden-Woche zu ihrer zentralen Aufgabe erklärt, aber die Durchsetzung der 35-Stunden-Woche ist keine Alternative zu einer brauchbaren Vorruhestandsregelung und umgekehrt. Jede Gewerkschaft muß aufgrund ihrer branchenspezifischen Voraussetzungen, ihrer Tarifbedingungen und ihrer Durchsetzungsmöglichkeiten die aktuellen Prioritäten für sich setzen.[26]

Ein Branchenfonds, um die Unterschiede zwischen Groß- und Kleinbetrieben, zwischen Betrieben mit vielen und mit wenigen älteren Arbeitnehmern auszugleichen, wurde von Unternehmerseite abgelehnt.
Im April 1984 hatte das Tauziehen um ein Rahmengesetz zur Vorruhestandsregelung endlich sein Ende gefunden. Der »große Wurf« war es nicht, was Regierung und Parlamentsmehrheit da mehr widerwillig und halbherzig, ständig von der NGG bedrängt, verabschiedeten. Vor allem die zu niedrige finanzielle Beteiligung des Staates (35 Prozent von 65 Prozent des Bruttolohns) stieß bei der NGG auf Kritik. Aber immerhin sei das Rahmengesetz ein Sprungbrett zu besseren tariflichen Regelungen.
Im gleichen Monat noch traten 600 Beschäftigte der großen hessischen Mineralbrunnenbetriebe in den Warnstreik für eine akzeptable Vorruhestandsregelung. Im Mai wurde dann mit der Arbeitgebervereinigung Nahrung und Genuß eine Tarifvertragsempfehlung für eine Vorruhestandsregelung unterzeichnet und eine »neue Seite in der Tarifgeschichte der NGG«[27] aufgeschlagen.
Am 9. Mai 1984 wurde die Tarifempfehlung auf einer Pressekonferenz in Düsseldorf der Öffentlichkeit vorgestellt. »Damit haben wir in Sachen Vorruhestand«, erläuterte Günter Döding, »ein Signal gesetzt und eine wichtige Bresche im Kampf gegen die Arbeitslosigkeit geschlagen (...) Damit erhalten Zehntausende Arbeitslose und Schulabgänger jetzt eine zusätzliche Chance auf einen Arbeits- oder Ausbildungsplatz.«[28]

NGG-Plakat zum Vorruhestand.

In der Präambel der Tarifempfehlung hieß es:

> Hiermit schaffen die vertragsschließenden Parteien die tarifvertraglichen Voraussetzungen für einen Beitrag zur Entspannung der Arbeitsmarktlage durch das Freimachen vorhandener Arbeitsplätze für jüngere Arbeitslose oder für Auszubildende nach Abschluß ihrer Berufsausbildung.[29]

Die Tarifvertragsempfehlung sah u. a. vor, daß Arbeitnehmer, die mindestens 10 Jahre dem Unternehmen angehören, ab dem vollendeten 58. Lebensjahr freiwillig vorzeitig aus dem Erwerbsleben ausscheiden können. Eine Verweigerung oder zeitliche Aussetzung soll nur aus betrieblichen Gründen und nur unter Einschaltung des Betriebsrates möglich sein, ist also der richterlichen Nachprüfung ausgesetzt. Das Vorruhestandsgeld beträgt 75 Prozent des bisherigen Bruttomonatsentgelts, das sind 80 bis 82 Prozent des bisherigen monatlichen Nettoeinkommens. Die Wiederbesetzung der freiwerdenden Arbeitsplätze ist erforderlich. »Mit ihrer Vereinbarung hat die NGG einen ersten, wichtigen Schritt zur Erreichung unseres Ziels, Arbeitszeitverkürzungen für alle Arbeitnehmer durchzusetzen, geschafft, und wir beglückwünschen sie zu diesem Erfolg« – so Ernst Breit auf dem Kongreß der Gewerkschaft der Eisenbahner im Mai 1984 in Hamburg.[30] Die erste tarifliche Vorruhestandsregelung, mit dem Arbeitgeberverband der Zuckerindustrie, lag schon vor. Brot- und Backwarenindustrie, Obst und Gemüse verarbeitende Industrie, Süßwarenindustrie und Brauwirtschaft folgten.

Durch die Vorruhestandstarifverträge werden bis zum Jahre 1988 die Jahrgänge 1930 und älter berücksichtigt. Sollte keine Verlängerung erfolgen, so können Vorruhestandsleistungen letztmalig von Arbeitnehmern beantragt werden, die bis zum 31.12.1988 58 Jahre und älter geworden sind.

Das Vorruhestandsgeld wird jährlich an die Einkommensentwicklung angepaßt. Entgegen den gewerkschaftlichen Vorstellungen unterliegt das Vorruhestandsgeld jedoch der Lohnsteuer.

Vorruhestandsjahre sind Versicherungsjahre. Vom tariflichen Brutto-Vorruhestandsgeld werden von Arbeitgebern und Arbeitnehmern anteilig die Beiträge zur Rentenversicherung gezahlt.

Der Betriebsrat muß vom Arbeitgeber über sämtliche Vereinbarungen von Vorruhestandsregelungen informiert werden. Dem Betriebsrat stehen bei der Wiederbesetzung des freigewordenen Arbeitsplatzes alle Mitbestimmungsrechte aus dem BetrVG zu.

KAPITEL XXV
Die Sozialpolitik der Gewerkschaften

Es gehöre zu den wichtigsten Aufgaben der Gewerkschaften, sozialpolitisch und damit sozialreformerisch tätig zu sein, schrieb Heinz Eiteneuer, Sachbearbeiter für Sozialpolitik in der Hauptverwaltung der *NGG,* Ende der 50er Jahre, denn gerade die Gewerkschaften seien »aufgrund ihrer organisatorischen Verbundenheit mit der Arbeitnehmerschaft und der besonderen Kenntnis der bestehenden Notstände imstande, immer wieder neue Impulse für eine soziale Vorwärtsentwicklung zu geben«.[1]
In der Tat hat es in der Geschichte der Bundesrepublik keine bedeutende sozialpolitische Gesetzesmaßnahme gegeben, die nicht auf Initiative oder unter aktiver Mithilfe der Gewerkschaften zustande gekommen wäre. So bei der Rentenreform des Jahres 1957, bei der Lohnfortzahlung im Krankheitsfall für Arbeitnehmer, beim Kindergeld und den zahlreichen Maßnahmen zum Arbeitsschutz. Ziel gewerkschaftlicher Sozialpolitik war (und ist) aber nicht nur die einzelne Hilfsmaßnahme, so wichtig sie für sich genommen auch sein mag. Sozialpolitik war für die Gewerkschaften immer auch Mittel der Veränderung der bestehenden Gesellschaft, mit dem Ziel, so hat es Heinz Eiteneuer 1955 formuliert, »dem arbeitenden Menschen die Stellung in der Gesellschaft einzuräumen, die ihm aufgrund seiner Leistungen am Volksganzen zukommt«.[2]
In den Anfangsjahren der Bundesrepublik, als Konrad Adenauer ab und an von der Notwendigkeit einer »großen Sozialreform« sprach und die Sozialpolitik gelegentlich zum innenpolitischen Thema Nr. 1 erhob, mochten die Gewerkschaften noch hoffen, mit raschen Schritten ihrem Ziel einer umfassenden sozialen Reform näherkommen zu können. Vor allem Willi Richter, der spätere *DGB*-Vorsitzende und von 1949–1956 Leiter der sozialpolitischen Abteilung im Bundesvorstand des *DGB,* hatte schon vor 1949 die Ziele formuliert: soziale Sicherheit und Gerechtigkeit durch ein übersichtlich gegliedertes System der Sozialversicherung, mit Beiträgen der Versicherten, mit Unterstützung der öffentlichen Hand und mit voll ausgebauter Selbstverwaltung. Eine das ganze Volk verbindende Sozialversicherung sollte es sein, mit ausreichenden Leistungen bei Krankheit, Invalidität und Alter, einem überbetrieblichen Ausgleich für die unzureichenden Löhne kinderreicher Arbeitnehmer, mit einer Beteiligung von Rentnern und Hinterbliebenen am Zuwachs des Sozialprodukts

durch automatische Anpassung der Renten an die Lohn- und Gehaltsentwicklung.

Für die Anfangsjahre der Bundesrepublik waren das alles andere als Selbstverständlichkeiten. Die Leistungen der Sozialversicherung waren niedrig und das System ungemein kompliziert – eine Art Geheimwissenschaft, in der sich nur wenige auskannten. Die Rentner litten bittere Not, und viele Arbeitnehmer gerieten in Angst, wenn sie ans Alter dachten. Denn trotz zweimaliger Erhöhung der Sozialrenten, 1951 und 1953, um insgesamt 53 Prozent, bezogen drei Viertel der Arbeiter und ein Drittel der Angestellten eine Rente von weniger als 100 DM im Monat. Der Regelsatz der Sozialfürsorge für ein Ehepaar im Rentenalter lag dagegen bei 102 DM. Arbeiter erhielten immer noch wie zu Bismarcks Zeiten ein Krankengeld, das nicht höher war als der halbe Nettolohn. Die Unfallversicherung kümmerte sich mehr um Unfallentschädigung als -verhütung.

Mit einem Wort: Das soziale Netz war schon lange nicht mehr tragfähig und dringend reparaturbedürftig. Nach den harten Auseinandersetzungen um die Mitbestimmung 1951 (S. 393) scheuten die Gewerkschaften jedoch vor der erneuten Konfrontation mit der Bundesregierung zurück. Ihr Kalkül war, die Regierung Adenauer von ihren eigenen Versprechungen her in die Pflicht zu nehmen. Gestützt auf den Arbeitnehmerflügel in der CDU und die sozialdemokratische Opposition, wo den Gewerkschaften nahestehende Personen wie Walter Auerbach und Ludwig Preller umfassende Vorstellungen für einen Plan entworfen hatten, sollte die Sozialreform vorangetrieben werden.

Das taktische Konzept ging nur zur Hälfte auf. Es zeigte sich, daß die Regierung Adenauer ihre eigenen Versprechungen nicht recht ernst nahm, und ihr jeder Fortschritt in der Sozialpolitik in hartem Ringen abgetrotzt werden mußte. Heinz Eiteneuer schrieb 1957 im Rückblick auf jene Jahre:

> Die Sozialpolitik glich mehr einem Güterzug, der sich auf Nebengeleisen nur langsam fortbewegt, der die Vorfahrt der vorbeibrausenden D-Züge der Wirtschafts- und Wiederaufrüstungspolitik zu beachten hat und erst dann unter Dampf gesetzt wird, wenn Wahlen vor der Tür stehen, aber auch dann ohne die entscheidende Vorfahrt.[3]

In der Regierungserklärung Adenauers vom 20. September 1949 war angekündigt worden, an die Stelle staatlicher Bevormundung, wie sie für die Ära des Nationalsozialismus kennzeichnend war, solle wieder die Selbstverwaltung der Sozialpartner treten. Statt dessen kam bei der Bundesanstalt für Arbeit eine staatliche Beaufsichtigung und drittelparitätische Besetzung der Organe heraus. In den Krankenkassen wurde den Vertretern der Versicherten das Übergewicht genommen, als magerer Ausgleich auch den Unternehmern ihre bisherige Verwaltungsautonomie in den Berufsgenossenschaften entzogen. Entgegen den Vorstellungen der Gewerkschaften, die auch von Bundesarbeitsminister Storch geteilt wurden (der aus der christlichen Gewerkschaftsbewegung kam), wurde im Wahljahr 1953 wieder eine selbständige Bundesversicherungsanstalt für Angestellte eingerichtet.

1. Dynamisierung der Renten

Am ehesten konnten sich die Gewerkschaften bei der Rentenreform durchsetzen. Die Rente sollte nach ihren Vorstellungen nicht mehr Zuschuß zum Lebensunterhalt sein, wie seit Bismarcks Zeiten, sondern Lohnersatz und Sicherung des Lebensunterhalts. Sie sollte sich auch aus wirtschaftspolitischen Gründen nicht allzusehr vom Arbeitseinkommen unterscheiden.
Seit 1952/53 war in der innergewerkschaftlichen Diskussion der Vorschlag aufgebracht worden, die Renten zu dynamisieren, nach Maßgabe des wirtschaftlichen Wachstums, der Inflations- und Lohnsteigerungsraten. Der Frankfurter *DGB*-Kongreß 1954 machte sich das Prinzip zu eigen, das auch von der sozialdemokratischen Bundestagsfraktion geteilt wurde, ohne daß man genau sagen könnte, wer da wen beeinflußt hätte, da es ein und dieselbe Person war, die die sozialpolitischen Vorstellungen beider Organisationen entscheidend prägte: Willi Richter.
Bundesarbeitsminister Storch versprach im Januar 1955, sich für die Koppelung von Renten und Arbeitsverdiensten stark zu machen. Es dauerte dennoch zwei Jahre, bis es soweit war, was dem hartnäckigen Widerstand von Wirtschaftsminister Erhard und Finanzminister Schäffer und der lange zögernden Haltung Adenauers zuzuschreiben war. Adenauer gab erst dann grünes Licht, als die *SPD* ihn in der Öffentlichkeit mit ihren Rentenplänen zu überholen drohte. Erhard opponierte freilich weiterhin. Die Unternehmerverbände protestierten, durch die Dynamisierung der Renten gerate die Währung in Gefahr. Zu viel soziale Sicherheit mache die Arbeitnehmer träge, und überhaupt sei es doch besser, die Altersgrenze auf 68 Jahre heraufzusetzen. Der Wachsamkeit der Gewerkschaften, der Unnachgiebigkeit des Kollegen Anton Storch als Bundesarbeitsminister, schließlich auch dem Druck der christlichen Arbeitnehmer, die den Regierungsentwurf noch in einigen Punkten verbesserten (jährliche und nicht fünfjährliche Anpassung, wie Adenauer gewollt hatte), war es zu verdanken, daß die Rentenreform, eine sozialpolitische Großtat ersten Ranges, 1957 (natürlich wieder ein Wahljahr) doch noch zustande kam.

2. Lohnfortzahlung und Kindergeld

Ähnliche Töne wie in der Rentendebatte schallten den Gewerkschaften entgegen, als sie 1954 für die gewerblichen Arbeitnehmer die gesetzliche Regelung der Lohnfortzahlung im Krankheitsfall verlangten. Angestellte genossen dieses Recht schon seit 1931.
Gewerbliche Arbeitnehmer seien nicht so verantwortungsbewußt und würden eine gesetzliche Regelung ausnutzen, hieß die These, die man landauf, landab hören konnte. Allerlei zweifelhafte Zahlenkunststück-

chen über den angeblich viel zu hohen und immer noch steigenden Krankenstand in der deutschen Wirtschaft wurden zur Untermauerung herangezogen. Daß die Zahl der Kranken gestiegen war, traf zu, aber gestiegen war auch die Gesamtzahl der Beschäftigten, was stets geflissentlich verschwiegen wurde.
Schon vor dem Streik der schleswig-holsteinischen Metallarbeiter, der schließlich den Anstoß gab für das Zustandekommen einer gesetzlichen Regelung, hatte die *NGG* für die meisten Arbeitnehmer in ihrem Betreuungsbereich Tarifverträge abgeschlossen, in denen es Zuschüsse zum Krankengeld bis zur Höhe von 90 Prozent des Nettolohns gab. 1953 gab es 131 Tarifverträge mit einem Anspruch zwischen 90 und 100 Prozent des Nettolohns bzw. (bei einem kleineren Teil der Verträge) 90 bis 100 Prozent des Bruttolohns und einer Anspruchsdauer von bis zu 13 Wochen. 1957 waren es dann 172 Tarifverträge, wobei sich die Dauer des Anspruchs deutlich zu den 13 Wochen hin verlagert hatte.
Am 26.6.1957 kam dann, nach dem Streik der schleswig-holsteinischen Metaller, ein Kompromißgesetz zustande. Danach waren die Arbeitgeber verpflichtet, bis zu sechs Wochen so viel zum üblichen Krankengeld zuzuschießen, daß 90 Prozent des Nettolohns herauskamen. Das Krankengeld wurde gleichzeitig erhöht. Im Juli 1961 wurde der Zuschuß auf 100 Prozent des Nettolohns erhöht. Die endgültige gesetzliche Gleichstellung von gewerblichen Arbeitnehmern und Angestellten kam acht Jahre später mit dem Lohnfortzahlungsgesetz der Großen Koalition vom 27. 7. 1969.
Schon das auf dem Münchener Gründungskongreß des *DGB* 1949 verabschiedete sozialpolitische Grundsatzprogramm hatte überbetriebliche Kinderbeihilfen und ausreichende Berücksichtigung des Familienstandes in der Steuergesetzgebung gefordert. Mit betrieblichen Soziallöhnen, nach dem Familienstand abgestuft, das hatte die Erfahrung gezeigt, erreichte man nur das Gegenteil des Gewollten, nämlich Benachteiligung kinderreicher Arbeitnehmer bei Einstellungen und Entlassungen.
Die *CDU* zog branchenspezifische, von den Arbeitgebern zu finanzierende Familienausgleichskassen vor, die ein Kindergeld erst ab dem dritten Kind und keineswegs für alle Familien zahlen sollten. Die *SPD* wollte ein staatliches Kindergeld. Dem schloß sich auch der *DGB* an, weil die Lohn- und Gehaltssumme in den einzelnen Branchen, die als Bemessungsgrundlage herangezogen werden sollte, viel zu unterschiedlich sei, so daß die eine Ausgleichskasse ständig wohlgefüllt sein könne, während in der anderen nur große Löcher klafften. Die *CDU* setzte sich aber kraft ihrer parlamentarischen Mehrheit durch. So kam am 13. November 1954 ein Gesetz zustande, das die *NGG* als Musterbeispiel bezeichnete – als Musterbeispiel dafür allerdings, wie es nicht gemacht werden solle.
In den folgenden Jahren wurde dann scheibchenweise meist wieder in Wahljahren, doch noch der DGB/SPD-Vorschlag verwirklicht. Erst die sozialliberale Regierung schuf 1974 mit der Einbeziehung auch des ersten Kindes, der spürbaren Anhebung des Kindergeldes im allgemeinen und

der Beseitigung widersinniger Vorschriften, die wohlhabende Familien steuerlich begünstigten, eine neue Basis für das Kindergeld.

3. Nachtbackverbot

Es ist schon fraglich, ob man bei einem Arbeitsbeginn ab 4 Uhr überhaupt von einem *Nacht*backverbot sprechen kann. Denn um 3 Uhr spätestens mußte ein Bäcker aus dem Bett, um zu Fuß oder mit dem Fahrrad rechtzeitig an seinen Arbeitsplatz zu kommen. Öffentliche Verkehrsmittel gab es so früh noch nicht, und motorisiert waren zu Beginn der 50er Jahre die wenigsten. Eine Schicht, die um 4 Uhr beginnt, ist nach medizinischen Erkenntnissen nicht viel anders als eine volle Nachtschicht zu behandeln, denn just dann, wenn die physiologische Leistungsbereitschaft des Menschen an ihrem tiefsten Punkt angelangt und das Schlafbedürfnis am größten ist, muß mit der Arbeit begonnen werden. Magen- und Darmstörungen, Herz- und Kreislaufbeschwerden sind die Folge, von den kultur-, gesellschafts- und familienfeindlichen Auswirkungen einmal ganz abgesehen, da Bäcker nur selten an Abendveranstaltungen teilnehmen können. Hinzu kam, daß selbst der Arbeitsbeginn um 4 Uhr in vielen Fällen bloße Fiktion war. Auf 55 000 Kleinbäckereien und einige hundert Brotfabriken zu Beginn der 50er Jahre kamen gerade 1100 Gewerbeaufsichtsbeamte, von denen natürlich nur ein kleiner Teil zur Kontrolle der Bäckereien eingesetzt werden konnte. Mancher Bäckermeister schien seine ganze Tüchtigkeit darauf zu verwenden, die kontrollierenden Beamten der Gewerbeaufsicht hinters Licht zu führen. Da mußten die Gesellen einmal beim Ruf »Gewerbeaufsicht« hinter die Mehlsäcke springen, sich in der Fußgrube verbergen, oder es wurden die ofenfrischen Brote in der Garage versteckt. Die Kontrollen konnten höchstens krasse Verstöße aufdecken. Viele davon wurden aus Berlin gemeldet, wo eine Zeitlang schärfer kontrolliert wurde als anderswo. Da gab es 1953 z. B. eine Bäckerei in Berlin-Steglitz, die samstags um 24 Uhr mit der Arbeit begann und bis Sonntag 17 Uhr arbeitete. In Lankwitz und Halensee wurde in verschiedenen Bäckereien nachts um 22 Uhr begonnen und erst am nächsten Morgen um 10 Uhr aufgehört zu arbeiten. 1954 stellten die Gewerbeaufsichtsbeamten in der Bundesrepublik fast 2000 Übertretungen des Nachtbackverbots fest, 1631 Ordnungsstrafen wurden verhängt. Daran änderte sich auch in den folgenden Jahren nichts Grundsätzliches: »Es ist kein Gesetz so unwahr und so ausgehöhlt worden, wie das sogenannte Bäckerei-Arbeitszeitgesetz aus dem Jahre 1936«[4], meinte Alfred Schattanik 1964 in einem Gespräch mit dem *Hamburger Echo*. Die auf Drängen der *NGG* zustande gekommene Anweisung des Bundesarbeitsministers, die Einhaltung der Bestimmungen über das Nachtbackverbot scharf im Auge zu behalten, hatte bei den Betriebsinhabern und -leitern längst nicht den gewünschten Effekt. Vieler-

orts machte sich die Auffassung breit, Übertretungen des Nachtbackverbots seien eine Art Kavaliersdelikt.
Urteile wie die des Kleinen Berliner Kammergerichts vom 7. Februar 1955, das einen Weddinger Bäckermeister zu vier Wochen Gefängnis verurteilte, die in der Berufungsverhandlung für drei Jahre zur Bewährung ausgesetzt wurden, weil der Betreffende schon zum dritten Mal bei einem Verstoß gegen das Nachtbackverbot ertappt worden war, gehörten zu den Seltenheiten. Kennzeichnender für das sozialpolitische Klima war schon das Urteil von Marne, wo ein Bäckermeister für das gleiche Vergehen freigesprochen wurde. Die Mißachtung der Gesetze und dauernden Übertretungen des Nachtbackverbots waren (und sind) auf rücksichtslosen Wettbewerb der Betriebe zurückzuführen, auf den Kampf ums möglichst frische Brötchen – obwohl Kühltechnik und moderne Öfen seit Beginn der 60er Jahre ein solches Rennen eigentlich überflüssig gemacht haben.
Brotfabriken und Konsumgenossenschaften standen in vereinter Front bereit, das ohnehin schon arg durchlöcherte Nachtbackverbot gänzlich zu Fall zu bringen. Die Arbeitsgemeinschaft der Brotindustrie wurde 1951 beim Bundesarbeitsminister vorstellig. Die *NGG* reichte ihrerseits am 21. Juli 1951 eine Eingabe ein, die Verordnung vom 23. November 1918 und damit den 6-Uhr-Arbeitsbeginn wiederherzustellen. Im Ministerium wurde alles auf die lange Bank geschoben. Weder 1951 noch 1952 kam es zu Besprechungen. Statt dessen kam die Brotindustrie am 10. März 1952 mit einer neuen Eingabe heraus: Vorarbeiten sollten schon ab zwei Uhr zugelassen werden. An Werktagen, vor und nach Feiertagen sowie vor und nach Tagen mit früherem Ladenschluß müsse der allgemeine Arbeitsbeginn bei 24 Uhr liegen. Brotindustrie und Konsumgenossenschaften machten sich für die Einführung des Dreischichtensystems stark, weil nur so Kosten gespart und die Arbeitsbelastung gleichmäßig verteilt werden könne.
Die *NGG* konterte mit einem Vorstoß an die Öffentlichkeit. 1952 fanden zahlreiche Bäckerversammlungen statt, die sich für die Wiederherstellung der Bäckerei-Arbeitszeitverordnung vom November 1918 aussprachen. Dabei stellten sich auch Bäckermeister und Innungen hinter die Forderungen der *NGG*. Z.B. war der gesamte Vorstand der Hamburger Bäckerinnung für den 6-Uhr-Arbeitsbeginn. In einer öffentlichen Bäckerversammlung im völlig überfüllten Großen Saal des Hamburger Gewerkschaftshauses sagte der Obermeister Wulf der Hamburger Innung:

> Als 1918 der Arbeitsbeginn in Bäckereien durch Gesetz auf 6 Uhr morgens festgelegt wurde, glaubte ich, das Ende des Bäckerhandwerks wäre gekommen. Aber ich und meine Kollegen mußten sich vom Gegenteil überzeugen lassen.[5]

Freilich war es für die *NGG* nicht ganz einfach, eine einheitliche Front aller Bäckereiarbeiter zustande zu bringen. Die Konsumgenossenschaftsbäcker zeigten Neigung, sich mit einem Dreischichtensystem anzufreunden. Für sie wäre es ja nicht mit einer dauernden Nachtarbeit verbunden

gewesen. Die *NGG* fürchtete aber, daß dann das Nachtbackverbot in den Handwerksbetrieben völlig fallen würde, weil dort kaum die Möglichkeit bestand, zu einem Mehrschichtensystem überzugehen.
Auf einer Sitzung des Beirats der *NGG* vom 4./5. Mai 1952 in München wurde die künftige Marschroute im Kampf um das Nachtbackverbot abgesteckt. Robert Rohde, Albert Remppel und Georg Fiederl, die Landesleiter von Berlin, Baden-Württemberg und Bayern, meldeten Zweifel an, ob die *NGG* mit einer starren Haltung weiterkommen werde. Auch Hans Nätscher versprach sich wenig davon, einen Zustand zu verewigen, der ohnehin nur auf dem Papier stand. Eine von Karl Langenbach angeführte Mehrheit in Hauptvorstand und Beirat setzte jedoch jeder Veränderung der klassischen gewerkschaftlichen Position hartnäckigen Widerstand entgegen. Auf den Vorschlag der Konsumgenossenschaften eingehen, das würde dauernde Nachtarbeit für 95 Prozent aller Bäcker bedeuten. In der Hauptvorstandssitzung vom 24./25. Juli 1952 fiel dann die Entscheidung. Mit 16 : 5 Stimmen, bei 6 Enthaltungen, sprach sich der Hauptvorstand dafür aus, an der bekannten Position festzuhalten.
Die ersten Besprechungen zwischen Vertretern des Bundesarbeitsministeriums, Brotindustrie, Bäckerhandwerk, Konsumgenossenschaften und *NGG* fanden im Januar 1953 in Bonn statt. Die *NGG* versuchte von Anfang an zu verhindern, daß ihre Forderungen in endlosen Kommissionssitzungen totgeredet wurden. Nachdem die Beratungen bis zum Sommer kein Ergebnis gebracht hatten, wurde im Juli 1953 in den Betrieben von Brotindustrie und Konsumgenossenschaften von der *NGG* eine Abstimmung organisiert, in der sich 90 Prozent der Kolleginnen und Kollegen für den 6-Uhr-Arbeitsbeginn aussprachen.
Um überhaupt einen Schritt voranzukommen und die starren Fronten aufzulockern, schlug die im Mai 1952 gebildete Kommission Nachtbackverbot im November 1953 vor, mit der Arbeit im Bäckergewerbe um 5 Uhr zu beginnen, die Auslieferung ab 7 und den Verkauf ab 8 Uhr zuzulassen.
Das Max-Planck-Institut erstellte ein medizinisches Gutachten, in dem die gesundheitsschädlichen Auswirkungen des 4-Uhr-Arbeitsbeginns nachgewiesen wurden. Der Verband der Brotindustrie legte im Gegenzug ein juristisches Gutachten auf den Tisch, in dem behauptet wurde, das Nachtbackverbot sei verfassungswidrig und kündigte 1954 eine entsprechende Klage beim Bundesverfassungsgericht an. Das führte zu einer starken Rechtsunsicherheit. Übertretungen wurden vor etlichen Gerichten nicht mehr verfolgt.
Übertretungen waren von der Ausnahme längst zur Regel geworden, wie die Kommission Nachtbackverbot ermittelt hatte. Für den Moment mußte sich die *NGG* darauf konzentrieren, ein noch weiteres Umsichgreifen der dauernden Verstöße zu verhindern und sich auf eine Situation einstellen, in der das Nachtbackverbot möglicherweise für grundgesetzwidrig erklärt würde. Für diesen Fall wurden mit Brotindustrie und Konsumgenos-

senschaften vorsorglich Tarifverträge abgeschlossen, die wenigstens den alten Zustand garantierten. Sie wurden indes nicht benötigt. Einmal, weil der Verband der Brotindustrie ziemlich lange brauchte, bis er seine Klage beim Bundesverfassungsgericht eingereicht hatte, dann, weil am 23. Januar 1968 die Klage zurückgewiesen wurde.

Im April und Mai 1955 fanden in allen Teilen des Bundesgebiets Landeskonferenzen der Bäcker statt, die eine Verstärkung der Kontrollen und erhöhte Strafen bei Übertretung des Nachtbackverbots forderten. Dem großen Ziel, der Wiederherstellung der alten Verordnung vom November 1918, versuchte sich die *NGG* nun mit Hilfe des *DGB* zu nähern. Der *DGB*-Kongreß 1956 beauftragte den Bundesvorstand, in Verbindung mit der *NGG* alles zu unternehmen, »um Bundestag und Bundesregierung zu veranlassen, die Verordnung der Volksbeauftragten vom 23. November 1918 zur Regelung der Arbeitszeit in Bäckereien wieder in Kraft zu setzen und die Verordnungen des Dritten Reiches, die noch heute Gültigkeit haben, aufzuheben«.[6]

Das Bundesarbeitsministerium lehnte ab: eine Vorverlegung des Arbeitsbeginns auf 6 Uhr komme auf keinen Fall in Frage. Damit war ein Patt hergestellt, das kaum noch zu überwinden war. Auch Gespräche mit dem Rationalisierungskuratorium der Deutschen Wirtschaft führten nicht weiter. Das Kuratorium hatte 1961 ein eigenes Gutachten zum Nachtbackverbot vorgelegt, in dem es hieß, daß eigentlich jede andere Lösung besser sei als die gegenwärtige, und eine Kombination aus Dreischichtensystem und 6-Uhr-Arbeitsbeginn vorgeschlagen wurde. Brotindustrie und Konsumgenossenschaften legten den »Köder« der 40-Stunden-Woche für Bäcker aus, die sie der *NGG* einräumen wollten, wenn diese dem Dreischichtensystem zustimme. Keine Frage, daß sich die *NGG* auf einen solchen Handel nicht einließ.

Die Fachtagung der Internationalen Arbeitsorganisation vom Dezember 1963 für die Ernährungswirtschaft, die sich gleichfalls für eine Änderung der derzeitigen Arbeitszeitregelung im Interesse der Arbeitnehmer aussprach, brachte eine Wiederaufnahme der Gespräche. Doch die drehten sich wie eh und je im Kreise. Obwohl sich die NGG vorübergehend optimistisch gab und 1962/63 schon damit rechnete, »daß in absehbarer Zeit eine sinnvolle Regelung zum 6-Uhr-Arbeitsbeginn getroffen wird«.[7]

Die Kommission Nachtbackverbot erarbeitete bis zum Jahre 1964 umfangreiches Material, um darzulegen, wie unhaltbar die ganze Situation und wie sehr das Bäckereiarbeitszeitgesetz überholungsbedürftig geworden war. Sie wies nach, daß hinter dem Bestreben der Brotindustrie nach Einführung der Nachtarbeit (über das Dreischichtensystem) die Absicht stand, das Bäckerhandwerk aus dem Markt zu verdrängen. Durch die Einführung der Nachtarbeit würden Backbetriebe ihre Existenz und Bäckereiarbeiter ihren Arbeitsplatz verlieren.

Vom Zentralverband des Bäckerhandwerks wurde erklärt, Technisierung und Tiefkühlung hätten auch im Handwerk einen solchen Stand erreicht, daß die Nachtarbeit nicht mehr notwendig sei.

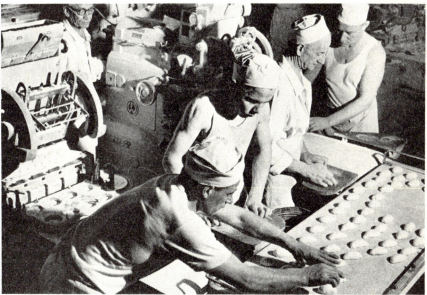
Maschine und Handarbeit in der Bäckerei.

Am 4. 7. 1968 kamen in Hannover die Verhandlungskommissionen der *NGG* und des *Zentralverbands des Bäckerhandwerks* zusammen. Beide Parteien einigten sich, für eine Neuformulierung des Bäckereiarbeitszeitgesetzes vorzuschlagen: die Öffnung der Nacht von Freitag auf Sonnabend; Beibehaltung des 4-Uhr-Arbeitsbeginns an allen übrigen Wochentagen; Schaffung eines rechtlichen Anspruchs für die Arbeitnehmer, jede zweite Woche – ausgenommen Samstag – erst um 5 Uhr mit der Arbeit zu beginnen, sofern keine tarifvertragliche Regelung etwas anderes vorsah. Ferner sollte der Ausfuhrtermin auf 6 Uhr vorverlegt, und die bisherigen Strafbestimmungen sollten so wie in den anderen Arbeitsschutzgesetzen neu festgesetzt werden.

Gleichzeitig wurde die Bildung einer Kasse vorgeschlagen, aus der erholungsfördernde Maßnahmen, Rentenzuschüsse und gemeinsame Schulungsaufgaben bestritten werden sollten. Zwischen Gesetzesreform und Kassenbildung wurde »ein unauflöslicher Zusammenhang«[8] gesehen.

Damit wurde eine Lösung angestrebt, die unter den gegebenen Umständen und angesichts des jahrelangen Auf-der-Stelle-Tretens mit dem 6-Uhr-Arbeitsbeginn am vernünftigsten war. Mittel zur Wiederherstellung der durch die Arbeitsbedingungen besonders belasteten Gesundheit wurden zur Verfügung gestellt, und es war mit dieser Wendung möglich geworden, die Gespräche der beteiligten Parteien erfolgreich fortzusetzen. Das geschah im April 1969 in Hamburg, diesmal auch mit Vertretern der Brotindustrie. Die Vorarbeiten der drei Verbände wurden vom Parlament fast restlos übernommen.

Am 29. 7. 1969 trat das neue Bäckereiarbeitszeitgesetz in Kraft. Die wesentlichsten Änderungen wurden den organisierten Bäckern sofort in einem Flugblatt mitgeteilt. Darin hieß es:

> Mit der Verabschiedung dieser Gesetzesänderung wird die unerfreuliche Diskussion um die Einhaltung, um Beachtung des Bäckerei-Arbeitszeitgesetzes, besonders um seine Reformbedürftigkeit angesichts der technischen und wirtschaftlichen Entwicklung zunächst beendet sein. Positiv muß angesehen werden, daß durch die Verschärfung der Buß- und Strafbestimmungen der illegalen, unkontrollierten und ausbeutenden Nachtarbeit ein Ende gesetzt wird. Es wurden wieder eindeutig, auch zu beachtende Rechtsgrundlagen geschaffen (...) Bei der Diskussion um diese neue gesetzliche Grundlage für die Arbeitszeit in Bäckereien darf nicht übersehen werden, daß auch auf dem tariflichen Sektor zwischen unserer Gewerkschaft und dem Zentralverband des Bäckerhandwerks, sowie dem Bundesverband der deutschen Brot- und Backwarenindustrie Tarifverträge in Kraft treten, in denen ein neuer Stil der Beziehungen der Tarifvertragsparteien zum Ausdruck kommt.
>
> Nach diesen Verträgen soll ein »Förderungswerk« geschaffen werden, und zwar getrennt für die Brotindustrie und das Bäckerhandwerk. Aufgaben und Zweck aber sind einheitlich, soweit es sich um die Zahlung von Beihilfen zum Altersruhegeld bzw. zur Berufs- und Erwerbsunfähigkeitsrente handelt. Nach mindestens 10jähriger Beschäftigung in Betrieben des Backgewerbes vor Beginn der Rentenzahlung haben die Arbeitnehmer gegen das »Förderungswerk« einen Anspruch auf Zahlung einer monatlichen Beihilfe von 40,– DM. Dieser Anspruch beginnt 24 Monate nach dem Zeitpunkt der Allgemeinverbindlichkeit der Tarifverträge. Anspruchsberechtigt sind alle Arbeitnehmer des Bäckerhandwerks (ausgenommen mithelfende Familienangehörige) und bei der Brotindustrie die ge-

werblichen Arbeitnehmer und Angestellten, die auf Arbeitsplätzen vom Mehllager bis zur Ofenbedienung, in der Expedition oder mit dem Ausfahren von Backwaren beschäftigt waren (ausgenommen mithelfende Familienangehörige).[9]

Am 20. 2. 1970 wurde der Tarifvertrag über die Errichtung eines Förderungswerkes für die Beschäftigten im Bäckerhandwerk unterzeichnet, am gleichen Tag der Tarifvertrag mit der Brotindustrie.
Die *NGG* hoffte, jetzt werde zumindest die Einhaltung des Bäckerei-Arbeitszeitgesetzes gewährleistet sein. In der Tat ließen die Verstöße in den Handwerksbetrieben in der ersten Zeit auch deutlich nach. Lange hielt das aber nicht vor. Der Wuppertaler Delegierte Wilhelm Othmar berichtete vor dem Berliner Gewerkschaftstag 1970:

> Trotz dieser vielen Strafbestimmungen hat sich weiter nichts Großes getan. Wie viele Betriebe, die stetig Ausnahmegenehmigungen erhalten, arbeiten und backen rund um die Uhr?! Trotz der Hinweise und schriftlichen Einwendungen unserer Hauptverwaltung an die Arbeitsminister der Länder, diesen Übertretungen und Verstößen gegen das Bäckereiarbeitszeitgesetz Einhalt zu gebieten, die Ordnungsämter anzuweisen, verschärfte Kontrollen durchzuführen, hat sich nichts geändert.[10]

Auch die Brotindustrie gab unter dem Druck eines selbstinszenierten, ruinösen Verdrängungswettbewerbes keine Ruhe. Immer wieder wurde das Verlangen nach durchgehender Nachtarbeit geäußert und eine erneute Klage vor dem Bundesverfassungsgericht angestrengt. Die wurde aber ebenso abschlägig beschieden wie die erste, wobei das BVG im Februar 1976 deutlich die soziale Schutzfunktion des Gesetzes herausstellte.
Das Bäckereiarbeitszeitgesetz muß beibehalten werden, das war auch die einhellige Überzeugung aller Kolleginnen und Kollegen auf der Fachkonferenz Bäckereien und Brotfabriken am 28./29. April 1979 in Hannover. Jedoch wurde auch auf die mangelhafte Einhaltung des Gesetzes »und die Bereitschaft vieler Arbeitnehmer zur Nachtarbeit, wegen der hohen Nachtzuschläge«[11] hingewiesen.
Uwe Temme referierte vor der Konferenz über Möglichkeiten zur Einführung der 5-Tage-Woche. Da sich in punkto Ausdehnung des Nachtbackverbots einstweilen nichts bewegen ließ, wurde die »Verkürzung der Arbeitszeit auf 40 Wochenstunden an fünf Tagen in der Woche für alle Beschäftigten im Backgewerbe«[12] zum vorrangigen Ziel der *NGG*.
In der Brotindustrie konnte bis 1981 in allen Tarifbereichen die 5-Tage-Woche eingeführt werden. In den Betrieben ist entweder der Samstag oder der Montag arbeitsfrei. Ein einheitlicher produktionsfreier Tag konnte nicht erreicht werden. Lediglich in Berlin wurde einheitlich der Montag zum arbeitsfreien Tag erklärt. Die Tarifverträge sind alle für allgemeinverbindlich erklärt worden.
Das Bäckerhandwerk tat sich schwerer, einer solchen tariflichen Regelung zuzustimmen. Bis 1983 hatte sich die 5-Tage-Woche dann aber auch im Handwerk durchgesetzt, meist in der Form, daß dem einzelnen Arbeitgeber überlassen wurde, welcher Tag zum arbeitsfreien gemacht wurde.

4. Sozialpolitik in den 70er und 80er Jahren

Das Gesetz zur Änderung des Bäckereiarbeitszeitgesetzes war noch ein Produkt der Großen Koalition, deren Sozialpolitik im Schatten der Krise 1966/67 mit Maßnahmen wie Kürzung der Bundeszuschüsse zur BfA, dem Rentnerbeitrag zur Krankenversicherung, der Verdoppelung der Rezeptblattgebühr u. a. zunächst das Mißfallen der Gewerkschaften erregt hatte. Die Schlußbilanz sah aber überraschend positiv aus. Mit dem schon erwähnten Gesetz zur Lohnfortzahlung im Krankheitsfall, dem Arbeitsförderungsgesetz, das auf eine aktive Arbeitsmarktpolitik hinzielte, dem Dritten Rentenversicherungsgesetz, das den Finanzausgleich zwischen Arbeiter- und Angestelltenrentenversicherung brachte und beide zu einer finanziellen Einheit zusammenschmolz, wurden entscheidende gesellschaftspolitische Reformen auf den Weg gebracht. Daß neben der mittelfristigen Wirtschaftsprojektion und der mehrjährigen Finanzplanung jetzt auch im sozialpolitischen Bereich der Weg einer längerfristigen Planung und Vorausschau beschritten werden sollte, entsprach ganz den Vorstellungen der Gewerkschaften.

In den drei Regierungsjahren der ersten sozialliberalen Koalition unter Willy Brandt von 1969 bis 1972 war es vor allem die Rentenreform mit ihrem Kernstück, der flexiblen Altersgrenze, die die Gewerkschaften ansprach, weil sie ihren Vorstellungen von einem humanen Übergang ins Rentenalter nahekam. Daneben die Einbeziehung von Personengruppen, die bisher außerhalb der Versichertengemeinschaft gestanden hatten (Selbständige und nicht erwerbstätige Hausfrauen), die Rente nach Mindesteinkommen, die Dynamisierung der Kriegsopferrenten, die Weiterentwicklung der Krankenversicherung (Krankenhauspflege ohne zeitliche Begrenzung, anstatt der bis dahin üblichen 78 Wochen innerhalb von drei Jahren) und die Ausdehnung der Unfallversicherung (Einbeziehung von Schülern, Studenten, Kindergartenkindern). Nicht zu vergessen auch die verbesserte arbeitsmedizinische Betreuung der Arbeitnehmer. Alles in allem, so die *NGG* im Rückblick, sei »trotz mancher Schwächen in der Regierungskoalition im Sozialleistungsbereich nahezu das vollzogen worden, was zeitlich und finanziell möglich war«.[13]

Bemühungen um die Humanisierung des Arbeitslebens standen seit 1972 im Mittelpunkt der Sozialpolitik. Das Arbeitssicherheitsgesetz vom Dezember 1973 mit seinen Vorschriften zur Anstellung von Betriebsärzten und Sicherheitsfachkräften, die Arbeitsstättenverordnung, die Mindestanforderungen für Beleuchtung, Belüftung und Lärmschutz festlegte, nicht zuletzt das Forschungsprogramm zur Humanisierung der Arbeit ließen einen Schwerpunkt erkennen, der von den gewerkschaftlichen Sozialpolitikern schon in den 50er Jahren zum Programm erhoben worden war, nämlich nicht an den Symptomen herumzukurieren, sondern die Ursachen sozialer Risiken in der Arbeitswelt zu beseitigen.

Die Finanzierungsprobleme der Rentenversicherung, die Kostensteigerung bei der Krankenversicherung und die Diskussion um das sogenannte Kostendämpfungsgesetz Mitte der 70er Jahre kündigten schon an, wie problematisch Sozialpolitik werden sollte. Blieben die Leistungsverschlechterungen als Folge der Haushalts- und Finanzierungsprobleme des Bundes aber bis 1979 begrenzt und kaum subjektiv spürbar, da sie vor allem künftige Zuwachsraten betrafen, hatten sich die Gewerkschaften bis dahin, trotz mancherlei Kritik, den Bemühungen der Bundesregierung nicht verschließen wollen, die finanziellen Probleme der Sozialversicherung zu lösen, so war für sie im November 1981 eindeutig die Toleranzgrenze überschritten. Die Verschärfung der Berechnungsbasis für das Arbeitslosengeld, eine Zumutbarkeitsverordnung, die selbst eine Zumutung war, die Erhöhung der Beiträge zur Arbeitslosenversicherung, auf der anderen Seite die Senkung der von der BfA an die Rentenversicherung überwiesenen Beiträge für Arbeitslose, mit einem Wort, der Versuch, das Loch im Bundeshaushalt zu stopfen »durch viele Millionen Geldscheine, die den Arbeitnehmern aus der Tasche gezogen werden«[14], veranlaßte die Gewerkschaften, sich quer zu legen.

Die sozialliberale »Haushaltsoperation« 1982, mit ihren eben erwähnten tiefen Einschnitten in das soziale Netz zeigte, daß die Sozialpolitik in den Sog der Wirtschaftskrise geraten war. Wie schon 1958 wurde von Arbeitgeberverbänden, *CDU/CSU* und *FDP* nach einer Totalrevision des Sozialstaats verlangt. Auch in der *SPD* waren diejenigen, die meinten, jetzt sei der Moment gekommen, wo sich Sozialpolitik bewähren müsse, in die Defensive gedrängt. Die im September 1982 an die Macht gekommene konservativliberale Koalition setzte die von ihrer Vorgängerin in der letzten Phase eingeschlagene Politik in großem Stil fort.

Die Gewerkschaften gerieten demgegenüber in die Defensive. Zwar hatte der *DGB* mit seinem neuen Sozialpolitischen Programm aus dem Jahre 1981 durchaus Antworten gegeben, wie das Sozialstaatsgebot des Grundgesetzes auch unter den Bedingungen der Wirtschaftskrise gewahrt werden konnte. Nur interessierte das die »Wendepolitiker« nicht.

KAPITEL XXVI

Die NGG und die politische Entwicklung in der Bundesrepublik

1. Für die Demokratisierung der Wirtschaft

Die neue deutsche Gewerkschaftsbewegung hatte als entscheidende geschichtliche Lehre aus der Entwicklung der Weimarer Republik die Erkenntnis gewonnen, daß politische Demokratie ohne wirtschaftliche Demokratie unmöglich sei. Der *DGB*-Vorsitzende Hans Böckler schrieb am 29. Dezember 1950 auf dem Höhepunkt der Auseinandersetzung um die Mitbestimmung in der Montanindustrie:

> Nach den Erfahrungen der letzten 30 Jahre dürfte es klar sein, daß es in Deutschland eine in allen Lebensbereichen verwirklichte Demokratie geben muß, wenn sie nicht wieder zugrunde gehen soll, denn die eingeschränkte Demokratie wird nicht vom Volksganzen getragen und kann damit nicht lebensfähig sein.[1]

Die paritätische Mitbestimmung in der Montanindustrie bestand seit 1947. 1950 wurden Pläne der Regierung Adenauer bekannt, sie wieder zu beseitigen. 97 Prozent der organisierten Metaller sprachen sich daraufhin im November 1950 für Kampfmaßnahmen aus. 92,8 Prozent der Mitglieder der IG Bergbau taten das gleiche im Januar 1951, um die Mitbestimmung auch in den neu zu errichtenden Bergbaugesellschaften durchzusetzen. In direkten Verhandlungen mit Adenauer und Unternehmervertretern erzwang Hans Böckler den Durchbruch. Am 18. April 1951 wurde die Mitbestimmung in Bergbau und eisenschaffender Industrie per Gesetz verankert, allerdings ohne überbetriebliche Mitbestimmung, auf die die Gewerkschaften großen Wert gelegt hatten.
Die Aufmerksamkeit des *DGB* richtete sich jetzt auf das Betriebsverfassungsgesetz, von dem eine echte Gleichberechtigung zwischen Kapital und Arbeit, paritätische Besetzung der Aufsichtsorgane aller Betriebe mit mehr als 300 Beschäftigten und einem Eigenkapital von mindestens drei Millionen DM und die sozial- und personalpolitische Mitbestimmung der Betriebsräte erwartet wurde. Mitbestimmung der Arbeitnehmer in den Betrieben, in den Organen der Unternehmen und in der Gesamtwirtschaft sollte sich zu einem geschlossenen Ganzen der Wirtschaftsdemokratie ergänzen.
Als der Entwurf der Regierung zum BetrVG bekannt wurde, wirkte das wie eine kalte Dusche. Von paritätischer Mitbestimmung keine Rede, und bei der Besetzung der Arbeitnehmerbank im Aufsichtsrat sollten die Gewerkschaften als »Betriebsfremde« völlig ausgeschaltet werden. Die Reak-

tion war eindeutig: Rückzug des *DGB* aus allen wirtschaftspolitischen Ausschüssen der Bundesregierung nach einem Beschluß des Bundesvorstandes vom 24. Juli 1951. Der Schritt wurde von den Mitgliedern einhellig gebilligt und war z. T. vorher schon verlangt worden, so von der *NGG*-Landeskonferenz Bayern. Die feste Haltung wurde aber nicht lange beibehalten und die Gespräche mit der Regierung auf Einladung des Bundeskanzlers schon nach wenigen Wochen wieder aufgenommen. Beirat und Hauptvorstand der *NGG* warnten: Die gewerkschaftliche Entschlossenheit werde in endlosen Verhandlungen mit der Bundesregierung nur verwässert. Im Dezember 1951 wurden die Kontakte wieder abgebrochen, nachdem sich Minister der *FDP* und der *Deutschen Partei* durch äußerst gehässige Angriffe auf den *DGB* hervorgetan hatten. Die gewerkschaftliche Aktionswelle rollte im Frühjahr 1952 an: Protestkundgebungen, Demonstrationen und Warnstreiks in allen Teilen der Bundesrepublik mit ungefähr 400 000 Beteiligten. Indes entschloß sich der Bundesvorstand des *DGB,* der in dieser Frage wenig glücklich taktierte, im Juni 1952 zum neuerlichen Kurswechsel. Nachdem die Mitgliedschaft ihren Willen eindrucksvoll zum Ausdruck gebracht habe, könne man in weiteren Gesprächen mehr erreichen. Es kam zu lebhaften Auseinandersetzungen im Bundesvorstand. Man könne die gewerkschaftlichen Aktionen nicht sang- und klanglos auslaufen lassen, protestierte Hans Nätscher, der Vorsitzende der *NGG*. Ein befristeter Generalstreik sei nicht zu umgehen, wenn das Ansehen der Gewerkschaften gewahrt bleiben solle. Walter Freitag *(IGM)* und August Schmidt *(IG Bergbau)* hingegen empfahlen Zurückhaltung. Bei 15 Ja-, 25 Nein-Stimmen und 10 Enthaltungen wurde Nätschers Vorschlag abgelehnt. Daß Nätscher richtig vermutet hatte, zeigte der Verlauf der Beratungen im Sommer 1952, in denen die Regierung Adenauer nicht das geringste Entgegenkommen bewies und obendrein dem *DGB* gegenüber mit falschen Karten spielte, so daß dieser – nunmehr zum dritten Mal während der Auseinandersetzungen um das BetrVG – gezwungen war, die Runde zu verlassen. Im Juli 1952 dann wurde das Betriebsverfassungsgesetz mit 195:139 Stimmen im Bundestag verabschiedet.

Die Lehre aus dem Kampf um das BetrVG, so Hans Nätscher im Juli 1952 vor dem Hauptvorstand der *NGG,* müsse sein, »daß den Koalitionsparteien und der Regierung der allerschärfste Kampf nicht nur angesagt, sondern mit dem Ziel geführt werden müsse, daß die arbeiterfeindlichen Parteien und die Regierung anläßlich der bevorstehenden Bundestagswahl nicht mehr gewählt werde«.[2] Die Gewerkschaften taten damit nicht mehr, als einer Empfehlung zu folgen, die ihnen Konrad Adenauer selbst gegeben hatte, als er auf dem Höhepunkt der gewerkschaftlichen Aktionswelle gegen das BetrVG dem *DGB* schrieb, man solle sich doch lieber bei den nächsten Bundestagswahlen engagieren. Das sei der gegebene Weg, eine einheitliche und fortschrittliche Betriebsverfassung, wie sie dem *DGB* vorschwebe, durchzusetzen.

2. Gegen Wiederbewaffnung und Atomtod

Die Enttäuschung über das rückschrittliche BetrVG floß mit anderen Enttäuschungen zusammen. Da war die Weigerung des Wirtschaftsministers Erhard auf die Preisgestaltung Einfluß zu nehmen. Da war die Wiederbewaffnung, die von der Regierung Adenauer ganz offen vorangetrieben wurde, obwohl maßgebliche Vertreter der Regierungsparteien *CDU/CSU* noch vor wenigen Jahren erklärt hatten, lieber möchte ihnen der Arm abfaulen, als zusehen zu müssen, wie Deutsche noch einmal ein Gewehr in die Hand nähmen. Hans Nätscher widmete sich dem Thema ausführlich am 13. Mai 1952 in der *Einigkeit:*

> Wir sagen entschieden nein zu einem deutschen Verteidigungsbeitrag, weil diese Regierung nicht gewillt ist, Verhältnisse und Voraussetzungen zu schaffen, wie wir sie im demokratischen Deutschland fordern. 31 Millionen DM ist Adenauer bereit, täglich aus den Taschen des deutschen Steuerzahlers herzugeben, um die von ihm vertretene Wirtschaftsordnung gesichert zu wissen. Sie ist nicht die unsrige. Schafft erst einen echten deutschen demokratischen Staat und eine lebendige Demokratie (...) Wir sind bereit, für eine Demokratie, wie wir sie wünschen, auch den Schutz zu übernehmen.[3]

In einer Vielzahl von Artikeln wurde in der *Einigkeit* von Hans Nätscher und auch von Willy Sprenger immer wieder betont: wir brauchen keine Kasernen, sondern Schulen, keine Generäle, sondern Ärzte und Lehrer. Auch deswegen war die *NGG* gegen die deutsche Wiederaufrüstung, weil sie mit Recht befürchtete, daß damit die Möglichkeiten zur Wiedervereinigung auf lange Zeit verschüttet würden. An der Adenauerschen Außenpolitik aber wurde, was die Anlehnung der Bundesrepublik an die westlichen demokratischen Staaten anging, kaum Kritik geübt, weil die »gigantische Aufrüstung im Osten«[4] durchaus als Ursache für die Rüstungen der westlichen Staaten angesehen wurde. Nur glaubte die *NGG*, »daß die Bundesrepublik als die Degenspitze des westlichen Verteidigungssystems«[5] eine weit wirksamere Rolle spielen könne, wenn sie nicht militärisch, sondern sozial aufgerüstet werde.

Hier muß man beachten, daß das Wort von der »Degenspitze des westlichen Verteidigungssystems« nicht militärisch, sondern politisch gemeint war. Die Bundesrepublik wurde gewissermaßen als Vorposten der »freien Welt« begriffen, die durch Aufbau eines demokratischen Sozialstaates mehr zu dessen Verteidigung beitragen könne, als durch ein paar Divisionen, die nur Gefahren für die junge und ungefestigte deutsche Demokratie mit sich brächten. Im übrigen war man in der *NGG* auch nicht blind gegenüber den Fehlern der westlichen Staaten. Die vielen Artikel der *Einigkeit*, in denen die Unterstützung der USA und anderer Länder für das faschistische Regime des Generals Franco in Spanien gegeißelt oder die Wühlereien des US-Geheimdienstes gegen demokratisch gewählte Regierungen in Lateinamerika (z.B. Guatemala 1954) angeprangert wurden, belegen das.

Am 24. 2. 1955 fiel die Entscheidung des Bundestages, der sich mit 314

gegen 147 Stimmen für den Aufbau der Bundeswehr aussprach. Kurz danach wurde auch schon die Ausrüstung der Bundeswehr mit Atomwaffen ins Spiel gebracht.
Der Friedensnobelpreisträger Albert Schweitzer, 13 Atomwissenschaftler im sogenannten Göttinger Appell, die Gewerkschaften forderten: Schluß mit den Atomwaffen!
Der Hauptvorstand der NGG appellierte im März 1958 an die Mitglieder,

»in allen Orten Protestkundgebungen gegen die Selbstmordpolitik der Regierung durchzuführen und in Entschließungen diesen Protest an die Parteien und die Regierung weiterzuleiten (...) Soll die Bundesrepublik nicht das erste Ziel einer atomaren Auseinandersetzung sein und völliger Vernichtung anheimfallen, dann muß die Erstellung von Abschußbasen und Ausrüstung mit Atomwaffen verhindert werden.«[6]
Eine konservative Presse fiel auch diesmal über die Gewerkschaften her und streute infame Verdächtigungen aus, obwohl an der Klarheit der gewerkschaftlichen Position keine Zweifel bestehen konnten: »Wir haben Ursache, uns gegen jede Lagerung von atomaren Waffen im Westen wie im Osten zu wenden.«[7]

Auf dem 3. Gewerkschaftstag der *NGG* 1958 in Frankfurt a.M. gab es kaum jemanden, der sich nicht energisch gegen die Gefahren der atomaren Rüstung ausgesprochen hätte. Der Hauptvorstand legte eine Entschließung vor, in der noch einmal der Protest der *NGG* »gegen die Aufrüstungspläne der Bundesregierung« erneuert und die Erwartung ausgedrückt wurde, daß der *DGB* der Bewegung »Kampf dem Atomtod« weiterhin alle Unterstützung verleihen, ferner sich dafür einsetzen werde, die Bemühungen der internationalen Gewerkschaftsbewegung »um eine internationale kontrollierte Abrüstung und die Beseitigung des atomaren Wettrüstens«[8] zu verstärken. Die Delegierten stimmten dieser Erklärung zwar zu, zufrieden waren sie mit ihr aber nicht so ganz. Gegen die Empfehlung der Antragskommission nahmen sie einen Antrag der Ortsverwaltung Hamburg an, in dem die Forderung nach einer Volksbefragung erhoben und die »Schaffung einer atomwaffenfreien Zone in Europa« verlangt wurde, »damit jede Bedrohung unserer Heimat von Ost und West aufhört«.[9]
Unter dem Eindruck der engagierten Beiträge jüngerer Delegierter wie Wolfgang Weber, Harald Schöpperle und Günter Döding setzte sich der Gewerkschaftstag auch bei der Behandlung von Kriegsdienstverweigerern über die Empfehlungen des Hauptvorstands hinweg. Nicht anerkannte Kriegsdienstverweigerer, die wegen ihrer Gewissensentscheidung einer Einberufung nicht Folge leisten und strafrechtlich verfolgt oder inhaftiert würden, erhielten von der NGG Rechtsschutz. Das wurde als Verpflichtung in die Satzung aufgenommen.
In der Haltung zur Wiederbewaffnung kam in den Jahren nach 1958 auch bei der NGG der Umbruch. An der Existenz der Bundeswehr war kaum noch zu rütteln, sollte man da nicht von der fundamentalen Opposition abgehen, um die demokratische Entwicklung der neuen Armee sicherzustellen, so wie das einzelne schon Mitte der 50er Jahre empfohlen hatten?

Auf dem Essener Gewerkschaftstag 1962 betonte der scheidende Vorsitzende Hans Nätscher zwar noch einmal, die *NGG* lehne die Wiederaufrüstung in Deutschland und der ganzen Welt ab. Der Mannheimer Delegierte Wolfgang Weber erntete aber schon Widerspruch, als er von einer »hochgerüsteten Bundeswehr«[10] sprach, die wegen ihrer immer höheren Ausgaben die Entwicklung des Sozialstaats gefährde und darum die offene Gegnerschaft der Gewerkschaftsbewegung herausfordere. Ein Jahr nach dem Mauerbau in Berlin war es schwieriger geworden, Zustimmung für solche Argumente zu finden. Die vom Hauptvorstand vorgelegte Entschließung sprach sich in erster Linie gegen die atomare Aufrüstung aus: Einstellung der Atomwaffenversuche in Ost und West, Verbot jeder Herstellung und Anwendung von Atomwaffen, Beseitigung aller Atom- und Raketenstützpunkte, Vernichtung aller vorhandenen Atomwaffen und schließlich, im letzten Schritt, die allgemeine und kontrollierte Abrüstung. Die Entschließung wurde gegen 14 Stimmen angenommen.

3. »Augen rechts«

Auch deswegen hatte die NGG gegen die Wiederaufrüstung Stellung bezogen, weil sie fürchtete, eine neue deutsche Armee könne eines Tages wie schon in der Weimarer Republik gegen die Arbeiterschaft eingesetzt werden. Solche düsteren Ahnungen schienen der NGG nur zu berechtigt, da sich die Regierung Adenauer keineswegs mit der nötigen Entschiedenheit gegen das Wiederaufleben nationalistischer Tendenzen wandte, wie Hans Nätscher erbittert in der *Einigkeit* feststellte:

> Der PG [Parteigenosse] ist Trumpf. In allen Behörden und Organen, in der Wirtschaft wie im Staat, sitzt er heute wieder in den Schlüsselpositionen.[11]

»Augen rechts« hieß eine ständige Kolumne von Hans Nätscher und Willy Sprenger in der *Einigkeit,* in der gegen alte und neue Nazis in verantwortlichen Positionen zu Felde gezogen wurde.
Mal wurde die Bewilligung von hohen Pensionen und Entschädigungen für alte Nazis kritisiert, wo Millionen von Rentnern und Kriegsbeschädigten mit Renten auskommen mußten, die knapp zum Leben reichten. Mal wurde auf die ehemaligen Blutrichter hingewiesen, rund 300 an der Zahl, die Köpfe unschuldiger Menschen hatten rollen lassen, aber in der neuen Bundesrepublik weiter Recht sprechen durften.
»Augen rechts« war eine Artikelserie, die von großer Sorge um den Bestand der deutschen Demokratie erfüllt war:

> Wir kritisieren das Unrecht und verteidigen das Recht. Aber wir verallgemeinern nicht. Wir müssen unterscheiden zwischen ehemaligen Parteimitgliedern und Blutordensträgern oder Exponenten des Dritten Reiches, also zwischen »Geführten« und Führern. Viele ehemalige Parteigenossen sind nicht nur unsere Mitglieder, sie sind unsere Funktionäre, auch hauptamtlich. Wir schätzen ihre Mitarbeit und wissen sie zu achten, sie gehören zu

uns. Aber wir wissen auch, daß sie sich nicht identifizieren mit den »ewig Gestrigen«, mit den wirklichen Kriegsverbrechern, mit jenen Leuten, die den mühselig aufgebauten Staat unterminieren.[12]

4. Versuch zur Spaltung der Gewerkschaften

Aus dem Unmut über den innenpolitischen Kurs der Bundesrepublik ist der Aufruf zu verstehen, mit dem der *DGB* und die Vorsitzenden seiner 16 Einzelgewerkschaften am 8. September 1953 kurz vor der Bundestagswahl an die Öffentlichkeit traten. »Wählt einen besseren Bundestag«,[13] war das Motto der Erklärung, die am tatsächlichen Ausgang der Wahlen indes nichts änderte: Die *CDU* errang eine große Mehrheit.
Hans Nätscher wertete das Wahlergebnis als Resultat »einer nie dagewesenen Lügenpropaganda« und vieler Millionen »Schmiergelder«.[14] Daran war sicher viel Wahres. Das konnte aber nicht darüber hinwegtäuschen, daß man den Rückhalt unterschätzt hatte, den die Regierung Adenauer in der Bevölkerung genoß.
Die Quittung ließ nach der Wahl nicht lange auf sich warten. Derselbe Konrad Adenauer, der den Gewerkschaften 1952 empfohlen hatte, anstatt auf die Straße zu gehen, sich lieber bei den Wahlen zu engagieren, konnte sich jetzt nicht genug entrüsten über die Anmaßungen des *DGB*. Zwei Persönlichkeiten aus der christlichen Arbeiterbewegung müßten in den *DGB*-Bundesvorstand kooptiert werden, forderten *CDU/CSU*. Je zwei in die Vorstände der Landesbezirke des *DGB* und in die Vorstände der Einzelgewerkschaften. Die christlichen Kollegen sollten sich zu Fraktionen zusammenschließen dürfen. Das hätte nicht mehr und nicht weniger bedeutet, als die Einheitsgewerkschaft in Stücke zu schlagen. Denn der einen Fraktion wären bald andere gefolgt, und außerdem hätte sich der *DGB* mit diesen Forderungen auf Gnade oder Ungnade der Regierung ausgeliefert. Er konnte nicht anders als ablehnen.
Die auf eine Spaltung der Gewerkschaften hinsteuernden Gruppen in *CDU/CSU* und *FDP* fühlten sich noch nicht stark genug. Für den Augenblick blieb es bei einer rüden Pressekampagne gegen die von den Funktionären gesteuerte »Lohnmaschine«, für die Zwangsschlichtung als letzten Ausweg aus der nahe bevorstehenden »Katastrophe«. Erst 1955 war es soweit. Am 30. Oktober trat in Essen der Gründungskongreß der Christlichen Gewerkschaften zusammen. Einerlei wie das taktische Kalkül der Hintermänner aussah: Ob der *DGB* nur gefügig gemacht werden sollte, oder ob man wirklich mit einem Massenzustrom von Mitgliedern rechnete – beide möglichen Ziele schlugen fehl. Maßgebliche Vertreter der alten Christlichen Gewerkschaften wie Adolf Schaar, in der Weimarer Republik Vorsitzender des *Bund der Hotel-, Restaurant- und Caféangestellten*, distanzierten sich von den Spaltern, denen auch die Anhänger ausblieben. Daß sich einige Gelbe Organisationen wie der *Fleischergesellenbund* und

der *Deutsche Kellnerbund* auf dem Gründungskongreß der *CGD* einfanden, war ein mehr als magerer Ersatz. Nur im Saarland konnten die Christlichen Gewerkschaften dank der unverhohlenen Rückendeckung durch die Landesregierung einigen Boden gewinnen.
Im übrigen beschloß der Hauptvorstand der *NGG* am 1. Dezember 1955, die Mitgliedschaft bei den *CGD* sei unvereinbar mit der Zugehörigkeit zur *NGG*.

5. Der Konflikt um die Notstandsgesetze

Der Bremer Gewerkschaftstag 1966 wurde von der innenpolitischen Streitfrage der Notstandsgesetze überschattet. NGG und andere Gewerkschaften reagierten um so hellhöriger auf die Notstandspläne der Regierung, als sie stets in einem Atemzug genannt wurden mit einem ganzen Paket weiterer Maßnahmen: einem Verbändegesetz, einem Streikgesetz und ähnlichen Projekten. Zu allem Überdruß kam Wirtschaftsminister Erhard 1965 auch noch mit seinem Gedankenspiel der »formierten Gesellschaft« heraus.
Die fadenscheinige Begründung der Bundesregierung, Notstandsgesetze seien zur Überwindung innerer Katastrophen wie der Hamburger Flutkatastrophe des Jahres 1962 notwendig, wiesen die Gewerkschaften zurück. Gerade die Hamburger Flutkatastrophe habe gezeigt, wie die Gewerkschaften über ihren eigenen Organisationsapparat ohne staatliche Aufforderung schnelle und effektive Hilfe leisten könnten.
Der Essener Gewerkschaftstag 1962 wandte sich einstimmig »gegen die Versuche der Regierung durch ein Notstandsgesetz die Ausübung der demokratischen Grundrechte einzuschränken, die Presse- und Versammlungsfreiheit aufzuheben und das Koalitions- und Streikrecht zu unterdrücken«.[15] Beirat und Hauptvorstand unterstrichen diese Stellungnahme in den folgenden Jahren immer wieder.
Die Besorgnis wuchs, als 1965 Einzelheiten des bis dahin sorgsam gehüteten Regierungsentwurfs bekannt wurden. Außerdem sollten die Notstandsgesetze im Eiltempo durch den Bundestag gebracht werden. Da gab es eine Vielzahl von »Gummiparagraphen«, mit denen die Pressefreiheit bedroht, das Versammlungsrecht, die Koalitionsfreiheit, die freie Wahl des Arbeitsplatzes eingeschränkt oder ganz aufgehoben werden konnten. Die sozialdemokratische Fraktion sperrte sich gegen eine Überrumpelung des Parlaments, der *DGB* machte öffentlich mobil, und so blieben die Pläne einstweilen in den Schubladen der Ministerien. Auch nach den Bundestagswahlen 1965 zeigte die Regierung (Kanzler war jetzt der ehemalige Wirtschaftsminister Erhard) keine große Neigung, die Öffentlichkeit umfassend zu informieren, was sie denn eigentlich plane. »Auf den Tisch mit den Schubladengesetzen!« war daher die erste Forderung des DGB und auch des Bremer Gewerkschaftstages der NGG 1966.

Mittlerweile waren in den Gewerkschaften selbst aber Gegenströmungen entstanden. Ein Teil der Mitglieder und Funktionäre wollte die Notstandsgesetze nicht bedingungslos ablehnen. Gerade im Hinblick auf solche Strömungen beauftragte der Bremer Gewerkschaftstag den Hauptvorstand, in der Ablehnung der Notstandsgesetze fest zu bleiben »und den DGB-Bundesvorstand in der ablehnenden Haltung zu unterstützen«.[16] Gewerkschaftliche Kampfmittel, das war von vornherein klar, würden in der Kampagne gegen die Notstandsgesetze keine Anwendung finden. Nur für den Fall hatte Hans Nätscher 1962 einen Generalstreik in Aussicht gestellt, daß mit den Notstandsgesetzen zugleich auch ein Gewerkschaftsgesetz und die Zwangsschlichtung vorgelegt werden würden. Die Gewerkschaften hielten sich an die Spielregeln der parlamentarischen Demokratie und versuchten den Abgeordneten und der Öffentlichkeit ihre Auffassungen nahezubringen.

Durch die wachsende Opposition gegen die Notstandsgesetze, die weit über den Kreis des *DGB* hinausging und den *DGB* auf dem Höhepunkt der Kampagne 1968 nur zu einer unter vielen Organisationen machte, wurde die Regierung Erhard so weit verunsichert, daß die ursprüngliche Einschränkung der Presse- und Versammlungsfreiheit und des Streikrechts, teilweise zurückgenommen wurden. Die grundsätzlichen Bedenken der Gewerkschaften drangen indes nicht durch, so daß der *DGB* – auch nachdem 1967 der vierte und nunmehr endgültige Entwurf der Notstandsgesetze vorlag – bei seiner endgültigen Ablehnung blieb:

> In Notzeiten wie in unruhigen Zeiten müssen die Grundwertvorstellungen, von denen unsere Verfassung ausgeht, dieselben bleiben, wenn sich die Verfassung nicht selbst in Frage stellen will.[17]

So stand es in der vom Bundesausschuß am 5. Juli 1967 angenommenen Resolution. Die Möglichkeit, daß der größte Teil des Volkes zum Arbeitsdienst verpflichtet werde, sei durch die Gummiparagraphen des Gesetzes keineswegs ausgeschlossen, zumal die Freiheit der Wahl des Arbeitsplatzes eingeschränkt werden könne, und das schon in Friedenszeiten, zumal das Koalitions- und Streikrecht der Gewerkschaften nicht garantiert werde, und auch sonst wichtige Grundrechte wie das Post-, Brief- und Fernmeldegeheimnis in Friedenszeiten eingeschränkt werden könnten. Schließlich eröffne der Gesetzentwurf durch die Konstruktion eines besonderen Ausschusses, der im Spannungsfall an die Stelle des Parlaments treten könne, einer gefährlichen Entwicklung Tür und Tor, und er schaffe die Möglichkeit zum Einsatz von Militär für den Fall des »inneren Notstands«.

6. Der sozialliberale Machtwechsel

Durch die Wirtschaftskrise 1966/67 waren die Gewerkschaften in die Defensive gedrängt. Der Schutz der Arbeitnehmer vor den sozialen Folgen der Krise, vor allem der Arbeitslosigkeit – in der Bundesrepublik seit langen Jahren unbekannt –, beanspruchte alle Aufmerksamkeit. Das erklärt z. T. die geringere Sensibilität der Gewerkschaften gegenüber der Protestbewegung der Studenten, die ab 1968 auch die Arbeiterjugend, vor allem die Lehrlinge, erfaßte. Etliche Themen, die die Jugendbewegung aufgriff, standen in diesen Jahren auch auf den Tagesordnungen gewerkschaftlicher Kongresse und Konferenzen: Bildungsreform, Pressekonzentration und Erneuerung der Meinungsvielfalt, mangelhafte Bewältigung der nationalsozialistischen Vergangenheit, Rechtsextremismus, Rüstungswahnsinn und Vietnamkrieg. Dennoch hielten die Gewerkschaften auf Distanz, weil sie, so Herbert Stadelmaier vor dem Berliner Gewerkschaftstag der NGG, 1970, auf die Einhaltung der »Spielregeln der parlamentarischen Demokratie«[18] drängten. Das richtete sich gegen die Provokationen, zu denen die Studenten bei ihren Protestaktionen griffen, oft genug greifen mußten, um überhaupt gehört zu werden.

Die Wirtschaftskrise begünstigte das Wiederaufkommen des Rechtsradikalismus. Die von alten Nazis durchsetzte *NPD* schaffte den Sprung in einige Landtage. Die Gewerkschaften forderten das Verbot der *NPD*. Hauptvorstand und Gewerkschaftstag der *NGG* beschlossen 1966, die Mitgliedschaft in dieser Partei für unvereinbar zu erklären mit der Mitgliedschaft in der *NGG* (es folgten dann etwa ein halbes Dutzend Ausschlüsse).

Toleranz gegenüber ihren Feinden, schrieb Willy Sprenger in der *Einigkeit,* dürfe sich die deutsche Demokratie nicht noch einmal erlauben. »Heute NPD-Parteitag – morgen Besetzung der Gewerkschaftshäuser«[19], war eine der Parolen, mit der Tausende von Gewerkschaftern im November 1967 gegen die Abhaltung des NPD-Parteitages in Hannover protestierten. An vielen anderen Orten fanden ähnliche Kundgebungen statt. Eine Neuheit war dabei, daß Gewerkschaften und Studentenorganisationen zusammen auftraten und eine Sprache redeten.

Mit dem wirtschaftlichen Wiederaufschwung schmolz auch der Rechtsradikalismus zusammen. Die Hoffnung auf mehr Demokratie, auf grundlegende Reformen, auf einen Wandel in der unbeweglichen Außenpolitik gegenüber dem Osten, führte mit den Bundestagswahlen des Jahres 1969 zur Bildung der sozialliberalen Koalition. Die neue Regierung Brandt/Scheel wurde von der *NGG* da kritisiert, wo es im Interesse der Mitglieder nötig schien. Schon kurz nach der Regierungsbildung kam es zu einer ersten Verstimmung, als sich die Vertreter der Bundesregierung im Internationalen Arbeitsamt bei der Abstimmung über die Zulassung freier Gewerkschaften in Spanien der Stimme enthielten.

Der erste Gewerkschaftstag der NGG nach dem Machtwechsel in Bonn wandte sich sofort gegen die Regierungspläne zur Konjunkturdämpfung, mit denen die Lohnsteuervorauszahlung eingeführt werden sollte. Die Grundstimmung war aber so, wie es Willy Sprenger auf dem Berliner Gewerkschaftstag 1970 ausdrückte:

> Wenn diese Regierung scheitert, dann ist es erst einmal aus mit den gesellschaftlichen Reformen, die wir alle anstreben, dann ist es aus mit dem größeren Spielraum demokratischer Freiheiten, die wir verlangen, dann ist Schluß mit dem Bestreben, unseren Arbeitnehmern mehr Einfluß zu verschaffen. Was dann kommt, gibt uns keinen Rückenwind.[20]

Willy Brandt als Gast des Kongresses nannte die Schwerpunkte seiner Regierung für die nächste Zeit: sozialer Wohnungsbau, Vermögensbildung in Arbeitnehmerhand und nicht zuletzt die Reform des BetrVG. Mitbestimmung, Vermögensbildung durch überbetriebliche Ertragsbeteiligung der Arbeitnehmer, Steuerreform und Maßnahmen zur besseren Einkommens- und Vermögensverteilung, Herabsetzung der Altersgrenze, Beseitigung der Rentenbenachteiligung von Frauen, Lohnfortzahlung im Krankheitsfall, gesetzlich geregelter Bildungsurlaub – das waren die Erwartungen, mit denen der Gewerkschaftstag der neuen Regierung entgegentrat. Mitbestimmung und Vermögensbildung standen dabei ganz oben an. Ausweitung der betrieblichen und überbetrieblichen Mitbestimmung, beides auf paritätischer Ebene, die Umwandlung der Industrie-, Handels- und Handwerkskammern in paritätisch geleitete Wirtschaftskammern, Einrichtung von Arbeiterkammern, wie es sie in Bremen und im Saarland schon gab, waren auf dem einen Feld die Zielvorstellungen der *NGG*. Eine echte Beteiligung der Arbeitnehmer am Vermögenszuwachs, und nicht nur eine verstärkte Förderung des Sparens, auf dem anderen.

Wie sah die Bilanz nach vier Jahren aus? Für die Gewerkschaften zufriedenstellend auf dem Gebiet der Sozialpolitik. Es gab mehr Kündigungsschutz und mehr Urlaub für Behinderte, mehr Schutz am Arbeitsplatz durch die gesetzlich vorgeschriebene Einstellung arbeitsmedizinischer und sicherheitstechnischer Fachkräfte. Es gab Lohnsicherung bei Pleiten und besseren Kündigungsschutz für Jugendvertreter. Die im Januar 1974 in Angriff genommene überbetriebliche Ertragsbeteiligung für Arbeitnehmer schien ein Ansatzpunkt zu werden für die von den Gewerkschaften geforderte Teilhabe der Arbeitnehmer am Zuwachs des Produktivvermögens.

7. Die Gesetze zu Betriebsverfassung und Mitbestimmung

Die Novellierung des Betriebsverfassungsgesetzes von 1972 erfüllte nur teilweise die Wünsche der *NGG,* und die Auseinandersetzung um die Mitbestimmung, dem »Herzstück der Reformpolitik in den Betrieben«[21], fand erst recht nicht ihren Beifall. Der Mitbestimmungsgesetzentwurf, der im Frühjahr 1974 nach mehreren Koalitionsgesprächen der Öffentlichkeit

vorgestellt wurde, war eine deutliche Abkehr vom Prinzip der Parität und verschob die Gewichte im Aufsichtsrat einseitig zugunsten der Anteilseigner.
Die von der betrieblichen Wirklichkeit längst überholte Trennung von Arbeitern und Angestellten kehrte wieder, die Arbeitnehmerbank im Aufsichtsrat drohte zum Ständeparlament zu werden. Denn nach dem Gesetzentwurf war vorgesehen, daß ihre Plätze von Arbeitern, Angestellten und leitenden Angestellten je nach ihrem Anteil an der Belegschaft zu besetzen waren, jeder Gruppe aber mindestens ein Sitz zustand. Dahinter verbarg sich die alte Strategie des »Teile und Herrsche« – der Versuch, eine solidarische Interessenvertretung der Arbeitnehmer durch die Aufspaltung in Gruppen zu verhindern. Die Sondervertretung der leitenden Angestellten, jener Angestellten, die nach einem Urteil des Bundesarbeitsgerichts vom gleichen Jahr unternehmerische Funktionen wahrnahmen, sprengte den Grundsatz der Parität, denn, so der damalige *DGB*-Vorsitzende Heinz Oskar Vetter, »der kleine Kreis derjenigen, die wirklich unternehmerische Funktionen wahrnehmen, gehört weder zur Arbeitnehmerseite noch in die Aufsichtsräte, wo er sich selbst kontrollieren könnte und im Konfliktfall mit der Kapitalseite stimmen würde, in die er bislang eingebunden ist«.[22]
Der Gesetzentwurf hatte noch andere Schwachstellen. Den Anteilseignern wurde das letzte Entscheidungsrecht bei der Bestellung des Aufsichtsratsvorsitzenden gegeben, »um die Vormachtstellung des Kapitals zu erhalten«.[23] Erst in Unternehmen mit mehr als 2000 Beschäftigten sollte die erweiterte Mitbestimmung wirksam werden. Und als Personengesellschaften geführte Betriebe blieben von der Mitbestimmung ganz ausgesperrt.
»Einige deutliche Korrekturen sind wohl noch anzubringen«[24], schrieb die *Einigkeit* im März 1974. Aber der Gesetzentwurf sei immerhin ein ernsthafter Ansatz, grundlegende gesellschaftliche Änderungen in Gang zu setzen. 30 große nationale und multinationale Unternehmen der Nahrungs- und Genußmittelindustrie wären damit zum ersten Mal von einer Mitbestimmungsregelung erfaßt worden: Deutsche Unilever GmbH, Maizena, Maggi, Dortmunder Union-Schultheiß GmbH, Steigenberger-Hotels u. a. Das gab für die *NGG* den Ausschlag, den Regierungsentwurf nicht vollends abzulehnen.
Allerdings befanden sich die Gewerkschaften in einer schwierigen Situation. Während sie bei der Regierung auf die Verbesserung eines unzulänglichen Gesetzentwurfes drängten, mußten sie gegenüber den Unternehmern das Mitbestimmungsrecht überhaupt verteidigen. Die *Bundesvereinigung der deutschen Arbeitgeberverbände* baute das Gespenst einer gewerkschaftlichen Machtergreifung in Wirtschaft, Staat und Gesellschaft auf und erklärte, der Mitbestimmungsgesetzentwurf der sozialliberalen Koalition sei grundgesetzwidrig. Die Unternehmer zogen vor das Bundesverfassungsgericht, das ihre Klage am 1. März 1979 zurückwies und betonte, die im Grundgesetz verankerte Sozialpflichtigkeit des Eigentums bedeute, daß überall dort, wo Eigentum in die Rechte anderer eingreife, insbeson-

dere beim Eigentum an Produktionsmitteln, die Verfügungsgewalt eingeschränkt werden könne.
Die Zweifrontenstellung nahm der gewerkschaftlichen Kritik viel an Stoßkraft, so daß das Mitbestimmungsgesetz am 1. Juli 1976 ohne große Veränderungen in Kraft trat. Sogar weitere Verschlechterungen waren hinzugekommen: Durch das doppelte Stimmrecht des Aufsichtsratsvorsitzenden bekamen die Anteilseigner in jedem Fall das letzte Wort. Politische Unstimmigkeiten zwischen den Koalitionsparteien führten zu Gesetzesformulierungen, die nach vielen Richtungen hin ausgedeutet werden konnten und später auch prompt die Gerichte beschäftigten.
Einige Unternehmen griffen sofort zu gesellschaftsrechtlichen Manipulationen, um der Mitbestimmung zu entgehen. Die Wienerwald GmbH z. B. mit 4000 Beschäftigten wurde in vier unabhängige Regionalgesellschaften aufgeteilt. Die Firma Brandt Zwieback-Bisquit GmbH wurde in zwei Offene Handelsgesellschaften umgewandelt. Der Marktführer der Kaffeebranche, die Jacobs & Co GmbH lagerte den Produktionsbereich für Pulverkaffee aus dem Bremer Unternehmen aus und hatte damit weniger als 2000 Beschäftigte.
Um den ohnehin nicht sehr großen Arbeitnehmereinfluß zu unterlaufen, wurde zu Änderungen der Unternehmenssatzungen und Geschäftsordnungen der Aufsichtsräte Zuflucht genommen. Mal wurde die Verschwiegenheitspflicht verschärft, um eine sachgerechte Zusammenarbeit aller Arbeitnehmer im Aufsichtsrat zu erschweren, mal wurden nur mit Anteilseignern besetzte Ausschüsse geschaffen, denen besondere Entscheidungsbefugnisse zugeschoben wurden, meist im Personalbereich. Oder es wurde versucht, die Anzahl der Geschäfte, für die eine Zustimmung des Aufsichtsrats notwendig war, einzuschränken. Kurzum: der Kampf verlagerte sich ins Detail.
Die *NGG* war zweimal gezwungen, vor Gericht zu gehen. Einmal, um sich bestätigen zu lassen, daß die Anstellung der Geschäftsführer dem Aufsichtsrat und nicht der Gesellschafterversammlung oblag. Das zweite Mal, um gegen die Einrichtung eines Ausschusses für personelle Angelegenheiten der Vorstandsmitglieder zu klagen, bei dem Arbeitnehmervertreter keinen Zutritt haben sollten.
Den Unzulänglichkeiten des Gesetzes und dem hartnäckigen Kleinkrieg mit vielen Unternehmern zum Trotz wurde die neue Mitbestimmungsregelung auch als Chance begriffen. Und zwar in verschiedener Hinsicht: verbesserte Informationsmöglichkeiten für Arbeitnehmer; bei Investitionen, bei Betriebsstillegungen, bei Fusionen und Beteiligungen usw. kann der Aufsichtsrat die Ausführung von seiner Zustimmung abhängig machen. Die Arbeitnehmervertreter können hierbei ihren Einfluß zur Geltung bringen.
Viele Aufsichtsräte befassen sich über den Jahresabschluß eines Unternehmens hinaus auch mit Investitionsplänen. Der Hauptvorstand der NGG rief deshalb im Dezember 1981 alle Arbeitnehmervertreter in Aufsichts-

räten dazu auf, auch Investitionen zur Humanisierung der Arbeitswelt und Maßnahmen zur Beschäftigungssicherung zu verlangen. Erste ermutigende Erfolge lagen bis dahin schon vor.

Die Praxis zeigte auch, daß die Arbeitnehmervertreter im Aufsichtsrat auf die Unterstützung der Gewerkschaften angewiesen sind, wenn sie sich wirksam für Arbeitnehmerinteressen einsetzen wollen. So bieten die im Aufsichtsrat vorgelegten Informationen oft keine hinreichende Grundlage zur Kontrolle der Unternehmenspolitik. Deshalb hat die *NGG* damit begonnen, öffentlich zugängliche Informationen über wirtschaftliche Entwicklung der Unternehmen und deren soziale Folgen für die Beschäftigten zu sammeln und sie nach einem einheitlichen Schema aufzubereiten, um die Vergleichbarkeit zu erhöhen. Ziel soll sein, die betrieblichen Funktionäre in der Analyse der wirtschaftlichen und finanziellen Lage des Unternehmens zu unterstützen.

Im übrigen verpflichten sich hauptamtliche Mitarbeiter der NGG, die als Arbeitnehmer- bzw. Gewerkschaftsvertreter im Aufsichtsrat tätig sind, ihre Tantiemen in voller Höhe an die Hauptverwaltung abzuführen, die ihrerseits die in den entsprechenden Grundsatzbeschlüssen des DGB festgelegten Beträge aus diesen Vergütungen im Namen des Betroffenen an die Hans-Böckler-Stiftung abführt.

KAPITEL XXVII
Organisation und Entwicklung der Gewerkschaft NGG

Im Organisationsbereich der Gewerkschaft *NGG* gab es zwischen 1949 und 1970 Veränderungen auf jedem Gewerkschaftstag. Dabei stand einerseits, besonders in den frühen 50er Jahren, das Bestreben im Vordergrund, Grenzstreitigkeiten mit anderen *DGB*-Gewerkschaften durch eine möglichst lückenlose Beschreibung des eigenen Organisationsbereiches zu vermeiden. Andererseits ging es um eine Anpassung der Satzung an die sich wandelnden Strukturen in der Nahrungs- und Genußmittelwirtschaft.
So wurden 1958 die Bananenreifereien sowie die Auslieferungslager und Kundendienste der Tabakwirtschaft als neue Betreuungsbereiche der *NGG* aufgenommen, 1962 unter anderem die Bierverlage und der Biergroßhandel, 1966 die Forschungslaboratorien der Nahrungs- und Genußmittelindustrie. Diese Satzungsänderungen zielten alle darauf ab, nach dem Grundsatz der Industriegewerkschaft – ein Betrieb = eine Gewerkschaft – auch die der Produktion vor- und nachgelagerten Bereiche zu erfassen. Nach der vorläufig letzten umfangreichen Satzungsänderung auf dem Berliner Gewerkschaftstag 1970 zählen zum Organisationsbereich der NGG alle Arbeitnehmer, die in Unternehmen und Betrieben beschäftigt sind, in denen Nahrungs- und Genußmittel hergestellt, verarbeitet, abgepackt oder abgefüllt werden, einschließlich ihrer Hauptverwaltungen, Forschungslaboratorien, Verkaufsorganisationen, ihrer Auslieferungslager, Verkaufsstellen und Kundendienste. Ferner alle Arbeitnehmer in den einschlägigen Im- und Exportlägern der Freihäfen, in »Verwaltungsgesellschaften der Nahrungs- und Genußmittelunternehmen sowie in Betrieben, die kapitalmäßig oder gesellschaftsrechtlich abhängig sind von Herstellerunternehmen der Nahrungs- und Genußmittelindustrie und vorwiegend deren Erzeugnisse vertreiben«. Schließlich Arbeitnehmer in Hotels, Restaurants und Cafés, in »Beherbergungs-, Gaststätten- und Kantinenbetrieben oder einschlägigen Produktionsbetrieben bei den alliierten Streitkräften«.[1] Endlich die Arbeitnehmer in Genossenschaften und in der Hauswirtschaft.
Zwölf Wirtschaftsgruppen verzeichnet die Satzung, die »insbesondere zum Organisationsbereich«[2] gehören: Getränke, Getreide, Fleisch, Fisch, Milch und Fett, Zucker, Süßwaren und Dauerbackwaren, Obst und Gemüse, Tabak, Hotels, Restaurants, Cafés, Gaststätten, Genossenschaften

der Nahrungs- und Genußmittelindustrie und der Landwirtschaft, Hauswirtschaft.

1. Mehr Zentralismus in der Organisation?

Es hat in der Geschichte der NGG nicht an Versuchen gefehlt, die starke föderalistische Struktur der Organisation zu verändern. Einen Versuch zur grundlegenden Satzungsreform gab es auf dem Hamburger Gewerkschaftstag von 1954. Ziel dieser Änderung war vor allem die »Entmachtung« der Landesleiter. Nach den Vorstellungen des Hauptvorstandes sollten hauptamtliche Funktionäre künftig keine ehrenamtlichen Funktionen mehr in der NGG übernehmen dürfen. Die Landesleiter hätten also nicht mehr im Beirat vertreten sein können. Der Beirat sei Legislative, gesetzgebendes Organ, argumentierte Hans Nätscher, und es gehe nicht an, daß die Landesleiter als Angehörige der »Exekutive« in ihm Sitz und Stimme hätten.
August Locherer, der linke Flügelmann der NGG aus Mannheim, Jupp Dozler, Landesleiter NRW und Karl Bauer aus Heidelberg, konterten in seltener Einmütigkeit, es gehe nicht an, zwei Klassen von Mitgliedern zu schaffen. Wer das Vertrauen der Mitglieder genieße, müsse auch gewählt werden können, von praktischen Erwägungen einmal ganz abgesehen. So könnten größere Ortsverwaltungen gar nicht von einem ehrenamtlichen Kollegen geführt werden. Der Vorschlag des Hauptvorstandes wurde von einer großen Mehrheit der Delegierten zurückgewiesen. Damit war das Schicksal auch aller ähnlichen Anträge besiegelt. Der Versuch, die Landesleiter nur noch vom Hauptvorstand anstellen zu lassen, wurde ebenso zurückgewiesen wie ein Antrag, die bezirksweise Zusammenfassung der Ortsverwaltungen in das Ermessen von Landesleitern und Hauptvorstand zu stellen, während nach der alten Satzung die betreffenden Ortsverwaltungen dabei ein Wort mitzureden hatten. Es dürfe nicht so weit kommen, gab Jupp Dozler die Stimmung der meisten Delegierten wieder, daß die Durchführung aller gewerkschaftlichen Aufgaben in den Händen von Landesleitern und Hauptvorstand liege: »Die schöpferische Tätigkeit, die ohne Zweifel in den Betrieben und Ortsverwaltungen beginnt, würde damit vollkommen ausgeschaltet.«[3] Das Argument hatte um so mehr Gewicht, als von allen Seiten in der NGG über mangelndes gewerkschaftliches Bewußtsein geklagt wurde, was Hans Nätscher 1954 so ausdrückte: »Für viele ist die Gewerkschaft ein Automat: oben 10 Pfg. hinein – unten 10 DM Lohnerhöhung heraus. Und klappt das nicht, dann taugt der Automat nichts.«[4]
Den Ortsverwaltungen müßten so viel Vollmachten wie möglich gegeben werden. Aufgabe der Landesleitungen sei nicht, die Ortsverwaltungen zu gängeln, sondern nur, deren Tätigkeit zu beaufsichtigen. Damit war auch der Versuch gescheitert, die Landesleiter zu Weisungsempfängern des Hauptvorstandes zu machen und sie aus dem Hauptvorstand zu verdrän-

gen. Letzteres wurde mit finanziellen Einsparungen begründet. Gerade die Delegierten aus den Ländern liefen Sturm: Die Landesleiter seien »von unten herauf gewachsen«[5] und müßten ein Mitbestimmungsrecht haben, sie seien die richtigen, um dem Hauptvorstand zu vermitteln, was »unten« an der Basis der Organisation vor sich gehe.

Acht Jahre später auf dem Essener Gewerkschaftstag stand das gleiche Thema noch einmal zur Debatte, mit den gleichen Argumenten und fast den gleichen Kontrahenten. Nur, daß die Anträge, die Landesleiter aus dem Hauptvorstand herauszuhalten, diesmal von den Ortsverwaltungen Hamburg und Mannheim kamen. In geheimer Abstimmung wurden sie mit 124:80 Stimmen bei 2 Enthaltungen abgelehnt.

In eine ähnliche Richtung zielte der während des Gewerkschaftstages entworfene Initiativ-Antrag Nr. 267, der vom Berliner Kollegen Friedrich Otto stammte. Danach sollten mindestens drei Viertel der Delegierten zu den Gewerkschaftstagen ehrenamtliche Funktionäre sein:

> Die gegenwärtige Zusammensetzung des Gewerkschaftstages zeigt bereits, daß das ehrenamtliche Element nicht mehr in dem nach seiner Bedeutung zustehenden Ausmaß durch Delegierte vertreten ist. Bei einem Anteil von mehr als 40% sind die hauptamtlichen Angestellten der Gewerkschaft bereits mit einem so hohen Anteil als Delegierte beteiligt, daß von einer echten Legislative der Gewerkschaftstage kaum noch gesprochen werden kann.[6]

Wer solle denn bestimmen, welche Ortsverwaltung einen ehrenamtlichen und welche einen hauptamtlichen Kollegen zu wählen habe, war die Gegenfrage. Letztlich wohl der Hauptvorstand, wurde geantwortet, und dann werde nicht mehr, sondern weniger Demokratie, eine »gesteuerte Demokratie«[7], das Ergebnis sein. Der Antrag wurde, obgleich die Antragsberatungskommission empfahl, ihn mit der Änderung anzunehmen, mindestens zwei Drittel der Delegierten müßten aus den Betrieben stammen, mit großer Mehrheit abgelehnt.

2. Die Satzungsreform 1970

Auf dem Bremer Gewerkschaftstag 1966 stand ein anderes organisatorisches Problem im Mittelpunkt. Erich Herrmann benannte es so:

> Wir reden sehr oft von Rationalisierung, von Technisierung, vom Zeitalter der Automation, und in unseren eigenen Dingen haben wir noch Verhältnisse, die an unsere Gründerzeit erinnern.[8]

In Organisationsfragen seien die Gewerkschaften manchesmal konservativ und trennten sich nur ungern von »liebgewordenen Einrichtungen«.[9] Der Hamburger Delegierte Hans Saalfeld ging sogar soweit, das gesamte organisatorische Konzept der deutschen Gewerkschaftsbewegung für überprüfungsbedürftig zu erklären. Eine zentrale Kassierung und Mitgliederbetreuung des *DGB*, ein besseres innerorganisatorisches Informa-

Die Vorsitzenden der Gewerkschaft NGG

Ferdinand Warnecke (1950/1951)

Hans Nätscher (1951–1962)

Alfred Schattanik (1962–1966)

Herbert Stadelmaier (1966–1978)

Günter Döding (seit 1978)

tionssystem, die Verkleinerung des Hauptvorstandes, stärkere Integrierung der Personengruppen in die Gesamtorganisation, leistungsfähigere Ortsverwaltungen und ähnliches mehr waren die Wünsche, die von den Delegierten kamen, aber sämtlich einem Hauptvorstands-Antrag zugeordnet wurden. Dieser Antrag bekam dann die Mehrheit. Danach sollte dem Beirat bis zum Jahresende 1968 ein konkreter Vorschlag unterbreitet werden, ob der Organisationsaufbau der *NGG* den gegenwärtigen und zukünftigen Aufgaben einer Gewerkschaft noch entspreche und wo Veränderungen vorgenommen werden könnten. Drei Kommissionen wurden eingesetzt, die im November 1968 dem Beirat das Ergebnis ihrer Arbeit präsentierten. Der neue Satzungsentwurf ging Anfang des nächsten Jahres den Ortsverwaltungen zu und wurde vom Berliner Gewerkschaftstag 1970 nach eingehender Beratung verabschiedet. 88 Änderungsanträge aus den Ortsverwaltungen hatten noch vorgelegen.

Viele jetzt in die Satzung aufgenommenen Neuerungen waren schon seit einigen Jahren in der praktischen Erprobung. Die Zusammenlegung von Ortsverwaltungen zu Verwaltungsstellen z. B., so daß sich kaum noch prinzipielle Opposition breitmachte. Die Abschaffung der Bezirke wurde von den meisten als längst überfällige Maßnahme begrüßt, wenngleich sich einige Mitglieder aus Niedersachsen und den bayerischen Zonenrandbezirken Sorge machten, ob die finanzielle Ausstattung der neuen Verwaltungsstellen, die ja oft einen Aktionsradius von 100 km und mehr hatten, ausreichend sein werde.

Daß Frauen, die aus besonderen Gründen ihre Berufstätigkeit unterbrochen hatten, nach Wiederaufnahme der Beschäftigung als Gewerkschaftsmitglieder wieder in ihre alten Rechte eingesetzt werden konnten, wurde vom Gewerkschaftstag ohne weiteres akzeptiert. Höhere Unterstützungssätze bei Streiks, Maßregelung und Aussperrung, ferner die Einrichtung einer Freizeitunfallversicherung waren weitere Neuheiten in der Organisation. Der Gewerkschaftstag setzte noch eine wesentliche Erhöhung der Krankenunterstützung durch – gegen Proteste, daß dieser Unterstützungszweig nach der gesetzlichen Regelung der Lohnfortzahlung im Krankheitsfall ein alter Zopf sei. Die Düsseldorfer Ortsverwaltung nutzte die Verabschiedung der neuen Satzung, um noch einmal wie schon 1966 in Bremen mit einem besonderen Antrag hervorzutreten, wonach die besonderen Personengruppenkonferenzen abgeschafft werden sollten. Schließlich seien die Personengruppen jetzt weitgehend integriert, und es sei besser, ihre noch vorhandenen spezifischen Probleme auf den allgemeinen Konferenzen zu besprechen, wenn man gleichzeitig den Delegiertenanteil von Frauen, Jugendlichen und Angestellten heraufsetze. So verlockend das klang, für die Mehrheit der Delegierten war es dennoch Zukunftsmusik, weil, so Elisabeth Ostermeier, »bestimmte Gruppen innerhalb unserer Organisation bisher keine Möglichkeit haben, ihre Meinung von der Ortsverwaltungsebene bis in die letzte Instanz bzw. bis zum Gewerkschaftstag ausreichend durchzubringen«.[10]

Von den 221 Ortsverwaltungen und 41 Bezirken Ende 1969 blieben nach der Satzungsreform 70 Verwaltungsstellen übrig. Die neue Struktur brachte nicht nur Vorteile mit sich, wie sich später bei der Untersuchung durch die Friedrich-Ebert-Stiftung zeigen sollte. Die Sekretäre mußten längere Fahrten in die Betriebe auf sich nehmen, umgekehrt mußten die Mitglieder weitere Strecken für die Teilnahme an Wirtschafts- und Personengruppensitzungen zurücklegen.

3. Mitgliederbetreuung und Probleme

Die Organisations- und Satzungsreform war als Mittel gedacht, die Arbeit der Gewerkschaft *NGG* einfacher, übersichtlicher und wirksamer zu gestalten. Daß das nur bedingt gelang, wurde auf den nachfolgenden Landesbezirkskonferenzen deutlich. »Zur Organisationspolitik ist zu sagen«, meinte z. B. der Kollege Weigert auf der Landeskonferenz Niedersachsen 1972:

> auch hier mehr Konsultation, Information und praktische Hilfen für den Funktionärkörper draußen »am Mann«. Wer immer nur gibt, muß auch einmal nachtanken. Und dies (...) haben wir Streckenarbeiter draußen manchmal vermißt. Entlastung von Nebenarbeiten und mehr Konzentration auf bestimmte gezielte Aufgaben, Arbeitsteilung wo möglich.[11]

Der Hauptvorstand beschloß daher, von Sozialwissenschaftlern der Friedrich-Ebert-Stiftung in Bonn eine Untersuchung über die NGG-Organisation durchführen zu lassen.

Zwei Grundprobleme wurden durch die Untersuchung deutlich gemacht: fehlende Selbstdarstellung und mangelnde Präsenz der Gewerkschaft in den Betrieben zum einen, unzureichende Bindung der Mitglieder an die Organisation zum anderen.

56 Prozent der Mitglieder hatten noch nie an einer gewerkschaftlichen Kundgebung teilgenommen und nur eine Minderheit war bereit, sich in gewerkschaftlichen Gremien zu engagieren. Vergleichsweise ausgeprägt

Tab. 93
Mitgliederbewegung der NGG[12]

Jahr	männl.	weibl.	gesamt
1950	163403	93974	257377
1955	170814	118220	289034
1960	179531	108058	287589
1965	193285	87717	281002
1970	172918	67634	240552
1975	170428	70533	240961
1980	174402	77545	251947
1984	181729	82247	263976

Tab. 94
Mitgliederentwicklung in den Ländern[13]

Land	1957	1960	1965	1970	1975	1981	1984
Baden-Württemberg	51419	47487	41112	35289	36024	37586	37413
Bayern	46063	46402	37715	39201	38294	42930	41855
Berlin	10970	11845	12290	11604	11937	12202	11809
Hamburg/ Schleswig-Holstein	38589	34335	34583	27713	24279	25403	25917
Hessen/Rheinland-Pfalz/Saar	35683	36165	37715	32256	31638	33988	35351
Niedersachsen/ Bremen	42564	42253	41896	38064	38269	44024	43639
Nordrhein-Westfalen	73091	69102	65503	56435	44024	66981	67992
Gesamt	298379	287589	281002	240552	240961	263114	263976

war dagegen die Bereitschaft entwickelt, sich für konkrete gewerkschaftliche Ziele einzusetzen – sei es durch Teilnahme an Kundgebungen, Demonstrationen oder Streiks, sei es für menschlichere Gestaltung der Arbeitsplätze, für niedrigere Einheitstarife im öffentlichen Nahverkehr oder auch für die alte politische Forderung der Arbeiterbewegung nach Senkung der Rüstungsausgaben. Auch die Bereitschaft, sich für konkrete Probleme im Betrieb einzusetzen, war sehr viel stärker; nur fehlten hier die Mitwirkungsmöglichkeiten. Z. B. gab es längst nicht in allen Verwaltungsstellen Fachgruppen und dort, wo es sie gab, arbeiteten sie in der Mehrzahl der Fälle nicht regelmäßig.

56 Prozent der Mitglieder vermißten kontinuierliche Kontakte zwischen Gewerkschaftssekretär und Belegschaft. Nicht einmal ein Drittel der befragten ehrenamtlichen Funktionäre wurde regelmäßig über die Sitzungen der Verwaltungsstellen-Vorstände unterrichtet – für eine kontinuierliche und konstruktive Vorstandsarbeit waren die Zusammenkünfte zu selten. Vollkommen zufriedengestellt von der Informationspolitik zeigte sich nur gut die Hälfte der Funktionäre, ein Viertel sah seinen Informationsbedarf ausdrücklich als nicht befriedigt an.

39 Prozent der Mitglieder klagten, sie erführen erst hinterher von Tarifverhandlungen. Die *Einigkeit* wurde von vielen als verbesserungswürdig bezeichnet.

80 Prozent der Mitglieder hatten noch nie eine gewerkschaftliche Schulung besucht, und 60 Prozent fühlten sich dementsprechend auch nicht in der Lage, einen Unorganisierten über Ziele und Aufgaben der Gewerkschaften zu informieren.

Die Betriebsräte beklagten sich ebenfalls über die Informationspolitik der *NGG*, mit der nur die Hälfte von ihnen zufrieden war. Vertrauensleute, die den Kontakt zur Belegschaft hätten verbessern und die Betriebsräte in ihrer Doppelfunktion entlasten können, gab es in der NGG zwar seit den 50er Jahren, und eigene Vertrauensleuterichtlinien existierten auch schon seit geraumer Zeit, dennoch war die Zahl der Vertrauensleute gering und ihre Rolle weitgehend ungeklärt. Die Betriebsräte argwöhnten, mit den Vertrauensleuten könne sich eine Art gewerkschaftlicher Konkurrenz in den Betrieben herausbilden, was nach den Äußerungen verschiedener NGG-Vorstandsmitglieder Ende der 50er und Anfang der 60er Jahre nicht so ganz abwegig war.

Die geringe Bereitschaft, sich in außerbetrieblichen gewerkschaftlichen Gremien zu engagieren, hing damit zusammen, daß die Mitglieder entweder keine Einladungen zu den Sitzungen solcher Gremien bekamen oder noch nie von gewerkschaftlichen Veranstaltungen gehört hatten, an denen sie hätten teilnehmen können. Wirtschafts- und Fachgruppen wären das gegebene Instrument gewesen, branchen- und betriebsspezifische Besonderheiten mit allgemeinen gewerkschaftlichen Forderungen zu verbinden, es gab sie aber längst nicht in allen Verwaltungsstellen – und dort, wo es sie gab, arbeiteten sie nicht immer regelmäßig.

In der Regel erreichten weder die Tagesordnung noch die Beratungsergebnisse aus gewerkschaftlichen Gremien die Mitglieder an ihrem Arbeitsplatz.

> Wenn aber die Ausschußarbeit nicht in einer für die Mitglieder spürbaren Weise in die Betriebe zurückwirkt, zweifeln diese an der Effektivität (...) Entsprechend gering fällt auch das Interesse an einer kontinuierlichen Mitarbeit aus, eine von den eigenen Interessen abgehobene ›gewerkschaftliche Betätigung an sich‹ (...) ist eine Fiktion (...) Handlungsmotivierend wirken für die Beschäftigten immer nur jene Ziele, die sich mit ihren Interessen decken.[14]

Im Bereich der gewerkschaftlichen Bildungsarbeit machte die Studie darauf aufmerksam, daß sich die Teilnahmechancen einfacher Mitglieder in Grenzen hielten. Nicht, daß sie bewußt ausgeschlossen worden wären. Die Art und Weise der Rekrutierung zu gewerkschaftlichen Bildungsmaßnahmen – Nicht-Funktionäre erreichte das Bildungsangebot im allgemeinen kaum – führte zu einem eingeschränkten Teilnehmerkreis. Dreh- und Angelpunkt der Analyse und der aus ihr gezogenen Schlußfolgerungen war die mangelnde Repräsentanz der Gewerkschaft am Arbeitsplatz:

> Im für die Beschäftigten wohl bedeutsamsten Erfahrungsbereich, dem Arbeitsplatz, ist die Organisation bislang kaum aufgetreten. Fehlende betriebliche Repräsentanz hat den hauptamtlichen Funktionären deshalb auch den Vorwurf der Arbeitnehmerferne und der Organisation den der Zweckentfremdung von Gewerkschaftsgeldern eingetragen. Diesem auch von einem großen Teil der Mitglieder unterstützten Haupteinwand wird die Gewerkschaft nur dadurch beggenen können, daß für alle Arbeitnehmer ein funktionierendes System gewerkschaftlicher Repräsentanten am Arbeitsplatz in Gestalt gewerkschaftlicher Vertrauensleutekörper aufgebaut wird.[15]

Schlußfolgerung aus der Untersuchung war, die NGG müsse weitere Bereiche so betriebsnah gestalten wie ihre Tarifpolitik, die Bildungsarbeit z. B. durch betriebsspezifische Wochenendtagungen, auf Betriebsebene mehr Mitgliederversammlungen abhalten und die Ausschußarbeit auf konkrete betriebliche Fragestellungen ausrichten:

Will die Organisation (...) stärker als bisher für die Arbeiter und Angestellten im Betrieb präsent sein, muß sie dort einen Funktionärskörper aufbauen, der nicht den Beschränkungen der gesetzlichen Arbeitnehmervertretung unterworfen ist: den gewerkschaftlichen Vertrauensleutekörper.[16]

4. Vertrauensleute- und Betriebsrätearbeit

Obwohl die NGG seit Mitte der sechziger Jahre über eigene Richtlinien für die Vertrauensleutearbeit verfügte, war die Zahl der gewählten gewerkschaftlichen Vertrauensleutekörper in den Betrieben gering. Manche existierten nur dem Namen nach. Spezielle Schulungen für Vertrauensleute gab es nicht.

Der Hauptvorstand setzte zunächst eine Projektgruppe ein, um das von der Untersuchung an konkreten Vorschlägen und Analysen gelieferte Material zu verarbeiten: Günter Döding, Erich Hermann, Ruth Köhn, Werner Weber und Wolfgang Weber.

Aus der Erkenntnis, daß gutfunktionierende Vertrauensleutegruppen unerläßliche Voraussetzung für die wirksame gewerkschaftliche Organisations- und Betreuungsarbeit darstellen, sollten in allen Betrieben des Organisationsbereiches der NGG systematisch Vertrauensleutegruppen aufgebaut und betreut werden. Gleichzeitig wurde vorgeschlagen, die innergewerkschaftliche Stellung der Vertrauensleute auszubauen, das Schulungs- und Bildungsangebot der NGG zu erweitern.

Alle Mitglieder sollten in der zentralen Datenverarbeitung erfaßt werden – u. a. deswegen, um in Zukunft jedes Jahr etwa die Hälfte der Mitglieder schriftlich direkt über bevorstehende, laufende und abgeschlossene Tarifverhandlungen zu informieren.

Die Ausbildung der Nachwuchssekretäre sollte verlängert und intensiviert werden.

Zur besseren Mitgliederwerbung in Problembereichen wurde die Anstellung von Regionalsekretären vorgeschlagen.

Alle hauptamtlichen Funktionäre beschäftigten sich in vier aufeinanderfolgenden Seminaren im Bildungszentrum Oberjosbach mit diesen Fragen. Übereinstimmend meinten die Teilnehmer, daß die Vertrauensleutearbeit verstärkt und die seit Jahren bestehenden Richtlinien überarbeitet werden müßten.

Zwei Hauptvorstandssitzungen zogen die Bilanz der Diskussion. Der Mannheimer Gewerkschaftstag beschloß, die Vertrauensleutearbeit in allen Betrieben des NGG-Bereiches auszubauen. Die Hauptvorstandssitzung vom 28./29. November 1978 beschloß, Nachwuchssekretäre zusätzlich einzustellen und auszubilden, im Zusammenhang mit Tarifbewegungen die Mitglieder ausgewählter Branchen jährlich wechselnd gezielt zu informieren, einen Informationsdienst *Tarif aktuell* als Anhang dem Vertrauensleute-Info-dienst beizugeben. Um den Versand von Massensen-

dungen technisch bewältigen zu können, wurde eine mechanische Poststraße aufgebaut.
Für Bereiche mit erheblichen Mitgliederreserven (Angestellte und Beschäftigte von Großbetrieben des Hotel- und Gaststättengewerbes) wurden Regionalsekretäre mit genau abgegrenztem Aufgabengebiet eingestellt.
Im Rahmen der beruflichen Tätigkeit wurde interessierten Verwaltungsangestellten die Möglichkeit gegeben, ihre Kenntnisse, insbesondere für Auskunfts- und Beratungsaufgaben zu erweitern. Für die Aus- und Weiterbildung der hauptamtlichen Funktionäre wurden Fortbildungsseminare entwickelt.
Die »Richtlinien für die Arbeit der Vertrauensleute in der Gewerkschaft NGG« wurden auf einer Sondersitzung des Hauptvorstands am 7.2.1979 in Duisburg einstimmig verabschiedet.
Nach diesen Richtlinien bilden organisierte Betriebsratsmitglieder plus gewählte Vertrauensleute den gewerkschaftlichen Vertrauensleutekörper eines Betriebes. Jeder Betrieb wird in Wahlkreise eingeteilt, die etwa 20 Beschäftigte umfassen. Die Vertrauensleute werden für vier Jahre gewählt. Sie »repräsentieren die Gewerkschaft NGG im Betrieb und treten dort für die Interessen der Mitglieder ein. Sie sind Verbindungsglied zwischen Organisation und Mitgliedern.«[17]
Die Funktionen der Vertrauensleute:
– sie beraten und unterstützen die Mitglieder der Gewerkschaft NGG,
– sie werben neue Mitglieder und nehmen sich insbesondere der neu in den Betrieb eintretenden Arbeitnehmer an,
– sie beachten die Meinung der Mitglieder zu betrieblichen, gewerkschaftlichen und gesellschaftlichen Problemen und diskutieren sie in den Sitzungen der Vertrauensleute-Gruppe.
Zu einem ersten Erfahrungsaustausch trafen sich die NGG-Vertrauensleute auf der Bundesarbeitstagung vom 18./19.9.1981 in Dortmund. Das Verhältnis Betriebsräte – Vertrauensleute stellte sich als nicht immer ganz einfach heraus. Einige Vertrauensleute sahen ihre Aufgabe vor allem darin, die Betriebsräte zu kontrollieren, manche Betriebsräte in den Vertrauensleuten nichts als eine Art Konkurrenz. Alles in allem waren das nach den Berichten der Teilnehmer aber nur Anlaufschwierigkeiten, die besonders dort auftraten, wo Betriebsräte nicht im Vertrauensleutekörper mitarbeiteten.
Stärkeres Gewicht, das machte die Arbeitstagung klar, müßte auf die Planung gelegt werden – in den meisten Betrieben arbeiteten die Vertrauensleutekörper noch »in den Tag hinein«.
Die intensivere Einspannung der Vertrauensleute in die Tarifarbeit, rechtzeitig, bevor eine tarifliche Forderung beschlossen werde, solle den Vertrauensleuten und Mitgliedern die Möglichkeit geben, in Fachgruppenversammlungen die Tarifsituation und die vorliegenden Empfehlungen zu beraten (ohne an der Zuständigkeit der Tarifkommissionen für die Beschlüsse etwas rütteln zu wollen).

Im großen und ganzen konnte man aber eine positive Bilanz der zwei Jahre Vertrauensleutearbeit unter den neuen Richtlinien ziehen. Werner Weber im Schlußwort:

> Der Zusammenhalt zwischen Betriebsräten und Belegschaft ist durch die Vertrauensleutearbeit weiter verbessert worden. Und ebenso positiv (...) beeinflussen unsere Vertrauensleute auch den Informationsaustausch zwischen den Verwaltungsstellen und den Mitgliedern im Betrieb.[18]

Durch die NGG-Vertrauensleute können Betriebsräte schneller und umfassender über Wünsche der Beschäftigten informiert werden und deshalb Probleme rascher aus der Welt schaffen. Die Vorsitzende des Milupa-Betriebsrates in Friedrichsdorf:

> Seit es bei uns Vertrauensleute gibt, bringt der Betriebsrat mehr auf den Weg. Er wird schneller darüber informiert, welche Probleme die Beschäftigten haben und kann deshalb umgehend handeln. Dadurch ist bei der Belegschaft das Vertrauen in die Arbeit des Betriebsrates und der Gewerkschaft NGG gewachsen.[19]

Ein Betriebsratskollege der DSG-Hamburg berichtete über die gleichen Erfahrungen:

> Wenn Beschäftigte im Fahrdienst mit einem NGG-Vertreter über ihre Probleme und Wünsche sprechen wollten, dann klappte das bisher nur in Ausnahmefällen auf Anhieb. Bei Dienstantritt am frühen Morgen hatten sie keine Gelegenheit dazu. Und wenn der Zug spät abends oder nachts wieder in Hamburg einläuft, kann nur selten eines der acht in der NGG organisierten Betriebsratsmitglieder noch präsent sein. Das Fahrpersonal war also meist auf seine freien Tage angewiesen, um berufliche Probleme loszuwerden.[20]

Vor allem im Bereich des Arbeitsschutzes und der Gestaltung von Arbeitsplätzen greift die Arbeit von Vertrauensleuten und Betriebsräten nahtlos ineinander:

> Kolleginnen im Packsaal haben oft über Rückenschmerzen geklagt. Sie kamen nicht klar am Packband. Ihre Vertrauensfrau benachrichtigte den Betriebsrat, der sich mit den Problemen vertraut machte und in Verhandlungen mit der Geschäftsleitung durchsetzte, daß ein neues Band installiert wurde. Dieses neue Band entspricht arbeitsmedizinischen Erkenntnissen. So kann jeder Beschäftigte dort jetzt z.B. die Höhe des Stuhls und seinen Abstand zum Band individuell einrichten. Das bedeutet: Sie muß nicht mehr so verkrampft sitzen. Nach diesem Prototyp sollen alle neuen Anlagen im Werk gestaltet werden.[21]

Der Einsatz der Vertrauensleute machte sich im Erfolg der NGG bei den Betriebsratswahlen bemerkbar. Seit 1975 hat sich die Zahl der Betriebe mit Betriebsräten ständig erhöht. Und das, obwohl jährlich viele Betriebe stillgelegt werden. Die Zahl der unorganisierten Betriebsratsmitglieder erscheint zunächst ziemlich hoch: 18,9 Prozent bei den Betriebsratswahlen 1981. Man muß aber berücksichtigen, daß 41 Prozent der Betriebsratsmitglieder erstmals gewählt wurden. Erfahrungsgemäß ändert sich das Bild sehr rasch. Der überwiegende Teil der unorganisierten Betriebsratsmitglieder entscheidet sich für den Beitritt zur NGG – die Praxis betrieblicher Interessenvertretung macht deutlich, daß Betriebsräte den Rückhalt ihrer Gewerkschaft brauchen.

Tab. 95
Betriebsratswahlen im Organisationsbereich der NGG 1968 bis 1984[22]

	1968	1972	1975	1978	1981	1984
Betriebe	1856	2305	2186	2269	2328	2342
Betriebsratsmitglieder insgesamt	9849	12358	11719	12086	12289	12196
Davon waren: Männer	8370	10397	9747	9999	9987	9844
Frauen	1479	1961	1972	2087	2302	2356
Davon waren: Arbeiter	7207	8418	7680	7913	8842	8586
Angestellte	2642	3946	4039	4713	3447	3610
Davon waren ausländische Arbeitnehmer	—	—	328	460	551	660
Mitglieder von DGB-Gew.	7773	9379	9208	9506	9631	9699

Es wurden mehr Frauen und mehr ausländische Kolleginnen und Kollegen in den Betriebsrat gewählt, während der Anteil der Angestelltenmandate nur sehr geringfügig zunahm.

Die Betriebsratswahlen selbst werden seit 1978 gemeinsam mit der *Gewerkschaft Textil-Bekleidung* vorbereitet. Den haupt- und nebenamtlichen Funktionären werden umfangreiche Arbeitsmaterialien angeboten, von der Schulung für Wahlvorstands-Mitglieder bis hin zu Plakaten, Handzetteln und Infoblättern.

Die Wahlbeteiligung ist hoch und steigt noch. Drei Viertel der Beschäftigten stimmten bisher immer für eine gemeinsame Wahl – wachsende Probleme im Betrieb führen die Notwendigkeit einer starken und geeinten Interessenvertretung vor Augen. Im allgemeinen verlaufen die Wahlen ohne Behinderungen:

> In einigen Fällen mußten wir uns allerdings – berichtete Werner Weber vor dem Nürnberger Gewerkschaftstag 1982 – mit Behinderungen und Wahlbeeinflussungen durch die Arbeitgeber auseinandersetzen: Gegen einige Arbeitgeber mußte Strafantrag gestellt werden. Dies waren überwiegend Klein- und Mittelbetriebe aus der Gastronomie und dem Hotelgewerbe sowie aus dem Handwerk, die bisher keinen Betriebsrat hatten (...) Das Verhalten nach Gutsherrenart dürfen wir nicht hinnehmen. Demokratie endet nicht vor dem Fabriktor![23]

5. Die Kooperation von GTB und NGG

Schon vor dem Mannheimer Gewerkschaftstag 1978, der aus der FES-Studie die Lehren zu ziehen versuchte, hatte die NGG durch engere Zusammenarbeit mit der *Gewerkschaft Textil-Bekleidung* neue Wege beschritten. Bessere Koordination der Aufgaben im *DGB* und Zusammenlegung gewerkschaftlicher Aufgaben und Funktionen entsprach seit langem den Forderungen der *NGG* – wie auch anderer kleinerer Gewerkschaften, die sich in den 50er und 60er Jahren immer wieder meldeten und nach einer Vereinheitlichung des Beitrags- und Unterstützungswesens verlangten, aber nie genug Unterstützung finden konnten. Genauso erging es der *NGG* mit ihrem Vorschlag, eine gewerkschaftliche Tageszeitung zu gründen.

Der Frankfurter Gewerkschaftstag der *NGG* 1958 hatte eine Vereinheitlichung der Beiträge und Unterstützungsleistungen im *DGB* gefordert. Der Essener Gewerkschaftstag 1962 erwartete vom Hannoveraner *DGB*-Kongreß im gleichen Jahr, »endlich entscheidende Schritte einer umfassenden Koordinierung sowohl der Aufgaben als auch der Organisation der einzelnen Gewerkschaften im DGB«.[24] Der in Essen neu gewählte erste NGG-Vorsitzende Alfred Schattanik wandte sich am 15. November 1965 »in großer Sorge um die Zukunft des Deutschen Gewerkschaftsbundes und der einzelnen in ihm vereinigten Gewerkschaften«[25] an den *DGB*-Vorsitzenden Ludwig Rosenberg. Hintergrund war die Entscheidung großer Gewerkschaften wie der *IG Metall* und der *IG Bau-Steine-Erden*, Urlaubszentren und Ferienheime zu errichten und in größerem Maße als bisher den Mitgliedern Sonderleistungen zu gewähren. Damit sollte die Stagnation der Mitgliederentwicklung überwunden werden. Schattanik befürchtete, die finanziell schwächeren Gewerkschaften würden da nicht mithalten können, und damit würde nicht nur eine »Mitgliedschaft 2. Klasse«[26] entstehen, sondern auch das Industriegewerkschaftsprinzip aufgebrochen werden. Denn es gebe jetzt schon Fälle, wo einzelne ohne Rücksicht auf den Betrieb die Mitgliedschaft in der Gewerkschaft aufrechterhielten, die die »höchsten Leistungen« zahle. Schattanik schlug vor, über Unternehmen, die den Gewerkschaften nahestanden, wie BfG und Volksfürsorge, gleichwertige Einrichtungen und Leistungen für alle im *DGB* vereinigten Gewerkschaften und deren Mitglieder zu schaffen.

In zwei Artikelserien, die im Juni und September 1966 in der *Welt der Arbeit* veröffentlicht wurden, ging Alfred Schattanik noch einen Schritt weiter. Die Solidarität im *DGB* lasse nach 17 Jahren noch viele Wünsche offen, war das Fazit seiner Überlegung. »Wie konnte es wirken«, fragte er auf dem Höhepunkt des Zechensterbens an der Ruhr, »wenn (...) beim Marsch der Bergarbeiter nach Bonn an der Spitze nicht nur der Vorstand der IG Bergbau und Energie marschiert wäre, sondern wenn er von den Vorsitzenden aller übrigen 15 im DGB vereinten Gewerkschaften flankiert worden wäre? Die großen gesellschaftspolitischen Ziele der Gewerkschaften, manifestiert im Grundsatzprogramm von 1963, werden kaum zu erreichen sein, wenn einzelne Gewerkschaften ihre eigenen Wege zu diesen Zielen gehen wollen.«[27] Der *DGB* und insbesondere der *DGB*-Bundesvorstand müßten mehr Kompetenz erhalten, um die seit 1949 entstandenen Auswüchse an föderalistischer Autonomie zurückzudrängen.

Es sei dahingestellt, ob Alfred Schattanik mit seinen Vorschlägen alle Mitglieder seiner eigenen Gewerkschaft hinter sich hatte, im *DGB* ließen sich jedenfalls seine Vorschläge nicht durchsetzen. Ähnlich erging es Willy

Der Geschäftsführende Hauptvorstand der NGG seit 1978. Von l.n.r.: Ruth Köhn, Werner Weber, Günter Döding, Wolfgang Weber, Erich Herrmann.

Sprenger und anderen mit ihrer Forderung nach einer gewerkschaftlichen Tageszeitung, von der schließlich nur noch der Ruf nach einem einheitlichen Pressewesen übrigblieb, da eine Tageszeitung mittlerweile zu teure Investitionen erfordert hätte. Der Münchener *DGB*-Kongreß 1962 setzte auf Antrag der *NGG* eine Kommission ein, die die Möglichkeiten zur Vereinheitlichung der Gewerkschaftspresse prüfen sollte. Die Kommission sah freilich keine Möglichkeiten, eine für alle Gewerkschaften verbindliche Pressepolitik zu betreiben.

Nach dem Scheitern einer einheitlichen DGB-Pressepolitik blieb nur der Weg gemeinsamer Arbeit einzelner Redaktionen. *GTB* und *NGG* wagten diesen Schritt 1972. Mit dem 1. Januar 1973 wurden die Zeitschriften beider Gewerkschaften zu einem Organ zusammengelegt, wenngleich die traditionellen Titel beibehalten wurden und auch die Form der redaktionellen Zusammenarbeit lange Zeit unbefriedigend blieb, da kontinuierliche Redaktionskonferenzen nicht sofort eingerichtet werden konnten.

Am 23. November 1978 wurde der Kooperationsvertrag mit der *GTB* unterzeichnet:

> Beide Organisationen schließen diesen Vertrag im Bewußtsein ab, daß sie ihren Mitgliedern gegenüber verpflichtet sind, alles zu tun, um ihre Interessen wirksam zu vertreten. Sie werden im Rahmen der Grundsätze und Ziele des Deutschen Gewerkschaftsbundes besonders eng in gewerkschafts- und organisationspolitischen Fragen zusammenarbeiten. Beide Organisationen verpflichten sich zur gegenseitigen Konsultation in allen wirtschaftlichen, gesellschaftspolitischen und organisationspolitischen Grundsatzfragen, die beide Organisationen gemeinsam berühren.[28]

Das hieß im einzelnen: gemeinsame Maßnahmen zur Aus- und Weiterbildung von hauptamtlichen Funktionären; gemeinsame Ausbildung und Beratung von Arbeitnehmern im Aufsichtsrat; Erarbeitung eines gemeinsamen Konzepts zur Betreuung ausländischer Arbeitnehmer; gemeinsame Vorbereitung der Betriebsratswahlen. Bei Regierungen, Fraktionen und Parteien wollten beide Gewerkschaften künftig gemeinsam vorstellig werden und ihre Standpunkte in den Organen des DGB so weit wie möglich aufeinander abstimmen.

Die gemeinsame Schulung ehrenamtlicher Funktionäre, die Erarbeitung eines gemeinsamen Konzepts bei der Betreuung ausländischer Arbeitnehmer u. a. machen deutlich, daß der Kooperationsvertrag keine Angelegenheit allein der Vorstände von *NGG* und *GTB* ist. Heute könne festgestellt werden, so Günter Döding auf dem Gewerkschaftstag 1982, daß sich die Kooperation ausgezeichnet bewährt habe und feste Fundamente der Zusammenarbeit geschaffen worden seien. Die jährliche Bestandsaufnahme zeige, daß auf der Ebene der Landesbezirke und Verwaltungsstellen zunehmende Aktivitäten entwickelt werden. Für die Zukunft werde es darauf ankommen, den Weg beharrlich weiterzugehen und den Kooperationsvertrag in allen Bereichen Schritt für Schritt auszufüllen. Letztlich könnten die positiven Erfahrungen der Zusammenarbeit auch innerhalb des DGB ein Beispiel geben und auf Strukturen einwirken.[29]

6. Die Entwicklung der Bildungsarbeit

Bildungsarbeit hat in der Gewerkschaft *NGG* eine lange Tradition. Der Vorleser, der an der Wiege der Zigarrenarbeitergewerkschaft stand, war gleichzeitig eine der ersten, in spontaner Selbsthilfe organisierten, Bildungseinrichtungen der Arbeiterbewegung. Diese Tradition ging später in die Arbeit der Zahlstellen und Ortsverwaltungen ein. In den Mitgliederversammlungen wurden belehrende Vorträge gehalten. Die Gewerkschaftszeitschriften brachten aufklärende Artikel.

> Die Gewerkschaftskartelle, teilweise unter Mitwirkung der örtlichen Parteiorganisation, arrangierten schon vor Jahrzehnten Bildungsabende, um wissensdurstigen Gewerkschaftsmitgliedern die Möglichkeit zur notwendigen Fortbildung zu geben. Es bildeten sich zwanglose Diskutierklubs, wo sich die Teilnehmer abwechselnd als Referenten, als Leiter von Versammlungen, als Schriftführer und als Diskussionsredner übten. Nach der zu behandelnden Materie wurde bei solchen Diskussionsabenden weniger gefragt, dagegen wurde mehr die Form geübt. Der zum Referenten Bestimmte angelte sich aus billigen Broschüren seine Rededisposition Tage vorher bei der Petroleumlampe mühsam zusammen. Wer besonders eitel veranlagt war, produzierte sich vor dem Beginn der Diskutierhandlungen zu Hause vor dem Spiegel, um vor versammelter Mannschaft zu imponieren.[30]

Gewerkschaftliche Bildungsarbeit, wie sie hier von einem alten Kollegen aus dem *Verband der Nahrungsmittel- und Getränkearbeiter* (wahrscheinlich Eduard Backert) geschildert wird, diente hauptsächlich dem Zweck, gute »Agitatoren« heranzubilden – Kollegen, die für den Verband werben konnten.

Fortbildungsschulen (Vorläufer der heutigen Berufsschulen) gab es zwar schon in den achtziger Jahren des vergangenen Jahrhunderts. Verbindlich war der Besuch solcher Schulen nicht, denn gegen ein gutes Frühstück für die Lehrersfrau, einen Präsentkorb aus der Bäckerei, Fleischerei oder dem Gasthaus konnte Dispens für Wochen erreicht werden. Erst durch die Mitgliedschaft im Verband, durch Hinweise in Sitzungen oder Versammlungen und durch die Arbeiterpresse erhielten schulentlassene Arbeiter wieder Anregungen zur Fortbildung.

Auch für die Funktionäre der Gewerkschaften gab es keine besondere Ausbildung. Man lernte eben in der Praxis, wie man sich in Verhandlungen mit Arbeitgebern, bei Streiks oder Versammlungen zu verhalten hatte. Alles übrige mußte man sich selbst beibringen.

Mit dem Wachsen der Gewerkschaften und mit der Ausbreitung der Tarifpolitik erweiterten sich auch die Aufgaben eines Gewerkschaftssekretärs. Die zunehmenden rechts- und sozialpolitischen sowie verwaltungstechnischen Aufgaben erforderten Fähigkeiten und Kenntnisse, die in der praktischen Tagesarbeit nicht mehr alle erlernbar waren. Die Gewerkschaften schickten vereinzelt ihre Funktionäre auf die 1891 in Berlin von Wilhelm Liebknecht gegründete Arbeiterschule. Die mehr auf die praktische Tagesarbeit ausgerichteten Bedürfnisse der gewerkschaftlichen Bildungsarbeit konnten von der Arbeiterschule nie ganz befriedigt werden, so daß ab 1906 eigene, zentrale Unterrichtskurse der Gewerkschaften in Berlin abgehalten wurden.

Während des Krieges kam die gewerkschaftliche Bildungsarbeit notgedrungen zum Erliegen.

In der Weimarer Republik wurden die zentralen Unterrichtskurse zunächst nicht mehr fortgesetzt. Die Gewerkschaften nutzten verstärkt Zugangsmöglichkeiten zu staatlichen Hochschulen oder in Kooperation mit staatlichen Stellen geschaffene Einrichtungen:
- die Akademie der Arbeit, 1921 in Frankfurt a. M. eröffnet,
- die staatlichen Wirtschaftsschulen in Berlin und Düsseldorf, die gewerkschaftlichen Hörern ebenso offenstanden wie
- das freigewerkschaftliche Seminar an der Universität Köln und ein ähnliches Seminar an der Universität Münster.

Daneben gab es eine Reihe von Volkshochschulen, die, wie übrigens auch die Akademie der Arbeit, eng mit Freien und Christlichen Gewerkschaften zusammenarbeiteten.

Der VNG und seine Vorläuferverbände benutzten vor allem die Akademie der Arbeit in Frankfurt und die beiden Wirtschaftsfachschulen in Düsseldorf und Berlin. Dort studierten u. a. August Locherer, Aloys Winter, Otto Hemann und Richard Heimberg.

Der VNG beteiligte sich gemäß seiner Mitgliederstärke am Bau der 1928 eröffneten Bundesschule des *ADGB* in Bernau und erhielt so das Recht, während der ersten fünf Jahre jährlich 40 bis 50 Schüler nach Bernau zu schicken. Dort war die Zusammenfassung der Schüler des gleichen Verbandes zu geschlossenen Abteilungen vorgesehen, um die Ausbildung praxisbezogen gestalten zu können. Wirtschaft, Sozialpolitik und Arbeitsrecht waren die Schwerpunkte der Ausbildung in Bernau. August Locherer und Richard Heimberg gehören zu den Bundesschülern des VNG, die nach 1945 in der NGG bekannt wurden.

Weniger die Ausbildung in Bernau, als das Verhalten einiger Schüler rief jedoch bald Kritik hervor:

> Es ist vorgekommen, daß Bundesschüler in der Tatsache, daß sie zur Bundesschule entsandt wurden, die baldige Anstellung im Verband witterten. Diese kann weder Bundes- noch Wirtschaftsschülern je in Aussicht gestellt werden.[31]

Daneben gab es lokale Bildungseinrichtungen der Gewerkschaften, die von den Vorläuferverbänden genutzt wurden: z. B. die Berliner Gewerkschaftsschule, deren Klassen besonders eifrig vom *Zentralverband der Fleischer* und vom *Zentralverband der Hotel-, Restaurant- und Caféangestellten* besucht wurden. Dort gab es über mehrere Abende verteilte Kurse zu Themen wie »Gewerkschaftliche Organisationsprobleme«, »Die Praxis des Gewerkschaftsfunktionärs«, »Die geistigen Grundlagen der gewerkschaftlichen Agitation und Aufklärung«.[32]

Der DENAG veranstaltete Lichtbildervorträge technischen Inhalts in seinen Zahlstellen: »Vom Saatkorn zur Mühle«, »Auf dem Weg zur automatischen Bäckerei«, »Kakao und Schokolade«.[33] Das wurde später vom VNG übernommen. An der Berliner Gewerkschaftsschule gab es alle 14 Tage Zusammenkünfte von VNG-Mitgliedern, die der beruflichen Förderung dienten. Eine Reihe von Zahlstellen veranstaltete örtliche Fortbildungskurse. In Mannheim z. B. gab es einen eigenen Garnierkurs für die Bäckerkollegen. Auch allgemeinere Bildungsveranstaltungen wurden auf örtlicher Ebene organisiert, oft mit Dias verbunden. So gab es eine Diaserie über die Deutsche Reichsverfassung, die in verschiedenen Zahlstellen des VNG gezeigt wurde.

Alle Verbände legten besonderen Wert auf die Betriebsräteschulung und hielten neben den Betriebsräteschulungen des ADGB noch eigene örtliche Kurse ab.

Verschiedene Zahlstellen erhoben einen eigenen Kulturbeitrag, so z. B. die Zahlstelle Berlin des ZVHRC. 1929 wurde der Kulturbeitrag zur künstlerischen Ausgestaltung der Maifeier verwandt, auf der das Blüthner-Orchester aufspielte und Reichstagspräsident Paul Löbe als Redner fungierte. Ferner wurde damit der Besuch einer Ausstellung bestritten (»Gas und Wasser«) und einer Aufführung von »Dantons Tod« in der Volksbühne. Aus Verbandsmitteln wurde auch noch eine Gesangsabteilung unterhalten.[34]

Mit der Machtergreifung des Nationalsozialismus wurden auch die Bildungseinrichtungen der Arbeiterbewegung zerschlagen. Nach 1945, noch mitten im gewerkschaftlichen Wiederaufbau, wurde die Bildungsarbeit nach mehreren Richtungen sogleich wiederaufgenommen. In den größeren Ortsverwaltungen wurden berufsbildende Kurse angesetzt: Garnierkurse für Konditoren, Servierkurse für Kellner. Diese Kurse waren großenteils als Arbeitsgemeinschaften aufgezogen und fanden regen Zuspruch. Auch Arbeitslosengemeinschaften wurden gelegentlich abgehalten, in denen neben allgemeinen Tagesfragen berufsbildende Dinge besprochen wurden. Fachwissenschaftliche und sonstige lehrreiche Vorträge sowie auch Betriebsbesichtigungen ergänzten das berufsbildende Programm.

1952 konnte ein eigenes Schulungsheim der NGG für den Internatsbetrieb eröffnet werden: das Haus Partnachklamm in Garmisch-Partenkirchen. Dort und im Franz-Spliedt-Heim in Lütjensee (Schleswig-Holstein) wurden 1953 dreizehn Betriebsräte- und Funktionärskurse durchgeführt, an denen 374 Kolleginnen und Kollegen beteiligt waren. Weitere 101 Mitglieder beteiligten sich an den Internatsschulen des DGB. Auf örtlicher Ebene beteiligten in 420 Abend- und Wochenendschulungen etwa 7000 Mitglieder erfaßt.

Anfangs standen Grundlagen des Arbeitsrechts und der Sozialpolitik im Mittelpunkt der Schulungen. Zehn Jahre später hatte sich das Programm schon bedeutend erweitert: Lehrgänge für Arbeitsstudien, über die Probleme der Europäischen Wirtschaftsgemeinschaft, für Arbeitnehmer in Aufsichtsräten, Ost-West-Seminare. Das Schwergewicht der Schulungsar-

beit für Betriebsräte und Funktionäre lag dabei lange Zeit in den Ortsverwaltungen.
Die zentrale Schulungsstätte in der Partnachklamm mußte 1956 aufgegeben werden. Das Haus war gleichzeitig als Ferienheim angelegt, und dieser Betrieb erwies sich als nicht mehr rentabel. Für die Schulungsarbeit begann damit ein langer Leidensweg. Ohne eigene Bildungsstätte, mußte die NGG auf Bundesschulen und Jugendheime des DGB oder auf Hotels zurückgreifen. Diese Situation erwies sich als unhaltbar, als mit dem neuen Betriebsverfassungsgesetz ein wahrer Schulungsboom einsetzte.
Der Andrang war manchmal so groß, daß lange Wartelisten angelegt werden mußten. Das Lehrgangsangebot für Betriebsräte mußte zwangsläufig erweitert werden. Neu geschaffen wurden Aufbaulehrgänge für Betriebsräte, die das BetrVG, Arbeits- und Sozialrecht und andere wichtige Themen behandelten. In den Landesbezirken und Verwaltungsstellen wurden Tages- oder Wochenendseminare abgehalten, zum BetrVG, den Aufgaben der Betriebsräte oder aktuellen gewerkschaftspolitischen Themen aus dem engeren Umfeld.
Die Notwendigkeit einer eigenen Schulungsstätte machte sich immer dringender bemerkbar. Der Gewerkschaftstag 1974 begrüßte deswegen den Beschluß des Hauptvorstandes, das ehemalige Jugendcamp Oberjosbach über den Verein »Bildung und Beruf« als Schulungszentrum ausbauen zu lassen und beauftragte den Hauptvorstand, »den Ausbau der Bildungsstätte voranzutreiben, damit diese Schulungs- und Bildungseinrichtung der Organisation baldigst zur Verfügung steht«.[35]
So stand es im Initiativantrag Nr. 16, den Werner Jordan und 81 weitere Kollegen dem Gewerkschaftstag vorgelegt hatten.

> Um eines vorwegzunehmen: Unter uns wird keiner so naiv sein, zu glauben, daß bei der Einrichtung einer eigenen Schule die finanzielle Seite nicht zu beachten wäre; dies ganz gewiß. Aber es gibt Dinge, die in Mark und Pfennig nicht zu messen sind. Aber vorrangig – und das gehört meiner Meinung nach zum Selbstverständnis einer Gewerkschaft – muß alles erdenklich Mögliche getan werden, um unseren Mitgliedern mehr als bisher die bildungsmäßigen Voraussetzungen zu vermitteln, die sie benötigen, um den meist gut geschulten Vertretern der Arbeitgeberseite zumindest ein gleichwertiges Wissen entgegensetzen zu können.[36]

Am 12. Januar 1977 konnte das Bildungszentrum Oberjosbach eröffnet werden. Die Stärkung der Solidarität solle das Hauptziel der hier geleisteten Bildungsarbeit werden, sagte Horst Brehm, Leiter des Bildungszentrums, in seiner Eröffnungsansprache.
Ein halbes Jahr vor der Eröffnung des Bildungszentrums, am 16./18. Juni 1976, wurde auch eine neue Konzeption der Bildungsarbeit vorgelegt:

> Die NGG-Schulungs- und Bildungsarbeit soll zu gewerkschaftspolitischem und gesellschaftspolitischem Engagement anregen. Um diese Ziele zu erreichen, sollen die Teilnehmer von Lehrgängen zu selbständiger Analyse und Kritik der wirtschaftlichen und gesellschaftlichen Wirklichkeit befähigt und zu solidarischem Handeln veranlaßt werden. Die gesellschaftlichen Gegebenheiten (z.B. der Interessenkonflikt zwischen Arbeitnehmern und Unternehmern) müssen herausgearbeitet und den Teilnehmern der Lehrgänge be-

wußtgemacht werden. Die Solidarität der Mitglieder soll gestärkt und die Bereitschaft zur Mitarbeit geweckt werden, so daß die Vorstellungen und Forderungen der Mitglieder in den Willensbildungsprozeß der Organisation einfließen können.[37]

Auf drei Ebenen findet die gewerkschaftliche Bildungsarbeit statt: in den Verwaltungsstellen, in den Landesbezirken und auf Bundesebene.

In den Verwaltungsstellen werden Vertrauensleute, Betriebsräte, Vorstandsmitglieder der Verwaltungsstellen und Mitglieder in Tages- oder Wochenendseminaren, in Bildungskreisen oder Abendschulungen erfaßt. Einige Verwaltungsstellen haben Bildungsregionen eingerichtet, die über die räumlichen Grenzen einer Verwaltungsstelle hinausgehen. Auf dieser Ebene wird breites gewerkschaftliches Grundlagenwissen vermittelt.

In den Landesbezirken finden aufbauende Seminare statt, mit spezifischen Inhalten für ganz bestimmte Zielgruppen – z. B. für Mitglieder von Tarifkommissionen oder für Vertrauensleutegruppen zu aktuellen gewerkschaftspolitischen Themen.

Die zentrale Bildungsarbeit schließlich im Bildungszentrum Oberjosbach ist denjenigen Teilnehmern vorbehalten, die schon Bildungsmaßnahmen auf der Ebene der Verwaltungsstellen durchlaufen haben und weist ein breitgefächertes Programm auf: Lehrgänge zur Betriebsverfassung, zu neuen Technologien, zu den Problemen der Konti- und Schichtarbeit, zum Thema Agrarpolitik und Ökologie, zu Mitbestimmung und Mitwirkung bei der betrieblichen Berufsbildung, zu Tarifrecht und Tarifpolitik – um nur einen kleinen Ausschnitt zu nennen.

Das Bildungszentrum Oberjosbach bietet Lehreinheiten dazu an und führt selbst Lehrgänge zur Referentenqualifizierung durch.

Tab. 96
Ausgaben der freigewerkschaftlichen Vorläuferverbände der NGG für Bildungsmaßnahmen (ohne Verwaltungsausgaben) in den Jahren 1910 bis 1913[38]

Verband	1910		1911		1912		1913	
	Biblioth. Mk.	Kurse Mk.	Biblioth. Mk.	Kurse Mk.	Biblioth. Mk.	Kurse Mk.	Biblioth. Mk.	Kurse Mk.
Bäcker	2912	–	3080	485	3238	4700	3966	4020
Böttcher	–	–	–	655	–	–	773	–
Brauerei- und Mühlenarb.	5751	1307	3203	752	3294	880	4978	1066
Fleischer	–	–	–	–	–	–	–	–
Gastwirtsgeh.	–	–	2700	–	1150	400	2384	200
Tabakarbeiter	–	–	–	2475	–	–	–	–
Zigarrensortierer	–	808	–	–	–	–	–	–

Tab. 97
Zentrale Bildungsveranstaltungen der Gewerkschaft NGG[39]

Jahr	Anzahl	Teilnehmer gesamt	Teilnehmer weiblich	Teilnehmer männlich
1970	14	389	33	356
1972	30	815	83	732
1974	51	1293	190	1103
1976	50	1078	173	905
1978	74	1670	319	1351
1980	73	1617	288	1329
1982	91	2052	474	1578
1984	92	2080	502	1578

KAPITEL XXVIII
Zur Geschichte der gewerkschaftlichen Frauenarbeit

1. Auseinandersetzungen um die Frauenarbeit im 19. Jahrhundert

Die Geschichte gewerkschaftlicher Frauenarbeit ist, jedenfalls in ihren Anfangsjahren, für keine Gewerkschaft ein Ruhmesblatt. Als die Zigarrenarbeiter 1848 begannen, sich zu organisieren, forderten sie die Entfernung der Frauen aus den Fabriken. Auf den Einwand einer anonym bleibenden »Sozialistin« in der *Verbrüderung*, dem Organ der *Arbeiterverbrüderung*, vom 30. Oktober 1849, es sei Unrecht, »den Frauen hier nicht die gleiche Berechtigung wie den Männern zu gewähren, da doch die Jetztzeit die Gleichberechtigung der Frauen, besonders bei der sozialen Frage, predigt«[1], antwortete Heinrich Laux, der Vorsitzende des Hannoveraner Zweigvereins der *Association der Cigarrenarbeiter* am 7. Dezember 1849 in der *Concordia*:

> Bekanntlich stehen diejenigen Frauenzimmer, die in Fabriken arbeiten, nicht im besten Renommé, und halten wir uns überzeugt, daß ein rechtliches, tugendhaftes Frauenzimmer sich bemüht, eher die Häuslichkeit zu studieren, als sich in den Fabriken herumknudeln zu lassen.[2]

Noch 30 Jahre später, als Friedrich Wilhelm Fritzsche die Organisation der Zigarrenarbeiter wiederbelebte, war diese Einstellung nicht überwunden. Der Braunschweiger Zigarrenarbeitertag vom 1. Juni 1873 erklärte:

> In Erwägung, daß bei der heutigen Produktionsweise die Frauen- und Kinder-Lohnarbeit das materielle und intellektuelle Wohlsein der Gesamtheit zum Vortheil nur vereinzelter Individuen beeinträchtigt, in dem sie die männliche Arbeitskraft im Preise so weit herabdrückt, daß von Weib und Kind durch das Walten des ökonomischen Lohngesetzes zusammen nicht mehr verdient wird, als das Familienoberhaupt verdienen würde, wenn die Frauen und Kinder nicht derart beschäftigt wären; in Erwägung, daß vornehmlich durch die Beschäftigung der Frauen und Kinder in den Fabriken der letzte Rest idealer Güter, die ihnen noch geblieben, verloren gehen muß; erklärt die Versammlung: daß die Beschränkung der Frauen-Lohnarbeit und die Beseitigung der industriellen Kinderarbeit mittels staatlicher Gesetze erstrebt werden muß, sowie daß das Bestreben der liberalen Parteien, den Markt der Frauen- und Kinderarbeit noch vergrößern und erweitern zu wollen, ein im höchsten Grade verwerfliches, weil die Versicherung dieser Parteien, dadurch die Emanzipation der Frauen begründen zu wollen, eine scheinheilige Vorspiegelung, aus egoistischen Motiven entsprungen, ist.[3]

Erst der Erfurter Kongreß 1889 des *Reiseunterstützungsvereins deutscher Tabakarbeiter* räumte mit den alten Zöpfen auf. Mittlerweile hatte die Frauenarbeit im Tabakgewerbe solchen Umfang angenommen, daß an ihre Beseitigung einfach nicht mehr zu denken war, und der Reiseunterstützungsverein nur dann hoffen konnte, zu einer ernstzunehmenden Kraft zu werden, wenn er sich auch den weiblichen Arbeitskräften öffnete. Ein gesetzliches Verbot oder auch nur eine Einschränkung der Frauenarbeit, »soweit nicht eine solche nötig erscheint in bezug auf den der verheirateten Frau zur Erfüllung ihrer häuslichen Pflichten notwendigen Schutz, wie in bezug auf diejenigen Beschäftigungen, welche der körperlichen Beschaffenheit der Frau widersprechen«, wurde jetzt als unvereinbar erklärt mit »der auch von den Frauen zu beanspruchenden wirtschaftlichen Bewegungsfreiheit«.[4] Sicher werde die Frauenarbeit benutzt, um die Löhne der Männer zu drücken, diese und ähnliche Übelstände, meinten die Tabakarbeiter jetzt, ließen sich aber nur durch die politische und wirtschaftliche Gleichstellung von Männern und Frauen durch das unbeschränkte Koalitionsrecht auch der Frauen bekämpfen. § 8 des preußischen Vereinsgesetzes von 1850 verbot aber die Teilnahme von Frauen an Vereinen, die »die Erörterung politischer Gegenstände bezwecken«. Dieses Verbot wurde erst 1908 durch ein neues Reichsvereinsgesetz aufgehoben.

Als in den 90er Jahren in den größeren deutschen Städten Vereine der Gastwirtsgehilfen entstanden, bedurfte es harter Auseinandersetzungen, bis sich eine Mehrheit zur Anerkennung der Frauenarbeit durchgerungen hatte. Das galt weniger für Süddeutschland, wo die weibliche Bedienung in Gaststätten auf eine lange Tradition zurückblicken konnte und wo es 1896 allein in Bayern schon über 13 000 Kellnerinnen gab, 2700 davon in München. Eher galt das für West- und Norddeutschland, wo die Frauenarbeit im Gaststättengewerbe wesentlich jüngeren Datums war. Hier wurden Frauen zum großen Teil in Animierkneipen beschäftigt. Für etliche männliche Kollegen war das ein willkommener Anlaß, ihre generelle Ablehnung der Frauenarbeit hinter der sittlichen Entrüstung über Animierkneipen zu verbergen. Der erste Versuch, 1891 in Berlin eine Kellnerinnenbewegung ins Leben zu rufen (damals gab es schon über 2000 Kellnerinnen in Berlin, vor allem in Schanklokalen und Caféhäusern), scheiterte nach vielversprechendem Auftakt mit an diesen unausgesprochenen Vorurteilen und führte zu scharfen Spannungen im Berliner Gastwirtsgehilfenverein. Bis zur Jahrhundertwende hatten sich die Verhältnisse aber so weit geklärt, daß der *Verband deutscher Gastwirtsgehilfen* auf dem ersten Fachkongreß aller Angestellten des Gaststättengewerbes am 6. März 1900 in Berlin als einzige Organisation unzweideutig für den Grundsatz eintrat, daß auch Frauen das Recht zukomme, sich auf allen Gebieten des wirtschaftlichen Lebens zu betätigen.

Deutscher Kellnerbund und *Genfer Verband* waren unnachgiebige Gegner jeder Art von Frauenbeschäftigung, und auf dem Fachkongreß verschanzten sich etliche Delegierte örtlicher Kellnervereinigungen hinter scheinheiligen moralischen Bedenken. So wollte ein Delegierter aus Berlin den 36stündigen Ruhetag keineswegs für das weibliche Personal gelten lassen, weil das »in sittlicher Beziehung sehr gefährlich und geradezu eine Heraus-

Pilsener u. Münchener 30 Pf.
Engl. Porter u. Ale . . . . . .
Weine renom. Häuser . . . . . .

Geöffnet 9—11 Uhr Tagsüber

Eilig!
Sofort öffnen!

Aufgenommen
im ministerviertel
den 50/2 um 13Uhr 68Min.
durch mich selbst

Ausgefertigt
um mitternacht
von jungen
Orientalinnen.

Einladung
vom Restaurant
„Zur Lindenwirtin"
2. Eingang
durch das Hansbar.
BERLIN   Zimmer-Strasse 67.
Zimmerstr. 67

Einladung aus
dem restaurant „zur lindenwirtin"
                              zimmer-strasse 67,
                              1906 den 32ten 13 um 0 Uhr 67 Min

nie und nirgends werden sie so liebenswürdig mit soviel

anmut und grazie bedient, wie in meinen behaglichen

räumen. eine auserlesene schar hübscher, junger damen

wird eifrig bemüht sein, ihnen amüsante, frohe stunden

zu bereiten, kommen sie sofort! leben und treiben à la paris.

in froher erwartung!

erika.   fatimé,   nelly,   lona.

Faltzettel als Scherztelegramm aufgemacht, Straßenreklame für ein Berliner Animierlokal um die Jahrhundertwende.

forderung zum leichtfertigen Lebenswandel«[5] sei. 18 Stunden Ruhetag, von denen allenfalls 9 in die Nacht fallen dürften, seien für Kellnerinnen mehr als genug. Andere verlangten, Kellnerinnen unter sittenpolizeiliche Kontrolle zu stellen. Das veranlaßte einen Kollegen vom *Verband deutscher Gastwirtsgehilfen* zu dem bissigen Kommentar:

> Ich dachte, ausgiebige Ruhezeit, gute Behandlung förderten gerade die Sittlichkeit (...) Die weiblichen Angestellten haben auch das Bedürfnis wie wir, einen Tag ganz für sich zu haben.[6]

In einer Kompromißresolution konnten die gegensätzlichen Auffassungen nur mühsam überbrückt werden.

Im *Zentralverband der Konditoren* hingegen, der Frauen seit seiner Gründung organisierte, gab es nie größere Auseinandersetzungen um die Frauenarbeit. Keine Probleme gab es auch im *Zentralverband deutscher Brauereiarbeiter*, der seit 1900 weibliche Mitglieder zuließ, obwohl die Frauenarbeit in den Brauereien noch ganz unbedeutend war. Relativ spät, erst im Jahre 1905, beschloß der *Zentralverband der Bäcker*, sich auch um die Organisierung von Frauen zu kümmern. Der Beschluß wurde gefaßt, als der Zentralverband sein Organisationsgebiet auf die Teig- und Nährmittelfabriken ausdehnte, wo die Zahl der weiblichen Beschäftigten die der männlichen in den meisten Gegenden bereits überflügelt hatte. In Württemberg z. B. gab es 1907 in dieser Branche 1078 weibliche und 751 männliche Beschäftigte.

2. Die Organisierung der Frauen im Hotel- und Gaststättengewerbe

Die weiblichen Hotel- und Restaurantangestellten gehörten zu den am meisten ausgebeuteten Arbeiterinnen. In der Küche, in den Aufwasch- und Putzräumen mußten sie oft den ganzen Tag in ständiger Feuchtigkeit, in Schmutz, in engem Halbdunkel, bei künstlichem Licht und großer Hitze arbeiten. Nicht viel besser waren die Zimmermädchen dran, die vom frühesten Morgen bis in die späte Nacht hinein, 15 bis 17 Stunden am Tag, zum Bedienen der Fremden bereit sein mußten. Die Kost, das sogenannte »Leute-Essen«, bestand oft nur aus schlecht hergerichteten Abfällen. Die Wohnräume, direkt unter dem Dach oder im Keller, hatten kaum Waschgelegenheiten oder Platz zum Aufbewahren persönlicher Habe. Ausgehtage gab es – wenn überhaupt – nur alle zwei Wochen.

Die Schwierigkeiten bei der Organisation der weiblichen Angestellten waren groß. Die schlechten Arbeitsverhältnisse führten zu häufigem Wechsel des Personals. Die Arbeitsplätze der Frauen lagen im inneren Betrieb und waren nur schlecht erreichbar. Hinzu kam die Geringschätzung, mit der die männlichen auf die weiblichen Beschäftigten herabsahen. Da war es kein Wunder, daß Frauen zunächst versuchten, ihre eigenen Organisationen zu gründen, oft unter Mithilfe der bürgerlichen, nicht immer gewerkschaftsfreundlichen Frauenbewegung.

Der Schriftsteller Heinrich Graudenz war der erste, der schon 1881 mit der Berliner *Kellnerinnen-Zeitung* ein eigenes Organ für die weiblichen Beschäftigten im Gaststättengewerbe herausgab. Etwas anderes als spannende Romane, Erzählungen und Rätsel brachte die *Kellnerinnen-Zeitung* aber nicht, und nach einigen Monaten hörte sie zu erscheinen auf. Ende der 80er, Anfang der 90er Jahre entstanden in zahlreichen Städten Süddeutschlands, auch in Sachsen und Schlesien, meist unter der Obhut kirchlicher Kreise, sogenannte *Vereine zur Fürsorge für Gasthofgehilfinnen*, die sich zunächst auf den Unterhalt von Heimen und sonstige karitative Maßnahmen beschränkten.

Als in den 90er Jahren aber ein bürgerliches Publikum, allen voran ein *Männerbund zur Hebung der Sittlichkeit* aus Freiburg und ein *Verein zur Hebung der öffentlichen Sittlichkeit* aus Heidelberg, zahlreiche Frauenvereine und selbsternannte *Vereine der Freundinnen der jungen Mädchen* in immer wieder neuen Anläufen versuchten, die Kellnerinnen aus dem Gastwirtsgewerbe zu verdrängen, gerieten die *Vereine zur Fürsorge für Gasthofgehilfinnen* etwas stärker in gewerkschaftliches Fahrwasser. Anfang 1910 vereinigten sich die meisten von ihnen zum *Zentralverband der Gastwirtsgehilfinnen*, dessen Vorsitzende, Ottilie Duvernoy, aus Stuttgart kam, wo eine der stärksten und gleichzeitig auch ältesten Ortsgruppen bestand. Die Devise des Zentralverbandes war:

> Nicht Klassenkampf wollen wir treiben, unser innigstes Bestreben ist vielmehr, einem guten, reellen Wirtsstand ein ebenso gutes und tüchtiges Personal herauszubilden.[7]

Einrichtung von Heimen und Verkehrslokalen, von Auskunftplätzen in den Saisonbetrieben, von Logierräumen auf den Volksfesten war Schwerpunkt seiner Tätigkeit. Von dieser mehr fürsorgerischen Tätigkeit eines reinen Frauenverbandes ließen sich die weiblichen Beschäftigten im Gaststättengewerbe eher ansprechen, als von der freigewerkschaftlichen Organisation und ihrem zwar theoretisch einwandfreien, praktisch aber gar nicht immer so klaren Standpunkt zur Frauenfrage.

Eine der ersten freigewerkschaftlichen Kellnerinnenorganisationen war der Anfang 1900 entstandene *Verein Münchener Kellnerinnen*, der aber nur für kurze Zeit Bestand hatte. Auch der mit Unterstützung des *Vereins Berliner Hoteldiener* im Jahre 1904 gebildete *Verein der Zimmermädchen* existierte nur kurze Zeit. Die ersten weiblichen Angestellten, die sich dem *Verband deutscher Gastwirtsgehilfen* anschlossen, waren bayerische Kellnerinnen. Am 20. Oktober 1905 fand in München eine von etwa 800 Personen besuchte Kellnerinnenversammlung statt, auf der die Ortsverwaltung München II, Abteilung für weibliche Angestellte, gegründet wurde – die erste Ortsgruppe für Kellnerinnen im Verband. Bis zum Jahre 1907

entstanden ähnliche Ortsgruppen auch in Nürnberg, Regensburg, Karlsruhe, Straßburg und Stuttgart.
Der vierte Verbandstag des *Verbands deutscher Gastwirtsgehilfen* vom 24. bis 28. April 1906 in Köln beschloß nach dem süddeutschen Vorbild in allen größeren Orten Branchengruppen für weibliche Angestellte und Hilfspersonal zu bilden – nur wurde der Beschluß kaum mit dem nötigen Nachdruck umgesetzt. Denn 1913, im letzten Jahr vor dem Ersten Weltkrieg, hatte der Verband nicht mehr als 1000 weibliche Mitglieder, knapp 6,6 Prozent der Gesamtmitgliedschaft – wenig genug, wenngleich immer noch besser, als der Christliche *Verband der Gasthausangestellten*, unter dessen 3600 Mitgliedern sich 1913 nicht mehr als 10 Frauen befanden.

3. Frauen in den Gewerkschaften vor 1914

Der *Zentralverband der Bäcker* hatte, wie einige andere Gewerkschaften (Textil- und Metallarbeiter z. B.) auch, ein besonderes System weiblicher Vertrauenspersonen und weiblicher Agitationskommissionen eingeführt. Daß freigewerkschaftlicher und Christlicher Verband in harter Konkurrenz standen um die Organisierung der Arbeiterinnen in den Schokoladefabriken, dürfte dabei eine maßgebliche Rolle gespielt haben. 15,4 Prozent aller Mitglieder des Zentralverbands waren 1913 Frauen.
Vom Hotel- und Gaststättengewerbe einmal abgesehen, wurden von den Freien oder Christlichen Gewerkschaften nur wenige besondere Schutzbestimmungen für Frauen gefordert. Das lag daran, daß das, was die Gewerkschaften zum Bereich Arbeitsschutz durchsetzten, auch den Kolleginnen zugute kam. Es lag aber auch daran, daß die Frauen in allen Verbänden immer dann, wenn es um die Formulierung von Forderungen, um die großen Entscheidungen ging, wenig mitzureden hatten. Das trifft selbst für Verbände mit großem Anteil weiblicher Mitglieder zu wie den *DTAV*. Die ersten weiblichen Delegierten auf einem Verbandstag des *DTAV* gab es 1904: Martha Behnert und Marie Jänichen, beide waren Zigarettenarbeiterinnen und stammten aus Dresden. Ungefähr ab 1904 wurden Frauen nach und nach in den verschiedenen Gauen zur Hausagitation herangezogen. Weibliche Funktionäre, die hauptamtlich tätig gewesen wären, gab es nicht, und auch in den sonstigen Führungsgremien des *DTAV*, in den Gauleitungen, im Beirat oder im Verbandsvorstand, gab es keine Kolleginnen. Das trifft auch für den *Verband deutscher Gastwirtsgehilfen* zu, wo es die ersten weiblichen Delegierten 1911 auf den süddeutschen Gaukonferenzen gab.

4. Frauenarbeit im Ersten Weltkrieg und in der Nachkriegszeit

Die Zahl der weiblichen Arbeitskräfte stieg sprunghaft an während des Ersten Weltkrieges, selbst in solchen Bereichen, in denen es vorher kaum Frauen gegeben hatte wie in den Böttchereien. In den Brauereien waren Frauen vor dem Krieg nur in den größten Betrieben beschäftigt gewesen, und dort in den Küchen und Kantinen, vereinzelt auch schon in den Flaschenbierabteilungen. Von 1000 Tarifverträgen, die der *Verband der Brauerei- und Mühlenarbeiter* vor Kriegsausbruch abgeschlossen hatte, gab es nur 108 mit Bestimmungen über Lohn- und Arbeitsverhältnisse für Arbeiterinnen. Während des Krieges verrichteten Frauen ihren Dienst als Biersiederinnen, Abfüllerinnen, Faßschlüpferinnen usw. Im Fleischergewerbe nahm die Frauenarbeit einen stürmischen Aufschwung, als fast überall in Deutschland Fleischkonservenfabriken eröffnet wurden. Zuerst wurden Frauen nur zum Reinigen und Füllen der Dosen herangezogen, sehr bald aber auch an die Verschlußmaschinen gestellt, sogar zum Entknöcheln und Zerkleinern von Fleisch herangezogen. Den stärksten Zuwachs verzeichnete die Frauenarbeit im Gaststättengewerbe, seit den Wirten auch in Norddeutschland – auf Widerruf – die Beschäftigung weiblicher Arbeitskräfte gestattet worden war. Von dieser Erlaubnis machten die Wirte sofort reichlichen Gebrauch. In einem solchen Ausmaß, daß z. B. die Berliner Gastwirteinnung ihren alten Beschluß aufheben mußte, Gastwirten mit weiblicher Bedienung den Eintritt zu verweigern. Selbst in den Speisewagen der D-Züge servierten jetzt Frauen.

Dabei war der Lohn der Kellnerinnen durchweg niedriger als der ihrer Kollegen. In zahlreichen Fällen erhielten sie weder Lohn noch Beköstigung, höchstens 1 Mark als Entschädigung für die Kost, die sie im Lokal selbst kaufen mußten. Nach Ermittlungen des *Verbands deutscher Gastwirtsgehilfen* waren die Löhne im ganzen erheblich herabgesetzt worden, z. T. um 50 bis 70 Prozent.

Wie standen die Gewerkschaften zur Ausdehnung der Frauenarbeit? Der *Verband der Brauerei- und Mühlenarbeiter* sah seine Aufgabe vor allem darin, den Arbeiterinnenschutz zu überwachen und dafür zu sorgen, daß die an Männerstellen beschäftigten Frauen nicht zu Lohndrückern wurden. Der Grundsatz »Für gleiche Arbeit auch den gleichen Lohn« wurde auch während des Krieges zu verwirklichen gesucht. Nur waren die Frauen im Brauereibetrieb, die wohl wußten, daß ihre Beschäftigung nur vorübergehend sein würde, nicht bereit, sich zu organisieren – meist mit dem Hinweis, ihre Männer seien ja schon im Verband. Bis zum Mai 1917 waren nur 285 weibliche Mitglieder in den Verband eingetreten. In den Wurstfabriken versuchten die organisierten Gesellen z. T. mit gutem Erfolg ihre Kolleginnen für den Verband zu werben. Der Gedanke, je bessere Lohn- und Arbeitsbedingungen die Arbeiterinnen hätten, desto besser gehe es auch den männlichen Arbeitskräften, hatte sich weitgehend durchgesetzt. Ein großes Hindernis für die Anerkennung der Frauenarbeit war hier die Haltung der älteren, für den Verband schwer zu gewinnenden Gesellen, zum größten Teil ehemalige kleine Geschäftsleute. Der *Zentralverband der Böttcher* sah in der Frauenarbeit nur ein aus der Not geborenes Übel. Frauen wurden als minderwertige Arbeitskräfte betrachtet, die zur richtigen Böttcherarbeit nicht taugten.

Nicht nur bei den Böttchern feierte die schon überwunden geglaubte Ablehnung der Frauenarbeit Wiederauferstehung. »Gerade die weibliche Bedienung ist es, welche unseren Beruf herunterdrückt und uns das Arbeiten erschwert«[8], lautete ein Beitrag aus Eisleben in der *Gastwirtsgehilfen-Zeitung* vom 28. November 1916. Der langjährige Vorsitzende des *Verbands deutscher Gastwirtsgehilfen*, Hugo Pötzsch, seinerzeit sozialdemokratischer Redakteur, schrieb 1917 über die großen Nachteile, die dem Manne doch aus der Erwerbstätigkeit der Frau erwüchsen: »Er findet sein Heim bei der Rückkehr aus der Fabrik nicht immer in wünschenswerter Ordnung«, jedenfalls fehle die Behaglichkeit und der Herr des Hauses fände auch »kein richtiges Essen«[9] vor.

Das Problem verschärfte sich noch, als nach Ende des Krieges die Soldaten in die Heimat zurückkehrten und Anspruch auf ihre alten Arbeitsplätze erhoben. »Solange noch ein gelernter Arbeiter für die Backstube aufzutreiben ist, muß er und nicht eine Hilfsarbeiterin eingestellt werden«[10], schrieb Felix Weidler, Redakteur der *Deutschen Bäcker- und Konditorenzeitung* 1918. Im Gastwirtsgewerbe war die Verdrängung der Kellnerinnen schon im März 1918 durch entsprechende Richtlinien vereinbart worden. Mit Behauptungen wie, die »tollsten Schweinereien«[11] seien mit den Kellnerinnen vorgekommen und dem Ruf nach Wiederherstellung der »guten Sitten, Ordnung und Anstand«, wurde die zur »moralischen Pflicht«[12] erhobene Verdrängung nach Kriegsende erfolgreich fortgesetzt. Entweder durch freie Vereinbarungen mit den Unternehmerverbänden oder entsprechende, von den Arbeiter- und Soldatenräten ausgesprochenen Verbote wie in Elberfeld und Graudenz.

Nach einem Reichstagsbeschluß vom August 1919, der in der Folgezeit in den Ländern auch umgesetzt wurde, hatten die Landesbehörden besondere Vorschriften über die Zulassung und Beschäftigung von Frauen in Gast- und Schankwirtschaften erlassen. Dazu gehörte meist die polizeiliche Meldepflicht und die Anlegung eines besonderen Verzeichnisses der weiblichen Angestellten durch den Arbeitgeber, das wiederum der Polizei vorgelegt werden mußte. Die Beschäftigung von Frauen konnte untersagt werden, wenn Tatsachen vorlagen, die die Annahme rechtfertigten, daß die Kellnerinnen bei der Ausübung ihres Berufes gegen die guten Sitten verstoßen würden. All das wurde als Maßnahme zum »besonderen Schutz der weiblichen Ehre und Arbeitskraft bezeichnet«[13] und vom *Verband deutscher Gastwirtsgehilfen* auch so akzeptiert. Verwandte des Betriebsinhabers waren aber ganz oder teilweise von den Bestimmungen ausgenommen, was eben dazu führte, daß sich sehr viele Kellnerinnen in Verwandte ihres Brotherren verwandelten. Für die noch verbliebenen weiblichen Be-

Tab. 98
Weibliche Mitglieder im DTAV[14]

Jahr	Mitglieder insgesamt	Weibliche Mitglieder in absoluten Zahlen	in Prozent
1900	17264	5180	30,00
1905	25907	12169	46,97
1910	34046	16389	48,14
1913	31713	15449	48,72
1924	66712	50762	76,09
1931	60721	46994	77,39

schäftigten forderte der *Verband deutscher Gastwirtsgehilfen* »Gleichen Lohn für gleiche Leistung«. Das war aber keineswegs ein Schlachtruf im Kampf um die Gleichberechtigung der Frauen, wie Hugo Pötzsch 1928 auf der 5. Konferenz der *Internationalen Union der Hotel-, Restaurant- und Caféangestellten* deutlich machte:

> Haben wir die weiblichen Angestellten in unserer Organisation, setzen wir für sie für die gleiche Leistung den gleichen Lohn durch, dann werden wir die Beschäftigung von weiblichem Bedienungspersonal auf ein vernunftgemäßes Maß beschränken können. Denn es gibt manches, was auch vom Standpunkt des Unternehmens aus die männliche Arbeitskraft zweckmäßiger, sogar billiger erscheinen läßt. Die größere Leistungsfähigkeit und Widerstandskraft des Mannes, das häufigere Kranksein der Frau und manches andere.[15]

5. Gewerkschaftliche Frauenarbeit in der Weimarer Republik

Nach den vielerorts deprimierenden Erfahrungen waren die gewerkschaftlich organisierten Frauen und die weiblichen Mitglieder aller Parteien in der Nationalversammlung darauf bedacht, im Betriebsrätegesetz den Schutzbereich für Frauen zu erweitern. Sie konnten sich aber nur insoweit durchsetzen, als festgehalten wurde, daß im Betriebsrat die verschiedenen Gruppen der im Betrieb beschäftigten männlichen und weiblichen Arbeitnehmer nach Möglichkeit berücksichtigt werden sollten. Ferner sollten Einstellungen und Entlassungen nicht von der Zugehörigkeit zu einem Geschlecht abhängig gemacht werden können. Es kam aber trotzdem vor, daß Betriebsräte die Entlassung verheirateter Frauen spätestens sechs Wochen nach der Heirat verlangten und daß schwangere Arbeitnehmerinnen entlassen wurden, um die Betriebskrankenkasse zu entlasten. Auch von dem Versuch mancher Betriebsräte, die Frauenarbeit gänzlich zu beseitigen, wurde dem Frauensekretariat des *ADGB* berichtet.

In den Betriebsräten selbst spielten Frauen nur eine geringe Rolle. Clemens Nörpel vom Bundesvorstand des *ADGB* beschrieb die Sachlage in der *Gewerkschaftlichen Frauenzeitung* vom 21. September 1921:

> Im allgemeinen liegen die Dinge so, daß in den größeren Betriebsvertretungen eine oder

> auch zwei Vertreterinnen der weiblichen Belegschaft vorhanden sind, welche vielfach noch nicht einmal als die Tüchtigsten unter den weiblichen Arbeitnehmern angesprochen werden können und als Konzessionsschulzen an den täglichen Arbeiten der Betriebsvertretung meist überhaupt nicht, an den Betriebsrats-, Arbeiterrats- oder Angestelltenratssitzungen vielfach nur als Zuhörer teilnehmen.[16]

Der Grund dafür lag aber nicht allein in der weiblichen Interesselosigkeit, wie Nörpel meinte, sondern ebensosehr in den Vorurteilen der männlichen Fraktion, die sich nicht viel davon versprach, eine Kollegin im Betriebsrat zu fördern, weil, so wieder Clemens Nörpel weiter, »doch der natürliche Beruf der Frau derjenige als Hausfrau und Mutter ist«.[17]

Tatsächlich war Erwerbstätigkeit für viele Frauen viel mehr als eine kurze Phase vor dem angeblich »natürlichen Beruf«. In der Tabakindustrie waren nach den Ergebnissen der Betriebszählung des Jahres 1925 zwei Drittel aller Beschäftigten Frauen und Mädchen. In Zahlen ausgedrückt: 145 445 Frauen und 214 555 Beschäftigte insgesamt. Bei der Herstellung von Zigarren gab es 101 456 Frauen unter 149 046 Beschäftigten, bei der Zigaretten-, Rauchtabak- und sonstigen Tabakproduktion 43 989 Frauen unter 65 569 Beschäftigten.

Nach der Revolution strömten auch Frauen zu Tausenden in die Gewerkschaften. Auf der Generalversammlung des *DTAV* 1919 gab es 25 Frauen unter 131 Delegierten und zum ersten Mal waren Kolleginnen in allen wichtigen Kongreßkommissionen vertreten. Mit Marie Wolf wurde in der Pfalz die erste weibliche Gauleiterin gewählt. Daraus wurde aber noch nicht der Anfang einer neuen Entwicklung. Schon auf dem nächsten Verbandstag 1922 war die Schar der weiblichen Delegierten arg zusammengeschmolzen. Marie Wolf klagte:

> Bei der Beschickung des Gewerkschaftskongresses habe ich das Gefühl gehabt, daß sich unsere Kollegen allzuviel in den Vordergrund geschoben haben und unseren Kolleginnen nicht ermöglicht haben, an dieser Tagung teilzunehmen. Es ist dies ein Beweis, daß man die Sache mit den Kolleginnen nicht allzu ernst nimmt.[18]

Auf dem Gewerkschaftstag 1925 gab es zwar mit Marie Wolf zum ersten Mal eine Vorsitzende, aber dafür auch nur 6 Frauen unter 92 stimmberechtigten Delegierten. 1928 waren es 8 von 101.

Weibliche Ortsangestellte gab es zwei, im 22köpfigen Beirat saßen ab 1922 jeweils zwei Frauen, im 7köpfigen Ausschuß war von 1922 bis 1925 eine Frau vertreten. Gauleiterinnen gab es eine, Marie Wolf aus Speyer. Keine sehr beeindruckende Bilanz, und die wenigen weiblichen Delegierten forderten auf den Verbandstagen auch immer wieder eine Belebung der Frauenarbeit und Frauenagitation – sei es, daß 1925 aus Berlin eine Frauenbeilage im *Tabakarbeiter* gefordert oder 1928 aus Magdeburg verlangt wurde, mehr weibliche Mitglieder zu den Schulungen zu schicken. Der *Tabakarbeiter* bilanzierte am 26. 9. 1931:

> Aus alledem ergibt sich, daß nach Mitteln und Wegen gesucht werden muß, um den weiblichen Mitgliedern für die Zukunft eine stärkere Vertretung bei Delegationen zu

Stehend von links nach rechts:
Ida Bartosch (Dresden), Helene Schlöffer (Aachen), Maria Wolf (Heidelberg), Elisabeth Stolz (Dresden)

Sitzend von links nach rechts:
Minna Lori (Beßlage), Frieda Zorgall (Ohlau), Johanna Gentsch (Elbing)

Die weiblichen Delegierten zum Verbandstag 1932 des DTAV.

Konferenzen, Verbandstagen und Kongressen zu sichern. Dabei sind wir weit davon entfernt, nun etwa vorzuschlagen, daß die zu vergebenden Mandate auf die weiblichen und männlichen Verbandsangehörigen entsprechend ihrer zahlenmäßigen Stärke verteilt werden sollen. Nichts wäre verkehrter als das. Bei allen Delegationen muß die Eignung der in Vorschlag zu bringenden und zu wählenden Mitglieder in den Vordergrund gestellt werden, und nicht deren Geschlechtszugehörigkeit. Aber auch unter Beachtung dieses Grundsatzes müßte es mit dem Teufel zugehen, wenn es nicht möglich wäre, die weiblichen Mitglieder bei künftigen Delegationen mehr als bisher zu berücksichtigen.

Langsam begannen sich die Verhältnisse zu diesem Zeitpunkt schon zu bessern. Der *Tabakarbeiter* berichtete Anfang der dreißiger Jahre häufiger über Frauenfragen, wie z. B. den § 218. Auf Zahlstellenebene wurden mehr Frauen als Bevollmächtigte, Revisoren, Beisitzer und Delegierte in Ortsausschüssen des ADGB tätig.

Auf den Verbandstagen des *Zentralverbands der Hotel-, Restaurant- und Caféangestellten* wurden unverbindliche Resolutionen gefaßt, wie etwa 1926, der Verband werde sich wie bisher ganz besonders der Interessen seiner weiblichen Mitglieder annehmen. Alle konkreten Vorschläge indes, Einrichtung von arbeitsfähigen Frauenkommissionen in den Zahlstellen, Anstellung einer Kollegin in der Hauptverwaltung, wurden nicht verwirklicht. Zum Verbandstag 1926 war auch ein Antrag aus Osnabrück präsentiert, dann aber wieder zurückgezogen worden, daß bei der Regierung sofort Schritte zu unternehmen seien, um die weitere Ausbreitung der weiblichen Bedienung in den gastwirtschaftlichen Betrieben zu unterbinden. Hauptamtliche Funktionärinnen scheint es im ZVHRC überhaupt nicht gegeben zu haben, wohl aber zwei ehrenamtliche Kolleginnen im Hauptvorstand und drei oder vier Kolleginnen im Beirat.

6. Exkurs: Frauen als dienstbare Geister – die Hausgehilfinnen

Mit der Industrialisierung wandelte sich der Dienstbotenberuf zum Frauenberuf. Ende des 19. Jahrhunderts waren über 90 Prozent aller Dienstboten in Deutschland Frauen. Umgekehrt waren immer noch 20 Prozent aller berufstätigen Frauen als Hausgehilfinnen tätig. Die meisten davon stammten aus Kleinstädten oder vom Land, aus Handwerker-, Arbeiter- oder Kleinbauernfamilien. Dienstboten aus der Großstadt lehnten die Herrschaften ab, sie galten als zu »frech«.

Der Anteil der Arbeiterkinder unter den Dienstboten ging vor dem Ersten Weltkrieg kräftig zurück. Einmal, weil die ungeregelten Arbeitsverhältnisse abschreckten, dann wegen der persönlichen Unfreiheit, die mit dem Hausgehilfinnendasein verknüpft war.

Wer frisch von der Schulbank weg in Stellung ging, mußte zunächst angelernt werden. Die Mädchen begannen als Kindermädchen und konnten nach zwei Jahren »Mädchen für alles« werden. Als solches waren aber immer noch niedere Tätigkeiten zu verrichten. Angestrebt wurden die

Tab. 99
Weibliche Funktionäre im DTAV 1932[19]

Gaue	Funktionäre in den Gauen															
	Bevollmächtigte		Revisoren		Beisitzer in Zahlstellen		Sektionsleiter		Unterkassierer		Delegierte in Ortsausschüssen		Beisitzer beim Arbeitsgericht		Beisitzer im Spruchausschuß	
	männl.	weibl.	männl.	weibl.	männl.	weibl.	männl.	weibl.	männl.	weibl.	männl.	weibl.	männl.	weibl.	männl.	weibl.
1. Gau Hamburg	82	1	51	5	14	4	8	–	46	39	45	2	8	–	1	–
2. Gau Nordhausen	78	25	35	29	12	4	3	1	83	26	27	6	5	–	3	–
3. Gau Herford	92	4	62	5	40	5	7	–	131	8	77	–	2	–	3	–
4. Gau Frankfurt	60	11	34	10	13	7	7	2	33	49	30	8	1	–	–	–
5. Gau Heidelberg	97	24	48	28	39	16	4	2	67	56	50	19	1	–	1	–
6. Gau Offenburg	13	–	8	2	8	3	5	1	22	16	6	2	1	1	–	–
7. Gau Dresden	116	34	58	41	8	11	14	5	87	75	73	22	4	–	6	2
8. Gau Breslau	52	20	14	38	1	2	–	1	16	15	25	12	1	–	–	–
9. Gau Berlin	62	13	34	9	7	8	2	1	29	53	45	14	8	1	3	2
Insgesamt	652	132	344	167	142	60	50	10	514	337	378	85	31	2	17	4

Stellen als Hausmädchen oder Köchin, die noch am besten bezahlt waren und gewisse Freiheiten gestatteten.
Ende des 19. Jahrhunderts kam der Gedanke auf, Lehrzeiten einzurichten. Praktisch erprobt wurde das aber nur in München und Berlin, durchgesetzt hat es sich – bis auf die Fortbildungsschulen für Hausgehilfinnen – nicht.
Viele Mädchen zogen auf gut Glück in die großen Städte, ohne sich vorher eine Stelle gesichert zu haben. Oft wurden sie schon im Zug oder am Bahnhof von Agenten gewerblicher Stellenvermittler abgepaßt.
Die Vermittlungsgebühren betrugen für Herrschaften drei Mark, für Stellungsuchende je nach Art der Tätigkeit zwischen einer und sieben Mark (letzteres für eine Köchin).
Um möglichst oft Gebühren kassieren zu können, waren die Vermittler daran interessiert, daß ein Arbeitsverhältnis nicht zu lange dauerte. Notfalls wurde die Hausgehilfin eben bei ihren Herrschaften angeschwärzt. Winkelvermittlerinnen boten häufig Unterkünfte für stellungsuchende Hausmädchen an. Die Vermittlung konnte dann solange hinausgezögert werden, bis die Mädchen Kost und Logis nicht mehr bezahlen konnten, sich in Schulden stürzen mußten und zur Prostitution gezwungen werden konnten.
Dienstboten und Hausgehilfen unterlagen dem Gesinderecht. Sie mußten Dienstbücher oder Gesindebücher führen, die mit allen Angaben über den jeweiligen Arbeitgeber, über Dauer des Arbeitsverhältnisses und natürlich mit den Zeugnissen versehen waren. Die Klagen über ungerechtfertigte Eintragungen rissen nie ab. Unverdient oder wegen irgendeiner belanglosen Kleinigkeit konnte ein Mädchen von seiner Herrschaft ein schlechtes Zeugnis bekommen. Die theoretisch offenstehende Revision bei der Polizei brachte meist nur Ärger. Der einzige Ausweg war da, das Gesindebuch zu »verlieren«.
In vielen langen Paragraphen legte die Gesindeordnung die Pflichten des Hausmädchens fest. U. a. durfte es das Haus nicht ohne Genehmigung der Herrschaft verlassen. Der Herrschaft stand ein beschränktes Züchtigungsrecht zu.
In den zwei Paragraphen über die Pflichten der Herrschaften stand nicht mehr verzeichnet, als daß den Dienstboten Lohn, Kleidung und Kost »bis zur Sättigung«[20] zu geben sei.
Für den Stellungswechsel gab es feste Termine, meist den 1. jedes neuen Quartals – Dienstmädchen konnten von ihren Herrschaften aber auch ohne jede Umschweife auf die Straße gesetzt werden.
Eine festgelegte Arbeitszeit hatten Dienstmädchen nicht. Sie mußten dauernd arbeitsbereit sein. Am stärksten belastet waren die Mädchen für alles, als einzige Arbeitskraft in kleinbürgerlichen Haushalten angestellt, die sich keine weiteren Dienstboten leisten konnten. Ein Berliner Dienstmädchen berichtete:

Ein Berliner Gesindevermietungskontor, Holzstich 1883.

> Ich ging, noch nicht 14 Jahre alt, in Stellung, war ein gesundes, kräftiges Mädchen und hing mit ganzer Seele an meinem Beruf. Ich kam mit 15 Jahren auf eine Stelle als Mädchen für alles. Ich hatte ein kleines Kind zu besorgen, zu kochen und sämtliche Hausarbeit. Nachmittags mußte ich mit dem Kind ausgehen, so daß alles für den Abend liegen blieb. Die große Wäsche hatte ich allein zu besorgen und zwar die Nacht durch, und als nach einer solchen die Herrschaften eingeladen waren und nachts um 3 Uhr nach Hause kamen und mich schlafend fanden, da hagelte es Vorwürfe über Unzuverlässigkeit und was noch alles, und als ich mir erlaubte, zu sagen, ich hätte doch vorige Nacht gar nicht geschlafen, da hieß es: Solch eine Frechheit! Sie sollen aber auch ein Zeugnis dafür bekommen und das habe ich, nachdem ich 1¼ Jahre da war, auch erhalten. Auf der Polizei aber wurde mir erwidert: »Sie werden es wohl verdient haben.«[21]

Nach einer von Oscar Stillich durchgeführten Befragung Berliner Dienstmädchen arbeiteten 51,5 Prozent über 16 Stunden, 46,5 Prozent 12 bis 16 und nur 2 Prozent weniger als 12 Stunden. Etwas günstiger stellten sich die Verhältnisse einige Jahre später in München dar. Dort arbeiteten nach Aussagen der Dienstmädchen 17,5 Prozent bis zu 14 Stunden, 31,2 Prozent 14 bis 15 und 51,8 Prozent länger als 15 Stunden täglich.

In großen Mietshäusern wohnten die Dienstmädchen in unbeheizten Mansardenzimmern oder waren auf dem Dachboden untergebracht. In Berlin hausten sie in kleinen Kammern oder Hängeböden. Letzteres waren eingezogene Decken über Speisekammer, Bad oder Flur, nicht höher als 1,50 m, die gerade Platz boten für ein Bett und einen Reisekorb und meist fensterlos und schlecht belüftet waren.

Nach den Untersuchungen Oscar Stillichs war fast die Hälfte der Dienstmädchen untergebracht in fensterlosen, feuchten Kammern, in Dachkammern, Kellerräumen, Abteilungen des Badezimmers, in denen sich zugleich die Toilette befand, oder im Korridor.

Die Kost war für die Masse der Mädchen, die in den Häusern des kleinen und mittleren Bürgertums und in den Beamtenhaushalten arbeitete, sehr ungenügend. Dort, wo die Menge ausreichte, war die Qualität meist schlecht, Reste vom Mittagstisch des Arbeitgebers:

> Ohne eine bestimmte Essenspause muß die Mittagskost in der Küche, zwischen dem ungeputzten Kochgeschirr, an einem Winkel des Tisches, der notdürftig frei gemacht wird, hastig verzehrt werden. Sehr häufig ist sie aber auch durchaus nicht ausreichend, was ihre Quantität betrifft: das Mädchen darf sich nicht nach Gefallen satt essen, jeder Bissen wird ihr vielmehr von der Herrin zugeteilt (...) Man hält es vielfach für selbstverständlich, daß das schwer arbeitende junge Dienstmädchen durch das geringste Maß an Kost, durch die schlechtesten Bissen befriedigt sein muß: eine Tasse dünnen Kaffees mit einer dünn gestrichenen Semmel, ein Teller voll kalter Mittagsreste, ein Butterbrot mit schlechter Wurst und gewärmten Kaffee – darin besteht nur zu oft die tägliche Nahrung.[22]

Anspruch auf Freizeit hatten Dienstmädchen nicht. Nur die Zeit zum Besuch des Gottesdienstes konnten sie reklamieren. In den Großstädten begann sich um die Jahrhundertwende der freie Tag einzubürgern. In Berlin z. B. gab es einen freien Tag alle 14 Tage, in München hatte die Hälfte aller Dienstmädchen kurz vor dem Ersten Weltkrieg schon einmal in der Woche Ausgang – aber nur dann, wenn alle Arbeit getan war und den Herrschaften nichts anderes einfiel.

Die Löhne der Dienstmädchen schwankten im Durchschnitt zwischen 15 und 25 Mark im Monat. Kindermädchen erhielten den niedrigsten, Köchinnen mit den höchsten Lohn. Löhne von 8 Mark monatlich für Kindermädchen kamen vor, während das Mädchen für alles 15 bis 20 Mark im Monat erhielt. Auch das einfache Hausmädchen und das Küchenmädchen bekamen nicht mehr. Einen höheren Lohn erreichten das Stubenmädchen, das sich auf Bügeln und Nähen verstehen mußte, und die »Jungfer«, eine Art Kammermädchen der Hausherrin. War sie eine gute Schneiderin, stieg ihr Lohn auf 50 bis 75 Mark im Monat.

Die lange Arbeitszeit, die ständige Überwachung im Haus des Arbeitgebers, die konservative Erziehung waren gewichtige Faktoren, die einer Organisierung der Dienstmädchen im Wege standen. Auch daß viele ihre Tätigkeit nur als Durchgangsstadium zur späteren Heirat betrachteten, und die Dienstmädchen unter dem Gesinderecht nur ein eingeschränktes Koalitionsrecht genossen, spielte eine große Rolle.

Die ersten Dienstmädchenvereine waren konfessionelle Vereine. 1861 wurde unter Förderung des Mainzer Bischofs von Ketteler der *Maria-Hilf-Verein zur Unterstützung weiblicher Dienstboten* gegründet. 1899 gab es 70 und 1906 schon 90 solcher Vereine, die 40 Heime unterhielten. Als Gegengewicht zu den Freien Gewerkschaften, die sich ab 1906 um die Organisierung der Dienstmädchen zu kümmern begannen, entstand aus den Maria-Hilf-Vereinen 1907 der *Verband katholischer Dienstmädchen- und Hausangestelltenvereine*. Der Verband verstand sich zwar als wirtschaftliche und soziale Interessenvertretung, bei den örtlichen Vereinen lag der Schwerpunkt aber weiterhin in der religiösen und sittlichen Erziehung, in der Beteiligung an kirchlichen Feiern und den gemeinsamen Wallfahrten. Kurse im Nähen, Kochen und Servieren wurden organisiert, bei Arbeitslosigkeit gab es freie oder verbilligte Unterkunft in den Heimen.

1889 wurde in Berlin vom ehemaligen Diener Friedrich Schröder und dem Journalisten Curd Perlmann ein *Unterstützungsverein der Dienerschaft Deutschlands* gegründet. Der Verein spaltete sich zehn Jahre später, als der Journalist Perlmann mit einer Mehrheit der Mitglieder den *Hilfsverein für weibliches Hauspersonal* gründete, der *nur* Dienstboten aufnahm und sich stärker als der alte Unterstützungsverein auf die Verbesserung der rechtlichen und sozialen Lage der Dienstboten verlegte. Die Abschaffung der Gesindebücher war eine seiner ersten Forderungen.

Ganz anders sah der *Verein Berliner Dienstherrschaften und Dienstangestellten* aus, der 1900 entstand. Er ließ Hausfrauen wie Dienstmädchen zu und betonte ständig die gemeinsamen Interessen. 240 Dienstboten und 340 Herrschaften (die vor allem nach einer billigen Stellenvermittlung suchten) waren Mitglieder im Verein, 300 Dienstmädchen im Hilfsverein.

Die Atmosphäre in der Dienstbotenbewegung jener Tage schildert die sozialdemokratische Schriftstellerin Lily Braun. Als sie zum ersten Mal in einer öffentlichen Versammlung der Dienstboten auftrat, geschah etwas Überraschendes:

»Eine Sozialdemokratin!« kreischte neben mir eine Frau in hellem Entsetzen. Ein unbeschreiblicher Lärm erhob sich; auf die Tische sprangen die Mädchen in hysterischer Erregung, schrien und winkten mit den Taschentüchern; eine von ihnen drängte sich neben mich, ballte die Fäuste und rief schluchzend: »Wir sind königstreu! Wir sind gottesfürchtig!« Hilflos, mit angstgerötetem Gesicht schwang der Vorsitzende unaufhörlich die Glocke.[23]

Da weder der *Verein Berliner Dienstherrschaften und Dienstangestellten* noch der *Hilfsverein* recht florierten, beschloß man kurzerhand, beide zusammenzulegen. Der von einer großen Zahl bürgerlicher Frauenvereine unterstützte oder begrüßte Zusammenschluß fand 1904 statt. Nur wenig später, auf der Generalversammlung des Jahres 1907, war der Einfluß der sozialdemokratischen Frauen aber schon so stark geworden, daß der *Verein* beschloß, auf die Organisierung der Dienstherrschaften zu verzichten und sich umbenannte in *Verein für die Interessen der Hausangestellten*. Vorsitzende des Vereins, der Anfang 1908 an die 450 Mitglieder hatte, wurde Ida Baar, später Vorsitzende des freigewerkschaftlichen Hausangestelltenverbandes.

Ungefähr um die gleiche Zeit begannen sich auch die Freien Gewerkschaften um die Hausangestellten zu kümmern. Als erste freigewerkschaftliche Dienstmädchenorganisation entstand 1906 in Nürnberg der *Verein der Dienstboten, Wasch- und Putzfrauen, Zugeherinnen usw. für Nürnberg und Umgebung*. Kostenlose Auskünfte und Stellenvermittlung sowie Krankenunterstützung wollte der neue Verein seinen Mitgliedern anbieten. Bis 1907 wurden in 13 Städten Hausgehilfinnen-Vereine gegründet, mal mit Unterstützung der sozialistischen Frauenbewegung, mal mit Hilfe der Gewerkschaftskartelle.

Am 17.1.1909 trat in Berlin der Gründungskongreß des *Zentralverbands der Hausangestellten* zusammen. Männliche Hausangestellte wurden nach lebhafter Diskussion zur Organisation zugelassen. In der »Einwirkung auf die Gestaltung des Dienstvertrages, Gewährung von Krankenunterstützung und Rechtsschutz, kostenlosem Stellennachweis für die Mitglieder«[24] sah der Zentralverband die Schwerpunkte seiner Tätigkeit. In 18 Städten gab es Zweigvereine mit insgesamt 5711 Mitgliedern. Den Dienstbotenvereinen gelang es durch ihre Stellenvermittlung, die Löhne pro Jahr um 10 bis 50 Mark zu erhöhen. Tarifverträge konnte der Verband vor dem I. Weltkrieg nur wenige abschließen. Dafür weigerten sich zu viele Frauen, organisierte Dienstboten einzustellen.

Nach dem I. Weltkrieg nahm auch der *Zentralverband der Hausangestellten* eine stürmische Aufwärtsentwicklung. Mehr als 30 000 Mitglieder zählte er 1919. Schneller als bei den anderen Gewerkschaften setzte hier aber auch der Rückgang ein.

Der Rat der Volksbeauftragten hob im November 1918 die Gesindeordnung auf. Damit fielen auch die verhaßten Dienstbücher weg. An ihrer Stelle sollten Einzelzeugnisse ausgestellt werden.

So stand es auch in einem Tarifvertrag, der im Juni 1919 von der Orts-

Hausgehilfin vor 1914.

gruppe Nürnberg-Fürth des *Zentralverbandes der Hausangestellten* erkämpft wurde. Weiter war festgelegt, daß den Hausangestellten im Winter ein heizbarer Raum zur Verfügung gestellt werden mußte. Die Arbeitszeit wurde zwischen 6 und 20 Uhr eingegrenzt. In diese Zeit mußten 4 Stunden Pause fallen. Jugendliche hatten bis 20 Uhr, Erwachsene bis 24 Uhr Ausgang. Für den Besuch von Vorträgen und Versammlungen, Abendschulen usw. war frei zu geben. 18 bis 24 Mark pro Monat für die Hausangestellte bis zum 18. Lebensjahr war der niedrigste, 75 Mark (Mindestlohn) für die perfekte Köchin und 85 Mark für die Haushälterin war der höchste Lohn. Dieser mit Hilfe eines Schiedsspruchs der Demobilmachungsstelle zustande gekommene Vertrag galt in der Weimarer Republik als vorbildlich, für viele aber auch als unerreichbares Vorbild.

Anfangs war geplant, die Verhältnisse der Hausangestellten im neuen Reichsarbeitsrecht zu regeln. Da das Reichsarbeitsrecht immer länger auf sich warten ließ, unternahm der Reichstag schließlich den Versuch, ein besonderes Gesetz zu erarbeiten. Ein erster Entwurf, 1921 fertiggestellt, geriet in der Inflationszeit in Vergessenheit. Ein zweiter Anlauf 1928 wurde in der Weltwirtschaftskrise aufgegeben. Immerhin unterstanden die Hausangestellten seit 1927 der Arbeitsgerichtsbarkeit. Ihre soziale Lage aber hatte sich nicht bedeutend geändert. Nach Erhebungen des Reichsarbeitsministeriums im Jahr 1926 verdienten 60 Prozent der Hausgehilfinnen 25 bis 40 Reichsmark im Monat, 30 Prozent sogar weniger als 25 Mark. Immerhin hatte gut die Hälfte der Frauen vor 20 Uhr Arbeitsschluß, die andere Hälfte aber erst zwischen 20 und 22 Uhr. 30 Prozent aller Hausangestellten hatten jeden Sonntag frei und 74 Prozent genossen einen Urlaub zwischen 8 und 14 Tagen.

7. Gewerkschaftliche Frauenarbeit nach 1945

Der Wiederaufbau der Gewerkschaften ging 1945 von den alten Funktionären aus. Frauen erhielten nur in seltenen Fällen die Chance, in verantwortliche Positionen zu kommen. Elsa Koch in Stuttgart, Paula Pohl in Mannheim, Käti Sand in München waren solche Ausnahmen. Weit häufiger konnte man Frauen als »Mädchen für alles« in den Gewerkschaftsbüros antreffen. Dabei wurden ihnen, gerade in den Mangeljahren des Aufbaus, Aufgaben zugewiesen, die weit über ihre eigentliche Tätigkeit hinausgingen und ihnen so die Möglichkeit zur Weiterqualifizierung gaben. Daß das nicht systematisch ausgebaut wurde, steht auf einem anderen Blatt.

Als gewerkschaftlich organisierte Frauen 1946 zum ersten Mal ihre speziellen Forderungen anmeldeten, stand der Wunsch nach gleichem Lohn für gleiche Arbeit ganz obenan. Der bezahlte Hausarbeitstag zur Entlastung der berufstätigen Frauen folgte gleich danach. In den Betrieben wollten die Frauen stärker in den Betriebsräten vertreten sein:

> Wird ein Mann so überzeugt wie eine Frau dafür eintreten können, daß die Frauen einen bezahlten Hausarbeitstag erhalten, daß für ihre Kinder Unterkünfte geschaffen werden, daß die Arbeitszeit so geregelt wird, daß sie noch ihren Pflichten als Hausfrau nachkommen können? Die Frau als Betriebsrat wird sich für den gleichen Lohn der Frau mit ganz besonderem Interesse einsetzen[25],

schrieb Käti Sand (*NGG*) am 20. September 1946 in der bayerischen *Gewerkschaftzeitung*.
Frauen in den Gewerkschaften, das Thema stand an erster Stelle auf der Tagesordnung der 6. Interzonenkonferenz in Bad Pyrmont. Vor allem drei Forderungen wurden an Gesetzgebung und Öffentlichkeit gestellt und die Industriegewerkschaften verpflichtet, »sich mit aller Kraft für die Erreichung dieser Ziele einzusetzen«:

> 1. Sicherung des Rechtes der Frau auf Arbeit und Förderung der beruflichen Ausbildung und Umschulung für Frauen, der Schaffung gleicher Ausbildungsmöglichkeiten
> 2. Ausbau des Arbeitsschutzes für Frauen
> 3. Gleiche Bezahlung für Männer und Frauen mit der Beseitigung aller besonderen Frauenlohngruppen in den Tarifen, der gerechten Eingruppierung von Frauen entsprechend ihrer Arbeit und der Beseitigung aller unter einem ausreichenden Existenzminimum liegenden Löhne.[26]

Solange die Gewerkschaften noch keine Tarifpolitik betreiben konnten, mußten viele Punkte dieses Katalogs Zukunftsmusik bleiben. Die Anhebung der untersten Lohngruppen etwa in der Tabakindustrie und in der Zuckerwirtschaft war zunächst das einzige, was getan werden konnte.
Die Organisierung von Frauen war alles andere als einfach: »Sie sind vielfach der Auffassung, daß die Gewerkschaften die Ablösung der DAF sind, nur mit anderem Namen, und daß wir ihnen die Beiträge aus der Tasche ziehen wollen«[27], berichtete Käthe Ehlers aus Essen auf der 1. Frauenkonferenz der *NGG* im Januar 1949 in Wuppertal. Die Frauen müßten eben bei ihren speziellen Nöten gepackt werden. Daran haperte es aber, und etliche Kollegen mokierten sich lieber über das weibliche Desinteresse. Was allzuleicht übersehen wurde: Wenn schon im allgemeinen die Sorge um das tägliche Brot alle Gedanken beherrschte, um wieviel mehr mußte das auf Frauen zutreffen, die mit diesen Sorgen doppelt und dreifach belastet waren.
Die erwähnte Frauenkonferenz der *NGG*, an der 39 Delegierte aus der Britischen Zone teilnahmen, beschäftigte sich vor allem mit der Frage, wie man Frauen stärker zur Mitarbeit in den Gewerkschaften heranziehen könne. Es müsse mehr Frauenzusammenkünfte in den Ortsgruppen geben, Fachgruppen von Frauen, Frauenkommissionen in Betrieben und Betriebsräten, die sich für die besonderen Belange der arbeitenden Frauen einsetzen könnten, wie sie schon von der 6. Interzonenkonferenz benannt worden waren.

8. Die Frauengruppen der 50er Jahre

1950 hatte lediglich das Land Baden-Württemberg eine Frauensachbearbeiterin. In der Hauptverwaltung war zwar im September 1949 eine Frauensachbearbeiterin (Maria Schott) eingestellt, vom seinerzeitigen Vorsitzenden Ferdinand Warnecke aus undurchsichtigen Gründen aber 1950 wieder entlassen worden. Eine kontinuierliche Arbeit begann dort erst mit der Anstellung Elisabeth Ostermeiers im Herbst 1950.
Im Rahmen der ersten DGB-Bundesfrauenkonferenz im Mai 1952 trafen sich zum ersten Mal 21 NGG-Frauen aus allen Teilen der Bundesrepublik zum Erfahrungsaustausch. Von da ab ging die Arbeit schneller aufwärts. In Bayern fand im Juni 1952 die erste Landesfrauenkonferenz statt, der erste Landesfrauenausschuß wurde gebildet. Im Dezember 1952 konstituierte sich der Bundesfrauenausschuß der *NGG*. Zu diesem Zeitpunkt bestanden etwa 30 Frauengruppen.
Was Inhalte und Methoden der Frauenarbeit anging, so wollte man weg von den traditionellen Werbeveranstaltungen und einem Referat im Mittelpunkt, mit denen man schlechte Erfahrungen gemacht hatte. Aufgelockerte Veranstaltungen, »Bunte Nachmittage«, Abende zu frauenspezifischen Themen sollten den neuen Stil der Frauenarbeit prägen. Ein Blick in den Veranstaltungskalender der Ortsgruppe Stuttgart für das Jahr 1953 zeigt z. B. Kurse zu den Themen »Was backt die berufstätige Frau« oder auch »Weihnachtsbäckerei«, Vorträge über »Kosmetik, warum und wie«, »Berufsberatung und Berufswahl«[28], die allesamt rege Zustimmung fanden. An anderen Orten wurden Modenschauen organisiert, Betriebsbesichtigungen, Vorträge über Gesetze, die besonders Frauen angingen usw. In solchen Veranstaltungen erschöpfte sich die gewerkschaftliche Frauenarbeit nicht (z. B. organisierte die NGG ab 1952 jährlich mindestens vier besondere Kurse für weibliche Betriebsräte), aber sie stellten den Schwerpunkt örtlicher Arbeit dar. Und sie entsprachen dem Bedürfnis der Arbeitnehmerinnen nach praktischer Hilfe und waren oft die einzige Möglichkeit, Frauen, die von der Überorganisation unter dem Nationalsozialismus die Nase voll hatten, wieder in eine Gewerkschaftsversammlung zu bringen.
So waren bis 1953/54 in allen Landesbezirken der *NGG* Landesfrauenausschüsse aufgebaut und Landesfrauenkonferenzen durchgeführt worden. Nach anfänglichem Sträuben gab der Hauptvorstand seine Zustimmung zur Anstellung von Frauensachbearbeiterinnen bei den Landesvorständen. Abgesehen von NRW und Rheinland-Pfalz gab es sie in allen Landesbezirken. Die Zahl der Frauenversammlungen stieg von 194 im Jahre 1954 auf 314 im Jahre 1955. Auf dem 2. Ordentlichen Gewerkschaftstag der *NGG* 1954 in Hamburg wurde mit Elisabeth Ostermeier zum ersten Mal in der Geschichte der *NGG* bzw. ihrer Vorläufer eine Frau in den Geschäftsführenden Hauptvorstand gewählt. Auf dem gleichen Gewerkschaftstag wurde beschlossen, daß Frauen künftig in allen gewerkschaftlichen Gremien mit mindestens einer Delegierten vertreten sein sollten. Ein

weitergehender Antrag, den Kolleginnen eine Vertretung gemäß ihrer zahlenmäßigen Stärke einzuräumen, war zurückgezogen worden.
Vom 16. bis 18. September 1955 trat in Bielefeld die 1. Bundesfrauenkonferenz der Gewerkschaft *NGG* zusammen. Lebhafte Klagen vor allem über die mangelnde Berücksichtigung der Frauen in der Tarifarbeit wurden laut. Elsa Koch:

> Es ist aber auch allerdings so, daß leider Gottes unsere Landesleiter öfter sagen, was sollen wir schon mit den Frauen in den Tarifkommissionen? Die machen den Mund ja doch nicht auf! Ist es denn nicht aber auch so, Kollegen, ihr aus der Praxis, daß die Leiter der Verhandlungen gar nicht wünschen, daß man den Mund während der Verhandlungen aufmacht (...) Aber auch hier, Kolleginnen, müssen wir uns an die eigene Brust schlagen und sagen, wir sind ein Großteil mit daran schuld, daß es nicht so ist.[29]

Nur in Berlin und Niedersachsen, so Elsa Koch, sähen die Verhältnisse etwas anders aus.
Die Konferenz forderte:
– Gleichberechtigung der Frauen in lohnpolitischer Hinsicht,
– Kleinwohnungen im sozialen Wohnungsbau für alleinstehende Frauen,
– Einrichtung von Kindertagesstätten,
– Herabsetzung der Altersgrenze.

9. Tarifpolitik für Frauen

»Von den Kolleginnen in den Ländern wurden häufig Klagen darüber laut, daß ihrer Arbeit nicht die nötige Aufmerksamkeit und Unterstützung zuteil wurde«[30], mußte Elisabeth Ostermeier im Jahrbuch 1954/55 berichten. Die Unzufriedenheit bezog sich vor allem auf die mangelnde Vertretung von Kolleginnen bei den Tarifverhandlungen und die unzureichende Berücksichtigung ihrer Interessen. »Die Frauen (...) billigen den Männern höhere Löhne zu und lassen sich von den Tarifkommissionen mit dem Satz abspeisen ›Wir haben nicht mehr erreichen können‹«[31], klagte Margarete Buschendorf auf der Landeskonferenz Hamburg-Schleswig-Holstein 1956 und meinte, künftig sollten vor Lohnverhandlungen die Kolleginnen zu einer Versammlung einberufen werden, um selbst ihre Forderungen festlegen zu können. Bei Verhandlungen um die Verwirklichung des Lohngleichheitsgrundsatzes, forderten der Geschäftsführende Hauptvorstand und die Landesleiter dann auch im gleichen Jahr, sollten grundsätzlich Frauen hinzugezogen werden.
Wie hatte sich gewerkschaftliche Tarifpolitik für Frauen bis dahin ausgewirkt? Beim Neuabschluß der Manteltarifverträge nach 1948 war zunächst überall das alte Lohngruppenschema übernommen worden, das die Arbeiterinnen an den Schluß der Tabelle verwies und ihnen, je nach Wirtschaftszweig, 60 oder 70 Prozent des Facharbeiterlohns zuwies (in der Süßwarenindustrie z. B. 60 Prozent). Die gewerkschaftlichen Bemühungen zielten zunächst auf Stufenpläne zur Anhebung der Frauenlohngruppen.

In der Süßwarenindustrie wurde ein solcher Stufenplan 1952 abgeschlossen, danach sollte die Frauenlohngruppe bis auf 64 Prozent des Facharbeiterlohns angehoben werden. In den Berliner Brauereien und Gaststätten, der Stuttgarter Brauwirtschaft und Fleischwarenindustrie waren die besonderen Frauenlohngruppen 1953 beseitigt worden.

Nachdem der Bundestag 1955 die ihm seit vier Jahren vorliegende Konvention Nr. 100 der Internationalen Arbeitsorganisation, in der Frauen das Recht auf gleichen Lohn bei gleicher Arbeit zugesprochen wurde, ratifiziert hatte, kam es zu einem neuen Anlauf zur Verwirklichung dieser jahrzehntealten Forderung der Arbeiterinnen. An die Stelle der Lohngruppen für Frauen traten Lohngruppen für ungelernte Arbeiter, die schwere Arbeiten verrichteten und solche für ungelernte Arbeiter, die leichte Arbeit verrichteten. Die gewerkschaftlichen Tarifkommissionsmitglieder waren gutgläubig genug, anzunehmen, in der betrieblichen Praxis werde sich schon nachweisen lassen, daß Frauen in zahlreichen Fällen auch körperlich schwere Arbeit verrichteten. Tatsächlich gaben die Unternehmer nur in wenigen Fällen nach, und wenn, dann gewährten sie nur außertarifliche Zulagen. Daß aber auch bei der *NGG* nicht alle Kollegen hinter der Forderung nach gleichem Lohn für gleiche Arbeit standen und sich von der öffentlichen Kampagne gegen die Frauen als Doppelverdiener hatten einschüchtern lassen, zeigte der ab Januar 1955 gültige Manteltarifvertrag in der Süßwarenindustrie, mit dem zwar die Frauenlohngruppe offiziell beseitigt wurde, dem aber eine Protokollnotiz beigefügt war, in der es hieß:

> Die Parteien sind sich darüber einig, daß auf Grund der besonderen Arbeitsverhältnisse in der Süßwarenindustrie und unter Berücksichtigung des wohlverstandenen Gleichberechtigungsgrundsatzes in die Lohngruppe C die männlichen Hilfsarbeiter und in die Lohngruppe D die nach bisheriger Fassung des § 8 des MTV vom 13.12.1952 als Arbeiterinnen Tätige einzustufen sind.[32]

Die Protokollnotiz fiel später in den Landestarifen fort. Die Arbeitgeber blieben aber bei ihrer Eingruppierungspraxis, so daß ab 1958 kein neuer Bundesrahmentarifvertrag mehr zustande kam.

Alles in allem waren die Frauen auch mit der Abschaffung der besonderen Frauenlohngruppen nicht weitergekommen. Ruth Köhn klagte auf der Bundesfrauenkonferenz 1960:

> Wir müssen uns dann eigentlich noch sagen, wir stehen genauso da wie am Anfang unserer Arbeit, nur daß sich die Begriffe verändert haben. Statt »Frauenlohn« haben wir heute die Löhne für »leichte Hilfsarbeit« und der Abstand, der früher 60 Prozent vom Spitzenlohn betrug, ist es heute noch.[33]

Daß bei den Tarifverhandlungen in erster Linie prozentuale Erhöhungen ausgehandelt würden, bemängelten viele Delegierte auf der Bundesfrauenkonferenz 1960. Das mache die Unterschiede nur noch größer. Mehr lineare Lohnerhöhungen müßten durchgesetzt werden. Tatsächlich gab es 1960 bis 1963 für Facharbeiter eine durchschnittliche Lohnerhöhung von

Arbeiterinnen in einer Altonaer Fischfabrik, um 1900.

Frauenarbeitsplätze in der Fischindustrie, sechziger Jahre.

37 Prozent, für Ungelernte von 45,5 Prozent. In DM sah die Bilanz aber anders aus: 38,12 DM für Facharbeiter, 31,31 DM für Ungelernte.
Die Lohnfindungsmethoden, meinte die Bundesfrauenkonferenz 1960, entsprächen nicht mehr den Verhältnissen am Arbeitsplatz. Das Stichwort wurde von der Tarifabteilung bereitwillig aufgegriffen. Die analytische Arbeitsplatzbewertung erschien als der Ausweg zu mehr Lohngerechtigkeit. Im Lohntarifvertrag mit der BAT vom 1. Januar 1961 wurde zum ersten Mal die Entlohnung nach Arbeitswert-Lohngruppen praktiziert. 17 Lohngruppen gab es, je nach Erschwernis am Arbeitsplatz. Die neue Bewertung erhöhte das Gesamtlohnaufkommen um etwas mehr als 11 Prozent. Besonders die Frauen profitierten davon.
1962 führte die *EWG-Kommission* eine Untersuchung durch, in welchem Maße der Artikel 119 des EWG-Vertrages verwirklicht worden war. Artikel 119 der Römischen Verträge forderte gleiche Bezahlung bei gleicher Arbeit und hätte eigentlich schon bis zum Jahresende 1961 in allen Mitgliedsländern verwirklicht sein sollen. Die Untersuchung der Kommission zeigte, welche Widersprüche zwischen Rechtsnorm und Wirklichkeit klafften. Der Europäische Ministerrat beschloß, spätestens bis zum 31. Dezember 1964 sei die Lohngleichheit überall einzuführen.
Auf seine Weise zog der Hauptvorstand der *NGG* die Konsequenzen aus der Untersuchung der EWG-Kommission: Am 23. September 1963 verabschiedete er ein neues tarifpolitisches Konzept. Im Mittelpunkt stand ein neues Lohngruppensystem. Faktoren wie Verantwortung, Geschicklichkeit, Kenntnisse in der Maschinenbedienung und des Arbeitsablaufes sollten stärker berücksichtigt werden. Entgegen den anfänglichen Hoffnungen brachte auch dieses an der analytischen Arbeitsplatzbewertung orientierte Modell keine wesentlichen Änderungen. Ein Großteil der Anforderungen, die Frauen an ihren Arbeitsplätzen zu erbringen hatten, wurden vernachlässigt. Die Punktzahl, die für die einzelnen Anforderungen vergeben wurde, war nämlich Verhandlungsergebnis. So konnte es vorkommen, daß für schwere körperliche Arbeiten eine hohe Punktzahl vergeben wurde, für starke nervliche Belastungen eine niedrige. Das führte automatisch dazu, daß viele Frauen nur eine niedrige Bewertung und damit einen geringeren Lohn erhielten.
Als die EWG sich 1966/67 von neuem anschickte, ihre Mitgliedsstaaten zu befragen, wie sie es mit dem Prinzip der Lohngleichheit hielten, wurde das deutlich. In der Nährmittelindustrie, in der Obst-, Gemüse-, Essig- und Senfindustrie gab es immer noch Leichtlohngruppen. Sicherlich, in der Zuckerindustrie waren die Leichtlohngruppen mit Wirkung vom 31. März 1966 gestrichen worden. Aber auch nur 17 Prozent der Arbeitnehmer waren Frauen. In den klassischen Frauenindustrien gab es immer noch krasse Lohnungerechtigkeiten. Der Abstand zwischen »Ungelernt schwer« und »Ungelernt leicht« betrug in der Süßwarenindustrie 26 Prozent, in der Fischwarenindustrie 28 Prozent, in der Zigarettenindustrie waren es 25 Prozent und in der Konservenindustrie gar 33 Prozent. Mit 5 Prozent

Frauenarbeitsplätze in der Süßwarenindustrie (fünfziger Jahre).

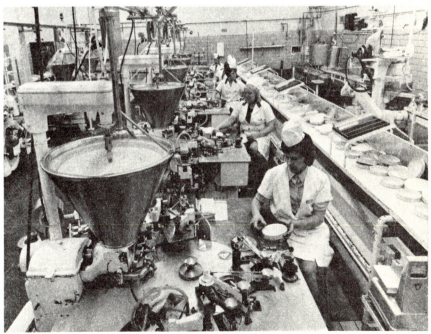

Frauenarbeitsplätze in der Schmelzkäseindustrie (sechziger Jahre).

war der Abstand am niedrigsten in der Margarineindustrie, wo auch 34,3 Prozent aller Arbeitnehmer Frauen waren.
Trotz vieler Fortschritte, das hatte die Untersuchung der EWG ergeben, war der Artikel 119 in keinem Land verwirklicht. »Es ist schlicht und einfach das Geschäft des Arbeitgebers, das er mit der Frauenarbeit machen kann, und wir sind nicht überall stark genug, uns durchzusetzen«[34], erklärte Elisabeth Ostermeier den Tatbestand auf der Bundesfrauenkonferenz 1968. Hinzu kam der hemmende Einfluß antiquierter Anschauungen über Frauenarbeit, der sich auch in der Gewerkschaft bemerkbar machte.
In den Betrieben wurden die Bezeichnungen »leichte Hilfstätigkeit« oder »einfache Arbeiten« so gedeutet, wie es für das Unternehmen am billigsten war. Und leicht war eben alles, was gewichtsmäßig leicht war. »Schwer« begann erst bei 20 kg, selbst wenn dieses Gewicht nur wenige Male am Tag bewältigt wurde. Dabei kam die Arbeitsstudienabteilung der NGG zum Ergebnis, daß Frauen eine viel höhere Arbeitsbelastung aushalten mußten, als ihnen durch ihre Lohneingruppierung zugestanden wurde. Angst vor dem Verlust oder einem Wechsel des Arbeitsplatzes, die Furcht vor einer neuen Umgebung, neuer Tätigkeit, neuer Schicht, das alles waren Gründe genug, die Frauen davon abhielten, ihre Rechte einzuklagen. Schließlich konnten sie freiwillige Zulagen verlieren.
Einer der bekanntesten Fälle im Organisationsbereich der NGG war der Arbeitsgerichtsprozeß bei einer norddeutschen Honigfabrik. Mitte der siebziger Jahre erkundigten sich einige Frauen beim Betriebsrat. Sie fühlten sich falsch eingruppiert. Ihre Arbeit sei keine »leichte Arbeit«, sondern könne erst nach längerer Anlernzeit ausgeführt werden. Damit kam der Stein ins Rollen. Der Betriebsrat setzte sich bei der Personalleitung ein. Es kam zu Schlichtungsverhandlungen über die Auslegung des Tarifvertrags. Gespräche, Verhandlungen und Versammlungen zogen sich vom November 1977 bis zum März 1980 hin. Als die NGG auch mit ihrem Vorschlag, einen neutralen Gutachter im Betrieb tätig werden zu lassen, bei der Betriebsleitung nicht durchkam, wurden die Klageschriften eingereicht.
Gleich nach Eingang der Klage kündigte die Werksleitung den Männern auf den entsprechenden Arbeitsplätzen eine Herabgruppierung von Lohngruppe II in Lohngruppe IV an. Zehn traten aus der Gewerkschaft aus. Die Frauen ließen sich trotzdem nicht unterkriegen, und die *NGG* sorgte durch ausführliche Information dafür, daß auch bei den Kollegen das nötige Verständnis wuchs. Nach vier Terminen empfahl das Gericht, die Parteien sollten sich zu Tarifverhandlungen zusammensetzen. Nach längeren Verhandlungen einigte man sich auf ein neues Lohngruppenschema: Neun anstelle von vier Gruppen, und bis zu fünf Gruppen sollten auch für »nichtgelernte« Frauen zugänglich sein. Die Abstände zwischen den einzelnen Gruppen wurden verringert, ein Großteil der Frauen in höhere Lohngruppen eingestuft. Der Vertrag galt auch für andere Nahrungsmittelbetriebe in Hamburg und Schleswig-Holstein und bekam dadurch Signalwirkung.

Die Bundesregierung gab 1973 ein arbeitswissenschaftliches Gutachten in Auftrag, mit dem herausgefunden werden sollte, was in der modernen Industriegesellschaft überhaupt unter »leichter« und »schwerer« Arbeit zu verstehen sei. Die Gutachter kamen zum Ergebnis, daß die Arbeitsbewertungsverfahren um Jahre hinter der tatsächlichen Entwicklung hinterherhinkten. Die Verschiebung von körperlicher zu geistig-nervlicher Belastung werde selten ausreichend berücksichtigt. Für die NGG war das Gutachten eine Bestätigung der seit einigen Jahren eingeschlagenen tarifpolitischen Wege – insbesondere was den Einheitlichen Einkommenstarifvertrag mit seinen kombinierten Arbeitsbewertungsmethoden anging. Als Zwischenlösung in den Wirtschaftszweigen, in denen das ETV-Modell zunächst nicht durchsetzbar sein sollte, müßte mindestens eine Ergänzung der Eingruppierungskriterien der Lohngruppen und eine Ausweitung der Eingruppierungsmöglichkeiten durchgesetzt werden. Das galt insbesondere für die 120 Tarifverträge mit Leichtlohngruppen, gültig für 72000 Frauen, die es im NGG-Bereich 1980 noch gab. Der Bundesfrauenausschuß der NGG sprach sich nachdrücklich für das Modell des Einheitlichen Einkommenstarifvertrages aus. Damit wäre den Arbeitgebern allerdings der Spielraum für übertarifliche Zulagen genommen worden, der einer Einflußnahme der Betriebsräte weitestgehend entzogen war.
Die Arbeitgebervereinigung Nahrung und Genuß warf der NGG vor, »leistungsfeindlicher Nivellierung« das Wort zu reden. Überhaupt seien Männer und Frauen in der Wirtschaft schon gleichberechtigt. Als die NGG alle Tarifverträge auflistete, in denen noch Leichtlohngruppen bestanden, reagierte man nach bewährtem Muster und versuchte das Problem mit der Gründung von Arbeitskreisen auf die lange Bank zu schieben.
Mit der steigenden Zahl Einheitlicher Einkommenstarifverträge mit ihren tätigkeitsbezogenen, objektiven Bewertungsmerkmalen gingen die konventionellen Lohntarifverträge mit der Tarifgruppe »leichte Hilfsarbeiten« beträchtlich zurück, und die Lohngruppenrelationen konnten zugunsten der Frauen verbessert werden. Seit Mitte der siebziger Jahre, dem Beginn der Weltwirtschaftskrise, geschah das allerdings nur noch in langsamerem Tempo.

10. Frauenarbeit seit den 60er Jahren

Gleicher Lohn für gleichwertige Arbeit war und ist ein zentraler Punkt in der Frauenarbeit der Gewerkschaft NGG. Die Frauenarbeit erschöpft sich aber nicht in dieser Forderung. »Gewerkschaftliche Frauenarbeit soll dazu dienen«, so Ruth Köhn im Geschäftsbericht 1974/77 der NGG, »Frauen über ihre speziellen Probleme und deren Lösungsmöglichkeiten zu informieren. Sie ist dazu da, das Selbstbewußtsein der Frauen zu stärken und Ansprüche zu formulieren, die ihnen die Gesellschaft bisher verweigert hat.«[35]

Ein Blick auf die Themen der Bundesfrauenkonferenzen zeigte die Spannbreite gewerkschaftlicher Frauenarbeit. Vor der 4. Bundesfrauenkonferenz 1968 in Bayreuth referierte Ossip Flechtheim, noch ungebrochen vom Fortschrittsoptimismus der sechziger Jahre getragen, über »Die Frau in der Welt von morgen«. Herbert Stadelmaier sprach über »Die Frauen und die Gewerkschaftsbewegung«, insbesondere über ungerechte Entlohnung und niedrige Renten. In den Anträgen wurde ein verbesserter Mutterschutz gefordert, eine Krankenversicherungsreform (Einbau von vorbeugenden Gesundheitsmaßnahmen), ein vor allem in der Rentenversicherung übersichtlicheres Sozialrecht. Um die jahrzehntelange Lohndiskriminierung von Frauen wenigstens etwas auszugleichen, forderte die Konferenz eine Anhebung der persönlichen Bemessungswerte in der Rentenversicherung. Berufstätigen Frauen, die für die Dauer der Kindererziehung die Berufstätigkeit unterbrachen, sollte das als Ersatzzeit angerechnet werden. Das vorgezogene Altersruhegeld für alle weiblichen Versicherten mit Vollendung des 60. Lebensjahres stand als letztes auf der Wunschliste der Bundesfrauenkonferenz zum Thema Rentenversicherung.

In den Verwaltungen und Produktionsabteilungen müsse mehr für den Gesundheitsschutz und für einen verbesserten Kündigungsschutz bei Kuren und Krankheiten getan werden. Die Höchstgewichtsgrenze für Frauen beim Heben und Tragen von Lasten solle auf 10 kg festgelegt werden; für Lärm und Geräusche im Betrieb müsse eine Höchstgrenze bestimmt werden. In den Betrieben seien Kurzpausen und Ruheräume einzurichten. Schließlich fehlte die Forderung nach dem Fortfall der Leichtlohngruppen nicht.

Etliches davon ging in die Gesetzgebung ein – die Gewichtsbegrenzung auf 10 kg z. B. Im 2. Krankenversicherungsänderungsgesetz gab es besondere Maßnahmen zur Früherkennung von Krankheiten und ein Krankengeld zur Beaufsichtigung von erkrankten Kindern. Durch die Rentenreform 1972 wurde eine Rente nach Mindesteinkommen geschaffen.

Einstimmig angenommen wurde von der Bundesfrauenkonferenz 1968 eine Entschließung zur »Situation der Frau in der technisch veränderten Arbeitswelt«: die in der Forderung nach mehr Fortbildungsmaßnahmen und Umschulungsmöglichkeiten für Frauen gipfelte.

Die Bayreuther Bundesfrauenkonferenz war die letzte der im traditionellen Stil abgehaltenen Frauentagungen. Um einen größeren Kreis von Kolleginnen anzusprechen, als bei einer Konferenz möglich war, auch um für mehr Präsenz in der Öffentlichkeit zu sorgen, wurde 1972 in Dortmund ein Info-Basar veranstaltet. Arbeitsgruppen beschäftigten sich mit den Themen Gesundheitsfürsorge und -vorsorge, Gesamtschule, Berufstätigkeit der Frau, Erziehung, Eherechtsreform (mit dem Justizminister Gerhard Jahn) und Sozialpolitische Reformen (mit Bundesarbeitsminister Walter Arendt).

Die nächste Großveranstaltung am 15. Mai 1980 in Essen stand unter dem Motto »Gerechter Lohn«. Vor 1200 Kolleginnen und Gästen referierte der Bundesminister für Arbeit und Sozialordnung über innerbetriebliche Mittel für eine gerechtere Eingruppierung von Frauen mit Hilfe des neuen arbeitswissenschaftlichen Analyseverfahrens, das durch eine von der Bundesregierung in Auftrag gegebene Untersuchung der Professoren Rohmert und Rutenfranz entwickelt worden war.

Drei Arbeitsgruppen beschäftigten sich mit den Themen: »Gerechte Eingruppierung und Entlohnung erwerbstätiger Frauen unter besonderer Berücksichtigung der rechtlichen Möglichkeiten der Betriebsräte«, »Die wirtschaftliche Bedeutung der Frauenerwerbsarbeit, insbesondere aus der Sicht der Betriebsräte«, »Was kann die Arbeitswissenschaft beitragen zur Meinungsbildung der Tarifvertragsparteien und der Betriebsräte im Bereich des Gleichbehandlungsgrundsatzes?«.

Die Arbeitsgruppe I schlug vor, kurzfristig neue Tätigkeitsbeschreibungen und langfristig Einkommenstarifverträge mit einem analytischen Teil zu verwirklichen, in jeder Betriebsversammlung über Entlohnungsfragen zu diskutieren und in öffentlichen Aktionen typische Frauenarbeitsplätze vorzustellen. Arbeitsgruppe II hielt fest:

> Bei Kündigungen sollten Betriebsräte nicht voreilig bei verheirateten Frauen zustimmen. Die Berücksichtigung der sozialen Situation unterbleibt häufig. Das Vorurteil gegen Frauenerwerbsarbeit muß auch im Interesse der Volkswirtschaft bekämpft werden, auch bei den Medien. Bei Einstellungen, insbesondere für höhere Positionen, Frauen stärker zu berücksichtigen.[36]

Arbeitsgruppe III schließlich kritisierte, daß bei der Eingruppierung immer noch Qualifikation und Muskelarbeit im Vordergrund stünden.

1983 folgten die Aktionswochen für Frauen, mit denen gegen den Sozialabbau nach der Bonner Wende protestiert wurde: gegen die geplante Kürzung des Mutterschaftsurlaubes und des Mutterschaftsgeldes, die Reduzierung der Unterstützung für Arbeitslose, die Aufhebung des Nachtarbeitsverbotes und den Rentenabbau.

Der Sozialabbau stand ebenfalls im Mittelpunkt der Frauengroßveranstaltung »Angst um den Arbeitsplatz – Arbeit für alle« am 31.5./1.6.1984 in Darmstadt. Frauen in Beruf und Familie, Doppelverdiener, Chancen für die Frauen im Berufsleben, Abbau von sozialen Schutzgesetzen, verschiedene Arbeitszeitformen waren die Themen, denen sich die Arbeitsgruppen widmeten.

Das Streben der Frauen galt auch einer besseren Vertretung in der eigenen Organisation. 1963 gab es in allen Tarifkommissionen der NGG nur 103 Frauen. In den Vorständen von 306 Ortsverwaltungen saßen 352 Frauen. Die meisten Kolleginnen in den Ortsverwaltungen hatte Baden-Württemberg. Es gab dort Ortsverwaltungen mit drei und fünf Frauen in den Vorständen. Auch der Anteil weiblicher Betriebsräte lag in Baden-Württemberg mit 27,3 Prozent am höchsten. Am niedrigsten lag der Anteil weiblicher Betriebsräte in Bayern: 13,4 Prozent – was auch mit der wirtschaftlichen Struktur des Landes, den vielen Kleinbetrieben und kleineren Ortsverwaltungen zusammenhing. Im gesamten Bundesgebiet betrug der Anteil weiblicher Betriebsräte 18,8 Prozent.

Sehr viel schlechter sah die Vertretung von Frauen auf den Gewerkschaftstagen aus. Seit 1954 war die Zahl weiblicher Delegierter ständig gesunken. Von 11,3 Prozent auf 10,3 Prozent im Jahre 1958, dann auf 8,5 Prozent im Jahr 1962, und 1966 schließlich waren es 8,3 Prozent. Das bewog den Bundesfrauenausschuß der *NGG*, nach einem neuen Delegationssystem zu suchen. Die Frauen sollten auf den Kongressen künftig nach ihrem Anteil an der Mitgliedschaft vertreten sein. Mit der Möglichkeit, Anträge stellen und die eigenen Anliegen auf dem Gewerkschaftstag selbst zur Sprache bringen zu können, werde die Bundesfrauenkonferenz überflüssig und sich die Integration der Frauen in die Gesamtorganisation möglicherweise beschleunigen.

Dieser Vorschlag wurde 1972 formell an den Hauptvorstand herangetragen. Bundesfrauenausschuß, Geschäftsführender Hauptvorstand und Landesleiter einigten sich im Mai 1973 auf die Empfehlung, Frauen, Jugendliche und ausländische Mitglieder bei der Kandidatenaufstellung stärker zu berücksichtigen. Das war weniger, als die Kolleginnen erwartet hatten. Es muß aber eingeräumt werden, daß die Zahl weiblicher Delegierter in der Folge kräftig stieg: von 9,9 Prozent 1970 auf 14,3 Prozent 1974 und 17,7 Prozent 1978. 1982 waren es 20,5 Prozent.

Und auch in anderen Bereichen gab es für Kolleginnen Fortschritte. Weibliche Gewerkschaftssekretäre wurden zusätzlich eingestellt. Die Zahl der weiblichen Betriebsratsmitglieder vergrößerte sich. Bemerkenswert, daß auch die Zahl weiblicher Betriebsratsvorsitzender anstieg: 1984 waren es 11,4 Prozent. In einem der größten Unternehmen im Betreuungsbereich der NGG z. B. (Co-op Schwaben) gibt es seit 1981 eine Betriebsratsvorsitzende.

Tab. 100
Weibliche hauptamtliche Sekretäre in der Gewerkschaft NGG (Stand: 31. 12. 1984)[37]

Hauptverwaltung	2
Landesbezirke:	
Hamburg/Schleswig-Holstein	2
Niedersachsen/Bremen	2
Nordrhein-Westfalen	2
Bayern	1
Baden-Württemberg	2
Hessen/Rheinland-Pfalz/Saar	2
Berlin	1

11. Tarifverträge und Berufsausbildung für Hausangestellte

Seit 1952 lag dem Hauptausschuß für Mindestarbeitsbedingungen in Bonn ein Antrag der *NGG* vor, Mindestarbeitsbedingungen für Hausgehilfinnen festzulegen. Das Bundesarbeitsministerium lehnte ab und empfahl direkte Verhandlungen mit dem *Deutschen Hausfrauenbund (DHB)*. Der Geschäftsführende Hauptvorstand beauftragte im Oktober 1953 Elisabeth Ostermeier und Heinrich Ohlemeyer mit der Aufnahme von Verhandlungen. Zwei Jahre später, am 6. Juli 1955, wurde der erste Manteltarifvertrag unterschrieben. Er legte die 48-Stunden-Woche fest, bestimmte, daß die Arbeit nicht vor 6 Uhr beginnen und spätestens um 20 Uhr zu Ende sein müsse. Die Hausgehilfin hatte Anspruch auf einen freien Tag pro Woche, jede zweite Woche sollte das nach Möglichkeit ein Sonntag sein.
Das Interesse der Öffentlichkeit war groß; der Bundesfamilienminister freilich sah im Tarifvertrag eine »Gefährdung der Familie«. Die *NGG* selbst machte sich über den möglichen materiellen Wert des Manteltarifvertrages keine großen Illusionen. Erst recht, nachdem der Tarifausschuß beim Bundesarbeitsministerium einen von *NGG* und *DHB* eingereichten Antrag auf Allgemeinverbindlichkeit mit Stimmengleichheit abgelehnt hatte, war der Kreis derer, die in den Genuß tariflich geregelter Arbeitsbedingungen kommen würden, klein.
Da es sich in der Hauswirtschaft fast durchweg um Einzelarbeitsplätze handelt, fehlte den Hausangestellten der Mut, sich mit ihren Wünschen durchzusetzen. Arbeitszeiten von 14 Stunden und mehr, an 6 Tagen in der Woche waren bis Anfang der sechziger Jahre immer noch weit verbreitet. Und auch, daß nur halbe Tage freigegeben wurden, kam häufig genug vor.
Der Manteltarifvertrag wurde 1964, 1971, 1976 und 1981 erneuert. Dabei konnte die Arbeitszeit von 44 auf 42 und 1981 auf 40 Stunden gesenkt werden. Die tägliche Ruhezeit wurde verlängert und die wöchentliche Freizeit, die zusammenhängend gewährt werden soll, auf 1½ Tage ausgedehnt.
Die Berufsausbildung in der Hauswirtschaft, besonders die Ausbildung zur »geprüften Hauswirtschaftsgehilfin«, wurde 1954 durch eine Verordnung des Bundesarbeitsministeriums geregelt. Ein Bundesausschuß für hauswirtschaftliche Berufsbildung wurde gegründet, der für die Durchführung dieser Verordnung zuständig war. Daß der Bundesausschuß streng paritätisch besetzt war: Vertreter der Gewerkschaften, der Lehrer an den Berufsschulen und der Arbeitgeberorganisationen, das war eine Neuheit für die damalige Zeit. Allerdings wurde auch jeder Seite ein Vetorecht zugestanden.
Mit dem Berufsbildungsgesetz 1969 ging die Verantwortung für die Durchführung der Berufsausbildung auf die »Zuständigen Stellen« über. Der Bundesausschuß wurde umbenannt in »Bundesstelle für

hauswirtschaftliche Berufsbildung«, seine Untergliederungen auf Landes- und Ortsebene wurden aufgelöst. Die Bundesstelle nimmt vorwiegend beratende und koordinierende Aufgaben wahr.

KAPITEL XXIX
Jugend und Gewerkschaften

Ein Hamburger Bäcker- und Konditorlehrling, der im April 1881 die Lehre begann, berichtete:

Mit dem Eintritt in die Lehre erhielt auch ich die entsprechende Uniformierung (...). Mütze, weißer Rock, außerdem bestand die Kleidung nur noch aus Hemd und Hose. In diesem Aufzug wurde man Sommer wie Winter von früh 3 bis 5 Uhr zum Brotaustragen mit schweren Brotkörben auf die Straße geschickt. Die Folgen für mich waren, daß ich seitdem an heftigem Asthma zu leiden habe.
Kamen wir Lehrlinge nach Hause, so mußten wir schwere Milchkannen mit Milch oder Wasser in die Backstube tragen, Mehl- und Zuckersäcke, Torf usw. herbeischaffen. Die Arbeitszeit dauerte durchschnittlich 18 Stunden, sie kam aber auch sehr häufig auf 20 Stunden. Von Sonnabend auf Sonntag wurde in der Weise durchgearbeitet, daß für mich als Lehrling die Arbeitszeit Sonnabendsmorgens 3 Uhr begann und Sonntagvormittag 9 Uhr endete, sie währte also 30 Stunden. Vor Festtagen kam es vor, daß ich sogar 40 Stunden arbeiten mußte. Es begreift sich, daß einem bei solcher Überanstrengung sogar der Appetit zum Essen vergeht, namentlich wenn man bedenkt, daß wir in einer Hitze von durchschnittlich 25–30 Grad arbeiteten, die an heißen Sommertagen noch erheblich höher wurde. Daß bei diesem langen Stehen unsere Beine bald aus ihrer regelrechten Form gerieten und die Gestalt eines X annahmen, die wir denn auch wohl bis ins Grab als Zierde unseres Körpers tragen müssen, ist nicht zu verwundern.
Bei allen diesen furchtbaren Anstrengungen war die Kost elend. Morgens erhielten wir Zichorienkaffee und alte Backwaren, dafür waren wir ja Bäcker. Zum Frühstück gab es Brot mit schlechter Butter und Braunbier, ähnlich waren Vesper und Abendbrot. Nun das Mittagessen (...) Häufig gab es ein Stück fettes Schweinefleisch mit viel Kartoffeln, zu letzteren Sauce von Pferdefett. Ein anderes mal wieder Pfannkuchen mit einer Leberwurst für 10 Pfennig. Als ich mich eines Tages über den schlechten Geschmack der letzteren gegenüber dem Meister äußerte, erhielt ich eine derbe Tracht Prügel. Oftmals konnte ich vor Hitze und Mattigkeit nichts essen.
Kam endlich die Zeit, wo man zur Ruhe gehen wollte, so war auch dieses noch mit Schwierigkeiten verknüpft. Vor 9 Uhr abends konnte man nicht ins Bett, weil bis zu dieser Zeit die Gesellen die Betten in Anspruch nahmen. Standen diese auf, so legte man sich mit Freuden ins warme, wenn auch unaufgemachte Bett. In ein frisch aufgemachtes Bett sind wir, meine Kollegen und ich, während unserer Lehrzeit sehr selten gekommen (...)
Manchmal kam es vor, daß, wenn einer meiner Kollegen oder ich nicht ganz wohl waren, oder wir uns vor Müdigkeit nicht mehr auf den Beinen halten konnten, wir uns schon abends vor 9 Uhr irgend auf einem Mehlsack oder auf einem Backtisch ausstreckten und einschliefen und erst am nächsten Morgen, wenn es ans Brotaustragen ging, aufgesucht und geweckt wurden. Ohne Mitleid mußten wir dann wieder an die Arbeit.
Dies hier berichtete betraf meine Lehrzeit als Konditor. Als ich in die Bäckerlehrzeit kam, änderte sich die Tagesordnung. Jetzt wurde abends Punkt 9 Uhr aufgestanden. Ohne Essen und Trinken, oft sogar ohne daß wir uns gewaschen hatten, mußten wir alsbald in

der Backstube sein und die schwere Arbeit, die bis nächsten Mittag währte, halbnackt beginnen. Halbnackt und erhitzt mußten wir auch im strengsten Winter aus der Backstube auf den Hof laufen und dieses oder jenes holen. Kein Wunder, daß man später mit halbzerrüttetem Körper unter seinen Mitmenschen umherlaufen muß.[1]

1. Gewerkschaftliche Jugendarbeit in der Weimarer Republik

Als besondere Personengruppe traten Jugendliche in der Gewerkschaftsbewegung lange Zeit nicht in Erscheinung. Erst mit Beginn des 20. Jahrhunderts kann man hier und da Bestrebungen feststellen, Jugendliche gesondert zusammenzufassen. Der *DTAV* regte 1910 die Bildung einer besonderen Jugendorganisation an. Eine eigene gewerkschaftliche Jugendarbeit setzte aber erst nach der Novemberrevolution 1918 ein, als die sozialistische Jugendbewegung schon auf Reichsebene organisiert war und eine größere Anhängerschaft zählte. Das 1922 vom *ADGB* verabschiedete Programm für gewerkschaftliche Jugendarbeit empfahl die Gründung von Jugendabteilungen, die von einem Ausschuß aus Erwachsenen und Jugendlichen geleitet werden sollten. In der Regel unterstanden solche Jugendabteilungen den Vorständen der Ortsverwaltungen, die auch die Jugendleiter einsetzten.

Unter den Vorläufern der *NGG* war die organisierte Jugendarbeit am weitesten ausgebildet im *Zentralverband der Bäcker und Konditoren,* der schon Anfang der zwanziger Jahre ein zentrales Jugendsekretariat besaß und eine eigene Lehrlingszeitung herausgab – *Der Lehrling im Bäcker- und Konditorgewerbe* –, die monatlich erschien.

Die Betreuung jugendlicher Arbeiter sollte mit zu den wichtigsten Aufgaben des *Verbands der Nahrungsmittel- und Getränkearbeiter* werden. Denn »die neuerliche Entwicklung in der Industrie geht dahin, durch starke Lehrlingshaltung Arbeitswilligentrupps im Falle von Streiks zu schaffen«.[2] Bald kam hinzu, daß sich die Nazis an die Jungarbeiter heranmachten.

Die Vorstände der Ortsgruppen wurden 1927 aufgefordert, »sich mehr als bisher der Organisierung und der Durchbildung der Lehrlinge und der Jugendlichen anzunehmen«.[3] Der Verbandsvorstand gab besondere Flugblätter für Jugendliche und Lehrlinge heraus, die in einer alljährlichen Werbeaktion vor Berufs- und Fortbildungsschulen verteilt wurden.

Es dauerte trotzdem fast zwei Jahre, bis am 28.10.1929 in Berlin die 1. Jugendkonferenz des *VNG* zusammentreten konnte, was darauf hindeutete, daß die besonderen Jugendabteilungen bei Brauern, Fleischern und Böttchern nicht gerade stark entwickelt waren. Die 1. Jugendkonferenz des *VNG* war im übrigen keine Zusammenkunft gewählter Delegierter. Die teilnehmenden 55 Jugendlichen, oftmals die Leiter der Jugendabteilungen in den Ortsgruppen, waren vom Verbandsvorstand eingeladen worden. Reichsjugendleiter im *VNG* war Anton Lankes, Vorstandsmit-

Die Jugendgruppe des Frankfurter VNG auf Wanderschaft in der Rhön.

glied und Redakteur der *Einigkeit*, schon seit Jahrzehnten aus dem Jugendalter heraus. Lankes referierte über das Jugendprogramm des *VNG* und seine praktische Umsetzung. Fast 10 000 Lehrlinge hatte der *VNG* zu jenem Zeitpunkt organisiert. Ihre engere Zusammenfassung war freilich schwierig und scheiterte, so führte Lankes aus, ebenso wie die Aufgabe, die notwendigen Jugendleiter zu gewinnen, oft genug daran, daß die älteren Verbandsmitglieder der Jugendarbeit zu wenig Verständnis entgegenbrachten. Auch daß die älteren Kollegen sich im Betrieb dem Lehrling gegenüber allzuoft als Tyrannen und nicht als Kameraden verhielten, sei ein großes Hindernis. Das von der Konferenz einstimmig verabschiedete Jugend- und Lehrlingsprogramm machte es allen Ortsgruppen zur Pflicht, besondere Jugend- und Lehrlingsabteilungen einzurichten:

> Die Jugendabteilungen haben sich in ihren Versammlungen mit gewerkschaftlichen, fachtechnischen, sozialpolitischen und wirtschaftlichen Fragen zu beschäftigen. Sport, Spiele und Wanderungen wie auch Betriebsbesichtigungen sind zu veranlassen. Es ist unbedingt zu vermeiden, daß in den Versammlungen über parteipolitische und religiöse Fragen Vorträge gehalten werden. In den Jugendabteilungen muß die vornehmste Aufgabe sein, die Jugend zu überzeugten Gewerkschaftlern zu erziehen und sie fachtechnisch weiterzubilden.[4]

Ende 1928 bestanden schon 35 solcher Abteilungen, ein Jahr später waren es 90 und 1930 schon 106. Die Zahl der jugendlichen Mitglieder stieg zwischen 1928 und 1929 von 7816 auf 9533, ging während der Wirtschaftskrise aber wieder zurück – wobei der Mitgliederrückgang fast ausschließlich zu Lasten der ungelernten jugendlichen Arbeiter und nicht der Lehrlinge ging.

Aufklärungs-, Bildungsarbeit und viel Freizeitaktivitäten prägten das Programm der Jugendabteilungen, die in den zwei Jahren nach 1927 aufgebaut wurden. Wandern und Leibesübungen, Lichtbildervorträge, Interessengruppen zu den unterschiedlichsten Themen (selbst Artistengruppen gab es), Filmveranstaltungen bildeten das Programm der meisten Jugendgruppen. Daneben standen die fachliche Ausbildung und Vorträge über allgemeine gewerkschaftliche Themen wie Mitbestimmung, Wirtschaftsdemokratie oder die wirtschaftlichen Unternehmungen der Arbeiterschaft.

Selbständigkeit genossen die Jugendabteilungen aber nicht: »Alle geplanten Veranstaltungen unterliegen der Zustimmung der Ortsgruppenverwaltungen.«[5] Besondere Lehrlings- und Jugendschutzkommissionen in den Ortsgruppen waren zur ständigen Überwachung der gesetzlichen Jugendschutzbestimmungen einzurichten. Zu den grundsätzlichen Forderungen des *VNG* auf diesem Gebiet gehörte: Reichsgesetzliche Regelung der Lehrlingsausbildung, gesetzliche Regelung der Ferien für Lehrlinge, jugendliche Arbeiterinnen und Arbeiter; Einbeziehung von Lehrlingen in die Tarifverträge; Festlegung der Lohn- und Arbeitsbedingungen für Lehrlinge in Tarifverträgen.

Der Schutz der arbeitenden Jugend in der Nahrungs- und Genußmittelin-

Die Jugendgruppe Bremerhaven-Wesermünde des VNG.

dustrie stand auch auf der Tagesordnung des 5. IUL-Kongresses vom Juli 1931 in Prag. Willy Spühler berichtete über die Gesetzgebung in den einzelnen Ländern, die Lage der Jugendlichen und die Anstrengungen der Mitgliedsverbände der IUL zu ihrer Organisierung. Die gewerkschaftliche Jugendbewegung liege noch zu sehr im argen, nur in wenigen Verbänden wie im *VNG* gäbe es eine systematische Agitation. Der Kongreß beschloß ein besonderes Jugendprogramm, das in 12 Punkten die Forderungen der IUL festhielt:

1. Ausdehnung der Elementarschulpflicht bis zum 15. Lebensjahr.
2. Verbot der Erwerbsarbeit der Kinder bis zur Schulentlassung.
3. Einführung des obligatorischen Fortbildungsschulunterrichtes bis zum 18. Lebensjahre.
4. Festsetzung einer Höchstarbeitszeit von sechs Stunden täglich für Jugendliche unter 18 Jahren, einschließlich der zum Schulbesuch benötigten Zeit.
5. Gewährung einer ununterbrochenen 36stündigen Sonntagsruhe.
6. Verbot der Nachtarbeit für Jugendliche.
7. Gesetzliche Garantie eines bezahlten Urlaubes von 3 Wochen für erwerbstätige Jugendliche und Lehrlinge bis zum 18. Lebensjahr.
8. Regelung der Berufsausbildung unter gleichberechtigter Mitwirkung der Gewerkschaften.
9. Begrenzung der Lehrzeit auf höchstens drei Jahre.
10. Festsetzung der in einem Betriebe zur Ausbildung zulässigen Höchstzahl der Lehrlinge (Einführung der Lehrlingsskala).
11. Regelung der Lohn- und Arbeitsbedingungen der Lehrlinge durch Tarifverträge.
12. Verbot der Entlassung der Lehrlinge unmittelbar nach Beendigung der Lehrzeit.[6]

Der *VNG* konzentrierte sich auf Punkt 8 dieses Programms. Offensives Vorgehen war indes unter den Bedingungen der Wirtschaftskrise kaum möglich. Weitgehend mußte sich der *VNG* darauf beschränken, reaktionäre Vorstöße der Innungen und anderer Verbände abzuwehren. 1930 und 1931 z. B., als der Germania-Zentralverband Deutscher Bäcker-Innungen

Tab. 101
Jugendliche Mitglieder im VNG[7]

Gau	1929		1930	
	Mitgl.	Abtlg.	Mitgl.	Abtlg.
Osten	235	2	185	3
Schlesien	425	14	252	12
Brandenburg-Pommern	1 187	4	1 263	6
Norden	1 128	10	1 247	12
Mitteldeutschland	1 061	7	799	9
Sachsen-Thüringen	1 785	12	1 190	10
Bayern	1 048	5	771	9
Württemberg	168	1	147	3
Südwestdeutschland	274	2	225	5
Hessen-Nassau	591	10	514	11
Rheinland-Westfalen	1 631	23	1 628	26
Insgesamt	9 533	90	8 221	106

Richtlinien zur Berufsausbildung im Bäckerhandwerk bekanntgab, in denen man Sätze wie den folgenden lesen konnte: »Lehrlinge, die es verdient haben, erhalten jährlich drei Tage Ferien.«[8]

2. Gewerkschaftliche Jugendarbeit nach 1945

Nach dem Zweiten Weltkrieg war die Wiederaufnahme gewerkschaftlicher Jugendarbeit mit beträchtlichen Schwierigkeiten verbunden. Da war zum einen die Abneigung der Jugendlichen gegenüber allen Organisationen. Da waren zum anderen die Vorurteile älterer Kollegen. Ein Artikel in der *Einigkeit* vom Mai 1950 schildert die Probleme der Jugendarbeit in der unmittelbaren Nachkriegszeit aus ihrer Sicht:

> Die Situation war doch tatsächlich damals so, daß der junge Mensch, verbittert und enttäuscht, neuen Ideen so gut wie unzugänglich war. Die älteren Kollegen, die sich wirklich ernsthaft und in uneigennützigem Wollen um die Jugend mühten, waren manches Mal nahe daran, alle diese Annäherungsversuche als zwecklos aufzugeben (...) Die jungen Leute hörten sich das »Gerede der Alten« geduldig an, dann aber zuckten sie resigniert die Schultern und wandten sich »Aufgaben« zu, die ihnen wichtiger erschienen. Wichtig war damals hauptsächlich ein flottes Auftreten auf den Tanzböden und als materielle Grundlage hierzu der Schwarzhandel – in der Regel mit Zigaretten. Wer es fertigbrachte, Amis für 60 Mark einzukaufen, während der »Kurs« auf 80 Mark stand, der galt als Held.[9]

Nun sagt dieses Zitat viel mehr aus über die Schwierigkeiten der älteren Kollegen, mit den jüngeren zurechtzukommen, als über die Jugendlichen selbst. Wer gegen Ende der Kriegszeit noch in den Waffenrock gepreßt worden war, wer mit den abenteuerlichsten Methoden, mit Kohlenklau und Schwarzhandel, zum Lebensunterhalt der Familie beitragen mußte, wollte als vollwertig akzeptiert werden und sprach auf den alten Ton der gewerkschaftlichen Jugendarbeit nicht mehr an. Auf der anderen Seite hatten die jungen Menschen, die in der totalitären faschistischen Gesellschaft aufgewachsen waren, das Bedürfnis nach »unpolitischen« Freiräumen. Was den Älteren nur als unverantwortliche Hopserei auf dem Tanzboden erschien, war für die Jungen die Befriedigung eines lange aufgestauten Bedürfnisses.
Vielerorts versuchte die Jugendarbeit auch, das zu berücksichtigen – in München z. B., wo Hans Heiß verantwortlich war und in den Jugendversammlungen zunächst ausschließlich kulturelle oder rein praktische Fragen behandelt wurden, um erst nach und nach zu gewerkschaftspolitischen Themen zu kommen. Stärker traditionell eingefärbt war die Jugendarbeit in Hamburg und Mannheim. Hier standen mit Ausflügen verbundene Wochenendschulungen oder Fachveranstaltungen auf dem Programm.
Einen Ansatz zu zentraler Jugendarbeit gab es erst 1949 mit dem Vereinigungsgewerkschaftstag in München. Dort wurde gleichzeitig eine Jugend-

konferenz abgehalten und Oskar Gensberger vom Gewerkschaftstag als Jugendvertreter in den Hauptvorstand gewählt. Am 4. September 1950 nahm Paul Fuchsius seine Arbeit als Jugendsachbearbeiter in der Hauptverwaltung auf. Eigene Jugendgruppen wurden in den größeren und mittleren Städten aufgebaut, auf dem Lande sollten gemeinsame Jugendgruppen aller DGB-Gewerkschaften entstehen. 1952 gab es 80 *NGG*-Jugendgruppen, davon waren 54 örtliche Jugendgruppen, 7 existierten auf Betriebsebene und 19 waren sogenannte Neigungsgruppen. Alles in allem waren etwa 2 500 Jugendliche in den Gruppen tätig.

> Alles Interessante, Schöne, Lustige und Belehrende trifft man an; Spiel, Tanz und Sport, Gesang, Literatur, Film und Laienspiel, Basteln und kunstgewerbliche Arbeiten, Diskussionen, Vorträge und nicht zuletzt intensive Schulung und Übung an gewerkschaftlichen Themen.[10]

Klassische Aktivitäten wie Wandern, Zeltfahrten, Skifahren usw. kamen hinzu.
Ein »stetiges An- und Abschwellen der Aktivität, mal an diesem, mal an jenem Ort«[11] war charakteristisch für die Jugendarbeit der 50er Jahre. Bis 1954/55 wurde in ca. 120 Ortsverwaltungen beständige Jugendarbeit geleistet. Es gab 70 bis 80 eigene *NGG*-Gruppen und weitere 40 bis 50 Jugendgruppen des *DGB*, an denen sich hauptsächlich junge *NGG*-Mitglieder beteiligten. Bis dahin war auch in jedem Land ein Landesjugendausschuß und auf Bundesebene ein Bundesjugendausschuß eingerichtet worden.
Im Vordergrund der gewerkschaftlichen Arbeit für die Jugendlichen standen Fragen der Berufsausbildung und der Bestimmung von Berufsbildern, d. h. die Ablösung der alten, faschistisch bestimmten Berufsausbildungspläne. Ferner die Ablösung der Erziehungsbeihilfe und statt dessen tarifliche Regelung der Lehrlingslöhne, die 1950 zuerst in der Hamburger Milch- und Fettwirtschaft erreicht wurde. Die Ersetzung des Erziehungsverhältnisses, das dem Lehrmeister die Erziehungsgewalt über den Lehrling gab und damit die Möglichkeit, beliebig in dessen Freizeit hineinzureden, durch ein Lehrverhältnis war ein weiteres Ziel gewerkschaftlicher Jugendpolitik. Auf dem Weg dahin gelang es den Gewerkschaften 1951 zunächst, den § 127 aus der Gewerbeordnung streichen zu lassen, der dem Lehrherren noch das väterliche Züchtigungsrecht eingeräumt hatte.
Die im BetrVG vorgesehenen Betriebsjugendsprecher erwiesen sich lange Zeit als ungeeignetes Mittel, die Jugendarbeit zu stärken. In vielen Betrieben fand die Vorbereitung der Wahlen weder die Unterstützung des Betriebsrates noch der Ortsverwaltung, so daß es 1954 z. B. in Bayern nicht mehr als 33 Betriebsjugendsprecher gab, und in anderen Ländern eine genaue Anzahl gar nicht bekannt war. Dort, wo Betriebsjugendsprecher existierten, fehlte weitgehend die Unterstützung der älteren Betriebsratskollegen. »Die Jugend wird leider ebenso vergessen wie die Frauen«[12], war das Fazit, das Uwe Temme 1956 auf der Landeskonferenz Hamburg/Schleswig-Holstein aus seinen Erfahrungen zog.

Mitte der 50er Jahre kam es zu einem ersten Aufbegehren der Gewerkschaftsjugend. Die Kampagne gegen die Wiederbewaffnung führte dazu, daß zum ersten Mal bewußt die Werte der Erwachsenen in Frage gestellt wurden.

> Die Erwachsenen leben zumeist in einer unkritisch-passiven Auffassung der von ihnen begriffenen Welt und deren Zusammenhänge. Baß erstaunt sind sie dann, wenn die nachfolgenden Generationen sich abkehren und damit etwas von der Brüchigkeit unserer Gesellschaftsordnung und mancher moralischen Wertungen erkennen lassen[13],

schrieb Paul Fuchsius 1955.

Zur gleichen Zeit begann die Freizeitindustrie, der gewerkschaftlichen Jugendarbeit einen großen Teil ihrer Attraktivität zu nehmen. Halbstarken- und Rock'n'Roll-Bewegung der 50er Jahre waren für viele Arbeiterjugendliche Aktionsfelder, auf denen Unmut und Langeweile ausgelebt werden konnten; sie wurden den Laienspiel- und Singgruppen der Gewerkschaftsjugend vorgezogen. Die Gewerkschaftsjugend wiederum distanzierte sich deutlich von den Halbstarken als »Rüpeln« und versuchte, die Jugendgruppen attraktiver zu machen. Sommer- und Freizeitmaßnahmen, Landes- und Bundesjugendtreffen (Espelkamp, Lauterbach, Michelstadt), internationale Begegnungen wie das internationale Jugendtreffen vom August 1959 in Oberursel, schließlich die Einrichtung des Jugendcamps in Oberjosbach Anfang der 60er Jahre und Jugendbegegnungen im Ausland konnten indes nichts daran ändern, daß sich zwar die Zahl der jugendlichen Mitglieder der *NGG* ständig erhöhte, die Anzahl der Aktiven in den Jugendgruppen aber nie über 2500 hinausging, und auch die Zahl der Jugendgruppen bei 70 oder 80 stagnierte. Die Zahl der aktiven Jugendlichen und der Jugendgruppen begann mit Beginn der 60er Jahre abzunehmen. Zunächst in den Großstädten, dann auch in den Klein- und Mittelstädten.

Auch die Inhalte gewerkschaftlicher Jugendarbeit begannen sich seit Mitte der 50er Jahre zu verändern. Von der jugendpflegerischen Tätigkeit, dem Versuch, den Jugendlichen in den Gewerkschaften eine »soziale Heimat« zu bieten, hin zu politischen Themen war die Tendenz. Wiederbewaffnung, Jugendarbeitsschutz und Fragen der Berufsausbildung beschäftigten die jungen Mitglieder ganz besonders.

Günter Döding, seinerzeit Jugendsekretär der NGG, beklagte auf der 3. Bundesjugendkonferenz vom 20. bis 22. Juni 1958, »daß die Fragen der Berufsausbildung zu stark von wirtschaftlichen Gesichtspunkten beeinflußt werden«[14], und die notwendige Mitbestimmung der Arbeitnehmer in Berufsausbildungsfragen bei den Industrie- und Handelskammern sich nicht entsprechend durchgesetzt habe. Döding forderte den verstärkten Aus- und Aufbau von Lehrwerkstätten, auch als Mittel überbetrieblicher Berufsausbildung im Handwerk, eine Verbesserung der berufsbildenden Schulen, da feststehe, »daß in Zukunft manuelle und technische Fähigkeiten zurücktreten müssen gegenüber (...) geistiger Beweglichkeit«[14]. Sofortige Verabschiedung eines Jugendarbeitsschutz- und Berufsausbildungsgesetzes, eine Novelle zum BetrVG mit dem Kündigungsschutz für Betriebsjugendvertreter, Einführung des 9. und 10. Schuljahres, Ausbau des zweiten Bildungsweges, mehr staatsbürgerliche Bildungsmaßnahmen, Wiedervereinigung, Abschaffung der Wehrpflicht und Verzicht auf die atomare Bewaffnung der Bundeswehr waren die weiteren Forderungen der Konferenz.

Das Dilemma dieses und ähnlicher Programme war, daß ihnen wenig Aufmerksamkeit geschenkt wurde in Zeiten der Hochkonjunktur, wo es keine Berufsnot gab, jeder einen Ausbildungs- oder zumindest Arbeitsplatz finden konnte, und es auch möglich war, Lehrstellen mit schlechten Lern- und Arbeitsbedingungen auszuschlagen. 1960/61 z. B. blieben über 20 000 Lehrstellen im Gaststättengewerbe, in Bäckereien und Metzgereien unbesetzt.

Die gewerkschaftliche Jugendarbeit selbst verlagerte sich in den 60er Jahren, als sich die bisherigen Jugendgruppen eine nach der anderen auflösten, in die Betriebe. Das bedeutete mehr Konflikte mit den Betriebsratskollegen und mehr Unzufriedenheit, von den Erwachsenen nicht so recht ernstgenommen zu werden. Die 4. Gewerkschaftsjugendkonferenz der NGG, 6. bis 8. Juli 1962 in Duisburg, bot solchen Klagen lebhaften Ausdruck. Gleichzeitig wurde nach mehr Bildungsmöglichkeiten innerhalb und außerhalb der Gewerkschaften verlangt.

Die Jugendbildungsarbeit konzentrierte sich bis dahin auf die Heimvolkshochschule Hustedt bei Celle. Dort fanden zentrale, zwei- bis dreiwöchige Lehrgänge für Jugendleiter statt; Grund- und Aufbaulehrgänge für junge Funktionäre, die für viele ein Sprungbrett zu den arbeiterbildenden Akademien und zum zweiten Bildungsweg waren. 1960/61 wurden Grund- und Aufbauseminare für gesamtdeutsche Fragen, die sogenannten Ost-West-Seminare, neu eingerichtet. Dazu kamen pro Jahr etwa 30 bis 40 Wochenendschulungen auf Landesebene.

1964 erarbeitete der Bundesjugendausschuß ein neues Bildungspro-

Tab. 102
Jugendliche Mitglieder in der NGG[15]

Jahr	Jugendliche männl.	weibl.	gesamt	Proz. Anteil der Jugendl. an der Mitgliedschaft
1950	7 893	11 617	19 510	7,6
1955	16 261	28 057	44 318	15,27
1960	14 566	19 895	34 461	12,0
1965	11 909	12 484	24 393	8,7
1970	14 316	10 955	25 271	10,5
1975	16 963	10 939	27 902	11,6
1980	19 778	18 287	38 065	15,1
1984	20 171	20 979	41 150	15,6

1. BJK der NGG in Lauterbach.

Eröffnung der BJK 1964, Michelstadt.

gramm, das sich eng an das von der IG Chemie entwickelte Modell anlehnte. Danach stand das Gespräch im Team und nicht mehr das Referat im Mittelpunkt. Die Mitarbeit der Teilnehmer wurde stärker gefordert und damit auch ihre Fähigkeit, sich kritisch zu bestimmten Themen auseinanderzusetzen.
Ein einheitliches Konzept für die Stufenbildungspläne der gewerkschaftlichen Jugendbildungsarbeit wurde 1973 verabschiedet. Danach sollte die Arbeit auf drei Ebenen laufen: Auf der ersten, örtlichen Ebene waren Schulungen an mehreren Wochenenden vorgesehen. Soweit möglich, wurden (und werden) in den Lehrgängen betriebliche Probleme aufgearbeitet und Lösungsmöglichkeiten diskutiert. In den Landesbezirken oder Bildungsregionen der einzelnen Landesbezirke wurden daneben auch Lehrgänge für Jugendvertreter und Jugendfunktionäre angeboten. Wiederholt gab es »große Schwierigkeiten« bei der Besetzung dieser Lehrgänge, einige mußten sogar »mangels Teilnahme abgesagt werden«.[16] In den zentralen Lehrgängen auf Bundesebene wurden Betriebsjugendvertreter mit dem nötigen Rüstzeug für ihre betriebliche Tätigkeit versehen. Bis 1977 wurden diese Lehrgänge nur in einer Stufe von einer Woche Dauer durchgeführt, seit 1977 in zwei Stufen. Dazu kamen und kommen Arbeitstagungen für Teamer der Jugend-Schulungs- und Bildungsarbeit, die dazu dienen, die gesamte Schulungs- und Bildungsarbeit für die Gewerkschaftsjugend zu koordinieren und Erfahrungen auszutauschen.
Zur Bildungsarbeit der NGG für junge Mitglieder und zur Jugendarbeit im allgemeinen gehörte auch das Jugendcamp in Oberjosbach, das 1962 eröffnet und von jungen Gewerkschaftern in Selbsthilfe unterhalten wurde. In den folgenden Jahren konnten dort zahlreiche internationale Jugendbegegnungen stattfinden: 1964 und 1965 jeweils vier internationale Freizeiten mit zusammen über 500 Teilnehmern. Studienfahrten nach Israel, Jugoslawien, später auch nach der Sowjetunion und Polen, England und Skandinavien ergänzten diesen Teil der Jugendarbeit. Vielfach war es die Jugend, die gewerkschaftliche Kontakte anbahnte und Mißtrauen überwinden half.
Nach einem großen Ansturm zu Beginn der sechziger Jahre verloren die Zeltlager in Oberjosbach immer mehr ihre Attraktivität, bis das Jugendlager Ende der sechziger Jahre ganz geschlossen werden mußte. Es wurde an den Verein »Bildung und Beruf« verkauft, der dort ein Bildungszentrum errichtete.

3. Jugendarbeitsschutz und Berufsbildung

Jugendarbeitsschutz war schon in den fünfziger Jahren ein Dauerthema gewerkschaftlicher Jugendarbeit. Das galt besonders für die Überwachung der Jugendschutzbestimmungen in Bäckereien und Fleischereien. Nach den Beobachtungen der Berufsschullehrer schliefen in vielen Groß-

städten die Schüler der Bäcker- und Fleischerklassen regelmäßig während des Unterrichts ein. Ein Großteil von ihnen hatte schon vor Schulbeginn zur Arbeit antreten müssen.
Der Abbau der Jugendarbeitslosigkeit gab den Jugendgruppen der *NGG* in der zweiten Hälfte der fünfziger Jahre die Möglichkeit, entschiedener ihre Ansprüche in punkto Jugendarbeitsschutz und Berufsausbildung anzumelden. In Kiel und Hamburg gingen 1954 zum ersten Mal NGG-Jugendliche an die Öffentlichkeit, nachdem die ärztliche Untersuchung einer Bäckerklasse an der Kieler Berufsschule ergeben hatte, daß über die Hälfte der Lehrlinge an Haltungsschäden litt. Ursache waren immer wieder die überlangen Arbeitszeiten, bis zu 72 Stunden in der Woche. Das Lehrverhältnis sei ein Ausbildungsverhältnis und auch Lehrlinge müßten Schutz und Vorteile tarifvertraglicher Abmachungen genießen können, war die immer wieder vorgebrachte Forderung.
Die Regierung Adenauer zeigte an alldem kaum Interesse. Sie brauchte zehn Jahre, bis sie 1960 endlich ein Jugendarbeitsschutzgesetz vorlegte. Das Gesetz wurde von den Gewerkschaften begrüßt, weil es wesentliche Verbesserungen brachte: Die wöchentliche Arbeitszeit wurde für Jugendliche unter 16 Jahren auf höchstens 40, für Jugendliche über 16 Jahren auf höchstens 44 Stunden festgelegt. In keinem Fall durften Jugendliche länger als Erwachsene arbeiten. Das ging besonders gegen etliche Handwerksbetriebe, die zwar den Gesellen die 5-Tage-Woche zugestanden hatten, ihre Lehrlinge aber am Samstag arbeiten ließen. Die Berufsschulzeit war nach dem Gesetz auf die Arbeitszeit anzurechnen, alle Jugendlichen unter 18 Jahren erhielten 24 Tage Urlaub im Jahr. Endlich wurde die Akkord- und Fließarbeit für Jugendliche verboten.
Es gab erhebliche Verstöße gegen das Gesetz. Außerdem riefen interessierte Kreise noch kaum ein Jahr nach dem Inkrafttreten schon nach einer Veränderung. Im Hotel- und Gaststättengewerbe war angeblich keine ordnungsgemäße Ausbildung möglich, wenn die Arbeitszeit der Lehrlinge unter 16 Jahren nicht über 20 Uhr hinaus ausgedehnt werden konnte. Es ging doch, wie sich zeigte, als diese und ähnliche Verschlechterungsversuche abgewehrt wurden.
»Ausgehend von den Studenten«, vermerkt der Bericht des *NGG*-Jugendsekretärs für die Jahre 1966/69, »ist auch ein Teil der arbeitenden Jugend von dieser Unruhe erfaßt, die zu einer allgemeinen Politisierung innerhalb der jungen Generation beigetragen hat«.[17] Der Hauptvorstand griff die Bewegung unter den jungen Mitgliedern positiv auf. Nach den im September 1968 verabschiedeten neuen Richtlinien für die Jugendarbeit erhielten die Landesjugendausschüsse und der Bundesjugendausschuß direktes Antragsrecht an die jeweiligen Beschlußkonferenzen. In allen Vorständen der Ortsverwaltungen sollte künftig auch ein Jugendlicher Stimmrecht erhalten.
Die Entwicklung auf gesamtgewerkschaftlicher Ebene führte zu neuer Unruhe auch in der *NGG*. Mit den sogenannten »Springener Sparbeschlüs-

sen« des *DGB* aus dem Jahre 1967 wurden beim DGB alle Personengruppensekretäre unterhalb der Landesebene abgebaut, darunter auch die 36 Jugendsekretäre. Für die kleineren Gewerkschaften, die ihre Jugendarbeit in den Kleinstädten und auf dem flachen Land über den *DGB* organisiert hatten, war das ein harter Schlag.

Der Beschluß trug mit dazu bei, daß sich die Lehrlingsbewegung der späten 60er und frühen 70er Jahre unabhängig von den Gewerkschaften und neben ihnen organisierte. Die Septemberstreiks 1969 und die Diskussion um das Berufsausbildungsgesetz waren weitere Gründe für das Entstehen der Lehrlingsbewegung, die nach der Verabschiedung des Berufsausbildungsgesetzes im Juni 1969 erst recht ihren Aufschwung nahm. Denn die Lücken des Gesetzes waren, wie der Berliner Gewerkschaftstag der NGG feststellte, unübersehbar. Ausnahmeregelungen für das Handwerk, keine Reform des Berufsschulwesens, obendrein blieben die Industrie- und Handelskammern zuständig für die Berufsausbildung. Und ganz davon abgesehen war die Praxis so, daß sie einer vernünftigen Ausbildung und selbst den Bestimmungen des Jugendarbeitsschutzgesetzes oft genug hohn sprach.

Um solche Mißstände aufzudecken und etwas dagegen zu unternehmen, schlossen sich Lehrlinge zunächst in Hamburg, Essen und Berlin zu Arbeitsgemeinschaften zusammen. Viele NGG-Kolleginnen und -Kollegen waren dabei, da sie an ihren Arbeitsplätzen als Bäcker, Fleischer oder Kellner oft unter besonders krassen Mißständen zu leiden hatten. Flugblattaktionen, Demonstrationen, Störung der feierlichen Lossprechungsfeiern der Innungen usw. fanden ein solches Echo, daß binnen weniger Monate an die 100 Lehrlingszentren in der Bundesrepublik entstanden. Als z. B. die Koch- und Kellnerlehrlinge der Hotelfachschule Bad Überlingen im April 1971 auf die Straße gingen und gegen unwürdige Wohnverhältnisse (8 bis 10 Betten in einem Zimmer, spartanische Eisenbetten übereinander, kleine Dachluken als einzige Lichtquelle) protestierten, wurden sie vom Lehrlingszentrum Stuttgart unterstützt.

Die Arbeit der Lehrlingszentren war aus verschiedenen Gründen erfolgreich: Die Probleme der Betroffenen wurden direkt und ohne Umschweife von ihnen selbst aufgegriffen. Die Lehrlingszentren kümmerten sich um mehr als nur die Ausbildungsprobleme. Daß gewerkschaftliche Jugendarbeit sich nicht in der Bildungsarbeit erschöpfen kann, war in der Vergangenheit etwas in Vergessenheit geraten.

Die Lehrlingszentren verschwanden, weil die hinter ihnen stehende Bewegung abebbte. Das hing mit der sich verändernden Ausbildungssituation zusammen, aber auch mit den politischen Fraktionskämpfen, die einige der selbsternannten Führungen der deutschen Arbeiterschaft auf dem Rücken der Lehrlingsbewegung austrugen.

Etliche Anregungen wurden aber aufgegriffen. Die NGG verlagerte ihre Jugendarbeit auf die unteren Ebenen, in die Verwaltungsstellen und Betriebe. Die offiziellen Instanzen wie Landes- und Bundesjugendausschuß sollten mehr Koordinationsfunktion bekommen, außerdem für eine stärkere Vertretung der Jugendlichen in den Gremien der NGG sorgen.

»Ziel der Jugendarbeit«, so hieß es in den 1971 neu verabschiedeten Richtlinien, »ist es, die Jugendlichen gewerkschaftlich zu gewinnen, sachgerecht zu unterrichten und umfassend zu betreuen.« Die Jugendarbeit müsse »praxisnah sein und an die Verhältnisse in den Betrieben anknüpfen«.[18] In den Verwaltungsstellen sollte jährlich einmal eine Jugendarbeitstagung stattfinden. Aufgaben dieser Tagung: Vorbereitung der Wahlen für die Betriebsjugendvertretung, Bildung von Jugendvertrauensleutegruppen, Organisierung der alle 4 Jahre stattfindenden Jugendkonferenzen und natürlich, Anregungen für die Jugendarbeit in der Verwaltungsstelle zu geben. Nicht in den Richtlinien festgelegt, aber schon seit längerem guter Brauch in der NGG war (und ist) die Teilnahme des gesamten Hauptvorstandes an den Bundesjugendkonferenzen. Schließlich kamen viele der Vorstandsmitglieder der siebziger und achtziger Jahre aus der Jugendarbeit – im seit 1978 amtierenden GHV allein vier der fünf Mitglieder. Die verstärkte Orientierung auf Jugendarbeit in den Betrieben zahlte sich aus. 1969 gab es erst 74 Betriebe mit Betriebsjugendvertretungen, 1974 schon 99. Im Jahre 1980 waren es dann 156 Betriebe, in denen 268 Jugendvertreter arbeiteten.

Fast drei Viertel der Betriebe, in denen Jugendvertretungen gewählt wurden, beschäftigten 5 bis 20 Jugendliche, so daß meist nur ein Jugendvertreter tätig werden konnte. Die Jugendvertretungen litten und leiden unter der enorm hohen Fluktuation. 1976 wurden 77 Prozent der Jugendvertreter zum ersten Mal gewählt, 1980 waren es sogar 87 Prozent. Im gleichen Zeitraum hatte die Zahl der weiblichen Jugendvertreter sprunghaft zugenommen. 1976 waren noch zwei Drittel aller Jugendvertreter männlichen Geschlechts, 1980 war das Verhältnis fast ausgeglichen (47 Prozent weiblich, 53 Prozent männlich). Auch der Organisationsgrad der gewählten Jugendvertreter konnte dank der intensiven Wahlvorbereitung seitens der NGG gesteigert werden: von 70,7 Prozent im Jahre 1976 auf 79,9 Prozent im Jahre 1980.

Um die Arbeit für die größtenteils neugewählten Jugendvertretungen zu verbessern, regte die 7. Bundesjugendkonferenz 1972 an, Arbeitskreise für Jugendvertreter in den Verwaltungsstellen zu schaffen. Diese Arbeitskreise sollten den Erfahrungsaustausch untereinander erleichtern und Hilfestellungen für die betriebliche Interessenvertretung geben. Es fanden sich aber nur vereinzelt solche Arbeitskreise zusammen. Ersatzweise wurde versucht, Arbeitskreise von Jugendvertretern für den Bereich mehrerer Verwaltungsstellen zusammen zu schaffen.

Die Tarifpolitik – und insbesondere die Ausbildungsvergütung – stand bis etwa 1974 im Mittelpunkt der Jugendarbeit. Die Bundesjugendkonferenz 1970 in Kassel hatte noch gefordert, daß Lehrlinge im 1. Lehrjahr 30 Prozent, im 2. Lehrjahr 40 Prozent und im 3. Lehrjahr 50 Prozent des tariflichen Ecklohnes des entsprechenden Facharbeiters oder Angestellten bekommen sollten. Die 7. Bundesjugendkonferenz empfahl, die Ausbildungsvergütung von der Bindung an den Facharbeiterlohn zu lösen. Es sollte vielmehr, wie der Bundesjugendausschuß später formulierte, eine Ausbildungsvergütung angestrebt werden, »die dem Auszubildenden ein Leben unabhängig von Dritten ermöglicht und die Lernmöglichkeit sichert. Die Höhe für die einzelnen Ausbildungsjahre soll gar nicht oder nur geringfügig voneinander abweichen.«[19] Bestimmungen für Jugendliche und Auszubildende sollten grundsätzlich in die Tarifverträge übernommen werden, um jeder Spaltung von jugendlichen und erwachsenen Arbeitnehmern vorzubeugen. Diese Vorschläge wurden so in die Tarifarbeit der Gewerkschaft NGG übernommen.

Ein zweiter Schwerpunkt der gewerkschaftlichen Jugendarbeit war die Berufsausbildung. Für verschiedene Berufe wurden neue Ausbildungskonzepte erarbeitet, u. a. für das Hotel- und Gaststättengewerbe. Die Ausbildungsordnung besagt, daß alle Auszubildenden, egal welchen Beruf sie ergreifen, das erste Jahr gemeinsam ausgebildet werden sollten. Nach Ablauf von einem Jahr sollten zunächst die Köche ausscheiden und in einer besonderen Fachstufe weitere zwei Jahre ausgebildet werden. Die übrigen Berufe sollten erst nach dem zweiten Jahr in die Spezialausbildung eintreten (Hotel- oder Restaurantfachmann bzw. -fachfrau). Abgeschlossen wurde die Reform der Berufsausbildung im Gaststättengewerbe 1982.

NGG-Vertreter arbeiteten mit an der Ausbildungsordnung für die Hauswirtschaft, die im August 1976 in Kraft trat. Die NGG drängte auf eine dreijährige Ausbildungsdauer und vor allem auf einheitliche Ausbildungsrahmenpläne für die städtische und ländliche Hauswirtschaft. Bei der Ausbildungsdauer, die schließlich auf zwei Jahre festgesetzt wurde, mußte die NGG allerdings mit ihren Forderungen zurückstecken.

Die technische Entwicklung in der Brauwirtschaft machte es unerläßlich, auch das Berufsbild des Brauers und Mälzers zu überprüfen. An die Stelle eines handwerklich geprägten Berufes mußten die Ausbildungsregeln eines technisch-handwerklich bestimmten Berufes treten.

Die Entwicklung neuer Verfahrenstechniken sowie die Veränderung der Technologie in der Konfekt-, Schokoladen- und Zuckerwarenherstellung machte auch eine Neuordnung der Berufsausbildung in der Süßwarenindustrie notwendig. Am 3. 10. 1980 trat eine neue Verordnung über die Berufsausbildung zur Fachkraft für Süßwarentechnik in Kraft. Damit wurde ein einheitlicher Ausbildungsgang für die gesamte Süßwarenindustrie geschaffen, der sich erst im dritten Jahr in die besonderen Ausbildungsbereiche Konfekt, Schokolade und Zuckerwaren verzweigt.

In der Spirituosenindustrie wurden die z. T. noch aus dem Jahre 1948 stammenden Berufsordnungsmittel überprüft und die Ausbildungsberufe Destillateur und Destillatbrenner neu formuliert.

Mit der Fachkraft für Lebensmitteltechnik wurde auf Initiative der NGG ein gänzlich neuer Ausbildungsberuf geschaffen. Produktvielfalt und starke Sortimentsstaffelung in vielen Betrieben, die von den klassischen Ausbildungsberufen immer nur zum Teil erfaßt wurden und schließlich die neuen Verfahrenstechniken standen Pate bei dem Gedanken an den neuen Ausbildungsberuf. In mehreren Gesprächen mit Vertretern der Arbeitgebervereinigung Nahrung und Genuß konnte die Ernährungsindustrie dafür gewonnen werden, 1978 einen gemeinsamen Antrag auf Einleitung eines Forschungsvorhabens zu stellen.

»Ziel war es, einen neuen Ausbildungsberuf zu schaffen, der rohstoff- und materialunabhängig, dafür aber verfahrenstechnisch und prozeßorientiert angelegt ist.«[20] 1980 begann in 35 Betrieben eine auf fünf Jahre angelegte Erprobung des neuen Ausbildungsberufes.

Ein Jahr früher als geplant wurde die Erprobungsphase abgeschlossen. Am 25. 6. 1984 wurde die »Verordnung über die Berufsausbildung zur Fachkraft für Lebensmitteltechnik« erlassen, die eine dreijährige Ausbildung vorsieht. Mehrere hundert zusätzliche Ausbildungsplätze im Jahr wurden geschaffen.

Ähnliche Erfolge konnten die Gewerkschaften bei der Novellierung des Berufsbildungsgesetzes nicht erreichen. Mit Sternfahrten, Kundgebungen, Demonstrationen und Briefaktionen wurde das Problem der Berufsausbildung zwar in das Bewußtsein der Öffentlichkeit gerückt, das hinderte die CDU/CSU-Mehrheit im Bundesrat jedoch nicht, ein neues Berufsbildungsgesetz scheitern zu lassen. Statt dessen kam im September 1976 nur das Ausbildungsplatzförderungsgesetz zustande – ein Torso dessen, was ursprünglich gewollt war.

Jugendarbeitsschutz blieb auch in den siebziger und achtziger Jahren ein Dauerthema gewerkschaftlicher Jugendarbeit.

Der Berliner Gewerkschaftstag der NGG 1970 forderte in seinem Antrag Nr. 238 »eine verstärkte Kontrolle der Mittel- und Kleinbetriebe durch die Aufsichtsbehörde (...), damit die Bestimmungen des Jugendarbeitsschutzgesetzes eingehalten werden«.[21] Einige Gewerbeaufsichtsämter führten in der Tat schärfere Kontrollen durch. Eine Arbeitsgruppe der NGG, die sich mit der Auswertung der Kontrollergebnisse befaßte, erhärtete noch einmal die alte Erkenntnis, daß die meisten Verstöße im Hotel- und Gaststättengewerbe und in den Handwerksbetrieben vorkamen.

Ein Katalog mit Forderungen zur Änderung des Jugendarbeitsschutzgesetzes, vom DGB erarbeitet, lag seit Mai 1973 vor. Der erste im Ministerium erarbeitete Referentenentwurf entsprach auch noch einigermaßen den Forderungen der Gewerkschaften. Dann wurde jedoch eine Position nach der anderen zurückgenommen, und es bedurfte größerer Anstrengungen, um Verschlechterungen abzuwehren.

Das Jugendarbeitsschutzgesetz, das im Mai 1976 Rechtskraft erlangte, war ein »Fortschritt« mit deutlichen Mängeln. Es war zwar vorgesehen, den praktischen Jugendarbeitsschutz stärker zu berücksichtigen: In den staatlichen Gewerbeaufsichtsämtern sollten mehr Beamte eingestellt, und die Strafen sollten verschärft werden. Dafür gab es aber auch Ausnah-

Tab. 103
Entwicklung der durchschnittlichen Ausbildungsvergütung

	1970 DM	1974 DM	1978 DM	1982 DM
Im 1. Ausbildungsjahr	197,–	303,–	409,–	516,–
Im 2. Ausbildungsjahr	231,–	356,–	473,–	596,–
Im 3. Ausbildungsjahr	271,–	413,–	554,–	686,–

meregelungen für Jugendliche in Gaststätten, Bäckereien und Konditoreien: Ihre Nachtruhe wurde eingeschränkt, Sonn- und Feiertagsarbeit wurde ermöglicht, die Urlaubsregelung war unzureichend. Wenigstens einen Kompromiß hatte die NGG durchsetzen wollen, der mit dem DEHOGA auch schon ausgehandelt war: generelles Verbot der Sonntagsarbeit, dafür eine Ausdehnung der Schichtzeit auf zehn Stunden am Tag. Von den Bundestagsfraktionen wurde dieser Kompromiß auch angenommen, vom Bundesrat (sprich: der CDU/CSU-Mehrheit im Bundesrat) aber wieder zu Fall gebracht.

Sofort nach Verabschiedung des Gesetzes wurden wieder die üblichen Rufe nach einer Novellierung laut. Der Zentralverband des deutschen Bäckerhandwerks wollte aus »Ausbildungsgründen« Jugendliche unter 16 Jahren schon ab 6 Uhr (statt 7 Uhr) und Jugendliche über 16 Jahren schon ab 4 Uhr »ausbilden« können. Der Deutsche Fleischerverband wollte Jugendliche generell um 5 Uhr morgens an den Arbeitsplatz stellen.

Die Landesregierung von Rheinland-Pfalz unternahm 1982 den ersten Vorstoß im Bundesrat. Sie und alle anderen CDU/CSU-regierten Länder (mit Ausnahme Berlins) stimmten dafür, 15jährige Bäcker- und Konditorlehrlinge ab 6 Uhr, 17jährige ab 4 Uhr in die Backstube zu schicken. Im Fleischergewerbe sollte der Arbeitsbeginn auf 6 Uhr vorverlegt werden.

> Es ist nämlich eine Verhöhnung aller Jugendlichen (so Werner Weber vor dem NGG-Gewerkschaftstag 1982), wie die Gesetzesinitiative begründet wird. Eine Verschlechterung der Schutzgesetze soll angeblich die Ausbildungsplatzsituation von Jugendlichen verbessern. Ein Blick in die Statistiken beweist aber, daß diese Begründung fadenscheinig ist. Gerade im Nahrungsmittelhandwerk ist seit dem Erlaß des Jugendarbeitsschutzgesetzes im Jahre 1976 die Anzahl der Ausbildungsplätze ständig angestiegen. Wohin diese Initiative zielt, ist eindeutig: Die Jugendarbeitslosigkeit soll genutzt werden, die von den Gewerkschaften nach zähem Ringen zum Schutz der arbeitenden Jugend erkämpften Bestimmungen zurückzuschrauben. Ich erkläre hier: Wer diesen Schritt zurück ins 19. Jahrhundert will, der muß mit unserem entschiedenen Widerstand rechnen.[22]

Die Regierung Kohl/Genscher scheute vor diesem befürchteten »Schritt zurück ins 19. Jahrhundert« nicht zurück. Noch in seiner Regierungserklärung 1982 kündigte Bundeskanzler Kohl die unverzügliche Vorlage einer Gesetzesnovelle an.

Eine DGB-Fachtagung zum Jugendarbeitsschutzgesetz in der Bonner Beethovenhalle protestierte: Der 4-Uhr-Arbeitsbeginn für Jugendliche werde schwere gesundheitliche Schäden nach sich ziehen. Das Gerede von den »ausbildungsplatzhemmenden Schutzvorschriften« wurde von Vertretern des Bundesinstituts für Berufsbildung widerlegt.

Die Vertreter der Regierung glänzten auf dieser Tagung durch Abwesenheit. Das ließ nichts Gutes ahnen, und in der Tat wurde im Schnellverfahren durch Rechtsverordnung zunächst für viele Auszubildende der Arbeitsbeginn um eine Stunde vorverlegt.

»Regierung haut Jugendarbeitsschutz in die Pfanne«, mit solchen oder ähnlichen Transparenten vor ihren Info-Tischen informierten im Januar 1984 NGG-Jugendliche in vielen Städten der Bundesrepublik über die beabsichtigte Verschlechterung des Jugendarbeitsschutzgesetzes. Das trug dazu bei, einige gravierende Verschlechterungen abzuwehren: Das Beschäftigungsverbot für Jugendliche im Gastgewerbe an Familienfeiertagen blieb. Es blieben aber auch noch genügend Verschlechterungen bestehen: In mehrschichtigen Betrieben können Jugendliche ab 16 Jahren bis nachts um 23 Uhr beschäftigt werden. Nachts um 4 Uhr ist fortan Arbeitsbeginn für 17jährige Bäcker-Azubis. Nur noch an einem Tag in der Woche und nur noch nach 6 Stunden dürfen Berufsschüler nach Hause gehen. Ansonsten geht es zurück in den Betrieb.

Daß die geforderte Anpassung an betriebliche Notwendigkeiten schon heute in Kleinbetrieben Wirklichkeit ist, belegen die traurigen Ergebnisse einer Untersuchung eines Kölner Forschungsinstituts. Unter 1500 befragten jugendlichen Auszubildenden aus Kleinbetrieben waren nur 30, bei denen *kein* Verstoß gegen das Gesetz festgestellt werden konnte.

Die Gesetzesveränderung war somit auch eine Legalisierung einer nicht geringen Zahl von Gesetzesverstößen und – vielleicht – der Anlaß zu weiteren Übertretungen.

Der Bundesjugendausschuß der NGG rief im September 1982 zur Aktion »Mehr und besser ausbilden« auf. Damit wurde der Antrag 179 des Nürnberger Gewerkschaftstages aufgegriffen:

> Die Delegierten des 9. Gewerkschaftstages fordern Betriebsräte, Jugendvertreter und NGG-Vertrauensleute aus den Betrieben der Nahrungs- und Genußmittelindustrie auf, sich weiterhin und verschärft für mehr und bessere Ausbildungsplätze einzusetzen. Die Unternehmer werden aufgefordert, zusätzliche qualifizierte Ausbildungsplätze zu schaffen.[23]

Günter Döding nannte auf der Hauptvorstandssitzung vom 3./4. 3. 1983 in Hamburg die Maxime von ein Prozent der Beschäftigtenzahl eines Betriebes als Richtzahl für die 1983 zusätzlich zu schaffenden Ausbildungsplätze.

Von der Lehrstellengarantie des Bundeskanzlers, im Wahlkampf zu den Bundestagswahlen vom März 1983 abgegeben, ließen sich die NGG-Vertrauensleute, die Betriebsräte und Jugendvertreter keinen Sand in die Augen streuen. Der Beginn des neuen Ausbildungsjahres am 1. September

1983 zeigte ja auch, daß das Wahlkampfversprechen wie eine Seifenblase zerplatzt war.

In den Betrieben sollten die Unternehmen im Zusammenhang mit der Aktion »Mehr und besser ausbilden« direkt und konkret aufgefordert werden, angesichts der katastrophalen Lehrstellensituation zusätzliche Ausbildungsplätze zu schaffen. Niemand sollte sich mehr hinter Statistiken, dem Unternehmerverband oder der Industrie- und Handelskammer verstecken können.

In vielen Verwaltungsstellen wurden die Betriebe direkt angeschrieben. Betriebsräte, Jugendvertreter und Vertrauensleute brachten die Forderung nach mehr Ausbildungsplätzen auf Betriebsversammlungen vor. Die Bemühungen blieben nicht erfolglos.

Auch bei Tarifverhandlungen wurden die Arbeitgeber mit der Aktion »Mehr und besser ausbilden« konfrontiert. Bis zum September 1983 konnte in 18 Tarifverträgen die Verpflichtung zur Schaffung zusätzlicher Ausbildungsplätze eingebaut werden.

Der Arbeitgeberverband der Bayerischen Ernährungswirtschaft und der Landesbezirk Bayern der NGG appellierten im Juli 1983 in einer gemeinsamen Erklärung für die Schmelzkäseindustrie in Bayern an die Betriebe, deutlich mehr Ausbildungsplätze zur Verfügung zu stellen.

Ähnliche Aktionen in der Nahrungs- und Genußmittelindustrie hatte es schon 1982 gegeben. So hatte sich die Zuckerindustrie in der Tarifrunde 1982 verpflichtet, 100 zusätzliche Arbeitsplätze zu schaffen. In erster Linie war dabei an neue Ausbildungsplätze gedacht. Mit 103 neuen Ausbildungsplätzen wurde die Verpflichtung sogar überschritten.

KAPITEL XXX
Die Entwicklung gewerkschaftlicher Angestelltenarbeit

Angestelltenreferate bzw. Angestelltensekretäre wurden schon in der Aufbauzeit nach 1945 in den einzelnen Ländern eingerichtet. Auch in der Hauptverwaltung gab es von Anfang an einen Sachbearbeiter für Angestellte. Im Anfang war das Louis von Hacht, ab 1950 dann für lange Jahre Heinz Mumme. Nach seinen Vorstellungen sollten in den Ortsverwaltungen besondere Angestelltenfachgruppen eingerichtet werden, je nach Bedarf in verschiedene Berufsgruppen unterteilt, deren Aufgabe es war, »die beruflichen, tariflichen und sozialen Interessen der Angestellten wahrzunehmen«.[1]
Das Land mit den meisten Angestellten-Mitgliedern war damals Bayern (6000 bzw. 13,8 Prozent der Gesamtmitgliedschaft), dem folgten Niedersachsen (1800 bzw. 4,3 Prozent) und Nordmark, wie Hamburg/Schleswig-Holstein noch genannt wurde (850 bzw. 2,2 Prozent) erst mit großem Abstand. Das Süd-Nord-Gefälle hatte historische Ursachen. Durch die Gründung einer besonderen Angestelltengewerkschaft (DAG) mit Sitz in Hamburg gewann der berufsständische Gedanke in der Aufbauphase gerade unter den Angestellten im norddeutschen Raum viel Boden. Ähnlich war es in Niedersachsen, wo es in der Allgemeinen Gewerkschaft eine besondere Fachgruppe Angestellte gegeben hatte. Das Nebeneinander von Industriegewerkschaften und einer reinen Angestelltengewerkschaft führte immer wieder zu scharfen Auseinandersetzungen. Kompromißvorschläge über die Abgrenzung der Organisationsgebiete wurden von der DAG nicht eingehalten, die an der Gründung des DGB auch nicht mehr teilnahm.
Der NGG-Gewerkschaftstag 1954 in Hamburg beschloß auf Vorschlag des Bundesangestelltenausschusses einige wichtige Satzungsänderungen, die eine Vertretung der Angestellten in allen Organen der NGG sicherten. In Richtlinien für die Angestelltenarbeit wurde die besondere Funktion der Angestellten bei der Durchsetzung und praktischen Durchführung der gewerkschaftlichen Forderung nach »Mitgestaltung und Mitbestimmung in der Wirtschaft« betont.[2]
Die Richtlinien sahen vor: Angestelltengruppen in den Ortsverwaltungen, Landes- und Bundesangestelltenausschüsse. Soweit erforderlich, sollten in dieser Struktur besondere Fachgruppen gebildet und es sollten gewerkschaftliche Vertrauensleute der Angestellten gewählt werden.
Aufgabe dieser besonderen Angestelltenorgane war die Beratung und Un-

terstützung der jeweils zuständigen Gewerkschaftsorgane, ob nun Ortsverwaltungsvorstand oder Hauptvorstand; in Werbung, Schulung, Berufsausbildung und Berufsfortbildung, Tarifangelegenheiten, Arbeits- und Sozialrecht und sonstige Fragen. Nicht zuletzt übten die Gremien das Vorschlagsrecht aus.

Der Anteil der Angestelltenmitglieder stieg bis Mitte der sechziger Jahre auf über 30 000, der relative Mitgliederanteil verbesserte sich von 7,5 auf 12,4 Prozent. Bayern und Baden-Württemberg waren nach wie vor die Länder mit dem größten Anteil von Angestellten-Mitgliedern, wenngleich die anderen kräftig aufgeholt hatten.

Insgesamt blieb der Organisationsgrad der Angestellten in der Nahrungs- und Genußmittelindustrie mit 15 Prozent unbefriedigend. Das war auch eine der Feststellungen des 1. Angestelltentages, der im Oktober 1967 in München stattfand.

Der Berliner Gewerkschaftstag der NGG 1970 hielt fest:

> Der Anteil der Angestellten an der gesamten Arbeitnehmerschaft nimmt ständig zu. Im Bereich der Nahrungs- und Genußmittelindustrie war das Verhältnis zwischen Angestellten und Arbeitern im Jahre 1950 1 zu 4. Heute beträgt es fast 1 zu 2. Auch in unserem Organisationsbereich ist der Zeitpunkt abzusehen, an dem beide Arbeitnehmergruppen zahlenmäßig gleich stark sein werden. Obwohl es gelungen ist, die Integration der Angestellten in unserer NGG zu vollziehen und der Anteil der Angestellten wesentlich erhöht werden konnte, ist es eine der wichtigsten Aufgaben aller Organe unserer NGG, den Organisationsgrad der Angestellten weiter zu verbessern. Das bedeutet einen verstärkten Einsatz in der Werbung und Betreuung von Angestelltenmitgliedern.[3]

Tarifpolitisch sollte bei der Angestelltenarbeit im Vordergrund stehen: die Einführung von gesicherten Jahreseinkommen, ein Ausbau in Richtung der »bereits getätigten Abschlüsse von gemeinsamen Rationalisierungsschutzabkommen für gewerbliche Arbeitnehmer und Angestellte«[4], Unkündbarkeit ab einem gewissen Lebensalter, Einführung der Mitbestimmung bei der Personalplanung. Schließlich sollte mit der verstärkten Durchführung von Angestelltenseminaren und Schulungen der wachsenden Bedeutung der Angestelltenarbeit Rechnung getragen werden.

Die praktische Umsetzung des Beschlusses war nicht einfach. Das lag an Mentalitätsproblemen – daran, daß der Glaube, Lebenschancen besser durch individuellen Aufstieg als durch Mitarbeit in einer Gewerkschaft verbessern zu können, immer noch vorhanden war – obwohl die alten Dispositions- und Gestaltungsmöglichkeiten, die Angestellte einmal genossen hatten, der Vergangenheit angehörten.

Hinzu kamen gravierende technische Probleme. Eine Großzahl der Angestellten war in den Außendiensten der großen Unternehmen, in den Verkaufsniederlassungen, Verkaufszentralen und Auslieferungslägern tätig. Die Betreuung stieß auf erhebliche Schwierigkeiten. Die Verwaltungsstellen an den Hauptsitzen waren oft zu weit weg, um Angestellte in den Außendiensten betreuen zu können; umgekehrt waren die Verwaltungsstellen in der Nähe nicht immer über die Vorkommnisse im Konzern orientiert.

Die Einrichtung von Betreuungsverwaltungsstellen und Schwerpunktsekretariaten (Bremen, Frankfurt a. M., Harz) sollte Abhilfe schaffen, und das gelang auch, wie ein Blick auf die steigende Zahl der Angestellten-Mitglieder[5] zeigt:
1969: 30 262
1973: 36 194
1974: 36 939
1977: 41 548
1981: 51 152
Mit dazu beigetragen hat ganz ohne Zweifel auch die erfolgreiche Tarifpolitik für Angestellte.
Am Anfang der NGG-Tarifpolitik für Angestellte stand die Ablösung der alten Industrietarife, die nach 1945 noch überall gültig waren, durch Branchentarife und die Koordinierung der Tarifabschlüsse von gewerblichen Arbeitnehmern und Angestellten. Nur in gemeinsamer Solidarität waren Fortschritte durchsetzbar, und so konnte die Bedeutung der gemeinsamen Organisation deutlich vor Augen geführt werden.
1958 wurden 250 Tarifverträge nur für Angestellte abgeschlossen, 1961 waren es knapp 300. Hinzu kamen über 100 Zusatzverträge und sonstige Abkommen. Die Gehaltsentwicklung hatte mit der Lohnentwicklung Schritt gehalten. Auch was Arbeitszeitverkürzungen, Urlaubsverlängerungen, Zahlung eines zusätzlichen Urlaubsgeldes anging, genossen Angestellte die gleichen Vorzüge wie die gewerblichen Arbeitnehmer.
Allerdings waren die Gehaltstarifverträge ganz anders aufgebaut als die Lohntarifverträge. Sie waren durch eine Vielzahl von Altersgruppen gekennzeichnet, das Höchstgehalt war meist erst nach dem 30. Lebensjahr erreichbar. Darüber hinaus gab es Zulagen für Verheiratete, Dienstalterszulagen und Betriebszugehörigkeitsgruppen.
Für weibliche Angestellte galt ein Gehaltsabschlag von 5 bzw. 10 Prozent, der erst nach dem Gleichstellungsurteil des Bundesverfassungsgerichts (1954) abgebaut wurde.
Ähnlich wie bei den gewerblichen Arbeitnehmern, stellte sich auch das Problem unzureichender Formen der Gehaltsfindung. Rationalisierung und technische Entwicklung führten zu ständigen Veränderungen der Betriebs- und Arbeitsorganisation auch im Bürobereich. Keine der seinerzeit bekannten Methoden der analytischen Arbeitsplatzbewertung schien geeignet, eine Verbesserung zu garantieren, wie sie sich die NGG vorstellte, nämlich die Vielzahl der Arbeitsaufgaben zu erfassen und einen reibungslosen Übergang innerhalb der verschiedenen Gehaltsgruppen zu garantieren.
Die Suche nach Lösungsmöglichkeiten führte hin zum Einheitlichen Einkommenstarifvertrag, an dessen Zustandekommen der Bundesangestelltenausschuß beträchtlichen Anteil hatte.
Die neuen computergestützten Technologien stehen seit Anfang der achtziger Jahre im Mittelpunkt auch der Angestelltenarbeit der NGG.

Es entstehen immer dichtere Computernetze nicht nur innerhalb der Betriebe. Bürotechnik, Fertigungs- und Nachrichtentechnik wachsen schrittweise zu einem technischen Gesamtsystem zusammen. Im Büro- und Verwaltungsbereich werden Textautomaten und Systeme computergesteuerter Sachbearbeitung eingesetzt. Außendienstmitarbeiter arbeiten mit mobilen Datenerfassungsgeräten.

Die neuen Technologien geben keine eindeutige Arbeitsorganisation vor. Bisher ist die Bilanz für die Arbeitnehmer allerdings überwiegend negativ: Abbau von Arbeitsplätzen – im Angestelltenbereich besonders –, mehr Routinetätigkeiten, weniger Handlungsspielräume, verstärkte Kontrolle. Dabei könnte die Computertechnologie auch zur Erleichterung der Arbeit genutzt werden.

Auf der politischen Ebene, so das Resultat der NGG-Arbeitstagung »Neue Technologien-Arbeitswelt im Wandel« vom November 1984 im Bildungszentrum Oberjosbach, sei die Erweiterung der Mitbestimmungsrechte des Betriebsrates vordringlich, z. B. durch Einigungszwang bei der Personalplanung sowie bei der personellen Besetzung von Anlagen und Arbeitsbereichen.

Angesichts der politischen Mehrheitsverhältnisse müssen Gewerkschafter und Betriebsräte indes versuchen, vor allem durch Tarifverträge und Betriebsvereinbarungen zu verhindern, daß sich die neuen Technologien gegen die Menschen wenden.

Im NGG-Organisationsbereich gab es Anfang der achtziger Jahre schon eine Reihe von Betriebsvereinbarungen, die den Einsatz elektronischer Systeme im Betrieb regelten, was z. B. Datenkassen oder Telefonerfassung angeht.

KAPITEL XXXI
Die internationalen Organisationen der Nahrungs- und Genußmittelarbeiter

An der bornierten Haltung, im Arbeiter schon einer anderen Stadt den »Fremden« und Gegner zu sehen, scheiterten viele Bestrebungen in der Frühzeit der deutschen Arbeiterbewegung. Im gleichen Zeitraum findet man aber auch schon Beispiele internationaler Solidarität. Als im Frühjahr 1849 an die 150 Londoner Zigarrenmacher wegen einer Lohnsenkung in den Streik traten, beschloß der Hamburger Zigarrenarbeiterverein, kein Mitglied dürfe nach London fahren und veröffentlichte einen Aufruf zur Solidarität mit den streikenden englischen Kollegen in der *Verbrüderung*. 1849 wurde zwischen der *Association der Cigarrenarbeiter* und dem Luxemburger Zigarrenmacherverein ein Gegenseitigkeitsabkommen geschlossen: Deutsche Kollegen, die nach Luxemburg reisten, erhielten dort Reiseunterstützung und konnten sich in den Luxemburger Verein aufnehmen lassen. Das gleiche galt umgekehrt. Selbst mit der Unterdrückung der *Association* in Deutschland verschwand der internationale Zusammenhalt nicht ganz. 1853 waren wieder englische Zigarrenarbeiter im Rheinland unterwegs, um ihre deutschen Kollegen davon abzuhalten, als Streikbrecher nach England zu fahren.
1866 wurde in London die Erste Internationale gegründet, der eine ganze Reihe von englischen Gewerkschaften angeschlossen waren. Die englischen Zigarrenarbeiter luden ihre deutschen, belgischen und niederländischen Kollegen im Oktober 1871 zu einer Konferenz ein, auf der ein *Allgemeiner Bund der Tabakarbeitervereine* gegründet wurde. Möglicherweise schlossen sich auch schon die französischen und nordamerikanischen Tabakarbeiter dem *Allgemeinen Bund* an, der die Vereine in Holland und Deutschland gelegentlich bei Streiks mit Geldmitteln unterstützte und auch der Produktivgenossenschaft der Zigarrenmacher in Braunschweig ein Darlehen gab. In den 70er Jahren verliert sich die Spur dieser ersten Internationale der Nahrungs- und Genußmittelarbeiter.
Am 3. November 1889 trafen sich Abgesandte belgischer und holländischer Zigarrenmacher in Den Haag und verabredeten, eine größere internationale Konferenz vorzubereiten, die am 28. September 1890 im belgischen Anvers zusammentrat. Die *Internationale Vereinigung der Zigarren- und Tabakarbeiter* entstand, mit anfangs rund 18 000 Mitgliedern, 4000 davon Frauen. Ende 1913, als Carl Deichmann vom *DTAV* Sekretär der *Internationalen Vereinigung* war, zählte sie 60 000 Mitglieder in Belgien,

Dänemark, Deutschland, England, Holland, Schweden, der Schweiz und Österreich.

Das *Internationale Sekretariat der Brauereiarbeiter* entstand 1908 auf einer internationalen Konferenz in München anläßlich der Generalversammlung des deutschen Brauereiarbeiterverbandes. Auf der III. Konferenz des *Internationalen Sekretariats,* 1912 in Mannheim, konnte der Sekretär, Martin Etzel (gleichzeitig Vorsitzender des deutschen Brauereiarbeiterverbandes), berichten, daß angeschlossen waren die Gewerkschaften aus den USA (62 000 Mitgl.), Deutschland, Österreich, Dänemark, Schweden, Holland, Schweiz, Belgien und Frankreich.

Am Anfang der internationalen Bäckerbewegung standen Gegenseitigkeitsabkommen verschiedener nationaler Organisationen. Der Schritt zum internationalen Zusammenschluß wurde 1907 getan. Vom 24. bis 25. August 1907, im Rahmen des Internationalen Sozialisten- und Arbeiterkongresses, trat in Stuttgart die Gründungskonferenz des *Internationalen Sekretariats der Bäcker, Konditoren und verwandter Berufsgenossen* zusammen.

1908 entstand die *Internationale Union der Hotel-, Restaurant- und Caféangestellten,* die am Vorabend des Ersten Weltkriegs knapp 20 000 Mitglieder zählte. Ein *Internationales Sekretariat der Fleischer* bildete sich erst 1913, seine angeschlossenen Verbände hatten insgesamt 24 000 Mitglieder.

Bei den meisten dieser internationalen Sekretariate gab es vor 1914 einen deutschen Sekretär, und die deutschen Gewerkschaften zählten auch überall zu den stärksten Organisationen. Außerhalb Europas gab es Mitgliedsverbände immer nur in den USA. Die Brauer hatten versucht, mit ihren Berufskollegen in Australien Kontakt aufzunehmen, aber das wurde durch den Beginn des Weltkrieges unmöglich gemacht. Die *Internationale Union der Hotel-, Restaurant- und Caféangestellten* war die einzige, der für kurze Zeit eine Gewerkschaft außerhalb Europas bzw. der USA angehörte: eine Kellnerorganisation aus Argentinien. Die internationalen Sekretariate sahen ihre Aufgabe darin, bei Streiks Geldsammlungen zu organisieren, ein Mitteilungsblatt oder zumindest Rundbriefe zur Information der angeschlossenen Verbände herauszugeben. Die in Deutschland befindlichen Sekretariate arbeiteten während des Ersten Weltkriegs weiter, obwohl die internationalen Organisationen zerfallen waren. Es war auch nach 1918 nicht ganz einfach, auf internationaler Ebene wieder zusammenzukommen. Es herrschten starke Vorbehalte gegenüber den deutschen Gewerkschaften. Die praktischen Notwendigkeiten einer internationalen Zusammenarbeit erwiesen sich aber als stärker.

1. Die Gründung der IUL

Bald nach Kriegsende begannen Bestrebungen zur Bildung einer einheitlichen Internationale der Lebensmittelarbeiter. Aber nur die Gewerkschaften der Bäcker, Brauer und Fleischer waren bereit mitzumachen. Die Böttcher waren international bei den Holzarbeitern organisiert, und sowohl Tabakarbeiter als auch Hotel-, Restaurant- und Caféangestellte wollten einstweilen für sich bleiben.

Am 25. August 1920 trat in Zürich die Gründungskonferenz der *IUL, der Internationalen Union der Organisationen der Arbeiter und Arbeiterinnen der Lebens- und Genußmittelindustrie* zusammen. Als Ziele der IUL hielt man fest: die sozialen und wirtschaftlichen Interessen der Arbeiter zu fördern; die internationale Solidarität der Arbeiterklasse zu stärken; jede nationale und internationale Aktion gegen die Ausbeutung der Arbeiterschaft zu unterstützen, gegen Militarismus und Imperialismus gerichtete Bestrebungen der Arbeiterschaft zu fördern und schließlich für die Ablösung der kapitalistischen Profitwirtschaft durch ein gemeinwirtschaftliches System einzutreten. Auf praktischer Ebene standen gegenseitige Information und Verständigung, die Unterstützung reisender Mitglieder und die finanzielle Hilfe bei Streiks und Aussperrungen im Vordergrund. Zum Sekretär wurde der Schweizer Kollege Jean Schifferstein gewählt, zum Präsidenten der Schweizer Kollege Max Wilhelm.

Der IUL schlossen sich unmittelbar nach dem Gründungskongreß 18 Gewerkschaften mit insgesamt 284 645 Mitgliedern an. Bis 1930 kamen weitere 21 Gewerkschaften hinzu.

Die IUL war die einzige Berufsinternationale der Zwischenkriegszeit, der zeitweise auch sowjetische Gewerkschaften angehörten. Die sowjetischen Gewerkschaften und die (wenigen) kommunistisch beeinflußten Verbände Europas und anderer Länder waren international in der *Roten Gewerkschaftsinternationale* organisiert, die Freien Gewerkschaften im *Internationalen Gewerkschaftsbund* (IGB). Viele Gewerkschafter, darunter auch Jean Schifferstein, bedauerten die Spaltung. Der Brüsseler *IUL*-Kongreß 1923 nahm den Verband der Lebensmittelarbeiter in der Sowjetunion als vollberechtigtes Mitglied auf, machte aber zur Bedingung, daß keine internationalen Nebenorganisationen errichtet werden und auch keine internationalen Publikationen herausgegeben werden dürften (wie das der sowjetische Lebensmittelarbeiterverband in der Vergangenheit getan hatte). Über weite Strecken war die Mitarbeit der sowjetischen Kollegen aber von scharfer und unsachlicher Kritik an der Tätigkeit der *IUL* geprägt. Insbesondere die Mitarbeit in der Internationalen Arbeitsorganisation war den sowjetischen Gewerkschaften ein Dorn im Auge.»Verrat« wurde immer mehr zum bevorzugten Wort, mit dem die Führer des sowjetischen Verbandes die Vertrauensleute der übrigen Gewerkschaften titulierten. Auf der Vorstandssitzung vom 6. bis 9. Juni 1929 in Stockholm schließlich erklärte der sowjetische Verband seinen Austritt aus der IUL. Die Exekutive erklärte damals:

> Es ist eben ein Irrtum, in dem sich viele gutgläubige Genossen befinden, wenn sie glauben, die zwischen den westeuropäischen und sowjetrussischen Gewerkschaften bestehenden Gegensätze ließen sich leicht überwinden, wenn nur der gute Wille vorhanden sei. Die Verständigung wird nicht möglich sein, bevor die russischen Kommunisten einsehen, daß sie die europäische Gewerkschaftsbewegung weder vernichten noch in ihre Wege drängen können. An dem Tage, da sie die europäische Gewerkschaftsbewegung als etwas Gegebenes und mit der politischen und sozialen Entwicklung Verbundenes anerkennen, ist erst die Grundlage der Verständigung geschaffen.[1]

Die *IUL* hatte sich schon in den 20er Jahren mit dem Problem der »Multis«, der multinationalen Konzerne, auseinanderzusetzen. Eine ihrer ersten internationalen Aktionen war der Boykott gegen Peter-Cailler-Kohler, Schweizer Schokoladen AG (PCK). Das war eine Tochtergesellschaft von Nestlé in La Tour-de-Peilz bei Vervey in der Schweiz. Dort wurden die Organisationsversuche einer 800köpfigen Belegschaft immer wieder behindert. Als 1921 auf einen Schlag die 24 aktivsten Gewerkschafter entlassen wurden, griff die Exekutive der IUL ein. Gespräche mit PCK führten zu keinem Ergebnis. Am 23. Juni 1921 wurde in Abstimmung mit dem *IGB* und dem schweizerischen Gewerkschaftsbund der Boykott erklärt. Von allen Mitgliedsverbänden der IUL wurde er strikt beachtet. Schwieriger war es in den Ländern, wo die *IUL* noch keine angeschlossenen Organisationen vorweisen konnte, zumal sich die Konsumgenossenschaftliche Internationale geweigert hatte, den Boykott mitzutragen. In der Schweiz wurde der IUL-Sekretär Jean Schifferstein als gekaufter Agent des ausländischen Kapitals denunziert. Die bei PCK streikenden Arbeiter wurden von der Firma eingeschüchtert. Als der Boykott am 28. November 1921 schließlich aufgehoben wurde, hatte die *IUL* dennoch durchgesetzt, daß das Organisationsrecht anerkannt und die entlassenen Arbeiter wieder eingestellt wurden. Auch der nächste Boykottkampf, der über mehr als zwei Jahre vom 22. Januar 1922 bis zum 5. April 1924 gegen die Remy AG (eine Mühlen- und Stärkefirma) im belgischen Wigmal geführt wurde, endete erfolgreich.

Vor allem zwei Themen widmete sich die *IUL* in der Folgezeit: dem Kampf für das Nachtbackverbot und für eine internationale Regelung zur Traglastbegrenzung. Zwar konnten die organisierten Bäckereiarbeiter mit einer intensiven öffentlichen Kampagne dazu beitragen, daß beim Internationalen Arbeitsamt eine Übereinkunft über die Nachtarbeit in den Bäckereien angenommen wurde, die die Nachtarbeit zwischen 22 und 5 Uhr verbot, aber das entsprach nicht den Forderungen der *IUL* nach einer mindestens achtstündigen Arbeitsruhe und einem Arbeitsbeginn nicht vor 6 Uhr. Erfolgreicher war der Kampf auf nationaler Ebene.

In der Traglastfrage operierte die *IUL* gemeinsam mit der *ITF*. In vielen Betrieben waren damals noch Säcke mit 75 kg und mehr an Gewicht üblich. In tschechoslowakischen Betrieben sogar Säcke bis 120 kg, in englischen Häfen schwankte das Sackgewicht zwischen 90 und 150 kg. Wirbelsäulenverkrümmungen, Unterleibsbrüche, Krampfadern und gesteigerte Unfallziffern waren die Folge. Bis 1931 gelang es aber nicht, das Internationale Arbeitsamt überhaupt zur Behandlung der Lastenfrage auf einer der Internationalen Arbeitskonferenzen zu bewegen.

Gegen Weltwirtschaftskrise und Arbeitslosigkeit trat auch die *IUL* für Arbeitszeitverkürzung ein. Auf dem Prager *IUL*-Kongreß (22.–24. 6. 1931) wurde eine entsprechende Resolution angenommen:

> Der V. Kongreß der IUL erklärt sich mit dem Verlangen des Internationalen Gewerkschaftsbundes auf Einführung der 40-Stunden- bzw. 5-Tage-Woche einverstanden. Er schließt sich weiter der Forderung auf bezahlte Ferien an.
>
> Die Rationalisierung hat in der Lebens- und Genußmittelindustrie einen Grad erreicht, daß die Beibehaltung einer Arbeitszeit über 40 Stunden in der Woche gesundheitsschädliche Folgen ausüben muß. Durch die Einführung der 40-Stunden- bzw. 5-Tage-Woche soll die notwendige Anpassung der Arbeitszeit an die bedeutend gesteigerte Produktivität der Arbeit und die Wiederangliederung der durch die Rationalisierung freigesetzten Arbeitskräfte in den Produktionsprozeß erfolgen.
>
> Im Interesse einer weiteren Entlastung des Arbeitsmarktes und im Interesse der Erhaltung der Kräfte der Arbeiterschaft erhebt der V. Kongreß der IUL die Forderung auf Gewährung eines ausreichend bezahlten jährlichen Urlaubs für sämtliche in der Lebens- und Genußmittelindustrie Beschäftigte. An die der IUL angeschlossenen Verbände richtet der V. Kongreß die Aufforderung, in ihren Ländern den Kampf für die Erringung der 40-Stunden- bzw. 5-Tage-Woche und ausreichender Ferien zu organisieren. Der Kongreß sichert den Genossen, die den Kampf zur Verkürzung der Arbeitszeit aufnehmen, seine volle Sympathie zu.[2]

Das gewerkschaftliche Krisenprogramm wurde von den Regierungen abgelehnt.

2. Unterstützung der IUL für den Widerstand gegen den Faschismus

1933 wurde die organisierte Arbeiterbewegung in Deutschland zerschlagen. Die Folgen machten sich auch international sogleich bemerkbar. Ein Arbeitskampf in den luxemburgischen Brauereien scheiterte am Einsatz von deutschen Streikbrechern. Die Exekutive der *IUL*, die am 24./25. Mai 1933 in Lugano zusammengekommen war, hielt fest:

> Der deutsche Verband ist infolge der Umschaltung, die er vollzogen, automatisch aus der IUL ausgeschieden (...) Der Vorstand der IUL beauftragt die Exekutive mit jenen Gruppen der deutschen Nahrungsmittelarbeiter Verbindung zu suchen, die, auf dem Klassenstandpunkt stehend, dem Gedanken der internationalen Gewerkschaftsbewegung treu geblieben sind. Diesen Kollegen sichert die IUL und die ihr angeschlossenen Verbände moralische und finanzielle Unterstützung zu.[3]

Die Nahrungsmittelarbeiterverbände aus Danzig und dem Saargebiet wurden auf der gleichen Sitzung in die IUL aufgenommen. Danzig und das Saargebiet standen unter Völkerbundverwaltung, die dortigen Gewerkschaften waren formal selbständig. Lange ließ sich das jedoch nicht aufrechterhalten. In Danzig wurden die Gewerkschaften 1935 gleichge-

Tab. 104
Die Staaten der Welt mit der fortschrittlichsten Gesetzgebung zum Nachtbackverbot. Stand: Ende 1928[4]

Land	Bestehende Gesetzgebung	Geltungsbereich		Ruhepausen			Ausnahmen		Land
		Betriebsarten	Personengruppen	Gesamtlänge	Anfang und Ende		ständige	vorübergehende	
Deutschland	Gesetz vom 23. Nov. 1918 betr. die Arbeitszeit in Bäckerei- und Konditoreibetrieben	Bäckereien, Feinbäckereien u. alle gewerblichen Unternehmungen zur Herstellung von Brot und Kuchen, einschl. derjenigen, die Schiffszwieback, Keks, Zwieback, Honigkuchen, Pfefferkuchen, Waffeln oder ungesäuertes Brot herstellen.	Alle in solchen Betrieben Tätigen.	8 Std.	10 Uhr abends, 6 Uhr morgens. Örtliche Behörden können Erlaubnis zur Verschiebung der achtstündigen Arbeitszeit um eine Stunde erteilen.		Keine.	Vorübergehende Ausnahmen können gestattet werden: a) bei Unfällen oder wenn das öffentliche Interesse es erfordert; b) bei der Überprüfung der Betriebsanlagen; c) um Ausbesserungen vorzunehmen; d) anläßlich von Messen und öffentlichen Feiertagen.	Deutschland
Finnland	Gesetz vom 4. Juni 1908 über die Arbeit in Bäckereien	Bäckereien, in denen Brot zum Verkaufe hergestellt wird; Bäckereien und Feinbäckereien in Hotels, Gasthäusern oder Zuckerbäckereien.	In den erwähnten Betrieben Tätige.	9 Std. An Sonnabenden und Abenden vor Feiertagen 12 Std.	9 Uhr abends, 6 Uhr morg. An Sonnabenden u. Tagen v. öffentl. Feiertagen 6 Uhr nachm. u. 6 Uhr vorm.		Keine.	Ausnahmen können in besonderen Fällen bis zu höchstens 10 Tagen im Jahre gestattet werden.	Finnland

Frankreich	Gesetz vom 28. März 1919 über d. Verbot der Nachtarbeit in Bäckereien	Alle Unternehmungen, die unmittelbar od. mittelbar mit der Herstellung von Brot und Feingebäck in Zusammenhang stehen.	Mit der Herstellung von Brot und Feingebäck beschäftigte Arbeiter.	6 Std.	10 Uhr abends, 4 Uhr morgens	Keine.	In außergewöhnl. Fällen können Ausnahmen nicht über insges. zwei Wochen gestattet werden: a) In Fällen von Messen und öffentl. Feiertagen; b) in Fällen zeitweiliger Massenansammlungen; c) wenn das öffentl. Interesse solche Ausnahmen unbed. erfordert.	Frankreich
Lettland	Gesetz über das Verbot der Nachtarbeit in den Bäckereien v. 11. März 1925	Alle Unternehm., die Brot, Biskuite, Konditorware o. and. Gebäck aus Mehl z. Verk. herst. Davon ausgeschl. sind Hotels, Restaurants, Cafés u. Speisehäuser, die Speiseport. aus Mehl z. Verbr. an Ort u. Stelle während der ganzen Zeit herst. dürfen, i. d. diese Unternehmungen nach d. besteh. Verordnungen z. Handel geöffn. sind.	Alle in den erwähnten Betrieben Tätigen.	8 Std.	8 Uhr abends, 4 Uhr morgens	Keine.	In den erwähnten Unternehmungen ist es gestattet, mit Einwilligung der Angestellten in der vorletzten Nacht vor großen Festen zu arbeiten, aber kein Unternehmen darf dieses Recht öfter als fünfmal im Jahre ausnutzen. Ausnahmen sind auch bei Unglücksfällen oder Katastrophen zulässig, wenn es auf andere Weise nicht möglich ist, die Bevölkerung mit Brot zu versorgen.	Lettland

Land	Bestehende Gesetzgebung	Geltungsbereich Betriebsarten	Personengruppen	Ruhepausen Gesamtlänge	Anfang und Ende	Ausnahmen ständige	vorübergehende	Land
Neu-Südwales	Gesetz v. 23. Dez. 1919, das versch. and. Gesetze, einschl. desjenigen v. 1901, abänd.	Betriebe, die Brot u. Feingebäck herstellen.	Alle Bäcker und Bäckereigehilfen.	11½ Std.	6 Uhr abends, ½ 6 Uhr morgens	Keine.	Keine.	Neu-Südwales
Norwegen	Gesetz vom 24. April 1906 betr. Begrenzung der Arbeitszeit in Bäckereien.	Bäckereien, einschl. solcher, die Hotels, Restaurants u. Feinbäckereien angegliedert sind.	In den erwähnten Betrieben tätige Arbeiter.	12 Std.	6 Uhr abends, 6 Uhr morgens	Die Vorb. d. Sauerteiges u. d. Anheizen der Öfen kann in manchen Betr. zwischen 6 und 8 Uhr nachm. gestattet werden.	Arb. kann außerh. d. gesetzl. Arbeitszeit gestattet werden: a) in Ausnahmefällen, d. eine unvorherges. Zunahme der Arb. mit sich bringen; b) d. Nacht v. Mittw. z. Donnerstag vor Karfreitag u. d. Nacht v. d. Weihnachtsabend.	Norwegen
Uruguay	Gesetz vom 19. März 1918	Bäckereien u. Unternehm., die Pasteten, Nudeln, Konditoreiwaren und ähnl. Erzeugnisse herstellen.	Alle in den erwähnten Betrieben Beschäftigten.	8 Std.	9 Uhr abends, 5 Uhr morgens	Keine.	Ausnahmen dürfen in einzelnen Fällen gestattet werden.	Uruguay

Sowjetrußland	Verordn. d. Zentr. Allruss. Gewerkschaftsrates v. 29 Nov. 1921 über Nachtarb. im Bäckereigewerbe. Verordn. d. Arbeiterkommissar. v. 24. Aug. 1922 über Nachtarbeit i. Bäckereien. Verordn. d. Arbeiterkommissariates v. 10. März 1924 über d. Bau u. Betrieb von Bäckereien.	Alle Brot und Feingebäck herstellende Betriebe.	Alle in den erwähnten Betrieben Tätigen.	8 Std.	10 Uhr abends, 6 Uhr morgens	Keine.	In Bäckereien, d. staatl. Unternehm. und das Heer versorgen, oder in denen d. herzustell. Menge Brotes Arb. in drei Schichten erford., muß solche Arb. so lange gestattet werden, wie Veränder. vorgenommen werden, die d. Erled. der Arb. in zwei Tagesschichten ermögl. Diese Erlaubnis kann sol. Unternehm. nicht erteilt werden, die nach d. Veröffentl. der Verordnung eröffn. werden.	Sowjetrußland
Österreich	Gesetz v. 3. April 1919 über d. Regelung der Arb. in Betrieben zur Herstell. von Bäckereierzeugnissen.	Betriebe, in denen Brot u. and. Feinbäckereierzeugnisse, entw. f. d. Verkauf oder für den Verzehr an Ort und Stelle, hergest. werden.	Alle bei solcher Herstellung Tätigen.	8 Std.	9 Uhr abends, 5 Uhr morgens (In spez. Fäll. kann d. Reg. die Ruhedauer verschieben.)	Keine.	Ausnahmen dürfen gestattet werden: a) bei unvorherges. Arbeitsunterbr. b. zu 10 Tagen im Jahre; b) für allgem. Feiertage; c) für bestimmte Bez. Weitergeh. Ausnahm. sind während eines Zeitraumes v. zwei Jahren zulässig.	Österreich

schaltet, das Saargebiet kehrte 1935 nach einer Volksabstimmung nach Deutschland zurück. Die dortigen Gewerkschafter mußten, soweit sie durch ihre Tätigkeit nach außen hervorgetreten waren, emigrieren. Das bedeutete noch mehr Engagement auf seiten der *IUL,* für Jean Schifferstein und seine Kollegen im Sekretariat und beim Schweizer Verband. Für die Exilierten wurde getan, was nur irgend möglich war – sei es, daß Arbeitsstellen (was extrem schwierig war) und Lehrstellen für deren Kinder besorgt wurden, oder daß man bei der Paß- und Visabeschaffung behilflich war.

Im Februar 1934 wurde der Aufstand der österreichischen Schutzbündler niedergeschlagen (der Schutzbund war die militärische Organisation der österreichischen Arbeiterbewegung), Arbeiterparteien und Gewerkschaften wurden verboten. Die Führer der Freien Gewerkschaften nahmen Verhandlungen mit der autoritären Regierung Dollfuß auf: »Wir wollten damit eine Möglichkeit schaffen, um die österreichische Arbeiterschaft in den Gewerkschaften zusammenhalten zu können«[5], begründete der Kollege Karl Mantler später eine Haltung, die derjenigen der deutschen Gewerkschaften sehr ähnelte.

Anders als ihre deutschen Kollegen hatten die österreichischen Gewerkschaften aber Vorbereitungen auf eine mögliche Illegalität getroffen. 1929 schon war ein Teil des Vermögensbestandes an die *IUL* transferiert worden. Von diesem Kapital, das die *IUL* treuhänderisch verwaltete (etwas mehr als 1 300 000 Schweizer Franken), wurden die illegale Arbeit finanziert und die Familien der Opfer unterstützt.

Anfänglich wurde die illegale Arbeit mit dem gesamten verbliebenen Funktionärsstab unter Leitung eines 5köpfigen Komitees organisiert. Später wurde die Leitung den in Wien verbliebenen Gruppensekretären übertragen, bis sich herausstellte, daß eine straffere und einheitlichere Zusammenfassung der Kräfte vonnöten war, eine Leitung, die direkt mit dem *IGB* in Paris in Verbindung stand. Dem 1936 neu geschaffenen Komitee der Lebens- und Genußmittelarbeiter in Österreich gehörten die Kollegen Mantler, Berka und Westermeier an. Beigeordnet war dem Komitee der Kollege Nicoladoni.

Die illegal arbeitenden österreichischen Gewerkschafter widmeten sich vor allem dem Boykott der Einheitsgewerkschaft. Wer durch Zwang in den Gewerkschaftsbund gepreßt wurde, war verpflichtet, Zellen zu bilden. Funktionen durften nur mit Zustimmung der illegalen Leitung übernommen werden. Eine illegale Zeitung hielt den Zusammenhalt aufrecht.

1938, mit der Besetzung Österreichs durch das faschistische Deutschland, änderte sich das Bild schlagartig. Die Nazis gingen sehr geschickt vor und hielten sich mit der Repression gegen Vertreter der alten Arbeiterbewegung zunächst zurück. Als erstes kamen die bei der Arbeiterschaft verhaßten Repräsentanten des alten autoritären Regimes, die »Schwarzen«, an die Reihe. In einem zeitgenössischen Bericht an die *IUL* heißt es:

Ganz besonders in Wien sind die Nazis als Befreier von der »schwarzen Pest« begrüßt worden. Es gibt nur sehr wenig Menschen, die das Hakenkreuzabzeichen nicht tragen. Den Hitlergruß schreien sich fast alle Leute zu. Der größte Teil der Arbeiterschaft macht ebenfalls mit.[6]

Die bisherige Arbeit ließ sich nach Ansicht des illegalen Komitees nicht weiterführen. Die deutsche Gründlichkeit mache das unmöglich. Zumal bisher von seiten der Gewerkschaften im Untergrund nicht gerade besonders methodisch gearbeitet worden sei. Es müsse mit neuen Leuten begonnen werden. Inwieweit das gelungen ist, läßt sich aus den vorhandenen Akten nicht mehr ersehen. Man kann skeptisch sein, da schon im nächsten Jahr der Zweite Weltkrieg begann.

Der Verlust der starken gewerkschaftlichen Organisationen in Deutschland und Österreich wurde zeitweise ausgeglichen durch den außerordentlichen Aufschwung der Arbeiterbewegung in Frankreich. Die französischen Gewerkschaften erlebten unter der Volksfrontregierung Leon Blums und nach den erfolgreichen Massenstreiks des Jahres 1936 einen Mitgliederzustrom, wie die deutschen Gewerkschaften während der Novemberrevolution. Der französische Lebensmittelarbeiterverband zählte 1937 über 200 000 Mitglieder. Die Mitgliederzahl der IUL stieg auf 300 274 (1937).

Die traditionellen gewerkschaftlichen Themen, die Lastenfrage, die 40-Stunden-Woche, der Kost- und Logiszwang und das Nachtbackverbot beschäftigten die *IUL* weiterhin. Mitte der 30er Jahre warf der Zweite Weltkrieg aber schon drohend seine Schatten voraus. In Spanien hatte General Franco mit Unterstützung des faschistischen Italien und seines deutschen Partners gegen die rechtmäßige republikanische Regierung geputscht. Die *IUL* organisierte, wie alle anderen Berufsinternationalen und der *IGB,* Hilfsmaßnahmen.

> Da der Faschismus bestrebt ist, die menschlichen Freiheiten und alle Rechte der Arbeiter zu vernichten und die Demokratie zu zerstören, muß der Faschismus als Todfeind der Gewerkschaftsbewegung rücksichtslos bekämpft werden.[7]

So der VII. Kongreß der *IUL* am 18./19. September 1937 in Paris. Die *IUL* forderte eine feste und entschlossene Haltung der demokratischen Staaten gegenüber dem deutschen und internationalen Faschismus. Daran mangelte es aber. Die spanische Republik wurde von den Regierungen der europäischen Demokratien im Stich gelassen. Für die faschistischen Staaten war Spanien ein Testfall. Kurz nachdem Franco die letzten Reste der republikanischen Truppen geschlagen hatte, begann der Zweite Weltkrieg.

Anfangs gelang es dem Sekretariat noch, eine mehr oder minder regelmäßige Verbindung mit Westeuropa und den skandinavischen Staaten aufrechtzuerhalten. Als Ende 1940 ganz Westeuropa von deutschen Truppen besetzt war, wurde das unmöglich. Eine Korrespondenz scheiterte, weil die Briefe durch die deutsche Zensur oder jedenfalls durch die Hände der deutschen Post gelaufen wären. Die Verbindung über zuverlässige Kuriere war sehr schwierig und konnte nur von Fall zu Fall hergestellt werden. Auf diesem Wege erfuhr die *IUL* von der illegalen Arbeit des norwegischen Verbandes, der sich den deutschen Okkupanten widersetzte. Die Deportation des norwegischen Kollegen Rasmus Rasmussen, der in einem deutschen Konzentrationslager umkam, war das letzte, was das Genfer Sekretariat der *IUL* hörte.

In Abständen trafen in Genf Berichte aus Frankreich ein. Dort sollte nach deutschem Muster eine Arbeitsfront aufgebaut werden. Einige Gewerkschaftsführer ließen sich durch die deutsche Propaganda zur Kollaboration bewegen: Vignes von den Bergarbeitern und Savoie vom Verband der Lebensmittelarbeiter. Es gelte vor allem, war Savoies Argumentation, den Verband aufrechtzuerhalten. Er arbeitete in Paris unter Duldung der Besatzungsmächte weiter, wurde aber ebenso wie andere von den Mitgliedern zum Rücktritt gezwungen.

Von der Schweiz aus versuchte Manfred Leuenberger, gleichzeitig Präsident und Sekretär der IUL (Jean Schifferstein war 1941 gestorben), diejenigen Verbände zu unterstützen, die sich nicht angepaßt hatten. Die Angehörigen der deutschen Gewerkschaftsemigration, die nicht mehr aus Frankreich herauskonnten und sich z.T. verbergen mußten, wurden von der *IUL* finanziell unterstützt. Auch mit den Illegalen in Deutschland konnte hin und wieder Kontakt geknüpft werden. Über den Widerstandskampf der dänischen Gewerkschaften erhielt die *IUL* laufend Informationen – meist über Schweden und Finnland. Im Bericht des Sekretariats über die Kriegszeit heißt es:

> Die Gewerkschaftsbewegung Europas hat schwer gelitten. Wichtige Glieder wurden ihr amputiert, andere gelähmt und wieder andere in ihrer Entwicklung gehemmt. Dennoch hat sie ihre Lebenskraft nicht eingebüßt, sondern im Gegenteil bewiesen, daß sie trotz allen Schlägen nicht zu Boden geworfen werden konnte und sich wie eine Naturkraft auch dort wieder entfaltet, wo man sie bereits bezwungen und vernichtet wähnte. Nicht anders wie in der großen gewerkschaftlichen Gesamtbewegung sieht es in unserer Berufsinternationale aus (...) Auch die IUL überlebte den Krieg nicht etwa in einem Zustand der Lethargie, sondern stets sprungbereit, helfend und stützend, wo immer im Rahmen ihrer Zuständigkeit sich eine Möglichkeit bot (...) Mit Zuversicht können die organisierten Lebens- und Genußmittelarbeiter der Welt den Tag erwarten, an dem ihre Internationale Union, in noch höherem Ausmaß wie vor dem Krieg, die Berufsorganisationen aller Länder vereinigen wird, um für den Aufstieg und die Befreiung der Arbeiterklasse von aller Bedrückung zu kämpfen.[8]

3. Die IUL nach 1945

Der erste IUL-Kongreß nach dem Zweiten Weltkrieg trat vom 14. bis 17. Juli 1946 in Kopenhagen zusammen. Seine Beschlüsse: den neuen deutschen Gewerkschaften alle Hilfe zu geben und sie wieder in die Internationale aufzunehmen, sobald sie einen entsprechenden Antrag stellen soll-

ten. Einstimmig wurde die Fusion mit den Internationalen der Tabakarbeiter und der Hotel-, Restaurant- und Caféangestellten ins Auge gefaßt. Diese Fusion war in der Zwischenkriegszeit des öfteren erwogen, von den beiden kleineren Internationalen aber immer wieder abgelehnt worden. Nach 1945 erhielt die Verschmelzung neuen Auftrieb durch die Gründung eines einheitlichen *Weltgewerkschaftsbundes* (auch die sowjetischen Gewerkschaften waren Mitglied), in dem die Berufssekretariate industrieweise zusammengefaßt werden sollten. Verhandlungen über einen Beitritt der Berufssekretariate zum *WGB* scheiterten aber daran, daß der *WGB* ihnen keine Autonomie garantieren wollte. Damit war auch die Fusion von *IUL, IUHRC* und Tabakarbeiterinternationale hinfällig. Der WGB selbst zerbrach an den weltpolitischen Gegensätzen. Die unabhängigen Gewerkschaften verließen ihn und schufen 1949 den *Internationalen Bund Freier Gewerkschaften,* in dem auch die *IUL* wieder Mitglied wurde. Der *IBFG* erkannte die Autonomie der Internationalen Berufssekretariate (IBS) an. Beide begreifen sich als Teile der gleichen internationalen Gewerkschaftsbewegung. Das heißt, daß die *IBS* die allgemeine politische Linie des *IBFG* übernehmen und beide in allen Fragen von allgemeinem Interesse zusammenarbeiten.
1949 verlegte die IUL ihren Sitz nach Kopenhagen. Marius Madsen wurde Präsident, Juul Poulsen Generalsekretär. Der Wechsel war nicht von langer Dauer. Anfang 1956 befand sich das Sekretariat im günstiger gelegenen Genf.
Nachdem die Vereinigung mit der Tabakarbeiterinternationalen in der unmittelbaren Nachkriegszeit gescheitert war, beschloß die IUL 1953, eine eigene Fachgruppe Tabak einzurichten. Die Initiative ging auf Hans Nätscher zurück, der auch Präsident der Fachgruppe wurde. Sie trat mit dem 1. 1. 1954 in Funktion. Im Juli 1955 folgte in München die erste internationale Konferenz der Tabakarbeiter in der IUL.
In der Fachgruppe waren Tabakarbeiter aus Deutschland, Österreich und der Schweiz organisiert. Die skandinavischen Tabakarbeiter blieben noch in der Tabakarbeiterinternationale, die sie mit sanftem Druck schließlich dazu bewegen konnten, den Beitritt zur IUL zu vollziehen (1958).
Nicht in der IUL, sondern in der IUHRC waren die 25 000 Mitglieder der NGG aus dem Gaststättenbereich organisiert. Eigentlich nur, um die IUHRC zum Anschluß an die IUL zu bewegen. Die Verhandlungen zwischen dem seinerzeitigen IUL-Vorsitzenden Hans Nätscher und dem Vorstand der Gaststätteninternationale ermöglichten deren Anschluß an die IUL zum 13. Kongreß 1961.
Als erste und vordringlichste Aufgabe sah es die *IUL* an, ihren Tätigkeitsbereich über den rein europäischen Rahmen hinaus zu erweitern. Ihr Verbindungsmann in Nordamerika war Ernst Schwarz. Schwarz hatte mit der Machtergreifung des Faschismus Deutschland verlassen müssen. Er wanderte nach den USA aus und fand Beschäftigung bei der Gewerkschaft der Fleischwarenarbeiter, der *United Packinghouse Workers of America*

(UPWA). Später wurde er bei der Landeszentrale der nordamerikanischen Industriegewerkschaften CIO angestellt. Seinen Bemühungen war es zu verdanken, daß sich die United Packinghouse Worker als erste nordamerikanische Gewerkschaft der *IUL* anschlossen. Die Verbände der Bäkker und Fleischer folgten bald nach. Da man schon einmal den nordamerikanischen »Stützpunkt« hatte, lag es nahe, sich auch nach Südamerika auszudehnen. Die nordamerikanischen Verbände und das Büro von Ernst Schwarz wurden mit der Aufgabe betraut, für die IUL zu werben. Gegebenenfalls sollten sie bei der Organisierung von Gewerkschaften in Lateinamerika helfen.

Bis 1955 konnten die Verbände der Lebensmittel-, der Brauereiarbeiter und Fleischer aus Kuba, die Organisationen der Fleischer, Bäcker und Zuckerarbeiter in Mexiko gewonnen werden. Ferner ein kleiner, 200 Mitglieder starker Verband der Schokoladenarbeiter von Costa Rica und die Filiale der UPWA auf Puerto Rico.

Die erste interamerikanische Konferenz der Nahrungs- und Genußmittelarbeiter fand vom 6. bis 9. August 1956 in Mexiko-City statt. Das lateinamerikanische Regionalbüro wanderte von Washington in die Hauptstadt Mexikos. Ständiger Vertreter der IUL in Lateinamerika wurde der Venezolaner Perez Salinas, der in Mexiko im Exil lebte. Die mit viel Hoffnungen begonnene Arbeit kam freilich nicht so recht voran. Auf dem 12. IUL-Kongreß 1958 in Brüssel (auf dem gleichen Kongreß wurde Hans Nätscher zum Präsidenten gewählt) glaubte man noch, das liege am Geld. Denn die IUL stattete ihr lateinamerikanisches Regionalbüro mit nur 30 000 Schweizer Franken im Jahr aus. 20 000 Dollar seien nötig, erklärte Jose Maria Aguirre, ihr neuer Regionalsekretär, um die dringlichsten Ausgaben zu bestreiten. Das Geld hatte die IUL nicht, und so wurde versucht, die Mitgliedsverbände in den USA und Kanada für langfristige finanzielle Garantien zu gewinnen. Aber auch in den folgenden Jahren kam die Arbeit in Lateinamerika nicht voran. Die Verbindung mit den kubanischen Gewerkschaften riß ab, noch bevor Fidel Castro an die Macht kam. Nur einige kleinere Verbände aus Honduras, Costa Rica und Panama mit wenigen Dutzend Mitgliedern traten der *IUL* bei und an größeren Gewerkschaften lediglich Organisationen aus Kolumbien und El Salvador.

Zehn Jahre Arbeit in Lateinamerika hätten kaum zu greifbaren Resultaten geführt, klagte IUL-Generalsekretär Juul Poulsen auf dem Stockholmer Kongreß 1964. Eine große Zahl »regionaler Vertreter« der *IUL* war in Lateinamerika tätig, aber dem *IUL*-Sekretariat in Genf nicht einmal bekannt. Der lateinamerikanische Apparat konnte nicht mehr ausreichend kontrolliert und immer weniger mit den Interessen der IUL in Einklang gebracht werden. Im Namen der IUL und der internationalen Gewerkschaftsbewegung traten Personen in Lateinamerika auf, die offensichtlich eher die Interessen der US-Geschäftswelt vertraten.

Die IUL-Exekutive sorgte für klare Verhältnisse. Auf ihrer Hamburger Tagung am 28. Oktober 1965 wurde eine vollständige Reorganisation der lateinamerikanischen Arbeit vorgenommen. Die beiden Regionalbüros in San José und Santiago de Chile wurden aufgelöst. Überwachung und Koordinierung der IUL-Tätigkeit in Lateinamerika wurden den lateinamerikanischen Verbänden allein übertragen. Im neu geschaffenen Regionalausschuß nahm je ein Vertreter jedes Landes Platz, das mehr als 10 000 Mitglieder bei der IUL organisiert hatte. Mexiko, Venezuela und Puerto Rico waren das zu Anfang. Später kam ein Sekretariat für die englischsprechenden Länder der Karibik hinzu, von Ottiwell Simmons geleitet.

Die neue Struktur mit weitgehender Autonomie für die Regionalsekretariate garantierte jedenfalls, daß die lateinamerikanischen Kollegen ihre Angelegenheiten in die eigenen Hände nehmen konnten.

In Zusammenarbeit mit dem *Internationalen Metallarbeiterbund* organisierte die *IUL* Schulungs- und Bildungsveranstaltungen. Den chilenischen und uruguayischen Gewerkschaften wurde über längere Zeit ein Koordinationssekretär bezahlt. Streikunterstützung konnte allerdings nur in ganz wenigen Fällen geleistet werden. Immerhin ließen die ersten Erfolge der neuen Organisationsstruktur nicht lange auf sich warten. 1970 waren der IUL 67 000 lateinamerikanische Mitglieder angeschlossen, 1973 schon 125 000.

Erste Versuche, in Asien Fuß zu fassen, unternahm die IUL 1952. Der Hamburger IUL-Kongreß dieses Jahres beschloß, mit der *Internationalen Landarbeiterföderation* und dem IBFG ein Programm zur Organisierung der Plantagenarbeiter durchzuführen. T.S. Bavin vom britischen Landarbeiterverband wurde nach Ostasien geschickt, beim IBFG ein gesonderter Ausschuß für Plantagenarbeiter gebildet. 1957 entstand daraus ein unabhängiges Berufssekretariat. Zu dem Zeitpunkt hatte sich die IUL aber schon aus dem Programm zurückgezogen, das über ihre Kräfte ging.

Anfang der sechziger Jahre wurde ein Regionalbüro der *IUL* in Ostasien eingerichtet, das im November 1966 die erste Regionalkonferenz organisierte. Schwerpunkt für Unterstützungen waren Indonesien und die Philippinen, auch Korea und Indien. Meist wurden für eine bestimmte Zeit Organisatoren bezahlt. Bildungsveranstaltungen wurden durchgeführt, aber auch ganz direkte Hilfe geleistet. 1966 z.B. wurde das IUL-Sekretariat bei der britischen Regierung vorstellig. Auf den Fidschi-Inseln sollten gesetzliche Bestimmungen aufgehoben werden, die das Streikrecht einschränkten. 1967 intervenierte das Sekretariat bei der Hilton International Company in New York. Es ging um die Wiedereinstellung eines japanischen Gewerkschafters, der 1966 während eines Streiks entlassen worden war.

Noch mehr als Asien war Afrika lange Zeit ein »Weißer Fleck« auf der Landkarte der *IUL*. Kurz vor dem Brüsseler Kongreß 1958 wurden die ersten Verbindungen geknüpft. Der Tabak- und Brauereiarbeiterverband aus Kenia (2000 Mitglieder 1960) und der Tabakarbeiterverband von Uganda (470 Mitglieder 1959) schlossen sich der *IUL* an. 1957 waren Ge-

Tab. 105
Mitgliederentwicklung der IUL 1920 bis 1980[9]

Jahr	Mitgliedszahl*	Anzahl der Verbände und Länder
1920	291 748	21 Verbände in 12 europäischen Ländern
1924	617 569	
1927	764 426	
1930	396 722	
1934	143 083	
1945	120 000	
1949	351 000	23 Verbände in 12 europäischen Ländern
1950	461 000	
1951	520 000	
1952	728 592	
1953	830 383	
1954	1 039 961	41 Verbände in 21 Ländern in Europa und Nord- und Zentralamerika
1955	1 005 929	
1956	1 009 561	
1957	1 029 528	
1958	997 909	
1959	1 227 813	
1960	1 138 251	
1961	1 276 496	84 Verbände in 34 Ländern in Afrika, Asien, Europa, Latein- und Nordamerika
1962	1 351 646	
1963	1 375 994	
1964	1 347 723	120 Verbände in 52 Ländern in Afrika, Asien, Europa, Latein- und Nordamerika und Ostasien/Pazifik
1965	1 380 226	
1966	1 505 536	
1967	1 553 062	102 Verbände in 52 Ländern
1968	1 435 429	
1969	1 400 559	
1970	1 495 819	
1971	1 562 212	
1972	1 604 375	
1973	1 972 549	
1974	2 089 390	131 Verbände in 55 Ländern in allen Kontinenten
1975	1 699 141	
1976	1 584 842	155 Verbände in 61 Ländern
1977	1 566 000	162 Verbände in 60 Ländern
1978	1 666 487	
1979	1 558 058	
1980	1 555 290	163 Verbände in 60 Ländern

Gesamtmitgliedschaft am 9. 2. 1981: <u>1 727 817</u>; davon sind 31 777 vom Beitrag befreit, 5 500 haben einen Teilbetrag bezahlt, für 135 250 wurde kein Beitrag bezahlt.

* Es sind in allen Jahren nur die Mitgliedszahlen angegeben, für die der volle Beitrag entrichtet wurde.

werkschaften aus dem Kongo, aus Liberia, Rhodesien (dem heutigen Zimbabwe) und Südafrika *IUL*-Mitglieder. Alles in allem waren das aber nicht mehr als 2500 organisierte Gewerkschafter. Und obendrein sah sich die IUL noch im gleichen Jahr gezwungen, ihre Tätigkeit in Afrika einzuschränken. Die finanziellen Mittel waren gering, und man wollte die schon weiter fortgeschrittene Arbeit in Lateinamerika und Asien nicht gefährden. Das führte dazu, daß der *IUL* erst 1973 wieder eine nennenswerte Zahl afrikanischer Gewerkschaften angeschlossen war: aus Dahomey, Liberia, Rhodesien, Kenia, Sierra Leone und Südafrika. Zusammen waren das 5300 Mitglieder.

4. Auseinandersetzungen mit multinationalen Konzernen

Internationale Konzentrationsprozesse haben sich in den fünfziger und sechziger Jahren vor allem in den damaligen Wachstumsbranchen abgespielt. Das waren die Mineralöl- und Chemieindustrie, die Auto- und die Elektronikindustrie. Aber auch in der Lebensmittelindustrie gab und gibt es große multinationale Konzerne wie Tabelle 106 zeigt. Z.T. hatten sich diese Konzerne, wie Unilever und Nestlé, schon in den zwanziger und dreißiger Jahren herausgebildet. Auch multinationale Konzerne aus anderen Bereichen wurden durch den immer stärkeren Trend zur Auffächerung des Produktionsprogramms dazu getrieben, in der Lebensmittelindustrie zu investieren. Das ist der Fall beim nordamerikanischen Chemiekonzern Grace oder bei ITT.

Mit der Drohung, die Produktion zu verlagern, versuchen multinationale Konzerne, die Arbeiterschaft und sogar Regierungen gefügig zu machen. Sie können Gewinne in Steueroasen transferieren. Mit ihren beträchtlichen finanziellen Mitteln können multinationale Konzerne eigene Währungsstrategien verfolgen. Sie sind in der Lage, nationale oder gar internationale Währungskrisen auszulösen. Multinationale Konzerne schwächen die organisierte Arbeiterschaft, weil Entscheidungen oft auf einer Ebene fallen, die für national organisierte Gewerkschaften nicht mehr zugänglich ist.

Schon in ihrem Gründungsjahr 1920 hatte sich die *IUL* mit einem multinationalen Konzern auseinanderzusetzen: einem Ableger von Nestlé. Die weltweite Expansion von Nestlé und einigen anderen Konzernen, Unilever z.B., ging an der IUL vorbei. Kein Wunder, wenn man sich die Zeitumstände vor Augen hält. In den fünfziger Jahren gab es nur hier und da Ansätze internationaler Aktionen. 1957 stand die United Packinghouse Workers' Association in harter Auseinandersetzung mit dem Sunkist-Konzern. In Deutschland war schon der Boykott vorbereitet worden. Als in den USA um nähere Informationen nachgefragt wurde, blieb die Antwort allerdings aus. 1961 geriet die der *IUL* angeschlossene pakistanische Tabakarbeitergewerkschaft in Konflikt mit der Tochtergesellschaft

Tab. 106
Die 25 größten multinationalen (1973) Konzerne in der Nahrungs- und Genußmittelindustrie[10]

Name	Ursprungsland	Umsätze in Millionen US-$	Hauptsächliche Erzeugnisse	Beschäftigte	Ausländische Zweigniederlassungen
Unilever	Großbritannien/Niederlande	8000	Lebensmittel/Chemikalien	324000	weltweit
Weston	Kanada	5000 (Schätzung)	Backwaren, Kleinverkauf		Großbrit. (Associated British Foods) und weltweit
Nestlé	Schweiz	4000	Lebensmittel	112000	weltweit
Swift	USA	3000	Fleisch, Lebensmittel, Chemikalien	35000	weltweit
Kraftco	USA	3000	Molkerei, Lebensmittel	50000	weltweit
BAT	Großbritannien	2200	Tabak	120000	weltweit
General Foods	USA	2000	Lebensmittel	47000	weltweit
Borden	USA	2000	Molkerei, Lebensmittel/Chemikalien	48000	weltweit
Rupert/Rembrandt	Südafrika	1800 (Schätzung)	Tabak, Getränke		Europa (Rothmans Int.), weltweit
Beatrice	USA	1800	Molkerei, Lebensmittel	46000	weltweit
RJ Reynolds	USA	1800	Tabak, sonstiges	26000	Europa, Lateinamerika, Asien
Ralston Purina	USA	1750	Lebensm., Landwirtschaft	35000	weltweit (20 Prozent der Umsätze)
Coca-Cola	USA	1750	Getränke	30000	weltweit (durch die Coca-Cola Export Corp.)
Consolidated Foods	USA	1750	Lebensmittel, Fischerei, sonstiges	60000	Lateinamerika, Australien, Europa
Foremost McKesson	USA	1750	Chemikalien, Molkerei	17400	weltweit
American Brands	USA	1600	Tabak, sonstiges	48000	Großbritannien (Gallaher) weltweit (über 50 Prozent der Umsätze)
CPC Int.	USA	1500	Lebensmittel	44000	

United Brands	USA	Lebensmittel/Früchte	67 500	Lateinamerika, Großbrit./Europa
Reemtsma	Deutschland	Tabak	10 000	–
Pepsico	USA	Getränke	37 000	weltweit
Ranks Hovis McFouglal	USA	Backwaren, Lebensmittel	61 500	Europa, Australien, Südafrika
Philipp Morris	USA	Tabak, Getränke	29 000	weltweit
Carnation	USA	Molkerei	17 500	weltweit
Allied Breweries	Großbritannien	Getränke, Verpflegung	53 000	Niederlande, weltweit
General Mills	USA	Lebensmittel	32 500	weltweit

von BAT. Zwölf Arbeiter waren wegen gewerkschaftlicher Betätigung entlassen worden. Auf Bitten der *IUL* ging der Generalsekretär der British Tobacco Workers Union nach Pakistan. Er schloß sich dem Verhandlungsausschuß der Gewerkschaft an, und elf der zwölf entlassenen Arbeiter wurden wieder eingestellt.
Ähnliche Aktionen häuften sich in den sechziger Jahren. Im Herbst 1969 gab es einen landesweiten Streik im nordamerikanischen NABISCO-Konzern, an dem sich 9000 Arbeiter aus dreizehn Betrieben beteiligten. Als die Konzernleitung auch nach vier Wochen Arbeitskampf noch nicht nachgeben wollte, wandte sich die zuständige Gewerkschaft an das *IUL*-Sekretariat. Die *IUL* setzte sich mit allen Gewerkschaften in Verbindung, die in NABISCO-Betrieben arbeiteten. Die drei italienischen Lebensmittelarbeiterverbände organisierten einen einstündigen Solidaritätsstreik in den NABISCO-Betrieben Genua und Mailand. Das genügte, den Konzern zum Einlenken zu bringen.
Die Branchengruppe Tabak führte Mitte der 60er Jahre mehrere Gespräche mit dem multinationalen Tabakkonzern BAT, der in 55 Ländern Produktionsstätten besitzt. Ziel war, der Gleichbehandlung der Arbeiterinnen und Arbeiter näherzukommen. Günter Döding, Vorsitzender der Branchengruppe, berichtete auf dem 15. *IUL*-Kongreß 1967 in Dublin:

> Wir haben (...) mit der BAT insoweit bemerkenswerte Gespräche geführt. Ich meine aber, daß wir uns erst dann zufriedengeben dürfen, wenn es uns gelungen ist, mit den Konzernleitungen Empfehlungen über die maximale Gleichheit der Arbeitsbedingungen für alle Arbeitnehmer auszuhandeln, die in den zum Konzern gehörenden Unternehmen tätig sind. Es darf keine internationale Verflechtung wirtschaftlicher Art geben, die nicht ein Höchstmaß internationaler Solidarität im Gefolge hat.[11]

Der Kongreß in Dublin befaßte sich auch mit der Koordination gewerkschaftlicher Arbeit in multinationalen Unternehmen. Victor Reuther von den *United Automobile Workers* (USA) referierte über die Erfahrungen der Automobilarbeiter. Ihrem Beispiel folgend wurden in den nächsten Jahren in der IUL Ausschüsse für die wichtigsten multinationalen Konzerne eingerichtet: für Nestlé, Unilever und Oetker. Für Grace wurde ein Ausschuß gemeinsam mit der *Internationalen Chemiearbeiterföderation* gebildet. Und mit der *Internationalen Metallarbeiterföderation* wurde eine Konferenz organisiert über den Mischkonzern ITT, der auch im Lebensmittelbereich aktiv ist.
Die Ausschüsse erarbeiten Studien über die jeweilige Situation des Konzerns und geben Informationen und Bulletins an die Landesgewerkschaften heraus. Sie bereiten Tagungen vor, auf denen die Strategie der IUL gegenüber einem multinationalen Konzern abgestimmt wird. Im Verein mit dem Sekretariat werden sie im Bedarfsfall aktiv und organisieren Solidaritätskampagnen. Wo keine Ausschüsse existieren, werden bisweilen Ad-hoc-Komitees gebildet.

> Durch diese unermüdliche Tätigkeit und durch unsere ständigen Bemühungen zur Koordination und Information schaffen wir ein neues Netz von Beziehungen zwischen den

nationalen Gewerkschaften in den verschiedenen Teilen der Welt; wir bauen, anders ausgedrückt, eine neue Art der Gewerkschaftsorganisation auf, die zur Aufgabe hat, die Probleme, mit denen wir konfrontiert sind, zu lösen.[12]

Von der anfänglichen Hoffnung, binnen kurzer Zeit zu internationalen Tarifverträgen kommen zu können, mußte man sich bald lösen. Heute stehen im Vordergrund der Tätigkeit der IUL andere Ziele. Die internationalen Konzerne sollen daran gehindert werden, die Unterschiede zwischen verschiedenen Ländern (Organisationsgrad, Kampfkraft, Lohnhöhe usw.) zu ihrem Vorteil auszunutzen. Sie sollen daran gehindert werden, auf diese Weise die Arbeiter gegeneinander auszuspielen.

Wir müssen außerdem die Konzerne auf der Ebene der Weltwirtschaft daran hindern, daß sie die Kaufkraft der Arbeiter durch Währungsmanipulation und Inflation zerstören, daß sie autoritäre Regierungen unterstützen oder solche ans Ruder zu bringen helfen. Denn auf diese Weise wollen sie ihre Investitionen schützen, d.h. durch eine Unterdrückung der organisierten Arbeiterschaft und durch die Repression der grundlegenden Freiheiten der Gewerkschaften, wie des Rechts des Zusammenschlusses, des Rechts auf freie Meinungsäußerung und des Streikrechts. Auch müssen wir sie daran hindern, progressive und populäre Regierungen zu isolieren und zu stürzen, was sie gelegentlich dadurch versuchen, daß sie die Regierung des Landes, wo sie ihr Hauptwerk haben, als eine Art Vollstreckungsbehörde benutzen.[13]

5. Die europäische Gewerkschaftsarbeit

Die europäische Gewerkschaftsarbeit in den Branchen der Nahrungs- und Genußmittelindustrie sowie des Gastgewerbes war viele Jahre dadurch behindert, daß zwei Organisationen mit annähernd gleichen Aufgaben und weitgehend gleicher Mitgliederstruktur auf europäischer Ebene nebeneinander bestanden: die *Europäische Gewerkschaftsgruppe Nahrung-Genuss-Gaststätten (EG-NGG)* und die *Euro-IUL*.
Die EG-NGG entstand 1959 parallel zur Europäischen Wirtschaftsgemeinschaft. Die Gewerkschaften schlossen sich enger zusammen, um nicht in einem politisch und wirtschaftlich integrierten Europa den Einfluß zu verlieren, den sie auf nationaler Ebene erreicht hatten. Außerdem sollte Europa kein Gebilde werden, das nur von Monopolen und Konzernen beherrscht war. »Für ein Europa der Arbeitnehmer«, lautete das Bekenntnis der Gewerkschaftsgruppe Nahrung-Genuss-Gaststätten.
Die 40-Stunden-Woche, vier Wochen Mindesturlaub, gleicher Lohn für gleichwertige Arbeit, ein garantiertes Mindesteinkommen bei Krankheit, Ausweitung der öffentlichen Kontrolle über die Wirtschaft – für diese und andere Forderungen wollte sich die Gewerkschaftsgruppe auf europäischer Ebene einsetzen. Konzentrationsprozesse in der Ernährungswirtschaft, Struktur der Lebensmittelindustrie, die Überkapazität in der europäischen Mühlenindustrie – das waren die engeren Themen aus dem Nahrungs- und Genußmittelbereich, mit denen sich die Gruppe beschäftigte. In einer Reihe von Beratenden Ausschüssen für Erzeugnisse arbeiteten

Vertreter der Europäischen Gewerkschaftsgruppe Nahrung-Genuss-Gaststätten mit. Weder hier noch anderswo, auf den Arbeitstagungen, bei inoffiziellen Kontakten usw., konnten aber zufriedenstellende Ergebnisse erreicht werden. Was die Gewerkschaften am stärksten interessierte, daran haperte es auch am meisten: Fortschritte in der Sozialpolitik.
Die *Europäische Gewerkschaftsgruppe Nahrung-Genuss-Gaststätten* war kein Organ der IUL. Sie erhob eigene Beiträge und betrachtete sich als Untergliederung des IBFG. Die Unabhängigkeit der Gruppe müsse man aus der Struktur der EG heraus verstehen, argumentierte Herbert Stadelmaier auf dem IUL-Kongreß 1973 in Genf. Als IUL-Regionalorganisation könnten die gleichen Aufgaben doch genausogut wahrgenommen werden, schallte es zurück.[14]
Zwischen IUL und EG-NGG war die Zusammenarbeit bisher zwar gut gewesen. Man fürchtete bei der IUL aber, das Beispiel könnte Schule machen, und weitere unabhängige Zusammenschlüsse könnten entstehen. Bei EG-NGG gab es indes eine Mehrheit, die sich gegen die Eingliederung in die IUL aussprach.
Der IUL blieb nichts anderes übrig, als ihre eigene europäische Regionalorganisation zu schaffen. Vom 31. Januar bis 1. Februar 1975 tagte die Gründungskonferenz der *Euro-IUL*. Die Situation spitzte sich zu, als beide Gruppen vom Europäischen Gewerkschaftsbund (EGB) anerkannt werden wollten. Als im Januar 1976 der Ausschuß der Euro-IUL in Genf tagte, kam es zu einer langen Debatte über die Beziehungen zu der EG-NGG. Ein Weg müsse gefunden werden, um eine einheitliche Vertretung sicherzustellen, war die einhellige Überzeugung. Es wurde auch gleich ein Modell entworfen. Die Euro-IUL sollte sich vor allem um die multinationalen Konzerne kümmern, die EG-NGG, wie bisher, um die Beziehungen zur EWG. Auf dieser Grundlage kam dann auch eine Annäherung zustande.
Zwar gab es zwischen EG-NGG und IUL seit 1979 eine schriftliche Vereinbarung über die Zusammenarbeit, in der täglichen Arbeit gab es trotzdem häufig Koordinierungsprobleme. Oft beschäftigten sich beide Organisationen in getrennten Zusammenkünften mit den gleichen Themen.
Die NGG regte deshalb an, die Vereinigung beider Organisationen herbeizuführen. Die Aufgabe war nicht leicht zu lösen. In vielen Einzelgesprächen mit nationalen Gewerkschaften war innerhalb der EG-NGG Unterstützung für den NGG-Vorschlag zu suchen. Nach einer fast drei Jahre dauernden Diskussion zeichneten sich die ersten Erfolge ab: Der Vorstand des EG-NGG beschloß am 28. 9. 1981, seinen Mitgliedsverbänden die Fusion mit der Euro-IUL zu empfehlen. Die endgültige Entscheidung fiel auf der 3. Generalversammlung des EG-NGG im November 1981 im dänischen Helsingør. Bis zum 31. 3. 1983 sollte die volle Identität der Mitgliedschaft hergestellt werden.
Der neugegründete Europäische Ausschuß der Lebens-, Genußmittel- und Gastgewerbegewerkschaften in der IUL (EAL-IUL) übernahm die politi-

schen und sozialen Verpflichtungen des EG-NGG und betrachtete sich als dessen Nachfolgeorganisation. Der EAL-IUL ist eine Regionalorganisation der IUL mit einer über das übliche Maß hinausgehenden Selbständigkeit, die sich aus der historischen Entwicklung und den besonderen Aufgaben in Zusammenarbeit mit den Organisationen von EG und EFTA begründet.
Dem EAL-IUL gehören automatisch alle Gewerkschaften an, die zum Zeitpunkt der Gründung Mitglied des EG-NGG bzw. der Euro-IUL waren. Das waren 1981 62 Gewerkschaften aus 18 europäischen Ländern mit 1,3 Millionen Mitgliedern.

ANHANG

ANHANG 1

Delegirten-Versammlung des Cigarrenarbeitertages im Colosseum zu Leipzig.
Am 24.–27. December 1865[1]

Am 24. Dec. Abends 8 Uhr eröffnete der seitherige Vorsitzende des Centralcomités[2] Hr. *Fritzsche* die Vorversammlung und ward derselbe zum ersten und Hr. *Leutenmayer* aus Frankfurt zum zweiten Vorsitzenden des Cigarrenarbeitertages gewählt und die Geschäftsordnung berathen.
Am 25. Dec. Vormittags ½ 11 Uhr wurde vom Vorsitzenden Hrn. *Fritzsche* nach Beendigung der Frühkirche zunächst zur Prüfung der Vollmachten der Deligirten verschritten.
Hr. *Leutenmayer* aus Frankfurt a/M. hat Vollmacht für Worms, Eberstadt, Pfungstadt, Darmstadt, Frankfurt a/M. und Mainz.
Hr. *Franke* aus Cassel vertritt Cassel, Witzenhausen, Eschwege und Hanöv. Minden.
Hr. *Oertel* vertritt Nordhausen.
Hr. *Fritzsche* aus Leipzig vertritt Carlshafen. Hr. *Dörfel* Leipzig. Hr. *Albrecht* Delitzsch. Hr. *Lütze* Celle. Hr. *Schumann* Altenburg. Hr. *Müller* Dessau und Zerbst. Hr. *Herbst* Verden[3]. Hr. *Heine* Frankenberg. Hr. *Berghausen*[4] Braunschweig und Wolfenbüttel. Hr. *Laue* Zeitz. Hr. *Leib* Stuttgart, Heilbronn, Gundelsheim, Kochendorf, Vaihingen, Calw, Offenburg, Rastadt, Carlsruhe, Bruchsal, Heidelberg, Speyer, Hochdorf, Zweibrücken, Mannheim, Aschaffenburg, Anspach, Nürnberg, München, Würzburg, Heidingsfeld, und Rheinfelden.
Hr. *Taubert* vertritt Eilenburg, Torgau, Düben und Prettin. Hr. *Dohm* Cöln und Umgegend. Hr. *Seidler* Wurzen.[5]
Der Vorsitzende eröffnet die Versammlung und bemerkt, daß wenn auch nicht alle, so doch die wichtigsten Gegenden Deutschlands hinsichtlich der Cigarrenarbeit vertreten seien, und begrüßt nach kurzer Ansprache die Versammlung, hierbei den Dank aussprechend dafür, daß Leipzig als Ort der Versammlung gewählt worden.
Es kommt hiernächst die Berathung des Wahlmodus zur Sprache.
An der Debatte hierüber betheiligen sich die Herren *Lütze, Albrecht* und *Leib*. Letzterer stellte es[6] als fraglich hin, ob einfache Majorität entscheiden solle.
Hr. *Dörfel* in Leipzig möchte den bereits in gestriger Vorversammlung gestellten Antrag auf ⅔ Majorität aufrecht erhalten wissen.
Der Vorsitzende legt dar, wie der Modus der Wahl dreierlei Art sein kön-

ne, und schlägt vor, daß diejenigen, welche unter 100 Mitglieder vertreten, 1 Stimme haben sollen u. s. w.
Hr. *Lütze* Nach diesem Modus würden die stärkern Vereine die Ueberzahl haben und schlägt vor:
Den Vertretern von unter 100 Wählern eine Stimme, von 100–200 zwei Stimmen und über 200 3 Stimmen zu geben.
Hr. *Leib* in Stuttgart spricht für diesen von Celle beantragten Modus.
Hr. *Lütze* in Celle empfiehlt denselben besonders.
Der Vorsitzende hält es zunächst für nöthig, den in der gestrigen Vorversammlung gemachten Vorschlag wegen ⅔ Majorität in Erwägung zu ziehen. Bei Abstimmung fällt dieser.
Es kommt sodann Hrn. *Lütze's* Antrag, unter 100 1 Stimme, bis zu 200 2 Stimmen, darüber 3 Stimmen, zur Abstimmung und wird angenommen.
Der Vorsitzende bringt sodann die weitere Geschäftsordnung zur Berathung und fragt, ob eine Beschränkung der Debatte stattfinden solle oder nicht. Hr. *Laue* für Freiheit der Debatte.
Hr. *Berghaußen* wünscht Beschränkung der Debatte insofern, als nicht mehrmals von demselben Gesichtspunkte aus eine Sache besprochen werde.
Es wird schließlich Freiheit der Debatte beschlossen.
Hr. *Leib* interpellirt den Vorsitzenden über die gestern Abend in der Vorversammlung gefaßten Beschlüsse.
Der Vorsitzende giebt hierüber dahin Auskunft, daß er als 1. Vorsitzender und Hr. *J. Leutenmayer* als 2. Vorsitzender gewählt worden.
Es wird zur Tagesordnung übergegangen, nachdem sich noch Hr. *Leib* vom Vorsitzenden Auskunft über die Veranstaltung einer Protokollführung erbeten und erhalten hat.
Erster Gegenstand ist die Berathung einer Versicherungsbank für Kranken- und Sterbekassen der Cigarrenarbeiter und Sortirer deren Statut vorliegt.
Der Vorsitzende verliest den desfallsigen *Statutenentwurf*.
Hr. *Leib* in Stuttgart muß, bevor zur förmlichen Berathung übergegangen wird, noch auf einiges aufmerksam machen. Als Redner von der Frankfurter Comitésitzung zurück nach Stuttgart gekommen, habe man in Stuttgart die Ansetzung eines Vereinstags auf den 25. bis 28. Decbr. d.J. für zu früh befunden und dagegen protestirt, weil die Frist zur Inkenntnißsetzung der Vereine zu kurz sei. Da jedoch die Comités darüber beschlossen, so sei dies nicht mehr rückgängig zu machen gewesen, und es habe der Stuttgarter Centralverein das Circulair vom 18. Decbr. 1865, welches ebenfalls vorliegt erlassen. Dasselbe ist am Montag gedruckt und am Dienstag den 19. Decbr. d.J. versandt worden. Redner verliest das Circulair und giebt dazu die nöthigen Erläuterungen und Erklärungen für die Motive desselben. Daß einestheils die Zeit zu kurz und anderntheils sich Städte, wie Mannheim, flau benommen, sei schuld, daß er allein 23 Städte hier vertrete.

Hr. *Berghaußen* wünscht Vorlesung und Mittheilung der Protocolle über die Stuttgarter und Frankfurter Comitésitzung.[7]
Der Vorsitzende bemerkt, daß von Frankfurt ein Protocoll nicht, wohl aber ein solches von Stuttgart vorliege, und fragt an ob nicht die Versammlung auch das Protocoll über den im October hier stattgefundenen Cigarrenarbeitertag mit vorlesen lassen wolle, was genehmigt wird.[8]
Hr. *Leib* verliest sodann einen Aufruf zur Betheiligung am Stuttgarter Cigarrenarbeitertage, welcher in der »Coburger Arbeiterzeitung« erschienen[9] und auch autographirt an die einzelnen Städte rechtzeitig versandt worden ist. In Folge dieses Aufrufs hat nun im August d. J. der Stuttgarter Vereinstag stattgefunden. Redner giebt sodann ein Bild über die Bestrebungen der süddeutschen Vereine und berichtet über eine von ihm abgehaltene Versammlung in Speyer, wo die Polizei Schwierigkeiten gemacht habe, weßhalb man sich entschlossen habe, die Verhandlungen derselben andern Tags im Badischen fortzusetzen und zu beenden. Redner geht hierauf zur Mittheilung des Berichts in der »Arbeiterzeitung« über den Stuttgarter Vereinstag über.
Der Vorsitzende Hr. *Fritzsche* verliest nach dessen Erfolg das Protocoll über den Cigarrenarbeitertag, welcher Mitte October in Leipzig stattfand.
Hr. *Leib* wünscht Auskunft über die im Protocoll erwähnte Prüfungscommission für zur Aufnahme in den »Socialdemokrat« bestimmte Artikel in Bezug auf Vereinsangelegenheiten und erhält dieselbe durch den Vorsitzenden, welcher hierauf in der Protocollvorlesung fortfährt.[10]
Die Sitzung wird wegen des Gottesdienstes nach Polizeivorschrift von 1 Uhr bis 3 Uhr vertagt, nachdem Hr. *Leib* noch zu den vom Vorsitzenden eben vorgetragenen Protocolle noch bemerkt hat, daß nicht, wie etwa scheinen könne, irgend eine Bevormundung von Sachsen oder Leipzig aus beabsichtigt sei noch sein könne.
Nachdem sich die Deligirten gegen 3 Uhr wieder im Sitzungslocale versammelt, wird die Berathung vom Vorsitzenden um
3¼ Uhr
wieder eröffnet. Derselbe theilt zunächst ein Telegramm aus Coblenz und Vallendar, einen Gruß enthaltend mit, welches während der Pause eingegangen ist.
Es wird sodann zur Statutenberathung übergegangen und stellt der Vorsitzende die Frage, ob zunächst die Statuten im Allgemeinen oder deren Einzelheiten berathen werden sollen.
Hr. *Berghaußen* ist für Einzelberathung,
Hr. *Leib* für Discusion zunächst im Allgemeinen.
Hr. *Franke* ebenfalls, desgleichen
Hr. *Lütze*.
Der Vorsitzende übergiebt, da er das Referat über die Statuten hat, das Präsidium einstweilen an
Hrn. *Leutenmayer*,
und bemerkt hierauf zunächst, daß das, was heute geschaffen werde, bis

513

zur nächsten Generalversammlung definitives Gesetz für die Beschließenden und die von denselben Vertretenen bleiben müsse, andernfalls die heutige Zusammenkunft nutzlos sein würde.

Hr. *Leib.* Man sei in Süddeutschland der Ansicht, daß vor allen Dingen ein Grundgesetz, ein Statut geschaffen werden müsse. Nun sei von Hrn. *Fritzsche* der vorliegende Entwurf gleichsam als Nachtrag oder Ergänzung geschaffen worden. Bevor dieser Entwurf angenommen werden könne, müsse das Grundgesetz berathen sein.

Hr. *Dohm* macht darauf aufmerksam, daß in Preußen, am Rhein etc. eine Kranken- und Reiseunterstützungskasse von Polizeiwegen nicht geduldet werden werde. Man möge statt dessen die Centralisation der Cigarrenarbeiter als Ziel im Allgemeinen hinstellen.

Hr. *Fritzsche:* Das, was Hr. *Dohm* meint, sei allerdings die Hauptsache, nämlich die Reise- und Unterstützungskasse, die Krankenkasse sei mehr untergeordneter Natur. Es werde sich jedoch immer fühlbarer machen, solche Kassen zu gründen und der Arbeiter habe ja keine andere Gelegenheit, sich zu helfen. Der Entwurf solle nur neben dem Grundstatut bestehen.

Hr. *Leib:* Es scheine ein Irrthum wegen des Grundstatuts abzuwalten. In Frankfurt habe man das so verstanden, daß ein Normalstatut für alle geschaffen werden müsse. In Stuttgart habe man bereits beschlossen, daß die größern Vereine die kleineren, Falls letztere dies bedürfen, auf diese Weise unterstützen und daß Gauverbände geschaffen werden sollten. Hr. *Fritzsche* scheine dies einseitig aufgefaßt zu haben, da er ein Statut entworfen, welches mehr auf eine Centralisation der Localkassen, als auf eine normale Organisation der Vereine selbst abzuzielen scheine.

Hr. *Franke* will nicht an den Localkassen gerüttelt oder verändert wissen.

Hr. *Fritzsche* ist nicht im Klarem, was Hr. *Leib* will. Was übrigens einen Gauverband betreffe, so steht in Preußen, Hannover, Sachsen etc. das Vereinsgesetz dem entgegen, so lange die Regierung die Vereine davon nicht suspendire (vorübergehend davon entbinde), oder ihnen das Recht der Körperschaft (Korporationsrecht) ertheile. So sehr aber die gegenwärtigen Regierungen in den genannten Ländern derzeit mit den Arbeitern liebäugeln, so sei dies doch nicht zu erwarten, da sie ja stets fürchteten die Vereinigungen der Arbeiter geschehen nur zum Umsturze alles Bestehenden und dann sei es aber auch eine viel größere Sicherheit für den Bestand des Vereins wenn seine Statuten (Satzungen) den jetzigen reactionären Staatsgesetzen gemäß seien, da alsdann eine Wiederholung der Jahre 1849 und 1850[11] nicht mehr zu fürchten sei, denn wo wie in Baden und Süddeutschland durch die laxere Handhabung des Vereinsgesetzes oder auch durch ein etwas freieres Vereinsgesetz die Verbindung und Correspondenz von Vereinen so wie Gauverbände möglich seien, habe man doch keine Gewähr für die Zukunft, indem der erste Hauch der Reaction im Stande sei das mit so vieler Mühe und Aufopferung Errichtete über den Haufen zu werfen so daß die Arbeiter abermals in ihren Hoffnungen getäuscht und um ihr sauer Erworbenes betrogen würden. Wenn man also eine Vereinigung wünsche, so könne man auf keine andre Weise, als daß man eine einzige Centralisation schaffe, vorgehen. Das von Hrn. *Leib* gewünschte Förderotivsystem sei deshalb nicht möglich.

Hr. *Leib:* Man sei in Stuttgart von der Ansicht ausgegangen, daß möglichste Selbstverwaltung stattfinden müsse. In Würtemberg dürfen sich solche Kassen bilden, doch verlange die Polizei Vorlage eines Statuts, und deshalb wolle er, daß auf eine allgemeine deutsche Vereinigung heute hingewirkt werde.

Hr. *Lütze* glaubt, daß die hier berathenen Statuten *jeder* Behörde zur Genehmigung eingereicht werden müssen.

Hr. *Fritzsche* verneint dies und weist auf den Nationalverein[12] hin.

Hr. Vice-Vorsitzende *Leutenmayer* zur Berichtigung.

Hr. *Lütze* erklärt sich, wenn es nach Hrn. *Fritzsch'es* Erläuterungen nicht anders gehe, der Majorität fügen zu wollen.

Hr. *Fritzsche:* Es müsse durch eine einheitliche Verbindung aller Cigarrenarbeiter Deutschlands ein Druck nach überall hin ausgeübt werden, um materielle und sittliche Hebung zu erzielen. Er weist darauf hin, daß, wo die Arbeiter einzeln aufgetreten sie nie etwas erreicht hätten. Was etwaige Sittlichkeitsbedingungen in den Statuten betreffe, so erklärt er sich nicht für Aufnahme solcher Bestimmungen in dieselben.

Hr. *Leib:* erklärt sich für Geltendmachung gewisser Beschränkungen, namentlich dürften solche Leute, welche in Zuchthäusern und Strafanstalten das Geschäft gelernt hätten, nicht in die Vereine aufgenommen werden. In Stuttgart habe man den Beschluß gefaßt, daß z.B. die in Ludwigsburg inhaftirt Gewesenen nicht an den Corporationsrechten theilnehmen können.

Hr. *Laue* bemerkt, daß in dieser Hinsicht der Einheimische wegen größeren Bekanntseins gegen den Fremden im Nachtheil sei.

Hr. *Lütze:* Man müsse hier vom Standpunkt der Humanität ausgehen, und daher dürfe man auch den nicht ausschließen, der sich einmal vergangen.

Hr. *Fritzsche* legt dar, wie es in dieser Hinsicht in Leipzig gehalten worden.[13]

Hr. *Franke* bemerkt, daß man doch, bevor man die Aufnahmebedingungen debattire, das Vorhergehende in den Statuten erst berathe und endlich einmal zur Denifitivberathung komme. Nachdem die Versammlung als Ergebniß vorstehender Debatte den Beschluß gefaßt: »Die Berathung des 1. Gegenstandes der Tagesordnung (Statutenentwurf zu einer Versicherungsbank der Kranken- und Sterbekassen deutscher Cigarrenarbeiter und Sortirer) vorläufig auszusetzen, verschreitet man zur Berathung der Statuten einer Versicherungskasse gegen Arbeitslosigkeit, dem 2. Punkt der Tagesordnung und

Hr. *Fritzsche* räth das Eingehen auf die Einzelparagraphen des genannten Statutenentwurfs.

Hr. *Fritzsche* verliest § 1. Zweck des Vereins. Es spricht Niemand dagegen. Angenommen.
Zu § 2 ergreift
Hr. *Leib* das Wort, und erbittet sich nähere Erläuterung bezüglich der Vorrechnung, welche ihm von Hrn. *Fritzsche* gegeben wird.
Hr. *Lütze* wünscht vor der Einzelberathung das Vorlesen sämmtlicher Paragraphen.
(Geschieht).
Nach erfolgter Vorlesung des 40. §§ umfassenden Statuts kommt § 2 zur Berathung.
Hr. *Leib* bemerkt, daß durch das Vereinsorgan der Arbeitsnachweis dem Directorium abgenommen und letzterem dadurch eine Erleichterung geschaffen werden könne.
Hr. *Fritzsche* hält dies nicht für thunlich im Allgemeinen und belegt dies mit Gründen. Im Uebrigen werde die Praxis das Nöthige lehren.
§ 2 wird einstimmig angenommen.
Zu § 3 bemerkt
Hr. *Leutenmayer,* ob auch solchen Leuten, die nicht gerade Cigarrenarbeiter sind, wie Tabaksausgeber etc. der Beitritt freisteht.
Hr. *Berghaußen* wünscht nur solche Leute aufgenommen, welche entweder sich selbstständig vollkommen auf Cigarrenarbeit ernähren können, ferner sich sittlich geführt oder wenigstens eine Probe deshalb bestanden, und stellt deshalb Antrag.
Hr. *Leib* wünscht Auskunft, ob unter den nach § 3 Aufnahmeberechtigten nur *deutsche* Cigarrenarbeiter zu verstehen sein.
Hr. *Berghaußen* bemerkt, daß hinsichtlich der gewöhnlichen Tabaksarbeiter die größte Vorsicht zu empfehlen sei, damit man nicht in Ungelegenheiten komme.
Hr. *Albrecht:* Wir haben in unsrer Localunterstützungskasse viele, die nur Tabaksarbeiter sind, die können wir nicht ausstoßen.
Hr. *Franke* macht darauf aufmerksam, daß es sich hier nicht um Locales, sondern um die Aufnahme in die zu gründende allgemeine deutsche Kasse handele.
Hr. *Lütze* ist der Ansicht die Sortirer mit einzuschließen.
Hr. *Dohm* hält es für ganz einfach, sich hierüber klar zu werden. Gewöhnliche Arbeiter seien nicht mit den technischen Cigarrenarbeitern und Sortirern zu verwechseln, folglich auch nicht mit aufzunehmen.
Hr. *Albrecht* will Auskunft darüber, wie der Cassirer mit der Abrechnung fertig werden solle.
Hr. *Franke* giebt ihm hierüber Aufklärung.
Es kommt hierauf der Antrag des Hr. *Leib* zur Abstimmung:
»Zur Mitgliedschaft ist jeder innerhalb der deutschen Bundesstaaten, einschließlich der Schweiz und Schleswig, in Arbeit stehende Cigarrenarbeiter und Sortirer berechtigt.«

Der Antrag Hrn. *Leutenmayers* lautet:
»Bei Aufnahme eines Mitgliedes muß dasselbe nachweisen, daß es mindestens so viel verdient, als die wöchentlichen Geldunterstützungen bei Arbeitslosigkeit ausmachen.«
Hr. *Dohm* sieht die Bestimmung im Antrag Hrn. *Leutenmayers* bezüglich des Verdienstes als müßig an, da dies in Bezug auf die Cigarrenmacher und Sortirer nicht nöthig sei.
Hr. *Leutenmayer* vertheidigt seinen Antrag.
Hr. *Berghaußen* glaubt, daß Hr. *Dohm* sich im Mißverständniß befinde und wiederholt, daß der Nachweis des Verdienstes nöthig erscheine.
Hr. *Taubert,* Hr. *Lütze,* Hr. *Berghaußen* sprechen in dieser Angelegenheit. Letzterer will nur vor der Hand die Debatte auf den Sinn des fraglichen Paragraphen selbst beschränkt haben, um Zeit zu sparen.
Der Antrag Hrn. *Leutenmayers* wird gegen 3 Stimmen angenommen.
(29 Stimmen sind vertreten.)
Zur Abstimmung kommt hierauf ein Amendement des
Hrn. *Berghaußen,* welcher nochmals dasselbe befürwortet, und bemerkt, daß gefallenen Genossen die Mitgliedschaft nicht verschlossen werden könne.
Hr. *Fritzsche* giebt mit Genehmigung der Antragsteller den Anträgen eine andere Fassung. Nach derselben lautet nunmehr:
»Zur Mitgliedschaft ist jeder innerhalb der deutschen Bundesstaaten einschließlich der Schweiz, Schleswigs, der Provinz Preußen und Preußisch-Polen aufhaltliche (in Arbeit stehende) Cigarrenarbeiter und Sortirer berechtigt[14], sobald er nachweisen kann, daß er mindestens soviel verdient, als die in § 16 angeführte Unterstützung beträgt und gegen seine Sittlichkeit nichts einzuwenden ist. Solche Cigarrenarbeiter und Sortirer, welche wegen eines entehrenden Verbrechens bestraft worden sind, haben nachzuweisen, daß sie sich seit dieser Zeit ein Jahr lang untadelhaft aufgeführt haben; es ist jedoch zur Aufnahme nöthig, daß sich die Mehrheit der Mitglieder am Orte der Aufnahme mit derselben einverstanden erklärt.«[15]
Hr. *Lütze* hat sich schon früher gegen den letzten Passus ausgesprochen und muß dies jetzt wiederholt thun. Es sei hierin eine doppelte Bestrafung zu erblicken.
Da sich kein Redner mehr meldet, bringt der Vorsitzende den Paragraphen in seiner neuen Fassung mit dem *Berghaußen*'schen Amendement zur Abstimmung. Es wird dasselbe gegen 2 Stimmen angenommen.
§. 4 kommt zur Abstimmung.
Hr. *Berghaußen* und Hr. *Leib* erachten diesen §. 4. als durch die vorhergehenden erledigt.
Für die Beibehaltung des §. 4. ist niemand; folglich einstimmig abgeworfen.
Ueber §. 5. wird die Debatte eröffnet.
Hr. *Berghaußen* glaubt diesen Paragraph nur empfehlen zu können, um sich vor Schwindeleien zu hüten.

Hr. *Franke* wünscht zu wissen, ob dieser Paragraph für die Gründer oder nur für später Eintretende gilt. Der Vorsitzende giebt Erklärung dahingehend daß auf die Gründer und alle diejenigen die bis zur endgiltigen Inkrafttretung des Vereins berechtigte Mitglieder einer Reiseunterstützungskasse waren, §. 5. keine Anwendung erleiden könne.

§. 5. wird einstimmig angenommen.

§. 6. kommt zur Berathung.

Hr. *Laue* ist der Meinung: es sollen für Alle gleiche Rechte und gleiche Pflichten gelten.

Hr. *Leib* will wissen, wie es mit den jetzigen Gründern der Kasse gehalten werden solle.

Bei der Abstimmung wird beschlossen, daß

1., Auch die Verheiratheten Eintrittsgeld zahlen sollen.

2., wird die Frage, wie hoch sich dies Eintrittsgeld belaufen solle, mehrfach debattirt. Hr. *Berghaußen* will noch eine Nachfrist. Hr. *Fritzsche* will die Leute durch Bekanntmachung dahin, daß wer den bis jetzt bestehenden Reisekassen beitritt, kein Eintrittsgeld zu zahlen habe, herbeiziehen. Den verschiedenen Ortschaften sei es zu überlassen, je nach Thunlichkeit die Kassen zu scheiden, oder für jedes Mitglied den Beitrag von ½ Sgr. aus der vereinten Orts-Reise-Kranken- und Sterbekasse an die Centralkasse des allgem. deutschen Cigarrenarbeiter Vereins zu berechnen und nach Maaßgabe gegenwärtiger Statuten zu verwenden.

Hr. *Laue* findet noch eine Erläuterung nöthig, ob ein Arbeiter, der in einem Orte keine Gelegenheit hat, sich bei der Kasse zu betheiligen, und kommt in einen andern Ort, wo er dies kann, dann Eintrittsgeld zahlen soll?

Hr. *Leib* stellt den Antrag: daß diejenigen, welche entweder nachweisen, daß sie keine Kenntniß von der Kasse oder gar keine Gelegenheit hatten, sich zu betheiligen, gleich den Gründern behandelt werden sollen.

Hr. *Franke* dagegen,

Hr. *Lütze* ist der Meinung, daß die Gelegenheit sich zu betheiligen, in naheliegenden Ortschaften zu suchen sein könne.

Hr. *Taubert* ist derselben Ansicht.

Hr. *Berghaußen* hält es für im eigensten Interesse, möglichst wenige Hindernisse des Beitritts zu schaffen, aber auch alle Hinterthüren zu verschließen. Dagegen aber wünscht er solchen, welche zeitweilig ins Ausland gehen, möglichste Wahrung des Interesses.

Hr. *Leib* ist von der liberalen Anschauung ausgegangen, daß die Kosten der ersten Einrichtung nicht zu weit ausgedehnt werden sollten, jetzt sei das bei der regen Betheiligung etwas Anderes.

Der *Leib*'sche Antrag kommt zur Abstimmung und wird gegen 3 Stimmen abgelehnt.

Bei Abstimmung über die Höhe des Einkaufsgeldes entscheidet sich die Majorität für den Satz von – 10 Sgr. – oder ⅓ (Ein Drittel) Thaler, wäh-

rend die beiden andern Vorschläge von ½ und ⅔ Thaler in der Minorität bleiben.
Es kommt §. 7. zur Berathung, wöchentliche Beitragsfeststellung zunächst betreffend.
Hr. *Leib* und Hr. *Dohm* beantragen möglichste Billigkeit des Wochenbeitrags, da vorläufig die Kassenverhältnisse erst zu beobachten sein dürften. Ein halber Silbergroschen sei genug
Hr. *Fritzsche* hat schon viele Aeußerungen gehört, die ebenfalls auf ½ Silbergroschen gegangen.
Hr. *Leib* befürwortet, daß man, um mit den deutschen Münzverhältnissen in Einklang zu kommen, sagen möge: alle 4 Wochen 2 Silbergroschen. Uebrigens frage es sich, ob man mit diesem Beitrage auskommen werde, da die einzelnen Reisekassen aufhören würden.
Hr. *Dohm* verliest aus dem Social-Demokrat einen Bericht über eine Versammlung von Cigarrenarbeitern in Lorsch, in welcher man den Beitritt zu einer allgemeinen Reisekasse beschlossen, jedoch ebenfalls nur wenn die Mitgliederbeiträge (d.h. die Steuern) so gering seien, daß sie ihrem geringen Verdienste angemessen seien, daß sie, die Versammlung[16], dagegen einen Krankenkassenverband abgelehnt hat. Die Versammlung hat danach ferner einen Beschluß gegen die Frauenarbeit gefaßt. – Der Sprecher macht am Schluße darauf aufmerksam, daß es wie dort in Lorsch, auch noch anderwärts Viele, trotzdem sie nicht das Geld haben, einen Deligirten nach Leipzig zu schicken, gebe, welche der Sache treu und in Eintracht anhängen.
Hr. *Leib* rühmt den Schreiber des Berichts, Hrn. *Schäfer,* als Ehrenmann. Betreffs der Frauenarbeit bemerkt er, daß man auch in Stuttgart dieselbe in Betracht gezogen habe.[17]
Der Vorsitzende, Hr. *Fritzsche,* bemerkt, daß allerdings die Frauenarbeit in Frage zu ziehen sei, daß aber dieselbe nicht so ohne Weiteres zu beseitigen sei. Im Uebrigen sei bei der Gemessenheit der Zeit die Tagesordnung nicht außer Acht zu lassen. Vorläufig sei also auf Festsetzung des Wochenbeitrags Absicht zu nehmen.
Hr. *Leib* beantragt Schluß der Debatte, welcher angenommen wird, und es hat noch
Hr. *Berghaußen* das Wort, welcher über Vorgänge in Braunschweig bezüglich der Reisekasse spricht. Die dortige Behörde habe eine Trennung der Reise- von der Kranken- und Sterbekasse aus guten Gründen nicht zugegeben.
Der Vorsitzende erklärt die Debatte hierauf für geschlossen, spricht aber noch in Bezug auf das, was Hr. *Berghaußen* gesprochen, einiges zur Erläuterung. Es solle mit der allgemeinen Kasse nur eine größere Gleichmäßigkeit angebahnt werden.
Abstimmung: Die Steuer von Einem halben Silbergroschen wird einstimmig genehmigt.
Der zweite Theil des §. 7. wird ebenso einstimmig genehmigt.

§. 8. kommt zur Berathung.
Hr. *Albrecht* gegen 6 wöchentliche Steuerrestfrist, entweder 4 oder 8 Wochen gemäß der Zahlung.
Hr. *Berghaußen* glaubt, je kürzere Frist, je besser; er habe von seinen Wählern den Auftrag, eine vierwöchentliche Frist zu beantragen.
Abstimmung: 4 Steuern Rest einstimmig angenommen.
Der weitere Absatz des §. 8. (Wer die Kasse in betrügerischer Absicht benutzt, oder zu benutzen sucht) wird im ersten Abschnitt ohne Debatte genehmigt; gegen den zweiten Satz spricht sich
Hr. *Leib* aus, weil das Untersuchen im letztern Falle zu viele Mühe machen werde; man solle übrigens den Teufel nicht zu sehr an die Wand malen.
Hr. *Berghaußen* Verdächtigungen seien sehr wohlfeil. Die Eintracht in Deutschland sei bis jetzt an Verdächtigungen gescheitert; daher gegen den letzten Passus.
Der Vorsitzende bringt den Passus zur Abstimmung.
Wird einstimmig abgeworfen.
Hr. *Leib* spricht sich anfangs gegen Entscheidung des Ausschusses aus, ist aber schließlich damit einverstanden.
§. 8 wird in der neuen Fassung zur Abstimmung gebracht, doch erbittet sich vorher noch
Hr. *Berghaußen* das Wort, um einer mildern Anschauung Geltung zu verschaffen bezüglich der Benutzung von Geldern, und stellt das Amendement, daß bei kleinern Vergehen eine Appelation zulässig, verzichtet aber wieder nach den vom Vorsitzenden gegebenen Erläuterungen auf dasselbe.
§. 8. einstimmig angenommen.
Es kommt §. 9 zur Berathung.
An der Debatte hierüber betheiligen sich die Herren *Berghaußen, Franke, Taubert.* Hr. *Berghaußen* will die Einschaltung der Disposition.
Der Vorsitzende schlägt vor, vorzusehen, daß in dem Falle, daß Jemand nicht an Ort und Stelle sein könne, wenigstens seine Beiträge entrichten solle.
Es wird Schluß beantragt und unterstützt.
Hr. *Taubert* verzichtet aufs Wort.
Hr. *Berghaußen* spricht die Befürchtung aus, daß leicht Jemand so lange im Rückstand bleiben könne, bis das Einkaufsgeld[18]
überstiegen sei, und sich dann von Neuem einkaufen könne.
Ein Amentement des Hrn. *Berghaußen:*
»Wer schon Mitglied ist und reist in's Ausland oder in eine Gegend, wo im Umkreis von 10–12 Meilen keine Kasse ist, ist derselbe, wenn er sich wieder in eine Kasse anmeldet, vom Einkaufsgeld frei.«
Wird gegen 4 Stimmen abgeworfen.
§. 10. Kommt zur Berathung.

Hr. *Dohm* und Hr. *Taubert* sind der Meinung daß dieser Paragraph überflüssig sei und daher fallen müsse.
Der Vorsitzende glaubt, daß dieser §. 10 nur dann fallen könne, wenn §. 22 mit falle.
Auf Vorschlag des Hrn. *Berghaußen* werden beide Paragraphen ausgesetzt, und die Verhandlung um 8 Uhr geschlossen.

Zweiter Vereinstag der Deligirten deutscher Cigarrenarbeiter.
Leipzig, am 26. December 1865.

Der Vorsitzende Hr. *Fritzsche* eröffnet die Versammlung Vormittag ½11 Uhr. Es wird mit der Statutenberathung fortgefahren. §. 11 kommt zur Berathung, die Rechte der Mitglieder betreffend.
§. 11 ohne Debatte einstimmig angenommen.
§. 12, 13, 14 und 15 werden zusammen verlesen als mit einander zusammenhängende. Zu §. 12 meldet sich Niemand zum Wort, derselbe wird einstimmig angenommen.
Zu §. 13 bemerkt
Hr. *Taubert,* daß es wohl heißen könne: »wegen herabgedrückten Lohnes«,
Hr. *Leib* beantragt Annahme der §§. 13, 14 und 15 in Bausch und Bogen. Wird unterstützt.
Hr. *Berghaußen* findet nicht für nöthig, eine Abänderung vorzunehmen, nur dürfte in §. 15 der Passus wegen des Zeugnisses specieller ausgedrückt werden.
Der §. 15 würde demnach lauten:
»Absolute Mehrheit der Collegen am dasigen Orte.«
Dies Amendement wird ohne Debatte einstimmig angenommen.
Hr. *Franke* findet den Ausdruck »wegen unzureichenden Lohnes«, ebenso »wegen schlechter Arbeit und streitsüchtigen Characters« zu umfangreich.
Der Vorsitzende bemerkt, daß Streitigkeiten vom Vorstand zu entscheiden seien.
Hr. *Leib* findet von Hrn. *Franke* zu schwarz gemalt und wünscht möglichst Zeit erspart, man solle nicht zu sehr auf Einzelheiten herumreiten.
§. 13, 14 und 15 werden gegen 2 Stimmen angenommen.
§. 16 kommt zur Berathung.
Hr. *Berghaußen*[19] meint hierzu, daß die Ortscollegenschaft, Ausschuß und Directorium hierbei mitzusprechen haben und stellt deshalb Antrag:
a., »Will Jemand die ihm vom Directorium zugewiesenen Arbeit während der Zeit, wo er eine Unterstützung empfängt, nicht annehmen, so ist es einer Commission an dem Orte, wo derselbe sich befindet, (jedoch mit Berücksichtigung der Familienverhältnisse) vorzulegen, welche endgültig darüber entscheidet, ob und bis wenn diese Arbeit anzutreten ist.
b., In Fällen, wo über 10 oder sämmtliche Mitglieder eines Orts die Arbeit verlassen, haben dieselben sofort Anzeige an das Directorium zu machen,

welches bestimmt, an welchen nächstgelegenen Orte zu diesem Zweck eine Commission gewählt werden soll, welche die Entscheidung über den in gegenwärtigen §. sub. a., vorgesehenen Fall trifft.«[20]
Der Antrag wird unterstützt.
Hr. *Dohm* findet, daß §. 16 einer der schwierigsten ist. Gesetzt, es würde einem verheiratheten Mann in weiter Ferne Arbeit angewiesen, so würde das zu Unzuträglichkeiten führen. Jedenfalls sei der §. 16 zu kurz gefaßt.
Hr. *Laue* findet diesen §. 16 für überflüssig, weil das zu gründende Vereinsorgan die Arbeit vermitteln werde.
Der Vorsitzende giebt Erläuterungen über den *Berghaußen*'schen Antrag.
Hr. *Berghaußen* glaubt, bei der möglicherweise kostspielig werdenden Transportirung von Arbeitern an andere Orte die Errichtung von örtlichen Productiv-Genossenschaften in's Auge fassen zu dürfen.
Hr. *Dohm* schlägt eine Frist vor, binnen welcher die Arbeiter die ihnen zugewiesene Arbeit anzunehmen haben, bei Verheiratheten länger, bei Unverheiratheten kürzer.
Wird als Amendement zum *Berghaußen*'schen Antrage unterstützt.
Hr. *Berghaußen* spricht zu näherer Begründung.
§. 16. wird in der obigen Fassung einstimmig angenommen.
§. 17. Höhe der Unterstützung, kommt zur Berathung.
Hr. *Lütze* schlägt als tägliche Höhe der Unterstützung 15 Ngr. vor.
Hr. *Berghaußen* glaubt, daß eine Norm nicht festzustellen, dies vielmehr Sache der örtlichen Festsetzung sei.
Hrn. *Lütze's* Antrag wird unterstützt.
Hr. *Franke* sieht nicht ein, warum keine Norm festzusetzen sei, da ja *gleiche* Beiträge gegeben werden.
Hr. *Berghaußen* läßt seinen Antrag fallen. Der *Lütze'sche* Antrag (– 15 Ngr. –) wird angenommen.
Ueber §. 18., welcher nun zur Berathung kommt, nimmt zunächst
Hr. *Berghaußen* das Wort, um zu erörtern, in welchen Fällen hier der Ausschuß einzuschreiten habe.
Der Vorsitzende giebt hierzu folgende Erklärungen. Der Ausschuß habe zu bestimmen, in welchen Fällen eine Erhöhung der Unterstützung einzutreten habe. Besondere Bestimmungen hierfür gehörten in die Geschäftsordnung. Es sei deshalb am Besten, den §. 18 zu lassen in der Fassung wie er ist.
Hr. *Berghaußen* verzichtet auf Stellung eines Antrags und wird §. 18 hierauf einstimmig angenommen.
Zu §. 19 bemerkt
Hr. *Berghaußen,* daß der Zweck einer Reise sehr schwer zu prüfen sei. Man habe das in Braunschweig bereits seit langem einer Erwägung unterzogen, man sei aber noch zu keinem Resultate gelangt.
Der Vorsitzende bemerkt, daß vielleicht noch »berechtigte« Mitglieder eingefügt[21] werden könne.
Der §. 19 wird mit dieser Einschaltung einstimmig angenommen.

Zu §. 20. (Unterstützungsbetrag) beantragt,
Hr. *Leib* gleichmäßige Unterstützung pr. Meile.
Hr. *Franke* stimmt dem bei, weil sonst die Reisenden nur große Städte aufsuchen würden.
Der letzte Zusatz (außerdem in – Städten eine außerordentliche Unterstützung von – Sgr.) soll gestrichen werden.
Hr. *Berghaußen* wünscht Aufklärung über die Gewährungsart der Reiseunterstützungen, da er gehört, daß sehr leicht Schwindeleien vorkommen könnten.
Der Vorsitzende erklärt, daß die Tour durch Abstempelung markirt werden solle und da nur die in gerader Richtung zurückgelegte Meilenzahl als Maaßstab für die Unterstützung angewendet werde sei ein Betrug nicht denkbar.
Abstimmung: 1., Wollen Sie daß nach gerade zurückgelegter Meile das Reisegeld ausgezahlt werde? Einstimmig angenommen.
2., Die Höhe pr. Meile 2 Ngr. ebenfalls einstimmig angenommen.
Der Vorsitzende macht hierauf den Vorschlag, da, wo durch Geschäftskrisen, Arbeitseinstellungen und dergl. keine Arbeit ist, um Aufliegen und herabdrücken des Lohnes zu vermeiden, erhöhtes Reisegeld zu gewähren.
Hr. *Berghaußen* will einen Wochenbetrag der Unterstützung gewährt wissen, um die Abreise der Arbeitslosen zu bewerkstelligen, damit sie die Lohnverhältnisse nicht herabdrücken.
Der zweite Theil des §. 20 wird sodann in folgender Fassung:
»in einzelnen Fällen kann das Reisegeld vom Directorium erhöht werden«, einstimmig angenommen.
§. 21 ohne Debatte ebenso §. 23 angenommen. §. 22 fällt bei der gegenwärtigen Berathung aus.
§. 24. Nach »Directorium und Ausschuß« wird eingeschaltet: »und deren Stellvertreter«.
Anstatt »Obmann« schlagen Hr. *Leib* und Hr. *Lütze* die Benennung »Vorsitzender« vor. Für »Obmann«[22] stimmen 10, für »Vorsitzender« 10 Stimmen, der Vorsitzende giebt den Ausschlag für »Obmann«.
Der Passus: »Der Ausschuß besteht aus 25 Personen und ist möglichst auf die größern Fabrikorte zu vertheilen«, ruft eine Debatte hervor. Es sprechen:
Hr. *Laue* und Hr. *Berghaußen*, welcher Bevollmächtigte bestellt wissen will, behufs Agitation.
Der Vorsitzende macht den Unterschied zwischen Ausschußmitgliedern und Bevollmächtigten klar. Die Wahl von 25 Ausschußmitgliedern sei im Interesse schneller Abstimmung nicht zu vermehren
Hr. *Berghaußen* hält 13 Ausschußmitglieder für genügend, um Zeit, Porto und Unkosten zu sparen.
Hr. *Dohm* glaubt nicht, daß 25 zu viel sind; Deutschland sei groß und es könnten 13 nur allein nicht mit den Geschäften durchkommen.
Hr. *Berghaußen* hält es zur Sache selbst für ganz unwesentlich, ob der Aus-

schuß aus viel oder wenig Mitgliedern bestehe, doch sei die Zahl 13 vorzuziehen, da Nothstände möglichst schnelle Hülfe erfordern.
Hr. *Franke* pflichtet Hrn. *Dohm* bei. Es würde in einem Bezirke mehr Trieb in die Sache kommen, wenn ein Mitglied da sei.
Schluß der Debatte wird beantragt. Es hat noch das Wort.
Hr. *Lütze,* welcher ebenfalls für 25 Personen ist; der Kostenpunkt werde sich in andrer Weise heben.
Hr. *Berghaußen* hat nur eine Debatte hervorrufen und keinen Antrag stellen wollen.
§. 24 wird einstimmig angenommen. Zu
§. 25. Theil b., Rechenschaftsbericht, beantragt
Hr. *Leutenmayer* den Zusatz, daß am Orte der Abrechnung 3 Revisoren zu bestellen seien.
Wird einstimmig angenommen.
Hr. *Lütze* will monatliche oder kürzere Rechnungsabschlüsse. Wird vom Vorsitzenden jedoch belehrt, daß eine kürzere als Vierteljahrsfrist zur Rechnungsablage nicht thunlich erscheine, und bescheidet sich dessen.
Zu Theil c., Schriftführer betreffend, hat Niemand etwas einzuwenden.
§. 25 ist also mit obiger Abänderung einstimmig angenommen.
Zu §. 26. Rechte und Pflichten des Ausschusses, bittet
Hr. *Berghaußen* darüber um Aufklärung, was mit der 14tägigen Frist zur Erledigung der Geschäftsangelegenheiten[23] gemeint sei. Der Vorsitzende giebt die nach dem Wortlaut des Paragraphen sich ergebende Erörterung und Hr. *Berghaußen* bescheidet sich dessen. Im Uebrigen findet der §. 26 keinen Widerspruch und wird ohne Debatte einstimmig genehmigt.
Zu §. 27 bemerkt der Vorsitzende erklärend, daß der Obmann dem Ausschusse gegenüber eine Nichtbestätigung zu begründen habe.
Hr. *Berghaußen* bemerkt, daß ihm dieser §. 27 dunkel erschienen sei und scheinbar einen Despotismus enthalte, indeß habe er den Sinn desselben herausgefunden.
§. 27 wird ohne weitere Debatte einstimmig angenommen.
Zu §. 28 bemerkt aus Mißverständniß
Hr. *Berghaußen,* daß er dem Cassirer kein Wahlrecht einräumen könne, wird aber vom Vorsitzenden belehrt. §. 29 wird angenommen.
Die Vormittagssitzung wird hiermit gegen 1 Uhr geschlossen.

Leipzig, am 26. December 1865.

Der Vorsitzende eröffnet die Nachmittagssitzung um 2 Uhr wieder und es wird in Berathung der Statuten fortgefahren.
§. 29. Sicherstellung der Kasse betreffend, kommt zur Berathung. Der Vorsitzende giebt bei Verlesung dieses Paragraphen Aufklärung, daß die Disposition der Papiere bei einer Bank deshalb vorgesehen sei, um dem Kassenwesen Erleichterung zu gewähren.
Ueber Sicherstellung der Kasse verlangt zuerst
Hr. *Leutenmayer* das Wort, um den Zusatz zu beantragen, daß bei Kün-

digung und Erhebung von Geldern einige Mitglieder in Kenntniß gesetzt werden.

Hr. *Leib* beantragt die Streichung des ganzen Paragraphen und ist beauftragt, die Bildung von Gauverbandskassen zu beantragen, so daß das Kassenwesen den einzelnen Vereinsverwaltungen übertragen werde. Die Einrichtung, wie sie der §. 29 wolle sei zu complicirt, und zu kaufmännisch, als daß sie von allen Mitgliedern begriffen werden könne. Es könne nicht davon die Rede sein, daß die Deligirten sich hierüber allein klar würden, sondern daß die große Masse sich hinein finden könne.

Der Vorsitzende giebt hierbei zu bedenken, daß die Arbeiter sich überhaupt mit dem Geldwesen bekannter machen müßten. Es würde nach dem bisher beobachteten Principe zu viel Schreiberei erforderlich sein, und daher müsse eine centrale Einrichtung stattfinden.

Hr. *Leib* verwahrt sich dagegen, als ob er etwa Schwierigkeiten machen wolle. Eben um das Vertrauen nur zu heben, sei von ihm und seinen Wählern der erwähnte Vorschlag gemacht worden.

Hr. *Dohm* bemerkt, daß der §. 29 in Cöln und Umgegend lebhafte Debatte hervorgerufen habe, daß man jedoch schließlich erkannt habe, daß eine Centralkasse eine Nothwendigkeit, wenigstens aber zweckmäßig sei.

Hr. *Berghaußen* spricht über die früheren Schicksale einer ähnlichen Kasse, der im Jahre 1849 gegründeten Wittwen- und Invalidenkasse.[24] Damals sei der Verwalter derselben, d'Arronge, sehr verdächtigt worden und zwar von oben herab. Große Capitalien anzusammeln, würden die Regierungen nicht zulassen, doch müsse dem Directorium ein kleines Capital zur Verfügung stehen. Deshalb sei in Braunschweig ein Antrag, der hier blos zur Debatte kommen solle, beschlossen worden. Derselbe gehe dahin, daß in den größeren Fabriksorten Bezirkskassen gegründet werden und nur ein bestimmter Theil zur Centralkasse eingeliefert werden solle.

Dieser Antrag beschränke das Directorium durchaus nicht, im Gegentheil, je weniger das Directorium Geld zu verwalten habe, desto ungenirter stehe es da. Redner bevorwortet sodann noch gute Besoldung der Vereinsbeamten. Nur einen Schein der Eintracht dürfe die Corporation haben, so werde sie fest stehen, und um diese Eintracht zu fördern, dürfe das Directorium nicht zu viel Geld in Händen haben.

Der Vorsitzende bemerkt, daß es sich nicht um die Höhe der Summe in der Centralkasse, sondern vielmehr um die Sicherstellung der Centralkasse handele, und diese müsse da sein, da es eine Centralkasse immer geben müsse.

Hr. *Lütze* bemerkt, daß es noch Viele gebe, welche in Rücksicht auf die frühern Erfahrungen Mißtraun hegten; dieses Mißtrauen zu zerstreuen, müsse Aufgabe der heutigen Verhandlung sein.

Der Vorsitzende schlägt vor, zu Protocoll zu erklären, wie hoch sich der Fond der Centralkasse belaufen solle, um allen Genüge zu leisten.

Hr. *Berghaußen* will, daß aus den Verwaltungskassen ein monatlicher

Ueberschuß in die Centralkasse fließe, damit das Directorium einen Fond zur Disposition habe.
Schluß der Debatte wird beantragt.
Der Vorsitzende bemerkt gegen die Ausführungen des Hrn. *Berghaußen,* daß eine Einrichtung, wie dieser sie wolle, nicht möglich sei, da dem vielfach das Gesetz entgegenstehen würde. Von Frankfurt sei der Vorschlag gemacht, einige Mitglieder (die 3 Revisoren) bei Gelderhebungen zuzuziehen.
Hr. *Berghaußen* gegen Schluß der Debatte, weil die Sache noch nicht klar liege.
Der Vorsitzende bemerkt erklärend, daß nach der Geschäftsordnung der Bevollmächtigte und der Orts-Cassirer die Reisenden zu unterstützen haben. Was nun in der Ortscasse Ueberschuß verbleibt, soll in die Centralcasse, und diese solle in der § 29 angegebenen Weise sichergestellt werden.
Hr. *Taubert* bringt einen Antrag ein, welcher beginnt: »Das Vermögen des Vereins wird von jedem Ort selbst verwaltet« etc.
Der Vorsitzende bemerkt hiergegen, daß eben dies nicht angehe, weil dies sonst einen Zweigverein in sich schließe und deshalb gegen das Vereinsgesetz sei. Der Taubert'sche Antrag könne in das Protocoll kommen, damit derselbe bei Abfassung der Geschäftsordnung berücksichtigt werden könne.
Hr. *Berghaußen* will das Directorium sicher gestellt wissen, damit sich dasselbe annähernd berechnen könne, was es zur Verfügung habe, und daß dasselbe stets auch *etwas zur* Disposition habe.
Hr. *Franke* bemerkt, daß der § 29 über *Sicherstellung* des Geldes handele; das Uebrige sei Sache der Geschäftsordnung. Das sei doch klar; weshalb also noch die Verhandlung mit nicht Hergehörigen in die Länge ziehen?
Hr. *Lütze* ist mit Hrn. *Franke* einverstanden. Den einzelnen Vereinsgliedern müsse nur gezeigt werden, daß die Sache nicht wieder auf früherm Fuße eingerichtet werde.
Hr. *Franke* wiederholt im Allgemeinen das von ihm vorher Gesagte.
Hr. *Taubert* giebt seinen Antrag: »Die Beiträge der Mitglieder werden vom Orte selbst verwaltet« etc., vorläufig zu Protocoll (s. hinten)[25].
Die Debatte über diesen Gegenstand wird geschlossen.
Der Vorsitzende fragt an, ob man mit § 29 einverstanden sei.
Wird Allgemein beigestimmt.
Es kommt hierauf das Amendement *Leutenmayer's* zur Abstimmung, und wird ebenfalls einstimmig angenommen.
Der *Taubert*'sche Antrag wird zur spätern Berathung ausgesetzt.
§ 30 kommt zur Berathung.
Hr. *Berghaußen* bemerkt dazu, daß dieser § sehr weitgreifend sei, und glaubt es für unmöglich halten zu müssen, daß die Casse bankerott werden könne.
Hr. *Lütze* glaubt dies nicht für so unmöglich halten zu dürfen, da der Fall vorkommen könne, daß die Steuer verweigert werden dürfte.

Der Vorsitzende pflichtet dem Vorredner bei und führt Beispiele aus für die Möglichkeit eines Concurses (Ganterklärung).
Hr. *Berghaußen* wünscht Vorsichtsmaßregeln getroffen, daß auf alle Fälle das Vereinsvermögen gesichert sei, indem die frühere Casse durch Maßregelungen Seitens der Behörden zu Grunde gegangen sei.
Der Vorsitzende hält dafür, daß Maßregeln, wie die von Hrn. *Berghaußen* vorgesehenen, nicht so leicht mehr, wie früher, zu fürchten seien.
Hr. *Berghaußen* will wissen, ob, wenn Staats- etc. Papiere außer Curs erklärt werden, das Vereinsvermögen gesichert sei.
Es ergiebt sich, daß diese Sache schon erledigt ist. § 30 angenommen.
§. 31. Hauptversammlung und deren Befugnisse betreffend.
Hr. *Leib* beantragt jährliche Hauptversammlung.
Hr. *Berghaußen* bezeichnet öftere Hauptversammlungen ebenfalls als wünschenswerth; giebt jedoch die dadurch verursachten Ausgaben zu bedenken.
Hr. *Franke* weist auf § 39 hin und findet darin Veranlassung, wegen Wahl des Directoriums und Ausschusses wenigstens für das nächste Jahr wieder eine Hauptversammlung zu beantragen.
Hr. *Berghaußen* pflichtet dem Antrage des Hrn. *Leib* völlig bei, doch wolle er nur bemerken, daß es ein Unterschied sei, ob die Delegirten von den Vereinsmitgliedern oder von der Centralcasse entschädigt würden.
Hr. *Leib* begründet seinen Antrag.
Abstimmung: »Alljährliche Hauptversammlung in der Zeit von Anfang April bis Ende Juni« wird einstimmig angenommen.
Hr. *Dohm* spricht gegen allein vom Obmann anzusetzende außerordentliche Generalversammlungen.
Hr. *Berghaußen* findet in diesem § eine gewisse Bevormundung; der Obmann könne so große Gewalt nicht haben; er beantrage, daß ⅔ des Ausschusses für Einberufung der Hauptversammlung sein müssen. Er *müsse* sie aber einberufen, wenn ⅓ der Vereinsmitglieder dieselbe verlangen.
Der Vorsitzende bemerkt, daß ¹⁄₁₀ der Mitglieder im Statut bereits vorgesehen sind für Einberufung einer Hauptversammlung.
Hr. *Berghaußen* spricht für seinen Antrag nochmals.
Hr. *Franke* will die Debatte hierüber nicht zu sehr ausgedehnt wissen. Es sei gleich, ob ¹⁄₁₀ der Mitglieder oder die Majorität des Ausschusses die Hauptversammlung verlange.
Hr. *Berghaußen* möchte wenigstens einfache Majorität der Mitglieder.
Der Vorsitzende macht auf die Schwierigkeit aufmerksam, bei der großen Ausdehnung, die der Verein erlange, einfache Mitgliedermajorität zu erlangen, und schlägt mindestens ⅙ der Mitglieder vor.
Abstimmung: Der Obmann *kann* die Hauptversammlung einberufen mit der Majorität des Ausschusses; *muß* sie aber einberufen bei Einstimmigkeit des Ausschusses. Angenommen.
Antrag *Berghaußen's* wird abgeworfen (wegen Hälfte der Vereinsmitglieder). Dagegen wird ⅙ der Vereinsmitglieder nach dem Vorschlage des

Vorsitzenden als Norm für Einberufung der Hauptversammlung angenommen.
Die Versammlung wird hierauf wegen der im Nebensaale beginnenden Tanzmusik und der dadurch hervorgerufenen Störung um 5½ Uhr abgebrochen, und auf morgen früh 8 Uhr vertagt.

Dritter Vereinstag der Delegirten der deutschen Cigarrenarbeiter.

Leipzig, am 27. Decbr. 1865.

Der Vorsitzende eröffnet die Versammlung ½ 9 Uhr Vormittags.
§ 32 wird ohne Debatte mit dem vom Vorsitzenden vorgeschlagenen Zusatze: »in Uebereinstimmung mit der Mehrheit des Ausschusses« einstimmig angenommen.
§ 33 wird die Frist auf 8 Wochen festgestellt, und so ebenfalls einstimmig angenommen.
§ 34 einstimmig angenommen.
§ 35 kommt zur Berathung.
Hr. *Lütze* wünscht, da Abänderung der Statuten etwas Wichtiges ist, Benachrichtigung der sämmtlichen Mitglieder rechtzeitig.
Der Vorsitzende findet selbst die Fassung des § etwas dunkel, und schlägt deutlichere Fassung vor.
Hr. *Dörfel* findet die Frist von 8 Tagen, da vorher Versammlungen stattfinden müssen, zu kurz, und schlägt 14 Tage vor.
(Es kommt ein Brief von Hrn. *Heine,* welcher anzeigt, daß ihn seine Pflicht abgerufen habe; er sei mit den ferner zu fassenden Beschlüssen einverstanden.)
Hr. *Leib* findet die Frist von 3 Wochen zu kurz.
Die Anträge auf 3 Wochen und 8 Tage fallen und wird die Frist von 14 Tagen angenommen.
Es kommt die Zahl von 50 Mitgliedern als Unterstützungszahl zur Berathung.
Hr. *Lütze* erklärt sich einverstanden.
§ 35 mit der geänderten Frist angenommen, ebenso § 36. Zu § 37 giebt der Vorsitzende Erklärung darüber, wie die Einzeichnung der Delegirten in die Wahlacten zu verstehen sei. Es sei dies deshalb nöthig, damit Klarheit bei den Wahlen vorliege.
Hr. *Franke* fügt hinzu, daß dies so zu verstehen sei, damit keine Unrichtigkeiten bei den Wahlen vorkommen.
Hr. *Leib* beantragt, für heute nach Kopfzahl, wie bisher, abzustimmen; für spätere Hauptversammlungen aber nach einfacher Majorität.
Hr. *Berghaußen* findet den vorgeschlagenen Wahlmodus als den gerechtesten, der vorgeschlagen werden könne.
Der Vorsitzende schlägt für die heutige Wahl Abgabe der Stimmen bei dem unterzeichneten Protocollanten als Unparteiischen vor, welcher dann

das Wahlresultat mit einem Delegirten zu prüfen und versiegelt zu den Acten zu geben hätte.

Hr. *Franke* für geheime Wahl durch Stimmzettel.

Der Vorsitzende findet diesen Vorschlag zwar für heute gut; stellt aber die Frage: wie es in Zukunft zu halten sei?

Hr. *Dohm* und Hr. *Berghaußen* für den Vorschlag Hrn. *Franke's*. Hr. *Leib* erhebt seinen Vorschlag nicht zum Antrage, und es wird § 37 unverändert einstimmig angenommen.

Zu § 38 fragt Hr. *Berghaußen* an, ob der Obmann, Cassirer und Schriftführer etc. aus den Delegirten allein zu wählen seien.

Der Vorsitzende verneint dies, und bemerkt, daß, wenn die Beamten am Sitze des Vereins sein müssen, aus den am Orte des Vereinssitzes vorhandenen Mitgliedern Candidaten vorzuschlagen sein dürften.

Hr. *Franke* spricht sich für Auslassung des Amts eines Schriftführers und Ergänzung desselben auf andere Weise aus.

Der Vorsitzende erläutert, daß das Vereinsgesetz es nicht gerade nöthig mache, daß die Beamten am Sitze des Vereins wohnen müssen.

Hr. *Lütze* bemerkt, daß die Stimmen am Sitze des Vereins unter verschiedene Delegirte aus dem betreffenden Orte vertheilt werden könnten, aus denen dann die Candidaten genommen würden. Am Sitze des Vereins müsse das Directorium sein.

Der Vorsitzende hebt hervor, daß das Hauptgewicht auf der Wahl eines geeigneten Cassirers liege.

Hr. *Laue* ist mit den Ausführungen des Hrn. *Lütze* deshalb nicht einverstanden, weil dann, wenn das Directorium am Sitze des Vereins sein müsse, verschiedene Unzuträglichkeiten in Bezug auf Heimathsverhältnisse eintreten könnten.

Hr. *Dörfel* meint, daß es gleich sein könne, ob die Casse etc. am Sitze des Vereins sei oder nicht, wogegen

Der Vorsitzende bemerkt, daß hier ein andrer Fall als beim allgemeinen deutschen Arbeiterverein vorliege, der ein politischer Verein sei; die Casse der Cigarrenarbeiter sei zu einem wohlthätigen Zwecke vorhanden, und deshalb werde sich die Regierung mit darum bekümmern.

Hr. *Berghaußen* kann sich noch nicht genügend klar über die Verhältnisse werden.

Der Vorsitzende schlägt vor, daß zu Protocoll gegeben werden möge, daß der Cassirer von den am Sitze des Vereins befindlichen Mitgliedern vorgeschlagen werden solle.

Hr. *Lütze* bleibt dabei stehen, daß das Directorium am Sitze des Vereins sein müsse.

Hr. *Leib* verwahrt sich gegen etwaige Beschränkung der Wahlfreiheit.

Der Vorsitzende bringt seinen Vorschlag wegen des Cassirers zur Fragestellung:

Der Vorschlag: »Die Mitglieder desjenigen Ortes, wo der Sitz des Vereins

ist, haben das Recht, den Cassirer vorzuschlagen«, wird einstimmig angenommen.
§ 38 wird angenommen.
§ 39 wird mit der Abänderung angenommen, daß Directorium und Ausschuß auf *ein* Jahr zu wählen sind.
§ 40 einstimmig angenommen.
Es kommt hierauf zur Berathung, ob der von Hrn. *Taubert* gestellte Antrag: »Die Beiträge der Mitglieder werden am betreffenden Orte selbst verwaltet; die Centralcasse wird gebildet durch den vierten Theil der Ueberschüsse, welche sich an den einzelnen Orten ergeben, und sind allmonatlich bis spätestens den 15. jedes Monats an das Directorium einzusenden; aus dieser Casse bestreitet das Directorium seine sämmtlichen Ausgaben« zu Protocoll genommen werden solle behufs der Aufnahme dieser Bestimmung in die Geschäftsordnung.
Hr. *Dörfel* wünscht in Betracht der auflaufenden Kosten nur vierteljährliche Einsendung an die Centralcasse; ferner, daß überhaupt alle Ueberschüsse einzusenden seien.
Hr. *Leib* schlägt vor, zu sagen: »Spätestens am 1. und bis 15. jeden Vierteljahrs-Monats. Was die Reiseunterstützungscassen betreffe, so seien dieselben in Süddeutschland z. B. nicht von den Kranken- und Sterbecassen getrennt. Es dürften sich daher wegen Trennung dieser Cassen, wie er bemerken müsse, noch viele Schwierigkeiten ergeben.
Hr. *Berghaußen* schlägt vor, jede vierte Monatssteuer zur Einsendung an das Directorium zu bestimmen.
Hr. *Lütze* ist mit Hrn. *Dörfel* wegen der vierteljährlichen Einsendung einverstanden.
Hr. *Franke,* Hr. *Lütze* und Hr. *Dörfel* sprechen noch über diesen Gegenstand. Man einigt sich dahin und darüber, daß nicht von dem bereits Eingezahlten, sondern nur von den vom 1. Januar nächsten Jahres 1866 ab zu zahlenden Beiträgen die Einsendungen gemacht werden sollen.
Der Vorsitzende schlägt bis zur Inkrafttretung der Statuten eine Interimssteuer vor.
Hr. *Laue* glaubt nicht, daß sich vor Inkrafttretung der Statuten Jemand zu einer Steuer verstehen werde.
Hr. *Leutenmayer* spricht sich für eine Interimssteuer aus.
Hr. *Leib* weist auf die Nothwendigkeit der Aufbringung von Geldmitteln zu Deckung der Kosten hin, und so wird denn eine Interimssteuer, wie beantragt, beschlossen, und soll dieselbe an den zu wählenden Cassirer so bald als möglich eingesendet werden.
Der *Taubert*'sche Antrag wird schließlich einstimmig mit der Abänderung angenommen, daß vierteljährliche Einsendung stattfinde.
Es wird nun zur Rechnungsablage verschritten.
Hr. *Leib* hat diese Rechnungsablage so verstanden, daß nur darüber Abrechnung erfolgen solle, was in Leipzig in Bezug auf den dermaligen, und

nicht auf das, was für den früheren vorberathenden Cigarrenarbeiter-Tag gearbeitet worden ist.
Bezüglich der Einzelheiten bemerkt
Hr. *Leib,* daß die »Denkschrift«[26] nicht als ein allgemein zu deckendes Schriftstück, sondern speciell für das Königreich Sachsen berechnet zu betrachten sei; daher die Kosten hierfür auch von den sächsischen Cigarrenarbeitern zu tragen sein würden.
Der Vorsitzende verliest hierauf den speciellen Rechenschaftsbericht über die Auslagen:

Autographirte Statuten:	7 Thlr. 17 Ngr. 5 Pf.
Gedrucktes Rundschreiben lt. Rechnung:	4 Thlr. 15 Ngr. – Pf.
Porto, Anzeigen, Papier etc.:	5 Thlr. 26 Ngr. 4 Pf.
Summa-Rechnung des gegenw. Arbeitertags:	17 Thlr. 28 Ngr. 9 Pf.
Hierzu für das Protocoll:	3 Thlr. – Ngr. – Pf.
	20 Thlr. 28 Ngr. 9 Pf.

Hr. *Lütze* macht den Vorschlag, bis den 1. April künftigen Jahres, bis wohin die Angelegenheiten geordnet sein dürften, vom 1. Januar ab alle 14 Tage eine Kopfsteuer zu erheben.
Hr. *Leib* schlägt vor, daß die Leipziger Casse der Centralcasse einstweilen einen Vorschuß machen solle.
Hr. *Dörfel* bemerkt hiergegen, daß dies nicht möglich sei.
Der Vorsitzende bringt Hrn. *Lütze's* Antrag zur Berathung.
Hr. *Leib* schlägt vor, den Antrag dahin abzuändern, daß es heißen möge: »bis zum 1. März«, und daß von da ab alle provisorischen Ausgaben aufhören möchten.
Hr. *Lütze* ist damit einverstanden.
Hr. *Laue* ist der Meinung, daß dann der Betrag der Steuer mit einem Male eingehoben werden könne, da derselbe dann nur 2 Sgr. betrage.
Hr. *Lütze,* Hr. *Berghaußen* und Hr. *Albrecht* sprechen noch über die Möglichkeit der Aufbringung dieser Steuer.
Hr. *Albrecht* bemerkt noch, daß Delitzsch kein Statut zugeschickt erhalten habe; er sei nur auf Gerathewohl hergekommen.
Der Vorsitzende bemerkt, daß Delitzsch auf dem vorhergehenden Leipziger Cigarrenarbeitertage nicht vertreten gewesen sei, und daß daselbst die Statutenvertheilung stattgefunden habe; dann sei es aber auch seine Pflicht gewesen, dafür Sorge zu tragen, daß die anwesenden Delegirten ein jeder ein Exemplar erhalte; das Rundschreiben aber habe er dem Cigarrenarbeiter Hrn. *Schulze* in Delitzsch rechtzeitig zugesendet.
Der *Lütze'*sche Antrag kommt mit der von Hrn. *Leib* beantragten Abänderung zur Abstimmung, und wird in dieser Fassung einstimmig genehmigt.
Hierauf wird zur zweiten Lesung des berathenen Statuts verschritten.
Hierbei fragt der Vorsitzende zu § 25c noch an, ob anstatt des Schriftführers, wie zur Sprache gekommen, ein Beisitzer zu wählen sei.

Wird einstimmig angenommen. Es wird also in § 24 und 25c statt Schriftführer heißen müssen: Beisitzer; in § 25c.: »hat allen Directorialsitzungen beizuwohnen, und ist stimmberechtigt.«
Nach Beendigung der Statutenlesung kommt das Statut für die Krankencasse auf die Tagesordnung und wird vom Vorsitzenden verlesen.
Der Vorsitzende fragt an, ob hiergegen viele Einwände gemacht werden würden.
Hr. *Taubert* und Hr. *Albrecht* erwähnen, daß ein Hinderniß darin liegen dürfte, eine solche Casse zu gründen, daß sich die Fabrikanten, welche jetzt zu den bestehenden Krankencassen Beiträge zahlten, der selbstständigen Gründung solcher Cassen, namentlich soviel Preußen betreffe, widersetzen würden.
Hr. *Dohm* bestätigt dies hinsichtlich Preußens.
Hr. *Leib* sagt, daß in Süddeutschland ein solches Hinderniß nicht bestehe.
Hr. *Franke* wirft ein, daß man sich in Kurhessen nicht an Krankencassen im Auslande betheiligen dürfe.
Der Vorsitzende stellt hierauf zunächst die Frage, ob man überhaupt auf Berathung des Statuts einzugehen gedenke?
Wird gegen 2 Stimmen bejaht.
Hr. *Albrecht* bemerkt, daß sich die preußischen Staatsangehörigen dabei nur zuwartend verhalten könnten.
Hr. *Leib* findet für angemessen, daß etwas Ganzes geschaffen werde; man könne ja das gegenwärtige Statut noch bis zur nächsten Hauptversammlung aufsparen, und möchten bis dahin die Mitglieder des Vereins für die Sache wirken. Er stellt deshalb Antrag.
Hr. *Taubert* ist derselben Meinung.
Der Vorsitzende spricht sich dahin aus, daß man nach möglichster Selbstständigkeit fort und fort streben möge.
Hr. *Leib* will ebenfalls größtmögliche Selbstständigkeit der Arbeiter.
Hr. *Lütze* mit dem Gesagten einverstanden.
Es wird schließlich Vertagung bis nächsten Vereinstag beschlossen.
Man geht sodann zu Berathung des früher ausgesetzten § 10 des Reise-Cassen-Statuts über.
Hr. *Leib* ist für unbedingte Aufnahme dieses §, während Hr. *Dohm* dagegen verlangt, daß eine unbedingte Verpflichtung zum Beitritt nicht eingeführt werden solle.
Hr. *Lütze* für den § 10.
Hr. *Dohm* macht geltend, daß Verheirathete oder alte Leute doch nicht gezwungen werden könnten, der Reisecasse beizutreten.
Der Vorsitzende schlägt vor, zuzufügen: »Ausnahmefälle kann nur der Ausschuß gestatten.«
Das Amendement kommt zur Abstimmung, und wird § 10 mit demselben einstimmig angenommen.
§ 22, als früher ebenfalls ausgesetzt, wird nunmehr berathen.

Hr. *Leib* gegen den §, bescheidet sich aber auf eine Berichtigung des Vorsitzenden.
§ 22 wird, bis auf die Bestimmung des Taschengeldes, einstimmig genehmigt. Die Frage wegen des Taschengeldes kommt hierauf zur Sprache.
Hr. *Lütze* beantragt wöchentlich 5 Sgr. Taschengeld.
Hr. *Leib* fragt an, welche Casse dies tragen solle, und wird vom Vorsitzenden beschieden, daß dies die Centralcasse tragen müsse.
Von mehreren Seiten werden 10 Sgr. als wöchentliches Taschengeld beantragt.
Hr. *Lütze* findet Bedenken gegen diese Höhe wegen Anwachsens der Kosten.
Hr. *Leib* spricht gegen solche Bedenken.
Hr. *Franke* will auch das Taschengeld nicht zu knapp bemessen; was den Hospitalsatz betreffe, so sei dieser verschieden – billig und theuer, – könne daher nicht maßgebend sein.
Hr. *Lütze* zieht seinen Antrag auf 5 Sgr. zurück und schließt sich dem Antrage auf 10 Sgr. an.
Der Vorsitzende findet 10 Sgr. auch nicht zu viel.
Der Antrag auf 10 Sgr. wird einstimmig angenommen.
Hr. *Franke* fragt noch an, wie es mit Tragung der Beerdigungskosten stehe.
Der Vorsitzende glaubt nicht, daß der Verein zur Beerdigung sich zu verpflichten habe; man möge dem Verein nicht zu viel aufbürden.
Hr. *Lütze* kann sich nicht mit dem Gedanken befreunden, von gestorbenen Collegen hinsichtlich des Begräbnisses sich abzuwenden.
Hr. *Franke* stellt den Antrag, daß auch die Beerdigung derer, die auf Reisen sterben, aus der Centralcasse erfolgen möge.
Der Vorsitzende spricht sich dahin wiederholt aus, daß der Casse nicht zu viel zugemuthet werden dürfe. Die Gemeinden würden die Todten nicht über der Erde lassen.
Der *Franke*'sche Antrag wird abgeworfen.
Die Verhandlung wird hierauf um 1¼ Uhr auf 1 Stunde vertagt.
Nach Wiederaufnahme der Berathung wird als weiterer Gegenstand derselben die Gründung eines Vereinsorgans zur Sprache gebracht.
Hr. *Leib* berichtet hierüber, daß der Verein bisher ein eigenes Organ nicht gehabt. Die Erfordernisse eines solchen wären: 1) ein guter politischer, 2) ein guter socialer Theil, 3) ein Vereinstheil, 4) Tabaksbörse, 5) Arbeiter-Aufenthaltsnachweis, 6) ein Arbeitsnachweistheil.
Diese Gründe hätten das Comité in Frankfurt bestimmt, an die Gründung eines Vereinsorgans zu denken. Freilich sei der Kostenpunkt: Caution, Redactions- und Druckkosten zu berücksichtigen: Man habe nun vorzuschlagen, ein solches Organ auf Actien zu gründen.
Der Vorsitzende eröffnet hierüber die Debatte, bemerkt aber zunächst, daß noch vor Inswerksetzung der Sache und bis zur Ordnung der Angelegenheit noch die bisherigen Organe beizubehalten seien. Zu erwähnen sei

noch, daß es noch als Frage betrachtet werden müsse, ob die Befähigten für die Redaction des Blattes vorhanden seien; ferner dürfe dasselbe keine Buchhändlerspeculation werden. Das Organ dürfe ein Mittel werden, die Corporation auch nach außen hin geachteter hinzustellen.
Hr. *Leib* zweifelt nicht, daß der Verein tüchtige Kräfte enthalte; für die Redaction könne er vielleicht eine geeignete Kraft in der Person des in Leipzig jetzt lebenden Hrn. Dr. *Weithmann* namhaft machen. Was den politischen Theil betreffe, so könne dieser möglicherweise weggelassen werden, um der Verfolgung der Polizeibehörden zu entgehen.
Der Vorsitzende führt aus, wie das Politische vom Socialen nicht zu trennen sei; man könne nicht vom Socialen sprechen, ohne das Politische mit zu berühren. Die Nachrichten vom Auslande, das sei noch nicht Politik, sondern die Besprechung der innern Fragen.
Hr. *Leib* bemerkt berichtigend, daß sich möglicherweise ein Auskunftsmittel bei Besprechung der Arbeiterfragen treffen lasse.
Hr. *Dohm* erkennt an, daß ein eignes Vereinsorgan eine Nothwendigkeit sei; daß aber in Betracht der zu bringenden Opfer und zu schaffenden und zu suchenden Kräfte für die nächste Zeit wohl nicht an ein eignes Organ zu denken sei. Redner befürwortet ein Aufschieben dieser Frage bis zum nächsten Vereinstage und einstweilige Anerkennung des »Socialdemokrat« als Vereinsorgan.
Der Vorsitzende bemerkt hiergegen, daß man, da die Existenz des »Socialdemokrat« unsicher sei, immerhin an ein eignes Vereinsorgan und die Vorarbeiten hierzu denken könne.
Hr. *Albrecht* ist von seinen Vollmachtgebern beauftragt, nur ein Arbeiterblatt, speciell den »Arbeitgeber« in Vorschlag zu bringen. (Allseitiger Widerspruch.)
Der Vorsitzende schlägt vor, eine vorberathende Commission zu ernennen.
Hr. *Leib* hält den »Socialdemokrat« als einstweiliges Vereinsorgan aus verschiedenen Gründen, namentlich weil derselbe ein Tageblatt sei, für vorzugsweise geeignet.
Hr. *Lütze* hält eine Commission nicht für nöthig.
Der Vorsitzende schlägt die Wahl einer Commission vor, und werden die beiden Vorgeschlagenen: der Vorsitzende Hr. *Fritzsche* und Literat *Pretzsch* in dieselbe gewählt, mit dem Rechte der Beiordnung. Ferner wird als einstweiliges Vereinsorgan der »Socialdemokrat« anerkannt, mit der Bestimmung, daß alle Beschlüsse und Bekanntmachungen auch in der Coburger Arbeiterzeitung veröffentlicht werden sollen.
Hierauf wird beschlossen (einstimmig), daß das heute zu wählende Directorium nur bis zum nächsten Vereinstage zu amtiren habe.
Hr. *Leib* will die Wahl eines definitiven Directoriums heute bis zum nächsten Vereinstage ausgesetzt wissen, bis dahin aber ein Centralcomité gewählt haben, und stellt desfallsigen Antrag.
Der Vorsitzende hält dies nicht für thunlich, des Vereinsgesetzes wegen.

Hr. *Berghaußen* für den *Leib*'schen Antrag.
Hr. *Leib* will das von ihm beantragte Verfahren nur deshalb, weil heute noch Viele nicht vertreten sind, und man nicht etwa bei denen Anstoß erregen wolle.
Der Vorsitzende entgegnet, daß man ja keine Personen wählen müsse, die etwa Anstoß hervorrufen könnten.
Hr. *Dohm* kann nicht begreifen, wie der *Leib*'sche Antrag und dessen Ausführung gegen das Vereinsgesetz verstoßen könne.
Der Vorsitzende berichtigt, daß Hr. *Dohm* nicht sich auf einen Usus, auf einen Gebrauch berufen könne; dieser beseitige nicht das Gesetz.
Hr. *Leib* spricht für seinen Antrag, und macht wiederholt geltend, daß ihn zu demselben nur die geringe Zahl der Delegirten, die hier anwesend, bewogen habe. Es seien 28 Personen als Directorium und Ausschuß zu wählen; so viel seien heute gar nicht anwesend. Man müsse aber auch aus dem Provisorium auf eine oder die andere Weise herauskommen.
Hr. *Franke* bemerkt, daß es nicht auf den Namen ankomme; übrigens sei ja nur die Wahl bis zur nächsten Hauptversammlung gültig.
Hr. *Dohm* will ebenfalls bis zur nächsten Hauptversammlung keine definitive Directoriumswahl; man würde dadurch der guten Sache schaden, indem die heute nicht Theilnehmenden sonst leicht denken könnten, daß sie sich dictatorischen Beschlüssen fügen sollten.
Hr. *Lütze* ist für entscheidende Wahl eines Directoriums, da man nicht jetzt wieder mit einem Provisorium auseinander gehen wolle und dürfe, wo man bereits vier Vereinstage in der Sache abgehalten habe.
Hr. *Leib* vertheidigt nochmals seinen Antrag.
Die Abstimmung ergiebt die Majorität für den *Leib*'schen Antrag.
Auf die Frage des Vorsitzenden, ob nun neben dem Comité ein Ausschuß gewählt werden solle, ertheilt Hrn. *Dohm* bejahende Antwort, und als der Vorsitzende hierauf erklärt, daß er nicht wisse, wie dies zur Ausführung zu bringen sei, schlägt
Hr. *Leib* vor, nur einen Ausschuß von 10–15 Personen zu wählen.
Der Vorsitzende fordert hierauf auf, sich darüber zu einigen.
Hr. *Leib* schlägt vor, eine Pause zur Privatbesprechung zu machen.
Hr. *Dohm* ist einer Unterbrechung der Berathung entgegen, und fragt an, wie man dazu komme, noch in letzter Stunde gewissermaßen die Resultate der ganzen Verhandlung in Frage zu stellen. Redner wendet sich gegen den Vorsitzenden; ebenso
Hr. *Leib,* welche beide ihre Verwunderung darüber äußern, wie der Vorsitzende sich jetzt, wie es scheine, nachdem er bis hierher die Verhandlung geleitet habe, sich zurückziehen wolle.
Der Vorsitzende vertheidigt sich gegen diese Angriffe.
Hr. *Taubert* führt betreffs des Vereinsgesetzes in Preußen ein Beispiel an.
Der Vorsitzende bemerkt, daß ein solch einzelnes Beispiel nichts beweise; er kenne das preußische wie das sächsische Vereinsgesetz; doch müsse er

dabei stehen bleiben, daß ein Provisorium, wie das vorgeschlagene, vor dem Vereinsgesetz nicht bestehen könne.
Hr. *Berghaußen* findet, daß es sich ja nur um Benennungen handele.
Hr. *Lütze* spricht wiederholt für die Wahl eines Directoriums.
Hr. *Leib* bemerkt gegen den Vorredner, daß es sich hier nicht um nochmalige Verschiebung handele; er beantragt Schluß der Debatte, und vertheidigt nochmals seinen Antrag.
Der Vorsitzende läßt, nachdem die Debatte geschlossen, über die zwei Anträge abstimmen:
1) ob ein Ausschuß zu wählen sei, welcher aus sich heraus die Leute zur Geschäftsleitung ernennt.
Für diesen Antrag 11; gegen denselben 15 Stimmen. Derselbe ist also abgelehnt, wogegen der Antrag
2) auf ein provisorisches Directorium nebst Ausschuß angenommen ist.
Für das Directorium werden sodann die Wahlen durch Stimmzettel vorgenommen.
Zuerst wird der Obmann gewählt. Die eingegangenen Stimmzettel ergeben für
Hrn. *Fritzsche* 15 Stimmen,
Hrn. *Leib* 7 Stimmen,
Hrn. *Leutenmayer* 1 Stimme,
Hrn. *Berghaußen* 3 Stimmen.
Sodann erfolgt die Wahl des Cassirers. Da jedoch hier noch in Frage kommt, wo der Sitz des Vereins sein solle, so beantragt
Hr. *Leib,* daß der Sitz des Vereins in Frankfurt sein solle, weil diese Stadt der Mittelpunkt zwischen Leipzig und Stuttgart sei.
Der Vorsitzende macht dagegen bemerklich, daß er kein Land wisse, welches Coalitionsfreiheit besitze, als Sachsen; sodann sei zu berücksichtigen, ob in Frankfurt es möglich sei, den Sitz des Vereins zu begründen.
Hr. *Leib* giebt zu Protocoll, daß er von seinem Antrage abstehe, weil örtliche und materielle Hindernisse entgegenstehen.
Nach mehrfacher Verhandlung einigt man sich dahin, daß der Antrag des Hrn. *Leib,* trotzdem er persönlich von seinem Antrage zurückgetreten, bestehen bleibe, und geht das Resultat der Abstimmung dahin, daß Frankfurt als Sitz des Vereins, falls dies in der Möglichkeit liegt, gelten solle; andernfalls nimmt man Leipzig dafür in Aussicht.
Es sollen hierauf Vorschläge zur Cassirerwahl gemacht werden. Hr. *Leutenmayer* schlägt
Hrn. *Limbach* in Frankfurt a./M. als Cassirer vor; außerdem werden noch Hr. *Leutenmayer* und Hr. *Pitz* vorgeschlagen. Es ergeben sich für
Hrn. *Leutenmayer* 16 Stimmen,
Hrn. *Limbach* 5 Stimmen,
Hrn. *Pitz* 2 Stimmen.
Die Wahl des Beisitzers ergiebt für
Hrn. *Stein* 14 Stimmen,

Hrn. *Dörfel* 10 Stimmen.
Der Vorsitzende stellt hierauf die Frage, ob alle 25 Ausschußpersonen gewählt werden sollen.
Dies wird bejaht.
Hr. *Leib* schlägt vor, daß der Ausschuß für diesmal durch Acclamation gewählt werden möge, da sonst zu viel Zeit erfordert werde.
Der Vorschlag wird in Betracht der Umstände für heute einstimmig angenommen.
Es werden vorgeschlagen:
Hr. *Daßbach* aus Hanau,
Hr. *Dittrich* aus Stuttgart,
Hr. *Hörig* aus Berlin,
Hr. *Richter* aus Dresden.
Es wird von Hrn. *Taubert* bemerkt, daß zunächst die anwesenden Delegirten berücksichtigt werden möchten.
Ferner werden vorgeschlagen:
die Orte Osnabrück und Breslau.
Bezüglich Magdeburgs bemerkt Hr. *Oertel,* daß Hr. *Böhme* dahin gehe.
Hr. *Espe* aus Nordhausen wird ebenfalls vorgeschlagen. Sodann werden vorgeschlagen:
Hr. *Dohm* aus Cöln,
Hr. *Berghaußen* aus Braunschweig,
Hr. *Steinemann* aus Vallendar,
Hr. *Schäfer* aus Lorsch,
Hr. *Kapp* aus Speyer,
Hr. *Lütze* aus Celle,
Hr. *Herbst* aus Verden,
Hr. *Hientzsch* aus Altona,
Hr. *Taubert* aus Eilenburg,
Hr. *Trabert* aus Bautzen,
Hr. *Lump* aus Herford,
Hr. *Müller* aus Dessau,
Hr. *Leib* aus Stuttgart,
Hr. *Franke* aus Cassel,
Hr. *Schlothe* aus Rinteln,
Hr. *Römer* aus Waldheim,
Hr. *Weißbrod* aus Nürnberg.
Es wird nun zur Wahl verschritten. Gewählt werden:
Hr. *Daßbach* aus Hanau,
Hr. *Leib* aus Stuttgart,
Hr. *Hörig* aus Berlin,
Hr. *Richter* aus Dresden,
Hr. *v. Tongan* aus Osnabrück,
Hr. (N. N.) aus Breslau,
Hr. *Espe* aus Nordhausen,

Hr. *Böhme* für Magdeburg,
Hr. *Dohm* für Cöln,
Hr. *Berghaußen* für Braunschweig,
Hr. *Steinemann* für Vallendar bei Coblenz,
Hr. *Schäfer* für Lorsch,
Hr. *Kapp* für Speyer,
Hr. *Lütze* für Celle,
Hr. *Herbst* für Verden,
Hr. *Hientzsch* für Altona,
Hr. *Taubert* für Eilenburg,
Hr. *Trabert* für Bautzen,
Hr. *Lump* für Herford,
Hr. *Müller* für Dessau,
Hr. *Franke* aus Cassel,
Hr. *Schlothe* aus Rinteln,
Hr. *Römer* aus Waldheim,
Hr. *Weißbrod* aus Nürnberg,
Hr. (N. N.) aus Hagen.
Der Vorsitzende fordert hierauf auf, noch einige Namen für den Fall zu nennen, daß Ablehnungen eingehen sollten.
Hr. *Lütze* bemerkt noch, daß mehrere kleinere Orte, wie Einbeck, den Beitritt zugesagt, aber weiter keine Nachricht gegeben hätten.
Vorgeschlagen werden sodann als Ersatzmänner:
Hr. *Moff* aus Mannheim,
Hr. Wilhelm *Hentze* aus Carlshafen.
Schließlich wird noch darüber Beschluß gefaßt, daß die nächste Hauptversammlung bis Ende Juni abgehalten werden muß; als Ort der Versammlung wird Frankfurt durch Acclamation gewählt. Die Geschäftsordnung will der Vorsitzende noch bis dahin entwerfen und an die Ausschußmitglieder versenden.
Zum Schluß kommt noch die Gehaltsfrage bezüglich des Hrn. *Fritzsche* unter Leitung des 2. Vorsitzenden zur Berathung.
Hr. *Leib* beantragt, Hrn. *Fritzsche* in Bausch und Bogen 15 Thaler für die gehabte Arbeit zu gewähren, womit sich Hr. *Fritzsche* zufrieden erklärt. Der Antrag wird einstimmig angenommen.
Hr. *Leib* bemerkt nun noch, daß Hr. *Fritzsche* von heute an die Leitung des Vereins als Obmann übernehme, und stellt die Frage, ob derselbe durch ein fixes Bauschquantum oder nach Arbeitszeit für seine Bemühungen als Obmann entschädigt werden sollte.
Hr. *Dörfel* für fixen Gehalt.
Hr. *Franke* desgleichen.
Hr. *Berghaußen* schlägt vom 1. Januar 1866 an 16–17 Thlr. pr. Monat vor.
Hr. *Leib* und Hr. *Dohm* für 20 Thlr. pr. Monat.
Hr. *Leib* ergänzt, daß dieser Gehalt bereits von morgen, den 28. Decbr., an laufe.

Der Antrag mit 20 Thalern pr. Monat, vom 28. Decbr. an laufend, wird einstimmig angenommen.

Vorgelesen, genehmigt, und wird die Verhandlung um 8 Uhr Abends geschlossen.

Aufgenommen auf Bestellung von
Edmund Pretzsch,
Literat.
Gegengezeichnet von *F. W. Fritzsche,* I. Vorsitzender
und
J. Leutenmayer, II. Vorsitzender.

Bekanntmachung.

Geehrte Geschäftsgenossen!
Auf dem Cigarrenarbeiter-Tage zu *Leipzig,* den 25. bis 27. Decbr. 1865 ward beschlossen, wie Sie aus vorstehendem Protocoll ersehen, daß ein eigenes Organ, d. h. eine eigene Zeitung, für die Cigarrenarbeiter gegründet werden, bis auf Weiteres aber der »Social-Demokrat« als Vereinsorgan benutzt werden soll. Da jedoch zwischen der Redaction des »Social-Demokrat« und dem allgemeinen deutschen Arbeiter-Verein, dessen Organ er bis Neujahr gewesen, dieses Verhältniß aufgelöst worden ist, so daß erstens das Fortbestehen des Blattes in Frage kommt, und zweitens, da viele Cigarrenarbeiter, welche jenem Verein angehören, das Blatt abbestellt, macht es sich nöthig, so schnell als thunlich darauf hin zu wirken, daß die Cigarrenarbeiter-Zeitung ins Leben gerufen werde. Wir geben deßhalb am Ende unsrer Bekanntmachung eine Uebersicht der Kosten und des nöthigen Absatzes. Nach dem, was auf dem Leipziger Cigarrenarbeiter-Tage über Form und Inhalt besprochen worden ist, wird der allgemeine Wunsch dahin gehen, daß das Blatt wöchentlich einmal erscheine; weniger als einen halben Bogen großes sogenanntes Lexicon-Format kann füglich nicht geboten werden; zumal der Inhalt folgende Gegenstände zu umfassen hätte: 1) Eine kurze politische Wochenschau mit besonderer Berücksichtigung alles dessen, was für die Arbeiter als solche vorzüglich Werth hat. 2) Social-politische Aufsätze zur Belehrung der Arbeiter über das, was sie zu erstreben haben, um die Rechte, die ihnen die heutige Gesellschaftsordnung verweigert, kennen und erringen zu lernen; mit einem Worte, ihnen diejenige politische Bildung beizubringen, die das Fundament des künftigen Staates ist; des Staates, in dem die Arbeit regirt. 3) Einen Vereinstheil, in dem die Angelegenheiten des allgem. deutschen Cigarrenarbeiter-Vereins besprochen werden. 4) Einen Arbeitsmarkt speciell für Cigarrenarbeiter. Derselbe zerfällt a) in Arbeitsnachweis, b) in statistische Berichte und c) Tabaksbörse, d. i. eine wöchentliche Uebersicht der Zu- und Abfuhr und der Preise der Tabake an den Hauptstapelplätzen. 5) Wenn es der Raum gestattet, kleinere Erzählungen und Gedichte von Arbeitern, und 6) ein Aufenthaltsnachweis. Zur Erklärung die-

ne hierbei Folgendes: »Wie Mancher wünscht nicht zu wissen, wo ein früherer Mitarbeiter sich zur Zeit aufhält, oder aber: es hat ein Geschäftsgenosse sich ein Vergehen in Bezug auf die Casse etc. zu Schulden kommen lassen, und sich heimlich entfernt, so haben die Auskunftwünschenden sich an das Directorium, dem die Aufsicht über das Organ zustehen muß, zu wenden, und es gelangt die Anfrage auf diesem Wege zur Veröffentlichung; jedoch eben so, daß wir die Cigarrenarbeiterkörperschaft nicht in der öffentlichen Meinung schädigen.«
Da bei einer Zeitung, deren Inhalt zumeist aus schriftlichen Arbeiten aus der sogenannten Arbeiterclasse besteht, zwischen der Redaction und den Einsendern solcher Arbeiten sehr oft Mißhelligkeiten eintreten, weil die Redaction einzelne dieser Arbeiten genöthigt ist, umzuarbeiten, oder sie der Tendenz halber gar nicht aufnehmen zu können glaubt, soll an dem Orte, wo die Zeitung erscheint, aus unserer Körperschaft heraus eine Prüfungscommission gewählt werden, welche in den angeführten Fällen entscheidet, ob die Arbeiten und in welcher Fassung sie aufzunehmen sind.
Die Tendenz des Blattes liegt durch das Gesagte klar vor Ihren Augen, und Sie werden zugestehen, daß eine Zeitung, die solche Mittel zur sittlichen und materiellen Verbesserung bietet, für unsere Körperschaft unentbehrlich ist. Betrachten wir nun aber, welche Opfer es von unserer Seite fordert:

Kosten-Anschlag:
Ausgabe:
Satz, Druck etc.   8 Thlr. — Sgr.
Papier   2 Thlr. 20 Sgr.
Schneiden u. Falzen — Thlr. 10 Sgr.

pr. Woche   11 Thlr.
 572 Thlr. — Sgr. pr. Jahr.
 333 Thlr. 10 Sgr. Postzuschlag.
 260 Thlr. — Sgr. Redactionskosten.
 300 Thlr. — Sgr. Correspondenz u. Porto.
1465 Thlr. 10 Sgr.
Einnahme:
1000 Expl. à Quartal 12½ Sgr.; jährlich   1666 Thlr. 20 Sgr.
Davon Ausgabe   1465 Thlr. 10 Sgr.

Ueberschuß   201 Thlr. 10 Sgr.
Caution an die Regierung 400 Thlr., welche durch Actien à 15 Sgr. aufgebracht und in spätestens 4 Jahren zurückgezahlt werden.
Wir bitten, uns umgehend Mittheilung zu machen, wie viel Actien und Exemplare wohl in Ihrem Verein abzusetzen wären.
Zugleich bringen wir zur Anzeige, daß Hr. *Böhme* in Nordhausen abgelehnt ist, und deshalb an seiner Stelle Hr. *Moff* in Mannheim in den Ausschuß tritt.
Daß das gegenwärtige Protocoll nicht früher in Ihre Hände gelangte, lag

an der überhäuften Arbeit unseres Druckers Hrn. *A. Dennhardt.* Die Statuten erhalten Sie nächstens ebenfalls gedruckt zugesendet, sobald die Kosten aufgebracht sind; weshalb wir Sie freundlichst ersuchen, das Unternehmen dadurch kräftigst zu unterstützen, daß Sie die von den Delegirten beschlossene Steuer auch in Ihrem Verein Ihren Mitgliedern anempfehlen und für deren baldige Einsendung an unsern Cassirer, Hrn. *J. Leutenmayer* in Frankfurt a./M., per Adr. Hrn *A. Nickel,* Haideweg No. 2, sorgen.

Den derzeitigen Aufenthalt des Geschäftsgenossen *Jacob Schröder* aus *Düsseldorf* bitte ich mir so bald als möglich anzuzeigen.

Mit Gruß und Handschlag für das Directorium des Allgem. deutschen Cigarrenarbeiter-Vereins der Obmann
F. W. Fritzsche, Ulrichsgasse 44.

Anmerkungen

1 Nach dem wahrscheinlich einzig erhalten gebliebenen Exemplar des Protokolls im Staatsarchiv Dresden (MdI 82), das hier unverändert zum Abdruck gelangt.
2 Original: Verdeu.
3 Centralcomité zur Einberufung eines beschlußfähigen Cigarrenarbeitertages, auf der Konferenz von Vertretern süd- und norddeutscher Zigarrenarbeitervereine am 28./29. 11. 1865 in Frankfurt a. M. gebildet.
4 Im weiteren Verlauf: Berghaußen.
5 Damit waren 51 Orte durch 17 Delegierte vertreten.
6 Original: stelltes.
7 Stuttgarter Vereinstag süddeutscher Zigarrenarbeitervereine, 21.–22. 8. 1865; Frankfurter Comitésitzung, siehe Anm. 3. Ein Bericht über die Stuttgarter Tagung erschien in der *Allgemeinen Deutschen Arbeiterzeitung* (ADAZ) vom 15. 9. 1865.
8 Norddeutscher Zigarrenarbeitertag, 14.–17. 10. 1865. Berichte in: *Socialdemokrat,* 19. 10. 1865; *Deutsche Allgemeine Zeitung,* 18. 10., 19. 10. 1865. Ein Protokoll lag nicht vor.
9 ADAZ, 4. 6. 1865.
10 Solange die Zigarrenarbeiter keine eigene Zeitung besaßen, wurden Mitteilungen im Socialdemokrat, dem Organ des ADAV und in der *Allgemeinen Deutschen Arbeiterzeitung,* dem Organ des Coburger Arbeitervereins, abgedruckt.
11 Anspielung auf das Verbot der Zigarrenarbeitervereine nach 1849.
12 Deutscher Nationalverein (1859–1967), Verbindung nord- und süddeutscher Liberaler und Demokraten.
13 Eine Petition der sächsischen Zigarrenarbeiter, die Zigarrenproduktion in Strafanstalten zu verbieten, wurde von der Regierung des Königreichs Sachsen im Oktober 1865 zurückgewiesen. Aufs ganze gesehen sei die Zigarrenarbeit in Strafanstalten unbedeutend.
14 Original: berichtigt.
15 Original: ohne Anführungszeichen am Zitatende.
16 Original: jedoch ebenfalls nur wenn die Mitgliederbeiträge (d. h. die Steuern) so gering seien, daß sie, die Versammelten, ihrem geringen Verdienste angemessen seien, dagegen einen Krankenkassenverband abgelehnt hat.
17 Der Vereinstag süddeutscher Zigarrenarbeitervereine in Stuttgart hatte gefordert, ,,die Frage des Betriebes unseres Fabrikationszweiges in den Correctionshäusern und die Frauenarbeit der Prüfung zu unterziehen" (ADAZ, 19. 6. 1865). Auf dem norddeutschen Zigarrenarbeitertag in Leipzig forderte man ,,die Entfernung der Frauen und Kinder aus den gemeinschaftlichen Arbeitslocalen, bei welcher Gelegenheit der Vorsitzende,

Hr. Fritzsche, sich dahin aussprach, daß überhaupt die Arbeit der Frauen und der Kinder im Interesse der Arbeiter möglichst zu beschränken, wo nicht auf deren gesetzlichen Wegfall hinzuarbeiten sei" (*Deutsche Allgemeine Zeitung*, 18. 10. 1865).
18 Original: Einkaufs-
19 Original: nicht gesperrt.
20 Original: keine Anführungszeichen am Zitatende.
21 Original: eingefägt.
22 Original: Obenmann.
23 Original: Geschäfsangelegenheiten.
24 Siehe S. 525 im Text. Die Erinnerung an die Witwen- und Invalidenkasse und überhaupt an die alte Association der Cigarrenarbeiter war noch sehr lebendig.
25 Siehe S. 530.
26 Siehe Anm. 13.

ANHANG 2
Kongresse der Gewerkschaft NGG und ihrer Vorläufer

2.1 Freie Gewerkschaften

Allgemeiner Deutscher Cigarrenarbeiterverein
24.–27. 12. 1865, Leipzig – Gründungskongreß.
Wahl Friedrich Wilhelm Fritzsches zum Präsidenten. Sitz in Frankfurt a. M.
Okt. 1866 – 1. Generalvers. in Kassel
Der Vereinssitz wird nach Berlin verlegt. Als Zweck des Vereins wird im Statut die auf Gegenseitigkeit gegründete Unterstützung in Fällen von Arbeitslosigkeit genannt.
17.–19. Mai 1869 – 2. Generalvers. in Berlin
Änderung des Namens in Allgemeiner Zigarren- und Tabakarbeiterverein. Damit soll die Erweiterung des Rekrutierungsfeldes auf alle Arbeiterinnen und Arbeiter der Tabakindustrie bekräftigt werden. Künftig sollen auch Arbeiterinnen Mitglieder werden können. Die Errichtung »fliegender Fabriken« für arbeitslose und streikende Mitglieder wird befürwortet.

Allgemeiner Cigarren- und Tabakarbeiterverein
31. 10.–3. 11. 1869 – Außerordentliche Generalvers. in Bielefeld
An die Stelle der Arbeitslosenunterstützung soll eine Streikunterstützung treten. Nur Zigarrenmacherinnen sollen Mitglieder werden können. Anstellung eines Redakteurs. Die Trennung vom Arbeiterschaftsverband wird gebilligt.
18.–25. 5. 1872 – 1. Generalvers. in Hannover
Die Generalvers. erklärt sich grundsätzlich gegen Streiks zum Zweck der Lohnerhöhung, weil sie die Lage der Arbeiter nicht dauernd verbessern könnten. Nur solche Streiks, die zur Durchführung der Vereinsprinzipien unbedingt notwendig sind, sollen noch unterstützt werden. Bei Arbeitseinstellungen von mehr als 25 Mitgliedern muß eine Urabstimmung stattfinden und im »Botschafter« soll nur noch für solche Streiks um finanzielle Unterstützung geworben werden, an denen sich mehrheitlich Verbandsmitglieder beteiligen. Den Ortskassen wird mehr Selbständigkeit eingeräumt. Der Name wird geändert in Deutscher Tabakarbeiterverein.

Deutscher Tabakarbeiterverein
10.–14. 6. 1876 – 1. Generalvers. in Bremen
Die Verlegung der Verwaltung nach Süddeutschland wird abgelehnt. Die

Anstellung eines besoldeten Sekretärs soll verschoben werden. Um behördlichen Verfolgungen aufgrund des neuen Hilfskassengesetzes zu entgehen, wird eine umfangreiche Statutenrevision vorgenommen.

Reiseunterstützungsverein deutscher Tabakarbeiter
22. 11. 1882, Bremen
Gründung des Reiseunterstützungsvereins in einer öffentlichen Versammlung Bremer Zigarrenmacher. Vorsitz: Wilhelm Fuhse.
1.–2. 9. 1883 – 1. Generalvers. in Dessau
Die Neufassung des Statuts, wonach in den Vereinsversammlungen auch Vorträge über gewerbliche und wirtschaftliche Fragen gehalten werden sollen, führt zu Verfolgungen seitens der Polizei. Sitz Bremen.
29. 8.–3. 9. 1885 – 2. Generalvers. in Brandenburg
Der oben erwähnte Passus wird wieder aus dem Statut gestrichen. Es wird allen Mitgliedern zur Pflicht gemacht, gegen Lohnstreiks einzutreten, da solche Streiks, »auch wenn sie Erfolg haben, nur einen höchst geringen Vorteil für die Tabakarbeiter selbst« bieten. Einführung der Streik- und Gemaßregeltenunterstützung. Änderung des Namens in Unterstützungsverein deutscher Tabakarbeiter. Zum Vorsitzenden wird Joseph Hermann Junge gewählt.

Unterstützungsverein deutscher Tabakarbeiter
31. 5.–4. 6. 1887 – 1. Generalvers. in Halberstadt
Auch für kleinere Streiks muß künftig die Genehmigung des Ausschusses eingeholt werden. Streiks, die nur der Aufbesserung der Löhne dienen, sollen künftig nicht mehr unterstützt werden. Die Höhe der Unterstützung wird allein vom Verbandsausschuß festgelegt.
1.–6. 9. 1889 – 2. Generalvers. in Magdeburg
Lohnstreiks werden bejaht, bedürfen aber der Leitung durch eine zielbewußte Organisation. Die Umzugsunterstützung wird eingeführt, die Arbeitslosenunterstützung abgelehnt.
26.–30. 5. 1890 – außerordentliche Generalvers. in Brandenburg
Streikreglement: »Der Ausschuß bestimmt, ob und wann die Arbeitseinstellung erfolgen soll (...) Die Mitglieder haben nur im äußersten Falle von dem Mittel des Lohnstreiks Gebrauch zu machen und ist vor Eintritt in einen Streik unter allen Umständen eine vorherige Vereinbarung mit den betreffenden Fabrikanten anzubahnen.«
6.–12. 6. 1892 – 3. Generalvers. in Halberstadt
Mit 33:15 Stimmen wird die Einführung der Schutzmarke beschlossen, die Einführung der Arbeitslosenunterstützung mit 40:8 Stimmen abgelehnt.
2.–6. 7. 1894 – 4. Generalvers. in Nordhausen
Einführung von Rechtsschutz für Streitigkeiten aus dem Arbeitsverhältnis, einer Zuschußkasse in Krankheitsfällen. Die Verkürzung der Arbeitszeit wird als bestes Mittel im Kampf gegen die Arbeitslosigkeit bezeichnet.

Die Abschaffung der Schutzmarke wird mit 25:24, die Einführung der Arbeitslosenunterstützung mit 44:5 Stimmen abgelehnt.
12.–17. 7. 1896 – 5. Generalvers. in Stuttgart
Angriffstreiks müssen rechtzeitig angezeigt werden. Einrichtung von Arbeitsnachweisen in allen Orten, wo dies möglich ist. Die Heimarbeit soll den bundesrätlichen Bestimmungen über die Tabakindustrie unterworfen werden. Mit 39:6 Stimmen wird die Einführung der Arbeitslosenunterstützung abgelehnt, gegen 5 Stimmen die Beseitigung der Schutzmarke beschlossen. Der Name des Zentralorgans wird geändert, von „Der Gewerkschafter" in »Der Tabakarbeiter«. Schließlich wird der Wiederanschluß an die Generalkommission beschlossen. (Der Austritt war 1895 erfolgt.)
4.–10. 9. 1898 – 6. Generalvers. in Offenbach
Bei Ausbruch von Differenzen, die Streiks zur Folge haben können, soll der Vorstand resp. der Ausschuß unparteiische Kollegen mit einer Untersuchung über Ursachen und Aussichten betrauen. Forderung nach Beseitigung der Heimarbeit. Änderung des Namens in Deutscher Tabakarbeiterverband. Die Einführung der Arbeitslosenunterstützung wird mit 41:11 Stimmen abgelehnt.

Deutscher Tabakarbeiterverband
23.–29. 9. 1900 – 1. Generalvers. in Mainz
Die Einführung der Arbeitslosenunterstützung wird mit 47:17 Stimmen abgelehnt. Carl Deichmann wird zum neuen Vorsitzenden gewählt.
23.–28. 3. 1903 – 2. Generalvers. in Dresden
Einführung der Erwerbslosen-, Kranken- und Wöchnerinnenunterstützung. Ein Minimallohn für die Kautabakbranche soll angestrebt werden. »Die Mitglieder des Verbandes werden dringend aufgefordert, alle und jede Agitation und Maßnahme gegen Tabaksteuer und Tabakzölle nach Kräften zu unterstützen.« Der »Tabakarbeiter« soll Artikel vermeiden, die das religiöse Gefühl der Mitglieder verletzen könnten.
2.–7. 10. 1905 – 3. Generalvers. in Leipzig
Der Zusammenschluß mit dem Sortiererverband soll so bald wie möglich erfolgen. Streiks bedürfen der Genehmigung durch den Vorstand, das Verbandsgebiet wird in Gaue eingeteilt, die Arbeitsvermittlung soll zentral organisiert werden.
14.–20. 10. 1907 – 4. Generalvers. in Bielefeld
Angesichts der Überlegungen in der Generalkommission der Gewerkschaften, die Maifeier ohne Arbeitsruhe zu begehen, erklärte die Generalvers.: »Die Versammlung erkennt nach wie vor in der Arbeitsruhe die wirksamste Form der Maifeier. Der politische Massenstreik ist der Versammlung unter gewissen Vorbedingungen ein äußerstes Kampfmittel, das dazu dient, neue Rechte für die Arbeiterschaft zu erobern oder reaktionäre Angriffe auf bestehende Rechte der letzteren abzuwehren.« In Verwaltung und Agitation sollen mehr Frauen angestellt werden; der Verband spricht sich für die Gründung und Unterstützung von Konsumver-

einen aus, die einen günstigen Einfluß auf Lohn- und Arbeitsverhältnisse der Tabakarbeiter besäßen.
18.–22. 7. 1910 – 5. Generalvers. in Braunschweig
Für die Arbeiter der Tabakindustrie sollen Minimallohntarife ausgearbeitet werden; die Gauleiter sollen nach Möglichkeit fest angestellt werden.
13.–17. 5. 1912 – 6. Generalvers. in Hamburg
Verschmelzung von DTAV und Sortiererverband.
4.–8. 8. 1913 – 7. Verbandstag in Heidelberg
Einführung der Beitragsstaffelung nach Verdienst und der Erwerbslosenunterstützung. Den Tarifbewegungen soll größte Aufmerksamkeit geschenkt werden.
27. 10.–1. 11. 1919 – 8. Verbandstag in Bremen
Der Verbandstag »erklärt sich mit der Einführung des Rätesystems in den Betrieben einverstanden« und legt besonderen Wert auf »ein gutes Mitbestimmungsrecht in Wirtschaftsfragen«.
7.–12. 8. 1922 – 9. (18.) Verbandstag in Dresden
Der Austritt aus der Arbeitsgemeinschaft wird abgelehnt. Wahl eines Beirates. Einführung eines Reichsgrundlohnes in der Zigarrenindustrie.
14.–18. 9. 1925 – 10. (19.) Verbandstag in Nordhausen
»Der 19. Verbandstag des Deutschen Tabakarbeiterverbandes ist der Auffassung, daß sich die weitere Entwicklung des Wirtschaftslebens in der Richtung der Gemeinwirtschaft unter fortschreitendem Abbau der Privatwirtschaft vollziehen wird, und daß diese Umwandlung planmäßig betrieben werden muß. Die freigewerkschaftlich organisierte Arbeiterschaft der Tabakindustrie wird deshalb auch jede Maßnahme unterstützen und fördern, die geeignet ist, die jetzige kapitalistische Wirtschaftsanarchie in der Tabakindustrie durch eine planmäßige Wirtschaft zu ersetzen.« Einrichtung von Wanderkursen und Lehrgängen zur Verbesserung der Schulung und Bekämpfung der Fluktuation.
12.–14. 8. 1928 – 11. (20.) Verbandstag in München
Einführung einer Invaliden- und Altersunterstützung, Forderung nach Aufnahme der Tabakarbeiter in die Krisenfürsorge. Wahl Ferdinand Husungs zum 1. Vorsitzenden.
21.–24. 11. 1932 – 12. (21.) Verbandstag in Bremen
Beibehaltung der zentralen Lohn- und Tarifpolitik. Bewilligung einer einmaligen Sonderunterstützung für alle kranken und arbeitslosen Mitglieder.

Unterstützungsverein deutscher Zigarrensortierer
15.–17. 1. 1888 – 1. Generalvers. in Dresden
Die Gewährung von Unterstützungen wird in das Ermessen des Zentralvorstands gestellt, um den Behörden die Möglichkeit zu nehmen, den Unterstützungsverein als Versicherungsverein zu behandeln. Wahl Adolph von Elms zum Vorsitzenden.

24.–26. 5. 1896 – 2. Generalvers. in Halberstadt
Einbeziehung der Kistenbekleber und Fertigmacher in die Organisation.
22.–27. 4. 1905 – 1. Generalvers. in Leipzig
Mit dem Verbot lokaler Extrabeiträge wird die Zentral-Organisation endgültig durchgesetzt. Ein hauptamtlicher Kassierer wird eingestellt. Der Name wird geändert in: Verband der Zigarrensortierer und Kistenbekleber Deutschlands.

Verband der Zigarrensortierer und Kistenbekleber Deutschlands
4.–6. 9. 1911 – 4. Generalversammlung.
Die Verschmelzung mit dem DTAV wird mit 89:1 Stimmen gebilligt.
13.–17. 5. 1912 – 5. Generalvers. in Hamburg
Verabschiedung der Statuten des vereinigten Verbandes.

Allgemeine Tabak- und Zigarrenarbeitergewerkschaft
19.–21. 9. 1869 – Gründungskongreß in Hamburg
Behebung der Arbeitslosigkeit durch Verkürzung der Arbeitszeit und langsame Beseitigung der Wickelmacherei. Vorsicht in der Streikfrage.

Verband der Bäcker und Berufsgenossen Deutschlands
5.–6. 6. 1885 – Gründungskongreß in Berlin
Einrichtung einer Wanderunterstützungskasse und eines unentgeltlichen Arbeitsnachweises. Protest gegen die Arbeitsbücher der Germania-Innung. Wahl Ernst Pfeiffers zum Vorsitzenden. Sitz: Berlin.
1. 6. 1887 – 1. Generalvers. in Frankfurt a. M.
Wahl von Hauptrevisoren zur Prüfung der Kassenverhältnisse.
29. 6. 1889 – 2. Generalvers. in Berlin
Wahl einer Geschäftsleitung mit dem Sitz in Hamburg. Berlin bleibt Verbandssitz.
27. 6. 1891 – 3. Generalvers. in Altenburg
Anträge auf Erhöhung der Beiträge werden abgelehnt.
22. oder 23. 5. 1893 – 4. Generalvers. in Hannover
Der Gründung eines Industrieverbandes der Nahrungs- und Genußmittelarbeiter wird befürwortet.
18.–19. 2. 1895 – 5. Generalvers. in Berlin
Herausgabe eines eigenen Fachorgans. Der Sitz des Verbandes wird nach Hamburg verlegt, Oskar Allmann zum Vorsitzenden gewählt.
20.–21. 4. 1897 – 6. Generalvers. in Gera
Anstellung eines festbesoldeten Beamten. Die Verschmelzung mit Müllern und Konditoren mit 14:9 Stimmen gebilligt (wegen des knappen Abstimmungsergebnisses kommt die Verschmelzung nicht zustande).
9.–11. 4. 1899 – 7. Generalvers. München
Auftrag an den Vorstand, mit den Konsumgenossenschaften einen Reichstarif auszuhandeln. Einrichtung von 8 Bezirken und unbesoldeten Gauleitern. Zur Vorsicht bei Streiks wird gemahnt, das Augenmerk soll

auf die Stärkung der Organisation gerichtet werden. Forderung nach der Achtstundenschicht in Konsumvereinsbäckereien. Die Einführung der Arbeitslosenunterstützung wird mit 14:9 Stimmen abgelehnt.
8.–11. 4. 1901 – 8. Generalvers. in Mainz
Die Arbeitslosenunterstützung wird erneut abgelehnt, später durch Urabstimmung eingeführt. Die Beteiligung der organisierten Bäcker an den Wahlen von Innungsausschüssen, -krankenkassen und -schiedsgerichten wird befürwortet. Der Arbeiterschutz für Bäckereiarbeiter soll ausgebaut und insbesondere der 10-Stunden-Tag eingeführt werden, die Nachtarbeit soll verboten werden. Neueinteilung der Gaue.
18.–23. 5. 1903 – 9. Verbandstag in Dresden
In den Bäckereien, in denen alle Arbeiter organisiert sind, soll die Maifeier durch Arbeitsruhe begangen werden. Folgende Forderungen werden erhoben: 36stündiger wöchentlicher Ruhetag, 10stündige Arbeitszeit in Bäckereien ohne, 8 Stunden in solchen mit kontinuierlichem Betrieb, Abschaffung der Nachtarbeit, Beseitigung von Kost und Logis. Es sollen örtliche Streikfonds angelegt werden; vor umfangreichen Lohnbewegungen sind Konferenzen zwischen Hauptvorstand und Gauleitern abzuhalten. Mit den Genossenschaftsbäckereien soll ein Tarif ausgearbeitet werden. Die Verschmelzung mit den Konditoren wird einstimmig befürwortet.
3.–5. 4. 1905 – 10. Verbandstag in Hamburg
»Die Generalkommission möge dem Boykott als Waffe im gewerkschaftlichen Kampfe größere Bedeutung schenken als bisher.« Der Verbandstag spricht sich für eine bessere gegenseitige Unterstützung der Gewerkschaften aus, um der immer größeren Konzentration des Kapitals wirksam begegnen zu können und befürwortet die Aufnahme auch von Hilfsarbeitern und Arbeiterinnen.
10.–13. 3. 1907 – 11. Verbandstag in Kassel
Ausbau des Unterstützungswesens. In größeren Zahlstellen sollen Sektionen gebildet werden. Die Bezirke werden durch Gaue ersetzt. Festlegung der sozialpolitischen Ziele des Verbands: Abschaffung des Kost- und Logiswesens, Beseitigung der Sonntagsarbeit, Verbot der Nachtarbeit, 36stündiger Ruhetag, Verkürzung der Arbeitszeit. Die Verschmelzung mit den Konditoren wird gebilligt.

Zentralverband der Bäcker, Konditoren und verwandten Berufsgenossen
31. 5.–1. 6. 1910 – 12. Verbandstag in Berlin
Vereinigungsverbandstag mit dem Konditorenverband. Einführung von Staffelbeiträgen und Staffelunterstützungen. Schaffung von paritätischen Arbeitsnachweisen, den städtischen Arbeitsnachweisen angegliedert. Festlegung der sozialpolitischen Ziele des Zentralverbands. Neben den schon vom 10. und 11. Verbandstag der Bäcker erhobenen Forderungen werden für die Beschäftigten der Großindustrie verlangt: 8-Stunden-Tag für Jugendliche, 10-Stunden-Tag inklusive einer Stunde Pause für Erwachsene; vollständige Beseitigung der Sonntags- und Nachtarbeit, Einschränkung

der Überstunden; Einführung von Mindestlöhnen, Abschaffung der Akkord- und Prämiensysteme, Unterlassung der Leibesvisitation; Verbot der Beschäftigung von Kindern unter 14 Jahren, Verbot der Heimarbeit und der Herstellung von Back- und Konditorwaren in Strafanstalten. Wahl Oskar Allmanns zum Vorsitzenden. Sitz: Hamburg.
1.–5. 6. 1913 – 13. Verbandstag in Frankfurt a. M.
Gründung der fachtechnischen Zeitschrift »Technik und Wirtschaftswesen im Bäcker- und Konditorengewerbe und in der Süß-, Back- und Teigwarenindustrie«. Gegen die Drangsalierung der Kleinmeister durch Bäcker-Zwangsinnungen.
6. –10. 5. 1918 – 14. Verbandstag, Leipzig
Umstellung der Unterstützungen, Forderung nach einem dauernden gesetzlichen Nachtbackverbot, Schaffung eines Beirats, um die Organisationsleitung demokratischer zu gestalten. Kritik an der Kriegspolitik der Generalkommission. Wahl Josef Diermeiers zum Vorsitzenden.
5. 5.–10. 5. 1920 – 15. (außerordentlicher) Verbandstag in Nürnberg
Forderung nach Mitbestimmung und Betriebsdemokratie, Mindestlöhnen, bezahlten Ferien in den Sommermonaten, Abschaffung der Akkordarbeit, Beschränkung der Lehrlingshaltung. Lohnfortzahlung im Krankheitsfall. Errichtung von Reichssektionen. Für alle Branchen des Verbandes sollen Reichsmantel- und -rahmentarife angestrebt werden. »Um die Gewerkschaftskongresse mehr mit revolutionärem Geiste zu beleben, sollen zukünftig die Delegiertenwahlen durch Urabstimmung vorgenommen werden.«
14.–18. 9. 1924 – 16. Verbandstag in Wernigerode
Forderung nach einer schärferen Kontrolle und härteren Bestrafungen der Verstöße gegen das Nachtbackverbot. Keine Maschine dürfe mehr ohne ausreichende Schutzvorrichtungen auf den Markt kommen. Protest gegen die Unterdrückung der freigewerkschaftlichen Bewegung in Bulgarien und Italien. Änderung des Namens in Deutscher Nahrungs- und Genußmittelarbeiterverband. Die Bildung eines Industrieverbands der Nahrungs- und Genußmittelarbeiter wird befürwortet.

Deutscher Nahrungs- und Genußmittelarbeiterverband
19.–23. 9. 1927 – 17. Verbandstag in Leipzig
Reform des Lehrlingswesens: Anerkennung der Gewerkschaften als wirtschaftliche Interessenvertretung für Lehrlinge, Mitbestimmung bei der Lehrlingsprüfung, Regelung der Entschädigung und der Arbeitsbedingungen durch Tarifverträge. Die Verschmelzung mit den Verbänden der Böttcher, Brauer und Fleischer zum Verband der Nahrungsmittel- und Getränkearbeiter wird mit 57:6 Stimmen gebilligt.

Zentralverband der Konditoren, Leb- und Pfefferküchler und verwandten Berufsgenossen
19. 6. 1893 – 1. Delegiertentag in Magdeburg
Einführung der Gemaßregeltenunterstützung, Einrichtung einer Zentral-

stellenvermittlung in Hamburg, Hamburg wird Verbandssitz. Gegen die Gründung eines Industrieverbandes, zunächst sollen die Berufsorganisationen ausgebaut werden. Carl Völck wird zum 1. Vors. gewählt.
2.–3. 6. 1895 – 2. Verbandstag in Nürnberg
Gründung einer Zentralstellenvermittlung in Stuttgart. Abschluß eines Kartellvertrages mit Bäckern und Müllern. Forderung nach der Abschaffung des Kost- und Logiswesens, nach einem Maximalarbeitstag von 10 Stunden als Schritt zum 8-Stundentag. Bildung von Agitationskomitees in den einzelnen Verwaltungsstellen. Einführung einer nach Kilometern berechneten Reiseunterstützung.
20.–21. 4. 1897 – 3. Verbandstag in Gera
Gegen eine Stimme wird die Verschmelzung mit Bäckern und Müllern befürwortet.
2.–4. 4. 1899 – 4. Verbandstag in Apolda
Streiks müssen vom Zentralvorstand genehmigt werden. Zur besseren Agitation werden Kreise eingerichtet. Einführung der Umzugsunterstützung.
31. 3. 1902 – 5. Verbandstag in Berlin
Gründung eines eigenen Organs anstelle der bis dahin mit Bäckern und Müllern herausgegebenen »Einigkeit«. Anstellung eines besoldeten Beamten.
23.–25. 5. 1904 – 6. Verbandstag in Dresden
Streikreglement: die Filialleitungen werden angewiesen, alle Maßnahmen zu treffen, um möglichst eine Einigung auf gütlichem Wege herbeizuführen. Über Arbeitsniederlegungen entscheidet einzig und allein der Zentralvorstand. Auftrag an den Vorstand, zwei Gauleiter fest anzustellen; besondere Sektionen von Fabrik- und Backgehilfen können nur mit Genehmigung des Vorstandes eingerichtet werden. Forderung nach Ausdehnung der Bundesratsverordnung für Bäckereien auch auf Konditoreien.
4.–6. 6. 1906 – 7. Verbandstag in Hamburg
Verbot der Heimarbeit in der Nahrungs- und Genußmittelindustrie. Aufhebung der Gaueinteilung, Anstellung je eines besoldeten Beamten für Nord- und Süddeutschland. Ausbau der Arbeitsnachweise, auch die paritätischen Arbeitsnachweise werden als erstrebenswert anerkannt. »Die würdigste Form der Maifeier für die Berufskollegen ist die Arbeitsruhe«, Voraussetzung sei ein entsprechender, mit $2/3$-Mehrheit gefaßter Beschluß der örtlichen Generalversammlung. Verhandlungen mit dem Zentralverband der Bäcker über die Verschmelzung.

Allgemeiner Brauer-Verband
17. 8. 1885 – 1. Delegiertentag in Berlin
Einrichtung der Arbeitslosenunterstützung. Verbandssitz wird Berlin, als Vorsitzender wird Reinhold Latarius gewählt.
3.–5. 7. 1886 – 2. Verbandstag in Dresden
Einführung der Krankenunterstützung. Eine Unterstützungskasse für alte

und invalide Brauer wird abgelehnt. Der Sitz des Verbands wird nach Dresden gelegt. Vorsitzender: Karl Penndorf.
6. 9. 1886 – Außerordentlicher Verbandstag in Berlin
Bestätigung des Vorsitzenden und des Verbandsorts.
1.–2. 7. 1887 – 3. Verbandstag in Frankfurt a. M.
Beschluß, nur Brauer mit Lehrzeugnis aufzunehmen. Freistellung des Verbandsvorsitzenden.
4.–6. 11. 1889 – 4. Verbandstag in Leipzig
Der Entwurf eines neuen Statuts, in dem der Verband als Kampforganisation bezeichnet wird, wird abgelehnt. Ersuchen an die Braumeister, die Zahl der Lehrlinge zu beschränken. Die Zentralisierung der Unterstützungskassen wird abgelehnt.
6.–7. 11. 1890 – 5. Verbandstag in Hamburg-Barmbek
Anschluß des Verbandes an die Freien Gewerkschaften abgelehnt. Annahme eines neuen Statuts, wonach nur gesetzliche Mittel und gütliche Verhandlungen mit den Unternehmern angewandt werden sollen, Streiks werden ausgeschlossen.
24.–26. 9. 1891 – 6. Verbandstag in Hannover
Wahl Richard Wiehles zum Vors. Verbandssitz: Hannover.
7.–9. 7. 1892 – 7. Verbandstag in Braunschweig
Die in sich abgeschlossenen Gauvereine werden aufgehoben und durch Zweigvereine ersetzt, die dem Zentralvorstand unterstellt sind. Ansammlung eines Streikfonds durch den Vertrieb von Extramarken. Die Führung von Lohnbewegungen wird in die Hände von Lohnkommissionen gelegt, eine Zentralstreikkommission am Sitz des Verbandes befindet über die Führung von Streiks. Änderung des Namens in Zentralverband deutscher Brauer.

Zentralverband deutscher Brauer
19. 6.–1. 7. 1893 – 8. Verbandstag in Nürnberg
Ausdehnung des Organisationsbereiches auf alle in Brauereien, Mälzereien und Brennereien beschäftigten Arbeiter. Änderung des Namens in Zentralverband deutscher Brauer und verwandter Berufsgenossen. Industrieverbände seien im Prinzip zu befürworten, aber erst müßten die Berufsverbände ausgebaut werden. Größere Streiks sind tunlichst zu vermeiden, sollten sie sich nicht umgehen lassen, so hat die Lohnkommission mindestens 8 Tage vorher der Zentralstreikkommission Mitteilung zu machen und alles weitere abzuwarten.

Zentralverband deutscher Brauer und verwandter Berufsgenossen
27.–29. 5. 1895 – 9. Verbandstag in Berlin
Einrichtung von Agitationskommissionen, die dem Verbandsvorstand die Agitations- und Organisationsarbeit abnehmen sollen. Die Ausgaben für Unterstützung sollen eingeschränkt werden, um mehr Mittel für andere Zwecke flüssig zu haben.

20.–30. 5. 1896 – 10. Verbandstag in München
Bildung von Sektionen für die Brauereihilfsarbeiter und örtlichen Krankenzuschußkassen. Verbandstage finden alle 2 Jahre statt.
24.–28. 4. 1898 – 11. Verbandstag in Stuttgart
Erweiterung der Unterstützungen (Krankheit, Rechtsschutz und Straßenkarambolagen). Wahl Georg Bauers zum Vorsitzenden. Hannover bleibt Verbandssitz.
9.–13. 5. 1900 – 12. Verbandstag in Dresden
Einbeziehung der weiblichen Arbeitskräfte in den Organisationsbereich. Einrichtung von Gauen anstelle der Agitationskommissionen. Delegierte zu den Gewerkschaftskongressen sind durch Urwahl der Mitglieder zu bestimmen. Energische Agitation unter dem Fahrpersonal. Für den Abschluß kurzfristiger Tarifverträge.
4.–8. 5. 1902 – 13. Verbandstag in Hamburg
Das Verbandsgebiet wird auf alle den Brauereien und Mälzereien verwandten Betriebe ausgedehnt. Petition an den Reichstag zwecks Einschränkung der Sonntagsarbeit. Protest gegen die beabsichtigte Erhöhung der Getreidezölle. »Die Zusammenlegung aller in der Nahrungsmittelindustrie befindlichen Organisationen zu einem Ganzen« sei »zur Zeit noch nicht möglich und undurchführbar«. Änderung des Namens in Zentralverband deutscher Brauereiarbeiter und verwandter Berufsgenossen.

Zentralverband deutscher Brauereiarbeiter und verwandter Berufsgenossen
7.–11. 6. 1904 – 14. Verbandstag in Frankfurt a. M.
Anstellung besoldeter Gauleiter. Einstellung von Lokalbeamten. Unorganisierten Brauern wird bei Beteiligung an vom Verband organisierten Streiks die Hälfte der Streikunterstützung gezahlt.
12.–17. 6. 1906 – 15. Verbandstag in Köln
Einführung von Staffelbeiträgen. Lohnbewegungen werden vom Verbandsvorstand nur dann genehmigt, wenn die Bezirksleiter davon unterrichtet sind und zugestimmt haben.
6.–11. 7. 1908 – 16. Verbandstag in München
Der Verbandstag erklärt sich »im Prinzip für die Schaffung von Industrieverbänden«, sieht für den Zusammenschluß von Bäckern, Metzgern, Müllern und Brauereiarbeitern aber »vorläufig« die Voraussetzungen nicht gegeben. Mit großer Mehrheit wurde beschlossen, den Sitz nach Berlin zu verlegen. Neuer Vors. wurde schon 1907 durch Urwahl Martin Etzel.
7.–11. 6. 1910 – 17. Verbandstag in Berlin
Zusammenschluß mit dem Mühlenarbeiterverband. Bei Lohnbewegungen soll der Arbeitsnachweisfrage mehr Aufmerksamkeit geschenkt werden.

Verband der Brauerei- und Mühlenarbeiter und verwandten Berufsgenossen
10.–15. 6. 1912 – 18. Verbandstag in Mannheim
Förderung der Arbeitsvermittlung. Beseitigung der Lohnstaffeln nach

Dienstalter. Vom Vorstand beabsichtigte Gründung eines Ferienheims abgelehnt. Der Sitz bleibt in Berlin, Vorsitzender bleibt Martin Etzel.
14.–19. 6. 1914 – 19. Verbandstag in Hamburg
Beitragsstaffelung nach Verdienstklassen, Staffelung des Unterstützungswesens. Verbandstage finden alle drei Jahre statt. »Der Verbandstag weist die Anschläge der reaktionären Scharfmacher, die das Koalitionsrecht durch Ausnahmegesetze zerstören wollen, mit Entrüstung zurück.«
15.–20. 6. 1919 – 20. Verbandstag in Stuttgart
Einrichtung eines Beirats zur Unterstützung des Vorstands in wichtigen Verbandsfragen. Das Betriebsrätegesetz könne nur dann die Zustimmung finden, wenn die Mitbestimmung vollste Berücksichtigung finde. Auftrag an den Vorstand, einen Verband der Nahrungs- und Genußmittelarbeiter zu fördern. Vors. bleibt der seit dem 10. 12. 1914 amtierende Eduard Backert.
11.–17. 6. 1922 – 21. Verbandstag in Dresden
Der Austritt aus der Arbeitsgemeinschaft wird abgelehnt. Schärferes Vorgehen gegen Preiswucher. Schaffung von Industrieverbänden wird befürwortet. Der Beitritt zur IUL wird einstimmig gutgeheißen. Änderung des Namens in Verband der Lebensmittel- und Getränkearbeiter.

Verband der Lebensmittel- und Getränkearbeiter
15.–20. 6. 1925 – 22. Verbandstag in Augsburg
Forderung nach der Beseitigung der Zweizentnersackladungen, der Nachtarbeit in den Mühlen, Beseitigung der Auswüchse der Sonntagsarbeit in den Brauereien. Gegen weitere Ausdehnung der indirekten Besteuerung. Für eine bessere Systematisierung und Zentralisierung der Lohnbewegungen. Die Auswüchse des Alkoholgenusses seien zu bekämpfen, der tendenziösen Argumentationsweise der »fanatisch eingestellten Antialkoholiker« müsse aber ebenso entgegengetreten werden.
18.–24. 9. 1927 – 23. Verbandstag in Leipzig
Die Verschmelzung mit den Verbänden der Bäcker (Denag), Fleischer und Böttcher wird mit 61:5 Stimmen bei einer Enthaltung gebilligt.

Deutscher Müller-Gesellen-Verband
9.–10. 6. 1889 – 1. Verbandstag in Eisenach
Gründung des Verbandes und der »Deutschen Müllergesellen-Zeitung«. Zum Vorsitzenden wird Louis Petzold gewählt. Sitz des Verbandes wird Eisenach.
25.–26. 5. 1890 – 2. Verbandstag in Halle
Aufnahme der ungelernten Mühlenarbeiter. Herausgabe einer eigenen Zeitung mit dem Titel »Mühlenarbeiter«, Wahl Hermann Käpplers zum Redakteur.
Pfingsten 1891 – 3. (außerordentlicher) Verbandstag in Altenburg
Gründung einer fakultativen Krankenzuschußkasse. Hermann Kähl wird zum neuen Vors. gewählt, der Sitz des Verbandes nach Halle verlegt.

2.–3. 4. 1893 – 4. Verbandstag in Frankfurt a. M.
Das Unterstützungswesen wird den Zahlstellen belassen, die von den Beiträgen 30% bekommen. Der Verbandsvorstand wird ermächtigt, bei Streiks Extrabeiträge zu erheben.
2.–3. 6. 1895 – 5. Verbandstag in Halberstadt
Keine Ausnahmen von der Sonntagsruhe im Müllergewerbe. Einführung der Arbeitslosenunterstützung mit 7:7 Stimmen abgelehnt. Bestätigung des 1894 durch Urabstimmung gewählten Vorsitzenden Hermann Käppler und des neuen Verbandssitzes Altenburg.
9.–11. 4. 1898 – 6. Verbandstag in Erfurt
Namensänderung in Verband deutscher Mühlenarbeiter und verwandter Berufsgenossen. Petition an den Reichstag auf gesetzliche Regelung der Arbeitszeit und Verbot der Sonntagsarbeit. Einführung der Arbeitslosenunterstützung mit 18:12 Stimmen abgelehnt.

Verband deutscher Mühlenarbeiter
Ostern 1901 – 7. Verbandstag in Heilbronn
Einführung der Arbeitslosen- und Sterbeunterstützung. Einteilung des Verbandsgebiets in 13 Gaue. Die Verschmelzung mit anderen Verbänden der Nahrungsmittelindustrie wird befürwortet.
1.–4. 4. 1904 – 8. Verbandstag in Berlin
Anstellung eines besoldeten Sekretärs für Westfalen. Der Abschluß von Tarifverträgen wird befürwortet, ein Verbot der Sonntags- und Nachtarbeit gefordert.
19.–22. 5. 1907 – 9. Verbandstag in Mainz
Aufteilung des Verbandsgebiets in 7 Gaue, Anstellung dreier besoldeter Gauleiter. Namensänderung in Zentralverband der Mühlenarbeiter Deutschlands. Der Verband ist zuständig für alle Arbeiterinnen und Arbeiter, die in Getreide-, Reis-, Öl-, Farb-, Mineral- und Schälmühlen und deren Lagerhäuser beschäftigt sind.

Zentralverband der Mühlenarbeiter Deutschlands
15.–17. 5. 1910 – 10. Verbandstag in München
Die Verschmelzung mit den Brauern wird mit 31:3 Stimmen befürwortet. Eine Fusion mit den Bäckern wird mit 23:11 Stimmen abgelehnt.

Verband süddeutscher Mühlenarbeiter und verwandter Berufsgenossen
Ostern 1894 – Gründungskongreß in Heilbronn
Absonderung vom Mühlenarbeiterverband in der Erwartung, die süddeutschen Müller so leichter organisieren zu können. Vors. wird Stapf, der Sitz befindet sich in Heilbronn.
14.–15. 4. 1895 – 1. Verbandstag in Stuttgart
Forderung nach Verbot der Sonntagsarbeit und gesetzlicher Regelung der Arbeitszeit. Der Vors. Stapf wird kurz nach dem Verbandstag wegen Unfähigkeit abgesetzt, an seine Stelle tritt Paul Klemenz als Geschäftsführer.

5.–7. 4. 1896 – 2. Verbandstag in Nürnberg
Aufstellung von Vertrauensmännern zur Agitation unter den Müllern auf dem Lande. Anschluß an den Verband deutscher Mühlenarbeiter.

Allgemeiner Böttcher-(Küfer-)Verein
23. 6. 1873 – Gründungskongreß in Berlin
Wahl Julius Otto Fischers zum Vors. Sitz Berlin.
Pfingsten 1874, 1. Kongreß in Hamburg.
Einführung der Reiseunterstützung.
16.–17. 5. 1875 – 2. Kongreß in Magdeburg
Einheitliche Regelung der Reiseunterstützung. Der Verein wird 1875 von den Behörden aufgelöst.

Bund deutscher Böttcher
31. 12. 1875 – Gründungskongreß in Leipzig
Gründung einer Central-Kranken- und Sterbekasse Deutscher Böttcher. Zum Vors. wird Fritz Holtmann gewählt. Sitz: Leipzig.
4.–5. 6. 1876 – 1. Generalvers. in Berlin.
Der Sitz wird Leipzig.
Ostern 1878 – 2. Generalvers. in Hamburg
Die Generalversammlung konnte aufgrund äußerer Ursachen nicht zu Ende gebracht werden und wurde in Dresden fortgesetzt. Der Sitz des Bunds wurde nach Hamburg verlegt, Rath zum Vors. gewählt, Krankenkasse und Bund organisatorisch getrennt. Mit Verhängung des Sozialistengesetzes wurde der Bund aufgelöst.

Reiseunterstützungsverein deutscher Böttcher
25. 8. 1885, Bremen – Gründung des Reiseunterstützungsvereins auf einer öffentlichen Böttcherversammlung. Sitz: Bremen. Provisorischer Vors.: Carl Titgemeier (später Heinrich Neure)
12.–14. 9. 1886 – 1. Generalvers. in Gera.
Einführung von Rechtsschutz und Arbeitslosenunterstützung (nur für Verheiratete).
1.–2. 1. 1888 – 2. Generalvers. in Kassel
Forderung nach einem Maximalarbeitstag von 10 Stunden. Ausarbeitung eines Streikreglements, um der »Streikepidemie« entgegenzutreten. Gründung eines eigenen Organs. Der Vors. Neure wird kurz nach der Generalvers. abgesetzt, an seine Stelle tritt Tiedemann.
10. 2. 1889 – 3. (außerordentliche) Generalvers. in Hamburg
Änderung des Namens in Zentralverein der deutschen Böttcher, weil der Verein von den Behörden sonst als privater Versicherungsverein angesehen worden und möglicherweise verboten worden wäre.

Zentralverein der deutschen Böttcher
1890 – 4. Generalvers. in Hannover. Bestätigung des seit 1889 amtierenden Vors. F. Sander.
18. 4. 1892 – 5. Generalvers. in Bremen
Einrichtung von 3 Agitationskomitees.
14.–16. 5. 1894 – 6. Generalvers. in Mainz
Der Anschluß an den Holzarbeiterverband wird abgelehnt, die eigene Organisation soll ausgebaut werden. Protest gegen die zollpolitischen Maßnahmen der Regierung, gegen die indirekte Besteuerung der Lebensmittel. Beschluß, auch die Hilfsarbeiter in den Verein aufzunehmen.
7.–9. 6. 1897 – 7. Generalvers. in Magdeburg
Verschmelzung der Böttcher- und Brauerorganisationen abgelehnt. Angenommen wurde ein Antrag Hamburg, sich mit dem Zentralvorstand des Brauerverbandes über gemeinschaftliche Agitation zu verständigen. Einführung der obligatorischen Arbeitslosenunterstützung abgelehnt. Angriffsstreiks bedürfen der Zustimmung des Vorstands, alle Streiks müssen mit ⅔-Mehrheit gebilligt werden. Die Unterstützung bei Streiks wird vom Zentralvorstand festgelegt. Einführung eines Minimallohns. Einrichtung von 16 Agitationskommissionen. Carl Winkelmann wird zum Vors. gewählt.
21. – 24. 5. 1899 – 8. Generalvers. in Köln
Verschmelzung von Brauern und Böttchern (Antrag München) wird abgelehnt. Einführung der zentralen Arbeitslosenunterstützung wird abgelehnt. Streikreglement: Angriffsstreiks sollen mindestens 2 Wochen vor Eingabe der Forderungen dem Zentralvorstand gemeldet werden, mit »wahrheitsgetreuen« Angaben. Beseitigung der Akkordarbeit, Verkürzung der Arbeitszeit, Minimallohn von 24 Mark pro Woche werden gefordert. Die Generalvers. findet nur noch alle drei Jahre statt.
18.–23. 5. 1902 – 9. Generalvers. in Braunschweig
Einführung der Arbeitslosenunterstützung beschlossen. Protest gegen die Holzzölle und gegen die Erhöhung der Lebensmittel-, Agrar- und Industriezölle.
15.–19. 5. 1905 – 10. Generalvers. in München
Einführung der Erwerbslosenunterstützung. Anstellung eines hauptamtlichen Gauleiters für den Süden. Resolution zum 1. Mai: »Der Verbandstag betrachtet den 1. Mai als das Weltfest der Arbeit, gewidmet den Klassenforderungen des Proletariats, der Verbrüderung und dem Weltfrieden. Pflicht der Mitglieder ist es, überall da, wo es ohne Schädigung ihrer wirtschaftlichen Interessen möglich ist, am 1. Mai die Arbeit ruhen zu lassen. Die Einbuße des Tagelohns für den Tag der Maifeier kann als Schädigung der wirtschaftlichen Interessen nicht angesehen werden.« Namensänderung in Zentralverband der Böttcher und Böttchereihilfsarbeiter Deutschlands.

Zentralverband der Böttcher und Böttchereihilfsarbeiter Deutschlands
15.–19. 6. 1908 – 11. Generalvers. in Kassel
Anschluß an den Holzarbeiterverband (Antrag Hamburg) mit großer Mehrheit abgelehnt. Resolution zur Maifeier: »Der Verbandstag erwartet vom Gewerkschaftskongreß eine klare und bindende Beschlußfassung, daß nach der Richtung hin, daß allen Bestrebungen, die auf Aufhebung der Maifeier zielen, die Spitze gebrochen wird.« (In Kreisen der Partei- und Gewerkschaftsführer gewann der Gedanke an Boden, den 1. Mai nicht mehr durch die Arbeitsruhe zu begehen.)
21.–25. 8. 1911 – 12. Generalvers. in Dresden
Der Anschluß an einen größeren Verband wird wegen der ganz besonderen Arbeitsbedingungen im Böttchergewerbe abgelehnt. Arbeitseinstellungen dürfen nur nach geheimer Abstimmung mit $^2/_3$-Mehrheit erfolgen. Verbandsvorstand, Ausschuß, Preßkommission und Gauleiter haben auf dem Verbandstag kein Stimmrecht, sofern sie nicht als Delegierte gewählt sind. Namensänderung in Zentralverband der Böttcher, Weinküfer und Hilfsarbeiter Deutschlands.

Zentralverband der Böttcher, Weinküfer und Hilfsarbeiter Deutschlands
16.–21. 6. 1918 – 13. Generalversammlung in Würzburg
Die Reiseunterstützung wurde gestrichen, die auf der Reise befindlichen Mitglieder als Arbeitslose betrachtet.
29. 2.–5. 3. 1921 – 14. Generalvers. in Frankfurt am Main
Erarbeitung eines Reichsmanteltarifs, Schaffung eines Verbandsbeirates. Im Prinzip für die Bildung von Industriegewerkschaften, aber gegen die sofortige Verschmelzung mit anderen Verbänden.
14.–18. 9. 1925 – 15. Verbandstag in Leipzig
Übertritt zu einer Industrieorganisation nur dann, wenn die Gewähr bestehe, geschlossen und als selbständige Sektion übertreten zu können. Der Verbandstag erkennt an, »daß den Mißbräuchen des Alkoholgenusses mit allen Mitteln entgegengetreten werden muß. Nicht anerkennen kann er aber die jeder Grundlage entbehrende Agitationsweise der Abstinenten, denen es nicht darum zu tun ist, Mißbräuche des Alkohols zu bekämpfen, sondern die vollständige Trockenlegung Deutschlands nach amerikanischem Muster zu erreichen.« Wahl Emil Früchtnicht zum Vors.
19. 9. 1926 – 16. (außerordentlicher) Verbandstag in Leipzig
Einstimmige Zustimmung zur Verschmelzung.

Zentralverband der Fleischer und Berufsgenossen Deutschlands
Ostern 1902 – 1. Verbandstag in Berlin
Wahl Paul Hensels zum Vorsitzenden, Sitz Berlin
3.–4. 4. 1904 – 2. Verbandstag in Hamburg
Einteilung des Verbandsgebiets in 5 Gaue und Einrichtung von Gaukonferenzen. Bei künftigen Lohnbewegungen müsse vorsichtiger vorgegangen werden. »Dem Verband können alle in Fleischereien, auf Schlachthöfen,

in Wurstfabriken und verwandten Betrieben beschäftigten Gesellen und Hilfsarbeiter, Verkäuferinnen und Hilfsarbeiterinnen angehören.« Aufforderung an Regierung und Bundestag, für den 10-Stunden-Tag im Fleischergewerbe zu sorgen. Einführung der Krankenunterstützung.
3.–5. 9. 1905 – 3. Verbandstag in Leipzig
Die Beschlüsse des Kölner Gewerkschaftskongresses zur Maifeier werden gebilligt. Forderung nach Aufhebung der Grenzsperre für ausländisches Fleisch. Aufforderung an den Bundesrat, Vorschriften über die Zahl der Lehrlinge pro Betrieb zu erlassen.
2.–5. 9. 1907 – 4. Verbandstag in Frankfurt a. M.
Einführung der Arbeitslosenunterstützung. Angriffstreiks müssen drei Monate vor Beginn dem Vorstand gemeldet werden. Einteilung des Verbandsgebiets in 7 Bezirke. »Der Verbandstag richtet (...) an die Reichsregierung die Bitte (...) das berechtigte Verlangen der Fleischergesellen nach einem 12stündigen Arbeitstag durch Erlaß einer Bundesratsverordnung auf Grund § 120e der Gewerbeordnung stattzugeben. Sonntagsarbeit soll nur noch im Detailhandel, dort für 3 Stunden, erlaubt sein.«
27.–30. 3. 1910 – 5. Verbandstag in Hannover
Baldige Verschmelzung mit Bäckern, Brauern und Mühlenarbeitern wird angestrebt. Von Gewerkschaftshäusern und Konsumvereinen wird erwartet, daß sie ihre Waren von Firmen beziehen, die nur organisierte Arbeiter beschäftigen, und daß sie ihrerseits nur organisierte Arbeiter einstellen. Protest gegen die »geplante Belastung der Arbeiterversicherung mit einem kostspieligen Beamtenapparat, der eine stete Gefahr für die ohnehin geringen Selbstverwaltungsrechte der Versicherten bedeutet«.
27.–30. 4. 1913 – 6. Verbandstag in Dresden
Stellungnahmen gegen die Vieh- und Fleischteuerung, für die Aufhebung der Einfuhrzölle auf Lebensmittel, insbesondere Fleisch. Einführung der Umzugsunterstützung.
30. 5.–4. 6. 1919 – 7. Verbandstag
Für die Sozialisierung. »Der Verbandstag stellt sich auf den Boden des Rätesystems.« Errichtung paritätischer Arbeitsnachweise wird gefordert. Bis zur Aufhebung der Fleischrationierung keine Neueinstellung von Lehrlingen, danach höchstens 2 Lehrlinge pro Betrieb, tariflich vereinbarte Lehrlingsentschädigung. Wegen der »ungeheuren Überfüllung des beruflichen Arbeitsmarktes«: »In den Wurstfabriken dürfen Frauen nur zu Reinigungsarbeiten herangezogen werden, in den Konservenfabriken nur zu den rein mechanischen Arbeiten (...) In den Häute- und Darmverwertungen, soweit es sich um frische Schlachthofware handelt, dürfen Frauen überhaupt nicht beschäftigt werden, desgleichen auch nicht in der Kuttelei und Brüherei.«
7.–10. 5. 1922 – 8. Verbandstag in Halberstadt
Gegen die Bestrebungen der Unternehmer, nach Lebens- und Dienstjahren gestaffelte Lohnsätze einzuführen. Der Verbandsbeirat wird abgeschafft.

17.–20. 5. 1925 – 9. Verbandstag in Berlin
Gegen die beabsichtigten Schutzzölle auf Vieh, Fleisch und Fleischwaren. Den Mitgliedern wird zur Pflicht gemacht, sich den Konsumgenossenschaften anzuschließen. Das Lehrlingsverhältnis ist ein tarifvertraglich zu regelndes Arbeitsverhältnis, die Mitglieder sollen die Kollegialität zwischen Gesellen und Lehrlingen fördern.
18.–24. 9. 1927 – 10. Verbandstag, Leipzig
Einstimmig für die Verschmelzung.

Verband der Nahrungsmittel- und Getränkearbeiter
18.–24. 9. 1927 – 1. Verbandstag in Leipzig
Wahl Eduard Backerts zum Vors. Sitz: Berlin.
21.–27. 9. 1930 – 2. Verbandstag in Hamburg
Keine Verschlechterung des Nacht- und Sonntagsbackverbots. Ständige Kontrolle der internationalen Kartelle und Trusts, Einrichtung eines internationalen Wirtschaftsamtes beim Völkerbund, in dem die Arbeiterschaft gleichberechtigt mitwirkt. Beitragspflicht für alle Lohn- und Gehaltsempfänger zur Arbeitslosenversicherung, ohne Rücksicht auf die Art ihrer Beschäftigung und die Höhe ihres Entgelts; für die $3/5$-Mehrheit der Arbeitnehmervertreter in den Organen der Arbeitsvermittlung.

Freigewerkschaftliche Lokalvereine der Gastwirtsgehilfen
13.–16. 3. 1894, Berlin
»Als einzig richtige Bezahlungsform erkennt der Kongreß nur die feste Bezahlung durch Zeitlohn an.« Forderung nach u. a.: Einführung eines regelmäßigen, wöchentlich wiederkehrenden Ruhetages von 36 Stunden, 12-Stunden-Tag, Verbot der privaten Stellenvermittlung. Die Beibehaltung der lokalen Organisationsform wird beschlossen, weil den Gastwirtsgehilfen einstweilen noch das Zusammengehörigkeitsgefühl fehle. Gefordert wird auch die Unterstellung der Betriebe des Gastwirtsgewerbes unter die Fabrikinspektion.
22.–25. 10. 1895 – 2. Kongreß in Hamburg
Wahl einer Kommission, die dem nächsten Kongreß einen Entwurf zur Zentralisation vorlegen soll.
26.–29. 10. 1897 – 3. Kongreß in Berlin
Gründung des Verbands deutscher Gastwirtsgehilfen. Aufnahme auch von Aushilfskellnern, »wenn dieselben der Organisation ihres Berufes angehören und hier ihre Pflicht erfüllen«, ferner von Kellnerinnen und Hilfsarbeitern, letztere notfalls in besonderen Sektionen. Weitere Beschlüsse: Verwaltung der Arbeitsnachweise durch die Arbeitnehmer, Verurteilung des Trinkgelds und des Prozentsystems, gesetzliche Regelung der Arbeitszeit. Zum Vors. wird Hugo Pötzsch gewählt. Sitz: Berlin.

Verband deutscher Gastwirtsgehilfen
10.–12. 3. 1900 – 1. Verbandstag in Berlin
Arbeitsvermittlung gehört in die Hand der Arbeitnehmer, Beteiligung an kommunalen Einrichtungen und paritätischen Arbeitsnachweisen wird nur bedingt zugelassen.
18.–21. 3. 1902 – 2. Verbandstag in Mainz
Forderung nach vollkommen kostenloser, reichsgesetzlich geregelter Arbeitsvermittlung. Einbeziehung des Gastwirtsgewerbes in die Unfallversicherung.
12.–15. 4. 1904 – 3. Verbandstag in Erfurt
Die Agitation in den Saisonplätzen soll verstärkt werden. Einteilung des Verbandsgebietes in Gaue. Ein gesetzlicher Ruhetag von 36 Stunden in der Woche wird verlangt.
24.–28. 4. 1906 – 4. Verbandstag in Köln
Organisierung des gesamten Hilfspersonals, des weiblichen Personals und der Aushilfskellner in Nebenbeschäftigung eingeschlossen. Bildung von Sektionen. Einrichtung von öffentlichen paritätischen Arbeitsnachweisen.
12.–16. 5. 1908 – 5. Verbandstag in Leipzig
Errichtung von obligatorischen städtischen oder staatlichen Arbeitsnachweisen. Verbot der Stellenvermittlung durch Privatpersonen, Verbände, Vereine oder Innungen. Ausdehnung der Schutzgesetze auf das Hilfspersonal. Ausdehnung der Fabrik- und Gewerbeinspektion auf das Gastwirtsgewerbe. Gründung von Sektionen der Caféangestellten in den größeren Städten, intensivere Agitation unter dieser Berufsgruppe. Ablehnung des Trinkgelds, Forderung nach Festentlohnung. Ausdehnung der Unfallversicherung auf das Gaststättengewerbe.
24.–28. 5. 1910 – 6. Verbandstag in Berlin
Die Volks- und Gewerkschaftshäuser müssen bezüglich der Lohn- und Arbeitsverhältnisse ihrer Angestellten Vorbild sein. Einrichtung von Arbeiterkammern.
19.–23. 3. 1912 – 7. Verbandstag in Nürnberg
»Korporativen Verhandlungen mit den Arbeitgebern, wenn möglich vor dem Gewerbegericht – ist stets der Vorzug zu geben und auf Abschließung schriftlicher Verträge mit spezialisierter Aufführung der vereinbarten Punkte hinzuwirken.« Einführung der Arbeitslosenunterstützung. Hebung der sozialen Lage der Küchenangestellten und Einbeziehung in den gesetzlichen Arbeiterschutz. Ausdehnung des Arbeiterschutzes auf alle Personen im Gastwirtsgewerbe. Die Resolution zur Wanderungsfrage protestiert gegen den Versuch, die Gehilfen der verschiedenen Länder durch chauvinistische Hetze gegeneinander auszuspielen. Wahl Robert Zeiskes zum 1. Vors.
12.–16. 5. 1914 – 8. Verbandstag in Hamburg
Energischer Schutz des Koalitionsrechts gegen Willkür der Unternehmer, der Polizei und der Regierung. Einrichtung paritätischer Facharbeitsnachweise, keine neuen Konzessionen mehr an gewerbliche Stellenvermittler.

Einrichtung von Lehrlingsabteilungen im Verband. Änderung des Namens in Verband der Gastwirtsgehilfen.

Verband der Gastwirtsgehilfen
23.–27. 9. 1919 – 9. Verbandstag in Hannover
»Die Mitglieder sprechen der Hauptverwaltung für ihre Tätigkeit während des Krieges und nach der Revolution ihr vollstes Vertrauen aus.« Billigung der Beschlüsse des Nürnberger Gewerkschaftskongresses über Arbeitsgemeinschaft und Räte. Errichtung einer Einheitsorganisation im Hotel- und Gaststättengewerbe. Abschaffung des Trinkgeldes, Bezirkstarife als Vorstufe zu einem Reichstarif, Achtstundentag. Einrichtung von Fach- und Fortbildungsschulen.
19.–20. 9. 1920 – 10. Verbandstag in Erfurt
Auflösung des Verbandes, Überführung in die Einheitsorganisation.

Zentralverband der Hotel-, Restaurant- und Caféangestellten
21. 9. 1920, Magdeburg Gründungskongreß. Sitz: Berlin. Vorsitzender: Robert Zeiske.
21.–22. 10. 1920 – 1. Verbandstag in Erfurt
Aufhebung der Konzessionen für gewerbliche Stellenvermittler. Restlose Beseitigung des Trinkgeldsystems. Strikte Durchführung des Achtstundentages, zur Behebung der Arbeitslosigkeit.
20.–23. 5. 1924 – 2. Verbandstag in Kassel
»In der Erwägung, daß das vielgestaltige Gast- und Schankwirtschaftsgewerbe bereits einen so breiten Boden für die Errichtung einer Industrieorganisation bietet, daß eine Erweiterung dieser Grundlage vorerst nicht wünschenswert erscheint, und in der ferneren Erwägung, daß eine größere gewerkschaftliche Macht nicht einfach durch Zusammenschluß mehrerer, nur weitläufig verwandter Verbände« zu erreichen sei, »sondern in erster Linie nur durch gewerkschaftliche Schulung und straffe Disziplin«, lehnt es der Verbandstag ab, sich am Zusammenschluß der Bäcker, Brauer, Fleischer und Böttcher zu beteiligen. Soweit das Bedienungsgeld noch besteht, sind die Existenz sichernde Garantielöhne zu verlangen. Wahl Richard Ströhlingers zum Vors.
12.–19. 10. 1926 – 3. Verbandstag in Frankfurt a. M.
Reorganisation der Verwaltung: an die Stelle des alten, aus haupt- und ehrenamtlichen Mitgliedern zusammengesetzten Vorstandes tritt die Exekutive (die 5 auf dem Verbandstag gewählten Vorstandsmitglieder und die dreiköpfige Revisionskommission). Beseitigung des Prozentsystems, Einführung der Festentlohnung, erweiterte Ferien, Achtstundentag. Mehr Schutz für Betriebsräte und Betriebsratskandidaten. Einbeziehung der gastwirtschaftlichen Arbeitnehmer in die Unfallversicherung. Verbot der gewerbsmäßigen Stellenvermittlung.
28.–30. 5. 1929 – 4. (13.) Verbandstag in Hamburg
Schutz der jugendlichen Arbeitskraft: generelles Beschäftigungsverbot

zwischen 20 Uhr und 6 Uhr, strikte Einhaltung des Achtstundentages. 36stündiger Ruhetag in der Woche. Endgültige Beseitigung der gewerbsmäßigen Stellenvermittler. Einbeziehung des gesamten gastwirtschaftlichen Personals in die Unfallversicherung. Ausbau der Tarifverträge. Einführung der Alters- und Invalidenunterstützung.
10.–12. 5. 1932 – 5. (14.) Verbandstag in Dresden
Gegen jeden Versuch, die Verbindlichkeitserklärung von Schiedssprüchen einzuschränken. Mehr gesetzlicher Schutz für das weibliche Personal. Wöchentlicher Ruhetag für jeden Beschäftigten. Wahl Fritz Saars zum 1. Vors.

Verband der Hoteldiener
27.–29. 11. 1902 – 1. Verbandstag in Hannover
Ausdehnung des Arbeiterschutzes auf die Hoteldiener. Anschluß an die Generalkommission der Gewerkschaften Deutschlands (später rückgängig gemacht). Wahl Rudolf Diesings zum 1. Vors. Sitz: Berlin.
25.–28. 4. 1905 – 2. Verbandstag in Frankfurt a. M.
Gesetzlicher Schutz für Hoteldiener. Abschaffung des Kost- und Logiszwangs. Anschluß an die Generalkommission mit 21:12 abgelehnt. Hotelbesitzer sollen die Kosten des Bahnsteigdienstes übernehmen.
2.–5. 4. 1907 – 3. Verbandstag in Leipzig
Anschluß an die Generalkommission. 36stündiger wöchentlicher Ruhetag. Beseitigung der Trinkgelder, Einführung fester Tariflöhne.
13. und 16. 4. 1909 – 4. Verbandstag
Verschmelzung mit den Gastwirtsgehilfen mit 37:2 gebilligt. Gesetzlicher Ruhetag für Hoteldiener. Abschaffung des Kost- und Logiswesens.

2.2 Christliche Gewerkschaften

Verband christlicher Tabak- und Zigarrenarbeiter
19. 11. 1899 – Gründungskonferenz des niederrhein. Bezirks, Geldern
Zum Vorläufigen Vors. wird P. J. Lübeck gewählt. Sitz: Rees.
28. 4. 1901 – Generalvers. des niederrhein. Bezirks, Geldern
Der Vorstand wird beauftragt, die Gründung einer Christlichen Tabakarbeitergenossenschaft vorzubereiten. Neuer Vors. wird J. Lutz.
26. 4. 1903 – Generalvers. des badischen Bezirks, Walldorf
Erhebung eines vierteljährlichen Agitationsbeitrages.
10. 5. 1903 – Generalvers. des niederrhein. Bezirks, Krefeld
Sobald es die finanziellen Mittel gestatten, soll der Vorsitzende ausgebildet und dann freigestellt werden.
24. 4. 1904 – Generalvers. des badischen Bezirks, Edingen
Zum Vors. wird Josef Müller gewählt.
22. 5.1904 – Generalvers. des niederrhein. Bezirks, Düsseldorf
Freistellung des zum Vors. gewählten Gerhard Cammann.

24. 4. 1905 – 1. Generalvers. in Koblenz
Erste gemeinsame Generalvers. des niederrhein. und badischen Bezirks. Die bisherigen Bezirksgeneralversammlungen werden aufgehoben, eine Zentralorganisation wird errichtet.
12.–14. 4. 1907 – 2. Generalvers. in Frankfurt a. M.
Einführung des Rechtsschutzes. Das Verbot der Heimarbeit in der Tabakindustrie wird gefordert, an den Reichstag das Ersuchen gerichtet, »jede weitere Besteuerung des Tabaks im Interesse der Tabakindustrie und der darin beschäftigten Arbeiterschaft abzulehnen«.
31. 5.–1. 6. 1909 – 3. Generalvers. in Heidelberg
Protest gegen die »unsoziale« Tabaksteuer, die »weite Arbeiterkreise schweren Schädigungen« aussetze. Der Sitz wird von Rees nach Düsseldorf verlegt.
11.–14. 9. 1910 – 4. Generalvers. in Aachen
Einrichtung einer »Berufungskommission«, die die Arbeit des Vorstandes überwachen und Beschwerden der Mitglieder entgegennehmen soll.
13.–16. 8. 1911 – 5. Verbandstag in Herford
Unter Jugendlichen und Arbeiterinnen soll mehr Agitation betrieben werden. Änderung des Namens in: Zentralverband christlicher Tabakarbeiter Deutschlands.

Zentralverband christlicher Tabakarbeiter Deutschlands
17.–19. 8. 1913 – 6. Verbandstag in Koblenz
Der Verbandstag »erblickt in dem Abschluß von Tarifverträgen die einzige Möglichkeit, eine durchgreifende Gesundung der Lohn- und Arbeitsverhältnisse in der Tabakindustrie zu ermöglichen«. Ein garantierter Mindestlohn und die Ausdehnung der Arbeiterschutzgesetze werden gefordert.
23.–25. 5. 1920 – 7. Verbandstag in Heidelberg
Der Vorstand wird erweitert und gleichzeitig aus ihm ein kleineres Gremium gebildet, das die laufenden Geschäfte erledigen soll. Das Zusammengehen der drei Tabakarbeiterverbände im Kampf gegen die Teuerung wird gutgeheißen, eine Einheitsorganisation aber abgelehnt.
15.–17. 10. 1922 – 8. Verbandstag in Würzburg
Neuregelung der Beiträge.
29.–31. 8. 1925 – 9. Verbandstag in Aachen
Anträge, die Selbständigkeit der Bezirke durch Auflösung der Bezirkskassen einzuschränken, werden abgelehnt.
30. 6.–1. 7. 1929 – 10. Verbandstag in Freiburg
In allen Ortsgruppen mit einer größeren Anzahl Jugendlicher sollen »nach dem Geschlecht getrennte« Jugendgruppen eingerichtet werden. Alle Reformvorschläge zur Arbeitslosenversicherung, durch die eine Verschlechterung der Versicherungsleistung herbeigeführt werden soll, werden abgelehnt.

Verband christlicher Bäcker und Konditoren und verwandter Berufe Deutschlands
1. 9. 1901 – Gründungskonferenz in Düsseldorf
Zum Vors. wird Christian Schmitz gewählt, Sitz: Düsseldorf.
Bis zum Jahre 1906 finden drei weitere Verbandstage statt.
Pfingsten 1908 – 4. Verbandstag in Essen
Der Verband soll auf eine breitere Grundlage gestellt werden und erhält den Namen »Zentralverband der Nahrungs- und Genußmittelindustriearbeiter Deutschlands«.

Zentralverband der Nahrungs- und Genußmittelindustriearbeiter Deutschlands
4.–5. 9. 1910 – 1. Verbandstag in Düsseldorf
Einführung der Arbeitslosenunterstützung. Vors. weiterhin Christian Schmitz, der Sitz bleibt in Düsseldorf.
27.–29. 10. 1912 – 2. Verbandstag in Düsseldorf
Einteilung des Verbandsgebietes in Bezirke mit besoldeten Bezirksleitern. Besonders Handwerkslehrlinge und jugendliche Arbeiter sollen für den Verband gewonnen werden.
23.–24. 5. 1920 – 3. Verbandstag in Düsseldorf
Beitragsreform.
3.–5. 9. 1922 – 4. Verbandstag in München
Als Beitrag soll ein Stundenlohn pro Woche gelten. Eine Entschließung gegen die Wiedereinführung der Nacht- und Sonntagsarbeit wird angenommen.
19.–21. 9. 1926 – 5. Verbandstag in Düsseldorf
Einrichtung von Fachgruppen auf Reichsebene.
6.–8. 10. 1929 – 6. Verbandstag in Koblenz
Einführung der Alters- und Invalidenunterstützung.
22.–23. 5. 1932 – Außerordentlicher Verbandstag
Der Verbandstag nimmt eine Entschließung an, in der es heißt, jede weitere Einkommensverminderung der breiten Schichten der Arbeitnehmerschaft sei zu verhindern. Insbesondere dürfe kein weiterer Abbau in der Sozialversicherung mehr durchgeführt werden. Zur Bekämpfung der Arbeitslosigkeit wird ein Gesetz zur Abschaffung der Überstunden gefordert.

Reichsverband der Gasthausangestellten
13.–15. 5. 1919 – 7. Verbandstag in Hannover
Der Verbandstag »fordert mit allem Nachdruck, daß die Reichsregierung und die in Frage kommenden Behörden alles tun, um zu vermeiden, daß berufsfremde weibliche Arbeitskräfte die Arbeitslosigkeit der gelernten männlichen Angestellten als eine dauernde gestalten«; er lehnt die Einheitsorganisation weiterhin ab und fordert »die Beseitigung der Trink-

geldentlohnung und die Einführung fester und auskömmlicher Löhne«.
Vors. bleibt Adolf Schaar, der Sitz bleibt in Hannover.

Bund der Hotel-, Restaurant- und Café-Angestellten
14.–16. 12. 1921 – 1. Bundestag in Leipzig
Verschmelzung des Reichsverbands der Gasthausangestellten mit dem Bund der Hotel-, Restaurant- und Caféangestellten (vormals: Deutscher Kellnerbund). Der Name »Bund« wird beibehalten, Sitz wird Leipzig, Vors. W. Willig (tritt im Juni 1922 zurück und wird durch Adolf Schaar ersetzt).
21.–23. 4. 1925 – 2. Bundestag in Berlin
In der Lohnfrage fordert der Bundestag »eine von den Unternehmern zu leistende Umsatzbeteiligung (...) unter gleichzeitiger Festlegung von Garantielöhnen«. Nichtgewerbsmäßige Verbandsarbeitsnachweise sollen wieder zugelassen werden. Ein Lehrgesetz soll die Lehrlingsverhältnisse im Hotel- und Gaststättengewerbe regeln.
24.–29. 8. 1928 – 3. Bundestag in Düsseldorf
Der Schutz der Betriebsräte gegen »ungerechte Entlassung« soll erweitert werden und der Kündigungsschutz auch auf Betriebsratskandidaten ausgedehnt werden. Arbeitgeber und Arbeitnehmer sollen im Betrieb gleichberechtigt sein.
21.–23. 4. 1931 – 4. Bundestag in Stuttgart
Zur Bekämpfung der Arbeitslosigkeit im Gaststättengewerbe soll die 5-Tage-Woche eingeführt und entsprechend der Zahl der in den Betrieben Beschäftigten ein Einstellungszwang Erwerbsloser durchgesetzt werden. Ferner wird eine gesetzliche Regelung, die »das Doppelverdienertum grundsätzlich und radikal ausschaltet«, gefordert.

2.3 Gewerkschaft Nahrung-Genuss-Gaststätten

24.–26. Mai 1949 München
Vereinigungs-Gewerkschaftstag der Industriegewerkschaft Nahrung-Genuss-Gaststätten
Folgende Länder und Zonengewerkschaften schließen sich in München zur Industriegewerkschaft Nahrung-Genuss-Gaststätten mit Sitz in Hamburg zusammen:
Die Landesgewerkschaften in der US-Zone
– IG Nahrung-Genuss-Gaststätten für das Gebiet Bayern, mit dem Sitz in München
– IG Nahrung-Genuss-Gaststätten für das Gebiet Württemberg/Baden, mit dem Sitz in Stuttgart
– IG Nahrung-Genuss-Gaststätten für das Gebiet Hessen, mit dem Sitz in Frankfurt am Main
Die Landesgewerkschaften in der Französischen Zone

- Landesgewerkschaft Nahrung-Genuss-Gaststätten für das französisch besetzte Gebiet Rheinland/Pfalz, mit dem Sitz in Mainz
- Industriegewerkschaft Nahrung-Genuss-Gaststätten für die französisch besetzte Zone Baden, mit dem Sitz in Freiburg
- Industriegewerkschaft Nahrung-Genuss-Gaststätten für das Gebiet der französisch besetzten Zone Württemberg, mit dem Sitz in Schwenningen a. N.

Die Zonengewerkschaft für die britisch besetzte Zone
- IG Nahrung-Genuss-Gaststätten für die britisch besetzte Zone Deutschlands, mit dem Sitz in Hamburg

Es wird beschlossen, die NGG-UGO Berlin zu einem späteren Zeitpunkt in die IG NGG aufzunehmen.

Die neue Satzung wird beraten und beschlossen, sie tritt am 1. Januar 1950 in Kraft, der Zusammenschluß soll bis dahin vollzogen sein.

Gustav Pufal wird zum 1. Vorsitzenden, Ferdinand Warnecke zum 2. Vorsitzenden gewählt.

Die Erhaltung des Nacht- und Sonntagsbackverbotes wurde gefordert und gleicher Lohn für gleiche Arbeit verlangt.

Die Ortsklassen sollten reduziert und die Tarifverträge vereinfacht werden.

Die Frage, wie weit die Kompetenzen der Landesleiter gehen und wo die Tarifhoheit liegen soll, waren weitere Schwerpunkte der Beratung.

28. Mai – 1. Juni 1951 Stuttgart
1. Ordentlicher Gewerkschaftstag

Hans Nätscher wird zum 1. Vorsitzenden, Emil Petersen zum 2. Vorsitzenden gewählt.

Die Satzung wird durch Beratung von 400 Änderungsanträgen den Bedürfnissen der Arbeit in der Praxis angepaßt.

Eine Invaliden- und Altersunterstützung wird als Satzungsleistung eingeführt.

Die Anzahl der Mitglieder des Geschäftsführenden Hauptvorstandes wird von fünf auf sieben erhöht. Es werden organisatorische Fragen beraten.

Die Einstellung von Angestellten-Sekretären wird beschlossen.

Die Frage, wer für die Tarifverhandlungen zuständig ist, die Landesleiter oder der Geschäftsführende Hauptvorstand, war erneut umstritten, konnte aber keiner endgültigen Lösung zugeführt werden.

Ein einheitliches Beitrags- und Unterstützungswesen im DGB wird gefordert.

Das Mitbestimmungsrecht soll nicht nur in der Grundstoffindustrie, sondern auch in den kleinsten Betrieben gelten.

Der Gewerkschaftstag protestiert gegen die Preiserhöhung für Milch, Butter und Milchprodukte.

Es wird eine Reduzierung des Sackfüllgewichtes unter zwei Zentner verlangt.

Es wird eine konsequente Einhaltung des Nachtbackverbotes verlangt.
Die Remilitarisierung wird abgelehnt.
Über den Sitz der NGG-Hauptverwaltung wird wieder debattiert.
Die Entscheidung fällt erneut für Hamburg.

14.–18. Sept. 1954 Hamburg
2. Ordentlicher Gewerkschaftstag
Der Name der Organisation wird geändert in Gewerkschaft Nahrung-Genuss-Gaststätten.
Hans Nätscher wird als 1. Vorsitzender, Emil Petersen als 2. Vorsitzender wiedergewählt.
Satzungsänderungen, Sackfüllgewicht und Nachtbackverbot sind weitere Schwerpunkte der Beratung.
Die Anzahl der Mitglieder des Geschäftsführenden Hauptvorstandes wird von sieben auf sechs verringert.
Auch die Frage, ob die Landesleiter die Tarifverhandlungen im Einvernehmen mit dem Geschäftsführenden Hauptvorstand und/oder dem beauftragten Sachbearbeiter führen, war wieder heiß umstritten. Das Wort Einvernehmen kam nicht in die Satzung.
Es wird gefordert, daß der Hauptvorstand Richtlinien für die Personengruppen erläßt.
Für die Verkäuferinnen wird der freie Samstagnachmittag gefordert.
Die Wiedervereinigung Deutschlands, der Abschluß eines Friedensvertrages, die Entlassung aller politischen Gefangenen werden gefordert, die Remilitarisierung wird abgelehnt und die Abschaffung aller Atomwaffen gefordert.

1.–5. Sept. 1958 Frankfurt/Main
3. Ordentlicher Gewerkschaftstag
Hans Nätscher wird zum 1. Vorsitzenden wiedergewählt. Alfred Schattanik wird zum 2. Vorsitzenden gewählt.
Die Satzung wird durch Verabschiedung von 114 Anträgen weiter ausgebaut.
Die Frage, wer Tarifverhandlungen führen soll, spielt eine große Rolle und wird dahin entschieden, daß die Landesleiter die Verhandlungen im Einvernehmen mit den Sachbearbeitern der Hauptverwaltung und den übrigen Mitgliedern der Tarifkommission führen. Tarifverträge, die über Landesgrenzen hinausgehen, werden von Geschäftsführenden Hauptvorstand oder dessen Beauftragten und der Tarifkommission geführt.
Die Bildung von Fachgruppen wird in die Satzung aufgenommen.
Das Nachtbackverbot beschäftigt die Delegierten erneut.
Zur besseren Überprüfung wird eine stärkere personelle Ausstattung der Gewerbeaufsichtsämter gefordert.
Der Kündigungsschutz soll auch für Jugendliche unter 20 Jahren gelten.

In vier Anträgen wenden sich die Antragssteller gegen die atomare Aufrüstung der Bundesrepublik.
In einer Entschließung wird die Wiedervereinigung Deutschlands gefordert.

10.–14. Sept. 1962 Essen
4. Ordentlicher Gewerkschaftstag
Alfred Schattanik wird zum 1. Vorsitzenden, Herbert Stadelmaier zum 2. Vorsitzenden gewählt.
Mit 220 Anträgen wird die Satzung ergänzt und geändert und damit den Erfordernissen der Zeit angepaßt.
Die Hinterbliebenen- und die Altersunterstützung werden neu geregelt. Der Unterstützungssatz wird geändert und ist nicht mehr vierteljährlich fällig, sondern wird nur noch bei Erreichen der Altersgrenze und im Todesfalle ausbezahlt.
In mehreren Anträgen wenden sich die Delegierten gegen die von der Regierung geplanten Notstandsgesetze.
Die Berliner Mauer wird als Schandmauer verurteilt, der Gewerkschaftstag erklärt sich für die Menschenrechte, gegen jede Art von Terror und Unterdrückung.
Eine bessere Koordinierung der Arbeit des DGB und eine Anpassung des DGB-Grundsatzprogrammes an die wirtschaftliche Entwicklung werden verlangt.
Die Delegierten wenden sich gegen die Privatisierung von Unternehmen, die sich in der Hand des Bundes befinden und fordern die volle Erhaltung der Tarifautonomie.
Es wird gefordert, in keinem Tarifvertrag mehr die 48-Stunden-Woche zu vereinbaren. Ziel bleibt die 40-Stunden-Woche. Die kürzere Arbeitszeit soll sich in einem freien Tag niederschlagen.
Die Herabsetzung der Altersgrenze für Rentner wird verlangt.

11.–16. Sept. 1966 Bremen
5. Ordentlicher Gewerkschaftstag
Herbert Stadelmeier wird zum 1. Vorsitzenden, Günter Döding zum 2. Vorsitzenden gewählt.
Durch 150 Anträge soll die Satzung geändert und ergänzt werden. Der Gewerkschaftstag beschließt, den Hauptvorstand mit der Prüfung zu beauftragen, ob ein anderer Organisationsaufbau der gegenwärtigen und zukünftigen Aufgabenstellung gerechter wird. Die Vorschläge sollen in der Organisation diskutiert und dem nächsten Gewerkschaftstag vorgelegt werden.
Auch dieser Gewerkschaftstag wendet sich entschieden gegen die geplanten Notstandsgesetze. Es wird festgestellt, daß die einseitige Vermögensbildung in der Bundesrepublik durch das zweite Gesetz zur Förderung der

Vermögensbildung der Arbeitnehmer (vom 1.7.65) nicht zugunsten der Arbeitnehmer verändert werden kann.
Die Neuorientierung in der Deutschland- und Ostpolitik wird begrüßt. Der Hauptvorstand wird aufgefordert, den Austausch von Delegationen mit Gewerkschaften der osteuropäischen Länder vorzubereiten.
Eine gerechtere Verteilung der Steuerlasten wird verlangt, ebenso eine Erhöhung der Mittel für den sozialen Wohnungsbau.
Eine Anerkennung der gesellschaftlichen Leistungen der Gewerkschaftsmitglieder soll erreicht werden. Die Bemühungen um den 6-Uhr-Arbeitsbeginn und die 5-Tage-Woche für das Backgewerbe sollen fortgesetzt werden.
Die Nachtarbeit für weibliche Angestellte soll verboten werden.
Die Nachteile der Schichtarbeit sollen durch entsprechende tarifvertragliche Regelungen ausgeglichen werden.
Die Zusammengehörigkeit von Arbeitern und Angestellten wird durch eine Entschließung hervorgehoben. In mehreren Anträgen wird der Ausbau des Betriebsverfassungsgesetzes gefordert.
Verschiedene Anträge befassen sich mit dem Ausbau der Sozialversicherung.
Die endgültige Abschaffung der vereinzelt noch vorhandenen Ortsklassen und die Einführung der 40-Stunden-Woche in allen Branchen werden verlangt, ebenso mindestens 24 Tage Urlaub und ein zusätzliches Urlaubsgeld sowie ein bezahlter Bildungsurlaub.

6.–11. Sept. 1970 Berlin
6. Ordentlicher Gewerkschaftstag
Herbert Stadelmaier wird als 1. Vorsitzender und Günter Döding als 2. Vorsitzender wiedergewählt.
Das Ergebnis der vom letzten Gewerkschaftstag in Auftrag gegebenen Überprüfung der Organisationsstruktur wird vorgelegt.
Dieser Vorschlag und 88 Anträge dazu werden beraten und verabschiedet. Ab 1.1.1971 tritt die neue Organisationsstruktur in Kraft. Die Bezirke werden aufgelöst, die Ortsverwaltungen in Verwaltungsstellen umgewandelt. Verwaltungsstellen können Ortsstellen bilden.
Der Beitrag wird von einer festen Staffel auf 1,25% des Bruttotarifmonatseinkommens umgestellt und eine entsprechende Staffel in die Satzung aufgenommen.
Die Freizeitunfallversicherung war bereits ab 1.1.70 durch Beiratsbeschluß eingeführt worden. Der Geschäftsführende Hauptvorstand wird von sechs auf fünf Mitglieder verkleinert.
Die Delegierten fordern von allen Regierungen, den Frieden in der Welt wieder herzustellen, und durch kontrollierte Abrüstung die Massenvernichtungswaffen in Ost und West abzuschaffen. Der freie Zugang nach Berlin wird verlangt. Ein Verbot der NPD wird gefordert.
Die Erhaltung des Reinheitsgebotes bei der Bierherstellung wird verlangt.

Von den Bundestagsparteien werden Gesetzesvorschläge zur Ausweitung der Mitbestimmung und eine baldige Novellierung des Betriebsverfassungsgesetzes verlangt.
Die Bundesregierung wird aufgefordert, neben den Möglichkeiten des 3. Vermögensbildungsgesetzes Voraussetzungen für eine überbetriebliche Ertragsbeteiligung zu schaffen und die Unternehmen zur Abführung eines Teiles ihres Gewinnes zu verpflichten.
Ein gerechteres Steuersystem wird verlangt.
Als Hauptziele der aktiven Tarifpolitik werden beschlossen:
1. Sicherheit des Arbeitsplatzes
   Hier insbesondere der Kündigungsschutz für ältere Arbeitnehmer
2. Humanisierung der Arbeitsbedingungen durch Mitwirkung der betroffenen Arbeitnehmer an der Gestaltung der Arbeitsbedingungen.
3. Einkommensverbesserungen auch durch Anpassung der Eingruppierungs- und Bewertungskriterien an die durch den technischen Fortschritt veränderten Arbeitsanforderungen und Belastungen.
4. Arbeitszeit und Urlaub
   durch Einführung der 40-Stunden-Woche in allen Wirtschaftsbereichen und Verlängerung des Urlaubes auf vier Wochen.
5. Urlaubs- und Weihnachtsgeld
   als 13. Monatseinkommen.
6. Ein garantiertes Jahreseinkommen.

Auch Lohn- und Gehaltstarifverträge sollen zukünftig durch einheitliche Einkommenstarifverträge abgelöst werden.
Ein weiterer Ausbau der Angestelltenarbeit wird beschlossen.
Der Hauptvorstand wird beauftragt zu prüfen, ob eine Familienrechtsschutz-Versicherung für Gewerkschaftsmitglieder eingeführt werden kann.
Eine Reform des DGB wird verlangt, um die Dachorganisation den Erfordernissen der Zeit anzupassen. Die Herabsetzung der Altersgrenze in der gesetzlichen Rentenversicherung wird gefordert.
Die in der Regierungserklärung vom 28. 10. 1969 angekündigte Einführung eines Bildungsurlaubes wird von der Bundesregierung verlangt, ebenso eine Reform des Schul- und Bildungswesens.

1.–5. Sept. 1974 Wolfsburg
7. Ordentlicher Gewerkschaftstag
Herbert Stadelmaier wird als 1. Vorsitzender und Günter Döding als 2. Vorsitzender wiedergewählt.
Der satzungsgemäße Beitrag wird auf 1 % des Tarif-Bruttoeinkommens festgelegt.
Eine Familienrechtsschutz-Versicherung für Gewerkschaftsmitglieder wird gemeinsam mit der Gewerkschaft Textil-Bekleidung eingeführt.
Die Delegierten lehnen Lohnleitlinien ab und verlangen, daß die konzertierte Aktion nicht in die Tarifautonomie eingreifen darf.

Der Gesetzentwurf zur Einführung der paritätischen Mitbestimmung soll auch auf Personen-Gesellschaften ausgedehnt werden.
Das Verbot der Arbeitnehmerleihfirmen wird verlangt. In mehreren Anträgen wird der Ausbau der Sozialversicherung gefordert.
Die Arbeitsbedingungen in den Betrieben sollen durch tarifvertragliche Regelungen humanisiert werden. Dazu soll die Mitbestimmung ausgebaut werden, damit die Betriebsräte die physischen Belastungen abbauen, Arbeitsinhalte mit größeren Verantwortungsbereichen festlegen und auf die personelle Besetzung von Maschinen und Anlagen Einfluß nehmen können. Bei besonders hohen und schädigenden Belastungen soll die Arbeitszeit auf unter 8 Stunden täglich gekürzt werden.
Die Arbeitsplätze und das Einkommen älterer Arbeitnehmer sollen gesichert werden.
Der Abschluß des ersten Einheitlichen Einkommenstarifvertrages in der Brauwirtschaft wird begrüßt und es wird gefordert, diesen Weg konsequent fortzusetzen.
Der Gesetzgeber wird aufgefordert, den vom DGB vorgelegten Entwurf eines Jugendarbeitsschutzgesetzes bei seinen Novellierungsplänen zu berücksichtigen. Es wird mit Besorgnis festgestellt, daß die Vorstellungen der NGG vom Bundesrat nicht berücksichtigt wurden.

24.–28. Sept. 1978 Mannheim
8. Ordentlicher Gewerkschaftstag
Günter Döding wird zum 1. Vorsitzenden, Erich Herrmann zum 2. Vorsitzenden gewählt.
Eine Verbesserung der Öffentlichkeitsarbeit der NGG wird verlangt.
Die Pressestelle der Hauptverwaltung wurde daraufhin personell verstärkt.
Die Delegierten fordern die Entspannungspolitik fortzusetzen und verlangen eine kontrollierte Abrüstung.
Es wird begrüßt, daß der DGB sich nicht mehr an der konzertierten Aktion beteiligt, da die Unternehmerverbände Verfassungsklage gegen das Mitbestimmungsgesetz '76 eingereicht haben.
Die Auffassung der NGG, daß die Vermögensbildung zugunsten der Arbeitnehmer überbetrieblich ausgestaltbar sein soll, wird bekräftigt.
Die Aussperrung wird als rechtswidrig verurteilt. Bundesregierung, Arbeitgeberverbände und Betriebsräte werden aufgefordert, sich verstärkt dem Problem der Jugendarbeitslosigkeit zu widmen.
Die Betriebsräte werden aufgefordert, das Angebot an Ausbildungsplätzen zu erweitern.
Die Verkürzung der Lebensarbeitszeit durch Verlängerung der Schulzeit, Einführung eines Bildungsurlaubes für alle Arbeitnehmer, Herabsetzung der Altersgrenze, Verlängerung des Jahresurlaubes und durch Verkürzung der Arbeitszeit für ältere Arbeitnehmer wird verlangt. Es wird beschlossen: Die aktive Tarifpolitik fortzusetzen und auszubauen. Damit sollen die Ar-

beits- und Lebensbedingungen der Arbeitnehmer und ihre soziale Lage günstiger gestaltet werden.
Das wichtige Ziel, gemeinsame Tarifverträge für Arbeiter und Angestellte zu vereinbaren, soll weiter verfolgt werden. Neben der Zusammenführung der Lohn- und Gehaltstarifverträge soll auch die Zusammenführung der Manteltarifverträge weiter verfolgt werden.
Die Mitbestimmung der Arbeitnehmer in allen Fragen der Arbeitsorganisation und der Gestaltung von Arbeitsplätzen wird gefordert, um die Arbeitswelt humaner zu gestalten.
Dem beschäftigungswirksamen Akzent wird in der Tarifpolitik Vorrang eingeräumt vor der Durchsetzung vermögenspolitischer Alternativen durch Tarifverträge.
Die für die Vermögensbildung vorgesehenen Beträge der Unternehmen, sollen bis zur Entspannung des Arbeitsmarktes in einen Fonds fließen, aus dem dann z. B. die Arbeitszeitverkürzung für ältere Arbeitnehmer oder die Schaffung zusätzlicher Arbeits- und Ausbildungsplätze für jugendliche Arbeitnehmer finanziert werden. Eine weitere Arbeitszeitverkürzung soll durch Einführung von Schichtfreizeiten erreicht werden.
Für das Hotel- und Gaststättengewerbe wird die Einführung der 5-Tage-Woche verlangt. Der Tarifabschluß in Bayern wird begrüßt.
Die gewerkschaftlichen Arbeitsmöglichkeiten in den Betrieben sollen durch die Wahl gewerkschaftlicher Vertrauensleute verbessert werden.
Damit wird eine Schlußfolgerung aus der Untersuchung der NGG durch das Forschungsinstitut der Friedrich-Ebert-Stiftung in die gewerkschaftliche Praxis umgesetzt.
Mehrere Anträge verlangen eine Novellierung des Betriebsverfassungsgesetzes.
Die Delegierten wenden sich gegen eine Veränderung des Ladenschlußgesetzes und verlangen eine Beibehaltung der Ladenöffnungs- und der Arbeitszeiten für die Verkäuferinnen und Verkäufer.
Der Versuch, das Jugendarbeitsschutzgesetz von 1976 durch eine Novellierung zu verschlechtern, wird zurückgewiesen.
Eine Herabsetzung des Rentenalters wird verlangt. Die Delegierten erklären sich mit den in der Bundesrepublik lebenden und arbeitenden ausländischen Arbeitnehmern solidarisch und sichern ihnen zu, sie in jeder Weise zu unterstützen.
Die Kooperation mit der Gewerkschaft Textil-Bekleidung wird weiter ausgebaut. Der Gewerkschaftstag gibt dem Hauptvorstand den Auftrag, alle Möglichkeiten auszuschöpfen.
Dem Gewerkschaftstag wird das Ergebnis der Untersuchung des Forschungsinstitutes der Friedrich-Ebert-Stiftung vorgestellt.
Die Untersuchung, die 1975 in Auftrag gegeben worden war, machte deutlich, wo die organisatorischen Schwachpunkte lagen.
Eine der wichtigsten Aufgaben war es, die Information und Betreuung im Betrieb durch gewerkschaftliche Vertrauensleute zu verbessern.

5.–9. Sept. 1982 Nürnberg
9. Ordentlicher Gewerkschaftstag
Günter Döding wird als 1. Vorsitzender und Erich Herrmann als 2. Vorsitzender wiedergewählt.
Die Delegierten fordern die Regierungen in dieser Welt auf, alles zu tun, um den Frieden zu erhalten, den Rüstungswettlauf zu stoppen und die Massenvernichtungswaffen abzubauen.
Zur Überwindung der Not und des Elends in vielen Ländern der Erde wird eine gezielte internationale Zusammenarbeit verlangt.
Bund, Länder und Gemeinden werden aufgefordert, dem Ziel der Wiedergewinnung der Vollbeschäftigung absoluten Vorrang einzuräumen.
Eine Beschleunigung der Reform der europäischen Agrarpolitik wird gefordert.
Das Verbot aller neonazistischen und faschistischen Gruppen und ihre Auflösung werden verlangt.
Der politische Extremismus wird verurteilt. Die Haltung der Bundesregierung zum Reinheitsgebot bei der Bierherstellung wird begrüßt und es wird gefordert, daß sich die Regierung auch in der EG mit Nachdruck dafür einsetzt.
Der Gewerkschaftstag spricht sich für eine beschäftigungswirksame Tarifpolitik als flankierende Maßnahme zur staatlichen Beschäftigungspolitik aus. Durch eine Verkürzung der Lebensarbeitszeit soll die Arbeit umverteilt werden. Ältere Arbeitnehmer sollen die Möglichkeit bekommen, früher aus dem Arbeitsleben auszuscheiden und damit sollen Arbeitsplätze für jüngere Arbeitnehmer bereitgestellt werden.
Im übrigen soll die qualitative Tarifpolitik der NGG auf allen Gebieten fortgesetzt werden.
Die Initiativen zu einer gerechten Entlohnung der Frauen werden begrüßt und es wird gefordert, diesen Weg weiterzugehen.
Der weitere Ausbau von Arbeitnehmerschutzgesetzen, der Sozialgesetze und des Betriebsverfassungsgesetzes wird verlangt.
Zur Überwindung der Jugendarbeitslosigkeit wird eine grundlegende Reform der beruflichen Bildung gefordert.
Die Betriebsräte werden erneut aufgefordert, sich für mehr und für bessere Ausbildungsplätze in den Betrieben einzusetzen, um den jungen Menschen eine Chance für eine qualifizierte Ausbildung zu geben.
Die Vertrauensleutearbeit in der NGG soll verbessert und weiter entwickelt werden. Durch einen einheitlichen Wahlzeitraum sollen die Wahlen gezielt vorbereitet und unterstützt werden.
Auszubildende sollen in die Vertrauensleutearbeit einbezogen werden.
Das Bildungspolitische Programm des DGB wird ausdrücklich unterstützt. Mit ihm wird eine verbesserte Bildung für die Arbeitnehmer gefordert, die wiederum eine Voraussetzung für die Chancengleichheit aller Menschen ist.

ANHANG 3

3.1 Lebensdaten von Veteranen der Gewerkschaftsbewegung

Allmann, Emil Oskar Eduard Karl (1868–1940)
Geb. 27. 6. 1868 in Buttelstadt. Bäcker. 1889 Schriftführer der Kontrollkommission im Bäckerverband, 1890 Vorsitzender der Zahlstelle Hamburg. Auf der Berliner Generalvers. 1895 zum Vors. des Verbandes der Bäcker gewählt, hielt dieses Amt bis 1918. 1895 Geschäftsführer der Hamburger Bäckerei Vorwärts, Produktivgenossenschaft der Bäckereiarbeiter. 1897 Mitbegründer des Hamburger Konsum-, Bau- und Sparvereins Produktion. Rücktritt auf dem Verbandstag 1918, weil ihm vorgeworfen wurde, sich mit der Kriegspolitik der Generalkommission zu stark identifiziert zu haben. Im Streit um das Nachtbackverbot stellte er sich 1922 auf die Seite der Konsumgenossenschaften und trat öffentlich für die Einführung des Dreischichtensystems ein, deswegen 1923 aus dem Zentralverband der Bäcker ausgeschlossen.

Altehage, Heinrich (1893–1962)
Geb. 21. 5. 1893, Zigarrenarbeiter. 15. 4. 1911 Beitritt zum DTAV. 1912 als Kassenrevisor Mitgl. der Ortsverwaltung Vlotho. 1913 Mitgl. SPD. 1920 hauptamtl. Angestellter in der Ortsverwaltung Aachen. 1921 Gauleiter für Süddeutschland mit Sitz in Heidelberg. 2. Vors. des Gewerkschaftskartells Heidelberg, Arbeitsrichter und Mitgl. im Verwaltungsausschuß des Arbeitsamtes. 1932 Gauleiter für Sachsen mit dem Sitz in Dresden. 1945 Wiederaufbau der Gewerkschaften in Aschaffenburg. Vors. des DGB-Kreisausschusses, Aufsichtsratsvors. der Konsumgenossenschaften in Aschaffenburg. Seit 1952 Sachbearbeiter für Tabak im süddeutschen Raum, von Aschaffenburg aus und Mitgl. des Hauptvorstands der NGG bis zur Pensionierung 1958.

Arendsee, Wilhelm (1891–1921)
Tabakarbeiter. Mit 16 Jahren Mitgl. im Verband christlicher Tabakarbeiter. Noch keine 17 Jahre alt, wurde er schon zum Vertrauensmann gewählt. Während des Ersten Weltkriegs Soldat, schwer verwundet. 1918/19 Vors. des Arbeiter- und Soldatenrates in Rees, Vorsitzender der Ortsgruppe Rees des ZVCT. Leitung des Arbeitsnachweises, der Arbeitslosenfürsorge in Rees und Mitgl. des Stadtverordnetenkollegiums. Mitte 1919 Bezirksleiter des ZVCT und Mitgl. des Zentralvorstandes.

Arronge, Martin Adolph (1807–1887)
Geb. in Hamburg. Zigarrenarbeiter. Lebte in den dreißiger Jahren zunächst in Wesel, dann in Düsseldorf und Koblenz, wo er ein kleines Zigarrengeschäft besaß. Trat 1845 als Werkmeister in eine Duisburger Zigarrenfabrik ein. Anfang 1848 wurde er Kanzleigehilfe am damaligen Land- und Stadtgericht Duisburg. Im September 1848 von den Zigarrenarbeitern aus Duisburg, Köln, Düsseldorf und Neuwied als Delegierter zum Berliner Zigarrenarbeiterkongreß gewählt. 1850 Leiter der Witwen-, Waisen- und Invalidenkasse. Vom Duisburger Gericht aus politischen Gründen entlassen, arbeitete er als Privatsekretär. Nach dem Verbot der Invalidenkasse zog er sich aus dem politischen Leben zurück. Seit 1867 wohnte er wieder in Hamburg, Sekretär und Kassierer des dortigen Stadttheaters.

Backert, Eduard (1874–1960)
Geb. in Rottmar bei Sonneberg. Brauer. Lernte nach dem Besuch der einklassigen Volksschule Brauer. 1890–1892 auf Wanderschaft. Nov. 1892 Mitgl. im Zentralverband deutscher Brauer. Arbeitete von 1892–1894 in Weida, leistete vom 16. 10. 1894–28. 9. 1896 seinen Militärdienst. Ließ sich danach in Gera nieder, wurde Schriftführer der Ortsgruppe des Brauereiarbeiterverbandes. Im Juli 1897 Vors. der Agitationskommission für Thüringen und Vogtland. Heiratete am 3. 7. 1898 und sollte entlassen werden, weil er nicht um die Erlaubnis zur Heirat nachgesucht hatte. 1900 ehrenamtl. Gauleiter für Thüringen. Am 3. 1. 1901 gemaßregelt, von seinen Kollegen wieder in den Betrieb geholt. Seit dem 1. 10. 1904 hauptamtlicher Gauleiter für die preußischen Ostprovinzen, mit dem Sitz zunächst in Posen, ab 1906 in Breslau. 1907 zum 2. Vors. des Brauereiarbeiterverbandes gewählt. Verantwortlich für Lohnpolitik und Statistik. Am 10. 12. 1914 zum Vorsitzenden des Verbands der Brauerei- und Mühlenarbeiter gewählt, auf jedem folgenden Verbandstag ohne Gegenstimme wiedergewählt. 1919 Mitgl. im Vorstand des ADGB, Vors. der Reichsarbeitsgemeinschaft Nahrungs- und Genußmittel. 1920–1933 Mitgl. im Reichswirtschaftsrat. 1927 Vors. des Verbands der Nahrungsmittel- und Getränkearbeiter. 2. 5.–28. 6. 1933 in Schutzhaft. 23 Hausdurchsuchungen zwischen März 1933 und Sept. 1934, deswegen Sept. 1934 Umzug von Berlin-Neukölln nach Zepernick bei Berlin. Führte mit Alfred Fitz die Klage der ehemaligen Verbandsangestellten auf Herauszahlung von Gehalt wegen nicht eingehaltener Kündigungsfrist und Herauszahlung der Beiträge zur Unterstützungsvereinigung der in der modernen Arbeiterbewegung tätigen Angestellten. Nach 1945 Schiedsmann und Begräbnisredner. Beratende Tätigkeit für die in den westlichen Besatzungszonen entstehende NGG.

Basting, Anton (1884–1966)
Böttcher. 1904 Mitgl. im Böttcherverband. Nach dem Militärdienst Vors. der Ortsverwaltung Wiesbaden. 1933–1938 arbeitslos, von den Nazis in der Arbeitsvermittlung gesperrt. Lebte vom Wandergewerbe und mußte

sich zweimal täglich bei der Polizei melden. Nach 1945 Aufbau der NGG in Rheinland-Pfalz, Landesleiter bis 1964.

Bauer, Georg (1858–1907)
Geb. in Velden (Niederbayern), gelernter Brauer. 1888 Mitgl. im Münchener Lokalverein der Brauer, dessen Vors. er 1890 wurde. Wegen seiner gewerkschaftlichen Betätigung gemaßregelt, ging nach Hannover. Leiter der Zahlstelle Hannover des Allgemeinen Brauerverbandes. 1895 als Hilfsarbeiter ins Verbandsbüro berufen. Der 11. Verbandstag 1898 wählte ihn zum Vorsitzenden.

Bauer, Karl (1889–1967)
Geb. in Arnbach (Württemberg), Kellner. 1905 Mitgl. im Verband der Gastwirtsgehilfen. SPD. Seit 1911 in Berliner Großbetrieben tätig. 1919 ehrenamtlicher Funktionär im engeren Vorstand der Ortsverwaltung Berlin. 1924 hauptamtlicher Geschäftsführer und Bezirkssekretär in Heidelberg. 1932 nach Köln berufen. Während des Nationalsozialismus Strafhaft, jahrelange Arbeitslosigkeit und Konzentrationslager. 1945 1. Vors. Allgemeiner Freier Gew.bund Heidelberg. 1946–1950 Gleichberechtigter Landesleiter der NGG, Württemberg Baden. 1950 Bezirksleiter der NGG in Heidelberg. Von 1946–1948 Bürgermeister in Heidelberg.

Bergmann, Paul (1881–1951)
Geb. in Obereissen bei Buttstedt (Thüringen). Gelernter Fleischer. Ließ sich im April 1899 in Berlin nieder. 1907 Bevollmächtigter der Zahlstelle Berlin des Zentralverbands der Fleischer. 1911 Vors. der Ortskrankenkasse des Schlachtergewerbes zu Berlin. Häufige Agitationstouren für den Zentralverband. Seit Nov. 1913 Redakteur des »Fleischer«. Mitgl. der SPD, während des Ersten Weltkrieges aus Protest gegen die Burgfriedenspolitik zur USPD. Herausgeber und Redakteur des USPD-Organs »Hamburger Tribüne«. Nach dem Ersten Weltkrieg Bezirksleiter mit dem Sitz in Hamburg. 1918 Redakteur der »Roten Fahne«, dem Organ des Hamburger Arbeiter- und Soldatenrates. Seit 1919 (bis 1928) Mitgl. der Hamburger Bürgerschaft, Vorstandsmitglied der Hamburger SPD. Mitgl. des Aufsichtsrates der Konsumgenossenschaft »Produktion«, Arbeitsrichter. Seit dem 1. 4. 1928 Gauleiter des VNG mit Sitz in Hamburg. 1928–1932 MdR. Baute nach 1933 eine Darmhandlung am Hamburger Schlachthof auf und beteiligte sich an der Widerstandsarbeit des VNG. Nach dem 22. 8. 1944 im KZ Fuhlsbüttel inhaftiert. 1946 Sozialrentner.

Blome, Christian (1861–1949)
Tabakarbeiter. Wanderschaft in Deutschland und Norwegen. 1885 Mitgl. im Reiseunterstützungsverein dt. Tabakarbeiter. 1896 als erster Sozialdemokrat in die Bremer Bürgerschaft gewählt. 1906–1929 hauptamtlicher Angestellter im DTAV.

Blome, Heinrich (1866–1953)
Geb. in Bremen, Tabakarbeiter. 1884 Mitgl. im Reiseunterstützungsverein. 1903 in den Vorstand gewählt, dem er über 28 Jahre lang als Beisitzer angehörte. Im Aug. 1945 Mitbegründer des Industrieverbands für das gesamte Tabakgewerbe.

Brülling, Wilhelm (1873–1950)
Geb. in Herdecke, Brauer. Verbandsmitglied seit 1893. Ehrenamtlicher Gauleiter in Dortmund. Seit 1908 als Bezirksleiter mit Sitz in Dortmund angestellt. Sozialdemokratischer Stadtverordneter. Lebte während der Nazizeit von einer Invalidenrente. Mitbegründer der Gewerkschaften in Dortmund nach 1945 und 1. Vors. der NGG-Ortsverwaltung.

Buschendorf, Margarete (1919–1983)
Sie arbeitete fast 30 Jahre hauptamtlich in der NGG, wo sie zu den engagiertesten Funktionärinnen zählte. 1952 begann die Sozialdemokratin, die aus politischen Gründen aus der DDR geflohen war, als Sekretärin für Frauenarbeit in der NGG-Landesleitung Hamburg/Schleswig-Holstein. Im damaligen Bezirk Kiel wurde sie 1964 (als erste Frau in der NGG) zur Bezirksleiterin gewählt. Von 1971 bis zum Ausscheiden aus der hauptamtlichen Arbeit (1979) war sie Geschäftsführerin der Verwaltungsstelle Kiel und späteren Verwaltungsstelle Kiel-Flensburg. Lange Jahre war sie Vors. des Landesbezirksfrauenausschusses und Mitgl. im Bundesfrauenausschuß der NGG.

Cammann, Gerhard (1876–?)
Geb. in Rees am Rhein, Zigarrenmacher. Mitbegr. des Christlichen Tabakarbeiterverbandes, Kassierer, seit dem Mai 1901 Vors. der Ortsgruppe Rees. 1902 in den Zentralvorstand gewählt und mit der Führung der Hauptkasse beauftragt. Im gleichen Jahr besuchte er einen volkswirtschaftlichen Kurs bei der Zentrale des Volksvereins für das katholische Deutschland in Mönchen-Gladbach. 1903 zum Vorsitzenden des Verbands christl. Tabakarbeiter gewählt, ab 1. 7. 1904 hauptamtlich angestellt. 1905–1909 und 1914–1920 gleichzeitig Redakteur der »Tabakbeiterzeitung«. 1903–1909 Stadtverordneter in Rees. 1920–1928 Mitgl. im Vorläufigen Reichswirtschaftsrat. Vors. des Internationalen Bundes Christlicher Tabakarbeiter. Nach 1933 lange Zeit arbeitslos, ab 1938 Sozialrentner.

Dahms, Ferdinand (1882–1965)
Geb. in Altona, Zigarrensortierer. Arbeitete nach der Lehrzeit im Sortiererbetrieb der GEG und wurde mit Adolph von Elm bekannt, seit 1899 Mitgl. im DTAV. 1900–1912 ehrenamtlich tätig, 1913 Ortsangestellter in Mannheim. Seit 1919 Redakteur des »Tabakarbeiter«. In allen Lohn- und

Tarifverhandlungen für die Zigarrenindustrie von 1920–1933 Mitgl. der Verhandlungskommission. 1928–1933 Mitgl. der Bremer Bürgerschaft.

Deichmann, Carl (1863–1940)
Geb. in Uslar. 1878–1880 Lehre als Zigarrenmacher. Anschließend auf Wanderschaft. 1883 Mitgl. des Reiseunterstützungsvereins. 1885–1887 Militärzeit. 1888 Bevollmächtigter der Zahlstelle Bremen. 1890 gemaßregelt, ging nach Hamburg-Altona, nach der großen Tabakarbeiteraussperrung wieder zurück nach Bremen. Bis 1896 Bevollmächtigter in Bremen, dann als Beisitzer in den Hauptvorstand gewählt. 1900–1928 Vors. des DTAV, 1925–1928 Vorsitzender der Tabakarbeiterinternationale. 1912–1918 MdR, Mitglied der Nationalvers. 1919 bis 1920 Reichstagsmitglied in der Weimarer Republik. 1928 bis 1931 stellvertretender Senatspräsident von Bremen.

Diermeier, Josef (1876–1928)
Geb. in Kleinweingarten, Bäcker. Nach der Lehre Wanderschaft durch das bayerische Hochgebirge, Österreich und die Schweiz. 1899 Mitgl. im Verband der Bäcker in München. 1903 als Kassierer angestellt, später Geschäftsführer der Zahlstelle München. 1907–1918 Vors. des Verbandsausschusses. Seit 1918 Verbandsvorsitzender. Mitgl. des Vorläufigen Reichswirtschaftsrates, des Vorstands der Gruppe 10 der Reichsarbeitsgemeinschaft Nahrung- und Genußmittel. Handelte mit Alfred Fitz den ersten Reichstarif für die Süßwarenindustrie und eine Reihe weiterer Reichstarife aus. Mitgl. im Vorstand der IUL.

Dozler, Josef (1891–1964)
Geb. in der Nähe von Regensburg, Bäcker. 1909 Verbandsmitgl., 1911 SPD. Wanderschaft. In der Weimarer Republik Bäcker im Düsseldorfer Konsumverein, Vors. der Sektion Bäcker und Konditoren im Düsseldorfer VNG. Nach der Befreiung 1945 als Vermittler beim Arbeitsamt. 1946–1958 Landesleiter der NGG in Nordrhein-Westfalen.

Eggerstedt, Friedrich Otto (1886–1933)
Geb. in Kiel, gelernter Bäcker. 1906–1908 auf Wanderschaft, 1908–1910 Militärdienst, anschließend Arbeit in Kieler Bäckereien. Bei Ausbruch des Ersten Weltkrieges zur Westfront eingezogen. Am 13. November 1918 in Namur zum Soldatenrat gewählt. Am 21. Dezember wieder in Kiel, dort Anfang 1919 zum Geschäftsführer des Arbeiterrates gewählt. 1919–1924 Stadtverordneter in Kiel, 1919–1927 Sekretär der SPD von Groß-Kiel. Seit dem 16. 4. 1928 Leiter des Polizeiamtes Wandsbek, 1929–1933 Polizeipräsident von Altona-Wandsbek. 1928–1933 MdR. Wurde am 24. 5. 1933 verhaftet und am 12. 10. 1933 im KZ Esterweg ermordet.

Eimer, Georg (1896–1975)
Geb. in Gesseldorf, Niederbayern. Da das Geld in der großen Familie immer knapp war, mußte er sich schon als Zehnjähriger auf einem Bauernhof verdingen – für das Essen und einen Schlafplatz. Nach der Schulzeit und langer Wanderschaft wurde er in Nürnberg seßhaft und fand Arbeit in der Nürnberg-Fürther-Konsumgenossenschaft. Mitgl. im Deutschen Verkehrsbund, wurde er bald Betriebsratsvors. seiner Konsumgenossenschaft. Als aktiver Gewerkschafter und Sozialdemokrat kämpfte der »Reichsbannergeneral« von Nürnberg gegen die Nazis. Nach 1933 war er jahrelang im KZ Dachau inhaftiert. 1945 Mitbegr. der Gewerkschaften in Nürnberg, von der ersten Stunde an Mitgl. des NGG-Landesvorstandes Bayern. 1949–1951 stellvertr. Vors., 1951–1962 Vors. des Hauptausschusses.

Ertl, Josef (1873–1936)
Geb. in Nittenau in der Oberpfalz. Gelernter Brauer, zuletzt in der Münchener Leistbrauerei tätig. Verbandsmitglied seit 1895. Nach ehrenamtlicher Tätigkeit im Brauereiarbeiterverband und in der SPD wurde er am 1. Mai 1907 als 2. Vors. der Zahlstelle München angestellt. Seit 1922 erster Vors. der Zahlstelle. Von der bayerischen Landeskonferenz in Regensburg, 1927, einstimmig zum Gauleiter gewählt.

Etzel, Martin (1867–1914)
Geb. in Rothenburg ob der Tauber, gelernter Brauer. 1895 Mitgl. im Zentralverband deutscher Brauer, ehrenamtlich tätig in den Zahlstellen Nürnberg und Fürth. Mitgl., zeitweise Vors. der Agitationskommission für Nordbayern. Aus gesundheitlichen Gründen wurde er 1899 Gastwirt und übte diese Tätigkeit bis 1904 aus. Ab 1900 unbesoldeter Gauleiter in Nordbayern, setzte u. a. die Anerkennung des Verbandes gegenüber den Kulmbacher Brauherren durch. 1904 besoldeter Gauleiter mit Sitz in Hamburg. Im März 1907 durch Urwahl zum Verbandsvors. gewählt.

Fiederl, Georg (1887–1962)
Geb. in Roßtal. Wurde mit 3 Jahren Vollwaise, wuchs bei Verwandten auf und lernte Bäcker. 1906 Mitgl. des Zentralverbands der Bäcker und Konditoren. 1920 Mitgl. im Ausschuß des Zentralverbands, später des VNG. 1947 bis 1954 Landesleiter der NGG in Bayern.

Fiedler, Max (1878–?)
Fleischer. Bei der Gründung der Dresdner Fleischerorganisation, 1901, übernahm er die Kassengeschäfte und danach die Leitung der Organisation. Später wurde ihm die Gauleitung für Sachsen-Thüringen übertragen. 1907 wurde er als Hauptkassierer in den Verbandsvorstand berufen, seine Tätigkeit in der Hauptverwaltung währte aber nur wenige Jahre. 1909 wurde er als Geschäftsführer der Ortsgruppe Hamburg mit deren Reor-

ganisation betraut und von 1910 bis 1914 war er Gauleiter für den Bezirk Norden mit Sitz in Hamburg und Kiel. Während des I. Weltkrieges zum Militärdienst eingezogen, trat er nach Kriegsende wieder als Kassierer in die Hauptverwaltung ein. Bei der Gründung des Verbands der Nahrungsmittel- und Getränkearbeiter wurde er wieder als Hauptkassierer gewählt.

Fink, Gustav (geb. 1910)
Geb. in Wien. Kellner. Nach der Lehrzeit ging er nach Deutschland, wurde 1927 Mitgl. im Zentralverband der Hotel-, Restaurant- und Caféangestellten. 1930 war er in der Schweiz, dann in Italien tätig. In den dreißiger Jahren arbeitete er als Steward auf den Schiffen bekannter Reedereien, vor allem auf der Südamerika-Linie. Während des Zweiten Weltkrieges auf einem Blockadebrecher der Handelsschiffahrt interniert. 1945 ging er nach Stuttgart, arbeitete als Kellner, ehrenamtliche Tätigkeit für die NGG. Seit 1947 hauptamtlich. 1951 in den Geschäftsführenden Hauptvorstand gewählt, dem er bis 1970 angehörte, zuständig für Arbeitsrecht und Sozialpolitik, Schulung und Bildung. Langjähriges Mitglied des Verwaltungsrates der Bundesanstalt für Arbeit.

Fitz, Alfred (1879–1947)
Geb. in Dresden, Konditor. 1898 Mitgl. im Zentralverband der Konditoren. 1906 Ortsangestellter in Hannover. 1907–1918 Bezirksleiter in Leipzig. 1918 2. Vors. des Zentralverbands. Mitgl. im Vorläufigen Reichswirtschaftsrat und im Vorstand der Gruppe 10 der Reichsarbeitsgemeinschaft Nahrungs- und Genußmittel. Der Reichstarif für die Arbeiterinnen und Arbeiter in der Süß-, Back- und Teigwarenindustrie galt als sein Werk. 1928–1933 2. Vors. des VNG. Leiter der illegalen Arbeit nach 1933, 14 Monate KZ. Nach 1945 Wiederaufbau der NGG in der SBZ, Juni 1946 Kassierer in der Hauptverwaltung. Schied im März 1947 wegen Krankheit aus.

Förster, Karl (1905–1979)
Geb. in Bad Schandau in der Sächsischen Schweiz. Schlachter. Schon im zweiten Lehrjahr trat er 1922 in den Zentralverband der Fleischer ein. Nach der Lehrzeit ging er auf Wanderschaft und ließ sich dann in Schleswig-Holstein nieder. Nach der Befreiung Wiederaufbau der Gewerkschaften in Elmshorn. 1946 als Bezirksleiter für Südwestholstein hauptamtlich angestellt. 1951–1970 Landesleiter von Hamburg/Schleswig-Holstein.

Frank, Wilhelm (1872–1946)
Geb. in Waterdingen (Baden), Brauer. 1894 Verbandsmitgl., 1897 Mitgl. der Agitationskomm. für Rheinland und Westfalen, 1898 deren Vors. 1900–1904 Gauleiter im Rheinland, 1904–1933 besoldeter Gauleiter mit dem Sitz in Dortmund, später Düsseldorf. 1925 Mitgl. der Vorbereitungskommission für die Verschmelzung von Bäckern, Brauern, Böttchern und

Fleischern. Wegen Widerstands gegen den Nationalsozialismus zu 5½ Jahren Zuchthaus verurteilt. Nach der Befreiung Wiederaufbau der Gew. in der Nordrheinprovinz. Kam bei einem Verkehrsunfall ums Leben.

Freitag, Otto (gest. 1927)
Bäcker. 1895 in Leipzig in den Verband der Bäcker eingetreten. 1907–1910 ehrenamtlicher Gauleiter für Sachsen und Thüringen. 1910–1927 Hauptkassierer im Zentralverband der Bäcker.

Friedmann, Friedrich
Bäcker. In den neunziger Jahren Mitgl. des Fachvereins der Bäcker in München, dessen Vors., bis er 1903 als Kassierer in die Hauptverwaltung geholt wurde und sich den Spitznamen »Pfennigfuchser« verdiente. Geschäftsführer der Bäckerei Vorwärts in Hamburg. Später 2. (ehrenamtl.) Vors. im Zentralverband. Schied 1918 aus der hauptamtlichen Tätigkeit aus, blieb aber in ehrenamtlichen Funktionen.

Fritzsche, Friedrich Wilhelm (1825–1905)
Als uneheliches Kind in Leipzig geboren. Wegen der Armut seiner Mutter konnte er nicht wie gewünscht Buchdrucker oder Schreiner werden, sondern wurde bereits mit neun Jahren in die Zigarrenfabrik geschickt. Nach dem Tod seiner Mutter wanderte er durch Deutschland, die Schweiz, Frankreich und Italien und wurde mit den sozialistischen Theorien bekannt. 1849 stand er beim Dresdener Aufstand auf den Barrikaden, wurde verhaftet und ein Jahr lang ohne Prozeß im Gefängnis gehalten. Nach der Entlassung fand er unter großen Schwierigkeiten eine Stelle als Werkmeister in einer Zigarrenfabrik in Frankenberg. Seit den sechziger Jahren gehörte er zu den herausragenden Persönlichkeiten der deutschen Sozialdemokratie. Vorstandsmitglied des ADAV, später der sozialdemokratischen Partei. Bei Verhängung des Sozialistengesetzes aus Berlin ausgewiesen, ließ sich F. in Leipzig nieder, gab den »Botschafter«, später den »Gewerkschafter« heraus. Zur Finanzierung der Zeitungen, auch zu Spenden für die illegale Organisation der Sozialdemokratischen Partei und für die Opfer des Sozialistengesetzes griff Fritzsche auf die Kasse des Allgemeinen Deutschen Cigarrenarbeitervereins zurück, in der sich noch an die 5000 Mark befanden. Das Geld war ihm geschenkt worden, um es dem Zugriff der Polizei zu entziehen, und Fritzsche machte davon im Interesse der Arbeiterbewegung Gebrauch, was unter den Bedingungen des Sozialistengesetzes aber nicht jedermann bekanntgemacht werden konnte. Die übliche Nachrederei setzte ein, eifrig geschürt von den Agenten der preußischen Polizei und der bürgerlichen Presse. Der Anschuldigungen satt, wanderte Fritzsche 1881 in die USA aus. In Philadelphia führte er ein kleines Bierlokal, gab nebenbei eine deutschsprachige Zeitschrift »Hammer« heraus. Seit den 90er Jahren lebte Fritzsche in Baltimore und war Kustos an einer von ihm mitbegründeten Arbeiterschule.

Früchtnicht, Emil (1878–1965)
Böttcher. 1911 als Sekretär in den Hauptvorstand des Zentralverbands der Böttcher berufen. Später Vors. 1928 2. Vors. im VNG. 1933 entlassen, ging nach Bremen und arbeitete als Böttcher in einer Ölfabrik. Nach der Befreiung Arbeit am Wiederaufbau der Bremer Gewerkschaften.

Gensberger, Oskar (geb. 1921)
Geb. in München. Bäcker und Konditor. Er arbeitete in seinem Beruf, bis er 1941 zur Wehrmacht eingezogen wurde. Nach 1945 fand er sofort wieder Arbeit als Bäcker. 1946 NGG-Mitgl. Zunächst war er als Kassierer und Sachbearbeiter in der Münchener Ortsverwaltung tätig. 1951 und 1952 besuchte er die Akademie der Arbeit in Frankfurt a. M. 1952 stellvertr., 1955 erster Vors. und Geschäftsführer der Münchener Ortsverwaltung. 1958 wurde er zum stellvertretenden Landesleiter gewählt und in dieser Funktion immer wieder bestätigt, bis er 1978 als Nachfolger von Heinz Ulbrich Landesbezirksvors. wurde. Er übte diese Funktion bis 1982 aus.

Geyer, Friedrich August Karl (1853–1937)
Einer der namhaftesten sächsischen Sozialisten und Gewerkschafter. Geb. in Großenhain, lernte Zigarrenarbeiter. 1868 Mitgl. des ADCAV in Pirna. 1869 Schriftführer des ADCAV in Frankenberg, später in Pirna und Leipzig. 1874 Bevollmächtigter in Großenhain. Machte sich 1882 als Zigarrenfabrikant selbständig. 1882 Mitbegr. des Reiseunterstützungsvereins. 1895–1918 Redakteur des »Gewerkschafter« bzw. des »Tabakarbeiter«. Seit 1871 Mitgl. der Sozialdemokrat. Arbeiterpartei. 1885–1897 Mitgl. des Sächsischen Landtags, 1886–1918 MdR. Bis 1902 Vors. der Leipziger SPD. Während des Ersten Weltkrieges Gegner der Burgfriedenspolitik und Mitbegr. der USPD. Nov. 1918–Jan. 1919 Finanzminister in Sachsen, 1919/20 Mitgl. der Nationalversammlung. 1920–1924 MdR. Ging 1920 mit dem linken Flügel der USPD zur KPD, aus der er im Sept. 1921 wieder austrat, Feb. 1922 erneut USPD, Sept. 1922 SPD.

Gostomski, Johann (1885–1967)
Geb. in Bergstein/Westpreußen, gelernter Kellner. 1902 Mitgl. des Verbands deutscher Gastwirtsgehilfen und der SPD. Ging 1903 auf Wanderschaft. Nach der Militärzeit ließ er sich in Hamburg nieder, wurde 1910 ehrenamtlicher Funktionär im VdG, als Streikführer zu einer Woche Gefängnis verurteilt. 1929 besoldeter Bezirksfunktionär in Hamburg, verantwortlich für die Kassierung und arbeitsrechtliche Betreuung des Bezirks. 1932 Bezirksleiter für Schleswig-Holstein mit Sitz in Kiel, im Juni 1933 von den Nazis entlassen, ging nach Hamburg zurück. 1936 wegen illegaler Arbeit verhaftet und zu 15 Monaten Gefängnisstrafe verurteilt. Nach 1945 Mitgl. der ersten Hamburger Bürgerschaft. 1947–1949 Sekretär in

der Hauptverwaltung der NGG, britische Zone, 1949–1952 Sekretär und Mitgl. des Geschäftsführenden Hauptvorstandes der NGG.

Grünberg, Helene (1874–1928)
Trat als 22jährige in den Schneiderverband ein. Im Juli 1905 wurde sie beim Nürnberger Arbeitersekretariat als erste Gewerkschafterin hauptamtliche Funktionärin. Aber nur an der 5. Konferenz der Arbeitersekretariate im Jahre 1919 hat sie teilnehmen dürfen. Seit 1906 Organisatorin der Hausangestellten, Vors. des Nürnberger Dienstbotenvereins. Im Ersten Weltkrieg hat sie durch zahlreiche Initiativen die Einrichtung von Säuglings- und Kinderheimen, Krippen und Volkskindergärten bei der Nürnberger Stadtverwaltung zur Entlastung der zur Hilfsarbeit verpflichteten Frauen durchgesetzt. In der Deutschen Nationalversammlung setzte sie sich als Abgeordnete gegen die Verdrängung verheirateter Fabrikarbeiterinnen ein. 1923 erkrankte sie an einem Nervenleiden und mußte ihre Arbeit 1924 aufgeben. Sie starb 1928 durch Selbstmord.

Hackmack, Otto (geb. am 14. 2. 1922)
Studium der Volkswirtschaft an der Univ. Hamburg, Abschluß mit der Diplomprüfung 1949. Seit 1951 Angestellter der NGG. Auf dem Gewerkschaftstag 1962 in den Geschäftsführenden Hauptvorstand gewählt, zuständig für Hauptkasse und Vermögensverwaltung. März 1966 in die Hamburger Bürgerschaft gewählt. 1968 Vors. des Haushaltsausschusses, stellvertr. Vors. der SPD-Fraktion. Am 22. 4. 1970 zum Senator gewählt, Präses der Behörde für Vermögen und öffentliche Unternehmen, Beauftragter Senator des Senatsamtes für den Verwaltungsdienst. Diese Funktionen übte er bis 1974 aus, bis 1976 noch stellvertr. Fraktionsvors. und bis 1978 Bürgerschaftsmitglied. Kandidierte danach nicht mehr. 1975–1984 1. Geschäftsführer der Norddeutschen Treuhand- und Kreditgesellschaft für den Wohnungsbau.

Hapke, August (1865–1921)
Geb. in Hagelfelde (Brandenburg), Müller. 1890 Mitgl. des Mühlenarbeiterverbandes. 1892–1900 Vors. der Zahlstelle Halle, später Vors. der Zahlstelle Leipzig. 1907 Sekretär in der Hauptverwaltung, ab 1919 Verbandskassierer.

Hartmann, Gustav (1875–1940)
Geb. in Walldorf. Nach der Schulentlassung Arbeit in einer Zigarrenfabrik. 1901 Mitgl. im Verband christlicher Tabakarbeiter. Seit 1905 hauptamtlicher Gauleiter für Süddeutschland. 1909 bis 1913 Hauptkassierer des ZVCT in Düsseldorf. 1912 in den Badischen Landtag gewählt, übernahm er 1914 wieder die Leitung des Bezirks Unterbaden, die er bis 1933 behielt. 1909 bis 1933 Hauptvorstandsmitglied im ZVCT, zeitweilig 2. Vors. Nach

1933 lange Zeit arbeitslos, auf die Unterstützung seiner Kinder und Hilfe der Caritas angewiesen.

Henke, Alfred (1868–1946)
Geb. in Altona, Zigarrenmacher. 2. Vors. der SPD und Vors. des Arbeiterbildungsvereins in Altona. 1900–1906 pol. Redakteur, ab 1906 verantwortlicher Redakteur der sozialdemokr. »Bremer Bürger-Zeitung«. 1906–1922 Mitgl. der Bremer Bürgerschaft, 1912–1918 MdR. Mitbegründer der USPD. In der Novemberrevolution Mitvors. des Arbeiter- und Soldatenrates in Bremen. Jan./Feb. 1919 mit Johann Knief an der Spitze des Rats der Volksbeauftragten der Räterepublik Bremen. Mitgl. der Bremer und Dt. Nationalversammlung, 1920–1932 MdR. 1922 mit der USPD wieder zur SPD. Seit 1922 Stadtrat und 2. Bürgermeister in Berlin-Reinikkendorf.

Hensel, Paul (1874–1949)
Geb. in Berlin, Fleischer. Mitbegr. und ab 1902 Vors. des Zentralverbands der Fleischer. 1913–1918 Mitgl. im Aufsichtsrat des Konsumvereins Berlin. Ab 1928 Reichssektionsleiter im VNG.

Hetzschold, Karl (1872–1950)
Geb. in Laucha an der Unstrut, Bäcker. Verbandsmitglied seit dem 1. 7. 1896. 1904 hauptamtlicher Gauleiter mit Sitz in Berlin, seit 1913 auch auswärtiger Sekretär im Verbandsvorstand mit der besonderen Aufgabe, den Verband bei den Reichsbehörden zu vertreten. Stadtverordneter und unbesoldeter Stadtrat in Berlin, Vorstandsmitglied der AOK. Delegierter im Bezirksausschuß des ADGB und Landesarbeitsrichter. Mitgl. im Fach- und Lehrlingsausschuß des Landesarbeitsamtes. Seit 1928 Bezirksleiter des VNG in Brandenburg-Pommern.

Hodapp, Ludwig (1868–1932)
Geb. in Oppenau (Baden), Brauer. Kam Ende der achtziger Jahre nach Berlin, 1888 eingezogen, trat nach seiner Entlassung 1891 sofort dem Allgemeinen Brauer-Verband und der SPD bei. Schriftführer der Zahlstelle Berlin, ab 1894 bis zu seinem Tode deren Vors. Seit 1904 als Geschäftsführer der Zahlstelle Berlin angestellt. 1902–1930 ständiger Präsident aller Verbandstage. Mitgl. im Verbandsausschuß bis 1909, von da ab bis zu seinem Tod Verbandsrevisor. Seit 1896 Delegierter auf allen Verbandstagen. Seit 1907 Gesellschafter der Gesellschaftsbrauerei in Augsburg. Hatte maßgeblichen Anteil am Zustandekommen des ersten Tarifvertrages für das Berliner Braugewerbe 1900.

Hohlwegler, Ermin (1900–1970)
Aufgewachsen im Hegaudorf Welschingen, während des Ersten Weltkriegs Postzusteller in Mühlhausen. Seit 1. 6. 1922 als Arbeiter bei der

Firma Maggi in Singen beschäftigt, wo er rasch in den Betriebsrat gewählt wurde. Ehrenamtlicher Funktionär im Verband der Fabrikarbeiter. Studium an der Akademie der Arbeit in Frankfurt am Main und bis zur Zerschlagung der Gewerkschaften 1933 Betriebsratsvors. bei Maggi. 1939–1943 Soldat, danach wieder bei Maggi beschäftigt. 1945 von der französischen Militärregierung als kommissarischer Leiter des Werkes eingesetzt, sorgte H. für die Rückkehr des auf Druck der Nazis vorzeitig pensionierten ehemaligen Finanzdirektors und übernahm selbst nur die Personalabteilung. Mitbegründer der Gewerkschaften im Raum Singen, Vors. der NGG-Ortsverwaltung und lange Jahre Mitglied des Beirats. 1952 wurde der Sozialdemokrat zum ersten Arbeitsminister des neuen Bundeslandes Baden-Württemberg berufen. Dieses Amt übte er bis 1960 aus, war danach bis 1964 noch Landwirtschaftssprecher der SPD-Fraktion.

Holler, Fritz (geb. 1894, Todesj. unbek.)
Gelernter Buchdrucker. 1919 Bezirksleiter im Christlichen Transport- und Fabrikarbeiterverband. 1921 als Redakteur Mitgl. im Hauptvorstand des Zentralverbands der Nahrungs- und Genußmittelindustriearbeiter, Fachgruppenleiter für die Süßwarenindustrie. 1927 2. Vors., 1930 zum 1. Vors. gewählt. 1931 Vors. der Internationalen Vereinigung Christlicher Lebensmittelarbeiterverbände. Emigrierte 1933 in die Niederlande, von dort über das Saargebiet nach der Schweiz, war dann einige Zeit in Österreich. Ende 1934 Rückkehr nach Deutschland. Nach längerer Arbeitslosigkeit Angestellter im Düsseldorfer Finanzamt. Entlassen, weil er sich weigerte, der DAF beizutreten. Hilfsangestellter beim Katholischen Gemeindeverband. 1945/46 Bürgermeister in Möglingen, Angestellter beim Arbeitsamt Ludwigshafen. Ab 1947 Bezirksleiter der NGG in Neuss-Grevenbroich. 1951–1954 Mitglied des Geschäftsführenden Hauptvorstands, danach bis zur Pensionierung 1956 Abteilungsleiter in der Hauptverwaltung.

Holtmann, Fritz (1842–1917)
Geb. in Schmiedeberg (Sachsen), Böttcher. Arbeitete Ende der sechziger Jahre in Berlin, gründete eine Böttchersektion im Holzarbeiterverband. Initiator des 1873 nach Berlin einberufenen Böttcherkongresses, Vors. des Allgemeinen Böttchervereins. Vors. des 1875 ersatzweise gegründeten Bunds deutscher Böttcher. Auf der Kasseler Generalversammlung des Reiseunterstützungsvereins, 1887, zum Redakteur gewählt. 1891 Übersiedlung nach Bremen.

Husung, Ferdinand (1879–1962)
Geb. in Groß-Wechsungen bei Nordhausen, Tabakspinner. 24. 12. 1897 Eintritt in den DTAV, 1901 SPD. 1899–1905 ehrenamtliche Tätigkeit in Nordhausen. 1905–1908 unbesoldeter, 1908–1912 hauptamtlicher Ortsangestellter in Nordhausen. 1912–1919 Sekretär im Hauptvorstand des

DTAV. 1919–1928 2. Verbandsvors. 1928–1933 1. Vors. 1931 Präsident der Tabakarbeiter-Internationale. Verdiente sich sein Geld während der Nazizeit durch Kaffeeaustragen, ab 1939 Magazinarbeiter bei der Weser AG in Bremen. Nach der Befreiung Mitbegründer des Tabakarbeiterverbandes in Bremen, 1946/47 Abgeordneter der Bremer Bürgerschaft. 1949–1951 als Sekretär im Hauptvorstand der NGG.

Käppler, Hermann (1863–1926)
Geb. in Großenhain (Sachsen), Müller. Mitbegründer des Mühlenarbeiterverbandes. Seit 1890 Redakteur des Verbandsorgans, am 15. 7. 1894 in Urwahl zum Vors. gewählt. Bezog ab 1895 ein Gehalt von 50 Mark im Monat (ab 1907: 2500 Mark jährlich). 1910 2. Vors. im Verband der Brauerei- und Mühlenarbeiter. Ehrenamtlicher Vors. der Altenburger Landesorganisation der SPD, Redakteur des »Wähler«, der SPD-Parteizeitung in Altenburg. 1895–1910 Abgeordneter des Altenburger Landtages. Das kleine Land Sachsen-Altenburg bekam infolgedessen die fortschrittlichsten gesetzlichen Bestimmungen über die Sonntagsruhe in Mühlen. Seit 1912 bis 1924 MdR. Seit 1919 Stadtverordneter in Cöpenick. Käppler verbüßte im Organisationsinteresse rund 12 Monate Gefängnis. Mitgl. im IUL-Vorstand.

Kiel, Alfred (1878–1954)
Geb. in Nordhausen. Zigarrenarbeiter. Mit 16 Jahren Mitgl. des Unterstützungsvereins deutscher Tabakarbeiter. 1895 ging er auf die Wanderschaft. 1914 Ortsangestellter des DTAV in Gießen, später Gauleiter für Hessen/Unterfranken mit Sitz Gießen. 1919–1928 Abgeordneter im hessischen Landtag (SPD). 1928 als Sekretär in den Hauptvorstand des DTAV nach Bremen berufen. Nach 1933 verdiente er seinen Lebensunterhalt, bei ständigen Schikanen der Nazis, als Vertreter im Kaffeeversand. Umzug von Bremen nach Butzbach. 1945 Wiederaufbau der Gewerkschaften im Wetteraukreis. 1946 Vors. und Geschäftsführer des FDGB Friedberg. Vors. im DGB-Ortsausschuß Butzbach. 1950/51 Landesleiter von Hessen. Bis zu seinem Tod Mitgl. des Magistrats von Butzbach.

Knoche, Karl (1900–1965)
Geb. in Plauen, Fleischer. 1918 Mitgl. im Zentralverband der Fleischer. Seine ehrenamtliche Tätigkeit brachte ihn bald auf die Schwarze Liste und zwang ihn immer wieder, den Arbeitsplatz zu wechseln. 1925 Bezirksleiter in Halberstadt. 1928 als Redakteur der »Fleischer-Fachzeitschrift« und Mitarbeiter der »Einigkeit« nach Berlin. 1933 verfolgt und eingesperrt. Nach der Befreiung Mitgl. der SED und des FDGB. Nach seinem Ausschluß Flucht in die BRD. 1953–1957 Bezirksleiter der NGG in Elmshorn. 1957–1962 Sachbearbeiter für Vieh, Fleisch und Fett, Milch- und Konservenindustrie in der Hauptverwaltung der NGG.

Koch, Elsa (geb. 1904)
Geb. in Stuttgart. Im Juli 1923 trat sie ihre erste Stelle als Stenotypistin an und wurde Mitglied im Zentralverband der Angestellten, 1929, nach verschiedenen Tätigkeiten in unterschiedlichen Firmen, begann sie als Sekretärin beim VNG. 1933 bis 1939 war sie arbeitslos, fand 1939 Anstellung in einem Schuhgeschäft, wurde dann dienstverpflichtet. Nach der Befreiung vom Nationalsozialismus beteiligte sie sich am Wiederaufbau der Gewerkschaften in Stuttgart. Hauptkassiererin der baden-württembergischen NGG. 1954 zur stellvertretenden Landesleiterin gewählt, behielt diese Funktion bis zu ihrer Pensionierung 1964.

Kohlweck, Wenzel (geb. 1822, Todesj. unbek.)
Geb. in Bernkastel. In den vierziger Jahren Werkführer in einer Berliner Zigarrenfabrik. 1848–1850 Präsident der Association der Cigarrenarbeiter Deutschlands. Trat wegen wachsender Opposition gegen seine Amtsführung zurück. Seit Ende der fünfziger Jahre lebte Kohlweck wieder als Tabaksfabrikant und -händler in Berlin. 1865 beantragte er die Mitgliedschaft im ADCAV.

Kollmair, Joseph (1878–1952)
Geb. in Petershausen in Bayern. Bäcker, zuletzt in München tätig. Seit 1898 Mitglied des Verbands der Bäcker. Seit 1907 hauptamtlich: als Bezirksleiter mit Sitz in Bochum, später Essen. Mit großer Mühe gelang es ihm, dem Verband im Ruhrgebiet eine feste Grundlage zu geben. Dabei wurde der Aufbau der Organisation von den zugereisten, größtenteils aus Süddeutschland stammenden Kollegen getragen. 1914 wurde er als Bezirksleiter für Württemberg nach Stuttgart berufen. Während des Ersten Weltkrieges Militärdienst. 1924 Mitgl. des Verbandsbeirates, beim Zusammenschluß zum VNG wiederum Gauleiter für Württemberg. Schlug sich während der Nazizeit als Handelsvertreter durch. Nach der Befreiung beteiligte er sich am Wiederaufbau der Gewerkschaften in Stuttgart und wurde für kurze Zeit, vom 5. Mai bis 1. Dezember 1945, noch einmal hauptamtlich. Danach ehrenamtliche Funktionen in der NGG.

Krautter, Rudolf (1909–1984)
Geb. in Berlin, schon mit 14 Jahren als Buchhändlerlehrling schloß er sich dem Zentralverband der Angestellten an. Unterstützte Ernst Friedrich beim Aufbau des Antikriegsmuseums in Berlin. Schloß sich 1927 dem Kommunistischen Jugendverband an, später der KPD. Nach Abschluß der Buchhandelslehre mußte er sich anderweitig Beschäftigung suchen, fand Arbeit in der AEG-Apparatefabrik in Berlin-Treptow. Mitgl. des DMV, Vertrauensmann in seiner Abteilung und stellvertretender Branchenleiter der Hilfsarbeiter im Berliner DMV. 1932 arbeitslos. Nach 1933 illegale Arbeit, vom Berliner Kammergericht zu 1½ Jahren Gefängnis verurteilt, anschließend ein Jahr KZ. Schon während seiner Gefängnishaft

löste sich Rudi Krautter von der KPD. Emigrierte in die Tschechoslowakei, 1938 nach England, wurde in der Emigration von seinen ehemaligen komm. Genossen wegen seiner Kritik an der Politik der Sowjetunion angegriffen. Arbeitete in England in einer Margarinefabrik. Bei Kriegsausbruch interniert und nach Australien verschickt, bis ihm der Nachweis gelang, daß er von den Nazis politisch verfolgt worden war. 1946 Rückkehr nach Deutschland, nach Hannover. Zunächst Dolmetscher bei den englischen Besatzungsbehörden, dann Sekretär bei der Allgemeinen Gewerkschaft Hannover, Abteilung Nahrung und Genuß. Vors. der Ortsverwaltung Hannover der NGG, später Bezirksleiter. 1952 zum Landesleiter der NGG in Niedersachsen-Bremen gewählt, übte diese Funktion bis zu seiner Pensionierung 1972 aus. Danach engagierte sich Rudi Krautter in der Solidaritätsbewegung für politisch Verfolgte aus Chile.

Kretschmar, Ernst Heinrich (1863–1912)
Geb. in Buschetz, einem kleinen Dorf in Schlesien. Lernte Bäcker und ging auf die Wanderschaft. Mit kaum 23 Jahren (1886) einer der Führer der Hamburger Bäckerbewegung. Stand auf der Schwarzen Liste und mußte zeitweilig nach Kopenhagen auswandern. 1887 Vors. der Zahlstelle Hamburg (bis 1890). 1889 Vors. der Geschäftsleitung des Verbands der Bäcker. Agitationstouren in alle Teile des Landes. Wegen seiner gewerkschaftlichen Tätigkeit arbeitslos, versuchte, sich selbständig zu machen, ohne es damit zu einer sicheren Existenz bringen zu können. Ging 1892 nach Berlin, 1894 nach Leipzig. Erhielt 1895 Arbeit in der Hamburger Bäckerei Vorwärts. 1896–1906 Vors. des Hamburger Gewerkschaftskartells. Ab 1900 Geschäftsführer der Bäckergenossenschaft Vorwärts. Mitbegründer der Produktion. Vorsitzender des Aufsichtsrates des Hamburger Gewerkschaftshauses. 2. Vors. des Zentralverbands der Bäcker. Starb an den Folgen einer Beinamputation.

Krieg, Fritz (1863–1945)
Geb. in Jablonsken (Ostpreußen), Brauer. 1893 Verbandsmitglied. Ehrenamtlich tätig in der Zahlstelle Berlin, Mitarbeiter der »Verbandszeitung«, deren hauptamtlicher Redakteur er 1898 wurde. Unter seiner Regie erhöhte sich die Auflage von knapp 8000 im April 1898 auf rund 60 000 mit Beginn des Ersten Weltkriegs und rund 90 000 im April 1929. Ging am 1. 1. 1929 in Pension.

Langenbach, Karl (1903–1985)
Gelernter Bäcker. 1919, noch während der Lehre, Eintritt in den Zentralverband der Bäcker. Besuchte die staatliche Fachschule für Wirtschaft und Verwaltung in Düsseldorf und wurde 1927 hauptamtlicher Sekretär des VNG in Duisburg. 1930–1933 Bezirksleiter im Sieger- und Sauerland, mit Sitz in Solingen. 1933 entlassen, verhaftet und von den Nazis schwer mißhandelt. Verdiente seinen Lebensunterhalt dann als Backmeister in ei-

ner Hamborner Brotfabrik. 1945 wirkte er beim Gewerkschaftsaufbau in Solingen, dann in Köln mit. 1946 2. Vors. des Industrieverbandes Nahrung, Getränke und Genuss der Nordrheinprovinz, später NRW. 1947 als Beisitzer in den Hauptvorstand der NGG, britische Zone, gewählt. 1951 bis zu seiner Pensionierung 1968 Landesleiter von Hessen.

Lankes, Anton (1873–ca. 1944)
Geb. in Viechtach, Niederbayern. Bäcker. Nach der Lehrzeit ging er auf Wanderschaft, wurde dabei 1890 in München Verbandsmitglied. Durchwanderte die Schweiz, Italien und Österreich. Kehrte um die Jahrhundertwende nach Deutschland zurück. 1902 Vorstandsmitglied im Stuttgarter Gewerkschaftskartell. 1903 Gauleiter mit Sitz in Frankfurt a. M. 1909 als Sekretär in den Verbandsvorstand nach Hamburg berufen, gleichzeitig Gauleiter für den Gau Hamburg. Seit dem 1. Januar 1920 Redakteur der »Deutschen Bäcker- und Konditorenzeitung«. 1928 Redakteur der »Einigkeit« und Jugendleiter des VNG. Ging nach 1933 wieder nach Hamburg und kam während des Zweiten Weltkriegs bei einem Bombenangriff ums Leben.

Lehner, Ludwig (1885–1962)
Gelernter Brauer. Seit 1904 im Zentralverband organisiert. Arbeitete zuletzt bei der Caspary-Brauerei in Trier. 1927–1935 Gauleiter des VNG in Saarbrücken. Danach 2 Jahre arbeitslos, dann Handelsvertreter bei einer Elektrizitätsgesellschaft. 1945 zunächst in Köln, seit 1. 7. 1946 wieder hauptamtlich in Saarbrücken beim Aufbau der NGG tätig, Leiter der Saarländischen NGG.

Linné, Carl (1895–1984)
Geb. in Hamburg, gelernter Brauer. Seit dem 1. 5. 1911 im Verband der Brauerei- und Mühlenarbeiter, seit 1913 in der SPD organisiert. Okt. 1912 in der Elbschloß-Brauerei angestellt. 1914 zum Heer eingezogen, schon nach kurzer Zeit geriet er in russische Gefangenschaft, blieb bis 1920 in Rußland. Arbeitete danach wieder in der Elbschloßbrauerei. 1922 Betriebsratsvors., gleichzeitig in den Vorstand der Ortsverwaltung des Verbands der Lebensmittel- und Getränkearbeiter gewählt. Ab 1. 1. 1928 Ortsangestellter des VNG in Hamburg, 1929 zur Unterstützung des Bezirksleiters Karl Helfenberger nach Bremen versetzt. 1930 Kassierer der Ortsverwaltung Bremen. Juni 1933 entlassen, mit Arbeitsverbot bedacht, fand Carl Linné erst 1935 eine Stelle in der Hemelinger Actien-Brauerei. Nach 1945 2. Vors. der Ortsverwaltung Bremen der NGG, stellvertretender Landesleiter Niedersachsen. 1950 zum 1. Vors. und Bezirksleiter in Hamburg gewählt.

Meetz, Ludwig (1889–1954)
Geb. in Viersen, Bäcker. Seit 1908 im Zentralverband der Bäcker organi-

siert. Mit zehn anderen Kollegen gründete er die Ortsverwaltung Viersen. Kam aus dem Ersten Weltkrieg als Schwerkriegsbeschädigter zurück. Seit 1. 7. 1919 Ortsangestellter in Krefeld, wo ganze 20 Mitglieder vorhanden waren. 1933 vertrat Ludwig Meetz 2000 Mitglieder. Nach 1933 mehrere Male inhaftiert, zuletzt 1944. Machte sich nach der Befreiung sofort wieder an den Aufbau der NGG am Niederrhein. Seit 1946 Mitglied des Landesvorstands.

Meister, Heinrich (1842–1906)
Geb. in Hannover als Sohn eines Pianisten und Organisten. Nach einer abgebrochenen Buchbinderlehre seit 1860 als Zigarrenmacher in Hannover tätig. 1865 Mitbegr. des Allgemeinen Deutschen Cigarettenarbeitervereins, von 1867–1878 dessen 2. Vors. Seit 1882 Ausschußvors. im Unterstützungsverein deutscher Tabakarbeiter und dessen Nachfolgeorg. 1869 kandidierte er zum erstenmal als sozialdemokratischer Kandidat für den Reichstag. Unter dem Sozialistengesetz leitete er die illegale Arbeit in Hannover. 1884 wurde der „Zigarrendreher", wie er von bürgerlichen Kreisen verspottet wurde, erstmalig in den Reichstag gewählt. Er war Mitgl. des Fraktionsvorstandes und damit der Parteileitung während des Sozialistengesetzes. 1891 wurde er Vorsitzender der Kontrollkommission der SPD. Den Reichstagswahlkreis Hannover behauptete er stets unangefochten, so daß er sich bald, auch wegen seiner geachteten Stellung in der Hannoveraner Arbeiterbewegung, den Beinamen »König von Hannover« erwarb.

Mendel, Jakob (1885–1960)
Seit 11. 8. 1901 Mitgl. des Verbandes christlicher Tabakarbeiter in Heidelberg. Nach kurzer Zeit Beitragskassierer, dann 1. Vors. der Ortsverwaltung Edingen. 1914 in den Bezirksvorstand Heidelberg gewählt. Am 1. 1. 1919 als Sekretär in Heidelberg angestellt. Nach der Befreiung vom Nationalsozialismus Mitbegründer der Gew. in Heidelberg, Vors. der Ortsverwaltung Heidelberg der NGG, bis 1951 Bezirksleiter mit Sitz in Heidelberg, Mitgl. des Landesvorstands Baden-Württemberg. Vertreter im Fachausschuß Tabak bei der Verwaltung für Wirtschaft in Frankfurt a. M. und Beisitzer am Landesarbeitsgericht Heidelberg.

Nätscher, Hans (1896–1980)
Geb. in Lohr am Main. Nach dem Besuch der Volksschule trat er 1910 eine Fleischerlehre an und besuchte gleichzeitig bis 1913 eine Fortbildungsschule. Vom Meister wurde er derart oft geprügelt, daß einige Würzburger Bewohner die Polizei holten. 1914 trat er in den Zentralverband der Fleischer und in die SPD ein, organisierte eine Ortsgruppe des Zentralverbands in Würzburg. Fast die ganzen Jahre des Ersten Weltkriegs war Hans Nätscher Soldat. Nach der Revolution in seinem alten Betrieb, ließ er nach genau 8 Stunden das Messer fallen. Der Meister, der nichts dazu-

gelernt hatte, mußte jetzt auch schon mal die Faust seines Gesellen spüren. Nätscher wurde Hörer der Volkshochschule in Würzburg, 1920 als Bezirksleiter für Nordbayern angestellt. Er behielt diese Funktion bis 1933. Schon zu Beginn der Naziherrschaft wurde er verhaftet und saß mit kurzen Unterbrechungen bis 1936 in ›Schutzhaft‹. In der Folgezeit schlug sich Hans Nätscher als Hilfsarbeiter und Kohletrimmer durch und wurde Vertreter der Baseler Lebensversicherung. 1939 holte ihn die Wehrmacht, entließ ihn aber nach einem Jahr zur Technischen Nothilfe, wo er als Totengräber Dienst verrichtete. 1945, unmittelbar nach der Befreiung, begann er in einem ausgebrannten Nürnberger Pferdestall mit dem Wiederaufbau der Gewerkschaften. Die amerikanischen Besatzungsbehörden steckten ihn noch einmal für sechs Tage ins Gefängnis, weil er eine überörtliche Gewerkschaft für Nürnberg und Fürth aufbauen wollte. 1946 Sekretär der Konsumgenossenschaften Nürnberg-Fürth. 1947 Hauptausschußvorsitzender der Bayerischen NGG, übernahm 1949 die gleiche Funktion auf Bundesebene. 1951–1962 war Hans Nätscher 1. Vors. der NGG auf Bundesebene. Ab 1951 war er im Vorstand der Exekutive der IUL tätig und gehörte zu denen, die der deutschen Gewerkschaftsbewegung einen geachteten Platz in der internationalen Bewegung zurückgewannen. 1958 wurde er als erster Deutscher zum Präsidenten der IUL gewählt, er behielt dieses Amt bis 1964 und wurde danach Ehrenpräsident der IUL.

Ohlemeyer, Heinrich (1889–1974)
Geb. in Hartum bei Minden. Zigarrenarbeiter. 1906 Mitglied im Verband christlicher Tabakarbeiter, später wechselte er zum DTAV. 1928 Vors. der Ortsverwaltung Minden. Besuch der Gewerkschaftsschule in Bernau bei Berlin. Nach 1933 längere Zeit unter Polizeiaufsicht. 1945 Wiederaufbau der Gewerkschaften im Mindener Raum, Geschäftsführer der NGG Ortsverwaltung Minden. 1951 bis 1954 Mitgl. des Geschäftsführenden Hauptvorstands. Noch bis 1955 hauptamtlich für die NGG tätig.

Ostermeier, Elisabeth (geb. 1913 in Hamburg)
Nach der Volksschule und Haushaltungsschule Arbeit als Verkäuferin in der Hamburger Konsumgenossenschaft »Produktion«. 1927 Mitgl. im Zentralverband der Angestellten. 1930 Eintritt in die SPD. 1933 von den Nazis entlassen, arbeitete sie als Brotfahrerin für eine Bäckerei, die ein ehemaliger sozialdemokratischer Funktionär eröffnet hatte. Das war gleichzeitig eine Möglichkeit, den Kontakt mit den alten gewerkschaftlichen und politischen Freunden aufrechtzuerhalten. Nach ihrer Heirat 1935 zog sie nach Minden, Weihnachten 1936 mit ihrem Ehemann von der Gestapo verhaftet. 1945 bei Kriegsende zog sie sofort wieder nach Hamburg-Harburg, wurde 1946 in die Hamburger Bürgerschaft gewählt. 1950 wurde sie als Frauensachbearbeiterin in der Hauptverwaltung der NGG angestellt und drei Jahre später in einer Kampfabstimmung gegen Fritz Holler in den Geschäftsführenden Hauptvorstand gewählt, dem sie bis

1970 angehörte, dort für die Bereiche Frauen, Jugend und Berufsausbildung verantwortlich. Ihr politisches Mandat in der Hamburger Bürgerschaft behielt sie während all dieser Zeit bei.

Paul, Wilhelm (geb. 1886, Todesj. unbek.)
Geb. in Marchetsreut, lernte Bäcker und wurde 1901 in Passau freigesprochen. 1905 Mitbegr. der Ortsgruppe Passau des Christlichen Bäckerverbandes. Ging anschließend auf die Wanderschaft, ließ sich auf Wunsch seines Verbandes aber bald in München nieder, wo er am 23. 11. 1906 die zunächst nur 7 Personen umfassende Ortsgruppe gründete. 1922 Bezirksleiter des Christlichen Nahrungs- und Genußmittelindustriearbeiterverbandes in München.

Petersen, Emil (1897–1968)
Geb. in Russee bei Kiel. Schon mit 9 Jahren Arbeit als Laufbursche für eine Schlächterei. Nach der Schulzeit ein Jahr zur See, dann Fischwerker in einer Kieler Firma. 1921–1933 dort Betriebsratsvors. Mitgl. zunächst im Fabrikarbeiterverband, nach dem Kartellvertrag von 1928 im VNG. 1945 Aufbau der NGG in Kiel. 1. 1. 1947 hauptamtlicher Bezirksleiter mit Sitz in Kiel. 1950–1951 Landesleiter für Nordmark. 1951–1958. 2. Vorsitzender der NGG. Verzichtete 1958 aus gesundheitlichen Gründen auf eine erneute Kandidatur und trat bald darauf in den Ruhestand.

Pufal, Gustav (1895–1950)
Geb. in Konschütz (Westpreußen), Böttcher. Fuhr als Jugendlicher zur See. 1912 in Hamburg Eintritt in den Verband der Brauerei- und Mühlenarbeiter. Arbeitete in der Norddeutschen Reismühle. Mitgl. der SPD. Seit 1925 ehrenamtliches Vorstandsmitglied im Verband der Lebensmittel- und Getränkearbeiter. 1927 Sektionsleiter der Mühlenarbeiter in Hamburg. 1946–1947 Vors. des Verbandes der Nahrungsmittel- und Getränkearbeiter in Nordmark, seit 1947 Vors. der NGG Britische Zone, 1949–1950 Vors. der NGG.

Pötzsch, Hugo (1863–1945)
Kellner. Arbeitete bis 1890 im Ausland und schloß sich nach seiner Rückkehr sofort der Gastwirtsgehilfenbewegung an. Schon im März 1891 übernahm er die Redaktion der »Gastwirtsgehilfen-Zeitung«, im Frühjahr 1892 zum Vertrauensmann des Berliner Kellnervereins gewählt. Trat Mitte Nov. 1893 in die Redaktion des »Vorwärts« ein und wurde im Aug. 1894 von der Tätigkeit am »Gastwirtsgehilfen«, für die er nicht mehr genügend Zeit aufbringen konnte, entbunden. Blieb aber freier Mitarbeiter der Zeitung. Als 1897 auf dem Hamburger Kongreß der Lokalvereine der Verband deutscher Gastwirtsgehilfen gegründet wurde, wählte man Pötzsch zum Vors. Ab Mai 1901 auch wieder Redakteur der »Gastwirtsgehilfen-Zeitung«. Trat 1911 vom Vorsitz zurück, um die Redaktion der

sozialdemokrat. »Parteikorrespondenz« zu übernehmen, blieb aber bis 1919 in der Redaktion der »Gastwirtsgehilfen-Zeitung«. Wurde danach zum außerordentl. Mitgl. des Hauptvorstands ernannt. War in den zwanziger Jahren Stadtverordneter in Berlin, verzog in den dreißiger Jahren nach Jena.

Remmele, Adam (1877–1951)
Geb. in Altneudorf, Amt Heidelberg. Müller. Schloß sich noch während seiner Lehre in Ludwigshafen (1891–1894) dem Verband an. 1903–1905 Leiter des städtischen Arbeitsnachweises in Ludwigshafen. Seit 1905 Sekretär in der Hauptverwaltung des Verbands der Mühlenarbeiter, später Redakteur und 2. Vorsitzender des Verbandes. Schied am 1. 2. 1908 aus den Verbandsdiensten aus und wurde Redakteur der sozialdemokrat. Mannheimer »Volksstimme«. Behielt diese Funktion bis 1918. 1911–1918 Stadtrat in Mannheim. Nov. 1918–April 1919 Vors. des Landes-Arbeiter- und Soldatenrates für Baden. Am 2. 4. 1919 wurde er badischer Innenminister. 1922–1923 badischer Staatspräsident. Nov. 1925–Nov. 1926 verwaltete er zum Innenministerium noch das Ministerium für Kultur und Unterricht. 1927–1928 erneut Staatspräsident. 1928–1933 MdR. 1908–1918 Mitgl., zeitweise Vors. des Aufsichtsrats der Konsumgenossenschaft Mannheim. Aufsichtsratsmitglied im Verband südwestdeutscher Konsumvereine. 1933 inhaftiert und unter entwürdigenden Umständen durch die Straßen Karlsruhes in das KZ Kislau bei Heidelberg gefahren. Betrieb nach der Entlassung einen kleinen Kaffeehandel in Hamburg und widmete sich nach 1945 dem Wiederaufbau der Konsumgenossenschaften.

Remppel, Albert (1900–1972)
Geb. 1900 in Stuttgart-Cannstatt. Er lernte Kaufmann und war von 1918–1933 in diesem Beruf tätig. Seit 1919 Mitgl. und ehrenamtl. Funktionär im Gesamtverband der Arbeitnehmer der öffentlichen Betriebe. 1933 aus dem öff. Dienst entlassen, längere Zeit arbeitslos, Ersatzbeschäftigungen wurden ihm von den Nazis immer wieder verboten. Im Herbst 1945 als Sekretär der Industriegruppe Nahrungs- und Genußmittel im Gewerkschaftsbund Württemberg-Baden in Stuttgart angestellt. Im März 1946, auf der Gründungsversammlung der Industriegruppe Nahrungs- und Genußmittel Stuttgart, zum 1. Bevollmächtigten gewählt, hatte diese Funktion bis 1949 inne. 1946 zum Landesleiter von Nordwürttemberg-Nordbaden gewählt, später Landesleiter des neuen Bundeslandes Baden-Württemberg bis zu seiner Pensionierung 1965.

Richter, Wilhelm (1864–1917)
Geb. in Mois (Lausitz), Brauer. Verbandsmitglied seit 1886. Delegierter bei fast allen Verbandstagen. 1895–1909 Vors. des Verbandsausschusses. Leitete 1890/91 den Arbeitsnachweis der Berliner Brauereien und war an

allen Bewegungen und Lohnkämpfen der Berliner Brauereiarbeiter beteiligt. 1910 als Hilfsarbeiter im Hauptbureau angestellt, 1916 aus Gesundheitsgründen pensioniert.

Röös, Fritz
Seit 1. 1. 1906 Bezirksleiter des Christlichen Tabakarbeiterverbandes im Minden-Ravensberger Land. 1913 Bezirksleiter im Rheinland. Nach Ende des Ersten Weltkriegs Angestellter im Christlichen Metallarbeiterverband, seit 1920 wieder Angestellter in der Hauptgeschäftsstelle des Christlichen Tabakarbeiterverbandes. 1920 Mitgl. im Vorstand der Fach-Internationale Christlicher Tabakarbeiterverbände. Ende 1925 zum 2. Verbandsvors. gewählt.

Rohde, Robert (1900–1958)
Gelernter Böttcher. Seit 1. 5. 1920 Mitgl. im Zentralverband der Böttcher, 1925–1929 ehrenamtliche Tätigkeit. Seit 1. 1. 1930 beim Berliner VNG als Sektionsleiter der Böttcher und stellvertretender Gauleiter angestellt. 1933 entlassen, machte im Februar 1934 ein eigenes Böttchergeschäft auf. Von der Handwerkskammer mit einem Ehrengerichtsverfahren belegt, weil er seine Lehrlinge nicht zur Hitlerjugend schickte. Nach 1945 zunächst ehrenamtliche Tätigkeit für die SPD, Vorsteher der Bezirksvertretung in Reinickendorf. 1950 Vors. der Berliner NGG (UGO), Landesleiter der Berliner NGG ab 1951 bis 1958. Mitgl. im Landesbezirksvorstand des DGB.

Saar, Fritz (1889–1948)
Geb. in Minden/Westfalen. Kellner. 1906 Mitgl. im Verband deutscher Gastwirtsgehilfen, bald darauf auch in der SPD. 1910 hauptamtlicher Sekretär in der Ortsverwaltung Berlin. Während des Ersten Weltkriegs Soldat. 1918 Mitgl. des Soldatenrates der Ostfront, Delegierter zum Kongreß der Arbeiter- und Soldatenräte in Berlin. 1919 Sekretär im Außendienst in der Hauptverwaltung, 1922–1930 geschäftsführender Vors. der Zahlstelle Berlin des ZVHRC. 1930–1933 Vors. des ZVHRC, seit 1932 Vors. der Internationalen Union der Hotel-, Restaurant- und Caféangestellten. 1933 Emigration nach Amsterdam, 1935–1938 Herausgabe der illegalen »Gastwirtsgehilfenzeitung«. Jan. 1941 Verhaftung von der Gestapo, vor dem Volksgerichtshof zu lebenslänglicher Zuchthausstrafe verurteilt. Im Mai 1945 von der Roten Armee aus dem Zuchthaus befreit. Kurzfristig 2. Vors. des Verbands der Nahrungs- und Genußmittelarbeiter Berlin. Bürgermeister in Berlin-Mitte, dann Friedrichshain. Seine Haupttätigkeit lag jedoch in der Reorganisation der Mitropa und der treuhänderischen Verwaltung der Firma Aschinger. Auf dem 2. Verbandstag der NGG-Groß-Berlin als Beisitzer in den Vorstand gewählt.

Schaar, Adolf (1880–1965)
Geb. in Bremen, Kellner. Nach ersten journalistischen Versuchen in der Weser-Zeitung wurde er 1906 Schriftleiter der Gastronomischen Zeitschrift, dem Organ des Reichsverbands der Kellner-Lokalvereine (später: Reichsverband der Gasthausangestellten). 1909 wurde er zum 2., 1911 zum 1. Vorsitzenden des Reichsverbands gewählt. Seit 1922 Vorsitzender des Bunds der Hotel-, Restaurant- und Caféangestellten.

Scharf, Hermann (1883–1969)
Geb. in Frankfurt a. M., Bäcker. 1902 Mitgl. im Zentralverband. Schriftführer und Kassierer der Ortsverwaltung Mainz, deren Vorsitzender er ab 1909 war. Am 15. 3. 1914 als Bezirksleiter nach Bremen berufen. 1921 Vorstandsmitglied im Ortsausschuß Bremen des ADGB. Rechnungsführer im Vorstand der Arbeiterkammer und Mitgl. im Aufsichtsrat der Volks- und Sparbank. 1928 Reichssektionsleiter der Bäcker im Hauptvorstand des VNG. 1948–1951 Geschäftsführer der NGG-Ortsverwaltung Bremen, im Vorstand des DGB-Ortsausschusses. Geschäftsführer der Gewerkschaftshaus GmbH Bremen.

Scharfe, Rudi (1920–1972)
Geb. in Berlin, Bäcker. 1945 fand er Arbeit in der Reinickendorfer Brotfabrik, wurde dort gewerkschaftlich aktiv. 1949 als Sachbearbeiter in der Ortsverwaltung Berlin hauptamtlich angestellt. 1958 zum Landesleiter von Berlin gewählt.

Schattanik, Alfred (geb. 1901)
Geb. in Gleiwitz in Oberschlesien. Gelernter Dreher. Bildete sich nach der Lehrzeit an der Maschinenbauschule in Abendkursen weiter und besuchte später die Handelsschule in Gleiwitz. Arbeitete als Elektriker und wurde schließlich Elektrokaufmann. 1919 Mitgl. im Deutschen Metallarbeiterverband. 1921 zweiter Bevollmächtigter der mitgliederstarken Ortsverwaltung Gleiwitz. Besuch der Heimvolkshochschule Tinz bei Gera. Danach Geschäftsführer des Einheitsverbandes der sozialistischen Handel- und Gewerbetreibenden in Leipzig. Seit 1927 Beisitzer am Leipziger Arbeitsgericht. 1933 von den Nazis aus allen Funktionen entlassen, hatte jahrelang unter der Verfolgung durch die Gestapo zu leiden. 1945 wurde er Stadtdirektor in Leipzig, setzte sich aktiv für den Wiederaufbau der sächsischen Metropole ein. Seiner Initiative ist es mit zu verdanken, daß die Leipziger Messe wieder zustande kam. Vorstandsmitglied der Industrie- und Handelskammer zu Leipzig. Als Sozialdemokrat kam er sehr bald mit der SED in Konflikt, wurde 1949 aus seinem Aufgabenbereich entfernt. Im allerletzten Augenblick gelang ihm die Flucht in den Westen. Im September 1950 als Sachbearbeiter für Getreidewirtschaft in der Hauptverwaltung der NGG angestellt. 1958 zum zweiten Vorsitzenden der NGG gewählt,

kümmerte sich insbesondere um den Ausbau der Tarifabteilung. 1962–1966 Vors. der NGG, Vorstandsmitgl. der IUL.

Schilling, Maria Martha (1877–1943)
Geb. in Freiberg. Nach dem Besuch der Volksschule in Döbeln Arbeit in der Zigarrenfabrik. Auf allen Gebieten der Sozialfürsorge tätig. Vertreterin der Auskunftei des Gewerkschaftskartells Döbeln. Mitgl. im Kreisvorstand des 10. sächsischen Reichstagswahlkreises der SPD. Mitgl. des Arbeiter- und Bezirksrates der Amtshauptmannschaft Döbeln. Stadtverordnete in Döbeln. 1919/20 Mitgl. der Deutschen Nationalversammlung. MdR 1920–1924.

Schlüter, Wilhelm (1871–1929)
Geb. in Rehme an der Weser, Zigarrenarbeiter. 1888 Mitgl. des Reiseunterstützungsvereins. 1888–1890 auf der Wanderschaft. 1891–1893 Militärdienst. Seit 1905 Gauleiter des DTAV mit dem Sitz in Herford. Seit 1916 Stadtverordneter in Herford. Mitgl. der Nationalversammlung. 1921–1924 Mitgl. des Preußischen Landtages. Seit 1924 Mitgl. des Reichstages.

Schmitz, Christian (geb. 1875, Todesj. unbek.)
Geb. in Winkelheim bei Köln. Lernte Bäcker und Konditor. Leistete seine Militärzeit bei der Marine ab, kam dabei nach Ostasien. Anschließend wieder Bäcker in Düsseldorf. Trat dem kath. Gesellenverein bei, wurde in den Gesellenausschuß der Düsseldorfer Bäckerinnung gewählt. Mitbegr. des Lokalverbandes Christlicher Bäcker und Konditoren in Düsseldorf und des Zentralverbandes, dessen Vors. er seit der Gründung war.

Sprenger, Willy (geb. 1919)
Geb. in Ingolstadt. Er wuchs als Waisenkind auf und schlug sich zunächst, von 1933 bis 1935, in der Landwirtschaft durch. 1935 wurde er Brauerlehrling. Nach Abschluß der Lehrzeit Arbeit in verschiedenen Brauereien, zuletzt in Dortmund. Während des Zweiten Weltkrieges Soldat. 1945 ging er nach Bayern zurück, an die Lederer-Brauerei in Nürnberg. Er schloß sich sofort der NGG an, wurde rasch Betriebsratsmitglied, dann Betriebsratsvorsitzender. 1951/52 besuchte er die Akademie der Arbeit in Frankfurt a. M., wurde besonders von Friedrich Stampfer, dem ehemaligen Chefredakteur des »Vorwärts«, beeinflußt. Mitgl. im Hauptausschuß der NGG, dessen stellvertretender Vors., 1953 vom Beirat zum Redakteur der »Einigkeit« und Mitglied des Geschäftsführenden Hauptvorstands gewählt, dessen Mitglied er bis 1978 blieb.

Stadelmaier, Herbert (geb. 1916)
Geb. in Hamburg. Nach der Mittleren Reife kaufmännische Lehre in einer Maschinenfabrik und Mühlenbauanstalt. In der gleichen Firma war er

anschließend tätig. Arbeitsdienst, Wehrdienst und 5jähriger Kriegseinsatz schlossen sich an. Im Oktober 1945 nach Hamburg zurückgekommen, trat er sofort der Gewerkschaft und der SPD bei, betätigte sich bis 1948 in der gewerkschaftlichen Jugendarbeit. Am 1. Mai 1946 wurde er zum Hauptkassierer der Hamburger Ortsverwaltung des Verbands der Nahrungsmittel- und Getränkearbeiter gewählt. Der Gründungsverbandstag der NGG Britische Zone und der Verschmelzungsverbandstag 1949 in München wählten ihn in der gleichen Funktion in den Geschäftsführenden Hauptvorstand. Auf dem Essener Gewerkschaftstag 1962 wählten ihn die Delegierten zum zweiten Vors., von 1966 bis 1978 war er erster Vors. der NGG. Lange Jahre war er Vizepräsident der IUL und seit 1975 Präsident des Europäischen Gewerkschaftsausschusses Nahrung-Genuss-Gaststätten.

Stock, Christian (1884–1967)
Geb. in Darmstadt, Zigarrenarbeiter. Seit 1901 Mitgl. der SPD. Vertrauensmann des DTAV in der Cigarrenfabrik Max Freund in Pfungstadt. Sept. 1910 besoldeter Bez.ltr. des DTAV für die Bezirke Hessen-Süd, Pfalz, Baden-Nord. 1913 Arbeitersekretär in Heidelberg. Während des Ersten Weltkriegs Soldat. 1918 Vors. des Heidelberger Arbeiter- und Soldatenrates, Mitgl. der Weimarer Nationalvers. 16. 4.–1. 9. 1920 Unterstaatssekretär im Reichswehrministerium. 1920–1922 Landessekretär des ADGB-Baden mit Sitz in Karlsruhe. 1921–1925 Mitgl. des Badischen Landtages. Im Herbst 1922 Verwaltungsdirektor der AOK Heidelberg, am 19. 11. 1922 als Spitzenkandidat der Heidelberger Sozialdemokraten in die Stadtverordnetenvers. gewählt. Am 1. 2. 1932 Verwaltungsdirektor der AOK Frankfurt. Im April 1933 wegen polit. Unzuverlässigkeit entlassen. 25. 7. 1933–16. 3. 1934 im badischen KZ Kislau inhaftiert. Fristete seinen Lebensunterhalt als Tabakwarenhändler in Darmstadt. Später Organisator bzw. Revisor der Betriebskrankenkasse der Vereinigten Deutschen Metallwerke in Frankfurt a. M. Nach der Befreiung Präsident der Landesversicherungsanstalt Hessen. Mitgl. der Verfassungberatenden Landesversammlung Großhessen. 1946 Mitgl. des Hessischen Landtages. 1946–1950 hessischer Ministerpräsident. Legte sein Landtagsmandat 1954 nieder, übte eine Fülle von ehrenamtlichen Funktionen im sozialpolitischen Bereich aus.

Ströhlinger, Richard (1865–1946)
Geb. in Wien, Kellner. Begründer des Berliner Gastwirtsgehilfenvereins 1889. 1894 zu dessen Büroverwalter gewählt. 1897 Hauptkassierer im Verband deutscher Gastwirtsgehilfen. Finanzierte seinen Lebensunterhalt längere Zeit als Mitarbeiter des »Vorwärts«. 1918 Mitgl. des Vorläufigen Reichswirtschaftsrats. 1922 bis 1930 Vors. des ZVHRC.

Tesch, Johanna (1875–1945)
Geb. in Frankfurt a. M., besuchte dort die Realschule und war bis zur Heirat im elterlichen Haushalt tätig. 1902 Mitbegr., später zeitweise Leiterin und Kassiererin des Bildungsvereins für Frauen und Mädchen der Arbeiterklasse, desgleichen 1906 der Frankfurter Ortsgruppe des Zentralverbands der Hausangestellten. Mitgl. der Deutschen Nationalversammlung (SPD), 1920–1924 MdR. Nach dem 20. Juli 1944 ins KZ Ravensbrück verschleppt, wo sie am 13. März 1945, neun Tage vor ihrem 70. Geburtstag, an Entkräftung starb.

Teubler, Artur (geb. 1913)
Geb. in Wuppertal. Kellner. Seit Beginn der Lehre, 1927, gewerkschaftlich organisiert. Nach der Befreiung vom Nationalsozialismus Mitarbeit am Aufbau der Gewerkschaften in Wuppertal. Ausbildung an dem für Gewerkschafter eingerichteten volks- und betriebswirtschaftlichen Seminar der Universität Köln. Seit dem 1. Dezember 1946 hauptamtliche Tätigkeit für die NGG, zunächst in Wuppertal, dann als Bezirksleiter mit Sitz in Hagen. 1958 zum Landesleiter von NRW gewählt, was er bis 1976 blieb.

Ulbrich, Heinz (geb. 1916)
Geb. im Kreis Reichenberg im Sudetenland. Nach der Schulzeit machte er eine kaufmännische Lehre, wurde mit 15 Jahren Mitglied in der Textilarbeitergewerkschaft. Beim deutschen Einmarsch ins Sudetenland verhaftet. Nach dem Ende des Zweiten Weltkrieges ließ er sich mit seiner Familie in München nieder. 1952 Sekretär für Angestelltenarbeit bei der bayerischen NGG. 1954 zum Landesleiter gewählt, übte diese Funktion bis 1978 aus.

Warnecke, Ferdinand (1898–1958)
Böttcher. 1915 Mitgl. des Zentralverbands der Böttcher, 1918 SPD. 1920 1. Vors. der Zahlstelle Hamburg des Böttcherverbandes. 1925 Ortsangestellter in Hamburg. 1946 Wahl als Beisitzer in den Landesvorstand des Verbands der Nahrungsmittel- und Getränkearbeiter der Nordmark. 1947–1949 2. Vors. der NGG Britische Zone, 1949–1950 2., 1950/51 1. Vors. der NGG. 1951–1954 Geschäftsführer der Ortsverwaltung Bremen, ab 1954 Bezirksleiter in Lübeck.

Weber, Clemens (1884–1960)
Gelernter Brauer. Mitgl. im Zentralverband deutscher Brauereiarbeiter ab 1908. Jahrzehntelang als ehrenamtlicher Funktionär tätig. 1945 Wiederaufbau der Gewerkschaften in Freiburg, ehrenamtl. Landesvors. der Landesgew. Nahrung, Genußmittel, Gaststätten und Tabakgewerbe von Südbaden. Nach 1949 ehrenamtl. Mitgl. im Hauptvorstand der NGG.

Weber, Wilhelm (1879–1961)
Geb. in Hamburg, Bäcker. Mit 2½ Jahren Vollwaise, mußte er schon mit

10 Jahren als Zeitungsjunge, Milchausträger und Laufbursche seinen Lebensunterhalt verdienen. 1893–1898 Bäckerlehre in Wittingen. Wanderschaft in Nord- und Westdeutschland. September 1901 Mitgl. im Verband der Bäcker. 1903 Vors. der Ortsverwaltung Hannover, ab 1906 hauptamtl. Bez.leiter in Hannover. Während des Ersten Weltkriegs Soldat an der Ostfront. 1918 Mitgl. des Hannoveraner Soldatenrats. Vorstandsmitglied im Ortsausschuß des ADGB. Seit 1919 Mitgl. des Stadtrats, 1919 stellvertr. Vors. der sozialdemokrat. Fraktion. 1929 Wortführer des Bürgervorsteher-Kollegiums. 1936 verhaftet, zu einem Jahr Gefängnis verurteilt. 1944 KZ. 1946 zum Oberbürgermeister von Hannover gewählt. Landesleiter der NGG Niedersachsen bis 1952.

Weidler, Felix (1860–1940)
Konditor, 1892 Mitgl. im Zentralverband der Konditoren. 1902 als Ortsangestellter in Berlin. 1907 in den Vorstand des Zentralverbands der Bäkker und Konditoren berufen. Redakteur der »Deutschen Bäcker- und Konditorenzeitung«. Herausgeber der Fachzeitschrift »Technik und Wirtschaftswesen«. Zog während der Nazizeit nach Halle um, führte ein kleines Zigarrengeschäft.

Weil, Emil (1879–1930)
Fleischer. Seit 1906 Mitgl. des Zentralverbands der Fleischer. Ehrenamtliche Arbeit in Südwestdeutschland. 1910 Gauleiter mit Sitz in Frankfurt a. M. Während des Ersten Weltkriegs Soldat. Nach Kriegsende wieder Gauleiter in Frankfurt a. M. 1922 vom Verbandstag zum Redakteur des Verbandsorgans »Der Fleischer« gewählt. 1923 übernahm er als Bevollmächtigter die Ortsverwaltung Berlin, bald darauf abermals als Redakteur berufen. Als Landesarbeitsrichter tätig. Bei der Gründung des VNG übernahm er die Redaktion der »Fleischerfachzeitschrift«.

Wiegand, Johann (1894–1975)
Geb. in Amönau, Kreis Marburg. Kam am 1. Mai 1909 in die Kellnerlehre. Nach Beendigung der Lehrzeit in ersten Hotels des In- und Auslandes beschäftigt. 1912 Eintritt in den Internationalen Genfer Verband der Hotelangestellten, beteiligte sich vor dem Ersten Weltkrieg in England an den Streiks der Hotelangestellten für einen freien Tag in der Woche. 1914–1918 Kriegsteilnehmer. 1919 Mitgl. der SPD. Kämpfte für den Anschluß des Berufsverbandes an die Gewerkschaften. 1919 Vorstandsmitglied der Sektion Bad Homburg des Genfer Verbandes, 1920 Vorstandsmitglied in Aachen, 1922–1923 Vors. der Sektion Darmstadt. 1923 kam er nach Frankfurt, Betriebsratsvors. im größten gastronomischen Betrieb, dem Hotel Frankfurter Hof. Vors. der Sektion Frankfurt des Genfer Verbandes, 2. Vorsitzender der von den verschiedenen Richtungsgewerkschaften gebildeten Lohnkommission. 1929 hauptamtlicher Bezirksleiter des Genfer Verbandes mit Sitz in Frankfurt a. M., Vorstandsmitglied des

Gewerkschaftsringes, der Spitzenorganisation der Hirsch-Dunckerschen Gewerkschaften. Anfang November 1933 entlassen, nach mehreren Hausdurchsuchungen unter polizeilicher Meldepflicht. Verdiente seinen Lebensunterhalt als Handelsvertreter für Berufskleidung von Hotelangestellten. 1943 in die Rüstungsindustrie dienstverpflichtet, konnte sich der Einberufung zum Volkssturm durch die Flucht entziehen. Mai 1945 Wiederaufbau der Gewerkschaften in Frankfurt a. M., Dez. 1945 Sekretär der Gewerkschaft Nahrungs-, Genußmittel- und Gaststättengewerbe in Frankfurt, Juni 1946 Vors. der Landesgewerkschaft für Hessen. Seit dem 15. 4. 1950 DGB-Landesvors. von Hessen, bis zu seiner Pensionierung 1960.

Wiehle, Richard (1861–1945)
Geb. in Hindenburg, Brauer. 1885 Mitbegr. des Allgemeinen Brauerverbandes in Hannover. 1886–1891 Vors. des Gauvereins Hannover. Auf dem 6. Verbandstag 1891 zum Vorsitzenden und Verbandskassierer gewählt. Redigierte auch die ab 1. 11. 1891 erscheinende »Brauerzeitung«. Hatte diese drei Ämter bis zum 11. Verbandstag 1898 inne und legte sie dann aus Gesundheitsgründen nieder. Wurde Gastwirt. Redakteur der Zeitschrift »Freier Gastwirt«.

Winkelmann, Carl (1865–1924)
Geb. 1865 in Ehndorf, Kreis Kiel, Böttcherlehre in Hamburg. Auf dem Verbandstag in Magdeburg 1897 zum Vors. des Zentralvereins der deutschen Böttcher gewählt, übte dieses Amt bis zu seinem Tode aus. Mitgl. des Bremer Senats und der Nationalvers. Im Januar 1919 als Polizeisenator in die Bremer Regierung berufen. Verlor durch dieses Amt mehr als notwendig die Fühlung mit der Zahlstelle Bremen und der Gesamtkollegenschaft, wurde von der Zahlstelle Bremen ausgeschlossen, der Ausschluß wurde vom Hauptvorstand mit 3:2 Stimmen bestätigt. Trat dennoch seinen Posten als Vors. wieder an. Auf dem Verbandstag 1921 mit 38 von 63 Stimmen erneut zum Vors. gewählt.

Winter, Aloys (1902–1983)
Geb. in Wiesbaden, gelernter Brauer. 1919 Mitgl. im Verband der Brauerei- und Mühlenarbeiter, bald ehrenamtl. Funktionär. Nach 1922 ging er auf Wanderschaft, arbeitete im Schwarzwald, in Luxemburg und anderen Gegenden. 1927/28 studierte er, mit einem Stipendium des ADGB, an der Fachschule für Wirtschaft und Verwaltung in Berlin. 1928 in der Hauptverwaltung des VNG in Berlin angestellt, enger Mitarbeiter des 1. Vors., Eduard Backert. Nach 1933 arbeitslos, lange Zeit unter Polizeiaufsicht, bis er wieder Arbeit in der Schultheiß-Brauerei fand. Nach 1945 Gesamtbetriebsratsvors. bei Schultheiß, Wiederaufbau der NGG in Berlin, Mitbegr. der UGO. 1950 ging er als Sachbearbeiter für Getränkewirtschaft in die Hauptverwaltung der NGG, der er bis 1967 angehörte.

Wittich, Heinrich (geb. 1865, Todesj. unbek.)
Geb. in Holzhausen bei Kassel. Brauer. Nach Beendigung seiner Lehrzeit ging er auf Wanderschaft durch Deutschland und Österreich. 1885 in Berlin wurde er Mitbegründer des Allgemeinen Brauer-Verbandes. Nach Beendigung seines Militärdienstes ging er nach Frankfurt a. M., wurde dort 1890 zum Vorsitzenden der neu gegründeten Ortsgruppe gewählt. Seine größte Aufmerksamkeit widmete er der Ablösung des Haustrunks. Sein System, das nicht genossene Bier zu bezahlen, zog keine finanzielle Schädigung der Arbeiter nach sich (der Haustrunk war Teil des Arbeitslohns). Seiner gewerkschaftlichen Tätigkeit halber wurde er von den Brauereigewaltigen aus dem Beruf gedrängt, eröffnete zunächst eine Gaststätte, wurde 1898 Angestellter der Ortskrankenkasse. 1909 machten ihn die Frankfurter Sozialdemokraten zum Parteisekretär, im gleichen Jahr wurde er Stadtverordneter. 1919 wurde er als Abgeordneter zur preußischen Nationalversammlung gewählt und gehörte bis 1928 dem preußischen Landtag an, als Spezialist für Agrarfragen. Seit 1908 Vorsitzender des Verbandsausschusses im Brauereiarbeiterverband, später im VNG.

Wolf, Maria (1886–1944)
Geb. in Speyer, Tabakarbeiterin. Als erste Frau hauptamtliche Funktionärin im DTAV, seit 1. 10. 1922 als Bezirksleiterin in Speyer. Am 30. 9. 1923 aus Gesundheitsgründen ausgeschieden. 1932/1933 erneut hauptamtliche Gauleiterin in Speyer.

Wörner, Jakob (1884–1968)
Gelernter Böttcher. Seit 1902 Mitglied im Zentralverein der deutschen Böttcher, gründete die Zahlstellen Heidenheim und Donaueschingen. 1908 kam er als Küfermeister zur Bärenbrauerei nach Schwenningen, wo er bis 1948 blieb. 1945 Wiederaufbau der NGG in Südwürttemberg-Hohenzollern, dort Landesleiter bis 1948. Dann übernahm er bis zu seiner Pensionierung 1952 den Bezirk Schwenningen als hauptamtl. Funktionär.

Zeiske, Robert (gest. 1922)
Kellner. Seit 1889 gewerkschaftlich organisiert. Mitbegründer des Berliner Gastwirtsgehilfenvereins. Übernahm zeitweise zur Unterstützung von Pötzsch die Redaktion der »Gastwirtsgehilfen-Zeitung«. Seit 1898 Büroverwalter des Berliner Vereins. Mitglied der Berliner Gewerkschaftskommission. 1912–1922 Vors. des Verbands deutscher Gastwirtsgehilfen.

Zillmann, Wilhelm (1863–1927)
Geb. in Mecklenburg, Kellner. Mitbegründer des Hamburger Gastwirtsgehilfenvereins. 1897 zum Vors. des Verbandsausschusses gewählt, behielt dieses Amt bis zu seinem Tode.

3.2 Reichstagsmitglieder aus den Vorläuferverbänden der Gewerkschaft NGG

In nicht genannten Legislaturperioden gab es keine Reichstagsabgeordneten aus den Vorläuferverbänden. Mit Ausnahme Hermann Käpplers vom Verband der Brauerei- und Mühlenarbeiter waren vor 1914 alle genannten Reichstagsabgeordneten Tabakarbeiter und somit Mitglieder des DTAV bzw. seiner Vorläufer. Einer (Adolph von Elm) war Mitgl. des Sortiererverbandes. Alle Abgeordneten gehörten zur Sozialdemokratischen Fraktion.

2. Legislaturperiode (1874–1876)
   Otto Reimer

3. Legislaturperiode (1877–1878)
   Friedrich Wilhelm Fritzsche

5. Legislaturperiode (1881–1884)
   Friedrich Wilhelm Fritzsche

6. Legislaturperiode (1884–1887)
   Friedrich Geyer
   Heinrich Meister

7. Legislaturperiode (1887–1890)
   Heinrich Meister

8. Legislaturperiode (1890–1893)
   Julius Bruhns
   Friedrich Geyer
   Heinrich Meister
   Hermann Molkenbuhr

9. Legislaturperiode (1893–1898)
   Adolph von Elm
   Friedrich Geyer
   Heinrich Meister
   Hermann Molkenbuhr
   Karl Hermann Förster
   Franz Hermann Theodor Hofmann
   Karl Ernst Wilhelm Klees

10. Legislaturperiode (1898–1903)
    Otto Friedrich Wilhelm Antrick
    Adolph von Elm
    Karl Hermann Förster
    Friedrich Geyer
    Franz Hermann Theodor Hofmann
    Wilhelm August Kaden
    Heinrich Meister
    Hermann Molkenbuhr

11. Legislaturperiode (1903–1906)
    Adolph von Elm
    Friedrich Geyer
    Heinrich Meister
    Hermann Molkenbuhr

12. Legislaturperiode (1907–1911)
    Friedrich Geyer
    Hermann Molkenbuhr

13. Legislaturperiode (1912–1918)
    Karl Deichmann
    Friedrich Geyer
    Alfred Henke
    Hermann Käppler
    Hermann Molkenbuhr

Deutsche Nationalversammlung 1919
    Karl Deichmann (SPD, DTAV)
    Friedrich Geyer (USPD, DTAV)
    Alfred Henke (USPD, DTAV)
    Hermann Käppler (SPD, Verband der Brauerei- und Mühlenarbeiter)
    Carl Gustav Raute (USPD, DTAV)
    Maria Martha Schilling (SPD, DTAV)
    Wilhelm Schlüter (SPD, DTAV)
    Christian Stock (SPD, DTAV)

Deutscher Reichstag
1. Legislaturperiode (1920–Mai 1924)
    Otto Eggerstedt (seit 1921 durch Nachwahl, SPD, Zentralverband der Bäcker und Konditoren)
    Friedrich Geyer (USPD, DTAV)
    Alfred Henke (USPD, DTAV)
    Hermann Käppler (SPD, Verband der Brauerei- und Mühlenarbeiter)
    Richard Meier (SPD, Verband der Brauerei- und Mühlenarbeiter)
    Hermann Molkenbuhr (SPD, DTAV)
    Gustav Raute (USPD, DTAV)
    Maria Martha Schilling (SPD, DTAV)
    Johanna Tesch (SPD, früher Zentralverband der Hausangestellten)
    Karl Zörgiebel (SPD, Zentralverband der Böttcher)

2. Legislaturperiode (Mai–Dez. 1924)
    Otto Eggerstedt (SPD, Denag)
    Alfred Henke (SPD, DTAV)

3. Legislaturperiode (Dez. 1924–1928)
    Otto Eggerstedt (SPD, Denag)
    Alfred Henke (SPD, DTAV)

Maria Martha Schilling (SPD, DTAV)
Wilhelm Schlüter (SPD, DTAV)

4. Legislaturperiode (1928–1930)
Paul Bergmann (SPD, VNG)
Otto Eggerstedt (SPD, VNG)
Alfred Henke (SPD, DTAV)
Karl Mache (SPD, VNG)
Adam Remmele (SPD, VNG)
Wilhelm Schlüter (SPD, DTAV)

5. Legislaturperiode (1930–1932)
Paul Bergmann (SPD, VNG)
Otto Eggerstedt (SPD, VNG)
Roberta Gropper (KPD, DTAV)
Alfred Henke (SPD, DTAV)
Adam Remmele (SPD, VNG)

6. Legislaturperiode (1932)
Paul Bergmann (SPD, VNG)
Otto Eggerstedt (SPD, VNG)
Alfred Henke (SPD, DTAV)
Richard Meier (SPD, VNG)
Adam Remmele (SPD, VNG)

3.3 Bundestagsmitglieder aus der NGG

Biermann Günter (4.–9. Wahlperiode, 1961–1983) SPD
Haehser, Karl (5.–9. Wahlperiode, 1965–1983) SPD
Herold, Karl (2.–7. Wahlperiode, 1953–1976) SPD
Müller, Karl (3.–5. Wahlperiode, 1957–1969) SPD

3.4 Präsidenten und Generalsekretäre der IUL

1. Präsidenten
   Max Willhelm (1920–1933)
   Robert Fischer (1934–1939)
   Hermann Leuenberger (1939–1949)
   Marius Madsen (1949–1958)
   Hans Nätscher (1958–1964)
   John Swift (1964–1967)
   Henri Ceuppens (1967–1970)
   Daniel E. Conaway (1970–1977)
   Sigvard Nyström (1977–1981)
   Günter Döding (seit 1981)

2. Generalsekretäre
   Jean Schifferstein (1920–1941)
   Nach dem Tode Jean Schiffersteins wurde der Sekretärsposten erst 1949 wieder besetzt.
   Juul Poulsen (1949–1969)
   Daniel Gallin (seit 1970, von 1969–1970 amtierender Generalsekretär)

3.5 Zusammensetzung der Geschäftsführenden Hauptvorstände (GHV) der Gewerkschaft NGG

1949 24.–26. 5. München Vereinigungs- kongreß	Gustav Pufal Ferdinand Warnecke Herbert Stadelmaier Johannes Gostomski Friedrich Holler	1. Vorsitzender (gestorben 17. 6. 50) 2. Vorsitzender Kassierer Sekretär Sekretär (hat diese Funktion nur kurze Zeit hauptamtlich ausgeübt)
1950 4. 8. Beiratssitzung	Ferdinand Warnecke Otto Sonntag	1. Vorsitzender (wurde 1951 nicht wiedergewählt) 2. Vorsitzender (hat diese Funktion bis 28. 3. 51 ausgeübt)
1951 28. 5.–1. 6. Stuttgart 1. NGG-Kongreß	Hans Nätscher Emil Petersen Herbert Stadelmaier Richard Eckart Johannes Gostomski Heinrich Ohlemeyer*)	1. Vorsitzender 2. Vorsitzender Hauptkassierer Redakteur (bis November 1952/übernahm die Leitung der Gesellschaftsbrauerei in Augsburg) Sekretär (bis 31. März 1952/ schied aus Altersgründen aus) Sekretär
	Der Platz des 3. Sekretärs soll durch Hauptvorstand und Beirat besetzt werden.	
24./25. 8. Beiratssitzung 22.–24. 11. Hauptvorstands- sitzung	Friedrich Holler Gustav Fink ab 1. 2. 52	Sekretär (ab 1. Nov. 1951) (als Nachfolger für J. Gostomski vom Hauptvorstand gewählt. Der Beirat hatte den Hauptvorstand dazu ermächtigt)
1953 9.–11. 6. Beiratssitzung	Willy Sprenger	Redakteur (ab 11. Juni 1953 als Nachfolger für R. Eckart)
1954 14.–18. 9. Hamburg 2. NGG-Kongreß	Hans Nätscher Emil Petersen*) Herbert Stadelmaier Willy Sprenger Elisabeth Ostermeier Gustav Fink	1. Vorsitzender 2. Vorsitzender Hauptkassierer Redakteur ⎫ Mitglied des ⎭ GHV
1958 1.–5. 9. Frankfurt 3. NGG-Kongreß	Hans Nätscher*) Alfred Schattanik Herbert Stadelmaier Willy Sprenger Elisabeth Ostermeier Gustav Fink	1. Vorsitzender 2. Vorsitzender Hauptkassierer Redakteur ⎫ Mitglied des ⎭ GHV

1962 10.–14.9. Essen 4. NGG-Kongreß	Alfred Schattanik*) Herbert Stadelmaier Otto Hackmack Willy Sprenger Elisabeth Ostermeier Gustav Fink	1. Vorsitzender 2. Vorsitzender Hauptkassierer Redakteur } Mitglied des } GHV
1966 11.–16.9. Bremen 5. NGG-Kongreß	Herbert Stadelmaier Günter Döding Otto Hackmack Willy Sprenger Elisabeth Ostermeier*) Gustav Fink*)	1. Vorsitzender 2. Vorsitzender Hauptkassierer (bis 22.4.1970. Wurde an dem Tage als Senator der Freien und Hansestadt Hamburg gewählt) Redakteur } Mitglied des } GHV
1970 6.–11.9. Berlin 6. NGG-Kongreß	Herbert Stadelmaier**) Günter Döding Wolfgang Weber Willy Sprenger**) Ruth Köhn	1. Vorsitzender 2. Vorsitzender Hauptkassierer } Mitglied des } GHV
1974 1.–5.9. Wolfsburg 7. NGG-Kongreß	Die Zusammensetzung des GHV ist unverändert	
1978 24.–28.9. Mannheim 8. NGG-Kongreß	Günter Döding Erich Herrmann Wolfgang Weber Ruth Köhn Werner Weber	1. Vorsitzender 2. Vorsitzender Hauptkassierer } Mitglied des } GHV
1982 5.–9.9. Nürnberg 9. NGG-Kongreß	Die Zusammensetzung des GHV ist unverändert	

*) Kandidierte auf dem nächstfolgenden Kongreß aus Altersgründen nicht mehr
**) Kandidierte 1978 aus Altersgründen nicht mehr

3.6. Landesvorstand (bis 1949)/Landesleiter (bis 1970)/ Landesbezirksvorsitzende

1. **Bayern**
   1949–1954: Georg Fiederl
   1954–1978: Heinz Ulbrich
   1978–1982: Oskar Gensberger
   Seit 1982: Erwin Berger

2. **Berlin**
   1950–1958: Robert Rohde
   1958–1971: Rudi Scharfe
   Seit 1972: Horst Helterhof

3. **Baden-Württemberg**
   1950–1965: Albert Remppel
   Seit 1965: Hermann Wente

4. **Hessen/Rheinland-Pfalz/Saar**
   4.1 Hessen
      1949–1950: Hans Wiegand
      1950: Alfred Kiel
      1950–1952: Karl Langenbach
   4.2 Rheinland-Pfalz
      1949–1952: Anton Basting
   4.3 Hessen/Rheinland-Pfalz
      1952–1957: Karl Langenbach
   4.4 Hessen/Rheinland-Pfalz/Saar
      1957–1968: Karl Langenbach
      1968–1978: Erich Herrmann
      Seit 1978: Werner Jordan

5. **Niedersachsen/Bremen**
   1949–1952: Wilhelm Weber
   1952–1972: Rudi Krautter
   Seit 1972: Heinz Günter Niebrügge

6. **Hamburg/Schleswig-Holstein**
   6.1 Schleswig-Holstein
      1950–1951: Emil Petersen
   6.2 Hamburg/Schleswig-Holstein (ab 1951)
      1951–1970: Karl Förster
      Seit 1970: Günter Lepnies

7. **Nordrhein-Westfalen**
   1949–1958: Jupp Dozler
   1958–1976: Artur Teubler
   Seit 1976: Walter Schmidt

ANHANG 4
Abkürzungsverzeichnis

ADAV   Allgemeiner Deutscher Arbeiter-Verein
ADCAV   Allgemeiner Deutscher Cigarrenarbeiter-Verein
ADGB   Allgemeiner Deutscher Gewerkschaftsbund
AfA   Allgemeiner freier Angestellten-Bund
AOK   Allgemeine Ortskrankenkasse
AsD   Archiv der sozialen Demokratie, Bonn

BAT   British American Tobacco
BdA   Bundesvereinigung der Arbeitgeberverbände
BetrVG Betriebsverfassungsgesetz
BZO   Bildungszentrum Oberjosbach

CDU   Christlich Demokratische Union
CIO   Congress of Industrial Organizations
CSU   Christlich Soziale Union

DAF   Deutsche Arbeitsfront
DAG   Deutsche Angestelltengewerkschaft
DBKZ   Deutsche Bäcker- und Konditorenzeitung
DENAG   Deutscher Nahrungs- und Genußmittelarbeiterverband
DGB   Deutscher Gewerkschaftsbund
DHB   Deutscher Hausfrauenbund
DKB   Deutscher Kellnerbund
DMV   Deutscher Metallarbeiter-Verband
DSG   Deutsche Schlaf- und Speisewagengesellschaft
DTAV   Deutscher Tabakarbeiter-Verband

EG-NGG Europäische Gewerkschaftsgruppe Nahrung-Genuss-Gaststätten
EGB   Europäischer Gewerkschaftsbund
EWG   Europäische Wirtschaftsgemeinschaft

FDGB   Freier Deutscher Gewerkschaftsbund
FDP   Freie Demokratische Partei

Geade   Gewerkschaftliche Auslandsvertretung Deutschlands
GEG   Großeinkaufsgenossenschaft
GGZ   Gastwirtsgehilfenzeitung
GHV   Geschäftsführender Hauptvorstand
GTB   Gewerkschaft Textil-Bekleidung

HBV   Gewerkschaft Handel, Banken und Versicherungen

HStA	Hauptstaatsarchiv
IBFG	Internationaler Bund Freier Gewerkschaften
IBS	Internationales Berufssekretariat
IGB	Internationaler Gewerkschaftsbund
IGM	Industriegewerkschaft Metall
IML	Institut für Marxismus-Leninismus
ITF	Internationale Transportarbeiterföderation
IUL	Internationale Union der Organisationen der Arbeiter und Arbeiterinnen der Lebens- und Genußmittelindustrie. Später: Internationale Union der Lebens- und Genußmittelarbeitergewerkschaften
IUHRC	Internationale Union der Hotel-, Restaurant- und Caféangestellten
KPD	Kommunistische Partei Deutschlands
MdB	Mitglied des Bundestages
MdI	Ministerium des Innern
MdL	Mitglied des Landtages
MdR	Mitglied des Reichstages
NPD	Nationaldemokratische Partei Deutschlands
NRW	Nordrhein-Westfalen
NSBO	Nationalsozialistische Betriebszellen-Organisation
NSDAP	Nationalsozialistische Deutsche Arbeiterpartei
OLG	Oberlandesgericht
ÖTV	Gewerkschaft Öffentliche Dienste, Transport und Verkehr
RdZ	Reichsverband deutscher Zigarrenhersteller
RGI	Rote Gewerkschaftsinternationale
RGO	Revolutionäre Gewerkschaftsopposition
SBZ	Sowjetische Besatzungszone
SED	Sozialistische Einheitspartei Deutschlands
SPD	Sozialdemokratische Partei Deutschlands
StA	Staatsarchiv
UGO	Unabhängige Gewerkschaftsorganisation
USPD	Unabhängige Sozialdemokratische Partei Deutschlands
VdG	Verband deutscher Gastwirtsgehilfen
VLG	Verband der Lebensmittel- und Getränkearbeiter
VNG	Verband der Nahrungsmittel- und Getränkearbeiter
VTC	Verband christlicher Tabakarbeiter
WCV	Westfälischer Cigarrenfabrikantenverband
WGB	Weltgewerkschaftsbund
ZPA	Zentrales Parteiarchiv
ZV	Zentralverband
ZVHRC	Zentralverband der Hotel-, Restaurant- und Caféangestellten
ZVCT	Zentralverband christlicher Tabakarbeiter

ANHANG 5
Anmerkungsverzeichnis

Kap. I
1 Adolf Wolff: Berliner Revolutionschronik. 3 Bde., Berlin 1851 ff. Bd. 1, S. 138 ff.
2 Concordia, 10. 3. 1849.
3 Association der Cigarren-Arbeiter Deutschlands, S. 1 (Exemplar des Statuts im Stadtarchiv Duisburg, Bestand 10/Nr. 1629, Zigarrenarbeiterassociation 1848–1851).
4 Ebd., S. 2.
5 Beschlüsse der auf dem Kongreß zu Berlin versammelten Delegierten der Cigarrenarbeiter in Deutschland. Stadtarchiv Duisburg, Bestand 10/Nr. 269.
6 Hohe Nationalversammlung! Ebd.
7 Association der Cigarren-Arbeiter Deutschlands, S. 4.
8 Ebd., S. 2.
9 Concordia, 23. 11. 1849.
10 Hermann Seumig: Das wilde Viertel in Leipzig. In: Der Leuchtturm, 1847, H.1. Zitiert nach Hartmut Zwahr: Zur Konstituierung des Proletariats als Klasse. Strukturuntersuchung über das Leipziger Proletariat während der industriellen Revolution. Berlin (DDR) 1978, S. 79.
11 Concordia, 23. 11. 1849.
12 Ebd., 21. 12. 1849.
13 Ebd., 10. 3. 1849.
14 Ebd., 1. 1. 1850.
15 Denkschrift zur Errichtung von Associationsfabriken. Stadtarchiv Duisburg, Bestand 10/Nr. 1629.
16 Circular. Duisburg, den 7. 8. 1850 (Stadtarchiv Duisburg, Bestand 10/Nr. 1629).

Kap. II
1 Ludwig Heyde: Die volkswirtschaftliche Bedeutung der technischen Entwicklung in der deutschen Zigarren- und Zigarettenindustrie. Stuttgart 1910, S. 73.
2 Ebd., S. 73.
3 Das deutsche Tabakgewerbe, 1. 8. 1907, S. 15.
4 Wilhelm Heinz Schröder: Arbeitergeschichte und Arbeiterbewegung. Industriearbeit und Organisationsverhalten im 19. und 20. Jahrhundert. Frankfurt a. M./New York 1978, S. 123.
5 Ebd.
6 Heinrich Laufenberg: Geschichte der Arbeiterbewegung in Hamburg-Altona und Umgegend. 2 Bde., Hamburg 1911/1931 Bd. 2, S. 428.
7 Otto Ernst: Asmus Sempers Jugendland. Der Roman einer Kindheit. Leipzig o. J., S. 213 ff.
8 Julius Bruhns: Es klingt im Sturm ein altes Lied. Aus der Jugendzeit der Sozialdemokratie. Stuttgart–Berlin 1921, S. 13 f.
9 Erinnerungen Hermann Molkenbuhrs (AsD, Bonn), H. 3, S. 197.
10 Handwörterbuch der Staatswissenschaften. 7. Bd., Jena 1926, S. 1297.
11 Volksstaat, 6. 3. 1872.

Kap. III
1 Allgemeine Deutsche Arbeiter Zeitung, 15. 9. 1865.
2 Ebd., 4. 6. 1865.
3 Ebd., 15. 9. 1865.
4 Volksstaat, 22. 6. 1872.
5 Allmann: Geschichte der deutschen Bäckerbewegung, Bd. 2, S. 218.
6 Deutscher Reichs-Anzeiger und Königlich Preußischer Staatsanzeiger, 22. 10. 1878.

Kap. IV
1 Bruhns: Es klingt im Sturm, S. 28 f.
2 Ferdinand Dahms: Geschichte der Tabakarbeiterbewegung. Manuskriptbearbeitung Hans Winkler. NGG-Schriftenreihe Nr. 17. Hamburg o.J., S. 82.
3 Correspondenzblatt, 18. 12. 1893. DTAV: Berichte des Vorstandes über die Geschäftsperiode vom 1. Januar 1903 bis 31. Dez. 1904, gegenüber S. 63. Eduard Backert: Geschichte der Brauereiarbeiterbewegung. Berlin 1916, S. 277. Karl Helfenberger: Geschichte der Böttcher-, Küfer- und Schäfflerbewegung, Bd. 2. Berlin 1930, S. 69, 79.

Kap. V
1 DTAV: Jahresbericht für das Jahr 1907. Bremen o.J., S. 4.
2 Die sociale Lage der Tabak-Arbeiter in Deutschland zusammengestellt nach den Ergebnissen des Kongresses der Tabakarbeiter, abgehalten in Berlin vom 19.–25. November 1893. Hrsg. im Auftrage des Kongresses von der Kongreß-Kommission. 2., verbesserte und vermehrte Auflage. Berlin o.J. (1894), S. 12.
3 Ebd., S. 49.
4 Ebd., S. 104 f.
5 Wilhelm Richter (d.i.: Eduard Backert): Fünfundzwanzig Jahre Organisation der Berliner Brauereiarbeiter. Entstehung, Entwicklung und Werden des Brauereiarbeiter-Verbandes in Berlin. Berlin o.J., S. 90.
6 Correspondenzblatt, 1. 6. 1907.
7 Zentralverband deutscher Brauereiarbeiter, Zahlstelle Hannover-Linden: 25 Jahre Organisationsarbeit. 1885–1910. Geschichtliche Bearbeitung der Entstehung und Entwicklung sowie der Erfolge der Zahlstelle. Hannover 1910, S. 4.
8 Correspondenzblatt, 10. 5. 1897.
9 Richard Calwer: Das Kost- und Logiswesen im Handwerk. Ergebnisse einer von der Kommission zur Beseitigung des Kost- und Logiszwangs veranstalteten Erhebung. Bearbeitet von Richard Calwer. Berlin 1908, S. 68.
10 Ebd., S. 69.
11 Ebd., S. 73.
12 Erinnerungen von Wilhelm Schmutz. Privatarchiv Thomas Schmutz, Mannheim.

Kap. VI
1 August Bebel: Zur Lage der Arbeiter in den Bäckereien. Stuttgart 1890, S. 13.
2 Zentralverband deutscher Brauereiarbeiter, Zahlstelle Hannover-Linden: 25 Jahre Organisationsarbeit, S. 47.
3 Hugo Pötzsch: Geschichte des Zentralverbandes der Hotel-, Restaurant- und Caféangestellten. Bd. 1, Berlin 1928, S. 181.
4 Eduard Backert: Handbuch für die Funktionäre der Industriegewerkschaft Nahrung, Genuss und Gaststätten, o.O., o.J. (1948), S. 19 f.
5 Protokoll der Generalversammlung des Deutschen Tabakarbeiter-Verbandes, abgehalten in Offenbach a.M. vom 4. bis 10. September 1898, o.O., o.J., S. 30.
6 Helfenberger: Geschichte der Böttcherbewegung, Bd. 2, S. 161.
7 Backert: Geschichte der Brauereiarbeiterbewegung, S. 286 f.
8 Allmann: Geschichte der Bäcker- und Konditorenbewegung, Bd. 2, S. 412 f.

9 Ebd. und Statistische Beilage des Correspondenz-Blattes, Nr. 6, Hrg. am 13. Aug. 1910, S. 168f.
10 Protokoll der Generalversammlung des DTAV 1898, S. 29.
11 Ebd., S. 77.

Kap. VII
1 Zitiert nach: Theodor Leipart: Carl Legien. Ein Gedenkbuch. Berlin 1929, S. 120.
2 Protokoll der Verhandlungen des dritten Kongresses der Gewerkschaften Deutschlands. Abgehalten zu Frankfurt a. M.-Bockenheim vom 8.–13. Mai 1899. Hamburg o. J., S. 150.
3 Backert: Geschichte der Brauereiarbeiterbewegung, S. 550.
4 Ebd., S. 560.
5 Ebd.
6 Verband der Brauerei- und Mühlenarbeiter – Unsere Tarifverträge im Auszug nach dem Stand vom 1. Juli 1914. Nebst Vertrags-Muster. Redaktion: E. Backert. Berlin o. J. (ohne Seitenzählung).
7 Backert: Geschichte der Brauereiarbeiterbewegung, S. 569.
8 Eduard Backert: Arbeiterurlaub in der Brauerei- und Malzindustrie. In: Soziale Praxis und Archiv für Volkswohlfahrt. 22. Jg. Nr. 27, S. 792.
9 Ebd.
10 Statistische Beilage des Correspondenzblatt, Nr. 9, hrsg. am 10. 12. 1910, S. 252f. Ebd., Nr. 9, hrsg. am 9. 12. 1911, S. 251. Ebd. Nr. 2, hrsg. am 7. 3. 1914, S. 34. Ebd., Nr. 1, hrsg. am 20. 2. 1915, S. 7.
11 Statistische Beilage des Correspondenzblatt, Nr. 1, hrsg. am 20. 2. 1915, S. 9.
12 Ebd.
13 Statistische Beilage des Correspondenzblatt. Nr. 9, hrsg. am 10. 12. 1910, S. 264f. Ebd., Nr. 9, hrsg. am 9. 12. 1911, S. 262f. Ebd., Nr. 2, hrsg. am 7. 3. 1914, S. 48f.
14 Statistische Beilage des Correspondenzblatt. Nr. 9, hrsg. am 10. 12. 1910, S. 262f. Ebd., Nr. 9, hrsg. am 9. 12. 1911, S. 260f. Ebd., Nr. 2, hrsg. am 7. 3. 1914, S. 46f.
15 Statistische Beilage des Correspondenzblatt, Nr. 9, hrsg. am 10. 12. 1910, S. 272. Ebd., Nr. 9, hrsg. am 9. 12. 1911, S. 267. Ebd., Nr. 2, hrsg. am 7. 3. 1914, S. 53.
16 Felix Weidler: Zwanzig Jahre Geschichte der deutschen Bäcker- und Konditorenbewegung 1909–1928. 1. Band, 1909–1918. Berlin o. J., S. 152.
17 Ebd., S. 153.
18 Etwas über Arbeitsvermittlung von früher. In: Mitteilungsblatt des Verbands der Nahrungsmittel- und Getränkearbeiter. 20. 3. 1931, S. 344.
19 Pötzsch: Geschichte des Zentralverbandes der Hotel-, Restaurant- und Caféangestellten. Bd. 1, S. 91.
20 Protokoll der Verhandlungen des dritten Kongresses der Gewerkschaften Deutschlands. Abgehalten zu Frankfurt a. M.-Bockenheim vom 8. bis 13. Mai 1899. Hamburg o. J., S. 127.

Kap. VIII
1 Bebel: Zur Lage der Arbeiter in den Bäckereien, S. 79.
2 Karl Mössinger: Ein Blick in die Kleinbäckereien Magdeburgs. Magdeburg 1907, S. 14f.
3 Weidler: Zwanzig Jahre Geschichte, Bd. 1, S. 72.
4 Allgemeine Bäcker- und Konditorenzeitung Nr. 48/1910; zitiert nach Weidler: Zwanzig Jahre Geschichte, Bd. 1, S. 62.
5 Weidler: Zwanzig Jahre Bäcker- und Konditorenbewegung, Bd. 1, S. 65.
6 Zentrales Staatsarchiv, Potsdam. Reichsarbeitsministerium Nr. 6536, Bl. 40.
7 Pötzsch: Zehn Jahre Arbeiterschutz, S. 22.
8 Ebd.
9 Ebd., S. 167.
10 Amtliche Mitteilungen aus den Jahresberichten der mit Beaufsichtigung der Fabriken betrauten Beamten. Berlin 1883, S. 674.

11 Ein Exemplar z. B. im StA Detmold, L 75 IV 15a Nr. 41.
12 Protokoll der Generalversammlung des Unterstützungsvereins deutscher Tabakarbeiter zu Nordhausen, abgehalten vom 1. bis incl. 6. Juli 1894, o.O., o.J., S. 5.
13 Amtliche Mitteilungen aus den Jahresberichten, 1878, S. 159f.
14 Der Gewerkschafter, 13. 9. 1896.
15 Robert Wilbrandt: Arbeiterinnenschutz und Heimarbeit. Jena 1906, S. 53.
16 Protokoll der Verhandlungen des ersten Allgemeinen Heimarbeiterschutz-Kongresses. Abgehalten zu Berlin im Gewerkschaftshaus am 7., 8. und 9. März 1904. Berlin 1904, S. 152.
17 Gutachten über die bei der Cigarrenfabrikation in der Hausindustrie beobachteten Gesundheitsschädigungen und die zur Verhütung derselben erforderlichen Maßnahmen. StA Detmold, L 75 Nr. IV 15a Nr. 41.
18 Protokoll der Kronratssitzung vom 13. 2. 1906, ZStA Potsdam, Reichskanzlei Nr. 549, Bl. 14.
19 DTAV: Jahresbericht für das Jahr 1913, o.O., o.J., S. 21.
20 Karl Heinz Heuser: Heimarbeit und Verlag in der Zigarrenindustrie des Kreises Herford. Diss., Frankfurt a.M. 1925, S. 58.
21 Die Heimarbeit in der deutschen Tabakindustrie. Kurzgefaßte Darstellung für die Heimarbeitsausstellung zu Berlin vom 18. April bis 15. Mai 1925. Hrsg. vom Vorstand des DTAV, o.O., o.J., S. 4.

Kap. IX

1 Weidler: Zwanzig Jahre Geschichte, Bd. 1 S. 17.
2 DTAV: Jahresbericht für das Jahr 1907. Bremen o.J., S. 36.
3 Erhebungen über die Verbreitung des Brauereiarbeiterverbandes sowie über das Lebens- und Mitgliedsalter der Mitglieder, vorgenommen Ende Dezember 1909. Berlin o.J., S. 40f.
4 Ebd., S. 27.
5 Backert: Geschichte der Brauereiarbeiterbewegung, S. 595ff. Weidler: Zwanzig Jahre deutsche Bäcker- und Konditorenbewegung, Bd. 2, S. 421ff. Allmann: Geschichte der Bäcker- und Konditorenbewegung, Bd. 2, S. 289ff., 431ff. Helfenberger: Geschichte der Böttcherbewegung, Bd. 2, S. 159ff. Pötzsch: Geschichte des Zentralverbandes der Hotel-, Restaurant- und Caféangestellten, Bd. 1, S. 229ff. Käppler: Geschichte der Mühlenarbeiterbewegung, S. 59ff.
6 Verband der Bäcker und Berufsgenossen Deutschlands: Protokoll der 11. ordentlichen Generalversammlung. Abgehalten zu Cassel vom 10. bis 13. März 1907. Hamburg o.J., S. 58.
7 Ebd., S. 55.
8 Käppler: Geschichte der Mühlenarbeiterbewegung, S. 131.
9 Verbands-Zeitung, 25. 4. 1914.
10 DTAV: Protokoll der Generalversammlung 1905, S. 101.
11 Ebd., S. 103.

Kap. X

1 Wenn man 80 wird. Aus den Lebensjahren des Gewerkschaftsveteranen August Schmitz. Bearbeitet von Urda Nornengast. Berlin o.J., S. 16f.
2 Tabakarbeiter, 29. 10. 1911.
3 Ebd., 22. 10. 1911.
4 Ebd., 12. 11. 1911.
5 Correspondenzblatt, 26. 9. 1891, S. 115; 18. 6. 1892, S. 54f.; 9. 10. 1893, S. 88f.; 1. 3. 1894, S. 126; 19. 8. 1895, S. 142f.; 31. 8. 1896, S. 126f.; 23. 8. 1897, S. 202f.; 1. 8. 1898, S. 190f.; 7. 8. 1899, S. 199; 14. 8. 1899, S. 208; 15. 8. 1903, S. 516.; 9. 7. 1904, S. 437; 27. 5. 1905, S. 323; 4. 8. 1906, S. 522.
Statistische Beilage des Correspondenzblattes, Nr. 3, hrg. am 17. 8. 1907, S. 68; ebd.,

Nr. 6, hrg. am 5. 9. 1908, S. 176; ebd., Nr. 6, hrg. am 28. 8. 1909, S. 175; ebd., Nr. 6, hrg. am 13. 8. 1910, S. 165; ebd., Nr. 6, hrg. am 12. 8. 1911, S. 169; ebd., Nr. 7, hrg. am 10. 8. 1912, S. 215; ebd., Nr. 6, hrg. am 30. 8. 1913. Sämtliche Angaben beziehen sich auf den Mitgliederstand am Jahresende.
Der DTAV kam 1905 nach Überprüfung seiner noch erhaltenen Unterlagen zu anderen Zahlen über die Mitgliederentwicklung seit 1890 (in Klammern die Zahl der weiblichen Mitglieder). 1890: 15360 (3757), 1891: 13526 (3337), 1892: 12371 (2899), 1893: 13113 (3096), 1894: 13571 (3219), 1895: 13877 (3449), 1896: 15625 (4184), 1897: 17930 (5305), 1898: 17708 (5328), 1899: 17627 (5237), 1900: 17264 (5180), 1901: 18060 (5662), 1902: 18040 (5573), 1903: 17811 (6441). DTAV, Bericht des Vorstandes über die Geschäftsperiode vom 1. Januar 1903 bis 31. Dezember 1904 an die Generalversammlung zu Leipzig 1905, o. O., 1905, S. 63 gegenüber. Erst ab 1903 decken sich die Angaben des DTAV über seine Mitglieder am Jahresende mit denen des Correspondenzblatts.
6 Tabakarbeiter, 14. 1. 1912.
7 Deutsche Tabakarbeiterzeitung, 12. 1. 1912.
8 Ebd.
9 Backert: Geschichte der Brauereiarbeiterbewegung, S. 579.
10 Friedrich Geyer: Die Tabaksteuer. In: Neue Zeit, 24. Jg. 1905/06, 1. Bd. Nr. 9, S. 277.
11 Protokoll des Tabakarbeiter-Kongresses abgehalten zu Berlin vom 29. bis 31. Januar 1906 nebst Ergebnissen über Lohn- und Arbeitsverhältnisse. Hrg. von der Zentralkommission der Tabakarbeiter Deutschlands. Berlin 1909, S. 47.
12 Ebd., S. 52f.
13 Protokoll des Tabakarbeiter-Kongresses abgehalten zu Berlin vom 18. bis 20. Januar 1909 nebst Anhang. Hrg. von der Zentralkommission der Tabakarbeiter Deutschlands. Berlin 1909, S. 7.

Kap. XI

1 Verband der Bäcker: Protokoll der elften ordentlichen Generalversammlung, S. 54.
2 Ebd.
3 August Erdmann: Die christliche Arbeiterbewegung in Deutschland. Stuttgart 1908, S. 437.
4 Tabakarbeiterzeitung, 22. 9. 1911.
5 Ebd.
6 Jahrbuch der christlichen Gewerkschaften 1908. Düsseldorf o. J., S. 175f.
7 Michael Schneider: Die christlichen Gewerkschaften 1894–1933. Bonn 1982, S. 770f.
8 Jahrbuch der christlichen Gewerkschaften 1908, S. 136f.; 1909, S. 22f.; 1910, S. 22; 1911, S. 24; 1912, S. 24; 1913, S. 24.
9 Ebd.

Kap. XII

1 Außerordentlicher Internationaler Sozialistenkongreß zu Basel am 24. und 25. November 1912. Berlin 1912, S. 23.
2 Correspondenzblatt, 3. 2. 1906.
3 Statistische Beilage des Correspondenzblattes, Nr. 4, hrg. am 13. 12. 1915, S. 89; ebd., Nr. 4, hrg. am 21. 10. 1916, S. 79; ebd., Nr. 3, hrg. am 6. 10. 1917, S. 59; ebd., Nr. 3, hrg. am 19. 10. 1918, S. 49; ebd., Nr. 3, hrg. am 8. 11. 1919, S. 49.
4 Statistische Beilage des Correspondenzblattes Nr. 4, hrg. am 13. 12. 1915, S. 116f.; ebd., Nr. 4, hrg. am 21. 10. 1916, S. 92f.; ebd., Nr. 3, hrg. am 6. 10. 1917, S. 72f.; ebd., Nr. 3, hrg. am 19. 10. 1918, S. 64f.; ebd., Nr. 3, hrg. am 8. 11. 1919, S. 72f.
5 Deutsche Bäcker- und Konditorenzeitung 25. 3. 1915.
6 Deutsche Böttcher-Zeitung, 19. 9. 1914.
7 Felix Weidler: Aus der Nahrungsmittelindustrie. In: Wilhelm Jansson (Hrg.): Arbeiterinteressen und Kriegsergebnis. Ein gewerkschaftliches Kriegsbuch. Berlin 1915, S. 117.
8 Deutsche Böttcher-Zeitung, 11. 11. 1916.

9 Ebd., 21. 4. 1917.
10 Ebd., 9. 9. 1916.
11 Zentralverband der Bäcker, Konditoren und verwandten Berufsgenossen Deutschlands: Protokoll über die Verhandlungen des vierzehnten ordentlichen Verbandstages vom 6. bis 10. Mai in Leipzig. Hamburg 1918, S. 73.
12 Ebd., S. 243.

Kap. XIII
1 Deutsche Bäcker- und Konditorenzeitung, 21. 11. 1918.
2 Ebd.
3 Tabakarbeiter, 12. 1. 1919.
4 Solidarität 29. 5. 1919.
5 DTAV: Bericht über die Tätigkeit des Verbandes für die Zeit vom 1. Januar 1919 bis zum 31. Dezember 1921. Bremen o.J., S. 14.
6 Protokoll über die Verhandlungen des 18. Verbandstages des Deutschen Tabakarbeiterverbandes. Abgehalten zu Dresden vom 7.–12. August 1922. Bremen o.J., S. 90.
7 Zentralverband der Bäcker und Konditoren: Protokoll über die Verhandlungen des 15. (außerordentlichen) Verbandstages vom 5.–10. Mai 1920 in Nürnberg. Hamburg 1920, S. 102.
8 Zentralverband der Fleischer und Berufsgenossen Deutschlands: Geschäftsbericht des Verbandsvorstandes vom 1. Februar 1913 bis 31. Januar 1919 (7. Geschäftsperiode) und Protokoll des 7. ordentlichen Verbandstages. Berlin 1919, S. 122.
9 Ebd., S. 142.
10 Ebd., S. 143.
11 Zentralverband der Bäcker: Protokoll des Verbandstages 1920, S. 108f.
12 Zentralverband der Fleischer: Protokoll des Verbandstages 1919, S. 126.
13 Deutscher Tabakarbeiter, 24. 1. 1919.
14 Solidarität, 29. 5. 1919.
15 Ebd.
16 Zentralverband der Bäcker und Konditoren und verwandten Berufsgenossen Deutschlands: Jahrbuch 1919. Hamburg 1920, S. 14.
17 Statistische Beilage zum Correspondenzblatt, Nr. 44, hrsg. am 3. 10. 1920, S. 79. Ebd., Nr. 3, hrsg. am 22. 10. 1921, S. 63. Ebd., Nr. 5, hrsg. am 21. 10. 1922, S. 89. Jahrbuch des ADGB 1922, S. 91; 1923, S. 141; 1924, S. 137. Die Angaben beziehen sich auf das Quartalsende.
18 Ebd.
19 Zentralverband der Bäcker, Konditoren und verwandten Berufsgenossen Deutschlands: Bericht des Vorstandes für die Geschäftsperiode 1920–1923. Hamburg 1924, S. 35. Angaben für das Jahresende.
20 DTAV: Bericht über die Tätigkeit des Verbandes für die Zeit vom 1. Januar 1919 bis zum 31. Dezember 1921. Bremen o.J., S. 10.
21 DTAV: Bericht über die Tätigkeit des Verbandes für die Zeit vom 1. Januar 1922 bis zum 31. Dezember 1924. Bremen o.J., S. 44.
22 DBKZ, 23. 1. 1923.
23 Pötzsch: Geschichte des Zentralverbands der Hotel-, Restaurant- und Caféangestellten, Bd. 2, S. 22.
24 Ebd., S. 177.
25 Jahrbuch 1919, S. 29.
26 Dokumente und Materialien zur Geschichte der deutschen Arbeiterbewegung. Bd. III (Februar 1919–Dezember 1923), 1. Halbband (Februar 1919–Dezember 1921). Berlin (DDR) 1966, S. 221f.
27 Heinrich Potthoff: Gewerkschaften und Politik zwischen Revolution und Inflation. Düsseldorf 1979, S. 279.
28 Carl Linné. Videofilm beim Landesbezirk Hamburg/Schleswig-Holstein der NGG.

29 Deutscher Nahrungs- und Genußmittelarbeiterverband: Jahrbuch 1922/24. Hamburg o.J., S. 190.

Kap. XIV
1 Die Nahrungs- und Genußmittelindustrie in der Betriebszählung 1925. Berlin 1929, S. 16.
2 Ebd., S. 24.
3 Ebd., S. 18.
4 Ebd., S. 55f. In der Klammer beziehen sich die Zahlen auf das Reich in den Grenzen von 1920.
5 Ebd., S. 61

Kap. XV
1 Weidler: Zwanzig Jahre Bäcker- und Konditorenbewegung, Bd. 2, S. 379.
2 Unsere Unterstützungseinrichtungen. In: Mitteilungsblatt, 21. 1. 1931, S. 314.
3 Unsere Eigenbetriebe. In: Mitteilungsblatt, 30. 5. 1932, S. 547.
4 Gewerkschaftliche Neutralität und Reichstagswahlen. In: Mitteilungsblatt, 29. 11. 1930, S. 278.
5 Otto Hemann: Ehrenamtliche Betätigung der Verbandsmitglieder. Berlin 1930, S. 7.
6 DBKZ, 29. 5. 1923.
7 Zentralverband der Bäcker, Konditoren und verwandten Berufsgenossen Deutschlands: Protokoll über die Verhandlungen des 16. ordentlichen Verbandstages vom 14. bis 18. September 1924 in Wernigerode am Harz. Hamburg 1924, S. 113.
8 Internationales Mitteilungsblatt für die in der Nahrungsmittel-, Genußmittel- und Tabakindustrie und im Gastwirtsgewerbe beschäftigten Arbeiter. Mai 1925.
9 Ebd., Nr. 2, Juni–Okt. 1925.
10 Rote Fahne, 24. 2. 1931.
11 Verband der Nahrungsmittel- und Getränkearbeiter: Jahrbuch für 1931. Berlin 1932, S. 449.
12 Verband der Nahrungsmittel- und Getränkearbeiter: Jahrbuch für 1928. Berlin 1929, S. 356f.; Jahrbuch für 1929. Berlin 1930, S. 356f.; Jahrbuch für 1930. Berlin 1931, S. 330f.; Jahrbuch für 1931. Berlin 1932, S. 370f. Angaben für das Quartalsende.

Kap. XVI
1 Protokoll über die Verhandlungen des 20. Verbandstages des Deutschen Tabakarbeiterverbandes. Abgehalten zu München vom 20. bis 24. August 1928. Bremen o.J., S. 48.
2 Ebd., S. 49.
3 Zitiert in DTAV: Bericht über die Tätigkeit des Verbandes für die Zeit vom 1. Januar 1925 bis zum 31. Dezember 1927. Bremen o.J., S. 137.
4 DTAV: Protokoll über die Verhandlungen des Verbandstages zu München 1928, S. 52.
5 VNG: Jahrbuch für 1930, S. 206.
6 VNG: Jahrbuch für 1931, S. 11.
7 Jahresbericht 1932 der Hauptverwaltung des ZVHRC. Berlin 1933, S. 42.
8 DTAV: Bericht 1931 über die Tätigkeit des Verbandes. Bremen o.J., S. 69.
9 DTAV: Bericht 1932 über die Tätigkeit des Verbandes. Bremen o.J., S. 84f.
10 Ebd., S. 86.
11 Gewerkschaftszeitung, 23. 2. 1929, S. 127; ebd., 22. 6. 1929, S. 399; ebd., 25. 1. 1930, S. 63; ebd., 22. 2. 1930, S. 127; ebd., 21. 6. 1930, S. 399; ebd., 21. 6. 1931, S. 63; ebd., 21. 2. 1931, S. 127; ebd., 20. 6. 1931, S. 399; ebd., 23. 1. 1932, S. 63; ebd., 20. 2. 1932, S. 127; ebd., 25. 6. 1932, S. 455; ebd., 21. 6. 1933, S. 47.
12 VNG: Jahrbuch für 1929, S. 444; ebd., Jahrbuch für 1930, S. 395; ebd., Jahrbuch für 1931, S. 450f. Tabakarbeiterzeitung, 7. 3. 1930; 27. 2. 1931; 10. 6. 1932; 10. 1. 1933. Vgl. auch Anm. 11.
13 Tabakarbeiterzeitung, 7. 3. 1930; 27. 2. 1931; 10. 6. 1932; 10. 1. 1933.
14 Vgl. Anm. 11 und 13.

Kap. XVII
1. Mitteilungsblatt des VNG, 23. 8. 1930, S. 248.
2. Protokoll des Verbandstages 1924, S. 114.
3. Einigkeit, 24. 3. 1932.
4. Tabakarbeiter, 27. 10. 1930.
5. Einigkeit, 31. 12. 1931.
6. Ebd., 26. 11. 1931.
7. Tabakarbeiterzeitung, 28. 8. 1931.
8. Der Zusammenbruch der deutschen Gewerkschaften, 28. 2. 1934, S. 10 (Archiv der IUL, Genf).
9. Einigkeit, 10. 3. 1932.
10. Gewerkschaftszeitung, 3. 1. 1931, S. 3.
11. Jahresbericht 1931 der Hauptverwaltung des ZVHRC, S. 8.
12. Tabakarbeiterzeitung, 4. 3. 1932.
13. Einigkeit, 5. 5. 1932.
14. GGZ, 18. 8. 1932.
15. Jahresbericht 1932 der Hauptverwaltung des ZVHRC, S. 10.
16. Einigkeit, 28. 7. 1932.
17. Einigkeit, 5. 1. 1933.
18. Tabakarbeiterzeitung, 17. 2. 1933.
19. Protokoll der IUL-Vorstandssitzung vom 24./25. 5. 1933, S. 70 (Archiv der IUL, Genf).
20. Interview mit Hermann Tartemann.
21. Tabakarbeiterzeitung, 17. 3., 24. 3. 1933.
22. VNG: Mitteilungsblatt für Funktionäre, 27. 4. 1933, S. 734.
23. Tabakarbeiter, 1. 4. 1933.
24. Gerhard Beier: Das Lehrstück vom 1. und 2. Mai 1933. Frankfurt a. M.–Köln 1975, S. 64.
25. VNG: Nachrichtenblatt, 28. 4. 1933.
26. Kopie im Besitz des Verf.
27. Gewerkschaftszeitung, 22. 4. 1933.
28. Mitteilungsblatt, 27. 4. 1933.
29. Tabakarbeiterzeitung, 27. 4. 1933.
30. Wenn man 80 wird, S. 80.
31. August Locherer, Der Müller aus Mannheim. In: Hans Dieter Baroth: Gebeutelt aber nicht gebeugt. Erlebte Geschichte. Köln 1981, S. 70.
32. Schreiben Johann Brückls vom 6. 7. 1933 an Jean Schifferstein. Archiv der IUL, Genf.
33. Internationale Hotel-Revue, 18. 5. 1933.
34. Ebd.
35. Ebd.
36. Jean Schifferstein: Der Zusammenbruch der deutschen Gewerkschaften, S. 6 u. 7 (Archiv der IUL, Genf).

Kap. XVIII
1. Conditions in the German Baking Trade. Report from Hannover. In: IUL-News Letter No. 9/10, Sept./Oct. 1937, p. 120 (eigene Übersetzung aus dem Englischen).
2. Die Mühle, 13. 3. 1937.
3. Deutschland-Berichte der Sopade, Aug./Sept. 1935, S. 436 f.
4. Zusammengestellt nach: Deutschland-Berichte der Sopade, Juni/Juli 1934, S. 227; Mai/Juni 1934, S. 136; April 1935, S. 441, 446; Mai 1935, S. 545 f. Hessische Gewerkschafter im Widerstand 1933–1945. Gießen 1983, S. 206 f.
5. Ebd., S. 438.
6. Der Bürgermeister von Dielheim, Schreiben vom 4. 4. 1934 an das badische Finanz- und Wirtschaftsministerium. GLA Karlsruhe, Abt. 466, Nr. 1651.

7 NSDAP Gau Baden, Kreisleitung Wiesloch. Schreiben an das badische Finanz- und Wirtschaftsministerium vom 29. 3. 1934, ebd.
8 Mitteilungsblatt der IUL, Juli/Aug. 1935. News Letter July/Aug. 1934.
9 Timothy Mason: Arbeiterklasse und Volksgemeinschaft. Dokumente und Materialien zur deutschen Arbeiterpolitik 1936–1939. Opladen 1975, S. 1243.
10 Ebd., S. 1253.

Kap. XIX
1 Archiv der IUL, Genf.
2 Ebd.
3 Ebd.
4 Ebd., Protokoll der Vorstandssitzung vom 24.–28. 8. 1938, S. 142 f.
5 Schreiben von Alfred Fitz an Manfred Leuenberger, 20. 6. 1946. Archiv der IUL, Genf.
6 IML, ZPA NJ 2381.
7 Schreiben vom 16. 10. 1937, Beilage zum Gnadengesuch Frau Franks vom 15. 1. 1938. Akten des OLG Hamm, StA Münster, 6 O Js 506/35.
8 Schutzhaftantrag der Stapo Düsseldorf vom 27. 2. 1940. HStA Düsseldorf, Rw 58/18.273.
9 HStA Düsseldorf, Rw 58/18.273.

Kap. XX
1 Anordnung Nr. 12 der Alliierten Militärregierung. Zitiert nach: Fünfundsiebzig Jahre Industriegewerkschaft 1891 bis 1966. Vom Deutschen Metallarbeiterverband zur Industriegewerkschaft Metall. Ein Bericht in Wort und Bild. Frankfurt a. M. 1966, S. 345.
2 Joseph Kollmair: Kleine Gewerkschafts-Chronik und Biographien aus den früheren Berufsverbänden der Bäcker, Konditoren, Brauer, Müller, Böttcher, Fleischer, Tabakarbeiter und Gaststätten. Gewidmet der Industriegewerkschaft Nahrung, Genuss, Gaststätten. o. O., o. J., S. 5.
3 Protokoll. Außerordentlicher Bundeskongreß des Deutschen Gewerkschaftsbundes für die britische Zone vom 16.–18. Juni 1948 in Recklinghausen. Köln o. J., S. 87.
4 Gewerkschaftszeitung, Sept. 1946.
5 Industrieverband Nahrung, Getränke, Genuß Köln. Bericht an die IUL vom 23. März 1946. Archiv der IUL, Genf.
6 G. W. Harmssen: Landwirtschaft und Ernährung. Anlage VI zu Reparationen/Sozialprodukt/Lebensstandard. Versuch einer Wirtschaftsbilanz. Bremen 1947, S. 10.
7 Isaac Deutscher: Reportagen aus Nachkriegsdeutschland. Hamburg 1980, S. 115.
8 P. M. Tapernoux: Die Lebensmittelsituation in der Welt. Zürich 1947, S. 57.
9 Rolf Wagenführ/Iwas Brzosniowsky: Deutschland in Zahlen. Statistisches Taschenbuch, Jg. 1949. Köln o. J., S. 76.
10 Ebd., S. 71.
11 Ebd., S. 70.
12 Ebd., S. 73.
13 Ebd., S. 72.
14 Bernhard Molz an Willi Beier, 5. 2. 1947. In: Lehrstücke in Solidarität. Briefe und Biographien deutscher Sozialisten 1945–1949. Hrsg. von Helga Grebing. Stuttgart 1983, S. 119.
15 Tätigkeitsbericht des Referates Arbeit für den Regierungsbezirk Rheinhessen. Archiv der IUL.
16 Die Gewerkschaftsbewegung in der britischen Besatzungszone. Geschäftsbericht des Deutschen Gewerkschafts-Bundes (britische Besatzungszone) 1947–1949. Köln o. J., S. 38.
17 Deutscher Gewerkschaftsbund (britische Besatzungszone), Hamburg, Mitgliederstand am 1. 4. 1948, 1. 7. 1948, 31. 12. 1948. DGB-Archiv Düsseldorf.
18 Heiderose Kilper: Brüder reicht die Hand zum Bunde. Untersuchungen zur Konstituie-

rung und Politik der Gewerkschaft Nahrung-Genuss-Gaststätten als Einheitsgewerkschaft (1945–1949), Marburg, 1982, S. 187.
19 Protokoll der Gewerkschaftskonferenz der britischen Zone vom 21. bis 23. August 1946 in Bielefeld. Bielefeld o. J., S. 66.
20 Josef Dozler: Die gesprengte Zwangsherrschaft. In: Einigkeit, 2. 1. 1950.
21 Ebd.
22 Brief an Wilhelm Schmutz vom 24. 9. 1948. Privatarchiv Thomas Schmutz.
23 Schreiben Karl Langenbachs an die IUL, 27. 2. 1947, Archiv der IUL, Genf; Monatsberichte vom 5. 2., 25. 2., 31. 3., 29. 4., 31. 5., 31. 7., 30. 8 1947, alle: Depositum NGG, AsD, Bonn. DGB (britische Besatzungszone) Nordrhein-Westfalen, Mitgliederstatistik am 1. 4., 1. 7., 31. 12. 1948, alle: DGB-Archiv, Düsseldorf. Kilper: Brüder reicht die Hand, S. 234.
24 Protokoll über die Verhandlungen des Gründungsverbandstages der Industriegewerkschaft Nahrung-Genuss-Gaststätten in Hamburg vom 30. Juli bis 1. August 1947. Hamburg o. J., S. 12.
25 Ebd., S. 74.
26 Ebd., S. 76.
27 Ebd., S. 90
28 Ebd., S. 7.
29 Ebd., S. 9.
30 Ebd., S. 103.
31 Gewerkschaftszeitung. Organ der bayerischen Gewerkschaften, 10. 3. 1947.
32 Ebd.
33 Bericht der Landesgewerkschaft NGG in Bayern, 24. 2. 1949; Schreiben Johann Rückls vom 7. 8. und 27. 8. 1947 an die IUL, alle: Archiv der IUL, Genf. Landesgewerkschaft Nahrung-Genuß-Gaststätten, Bayern: Zeitbedingter Geschäftsbericht 1946/47, o. O., o. J., S. 7.
34 Industrieverband Nahrung, Getränke und Genußmittel, Schreiben an die IUL vom 2. 10. 1947, Archiv der IUL, Genf.
35 Gewerkschaftszeitung. Zeitschrift der freien Gewerkschaften in der britischen Zone, 17. 9. 1949; Mitgliederstand am 1. 7., 31. 12. 1947, 30. 6., 31. 9. 1948, 30. 6., 30. 9., 31. 12. 1949, alle: Depositum NGG, AsD, Bonn.
36 Satzungsentwurf im DGB-Archiv Düsseldorf.
37 Schreiben Johann Wiegands an die IUL vom 4. 3. 1949, Archiv der IUL, Genf. Kilper: Brüder reicht die Hand, S. 289.
38 Stimme der Arbeit, 15. 7. 1947.
39 Beschlüsse der Interzonenkonferenz, Depositum NGG, AsD, Bonn.
40 Protokoll der 2. Zentral-Delegiertenkonferenz der IG Nahrung und Genuß (einschließl. Gaststätten), abgehalten am 1. und 2. November 1947 in Leipzig-Plagwitz. Berlin o. J., S. 95.
41 Protokoll der Generalversammlung vom 16. 3. 1947, Depositum NGG, AsD, Bonn.
42 Isaac Deutscher: Stalin. Eine politische Biographie. Stuttgart 1962, S. 567.
43 Schreiben Alfred Fitz vom November 1945, wahrscheinlich an Wilhelm Frank, Düsseldorf. Depositum NGG, AsD, Bonn.
44 Erste Delegiertenkonferenz der Nahrungs- und Genußmittelarbeiter am 6. und 7. Februar 1946 in Berlin. Berlin o. J., S. 21.
45 Werner Müller: Zur Entwicklung des FDGB in der sowjetischen Besatzungszone nach 1945. In: Erich Matthias/Klaus Schönhoven (Hrsg.): Solidarität und Menschenwürde. Etappen der deutschen Gewerkschaftsgeschichte von den Anfängen bis zur Gegenwart. Bonn 1984, S. 337.
46 Ebd., S. 343.
47 Protokoll über die Verhandlungen des Vereinigungsgewerkschaftstages der Industriegewerkschaft Nahrung-Genuss-Gaststätten der amerikanisch, britisch und französisch besetzten Zonen Deutschlands in München vom 24. bis 26. Mai 1949, Hamburg o. J. (1949), S. 53.

48 Ebd., S. 62.
49 Ebd., S. 69.
50 Ebd., S. 108.
51 Ebd., S. 220f.
52 Ebd.
53 Ebd., S. 158.
54 Ebd., S. 183.
55 Ebd., S. 188.
56 Protokoll über die Verhandlungen des ersten ordentlichen Gewerkschaftstages der Industriegewerkschaft Nahrung-Genuss-Gaststätten. Tagungsort: Freizeitheim der Gewerkschaften in Stuttgart, vom 28. Mai bis 1. Juni 1951. o.O., o.J., S. 126f.
57 Ebd., S. 108.
58 Ebd., S. 172.

Kap. XXI
1 Protokoll der Verhandlungen des Gründungsverbandstages 1947, S. 30.
2 Protokoll der Delegiertenversammlung Stuttgart vom 25. 3. 1946. Depositum NGG, AsD, Bonn.
3 Depositum NGG, AsD, Bonn.
4 Ebd.
5 Die Ernährungswirtschaft, 1. 11. 1947.

Kap. XXII
1 Gewerkschaft Nahrung-Genuss-Gaststätten: Jahrbuch 1953, S. 230; Jahrbuch 1954/55, S. 273; Jahrbuch 1960/61, S. 273.
2 Unterlagen der Hauptverwaltung der NGG.
3 NGG: Geschäftsbericht 1966/69, S. 116f.
4 Unterlagen des Referats Tabak der Hauptverwaltung der NGG.
5 Unterlagen des Referats Tabak der Hauptverwaltung der NGG.
6 NGG: Jahrbuch 1950, S. 143; Jahrbuch 1954/55, S. 271; Jahrbuch 1960/61, S. 268; Geschäftsbericht 1970–73, S. 478; Geschäftsbericht 1974–77, S. 530; Geschäftsbericht 1978–81, S. 411; Unterlagen der Hauptverwaltung der NGG.
7 Positionspapier der NGG zur Agrarpolitik, 1984.

Kap. XXIII
1 NGG: Jahrbuch 1953, S. 116.
2 NGG: Jahrbuch 1956/57, S. 167.
3 NGG: Jahrbuch 1953, S. 117.
4 Ebd.
5 NGG: Jahrbuch 1953, S. 24.
6 NGG Baden-Württemberg: Geschäftsbericht 1954/55, o.O., o.J., S. 19.
7 Protokoll über die Verhandlungen des sechsten ordentlichen Gewerkschaftstages der Gewerkschaft Nahrung-Genuss-Gaststätten vom 6. bis 11. September 1970, o.O., o.J., S. 65.
8 Einigkeit, 1. 4. 1958.
9 Ebd., 1. 5. 1964.
10 Ebd., 1. 2. 1967.
11 Protokoll über die Verhandlungen des Gewerkschaftstages 1970, S. 57.
12 Ebd., S. 64.
13 Protokoll über die Verhandlungen des siebenten ordentlichen Gewerkschaftstages der Gewerkschaft Nahrung-Genuss-Gaststätten vom 1. bis 5. September 1974. Hamburg o.J., S. 111.
14 Protokoll über die Verhandlungen des achten ordentlichen Gewerkschaftstages der Ge-

werkschaft Nahrung-Genuss-Gaststätten vom 24. bis 28. September 1978. Hamburg o.J., S. 400f.
15 Protokoll über die Verhandlungen des dritten ordentlichen Gewerkschaftstages der Industriegewerkschaft Nahrung-Genuss-Gaststätten. Tagungsort: Frankfurt am Main im Palmengarten, vom 1. bis 5. September 1958, o.O., o.J., S. 466f.
16 Gedanken und Vorschläge zur Tarifarbeit, vorgetragen von Alfred Schattanik auf der Sitzung des Hauptvorstandes am 4./5. Dezember 1958, S. 2.
17 Geschäftsordnung des Tarifarbeitskreises. Unterlagen der Tarifabteilung in der Hauptverwaltung der NGG.
18 Protokoll über die Verhandlungen des vierten ordentlichen Gewerkschaftstages der Gewerkschaft Nahrung-Genuss-Gaststätten. Tagungsort: Essen, städtischer Saalbau vom 10. bis 14. September 1962, o.O., o.J., S. 382.
19 Ebd., S. 383.
20 Protokoll über die Verhandlungen des Gewerkschaftstages 1974, S. 60.
21 NGG: Jahrbuch 1953, S. 124ff.
22 NGG Baden-Württemberg: Geschäftsbericht 1952, S. 18.
23 Mitteilungen der Tarifabteilung, 19. 4. 1961, 5. 3. 1964, 28. 3. 1966, 10. 3. 1967, 19. 3. 1968, 24. 3. 1969, 16. 3. 1970, 22. 3. 1972, 8. 2. 1974, 12. 3. 1976.
24 Ebd.
25 Dritte Landeskonferenz für Niedersachsen, 1952, o.O., o.J., S. 36.
26 Die Notwendigkeit einer Reform der Lohngruppen. In: NGG-Dienst (Mitteilungs- und Diskussionsbeilage für die Funktionäre der Gewerkschaft NGG zur Quelle), Sept. 1961, S. 71.
27 NGG: Geschäftsbericht 1966/69, S. 78.
28 NGG-Dienst, Feb. 1965, S. 9
29 Vgl. Anm. 23 und Mitteilungen der Tarifabteilung, 10. 3. 1977, Mitte März 1984. Die Lohngruppe ungelernt leicht gibt es in der Zuckerwirtschaft seit 1969 nicht mehr. Die unterste Lohngruppe des seit 1976 gültigen ETV ist nur bedingt vergleichbar.
30 Vgl. Anm. 23.
31 NGG-Dienst, Feb. 1965.
32 Mitteilungen der Tarifabteilung, 10. 3. 1967, 12. 3. 1976.
33 Landeskonferenz Hamburg/Schleswig-Holstein 1958. 3./4. Mai in Rendsburg, o.O., o.J., S. 52.
34 Mitteilungen der Tarifabteilung, 26. 4. 1963, 10. 3. 1967, 12. 3. 1976.
35 NGG: Geschäftsbericht 1966/69, S. 93, 1970/73, S. 182, 1974/77, S. 193.
36 Mitteilungen der Tarifabteilung, 26. 4. 1963, 10. 3. 1967, 12. 3. 1976.
37 NGG: Jahrbuch 1960/61, S. 129, 1962/63, S. 99, 1964/65, S. 122.
38 Ebd.
39 Mitteilungen der Tarifabteilung, 9. 10. 1964, 10. 3. 1967, 24. 3. 1969.
40 Protokoll des Gewerkschaftstages 1966, S. 99.
41 Walter Braun: Lohnpolitik als Interessenpropaganda. In: NGG-Dienst Feb. 1962, S. 9.
42 Einigkeit, 1. 8. 1962.
43 Ebd.
44 NGG: Geschäftsbericht 1966/69, S. 76.
45 Protokoll des Gewerkschaftstages 1970, S. 67.
46 Ebd., S. 540.
47 Ebd., S. 541.

Kap. XXIV
1 Protokoll des Gewerkschaftstages 1966, S. 70.
2 Protokoll des Gewerkschaftstages 1974, S. 436f.
3 Protokoll des Gewerkschaftstages 1978, S. 68 (Günter Döding).
4 Ebd., S. 253.
5 Protokoll des Gewerkschaftstages 1982, S. 441.

6 Protokoll des Gewerkschaftstages 1970, S. 87.
7 Ebd., S. 566f.
8 Bundesrahmentarifvertrag, S. 4.
9 Protokoll des Gewerkschaftstages 1982, S. 64.
10 Rationalisierungsschutzabkommen für die Mitglieder der vertragschließenden Organisationen in der deutschen Brauwirtschaft. Gültig ab 1. September 1970, o.O., o.J., S. 3.
11 Ebd., S. 4.
12 Mitteilungen der Tarifabteilung, 31. 7. 1963.
13 Protokoll des Gewerkschaftstages 1966, S. 449.
14 Informationsdienst Nr. 143/1979.
15 Sonderausgabe der Einigkeit, Juni 1978.
16 Wirtschaftswoche, 28. 7. 1978.
17 Ebd.
17 Westfälische Nachrichten, Offenbach-Post, Neue Rhein-Zeitung, Hessische Allgemeine, alle vom 24. 8. 1978.
19 Frankfurter Rundschau, 4. 9. 1978.
20 Ebd.
21 Günter Döding: Wege aus der Arbeitslosigkeit. Gewerkschaftliche Strategien und Programme gegen die Arbeitslosigkeit (Schriften zur Unternehmensführung, Bd. 31), o.O., o.J., S. 104.
22 Einigkeit, Jan. 1982.
23 Ebd., März 1982.
24 Ebd., April 1982.
25 Protokoll des Gewerkschaftstages 1982, S. 5.
26 Einigkeit, Jan. 1984.
27 Statement des 1. NGG-Vorsitzenden Günter Döding für die Pressekonferenz am 9. Mai 1984 in Düsseldorf, S. 1.
28 Ebd., S. 3.
29 Tarifvertragsempfehlung, S. 1.
30 Gewerkschaft der Eisenbahner Deutschlands, Pressedienst. Hamburg, 13. Mai 1984, S. 20.

Kap. XXV

1 NGG: Jahrbuch 1958, S. 184.
2 Ebd., 1954/55, S. 219.
3 Ebd., 1956/57, S. 260.
4 Infodienst, 28. 4. 1964.
5 Einigkeit, 1. 12. 1953.
6 Ebd., 1. 11. 1956.
7 NGG: Jahrbuch 1962/63, S. 131.
8 Nachtbackverbot. Eine Dokumentation über die Regelung der Arbeitszeit im Backgewerbe. NGG-Schriftenreihe Nr. 22. Hamburg o.J., S. 11.
9 Ebd., S. 19.
10 Protokoll des Gewerkschaftstages 1970, S. 149.
11 Rundschreiben Nr. 81/1979, S. 2f.
12 Ebd., S. 3.
13 NGG: Geschäftsbericht 1970/74, S. 124.
14 Protokoll des Gewerkschaftstages 1982, S. 84.

Kap. XXVI

1 Schreiben an Konrad Adenauer. In: Montanmitbestimmung. Dokumente ihrer Entstehung. Zusammengestellt und eingeleitet von Jürgen Peters. Köln 1979, S. 157.
2 Protokoll der Hauptvorstandssitzung vom 24./25. 7. 1952. Depositum NGG, AsD, Bonn.

3 Einigkeit, 13. 5. 1952.
4 Einigkeit, 1. 2. 1952.
5 Ebd.
6 Einigkeit, 1. 4. 1958.
7 Einigkeit, 1. 6. 1957.
8 Protokoll des Gewerkschaftstages 1958, S. 493.
9 Ebd., S. 468f.
10 Protokoll des Gewerkschaftstages 1962, S. 220.
11 Einigkeit, 1. 6. 1957.
12 Ebd., 1. 12. 1956.
13 Einigkeit, 1. 9. 1953.
14 NGG: Jahrbuch 1953, S. 5.
15 Protokoll des Gewerkschaftstages 1962, S. 496.
16 Protokoll des Gewerkschaftstages 1966, S. 430.
17 Quelle, Nr. 9/1967, S. 347.
18 Protokoll des Gewerkschaftstages 1970, S. 57.
19 Einigkeit, 1. 12. 1967.
20 Protokoll des Gewerkschaftstages 1970, S. 111.
21 Protokoll des Gewerkschaftstages 1974, S. 56 (Herbert Stadelmaier).
22 Mitbestimmungspolitik und Mitbestimmungspraxis im gewerkschaftlichen Selbstverständnis. In: Heinz O. Vetter: Mitbestimmung – Idee, Wege, Ziel. Beiträge zur Gesellschaftspolitik 1969–1979. Hrsg. von Hans O. Hemmer. Köln 1979, S. 111.
23 Einigkeit, 1. 5. 1974 (Artikel von H. O. Vetter).
24 Einigkeit, 1. 3. 1974.

Kap. XXVII
1 Protokoll des Gewerkschaftstages 1970, S. 647.
2 Ebd., S. 648.
3 Protokoll des Gewerkschaftstages 1954, S. 257.
4 Protokoll der Landeskonferenz Hamburg/Schleswig-Holstein 1954, o.O., o.J., S. 59.
5 Protokoll des Gewerkschaftstages 1954, S. 283.
6 Protokoll des Gewerkschaftstages 1970, S. 631.
7 Ebd., S. 478 (Rudolf Roeder).
8 Protokoll des Gewerkschaftstages 1966, S. 159.
9 Ebd.
10 Protokoll des Gewerkschaftstages 1970, S. 371.
11 Protokoll der Landeskonferenz Niedersachsen 1972, S. 8.
12 NGG: Jahrbuch 1950, S. 139; ebd., 1954/55, S. 268; 1960/61, S. 265; 1964/65, S. 322; 1970/73, S. 476; 1974/77, S. 528; 1978/81, S. 416; Unterlagen der Hauptverwaltung der NGG.
13 Ebd., 1950, S. 142; 1954/55, S. 277ff.; 1960/61, S. 271; 1970/73, S. 481; 1974/77, S. 532f.; 1978/81, S. 416.
14 Harald Wiedenhofer: Probleme gewerkschaftlicher Interessenvertretung. Das Beispiel der Gewerkschaft Nahrung, Genuss, Gaststätten. Bonn 1979, S. 50.
15 Ebd., S. 120.
16 Ebd., S. 87.
17 Richtlinien für die Arbeit der Vertrauensleute in der Gewerkschaft NGG, o.O., o.J., S. 3.
18 Bundesarbeitstagung für NGG-Vertrauensleute am 18. und 19. September 1981 in Dortmund. Eine Zusammenfassung der Referate und der Arbeitsgruppenberichte. Hamburg o.J., S. 107.
19 Einigkeit, Sept. 1980.
20 Ebd., März 1980.
21 Ebd., März 1981.
22 Unterlagen der Hauptverwaltung der NGG.

23 Protokoll des Gewerkschaftstages 1982, S. 86.
24 Protokoll des Gewerkschaftstages 1962, S. 508.
25 DGB-Archiv, Düsseldorf.
26 Ebd.
27 Welt der Arbeit, 10. 6. 1966.
28 NGG: Geschäftsbericht 1978/81, S. 51.
29 Ebd., S. 54.
30 Unser erster Kursus an der Bundesschule in Bernau. Mitteilungsblatt des Verbandes der Nahrungsmittel- und Getränkearbeiter. 21. 1. 1931, S. 317.
31 Die Bundesschüler an die Front. In: Mitteilungsblatt des VNG, 28. 12. 1931, S. 448.
32 Vierteljahreshefte der Berliner Gewerkschaftsschule, Nr. 1/1925, 2/1925, 3/1926, 2/1927.
33 VNG: Jahrbuch 1928, S. 421.
34 Vierteljahreshefte der Berliner Gewerkschaftsschule, Nr. 3/1929.
35 Protokoll des Gewerkschaftstages 1974, S. 471.
36 Ebd., S. 114 (Werner Jordan).
37 NGG: Geschäftsbericht 1974/77, S. 463.
38 Statistische Beilage zum Correspondenzblatt, Nr. 3, hrg. am 17. 8. 1907, S. 71 f.; Nr. 6, hrg. am 5. 9. 1908, S. 178 f.; Nr. 6, hrg. am 21. 8. 1909, S. 178 f.; Nr. 6, hrg. am 13. 8. 1910, S. 168 f., Nr. 6, hrg. am 12. 8. 1911, S. 173 f.; Nr. 7, hrg. am 18. 8. 1912, S. 218; Nr. 6, hrg. am 30. 8. 1913, S. 176 f., Nr. 6, hrg. am 8. 8. 1914, S. 186 f.
39 NGG: Geschäftsbericht 1970/73, S. 408 f.; 1974/77, S. 475; 1978/81, S. 422. Unterlagen der Hauptverwaltung der NGG.

Kap. XXVIII

1 Verbrüderung, 30. 10. 1849.
2 Concordia, 7. 12. 1849.
3 Volksstaat, 25. 6. 1873.
4 Dahms: Geschichte der Tabakarbeiterbewegung, S. 91.
5 Protokoll über die Verhandlungen des ersten Allgemeinen Fachkongresses der Gastwirthsgehilfen Deutschlands. Abgehalten zu Berlin vom 6. bis zum 9. März 1900, S. 39.
6 Ebd., S. 42.
7 Die deutsche Kellnerin, März 1910.
8 Gastwirtsgehilfenzeitung, 28. 9. 1916.
9 Die Frauenarbeit und die Arbeiterklasse, Sozialistische Monatshefte 1917, S. 639. Zitiert nach: Gisela Losseff-Tillmanns: Frauenemanzipation und Gewerkschaften (1800–1975). Diss., Bochum 1975, S. 301.
10 Die Frauenarbeit im Bäckerberuf. In: Gisela Losseff-Tillmanns (Hrg.): Frau und Gewerkschaft. Frankfurt a. M. 1982, S. 229.
11 Gewerkschaftliche Frauenzeitung, Nr. 1919, S. 20.
12 VdG: Geschäftsbericht 1915–1919, S. 22.
13 ZVHRC: Geschäftsbericht 291, S. 22.
14 Tabakarbeiter, 26. 9. 1931.
15 5. Internationale Konferenz der Internationalen Union der Hotel-, Restaurant- und Caféangestellten, abgehalten im Konzerthaus in Wien vom 3. bis 5. Mai 1928. Berlin o. J., S. 65.
16 Gewerkschaftliche Frauenzeitung, 21. 9. 1921.
17 Ebd.
18 Protokoll des Verbandstages 1922, S. 29.
19 Tabakarbeiter, 26. 9. 1931.
20 Maria Grewe/Karin Kaplan/Elinore Pabst: Dienstmädchen im Wandel der Zeit. Dortmund o. J., S. 16.
21 Oscar Stillich: Die Lage der weiblichen Dienstboten in Berlin 1902, S. 125.
22 Lily Braun: Die weiblichen Dienstboten. Zitiert nach: Gisela Brinker-Gabler (Hrg.): Frauenarbeit und Beruf. Frankfurt a. M. 1979, S. 45.

23 Lily Braun: Memoiren einer Sozialistin. Kampfjahre. München 1923, S. 309.
24 Vorwärts, 20. 1. 1909.
25 Gewerkschaftszeitung, 20. 9. 1946.
26 Gewerkschaftszeitung, 10. 11. 1947.
27 Mitteilungsblatt der NGG, Feb. 1949.
28 Ortsverwaltung Stuttgart. Jahresbericht 1953, S. 29.
29 Protokoll der 1. Bundesfrauenkonferenz der Gewerkschaft NGG, Bielefeld, 16.–18. September 1955, o. O., o. J., S. 65.
30 NGG: Jahrbuch 1954/55, S. 240.
31 NGG: Landeskonferenz Hamburg/Schleswig-Holstein 1956. 2. Juni im Gewerkschaftshaus Flensburg, o. O., o. J., S. 35.
32 Ruth Köhn: Der Lohn der Frau unter die Lupe genommen, o. O., o. J., S. 10.
33 Protokoll der 2. Bundesfrauenkonferenz der Gewerkschaft NGG in Heilbronn a. N. vom 26. bis 28. Mai 1960, o. O., o. J., S. 69.
34 Protokoll der 3. Bundesfrauenkonferenz der Gewerkschaft NGG, S. 51.
35 NGG: Geschäftsbericht 1974/77, S. 400.
36 Aktion gerechter Lohn. Frauen in der Gewerkschaft NGG. Dokumentation über die Großveranstaltung am 15. Mai 1980 in Essen, o. O., o. J., S. 56.
37 Unterlagen der Hauptverwaltung der Gewerkschaft NGG.

Kap. XXIX

1 Bebel: Zur Lage der Arbeiter in den Bäckereien, S. 128 ff.
2 Mitteilungsblatt des VNG, 30. 12. 1927, S. 8.
3 Ebd.
4 VNG: Protokoll über die Verhandlungen der ersten Jugendkonferenz am 28. Oktober 1929 zu Berlin. Berlin 1929, S. 54.
5 Ebd., S. 53 f.
6 W. Spühler: Der Schutz der arbeitenden Jugend in der Lebens- und Genußmittelindustrie. Zürich o. J., S. 69.
7 VNG: Jahrbuch 1930, S. 433.
8 VNG: Die Berufsausbildung im Bäckergewerbe. Unsere Stellungnahme zu den Richtlinien des Zentralverbandes deutscher Bäcker-Innungen »Germania«. Berlin 1931, S. 13.
9 Einigkeit, 15. 5. 1950.
10 NGG: Jahrbuch 1950, S. 152 f.
11 NGG: Jahrbuch 1953, S. 213.
12 Protokoll der Landeskonferenz 1956, S. 36.
13 NGG: Jahrbuch 1954/55, S. 259.
14 Wir sind das Bauvolk einer besseren Welt. Protokoll der 3. Gewerkschaftsjugend-Konferenz der Gewerkschaft NGG. 20.–22. Juni 1958 im Kreisjugendheim Espelkamp. Hamburg o. J., S. 33.
15 Ebd., S. 31.
16 NGG: Geschäftsbericht 1974/77, S. 434.
17 Geschäftsbericht 1966/69, S. 263.
18 Richtlinien für die Personengruppenarbeit. Angestellte – Frauen – Jugend, verabschiedet vom Hauptvorstand am 8./9. 12. 1971, o. O., o. J., S. 8.
19 NGG: Bericht der Abteilung Jugend für die Jahre 1974 bis 1977, o. O., o. J., S. 35.
20 Einigkeit, Sept. 1984.
21 Protokoll des Gewerkschaftstages 1970, S. 628.
22 Protokoll des Gewerkschaftstages 1982, S. 92 f.
23 Ebd., S. 492.

Kap. XXX

1 NGG: Jahrbuch 1950, S. 159.
2 Jahrbuch 1954/55, S. 146 ff.

3 Protokoll des Gewerkschaftstages 1970, S. 571.
4 Ebd.
5 NGG: Geschäftsbericht 1970/73, S. 266; Geschäftsbericht 1974/77, S. 297; Geschäftsbericht 1978/81, S. 212.

Kap. XXXI
1 Mitteilungsblatt der IUL, Ende Juni 1929.
2 IUL. Tätigkeitsbericht des Sekretariates der IUL und der angeschlossenen Organisationen an den V. Internationalen Kongreß der Lebens- und Genußmittelarbeiter in Prag, Juni 1931. Protokoll des V. Kongresses der IUL vom 22./24. Juni 1931 im Gewerkschaftshaus Prag. Zürich o. J., S. 222.
3 Protokoll der Exekutivesitzung im Archiv der IUL, Genf.
4 Der Kampf gegen die Nachtarbeit im Bäckergewerbe. Dargestellt vom Sekretariat der IUL. Zürich o. J., S. 48 ff.
5 Protokoll der Vorstandssitzung vom 30. August bis 1. September 1934. Archiv der IUL, Genf.
6 Streng vertraulich! Bericht über die Situation in Österreich. Undatierter Bericht im Archiv der IUL, Genf.
7 Protokoll des VII. Internationalen Kongresses der IUL, abgehalten 18. und 19. September 1937 in Paris. Zürich o. J., S. 27.
8 Die IUL während des Zweiten Weltkrieges 1939–1944. Zürich 1945, S. 53 f.
9 Unterlagen des Sekretariats der IUL, Genf.
10 IUL: 17. Kongreß, Genf 23. 1.–1. 2. 1973. Unterlagen und Protokolle. Anhang zu Punkt 7: Zukünftige Tätigkeiten der IUL, o. O., o. J.
11 IUL: Fünfzehnter ordentlicher Kongreß, Dublin, 28.–31. Mai 1967. Genf o. J., S. 22.
12 IUL: 16. Kongreß. Zürich 7.–10. 7. 1970, Protokoll. Genf o. J., S. 7.
13 Dan Gallin, in: Kurt P. Tudyka (Hrg.): Multinationale Konzerne und Gewerkschaftsstrategie. Hamburg 1974, S. 230.
14 IUL: 17. Kongreß, Genf 23. 1.–1. 2. 1973. Unterlagen und Protokolle. Genf o. J., S. 10.

ANHANG 6

Bildnachweis

Altonaer Museum: 126, 127, 457

Archiv der sozialen Demokratie, Bonn: 29, 43, 49, 71, 75, 111, 114, 115, 137, 143, 167, 175, 179, 191, 197, 203, 211, 225, 229, 237, 245, 257, 265, 277, 292, 293, 437, 463, 465, 583

Archiv für Kunst und Geschichte, Berlin: 117, 129, 429, 441

Bildarchiv der NGG-Hauptverwaltung, Hamburg: 19, 323, 325, 329, 331, 332, 387, 407, 408, 419, 451, 453, 471

Bildarchiv des DGB, Düsseldorf: 321, 329, 331, 445

Deutsches Tabak- und Zigarrenmuseum, Bünde: Titelbild

Langnese-Iglo GmbH, Hamburg: Titelbild

Museum für Geschichte, Leipzig: 17

Staatsarchiv Dresden: 18

Staatsarchiv Hamburg: 57 (V178b), 59 (V6b), 61 (V6c), 85 u. 87 (S667o–4UA2)

Stadtteilarchiv Ottensen: 123, 332

ANHANG 7

Verzeichnis der Tabellen im Text

1. Verbreitung der Tabakindustrie im Deutschen Reich 1878 bis 1907 37
2. Im Deutschen Reich hergestellte Zigarren und Zigaretten 37
3. Prozentuale Verteilung des Personals der Tabakwirtschaft auf Klein-, Mittel- und Großbetriebe 38
4. Gewerbebetriebe und die darin beschäftigten Personen in der Tabakindustrie 1882, 1895 und 1907 39
5. Entwicklung der Zigarettenindustrie 1887 bis 1924 45
6. Mitgliederentwicklung der freigewerkschaftlichen Nahrungs- und Genußmittelarbeitergewerkschaften 1885 bis 1890 62
7. Jahresdurchschnittslöhne der Tabakarbeiter (Vollarbeiter) 1895 bis 1908 65
8. Unterstützungsleistungen im Zentralverband deutscher Brauereiarbeiter bzw. Verband der Brauerei- und Mühlenarbeiter 1898 bis 1913 82
9. Unterstützungsleistungen im Verband der Bäcker 1895 bis 1904 83
10. Unterstützungsleistungen im Zentralverband der Bäcker und Konditoren 1905 bis 1911 83
11. Tarifabschlüsse des Zentralverbands deutscher Brauereiarbeiter 92
12. Tarifverträge mit Erholungsurlaub in der Brauwirtschaft 94
13. Tarifverträge der gewerkschaftlichen Zentralverbände 1908 bis 1912 95
14. Tarifgemeinschaften im Jahre 1913 96
15. Geltungsbereich der Tarifgemeinschaften 1913 97
16. Kürzeste wöchentliche Arbeitszeit in den Tarifgemeinschaften der Nahrungs- und Genußmittelindustrie 98
17. Kürzeste tägliche Arbeitszeit in den Tarifgemeinschaften 99
18. Wochenlöhne erwachsener männlicher Arbeiter in den Tarifgemeinschaften der Nahrungs- und Genußmittelindustrie (niedrigster Vertragslohn) 100
19. Wochenlöhne der Bäckergesellen in den deutschen Großstädten 1912 101
20. Durchschnittswochenlöhne in der Süßwarenindustrie 1912 102
21. Tägliche regelmäßige Pausen für Kellnerinnen und Kellner 1893 119
22. Verteilung des 24stündigen Ruhetages für Kellnerinnen und Kellner über das Jahr 1893 119
23. Verhältnis von Zigarrenheimarbeitern und -fabrikarbeitern im Kreis Herford 1901 133
24. Heimarbeit in der Tabakindustrie 1907 134
25. Branchenzugehörigkeit der Mitglieder im Zentralverband der Bäcker und Konditoren 138
26. Fluktuation im Zentralverband deutscher Brauereiarbeiter 139
27. Lebensalter der Mitglieder des Zentralverbands deutscher Brauereiarbeiter ... 140
28. Hauptamtliche Funktionäre in den freigewerkschaftlichen Nahrungs- und Genußmittelarbeiterverbänden 141
29. Mitgliederentwicklung der freigewerkschaftlichen Vorläuferverbände der NGG 150
30. Mitgliederentwicklung der dem Gesamtverband der Christlichen Gewerkschaften angeschlossenen Nahrungs- und Genußmittelarbeitergewerkschaften 162

31. Unterstützungsleistungen des Verbands Christlicher Tabakarbeiter 163
32. Unterstützungsleistungen des Zentralverbands der Nahrungs- und Genußmittelindustriearbeiter. 163
33. Mitgliederentwicklung der freigewerkschaftlichen Nahrungs- und Genußmittelarbeiterverbände 1914 bis 1918 168
34. Mitgliederentwicklung der Christlichen Nahrungs- und Genußmittelarbeiterverbände 1914 bis 1918 169
35. Mitgliederentwicklung der freigewerkschaftlichen Nahrungs- und Genußmittelarbeiterverbände 1919 bis 1924 186
36. Weibliche Mitglieder in den freigewerkschaftlichen Nahrungs- und Genußmittelarbeitergewerkschaften 1919 bis 1924 187
37. Branchenzugehörigkeit der Mitglieder im Zentralverband der Bäcker und Konditoren 1919 bis 1923. 188
38. Branchenzugehörigkeit der Mitglieder des DTAV 1920 bis 1924. 190
39. Länder und Landesteile mit der absolut und prozentual größten Zunahme an Mitgliedern des DTAV 192
40. Mitgliederentwicklung in den Verbandsbezirken des Zentralverbands der Bäcker und Konditoren 1921 bis 1922. 193
41. Arbeitslosigkeit und Kurzarbeit im Zentralverband der Bäcker und Konditoren 1922 bis 1924 201
42. Bäckereien mit Kraftbetrieb 1901 bis 1928 204
43. Erwerbstätige in Bäckereien und Konditoreien 1925 205
44. Größenklassen der Bäckereibetriebe im Jahr 1925 206
45. Brauereien im Deutschen Reich 1882 bis 1925 207
46. Beschäftigte in Mälzereien, Brauereien, Eisgewinnung nach der Betriebszählung 1925 208
47. Politische Funktionen von Mitgliedern des Verbands der Nahrungsmittel- und Getränkearbeiter 214
48. Branchenzugehörigkeit der Mitglieder im VNG 1928 bis 1931 216
49. Arbeitslosigkeit im Hotel- und Gaststättengewerbe 223
50. Zigarrenherstellung, Reichsgrundlöhne pro 1000 Stück (für Roller und Wickelmacher), Formenarbeit 227
51. Spitzenwochenlöhne in der Zigarettenindustrie, bei 48stündiger Arbeitszeit, ab 1. 3. 1931 bei 42½stündiger Arbeitszeit 228
52. Arbeitslosigkeit und Kurzarbeit unter den Mitgliedern des ADGB 1929 bis 1932. 230
53. Arbeitslosigkeit in Nahrungs- und Genußmittelarbeitergewerkschaften 1929 bis 1932. 230
54. Arbeitslose und Kurzarbeiter im ZVCT nach Bezirken 231
55. Arbeitslosigkeit und Kurzarbeit 1929 bis 1932 im Jahresdurchschnitt 231
56. Ergebnisse der Vertrauensratswahlen 1934 und 1935 251
57. Wochenlöhne von Nahrungs- und Genußmittelarbeitern 1931 und 1934 254
58. Durchschnittliche wöchentliche Arbeitsleistung in Stunden je Arbeiter in der Nahrungs- und Genußmittelindustrie 254
59. Tatsächliche Nominalbruttoverdienste in 2 Bereichen der Nahrungs- und Genußmittelindustrie 1933 und 1936 254
60. Durchschnittliche Bruttowochenverdienste in der Amerikanischen Zone...... 279
61. Durchschnittliche Bruttowochenverdienste in der Britischen Zone........... 279
62. Durchschnittliche Bruttostundenverdienste in der Britischen Zone........... 280
63. Verdienste männlicher Arbeitnehmer in der Britischen Zone Sept. 1948 280
64. Tatsächlich geleistete durchschnittliche Wochenarbeitszeiten in der Britischen Zone 280
65. Mitgliederentwicklung der Vorläuferverbände der NGG in Hamburg 1945 bis 1947 285
66. Mitgliederentwicklung der NGG in Hamburg 286

67. Mitgliederentwicklung des Verbandes der Nahrungsmittel- und Getränkearbeiter und des DTAV in Bremen 1946 bis 1947 287
68. Mitgliederentwicklung des Industrieverbands Nahrung, Getränke und Genuß in Nordrhein-Westfalen 289
69. Mitgliederentwicklung der NGG in der Britischen Zone 294
70. Mitgliederentwicklung der NGG in Bayern 294
71. Branchenzugehörigkeit der Mitglieder der bayerischen NGG Aug. 1947 295
72. Mitgliederentwicklung der NGG in Württemberg-Baden 297
73. Mitgliederentwicklung der Landesgewerkschaft Nahrungs-, Genußmittel- und Gaststättengewerbe in Groß-Hessen 297
74. Beschäftigtenentwicklung im Nahrungs- und Genußmittelgewerbe einschließlich Gaststätten (ohne Heimarbeiter und Hauswirtschaft) 1952 bis 1960 316
75. Anteil der 10 größten Unternehmen am Umsatz des jeweiligen Wirtschaftszweiges 319
76. Technologische Entwicklung in der Zigarrenindustrie 322
77. Betriebe und Beschäftigte in der Zigarrenindustrie 1948 bis 1976 322
78. Maschinenkapazitäten in der Zigarettenindustrie 1881 bis 1980 324
79. Mitgliederentwicklung in den Wirtschaftsgruppen der NGG 327
80. Durchschnittliche Wochenlöhne im Nahrungs- und Genußmittelgewerbe 1950 344
81. Durchschnittliche Lohn- und Gehaltserhöhungen in der Nahrungs- und Genußmittelwirtschaft 1960 bis 1976 346
82. Ortsklassen in den Tarifverträgen der Gewerkschaft NGG 347
83. Lohnentwicklung 1962 bis 1983, Löhne in der höchsten Altersstufe und Ortsklasse, Durchschnitt aus allen Tarifverträgen 350
84. Gehaltsentwicklung 1962 bis 1983 351
85. Facharbeiterlöhne im Handwerk 351
86. Wochenarbeitszeit im Handwerk 352
87. Durchschnittliche tarifliche Wochenarbeitszeit in der Nahrungs- und Genußmittelindustrie 354
88. Wochenarbeitszeit in ausgewählten Zweigen der Nahrungs- und Genußmittelwirtschaft 355
89. Anzahl der Tarifverträge mit ... Tagen Höchsturlaub 355
90. Anzahl der Tarifverträge mit ... Tagen Mindesturlaub 356
91. Anzahl der Tarifverträge mit Urlaubsgeldregelungen 356
92. NGG-Tarifverträge mit Regelungen über Schichtfreizeit, bezahlte Kurzpausen, Arbeitszeitverkürzungen 369
93. Mitgliederbewegung der NGG 411
94. Mitgliederentwicklung in den Ländern 412
95. Betriebsratswahlen im Organisationsbereich der NGG 1968 bis 1984 417
96. Ausgaben der freigewerkschaftlichen Vorläuferverbände der NGG für Bildung 1910 bis 1913 425
97. Zentrale Bildungsveranstaltungen der Gewerkschaft NGG 426
98. Weibliche Mitglieder im DTAV 435
99. Weibliche Funktionäre im DTAV 1932 439
100. Weibliche hauptamtliche Sekretäre in der NGG 458
101. Jugendliche Mitglieder im VNG 466
102. Jugendliche Mitglieder in der NGG 470
103. Entwicklung der durchschnittlichen Ausbildungsvergütung 478
104. Staaten der Welt mit der fortschrittlichsten Gesetzgebung zum Nachtbackverbot, Stand 1928 490
105. Mitgliederentwicklung der IUL 1920 bis 1980 500
106. Die 25 größten multinationalen Konzerne in der Nahrungs- und Genußmittelindustrie 502

ANHANG 8

Literaturverzeichnis

Ein vollständiges Verzeichnis aller für das vorliegende Buch benutzten Zeitschriften, Zeitungen, Protokolle, Geschäftsberichte usw. wäre eine zweite Auflage des vom Archiv der sozialen Demokratie herausgegebenen Bestandsverzeichnisses der Vorläuferorganisationen der Gewerkschaft NGG geworden. Der Verfasser beschränkt sich daher darauf, auf dieses Bestandsverzeichnis zu verweisen: Quellen zur Gewerkschaftsgeschichte der Nahrungs-, Genußmittelarbeiter und Gastwirtschaftsgehilfen. Ein Bestandsverzeichnis der Vorläuferorganisationen der Gewerkschaft Nahrung-Genuss-Gaststätten. Bearbeitet von Anne Bärhausen, Marianne Biskup, Gisela Bocionek u. a. Redaktion: Rüdiger Zimmermann. Bonn: Archiv der sozialen Demokratie 1984.
Die meisten Spezialbibliotheken, Verwaltungsstellen der NGG und Bildungseinrichtungen des DGB besitzen das Verzeichnis.
Im folgenden sollen nur die benutzten Archivmaterialien und einige weiterführende Literatur zum Thema genannt werden.
Den Beschäftigten all der unten genannten Archive, die mir Einsicht in manchmal schwer zugängliche Quellen verschafft haben, gilt mein herzlicher Dank; ebenso den Mitarbeitern der Zentralbibliothek der Gewerkschaften in Berlin (DDR) und ihrem großen Bestand an seltener Broschürenliteratur der Gewerkschaften. Der Staatlichen Archivverwaltung der DDR habe ich für die großzügige Benutzungserlaubnis zu danken. Das Deutsche Tabak- und Zigarrenmuseum in Bünde und die Langnese-Iglo GmbH in Hamburg stellten dankenswerterweise Photos für das Umschlagbild zur Verfügung. Ganz besonders möchte ich dem Staatsarchiv Dresden danken, das die Erlaubnis zum Abdruck des Gründungsprotokolls des Allgemeinen Deutschen Cigarrenarbeitervereins gab. Das Museum für Geschichte der Stadt Leipzig besorgte ein Photo des Versammlungslokals. Ohne die Hilfe zahlreicher Kolleginnen und Kollegen der IUL schließlich, die mir mit Rat und Tat zur Seite standen, hätte die Arbeit nicht abgeschlossen werden können.

8.1 Archivquellen

Archiv der IUL, Genf*

Archiv der sozialen Demokratie, Bonn
Nachlaß Hermann Molkenbuhr
Depositum NGG

Archiv des DGB, Düsseldorf*

Berlin Document Center, Berlin
Volksgerichtshofakten

---

* Die Akten dieser Archive sind nicht verzeichnet. Auf eine Nennung der benutzten Akten wird daher verzichtet.

Bundesarchiv Koblenz
R 58/1022

Generallandesarchiv, Karlsruhe
Abt. 233, Nr. 26069 Sonderunterstützung erwerbsloser Tabakarbeiter 1925–1930
Abt. 236, Nr. 17074 Vollzug des Sozialistengesetzes hier: die Mitgliedschaften des Reiseunterstützungsvereines für deutsche Tabakarbeiter in Bremen 1884–1886
Abt. 237, Nr. 2700 Sozialisierungsmaßnahmen in Metzgereibetrieben
Abt. 356, Nr. 2582, Aussperrung im Tabakgewerbe 1927–1928
Abt. 466, Nr. 1649–1651, Wirtschaftliche, soziale und gesundheitliche Verhältnisse der Zigarrenarbeiter in Baden, 1889–1942

Hauptstaatsarchiv Düsseldorf
Rw 58/1215, 2596, 2748, 3206, 4982, 5135, 6191, 8547, 8993, 11676, 14079, 17721, 17488, 18273, 21805, 23960, 23969, 24652, 24653, 28831, 30949, 31667, 31691, 33031, 36053, 36530, 38552, 39214, 40711, 40712, 45037, 46747, 47435, 48327, 49392, 52879, 55674, 58800, 60660

Institut für Marxismus-Leninismus beim ZK der SED, Zentrales Parteiarchiv, Berlin
NJA 2481

Institut für Zeitgeschichte, München
Fa 117/186
Fa 119/2

Internationales Institut für Sozialgeschichte, Amsterdam
Nachlaß Franz Vogt

Landesarchiv Berlin
National Archives of the United States, RG 260/OMGBS, Manpower Br., 4/27 – 1/13, 4/27 – 3/3, 4/28 – 3/4, 3/6, 3/7, 4/29 – 2/5, 2/11, 2/12, 2/13, 3/1, 3/5, 4/30 – 1/2, 2/6, 2/8, 2/42, 4/134 – 3/6, 3/7

Staatsarchiv Detmold
A. Fürstentum/Land Lippe I. Reg.behörden, 1. Kabinetts-, Staatsministerium, Landespräsidium: L 75 IV 15a Nr. 41, Mißstände bei der Zigarren- und Tabakfabrikation

Staatsarchiv Dresden
KH Dresden Nr. 1097, Acta Vereine und Versammlungen betr.
KH Zwickau, Nr. 2069, Acta die Association der Cigarrenarbeiter in Deutschland betr.
MdI Nr. 15, Die Arbeitervereine im Königreich Hannover
MdI Nr. 17a, Die deutschen Arbeitervereine in der Schweiz und in Deutschland selbst
MdI Nr. 20, Die Bestrebungen der Umsturzpartei betr., 1853–1860
MdI Nr. 33, Vereine betr.
MdI Nr. 56, Die Arbeiterverbindungen 1857–1865
MdI Nr. 82, Die Cigarrenarbeiterverbindungen betr.
MdI Nr. 301a, Die Vierteljahresberichte betr.
MdI Nr. 426, Papiere über politisch verdächtige Persönlichkeiten, Zustände, Drohbriefe etc., 1840er–60er Jahre
Wirtschaftsmin. Nr. 337, Die Verhältnisse in der Zigarrenfabrikation

Staatsarchiv Hamburg
Bestand Politische Polizei
S 6670/4 Hamburger Bäckerstreik
S 18030–44 Zigarrenarbeiteraussperrung 1911

V 6b Fachverein der Bäcker (1883–1885)
V 6c Bd. 2 Verband der »Bäcker und Berufsgenossen« (1892–1894)
V 19 Bd. 2 Freundschaftsklub der Hamburger Zigarrensortierer
V 151 Freie Vereinigung der Schlachter von Hamburg und Vororten, 1890–1893
V 178b Fachverein der Cigarrenmacher, 1882/83
V 178c, Bd. 1 Unterstützungsverein deutscher Tabakarbeiter 1883–1890
V 623 Unterstützungsverein der Konditoren und verwandter Berufsgenossen
V 643 Bd. 1, Zentralverein deutscher Brauer und verwandter Berufsgenossen 1896–1902

Staatsarchiv Leipzig
Pol.präs. Leipzig V Nr. 2641, Akten des Polizeiamts der Stadt Leipzig betreffend die Zahlstelle Leipzig des Vereins deutscher Zigarrensortierer
Pol.präs. Leipzig V Nr. 2995, Betreffend den Deutschen Tabakarbeiter-Verband, Zahlstelle Leipzig (1909–1927)
Amt Leipzig Nr. 217/5, Acta spec. wider Friedrich Dreßler aus Neusellerhausen, 1849–1850
Amt Leipzig Nr. 218/1, Acta spec. wider Ernst Julius Kleinsteuber aus Neusellerhausen
Amt Leipzig Nr. 217/6, Acta spec. wider Johann Julius Eichhorn aus Neusellerhausen, 1849
Amt Leipzig Nr. 223, Acta wider Friedrich August Käseberg aus den Thonbergstraßenhäusern, 1847–1850
Amt Leipzig Nr. 222, Acta spec. wider Carl Friedr. John aus den Thonbergstraßenhäusern, 1849–1850
Amt Leipzig Nr. 219, Acta spec. wider Heinrich Buhrbank aus den Thonbergstraßenhäusern, 1849–1850
Amt Leipzig Nr. 218, Acta spec. wider Julius Eduard Jungk aus Neusellerhausen, 1849–1851
Amt Leipzig Nr. 217/1, Acta spec. wider Johann Carl Vogt aus Zweimanndorf, 1849–1850
Amt Leipzig Nr. 224, Acta spec. wider Wilhelm Heinrich Köhler in den Thonbergstraßenhäusern, 1849–1850
Amt Leipzig Nr. 226, Acta spec. wider Carl Friedrich Meuche in den Thonbergstraßenhäusern, 1849–1850
Amt Leipzig Nr. 231, Acta wider Friedrich Carl Schmidt aus Neusellerhausen, 1849–1850
Amtshauptmannschaft Leipzig Nr. 2582, Acta das Vereinsrecht betr., Vol. II

Staatsarchiv Münster
Akten des Oberlandesgerichts Hamm, 5 O Js 118/36, 6 O J 449/36, 16 J 781/36, 6 O Js 596/35, 6 O Js 506/35

Staatsarchiv Potsdam
Pr. Br. Rep. 30 Berlin C Pol.-Präs. Tit. 94, Lit. W Nr. 9878, Der Cigarrenarbeiter Friedrich Wilhelm Fritzsche, 1868–1905
Nr. 12.155, 14.028, 14.029, 14.030, 14.037, 14.038, Die Wochenberichte betr.
Nr. 14.078, Die politischen Zustände in der Provinz Westfalen 1878–1889
Nr. 1482, Die politischen Zustände im Königreich Württemberg
Nr. 13.708, Der Totenbund und der Verein zum Tyrannenmord
Nr. 13.709, Der Totenbund in Hamburg, Altona und Düsseldorf
Pr. Br. Rep. Berlin C Pol.präs. Tit. 94, Lit. T
Nr. 13.729, Die Beziehungen des deutschen Tabakarbeiter-Vereins zu dem internationalen Tabak-Arbeiter Bunde zu London 1879
Pr. Br. Rep. 30 Berlin C Pol.präs. Tit. 95, Sect. 5
Nr. 15500, 15.501 Unterstützungsverein deutscher Tabakarbeiter

Staatsarchiv Stuttgart
National Archives of the United States, RG 260, OMGWS, 3/407–3/12, 3/408–1/27, 12/71–1/1, 12/71–1/2, 12/71–1/3, 12/71–1/5, 12/71–1/6, 12/71–1/8, 12/71–1/9, 12/71–1/10, 12/71–1/20, 12/71–3/3, 12/71–3/5.

Staatsarchiv Würzburg
Gestapostelle Würzburg, Personalberichte Nr. 1.767, 2.492, 3.007, 3.068, 3.503, 9.761, 13.560, 15.833, 1.809

Stadtarchiv Duisburg
Bestand 10, Nr. 1.629, Zigarrenarbeiterassoziation 1848–1851
Bestand 307, Nr. 617, Zigarrenarbeitervereine 1848–1851
Bestand 307, Nr. 567, Unterstützungsverein deutscher Tabakarbeiter

Zentrales Staatsarchiv, Potsdam
Vorläufiger Reichswirtschaftsrat
Nr. 1390–1392 Hausgehilfengesetz, Bd. 1–3, 1921–1922
Reichskanzlei
Nr. 549 Soziale Verhältnisse der Heimarbeiter, 1906–1917
Reichsministerium des Innern
Nr. 6371 Beschränkung der Lehrlingshaltung, 1899–1903
Nr. 6536–6539 Regelung der Verhältnisse der im Gast- und Schankwirtschaftsgewerbe Beschäftigten, Bd. 1–4, 1886–1910
Nr. 7019 Die Streikstatistik, Bd. 1 (1890–1891)
Rheinische Volkspflege
Nr. 2537, 2730 Gewerkschaftsring, Hirsch-Dunckersche Gewerkschaften
Sozialisierungskommission
Nr. 41 (Brauereien), Nr. 45 (Nahrungsmittel), Nr. 46 (Tabak)
Reichsarbeitsministerium
Nr. 1150–1153 Arbeitslosenunterstützung für Tabakarbeiter, Bd. 1–4, 1919–1928
Nr. 1794–1796 Errichtung von Fachausschüssen für Bäcker, Bd. 1–3, 1918–1924
Nr. 1846 Arbeitszeit in Bäckereien und Konditoreien
Nr. 2131–2132 Lohn- und Arbeitskämpfe im Bäckergewerbe, Bd. 1–2, 1918–1924
Nr. 2231–2234 Lohn- und Arbeitskämpfe in Brauerei- und Mühlenbetrieben, Bd. 1–4, 1919–1927
Nr. 2424–2429, Lohn- und Arbeitskämpfe in der Nahrungs- und Genußmittelindustrie, Bd. 1–6, 1920–1929
Nr. 2529–2532 Lohn- und Arbeitskämpfe in der Tabakindustrie, 1919–1927
Nr. 6490–6492, Organisationen im Bäckereigewerbe, Bd. 1–3, 1921–1933

Zentrales Staatsarchiv, Abt. II, Merseburg
Königl. Geheimes Civil-Kabinet
2.2.1, Nr. 15369, Die Vereine und Gesellschaften im Deutschen Reich 1860–1895
2.2.1, Nr. 15379, Die Vereine und Gesellschaften in Berlin 1861–1896
Ministerium des Innern
Rep. 77 Tit. 500 Nr. 19 Die gegen communistische Vereine und Umtriebe genommenen Maßregeln
Rep. 77, Tit. 662, Nr. 8, Bd. 7, Die Auflösung der bestehenden deutschen Arbeitervereine
Ministerium für Handel und Gewerbe
Rep. 120, B. B Abt. VII, Fach 1, Nr. 3, Bd. 12–13, Akten betreffend die stattgefundenen Arbeitseinstellungen und Koalitionen

8.2 Weiterführende Literatur

8.2.1 Allgemein zur Geschichte der Gewerkschaften

Albrecht, Willy: Fachverein-Berufsgewerkschaft-Zentralverband. Organisationsprobleme der deutschen Gewerkschaften 1870–1890. Bonn 1982

Beier, Gerhard: Die illegale Reichsleitung der Gewerkschaften 1933–1945. Köln 1981
Beier, Gerhard: Geschichte und Gewerkschaften. Politisch-historische Beiträge zur Geschichte sozialer Bewegungen. Schriftenreihe der Otto-Brenner-Stiftung, Bd. 24, Frankfurt a. M. 1981
Beier, Gerhard: Das Lehrstück vom 1. und 2. Mai 1933. Köln 1975
Borsdorf, Ulrich: Hans Böckler. Arbeit und Leben eines Gewerkschafters von 1875 bis 1945. Mit einem Vorwort von Heinz Oskar Vetter. Köln 1982
Brandt, Peter: Antifaschismus und Arbeiterbewegung. Aufbau – Ausprägung – Politik in Bremen 1945/46. Hamburg 1976
Braunthal, Gerard: Der Allgemeine Deutsche Gewerkschaftsbund. Zur Politik der Arbeiterbewegung in der Weimarer Republik. Köln 1981
Buhl, Manfred: Sozialistische Gewerkschaftsarbeit zwischen programmatischem Anspruch und politischer Praxis. Köln 1983

Dertinger, Antje: Die bessere Hälfte kämpft um ihr Recht. Der Anspruch der Frauen auf Erwerb und andere Selbstverständlichkeiten. Köln 1980
Dowe, Dieter: Aktion und Organisation. Arbeiterbewegung, sozialistische und kommunistische Bewegung in der preußischen Rheinprovinz 1820–1852. Hannover 1970

Eisner, Freya: Das Verhältnis der KPD zu den Gewerkschaften in der Weimarer Republik. Schriftenreihe der Otto-Brenner-Stiftung Bd. 8, Frankfurt a. M., o. J. (ca. 1976)
Engelhardt, Ulrich: »Nur vereinigt sind wir stark.« Die Anfänge der deutschen Gewerkschaftsbewegung 1862/63 bis 1869/70. 2 Bde., Stuttgart 1977
Esters, Helmut/Pelger, Hans: Gewerkschafter im Widerstand. Mit einem forschungsgeschichtlichen Überblick von Alexandra Schlingensiepen. Bonn 1983

Fichter, Michael: Besatzungsmacht und Gewerkschaften. Zur Entwicklung und Anwendung der US-Gewerkschaftspolitik in Deutschland 1944–1948. Opladen 1982

Kocka, Jürgen: Lohnarbeit und Klassenbildung. Arbeiter und Arbeiterbewegung in Deutschland 1800–1875. Bonn 1983
Köpper, Ernst-Dieter: Gewerkschaften und Außenpolitik. Die Stellung der westdeutschen Gewerkschaften zur wirtschaftlichen und militärischen Integration der Bundesrepublik in die Europäische Gemeinschaft und in die NATO. Frankfurt a. M. 1982

Losseff-Tillmanns, Gisela: Frauenemanzipation und Gewerkschaften, Wuppertal 1978
Losseff-Tillmanns, Gisela (Hrsg.): Frau und Gewerkschaft. Frankfurt a. M. 1982

Matthias, Erich/Schönhoven, Klaus (Hrsg.): Solidarität und Menschenwürde. Etappen der deutschen Gewerkschaftsgeschichte von den Anfängen bis zur Gegenwart. Bonn 1984

Potthoff, Heinrich: Gewerkschaften und Politik zwischen Revolution und Inflation. Düsseldorf 1979
Prinz, Detlef/Rexin, Manfred (Hrsg.): Gewerkschaftsjugend im Weimarer Staat. Eine Dokumentation über die Arbeit der Gewerkschaftsjugend des ADGB in Berlin. Köln 1983

Schmidt, Eberhard: Die verhinderte Neuordnung 1945–1952. Zur Auseinandersetzung um die Demokratisierung der Wirtschaft in den westlichen Besatzungszonen und in der Bundesrepublik Deutschland. Mit einem Vorwort von Wolfgang Abendroth. Frankfurt a. M. 1970

Schneider, Michael: Die christlichen Gewerkschaften 1894–1933. Bonn 1982

Vom Sozialistengesetz zur Mitbestimmung. Zum 100. Geburtstag von Hans Böckler. Hrsg. von Heinz Oskar Vetter. Redaktion: Ulrich Borsdorf und Hans O. Hemmer. Köln 1975

Tilsner-Gröll, Rotraud: Die Jugendbildungsarbeit in den freien Gewerkschaften von 1919–1933. Frankfurt a. M. 1982

Todt, Elisabeth/Radandt, Hans: Zur Frühgeschichte der deutschen Gewerkschaftsbewegung 1800–1849. Mit einer Einleitung von Jürgen Kuczynski. Berlin (O) 1950

Zwahr, Hartmut: Zur Konstituierung des Proletariats als Klasse. Strukturuntersuchung über das Leipziger Proletariat während der industriellen Revolution. Berlin (O) 1978

8.2.2 Zu den Vorläuferverbänden der NGG

Allmann, Oskar: Geschichte der deutschen Bäcker- und Konditor-Bewegung. Hrsg. im Auftrage des Vorstandes des Verbandes der Bäcker, Konditoren und verwandten Berufsgenossen Deutschlands. Hamburg 1910

Backert, Eduard: Geschichte der Brauereiarbeiterbewegung. Berlin 1916

Backert, Eduard: Geschichte der Brauereiarbeiterbewegung. II. Teil 1914 bis 1928 und 5 Jahre Verband der Nahrungsmittel- und Getränkearbeiter 1928 bis 1933. Bearbeitet von Carl Linné nach einem Manuskript von Eduard Backert. Hrsg. von der Gewerkschaft Nahrung-Genuß-Gaststätten, Hauptvorstand. NGG-Schriftenreihe Nr. 7, Hamburg 1962

Dahms, Ferdinand: Geschichte der Tabakarbeiterbewegung. Manuskriptbearbeitung Hans Winkler. NGG-Schriftenreihe Nr. 17. Hamburg o. J.

Etzel, Martin: Geschichte des Vereins der Brauereiarbeiter in Nürnberg. Seine Entstehung, seine Wandlungen und seine Wirksamkeit seit 1740 bis in die Gegenwart. Nürnberg 1910

Frisch, Walther: Die Organisationsbestrebungen der Arbeiter in der deutschen Tabakindustrie. Leipzig 1910

Helfenberger, Karl: Geschichte der Böttcher-, Küfer- und Schäfflerbewegung. 2 Bde., Berlin 1928

Käppler, Hermann: Geschichte der Mühlenarbeiterbewegung. Berlin o. J.

Müller, Heidi: Dienstbare Geister. Leben und Arbeitswelt städtischer Dienstboten. Schriften des Museums für Deutsche Volkskunde, Berlin, Bd. 6, 1981

Nyström, Sigvard: Geschichte der IUL. 1. Teil: Vom Ursprung bis 1920. Genf 1983

Pötzsch, Hugo: Geschichte des Zentralverbandes der Hotel-, Restaurant- und Caféangestellten. 2 Bde., Berlin 1928

Weidler, Felix: Zwanzig Jahre Geschichte der deutschen Bäcker- und Konditorenbewegung 1909–1928. 2 Bde., Berlin o. J. (1930)

ANHANG 9
Personen- und Sachregister

Adenauer, Konrad 337, 379–381, 392–394, 396, 397, 473
Allgemeiner Deutscher Arbeiterverein 48, 50, 51
Allgemeiner Deutscher Gewerkschaftsbund 89, 181, 196, 199, 200, 209, 210, 212, 215, 220, 221, 227, 232, 234, 239, 242, 244, 248, 422, 423, 435, 438, 462
— Mitgliedsverbände:
  Deutscher Metallarbeiterverband 149, 209, 259, 260
  Verband der Fabrikarbeiter 89, 209, 212
Allmann, Oskar 51, 52, 77, 84, 144, 174
Altona 41, 54, 69, 76, 88, 113, 246
Arbeiterverbrüderung 31–33
Arbeitsgemeinschaft
  siehe: Reichsarbeitsgemeinschaft
Arbeitslosigkeit 154, 166, 171, 185, 217, 218, 220–224, 226, 227, 230, 236, 239, 248, 335, 339, 373, 375, 378, 400, 473, 489
Arronge, Martin Adolph 31, 33, 34
Aussperrung 147–149, 152, 153, 159, 160, 217–220, 371
Backert, Eduard 78, 94, 209, 246, 256, 258, 288, 296, 301, 421
Baden-Württemberg 65, 69, 122, 295, 336, 354, 457, 482
Bäcker und Konditoren
— Bäcker- und Konditorenbewegung allgemein 24, 76, 96, 136, 142, 166, 186, 336
— Verband der Bäcker und Berufsgenossen Deutschlands (1885–1910) 52, 56, 60, 72, 74, 77, 79, 84, 88, 89, 92, 94, 105, 110, 136, 141, 161
— Zentralverband der Konditoren (1893–1910) 104, 430,
— Verband christlicher Bäcker und Konditoren und verwandter Berufe Deutschlands (1901–1910) 160, 161
— Zentralverband der Bäcker, Konditoren und verwandten Berufsgenossen (1910–1924) 116, 166, 170–172, 178, 181–183, 185, 196, 202, 210, 232, 268, 301, 430, 432, 462
— Deutscher Nahrungs- und Genußmittelarbeiterverband (1924–1927) 210, 215, 423,
— Soziale Lage der Bäcker und Konditoren 24, 45, 51, 57, 58, 69, 72, 73, 86, 103, 104, 109, 110, 112, 116, 166, 170, 171, 202, 223, 275, 304, 305, 461, 462
Basting, Anton 297, 305
Bauer, Karl 261, 263, 296, 406
Bayern 71, 113, 185, 283, 372, 448, 458, 481, 482
— Aufbau der NGG 283, 285, 294, 295
Bebel, August 50, 51, 72, 118
Bergmann, Paul 181, 182, 258
Berlin 363, 372, 389, 423, 450, 474
— Aufbau der NGG 284, 300–305
— Bäcker- und Konditoren 24, 51, 58, 59, 69, 72, 74, 76, 88, 104, 105, 110, 112, 113, 142, 304, 305, 345, 383
— Böttcher 52, 58, 168, 215,
— Brauer 84, 103, 160, 215, 226
— Fleischer 64, 76, 105, 215
— Hausangestellte 440–443
— Hotel-, Restaurant- und Caféangestellte 76, 107, 119, 170, 194, 199, 235, 428
— Zigarrenarbeiter 28, 30, 34
Bielefeld 283–285, 289
Bismarck, Otto von 52, 54, 55, 62, 122, 152, 154, 380, 381
Blome, Christian 256, 290, 306
Bochum 284, 311, 372
Böckler, Hans 288, 392
Böttcher
— Böttcherbewegung allgemein 52, 56, 89
— Soziale Lage der Böttcher 52, 68, 103, 105
— Zentralverein der deutschen Böttcher (1890–1905) 68, 76, 80, 81, 88, 92
Brandt, Willy 338, 390, 400, 401

640

Brauer
— Brauerbewegung allgemein 90, 142, 153, 283, 371, 372
— Allgemeiner Brauerverband (1885–1892) 56, 60, 67, 69, 74, 78, 84
— Soziale Lage der Brauer 60, 67, 69, 70, 73, 92, 103, 226
— Zentralverband deutscher Brauer und verwandter Berufsgenossen (1893–1902) 77–79, 81, 88, 89, 91, 92
— Zentralverband deutscher Brauereiarbeiter und verwandter Berufsgenossenschaften (1902–1910) 82, 92, 93, 139, 153, 430
— Verband der Brauerei- und Mühlenarbeiter (1910–1922) 142, 209, 433
— Verband der Lebensmittel- und Getränkearbeiter 209, 210
Braunschweig 76, 88, 105, 226, 285
— Zigarrenarbeiter 28, 30, 485
Brehm, Horst 339, 425
Breit, Ernst 376, 378
Bremen 113, 252, 306, 353, 483
— Aufbau der NGG 285, 290
— Böttcher 68, 105
— Zigarrenarbeiter 28, 30, 32, 122, 149
Bremerhaven
— Arbeitnehmer der Fischwirtschaft 252, 283
— Aufbau der NGG 283, 284, 312
Breslau 45, 103, 105, 107
— Zigarrenarbeiter 50, 219
Brückl, Johann 246, 258
Brülling, Wilhelm 285, 288, 289
Brüning, Heinrich 222, 227, 230, 236, 238
Bruhns, Julius 42, 55
Bünde 36, 219, 272, 285
Christlich Demokratische Union 284, 313, 338, 375, 380, 382, 391, 394, 397, 477, 478
Christliche Gewerkschaften 234, 238, 239–241, 243, 244, 247, 422, 432
Christlich Soziale Union 391, 394, 397, 477, 478
Dani, Sebastian 258, 264, 266
Deichmann, Carl 84, 145, 157, 217, 220, 485
Deutsche Arbeitsfront 247, 252, 447
Deutscher Gewerkschaftsbund 339, 340, 359, 379, 381–383, 386, 392, 395, 397–399, 404, 405, 410, 418, 420, 421, 424, 448, 468, 473, 477, 478
— Arbeitszeitverkürzung 282, 352, 375, 376
— Aufbau des DGB 273, 286–288, 290, 294, 306
— Mitbestimmung 392, 393, 402, 403
— Mitgliedsgewerkschaften:
IG Bau-Steine-Erden 283, 358, 375, 418
IG Bergbau und Energie 375, 392, 393, 418
IG Chemie, Papier, Keramik 375, 470
IG Metall 393, 418
Gewerkschaft Textil-Bekleidung 375, 417, 418, 420
Diermeier, Josef 174, 215
Dietmayer, Josef 283, 285
Döding, Günter 337, 342, 363, 364, 372, 373, 375–378, 395, 414, 420, 469, 479, 504
Dortmund 76, 105, 371
— Aufbau der NGG 285, 289
Dozler, Josef (Jupp) 266, 288, 290, 299, 305, 307, 340, 406
Dresden 24, 105
— Bäcker und Konditoren 51, 88, 105, 170
— Brauer 64, 103
— Zigarrenarbeiter 28, 66
Duisburg
— Aufbau der NGG 288, 298
Düsseldorf 68, 309, 372, 410
— Aufbau der NGG 285, 289
— Bäcker und Konditoren 72, 160, 174
Eckart, Richard 258, 303, 310
Elberfeld 84, 105, 434
Elm, Adolph von 44, 56, 84, 107, 144, 156, 213
Emden 252, 283
Erhard, Ludwig 338, 381, 394, 398, 399
Essen 292, 447, 474
Fiedler, Georg 283, 294, 299, 305
Fitz, Alfred 210, 256, 258–260, 301
Fleischer
— Fleischerbewegung 76, 142, 235
— Soziale Lage der Fleischer 69, 70, 103, 105
— Zentralverband der Fleischer und Berufsgenossen Deutschlands (1902–1927) 70, 80, 88, 105, 166, 178, 181–183, 210, 423
Flensburg 69, 84
Fölber, Eugen 307, 340
Frank, Wilhelm 258, 266, 283, 285, 288, 289
Frankfurt a. M. 103, 170, 309, 483
— Aufbau der NGG 285, 298
— Bäcker und Konditoren 24, 58, 69, 72, 88, 170
— Zigarrenarbeiter 34, 47
Frauenarbeit 252, 344, 345, 347, 349, 430, 432, 433, 435, 436, 443, 444, 446, 483
— in den Hotels und Gaststätten 430, 433

641

- in der Hauswirtschaft 306, 438, 440, 442–444, 446, 459
- in der Schokolade- und Kakaoherstellung 185, 432
- in der Zigarettenindustrie 44, 156, 344, 348, 370, 436
- in der Zigarrenherstellung 26, 27, 30, 39, 65, 436
- Gewerkschaften und Frauenarbeit: Tabakarbeiter 427, 428, 432, 436
Bäcker und Konditoren 430, 432, 434
Hotel-, Restaurant- und Caféangestellte 428, 430–432, 434, 435, 438
NGG 446, 447–450, 452, 459, 460

Freie Demokratische Partei 338, 339, 391, 393, 397
Freier Deutscher Gewerkschaftsbund 299, 302–304
Friedmann, Friedrich 77, 144
Fritzsche, Friedrich Wilhelm 35, 47–51, 55, 136, 427
Fuchsius, Paul 468, 469
Fürth 113, 285
Generalkommission der Gewerkschaften Deutschlands 64, 72, 76, 84, 132, 149, 174, 177, 194
Genossenschaften 74, 94, 113, 125, 171, 199, 213, 251, 313, 245, 384, 385
Gerl, Max 284, 285
Geyer, Friedrich 44, 144, 155
Gostomski, Johannes 263, 284–286, 290, 307, 310
Gräbner, Georg 285, 299
Halberstadt 24, 34, 109
Halle a.S. 103, 109
Hamburg 25, 37, 38, 44, 69, 76, 105, 110, 252, 307, 309, 340, 336, 353, 356, 395, 407, 467, 473, 474, 481
- Aufbau der NGG 284, 285, 290
- Bäcker und Konditoren 14, 24, 51, 56, 58, 72, 86, 88, 104, 113, 345
- Brauer 60, 103
- Fleischer 76, 105, 252
- Zigarrenarbeiter 28, 32, 44, 50, 55, 57, 66, 76, 149, 485
Hanau 28, 47
Hannover 72, 76, 105, 285
- Brauer 69, 70, 84, 93, 103, 226
- Zigarrenarbeiter 32, 35, 427
Heidelberg 105, 296, 306, 307
Heimarbeit
- in der Zigarettenherstellung 130, 131, 133
- in der Zigarrenherstellung 66, 124, 125, 126, 130–133

Heimberg, Richard 268, 422
Henke, Alfred 44, 144
Herrmann, Erich 360, 365, 375, 407, 414
Hessen 226, 297, 298
Holler, Fritz 290, 307
Hotel-, Restaurant- und Caféangestellte
- Bund der Hotel-, Restaurant- und Caféangestellten (1921–1933) 195, 247, 301, 336, 397
- Deutscher Kellnerbund (1878–1920) 106, 116, 118, 119, 194, 428
- Genfer Verband (1877–1933) 106, 119, 120, 194, 428
- Hotel-, Restaurant- und Caféangestelltenbewegung 24, 68, 76, 120, 142, 194, 286, 431, 432
- Soziale Lage der Hotel-, Restaurant- und Caféangestellten 105, 116, 120, 121, 170
- Verband deutscher Gastwirtsgehilfen (1900–1914) 81, 88, 106, 107, 120, 142, 194, 195, 428, 430–434
- Zentralverband der Hotel-, Restaurant- und Caféangestellten (1920–1933) 180, 195, 209, 214, 236, 244, 246, 261, 262, 285, 290, 301, 423, 438
Internationaler Bund Freier Gewerkschaften 497, 499, 506
Internationaler Gewerkschaftsbund 256, 260, 487–489
Internationale Transportarbeiterföderation 262, 264, 488
Internationale Union der Hotel-, Restaurant- und Caféangestellten 262, 264, 435, 464, 486, 487, 497
Internationale Union der Organisationen der Arbeiter und Arbeiterinnen der Lebens- und Genußmittelindustrie (später: Internationale Union der Lebens- und Genußmittelarbeitergewerkschaften) 200, 210, 215, 235, 248, 258–260, 278, 466, 487–489, 494–496
Internationale Vereinigung der Zigarren- und Tabakarbeiter 485, 486, 497
Jugend
- Bildung und Berufsausbildung 468–470, 474, 476, 477
- Jugendarbeitsschutz 472, 473, 477–479
- Jugendgruppen 468, 469, 473, 474
- Jugendsprecher 468, 470, 475
Käppler, Hermann 77, 142
Kaschel, Josef 242, 243, 246, 285
Kassel 25, 226, 242, 256, 285
- Böttcher 58, 105
Kiefer, Ferdinand 285, 309,

Kiel 76
— Bäcker und Konditoren 88, 113, 473
— Brauer 67, 84, 91, 226
Kiel, Alfred 246, 285
Kleve 159, 241
Koch, Elsa 446, 449
Köhn, Ruth 414, 450, 455
Köln 28, 107, 147, 256, 358, 309
— Aufbau der NGG 285, 289
— Bäcker 51, 69, 113
Kohl, Helmut 375, 376, 478
Kohlweck, Wenzel 27, 28, 31–33
Kollmair, Josef 246, 271, 283, 285, 288
Kommunistische Partei Deutschlands 201, 214–216, 220, 234, 236, 238, 242, 250, 256, 263, 267, 268, 273, 299, 300–303, 313
— und NGG 284, 296
— und Revolutionäre Gewerkschaftsopposition 215, 216, 234
Kulmbach 62, 285
Lampersberger, Josef 261, 262, 267
Langenbach, Karl 275, 285, 287, 289, 290, 307, 311, 385
Lankes, Anton 181, 210, 246, 258, 462, 464
Legien, Carl 90, 178
Leipzig 24, 105, 302
— Bäcker 58, 110
— Brauer 70, 84, 104
— Zigarrenarbeiter 35, 50, 55, 219
Liebknecht, Wilhelm 51, 196, 422
Locherer, August 246, 306, 406, 422
Lübeck 103
— Bäcker 88, 113
Ludwigshafen 284, 296
Magdeburg 105, 107, 110, 302
Mainz
— Brauer 84, 91, 226
Mannheim 91, 105, 306, 341, 407, 423, 446, 457
— Aufbau der NGG 284, 285, 298
— Zigarrenarbeiter 28, 50, 65, 253
Meetz, Ludwig 258, 289
Molkenbuhr, Hermann 42–44, 120, 155
Müller
— Müllerbewegung allgemein 24, 74, 92, 142
— Soziale Lage der Müller 46, 68, 103, 120
München 444, 446
— Bäcker 67, 69, 104, 105
— Brauer 84, 93, 103, 226, 250
— Hausangestellte 24, 440, 442
— Hotels, Restaurants und Cafés 119, 431
Nätscher, Hans 285, 294, 295, 307, 309, 310, 338, 346, 347, 385, 393, 394, 396, 397, 399, 406, 497
NGG
— Angestellte 364, 365, 402, 410, 481–484
— Aufbau der NGG 271, 272, 283–286, 288–290, 292, 294–298, 305–308, 311
— Beirat 348, 357, 359, 385, 393, 398, 406, 410
— Berufsausbildung 459, 460, 468, 470
— Betriebsräte 294, 311, 313, 343, 366, 371–373, 378, 413, 415, 416, 417, 422, 425, 446–448, 457, 458
— Bildungsarbeit 413, 414, 421, 423–426, 470, 472
— Geschäftsführender Hauptvorstand 307, 308, 310, 342, 458, 459, 475
— Gewerkschaftstage 340–342, 357, 359, 361–364, 368, 370, 389, 395, 398, 400, 401, 405, 406, 407, 410, 411, 414, 418, 420, 424, 448, 458, 474, 477, 479, 484, 481
— Hauptausschuß 307–310
— Hauptverwaltung 306, 308, 309, 341, 342, 345, 349, 350, 379, 468, 481
— Hauptvorstand 307, 341, 348, 360, 364, 370, 373, 385, 393, 395, 398, 400, 403, 406, 407, 410, 414, 424, 452, 473, 479, 486
— Landesvorstände/Landesbezirksvors. 306, 307, 340, 341, 342, 345, 406, 407, 458
— Mitbestimmung 292, 294, 296, 310–313, 342, 362, 365, 371, 378, 393, 401–404, 481, 482, 484
— Nachtbackverbot 307, 309
— Notstandsgesetze 398, 399
— Satzung 305–307, 410, 411
— Sozialpolitik 379–382, 390, 391, 456
— Streik 292, 306, 307
— Vertrauensleute 313, 413–415, 425, 481
— Verwaltungsstellen (Ortsverwaltungen) 406, 410, 411, 425, 457
— Tarifpolitik 307, 309, 334, 340, 343–345, 414–416
und Arbeitszeitverkürzung 352, 354, 363, 370–378, 389, 459
und Arbeitszeitverkürzung für ältere Arbeitnehmer 370–372
und Ausbildungsvergütung 475, 476
und Einheitliche Einkommenstarifverträge 349, 362, 363, 455, 457, 483
und Frauen 447, 449, 450, 452, 457
und Freizeitausgleich 370, 371
und Indexklauseln 337, 338
und Konzertierte Aktion 338–340

und Kündigungsschutz 366, 367
und Lohn- und Gehaltserhöhungen 334, 335–339, 343–345
und Leichtlohngruppen 449–452, 454, 456
und Lohnfindung 347, 348, 363–365, 452, 455, 456
und Lohnform 349–351
und Lohngruppenstruktur 335, 345
und Ortsklassen 307, 335, 345, 346
und Prämienentlohnung 341, 349
und Rationalisierungsschutz 361, 366, 482
und Schichtfreizeiten 361–363, 368, 371
und Tarifautonomie 337–339
und Tarifordnungen 343, 344
und Urlaub 338, 343, 355, 356
und Vermögensbildung 358, 359
und Vorruhestand 373, 374
Nahrungs- und Genußmittelarbeiter
— Verband der Nahrungsmittel- und Getränkearbeiter (1927–1933) 210, 212–216, 220, 221, 224, 226, 235, 238–240, 242–244, 246, 256, 258, 262, 266, 268, 272, 288, 421–423, 452, 464
— Zentralverband der Nahrungs- und Genußmittelindustriearbeiter (1910–1933) 161, 178, 182
Nahrungs- und Genußmittelwirtschaft 204, 248, 274–276, 314, 315, 317, 320, 349, 352, 368, 374, 389, 402
— Backgewerbe 45, 64, 65, 109, 110, 204, 206, 207, 223, 248, 275, 304, 317, 318
— Brauwirtschaft 65, 204, 206, 207, 222, 226, 275, 283, 304, 324, 326, 328
— Fischindustrie 315, 317
— Fleischwirtschaft 109, 204, 275, 317
— Gastgewerbe 206, 223, 275, 304
— Margarineindustrie 275, 304, 317, 319
— Mühlenindustrie 204, 275, 314
— Nährmittel- und Stärkeindustrie 275, 304, 314, 317, 319
— Obst- und Gemüseverarbeitung 275, 368
— Süßwarenindustrie 204, 275, 304, 317
— Tabakwirtschaft 36–39, 375, 317
— Zigarettenindustrie 37, 44, 45, 223, 226, 275, 304, 312, 319, 324
— Zigarrenindustrie 25, 26, 36–40, 47, 223, 226, 253, 276, 320, 322, 324
— Zuckerindustrie 204, 252, 275, 317, 368
Nationalsozialismus 232–236, 238–244, 248–255, 258, 260, 271, 300, 312, 320, 380, 423
Niedersachsen 336, 372, 481

— Aufbau der NGG 285, 313
Nordrhein-Westfalen
— Aufbau der NGG 283, 285, 289, 290, 448
Nürnberg 105, 113, 285, 431
— Brauer 84, 91, 103
— Hausangestellte 446, 449
Offenbach 47, 104
Ohlemeyer, Heinrich 285, 310, 459
Osnabrück 285
— Zigarrenarbeiter 28, 30
Ostermeier, Elisabeth 441, 448, 449, 454, 459
Ostpreußen 44, 45, 185, 226
Ottensen
— Zigarrenarbeiter 41, 42
Petersen, Emil 310, 334, 335
Pötzsch, Hugo 77, 106, 120, 434, 435
Poulsen, Juul 497, 498
Prasse, Helmut 341, 347, 350
Pufal, Gustav 284, 290, 292, 299, 300, 305–308
Pulley, Ernst 306, 307
Reichelt, Max 285, 298, 299
Reichsverband deutscher Zigarrenhersteller 217–219, 224
Remppel, Albert 296, 299, 305, 385
Rheinland-Pfalz
— Aufbau der NGG 296, 448
Richter, Rudolf 301, 302, 305
Richter, Willi 286, 379, 381
Röseler, Max 210, 214
Rohde, Robert 246, 385
Rother, Oskar 258, 303
Rückl, Josef 285, 288, 299
Ruff, Eugen 266, 285, 289
Runge, Hermann 264, 266
Saar, Fritz 246, 261–264, 301
Saar, Martha 261, 262, 264
Sachsen 24, 45, 185
— Zigarrenarbeiter 47, 48, 66
Sand, Käti 446, 447
Sauber, Fritz 180, 261, 262
Schäfer, Emil 261, 263
Scharmer, Gustav 261, 263
Schattanik, Alfred 341, 342, 361, 383, 418, 420
Schifferstein, Jean 210, 215, 235, 246, 247, 258, 260, 261, 487, 488, 494, 496
Schlesien 60, 226
Schleswig-Holstein
— Aufbau der NGG 285, 290, 353, 356, 481
Schliestedt, Heinrich 259–261
Schlimme, Hermann 259, 260

Schmidt, Heinrich 272, 285
Schmitz, August 147, 244
Schmutz, Wilhelm 73, 243, 258, 288, 296
Sonntag, Otto 308, 353, 341
Sozialdemokratische Partei Deutschlands 52, 54, 72, 118, 120, 166, 172, 174, 176, 180, 214, 222, 234, 236, 238–240, 242, 256, 260, 261, 264, 267, 296, 301, 303, 313, 338, 339, 375, 380–383, 391
Sozialistische Einheitspartei Deutschlands 299, 303, 304
Sprenger, Willy 244, 394, 396, 400, 401, 420
Stadelmaier, Herbert 292, 307, 310, 339, 357, 359, 400, 456, 466
Stettin 103, 105
— Bäcker 88, 104
Steuern
— Biersteuer 152–154, 221, 224, 226
— Tabaksteuer 154–157, 221, 224, 226
Storch, Anton 380, 381
Streiks und Lohnbewegungen 23, 24, 200, 224, 252, 339, 343–345, 357
— Bäcker u. Konditoren 23, 24, 51, 58, 59, 84, 86, 104, 113, 116, 200, 338, 344, 345
— Brauer 60, 90, 93, 103, 147, 200, 353, 371, 489
— Fleischer 24, 347
— Zigarettenarbeiter 148, 344
— Zigarrenarbeiter 30, 31, 34, 47, 50, 76, 148–150, 159, 199, 217–220, 224, 226, 343, 485
— Zuckerindustriearbeiter 24, 338, 345
Stuttgart 306, 432, 446, 448, 450, 474
— Aufbau der NGG 271, 283, 285, 296, 298, 299, 311
— Brauer 84, 90, 104
Supper, Alfred 283, 285, 288, 289
Tabakarbeiter
— Tabakarbeiterbewegung 51, 56, 81, 155
— Allgemeiner deutscher Cigarrenarbeiterverein (1865–1869) 48, 51
— Association der Cigarrenarbeiter Deutschlands (1848–1850) 26–28, 30–34, 48, 427, 485
— Deutscher Tabakarbeiterverband (1898–1933) 81, 84, 88, 108, 131, 133, 136, 138, 144, 148, 149, 155, 157, 159, 160, 164, 178, 200, 209, 214, 216–220, 224, 226, 232, 236, 242, 244, 272, 285, 432, 462, 485
— Gewerkverein der deutschen Zigarren- und Tabakarbeiter 182, 224, 301
— Reiseunterstützungsverein deutscher Tabakarbeiter (1882–1885) 55, 56, 124, 427
— Soziale Lage der Tabakarbeiter 25, 35, 40–42, 65, 66, 108, 122, 124, 125, 202, 217, 218, 223, 224, 226, 227, 253, 254, 276, 335
— Unterstützungsverein deutscher Tabakarbeiter (1885–1898) 76, 77, 81, 84, 124
— Verband christlicher Tabakarbeiter (1899–1911) 144, 152, 158, 159
— Verband der Zigarrensortierer und Kistenbekleber Deutschlands (1905–1912) 81, 84, 88, 136, 139, 149
— Verband für die gesamte Tabakindustrie (1945–1947) 285, 286, 290
— Vorleser 40–44
— Zentralverband christlicher Tabakarbeiter (1911–1933) 218, 224, 241, 247
Unabhängige Sozialdemokratische Partei Deutschlands 173, 174, 176, 180
Warnecke, Ferdinand 284, 292, 305, 307–310, 340, 348
Weber, Clemens 296, 305
Weber, Werner 414, 416, 417
Weber, Wilhelm 246, 268, 286, 290, 305
Weber, Wolfgang 395, 396, 414
Westfälischer Cigarrenfabrikantenverband 148, 149, 150, 152
Westfalen 39, 60, 185
— Aufbau der NGG 285, 288, 289
— Zigarrenarbeiter 60, 66
Wiegand, Hans 285, 297, 305
Wiehle, Richard 77, 91
Wiesbaden 107, 226, 285
Winter, Aloys 258, 303, 422
Wörner, Jakob 295, 305
Zentrum 174, 220, 222, 240
Zwickau
— Brauer 69, 167

Geschichte der Arbeiterbewegung

Udo Achten
Mehr Zeit für uns
Dokumente und Bilder zum
Kampf um die Arbeitszeit-
verkürzung
Unter Mitarbeit von Gerhard
Bäcker und Reinhard Bispinck

**Aufstieg des
Nationalsozialismus –
Untergang der Republik –
Zerschlagung der
Gewerkschaften**
Beiträge zur Geschichte
der Arbeiterbewegung zwischen
Demokratie und Diktatur
Herausgegeben von Ernst Breit
Redaktion: Ulrich Borsdorf,
Hans O. Hemmer, Werner Milert,
Holger Mollenhauer

Sabine Asgodom (Hrsg.)
**„Halts Maul – sonst kommst nach
Dachau"!**
Frauen und Männer aus der
Arbeiterbewegung berichten über
Widerstand und Verfolgung unter
dem Nationalsozialismus

Stefan Bajohr
Vom bitteren Los der kleinen Leute
Protokolle über den Alltag
Braunschweiger Arbeiterinnen
und Arbeiter 1900 bis 1933
Mit 15 Abbildungen

Gerhard Beier
**Die illegale Reichsleitung der
Gewerkschaften 1933–1945**

Gerhard Beier
Das Lehrstück vom 1. und 2. Mai 1933

Gerhard Beier
**Schulter an Schulter,
Schritt für Schritt**
Lebensläufe deutscher
Gewerkschafter
Mit 66 Abbildungen

Gerhard Beier
Geschichte und Gewerkschaft
Politisch-historische Beiträge zur
Geschichte sozialer Bewegungen

Ulrich Borsdorf,
Hans O. Hemmmer,
Martin Martiny (Hrsg.)
**Grundlagen der
Einheitsgewerkschaft**
Historische Dokumente
und Materialien

Ulrich Borsdorf
Hans Böckler
Arbeit und Leben eines Gewerk-
schafters 1875–1945
Mit einem Vorwort
von Heinz Oskar Vetter

Rudolf Boch, Manfred Krause
**Historisches Lesebuch zur
Geschichte der Arbeiterschaft
im Bergischen Land**
Mit 65 Abbildungen

Gerard Braunthal
**Der Allgemeine Deutsche
Gewerkschaftsbund**
Zur Politik der Arbeiterbewegung
in der Weimarer Republik

Freya Eisner
**Das Verhältnis der KPD
zu den Gewerkschaften
in der Weimarer Republik**

Eberhard Fehrmann,
Ulrike Metzner
**Angestellte und
Gewerkschaften**
Ein historischer Abriß

Adolf Jungbluth
Die arbeitenden Menschen
Ihre Geschichte und ihr Schicksal

Helga Grebing (Hrsg.),
**Fritz Sternberg
Für die Zukunft
des Sozialismus**
Werkproben, Aufsätze, unveröffentliche Texte, Bibliographie
und biographische Daten
Mit Kommentaren zu Leben und
Werk von Gerhard Beier, Iring
Fetscher, Helga Grebing, Herbert
Ruland, Hans-Christoph Schröder

Theodor Leipart
Carl Legien
Vorwort: Heinz Oskar Vetter

Adolf Mirkes (Hrsg.)
Josef Simon
Schuhmacher, Gewerkschafter,
Sozialist mit Ecken und Kanten
Vorwort: Wilhelm Kappelmann,
Vorsitzender der Gewerkschaft
Leder
Mit 50 Abbildungen

Fritz Opel
**Der Deutsche
Metallarbeiter-Verband**
Während des Ersten Weltkrieges
und in der Revolution

Detlef Prinz, Manfred Rexin (Hrsg.)
**Gewerkschaftsjugend im
Weimarer Staat**
Eine Dokumentation über die
Arbeit der Gewerkschaftsjugend
des ADGB in Berlin

Michael Schneider
Streit um Arbeitszeit
Geschichte des Kampfes
um Arbeitszeitverkürzung
in Deutschland

Michael Schröder
**„In der vereinten Kraft muß
unsere Stärke liegen!"**
Zur Geschichte des Bayerischen
Gewerkschafts-Bundes
Mit zahlreichen Abbildungen

Michael Schröder (Hrsg.)
Auf geht's: Rama dama
Männer und Frauen aus der
Arbeiterbewegung berichten über
Wiederaufbau und Neubeginn
1945 bis 1949
Mit zahlreichen Abbildungen

Florian Tennstedt
**Vom Proleten zum
Industriearbeiter**
Arbeiterbewegung und Sozialpolitik
in Deutschland 1800 bis 1914

Rolf Wabner
Lernen aus verpaßten Chancen
Zur Geschichte der hannoverschen
Arbeiterbewegung 1815–1933
Mit einem Vorwort von
Peter von Oertzen

Bund-Verlag

Quellen zur Geschichte der deutschen Gewerkschaftsbewegung im 20. Jahrhundert

Begründet von Erich Matthias
Herausgegeben von Hermann Weber, Klaus Schönhoven und Klaus Tenfelde

Die zunächst auf sieben Quellenbände angelegte Edition zur Geschichte der deutschen Gewerkschaftsbewegung im 20. Jahrhundert dokumentiert die Zeit von 1914 bis 1949. Für die Herausgabe dieser einmaligen Gewerkschaftsdokumentation konnten unter der Federführung von Professor Dr. Hermann Weber die renommierten Historiker der Arbeiterbewegung Professor Dr. Klaus Schönhoven, Privatdozent Dr. habil. Klaus Tenfelde sowie Professor Dr. Siegfried Mielke (ab Band 5) gewonnen werden. Die durch ausführliche Einleitungen kommentierten Quellenbände sind unverzichtbar für jeden, der sich intensiv mit der Geschichte der deutschen Gewerkschaftsbewegung im 20. Jahrhundert befassen möchte.

Band 1 und 2 liegen vor. In den Folgejahren erscheinen voraussichtlich jeweils 2 Bände. Es ist vorgesehen, die Edition im Jahre 1988 abzuschließen.

Band 1
Die Gewerkschaften in Weltkrieg und Revolution 1914 bis 1919
Bearbeiter: Klaus Schönhoven

Band 2
Die Gewerkschaften in den Anfangsjahren der Republik 1919 bis 1923
Bearbeiter: Michael Ruck

Band 3
Die Gewerkschaften von der Stabilisierung bis zur Weltwirtschaftskrise 1924–1930
Bearbeitet von Horst-A. Kukuck und Dieter Schiffmann
Band 3 besteht aus zwei Halbbänden.

Band 4
Die Gewerkschaften in der Endphase der Republik 1930–1933
Bearbeitet von Peter Jahn

Band 5
Die Gewerkschaften im Widerstand und in der Emigration 1933–1945
Bearbeitet von Siegfried Mielke unter Mitarbeit von Dietmar Ross und Peter Rütters

Band 6
Organisatorischer Aufbau der Gewerkschaften 1945–1949
Bearbeitet von Siegfried Mielke unter Mitarbeit von Peter Rütters, Michael Becker und Michael Fichter

Band 7
Gewerkschaften in Politik, Wirtschaft und Gesellschaft 1945–1949
Bearbeitet von Siegfried Mielke unter Mitarbeit von Peter Rütters

Bund-Verlag